Schlagwetter und Kohlenstaub
Das Explosionsrisiko im industriellen Ruhrbergbau (1850-1914)

D1663638

Schlagwetter und Kohlenstaub

Das Explosionsrisiko im industriellen Ruhrbergbau
(1850-1914)

von
Michael Farrenkopf

Bochum 2003

Veröffentlichungen aus dem Deutschen Bergbau-Museum Bochum, Nr. 121
= Schriften des Bergbau-Archivs, Nr. 14

D 83

Vom Fachbereich Kommunikations- und Geschichtswissenschaften der Technischen Universität Berlin zur Erlangung des akademischen Grades eines Doktors der Philosophie – Dr. phil. – genehmigte Dissertation

Gutachter:
Prof. Dr. Heinz Reif
Prof. Dr. Reinhold Reith

Tag der wissenschaftlichen Aussprache: 12.01.2001

Die Deutsche Bibliothek-CIP-Einheitsaufnahme

Farrenkopf, Michael:
Schlagwetter und Kohlenstaub. Das Explosionsrisiko im industriellen Ruhrbergbau (1850-1914) / von Michael Farrenkopf
(Veröffentlichungen aus dem Deutschen Bergbau-Museum Bochum, Nr. 121;
Schriften des Bergbau-Archivs, Nr. 14)

Bibliografische Information Der Deutschen Bibliothek
Die Deutsche Bibliothek verzeichnet diese Publikation in der Deutschen Nationalbibliografie; detaillierte bibliografische Daten sind im Internet über http://dnb.ddb.de abrufbar.

Umschlagbild: Simonin, L.: La vie souterraine ou les mines et les mineurs, Paris 1867, S. 173

Gestaltung und Satz:
Karina Schwunk

Herstellung: Meiling Druck, Haldensleben

ISBN 3-937203-04-4

Inhalt

Geleitwort   8

Vorwort   10

1.   Einleitung   13

1.1   Das Thema Unfallgeschichte innerhalb der Bergbauhistoriographie
         zum Ruhrgebiet   13
1.2   Erkenntnisinteresse und Struktur der Argumentation   20

TEIL 1: Gefahrenverständnis und natürliches Risiko: Die äußeren Grenzen für
Risikobewusstsein und Sicherheitshandeln beim Explosionsschutz in der
zweiten Hälfte des 19. Jahrhunderts   25

2.   Das Schlagwetterproblem des Ruhrbergbaus im Rahmen der
statistischen Unfallentwicklung des preußischen Steinkohlenbergbaus   26

2.1   Form und quellenkritische Problematik historischer Unfallstatistik   26

2.2   Die allgemeine Unfallentwicklung im Lichte der Anzahl Betroffener   27
2.2.1   Die Statistik der Knappschafts-Berufsgenossenschaft   28
2.2.1.1 Das berufsgenossenschaftliche Gliederungsschema der Arbeitsunfälle   28
2.2.1.2 Reichweite und Validität der berufsgenossenschaftlichen
         Unfallgruppenstatistik   30
2.2.1.3 Die Unfallentwicklung nach der berufsgenossenschaftlichen Statistik   33
2.2.2   Die Statistik der preußischen Bergbehörde   37
2.2.2.1 Form und Aufbau der bergbehördlichen Unfallstatistik   37
2.2.2.2 Die Entwicklung der tödlichen Unfälle nach der bergbehördlichen Statistik   40
         - Die Gesamtentwicklung der tödlichen Unfälle   40
         - Die Todesfälle durch Stein- und Kohlenfall   44
         - Die Todesfälle bei der Fahrung und Förderung   49
         - Die Todesfälle durch Schlagwetter- und Kohlenstaubexplosionen   61

2.3   Die spezielle Explosionsentwicklung im Lichte der
         stattgefundenen Ereignisse   64
2.3.1   Die Verteilung der Explosionen auf die preußischen Oberbergamtsbezirke   66
2.3.2   Die Entwicklung der Unglücksschwere bei Explosionen im Ruhrbergbau   67

2.4   Fazit   73

3.   Etappen der wissenschaftlichen Durchdringung untertägiger Explosionen
        und ihrer naturgegebenen Einflussfaktoren   74

3.1   Das Verständnis für die Explosionsverläufe im engeren Sinn   74
3.1.1   Schlagwetterexplosionen   76
3.1.2   Kohlenstaubexplosionen   79

3.2   Das Grubengas Methan (CH₄) als naturgegebene Grundlage der
        Explosionsgefahr   86
3.2.1   Die Grubengasforschung im Rahmen konkurrierender
        Forschungsinteressen   88
3.2.2   Entstehung des Grubengases und natürliche Grubengasführung
        im Ruhrrevier   100
3.2.2.1 Petrographische und elementarchemische Bedingungen der
        Inkohlung   100
3.2.2.2 Die Theoriebildung der Methanentstehung   105
3.2.2.3 Geologische und tektonische Grundlagen des Ruhrreviers   112
3.2.2.4 Großräumliche Kennzeichen der Grubengasführung im
        Ruhrrevier   119
3.2.3   Einflüsse der Grubengasführung auf die Entwicklung der natürlichen
        Gefährdung   121
3.2.3.1 Strukturen der natürlichen Gasgefährdung vor 1850   124
3.2.3.2 Strukturen der natürlichen Gasgefährdung nach 1850   131

TEIL 2: Die Gestaltung des Explosionsschutzes als Aufgabe: Handlungsmuster und Ziel-
        vorstellungen der industriellen Partner zur Optimierung von System- und Be-
        triebssicherheit   145

4.   Strategien des Explosionsschutzes und Bewältigungsmuster bei dessen
        Versagen in der Phase abnehmender Sicherheit (1850 – 1880)   146

4.1   Die Perzeption von Explosionsgefahr und -risiko als Grundlage von
        Sicherheitshandeln und Unsicherheitsbewältigung   146

4.2   Die Grubenbewetterung als Mittel zur Vermeidung kritischer
        Methankonzentrationen   154
4.2.1   Auf dem Weg zur Theorie des künstlichen Wetterzuges   154
4.2.2   Technische Standards der Erzeugung und Verteilung des
        Wetterzuges im Ruhrbergbau nach 1850   159
4.2.3   Die Bewetterungsstrategie im Spannungsfeld von Bergbehörde
        und Unternehmerschaft   168

4.3   Das bergmännische Geleucht als zentrales Element der
        Zündquellenstrategie   180
4.3.1   Die Unsicherheiten der ersten Sicherheitslampen im Ruhrbergbau   183

4.3.2	Risikostrukturen im Umgang mit dem gemischten Geleucht	196
4.3.3	Die begrenzte Abkehr von gemischten Geleucht auf den „Schlagwetterzechen"	206
4.4	Gesellschaftliche Kompensationsmuster zur Bewältigung verschärfter Explosionsunsicherheit	210
4.4.1	Die Rechtsprechung als Bewältigungsmittel des Explosionsrisikos	211
4.4.2	Der Trauerkult als Bewältigungsmuster der Explosionsgefahr	221
5.	**Die preußische Schlagwetterkommission und der Übergang vom reaktiven zum präventiven Explosionsschutz**	229
5.1	Die neue Definition bergbehördlicher Aufsicht im Zuge der bismarckschen Sozialpolitik	234
5.2	Der Streit um die Neufassung normierter Sicherheitsregeln	243
5.2.1	Das Scheitern einer allgemein gültigen Verordnung in den 1870er Jahren	244
5.2.2	Die Durchsetzung der Bergpolizeiverordnung von 1887/88	247
6.	**Verdeckte Erfolge im Explosionsschutz und die Schlagwetterfrage als Instrument der Interessenvertretung (1890 – 1914)**	258
6.1	Fortschritte in der Bewetterung der Ruhrzechen	258
6.2	Systemtechnische Optimierungsgrenzen der Flammensicherheitslampen	270
6.2.1	Vom Öl- zum Benzinbrand	272
6.2.2	Vom einfachen zum doppelten Drahtkorb	274
6.2.3	Innere Zündung und Magnetverschluss	277
6.3	Die Perzeption des Explosionsrisikos bis zum Ersten Weltkrieg	279
6.3.1	Das Explosionsproblem im Hintergrund pauschaler Schuldmuster	279
6.3.2	Die Kohlenstaubberieselung als versagende Strategie zur Eingrenzung entstandener Explosionen	284
6.3.3	Das Explosionsproblem und die verhinderte Beteiligung der Bergarbeiter an einer staatlichen Grubenkontrolle	287
7.	**Zusammenfassung**	294
Anhang		303
Abkürzungsverzeichnis		303
Verzeichnis der Schaubilder und Tabellen		304
Quellen und Literatur		305
Register		331
	Personen	331
	Unternehmen und Institutionen	333
Verteilung der Schlagwetter- und Kohlenstaubexplosionen auf die Ruhrzechen im Zeitraum 1861 bis 1914		336
Abbildungsnachweis		348

Geleitwort

Der Ruhrbergbau hat die preußisch-deutsche Gesellschaft des langen 19. Jahrhunderts in Atem gehalten: mit seinem enormen wirtschaftlichen Wachstum, seinen hochorganisierten, konfliktfreudigen Unternehmern, mit deren Spiegelbild, einer starken, durchsetzungsfähigen Arbeiterbewegung, mit seinen „unerhörten" Massenstreiks, aber auch und nicht zuletzt aufgrund seiner hohen, beunruhigenden Risiken. Diese fanden in einer scheinbar unaufhaltsam steigenden Zahl tödlicher Unfälle, insbesondere aber in den Schlagwetter- und Kohlenstaubexplosionen, die viele hunderte Menschenleben kosteten, ihren Ausdruck. Die ältere, aber auch die jüngere, stark sozial- und wirtschaftsgeschichtlich ausgerichtete Historiographie des Ruhrbergbaus hat sich deshalb kontinuierlich, wenn auch nicht hinreichend intensiv, mit den Unfallrisiken, Unfallformen und Formen der Unfallbekämpfung im Bergbau an der Ruhr während der Hochindustrialisierungsphase beschäftigt. Auffällig abstinent verhielt sie sich allerdings gegenüber den extremen Unfallereignissen und deren katastrophalen Folgen für die Belegschaften und Betriebe. Was zu dieser Thematik erschien, blieb in wissenschaftlicher Analyse wie forschungsmäßigem Ertrag außerordentlich karg. Die hier vorliegende Studie, die auf langjähriger Vorarbeit im Bergbau-Archiv Bochum gründet, bringt in dieses Forschungsfeld eine neue Qualität.

Lange Zeit galten Extremereignisse mit für den Menschen katastrophalen Folgen den Historikern, nicht nur den Bergbauhistorikern, als Konsequenz einer Gefährdungslage, die in der „Natur" angelegt, hochkomplex und unberechenbar, und damit letztlich nicht zu bewältigen war. Erst in jüngster Zeit wurde erkannt, welch großes Erkenntnispotential erschlossen werden kann, wenn man solche Katastrophen als Nahtstellen zwischen individuellen und gesellschaftlichen Orientierungs- und Verhaltensmustern einerseits, technischen Nutzungssystemen und von der Natur ausgehenden Gefahren andererseits, als Kontinuum anthropogener Deutungs- und Handlungsmuster und natürlicher Ereignisketten versteht. Michael Farrenkopfs Buch verknüpft die bisherige Unfall- und Katastrophenforschung des Ruhrbergbaus mit diesem neuen analytischen Zugriff. Zum einen werden in mühsamer, detaillierter und sensibel-quellenkritischer Analyse der gesamten statistischen Überlieferung wichtige Thesen der bisherigen, stark sozialgeschichtlich ausgerichteten Unfallforschung, insbesondere die These von der unfallsteigernden Wirkung der Liberalisierung des Bergbaus korrigiert. Die so erarbeiteten Einsichten leiten weiter zu neuen originellen Fragestellungen: Die Gefährdung durch Schlagwetter- und Kohlenstaubexplosionen ging seit etwa 1890 zurück, während die Zeitgenossen eine dramatisch wachsende Gefährdung durch solche Explosionen *wahrnahmen*.

Dieser Befund zwingt, hinter alle Wahrnehmungen zurückzugehen und eine neue, komplexe, interdisziplinäre Ursachen- und Folgenanalyse zu entwickeln, die auf neue Weise die von der „Natur" ausgehenden Gefährdungen produktiv in die Erforschung der Bergbaugeschichte einbaut. Das Bemühen, die Gefahren, die für den Bergbau insbesondere von den Ansammlungen hochexplosiven Methangases ausgingen, präzise zu erfassen, führt zu den Naturwissenschaften: zu Gaschemie, Geologie und Petrographie. Der Blick auf die katastrophalen Auswirkungen der Schlagwetter- und Kohlenstaubexplosionen lenkt zugleich aber in ein komplexes technik-, sozial-, wissenschafts-, wissens- und kulturgeschichtliches Forschungsfeld. Zwei Wissenskulturen werden in diesem Buch zusammengebracht und entsprechend bedeutend sind, methodisch wie thematisch, die Erträge. Der Kernbefund, dass eine wissenschaftlich gesicherte Kenntnis der Methangasbildung und -vorkommen erst seit den 1950er Jahren vorlag, bietet dieser Untersuchung eine Folie, vor der das Deuten und Handeln der wichtigsten Akteure des Ruhrbergbaus, der Unternehmer, organisierten Arbeiter und Bergbehörden, ihr Wissen und Wollen, ihre technischen und disziplinarischen Sicherungsstrategien klare Konturen gewinnen.

Die zuletzt in der Bergbaugeschichte so stark dominierenden sozial- und wirtschaftsgeschichtlichen Erklärungen aus Betriebsstrukturen, ökonomischen Prozessen, politischen Rahmenbedingungen und sozialen Interessenlagen werden so ergänzt und zugleich stark relativiert. Neue Gesichtspunkte bringen verloren gegangene Komplexität ins Bild zurück. Die frühen Grenzen der zeitgenössischen Sicherheitsdiskussionen – und Sicherheitsstrategien – fallen ins Auge. Denkblockaden und Handlungsdefizite, Irrwege und Entlastungsstrategien, Fehlwahrnehmungen und bewusste Unterlassungen, werden aus dieser Langzeitperspektive und der hier ausgewiesenen hohen Problemkomplexität der Schlagwetter- und Kohlenstaubexplosionen heraus klarer und präziser fassbar. Kurz: Die Zuweisung von Risiken, ihre Verteilung auf die verschiedenen Akteursgruppen wird überzeugend rekonstruiert. An die Stelle des unentwirrbaren Gestrüpps zeitgenössischer Schuldzuweisungen tritt die Herausarbeitung und Gewichtung von Verantwortung in der Zeit. Die Studie von Michael Farrenkopf ist so mehr als eine Untersuchung zur Ruhrgebietsgeschichte. Mit ihr wird der Anschluss an die international schon seit längerer Zeit florierende, naturwissenschaftlich informierte, historisch-sozialwissenschaftliche Risiko- und Katastrophenforschung gesucht und gefunden.

Berlin 2003
Heinz Reif

Vorwort

Bei der vorliegenden Untersuchung handelt es sich um den ungekürzten und nur geringfügig überarbeiteten Druck meiner Dissertation, die im Sommersemester 2000 unter gleichem Titel vom Fachbereich Kommunikations- und Geschichtswissenschaften der Technischen Universität Berlin angenommen worden ist. Ihre Erarbeitung erfolgte zwischen Jahresbeginn 1999 und Sommer 2000, das Interesse zur Beschäftigung mit dem behandelten Thema wurde jedoch bereits im Sommer 1993 geweckt.

Zu diesem Zeitpunkt arbeitete ich als studentische Hilfskraft im Bergbau-Archiv beim Deutschen Bergbau-Museum in Bochum und es war dessen damalige Leiterin, Frau Dr. Evelyn Kroker, die mir bereits vor Abschluss meines Magister-Studiums hinreichend Vertrauen entgegen brachte, die Behandlung des für Historiker nicht ganz einfachen Themas im Rahmen einer Dissertation nahe zu legen. Herr Professor Dr. Heinz Reif, TU Berlin, war ohne zu zögern bereit, die Betreuung der Arbeit als Doktorvater zu übernehmen. Meine von 1995 bis Ende 1998 während Tätigkeit als wissenschaftlicher Mitarbeiter des Deutschen Bergbau-Museums Bochum rückte allerdings andere Themenschwerpunkte in den Vordergrund. Wenn dabei die allgemeine Zuversicht in den Abschluss des Promotionsvorhabens nicht übermäßig litt, so bin ich vielen Förderern, Betreuern, Kollegen und Freunden sehr verbunden.

Mein besonders herzlicher Dank gilt zunächst Herrn Professor Dr. Heinz Reif für seine langjährige Betreuung, aufmunternde kritische Begleitung und seine Fähigkeit, das Thema aus einem zu starken bergbaulichen Innenbezug zu lösen. Die räumliche Distanz zwischen Berlin und Bochum war dabei niemals problematisch. Herrn Professor Dr. Reinhold Reith, Universität Salzburg, bin ich für die Übernahme des Zweitgutachtens und redaktionelle Hinweise bei der Drucklegung sehr verbunden.

Wohlwollende und förderlich fachliche Kritik hat die Arbeit durch Diskussionen in verschiedenen universitären Kolloquien erfahren, wofür ich insbesondere Herrn Professor Dr. Klaus Tenfelde und Herrn Professor Dr. Wolfhard Weber, beide Ruhr-Universität Bochum, sowie Herrn Professor Dr. Helmuth Albrecht, TU Bergakademie Freiberg, danken möchte. Auf Einladung der Georg Fischer AG war es ferner möglich, konzeptionelle Vorüberlegungen auf der 19. Technikgeschichtlichen Tagung der Eisenbibliothek in Schaffhausen im November 1996 zur Diskussion zu stellen. Viele fruchtbare Diskussionen im Detail haben meine Kollegen und Freunde Dr. Stefan Przigoda und Dr. Dietmar Bleidick geführt und dies – wie ich hoffe – aufgrund gemeinsamen Interesses an der Montangeschichte nicht ungern getan.

Ebenso dankbar bin ich den Mitarbeiterinnen und Mitarbeitern in den konsultierten Archiven, insbesondere jenen des Nordrhein-Westfälischen Staatsarchivs in Münster. Brigitte Kikillus, Gudrun Neumann und Brigitte Sturm-Rodeck haben als Kolleginnen im Bergbau-Archiv Bochum seit langem wertvolle Hilfen von der Aktenrecherche bis zur Druckfahnen-Korrektur geleistet. Doris und Annette Farrenkopf sahen die Manuskriptseiten kritisch durch. Annette Mannel hat mit viel Verständnis und auf ihre Art viel zum Abschluss des gesamten Vorhabens beigetragen.

Mit ganz besonderer Dankbarkeit blicke ich heute auf eine inzwischen langjährige Freundschaft mit Dr. Evelyn und Dr. Werner Kroker als ehemalige Fachbereichsleiter im Deutschen Bergbau-Museum Bochum zurück. Sie haben beide seit meinen frühen Studientagen das Interesse an der Geschichtswissenschaft insgesamt gefördert und mir frühzeitig Perspektiven im professionellen Umfeld eröffnet. In diesem Sinne waren und sind sie weit mehr als hilfreich kritische Begleiter der hier vorgelegten Dissertation.

Die Arbeit wurde im Jahr 2001 von der Georg-Agricola-Gesellschaft zur Förderung der Geschichte der Naturwissenschaften und der Technik e.V. mit dem Nachwuchspreis ausgezeichnet.

Herrn Museumsdirektor Professor Dr. Rainer Slotta bin ich für die Aufnahme der Arbeit in die Schriftenreihe des Deutschen Bergbau-Museums Bochum zu großem Dank verpflichtet.

Widmen möchte ich diese Studie meinem Vater, Bergdirektor Hans-Paul Farrenkopf (1936-1985), der meine Beschäftigung mit der Bergbaugeschichte leider nicht mehr erlebte, wohl aber mit Freude gesehen hätte.

Bochum, im Oktober 2003
Michael Farrenkopf

1. Einleitung

1.1 Das Thema Unfallgeschichte innerhalb der Bergbauhistoriographie zum Ruhrgebiet

Die Montangeschichte des größten deutschen Steinkohlenreviers an der Ruhr gehört zu den umfangreich bearbeiteten historischen Forschungsfeldern. Seit den letzten etwa 30 Jahren ist sie sogar „nachgerade prominent geworden", weil Geschichtsbewusstsein als Sozialisationsmacht in der seither von einem tief greifenden Strukturwandel betroffenen Region Orientierungen und kollektives Selbstverständnis erzeugt.[1] Im Hinblick auf die engere Geschichtsschreibung des Bergbaus – zumal der über das 19. Jahrhundert – bilden die 1960/70er Jahre eine deutliche Zäsur. Zum einen produzierte der Strukturwandel eine Reihe wissenschaftlicher Organisationen, die sowohl den institutionellen Rahmen für die wissenschaftliche Forschung erweiterten als auch Voraussetzungen zum Erhalt eines großen Teils des „schriftlichen Gedächtnisses" der Branche erst ermöglichten.[2] Zum anderen vollzog sich dieser Prozess analog zu einem historischen Paradigmenwechsel, bei dessen Hinwendung zu einer strukturellen Sozialgeschichte der Industrialisierung die „Mining Community" des Ruhrreviers besonderes Interesse erhielt.[3]

Das der Arbeit zugrunde liegende Thema ist Teil dieser umfassenden Montangeschichte. Es behandelt mit Explosionsunfällen und -unglücken ein spezifisches Problem bei der Steinkohlengewinnung, das gerade den Ruhrbergbau im Verlauf seiner Geschichte in unterschiedlicher Anzahl und Stärke betroffen hat. Nicht erst heute sind Grubenunglücke Ereignisse, die unter dem Eindruck einer sensibilisierten Öffentlichkeit breite öffentliche Diskurse über die Sicherheit eines ganzen Wirtschaftszweiges nach sich ziehen.[4] Auch wenn wir im Rahmen

---

1 vgl. Tenfelde, Klaus: Bergbaugeschichte im Ruhrgebiet, in: Der Anschnitt 50, 1998, S. 215 – 227. Zu den gesellschaftlichen Dimensionen des Strukturwandels vgl. Ders.: Das Ruhrgebiet und Nordrhein-Westfalen. Das Land und die Industrieregion im Strukturwandel der Nachkriegszeit, in: Barbian, Jan-Pieter/Heid, Ludger (Hrsg.): Die Entdeckung des Ruhrgebiets. Das Ruhrgebiet in Nordrhein-Westfalen 1946 – 1996, Essen 1997, S. 24 – 40.

2 vgl. Dietz, Burkhard: Hochschulpolitik in Nordrhein-Westfalen und die Gründung der Ruhr-Universität Bochum, in: Ders./Schulze, Winfried/Weber, Wolfhard (Hrsg.): Universität und Politik. Festschrift zum 25jährigen Bestehen der Ruhr-Universität Bochum, Bd. 1, Bochum 1990, S. 55 – 130. Zur Gründungsgeschichte des Bergbau-Archivs beim Deutschen Bergbau-Museum in Bochum, der zentralen Aufbewahrungsstelle für die Konzern-, Zechen-, Verbands- und Nachlassüberlieferung des deutschen Bergbaus, vgl. Kroker, Evelyn: Das Bergbau-Archiv Bochum. Kurzführer, Bochum, 2., überarbeitete Aufl., 1994, S. 7 f. sowie Dies.: Das Bergbau-Archiv und seine Bestände, Bochum 1977 (= Veröffentlichungen aus dem Deutschen Bergbau-Museum Bochum, Nr. 11), S. 9 ff.

3 vgl. Kocka, Jürgen (u.a.) (Hrsg.): Theoriedebatte in der Geschichtswissenschaft. Sozialgeschichte, Paradigmenwechsel und Geschichtsdidaktik in der aktuellen Diskussion, Paderborn 1982. Zum Begriff der „Mining Community" vgl. Bulmer, M. I. A.: Sociological Models of the Mining Community, in: Sociological Review 23, 1975, S. 61 – 91. In diesem Zusammenhang ist auch die bis heute als unverzichtbares Standardwerk geltende Dissertation von Klaus Tenfelde zu sehen: Tenfelde, Klaus: Sozialgeschichte der Bergarbeiterschaft an der Ruhr im 19. Jahrhundert, Bonn, 2. durchgesehene Aufl., 1981.

4 vgl. Fettweis, Günter B. L./Wagner, Horst: Bergbausicherheit und Mineralrohstoffgesetz, in: Berg- und Hüttenmännische Monatshefte 144, 1999, S. 217 – 244, S. 321 – 328, S. 395 – 406. Die beiden Verfasser kritisieren das vom österreichischen Nationalrat Anfang Dezember 1998 beschlossene und am 1. Januar 1999 in Kraft getretene Mineralrohstoffgesetz. Aus ihrer Sicht ist es zu stark „unter dem Einfluss von Emotionen in den Medien und in der breiten Öffentlichkeit beraten und beschlossen worden", die durch das Grubenunglück in Lassing vom Sommer 1998 bestimmt waren. Herrn Professor Fettweis, emeritierter Ordinarius für Bergbaukunde der Montanuniversität Leoben, danke ich herzlich für entsprechende Hinweise.

der Arbeit erst untersuchen wollen, ob und welche Konsequenzen das Postulat für die histo-rische Entwicklung des Ruhrbergbaus hatte, führt es zunächst zu der Erwartung, dass die Montangeschichte sich dieser Fälle angenommen haben muss.

Grubenunglücke liegen an der Schnittstelle von technischen und natürlichen Katastrophen. Der mit Rücksicht auf die gewerblichen Unfallstatistiken – wonach die tödlichen Unfälle im Bergbau bis weit ins 20. Jahrhundert beständig mit an der Spitze lagen – berechtigte Mythos von der Gefährlichkeit des Bergmannsberufes[5], findet seine Begründung in Besonderheiten, die den Bergbau in sicherheitlicher Hinsicht von der übrigen Wirtschaft unterscheiden. Eine dieser Besonderheiten ist der Lagerstättenbezug bzw. seine Bindung an mineralische Roh-stoffe in der Erdkruste. Daraus folgt zweitens sein Charakter als extraktive Industrie, wo-nach die Arbeitsplätze nicht auf sondern in der natürlich entwickelten Erdoberfläche liegen. In ihr schafft sich der Bergbau eine von der Tagesoberfläche gesonderte Arbeitswelt, die ständigen Veränderungen unterworfen ist. Mit fortschreitender Lagerstättenextraktion wan-deln sich die Abbaufronten als Gewinnungsörter sowie die Zugänge über Schächte und Streckensysteme, die dem Abbau als Infrastruktur dienen. Diese Wandlungen greifen fort-während in die inhomogen und diskontinuierlich aufgebaute Erdkruste ein. Sie konfrontiert die Arbeitsplätze beständig mit geologischen und gebirgsmechanischen Gefahren.[6]

Darin besteht ein grundlegender Unterschied zur verarbeitenden Industrie. Setzt man die Gewinnung der Rohstoffe mit deren Werkstoffen gleich, so beschränkt sich die Sicherheits-anforderung im Bergbau nicht nur auf die eigentlichen Produktionsfaktoren. Im Bergbau muss zusätzlich der ganze vom Abbau betroffene Bereich der Erdkruste zugunsten eines si-cheren Arbeitens beherrscht werden. Dabei können Fehler auftreten, deren ursächliche Zu-sammenhänge auf geologische Phänomene zurückgehen, die außerhalb einer im Bergbau nie vollständig zu leistenden Vorerkundung liegen. Insofern haben Grubenunglücke einen Bezug zu Naturkatastrophen, die man im Allgemeinen als Ereignisse mit kosmischer, biologi-scher, geologischer bzw. meteorologischer Begründung definiert.[7] Andererseits können der-artige Ereignisse ihre Wirkung auf die bergbautreibenden Menschen erst durch deren ziel-gerichtetes Handeln zur Ausbeutung der Rohstoffe unter Anwendung technischer Verfahren entwickeln. Damit sind sie grundsätzlich auch technische Katastrophen, die per Definition durch menschliches Handeln verursacht werden, wesentlich technisch bedingt und für die technisch-ökonomische Entwicklung von Bedeutung sind.[8]

Grubenunglücke fordern für ihr Verständnis ein interdisziplinäres Wissen über unterschied-liche Bereiche der Montanwissenschaften. Zugleich sind sie damit aber auch für ganz ver-

---

5 vgl. Heymann, Bruno/Freudenberg, Karl: Morbidität und Mortalität der Bergleute im Ruhrgebiet, Essen 1925, S. 189 – 199; Levin, Günter: 100 Jahre Unfallverhütung. Beständigkeit im Wandel, in: Kompaß. Zeitschrift für Sozialversicherung im Bergbau 95, 1985, S. 429 – 435 sowie Farrenkopf, Michael: „Dein Kopf ist nicht aus Gummi" – Arbeitssicherheit, Unfallverhütung und Gesundheitsvorsorge, in: Kroker, Evelyn (Hrsg.): „Wer zahlt die Zeche?" – Plakate und Flugblätter aus dem Bergbau-Archiv Bochum, Bochum 1995 (= Veröffentlichungen aus dem Deutschen Bergbau-Museum Bochum, Nr. 58), S. 86 – 91, hier S. 86.
6 vgl. Fettweis/Wagner, Bergbausicherheit, S. 219.
7 vgl. Lackner, Helmut: Technische Katastrophen und ihre Bedeutung für die technische Entwicklung. Ein Überblick, in: Ferrum - Nachrichten aus der Eisenbibliothek 69, 1997, S. 4 – 15, hier S. 4. Siehe auch Schmidt, Andreas: „Wolken krachen, Berge zittern, und die ganze Erde weint ...". Zur kulturellen Vermittlung von Na-turkatastrophen in Deutschland 1755 bis 1855, Münster (u.a.) 1999. Schmidt subsumiert unter Naturkatastro-phen Erdbeben, Vulkanausbrüche, Stürme und Unwetter sowie Überschwemmungen und Sturmfluten. Außer-dem kennzeichnet er den Forschungsstand einer „historischen Katastrophenforschung" zutreffend als ein „noch junges und wenig ausgeprägtes Untersuchungsfeld im Kanon der Geschichtswissenschaft". Als Gründe für den defizitären Stand nennt er die traditionelle Ausrichtung der Historiographie auf eine Ereignisgeschich-te mit politischem Schwerpunkt, die erst seit etwa 20 Jahren durch eine Hinwendung zur Mentalitätenge-schichte, Alltagsgeschichtsschreibung und Mikrohistorie aufgebrochen worden sei. Vgl. ebd., S. 16.
8 vgl. Lackner, Technische Katastrophen, S. 4 f.

14

schiedene Aspekte einer umfassenden Montangeschichte interessant. Wie haben sich also Grubenunglücke in der weit vor dem Paradigmenwechsel der 1960/70er Jahre beginnenden Bergbauhistoriographie niedergeschlagen?

Ein typisches Kennzeichen für die Geschichtsschreibung zum Ruhrbergbau im 19. Jahrhundert besteht darin, dass sie vornehmlich von höheren Bergbeamten und den wirtschaftsbürgerlichen Eliten in der Region unternommen worden ist. Der seit der Jahrhundertmitte zur Klasse degradierte Bergarbeiterstand war unter den Bedingungen mangelnder Bildung und Schriftlichkeit sowie migrationsbedingter Entwurzelung im Sinne geschriebener Historie weitgehend geschichtslos.[9] Bergbaugeschichtsschreibung erfüllte innerhalb der über den akademischen Ausbildungsweg der Bergassessorenlaufbahn eng verbundenen Oberschicht eine selbstreflexive Funktion. Sie hatte Einfluss auf die Auswahl der Themen, unter denen die Bergrechtsgeschichte zunächst im Mittelpunkt stand.[10] Dabei lieferte das langfristige Bemühen um eine Reform des preußischen Bergrechts zumal den höheren Beamten Anreiz, dem ihnen drohenden Statusverlust mit historischen Werken über die Genese des Direktionsprinzips und ihrer darin herausgehobenen Stellung zu begegnen.[11]

Ein zweites Feld war die historische Betrachtung der Bergtechnik. Als äußerer Rahmen wirkte hier die allumfassende Technikbegeisterung, wobei gerade das liberale Bürgertum den technischen Fortschritt als Grundlage des eigenen Wohlstands sah und daraus sein Selbstvertrauen schöpfte.[12] Vorwiegend wurden in diesem Zusammenhang die bereits überkommenen Bergbaukünste der frühen Neuzeit behandelt. Den mechanischen Künsten, Förderungstechniken und nicht zuletzt dem Schmelzwesen stand man mit großer Bewunderung gegenüber. Im Unterschied zum älteren Erzbergbau waren die historischen Auseinandersetzungen mit der Technik im Steinkohlenbergbau weniger zahlreich. Dabei spielte sicher eine Rolle, dass der Übergang zum Kohlenbergbau einige technische Traditionen des Erzbergbaus abschnitt und technische Innovationen in der Abbau- und horizontalen Fördertechnik des Steinkohlenbergbaus bis ins 20. Jahrhundert auch kaum zustande kamen.[13]

Gleichwohl wurden nicht nur zahlreiche bergtechnische Handbücher mit explizit historischer Reflexion verfasst[14], sondern insbesondere in den späteren Jahren des Kaiserreichs zu Zeiten konjunktureller Blüte mehrbändige Sammelwerke über den erreichten Stand bergtechnischen Leistungsvermögens erarbeitet. Für den Ruhrbergbau ist in erster Linie das von verschiedenen Gemeinschaftsorganisationen um die Jahrhundertwende erstellte zwölfbändige Werk zur „Entwickelung des Niederrheinisch-westfälischen Steinkohlen-Bergbaues in der zweiten Hälfte des 19. Jahrhunderts" zu nennen.[15] Unter Berücksichtigung des Entste-

---

9 vgl. Tenfelde, Bergbaugeschichte im Ruhrgebiet, S. 217.

10 vgl. exemplarisch Achenbach, Heinrich: Das gemeine deutsche Bergrecht in Verbindung mit dem preußischen Bergrechte, Bonn 1871 sowie Arndt, Adolf: Zur Geschichte und Theorie des Bergregals und der Bergbaufreiheit. Ein Beitrag zur Wirtschaftsgeschichte, Freiburg, 2. Aufl., 1916.

11 vgl. Achenbach, Heinrich: Geschichte der Cleve-Märkischen Berggesetzgebung und Bergverwaltung bis zum Jahre 1815, in: Zeitschrift für Bergrecht 28, 1887, S. 154 – 253.

12 vgl. Schnabel, Franz: Deutsche Geschichte im neunzehnten Jahrhundert, Bd. 3: Erfahrungswissenschaften und Technik, Freiburg 1934 (Nachdruck: München 1987), S. 441. Über die Wirkungen der Technikbegeisterung auch innerhalb der Arbeiterbewegung und der Sozialdemokratie vgl. Radkau, Joachim: Technik in Deutschland. Vom 18. Jahrhundert bis zur Gegenwart, Frankfurt a. M. 1989, S. 218 f.

13 vgl. Tenfelde, Klaus: „Klassische" und „moderne" Themen in der Bergbaugeschichte, in: Kastner, Dieter (Red.): Landwirtschaft und Bergbau. Zur Überlieferung der Quellen in rheinischen Archiven, Köln 1996 (= Landschaftsverband Rheinland, Archivberatungsstelle, Archivhefte 29), S. 127 – 142, hier S. 132.

14 Die einschlägige Literatur ist im Kapitel 3.1 zitiert.

15 vgl. Verein für die bergbaulichen Interessen im Oberbergamtsbezirk Dortmund (fortan: Bergbau-Verein) in Gemeinschaft mit der Westfälischen Berggewerkschaftskasse (fortan: WBK) und dem Rheinisch-Westfälischen Kohlen-Syndikat (fortan: RWKS) (Hrsg.): Die Entwickelung des Niederrheinisch-Westfälischen Steinkohlen-Bergbaues in der zweiten Hälfte des 19. Jahrhunderts, 12 Bde., Berlin 1902 – 1905.

hungszusammenhangs kann nicht verwundern, dass hierin die Kehrseite der Fortschritts-
segnungen kaum eine Rolle spielte. Ganz am Rande – im dritten Teil des letztes Bandes – behandelte man Krankheiten, Verunglückungen, Invaliditäts- und Todesfälle, die den industriellen Bergbaubetrieb begleiteten. Das Unfallproblem erschien hierin als sachliche Auflistung
abstrakter statistischer Zählung und war eingebettet in die Schilderung der historischen Genese derjenigen institutionellen Organisationen, zu deren Aufgabe die Unfallvor- und -nach-
sorge gehörte. Im Verständnis der von Unfällen eher mittelbar Betroffenen wurde das Problem vorrangig als eigengesetzliche und naturgegebene Gefahr wahrgenommen, die der
technische Fortschritt mit produzierte ohne ihn jedoch in Frage zu stellen.

Gegen die historisch untermauerte, weitgehend handlungs- und wertneutrale Sicht des bergbaulichen Unfallgeschehens wandte sich zu Beginn des 20. Jahrhunderts die Arbeiterbewe-
gungshistoriographie. In den großen Werken über die Bergarbeiter der Gewerkschaftsführer
Otto Hue (1868 – 1922) und Heinrich Imbusch (1878 – 1945) lag der historische Ansatz in der
Darstellung der sozialen Kämpfe der Bergarbeiterschaft.[16] Beide schilderten die Entrechtlichung der Arbeitsverhältnisse und den sozialen Abstieg der Bergarbeiter, deren Folge neben
vielem anderem auch eine gesteigerte Bedrohung von Unfallfolgen war. Bei Hue war ein eigenes Kapitel über die „Zunahme der Unfälle, Krankheiten und Invalidität" neben der „Verschlechterung der Arbeitsbedingungen" und weiteren „Schädigungen der Knappschaftsge-
nossen" dem Überbegriff „Die Proletarisierung der Bergarbeiter" zugeordnet.[17] Im Hinblick
auf die bis zur Veröffentlichung der Werke erfolgreich bekämpfte Anerkennung der Gewerkschaften trug ihre Behandlung der Unfallproblematik ein typisches und verständliches Kennzeichen. Sie entzogen sie in Gänze der handlungsneutralen Verursacherlogik und ordneten
sie ebenso pauschal den allein nach Profitgesichtspunkten strukturierten Arbeitsbedingungen zu. Stärker noch als Imbusch sah Hue in der durch Abkehr vom Direktionsprinzip ver-
schwundenen Stellung des Bergknappen ein Grundübel des historischen Entwicklungsprozesses. Die umfassende betriebliche Kontrolle durch die Bergbehörde im ständischen
Bergbau galt ihm als Garant für ein funktionelles Überwachungssystem, das im Zuge der
preußischen Bergrechtsreform außer Kraft gesetzt worden war.[18]

Weitgehend innerhalb dieser Erklärungsmuster analysierte auch Klaus Tenfelde in seiner
grundlegenden Dissertation aus dem Jahr 1977 über die Sozialgeschichte der Bergarbeiterschaft an der Ruhr im 19. Jahrhundert das bergbauliche Unfallproblem. Ähnlich wie bei den
wesentlich früher entstandenen Arbeiten der Gewerkschaftsführer bildete es eher einen Ne-
benschauplatz des auf größere Zusammenhänge gerichteten Erkenntnisinteresses. Auf der
Grundlage statistischen Materials kam er zu dem Ergebnis, dass die seit den 1860er Jahren
erheblich gesteigerte Produktivität „auch durch größere Opfer der Belegschaften an Leben
und Gesundheit bezahlt werden" musste. Für die relativ niedrigen Unfallraten im Direktionsprinzip waren demnach in erster Linie „die engmaschigen, angesichts der bergbaulichen Expansion so nicht durchzuhaltenden Aufsichtsverhältnisse" verantwortlich gewesen.[19] Nach
der Bergrechtsreform nahm die großbetriebliche Förderungsorganisation den Grubenbe-
triebspunkten die frühere Übersichtlichkeit und schuf zudem im Maschinenwesen, mit Tief-
bauschächten und ausgedehnten Grubenbauten neue Gefahrenquellen, für die die alten Be-

---

16 vgl. Hue, Otto: Die Bergarbeiter. Historische Darstellung der Bergarbeiter-Verhältnisse von der ältesten bis in
die neueste Zeit, 2 Bde., Stuttgart 1910 – 1913 sowie Imbusch, Heinrich: Arbeitsverhältnis und Arbeiterorganisationen im deutschen Bergbau. Eine geschichtliche Darstellung, Essen o.J. <1908>. Zu Imbusch siehe auch
Schäfer, Michael: Heinrich Imbusch. Christlicher Gewerkschaftsführer und Widerstandskämpfer, München
1990.
17 vgl. Hue, Die Bergarbeiter, Bd. 2, Teil 1.
18 vgl. ebd., S. 206 – 213.
19 zit. Tenfelde, Sozialgeschichte, S. 226 f.

stimmungen nicht länger ausreichen konnten. Schließlich erkannte auch Tenfelde ein strukturelles Kennzeichen der ursächlichen Bedingungen für zunehmende Unfallraten: „Daß von den Zechen Unfallverhütungsmaßnahmen, die immer die Kostenstruktur der Betriebe belasten mußten, ungern ergriffen, vernachlässigt oder umgangen wurden, lag im Charakter der seit der Bergrechtsreform im Bergbau durchgesetzten Leistungs- und Gewinnorientierung.[20]

Schließlich wies Tenfelde auf zwei Gesichtspunkte hin, die für die vorliegende Arbeit von besonderem Interesse sind. Erstens stellte er für das spezielle, durch Schlagwetter und Kohlenstaub hervorgerufene Explosionsgeschehen fest, dass es im Gegensatz zu anderen Unfallkategorien offenbar durch eine signifikante Trendwende bereits in den 1880er Jahren bestimmt war. Außerdem gab er historischen Arbeiten, die sich explizit mit Unfallproblemen im Bergbau beschäftigen, einen wichtigen Fingerzeig mit auf den Weg: „Vor einer allzu unvermittelten Inbezugsetzung von Konjunkturentwicklung und Unfallhäufigkeit ist zu warnen; in die Unfallzahlen fließen eine Anzahl weiterer, z. T. gewichtiger, z. T. widersprüchlicher Faktoren wie betriebsplanerische Entscheidungen entlang der Nachfragesituation, technische Innovationen, belegschaftsstrukturelle Veränderungen, Arbeitsleistung u. a. m. ein.“[21]

Die Warnung lief auf die Forderung nach einem methodenkritischen Vorgehen hinaus, das die wenigen bis dahin vorgelegten Arbeiten zum bergbaulichen Unfallgeschehen aus verschiedenen Gründen nur unzureichend erfüllten. Unter ihnen treten zunächst einzelne Werke in den Blick, die ähnlich wie die großen Arbeiten von Hue und Imbusch bereits um 1900 allerdings nicht unter historischen Gesichtspunkten verfasst worden waren.[22] Sie gelten zweifellos als unverzichtbare Quelle zur Ermittlung statistischer Verläufe des Unfallproblems. Außerdem liefern sie wichtige Beiträge für die aus genannten Gründen nur mühsam zu leistende Rekonstruktion einer bergarbeiterlichen Sicht der Unfallproblematik. Dabei sollte allerdings ihr Entstehungszusammenhang kritisch gewürdigt werden.[23]

In den 1950er Jahren erschienen verschiedene Werke, die sich um eine definitorische Klärung des Begriffs „Arbeitsunfall“ und um eine Systematisierung der Verursacherkriterien am Beispiel des Ruhrbergbaus verdient machten.[24] Sie lieferten mehreren Forschungsvorhaben an der Dortmunder Bundesanstalt für Arbeitsschutz und Unfallforschung aus den 1970er Jahren den theoretischen Bezugspunkt. Ihnen ging es vorrangig um eine gegenwartsbezogene Ursachenanalyse mit Entwicklung empirischer Berechnungsmodelle. Histo-

---

20 zit. ebd., S. 227.

21 zit. ebd., S. 225, Anm. 15.

22 vgl. beispielsweise Pöller, Richard: Die Gefahren des Bergbaues und die Grubenkontrolle im Ruhrrevier, München/Leipzig 1914 sowie Werner, G[eorg]: Unfälle und Erkrankungen im Ruhr-Bergbau, Essen, 2. Aufl., o.J. <1911>.

23 In Bezug auf die Arbeit von Georg Werner, dem maßgeblichen Mitbegründer des Deutschen Steigerverbands von 1907 vgl. Ders.: Meine Rechnung geht in Ordnung, Berlin 1958, S. 140 – 144: „Bereits in den ersten Januartagen 1908 traten wir mit einem Fragebogen an unsere Mitglieder heran, uns Auskunft über die betrieblichen Verhältnisse ihrer Anlage zu geben. Die eingehenden Fragebogen benutzte ich als Unterlage für die Broschüre, mit der ich in den Kreisen des Bergbaues eine Diskussion über den Steigerverband auslösen wollte. Die Broschüre ist unter dem Titel ‚Unfälle und Erkrankungen im Ruhrbergbau‘ bereits im Monat Juli 1908 erschienen. Vor der Veröffentlichung schickte ich das Manuskript an Hue zur Durchsicht, denn er besaß als Pressemensch Erfahrungen, um mich auf Entgleisungen hinzuweisen, die mich mit dem Strafrichter in Konflikt bringen konnten. Umgehend rief er mich an, ihn zu besuchen. Bei meinem Eintritt begrüßte er mich mit der Frage, ob mein Haus in Ordnung gebracht habe, denn das, was ich in der Broschüre sage, bringe mir mindestens fünf Jahre Gefängnis ein. [...] Die Broschüre ist in der Zentrumsdruckerei von Fredebeul & Köhnen in Essen gedruckt worden. [...] Ich hatte, wie beabsichtigt erreicht, daß über das Stinnessystem in allen Kreisen des Bergbaues gesprochen und dabei auch der neugegründete Steigerverband erwähnt wurde.“ Zum Deutschen Steigerverband vgl. Trischler, Helmuth: Steiger im deutschen Bergbau. Zur Sozialgeschichte der technischen Angestellten 1815 – 1945, München 1988, S. 134 – 139.

24 vgl. Neuloh, Otto: Der Arbeitsunfall und seine Ursachen, Stuttgart/Düsseldorf 1957 sowie Steinberg, Christa: Der Unfallgefährdete und die Unfallverhütung im Ruhrbergbau, Berlin 1957.

rische Bezüge blieben dabei entsprechend des Untersuchungsziels zumeist kursorisch[25], abgesehen von Ulrich Völkenings Schrift über die „Unfallentwicklung und -verhütung im Bergbau des Deutschen Kaiserreiches".[26] Sie fußte auf einer breiten statistischen Grundlage und konzentrierte sich davon ausgehend auf eine Ursachenanalyse, die die Methoden der derzeit als modern verstandenen „Unfallursachenforschung" für die Zeit des wilhelminischen Kaiserreiches anwandte.

Völkenings Arbeit kam hinsichtlich der gewählten Methodik zwar den Forderungen Tenfeldes nahe; sie blieb jedoch in den erzielten Ergebnissen sehr eng auf das ausgebreitete statistische Material und insofern auf eine sehr schematische Ursachendiskussion beschränkt.

Helmuth Trischler bilanzierte 1988 den Stand der Erforschung historischer Verlaufsmuster von Krankheit und Tod am Arbeitsplatz angesichts der bestehenden Situation völlig zutreffend als höchst defizitär. In seinem Aufsatz über „Arbeitsunfälle und Berufskrankheiten im Bergbau 1851 bis 1945" kam er zu dem Schluss, dass die Feststellung wohl auf andere Branchen noch weit stärker als für den Bergbau zutraf. Doch auch hier war eine Konzeptualisierung des Forschungsfeldes keinesfalls ausreichend vollzogen.[27] Ausgehend von jüngeren sozialgeschichtlichen Ansätzen zur Strukturierung möglicher Forschungsschwerpunkte entwarf er eine Reihe unterschiedlicher Analyseebenen.[28] Zunächst forderte er einen kritischen Umgang mit den zeitgenössisch erstellten Unfallstatistiken, da deren Rubrizierungskriterien und mithin die Zählweise bereits von einem historisch gewordenen Verständnis des Arbeitsunfalls bestimmt worden war.

Weiterhin hätte eine Unfallgeschichte nicht nur im engeren Sinne nach einer Ursachenanalyse zu streben, sondern ferner nach Auswirkungen von konjunkturellen und arbeitsprozessualen Veränderungen sowie von Mechanisierung und Rationalisierung zu fragen. Darin sollte eine Untersuchung des Umfangs und der Wirksamkeit prophylaktischer Maßnahmen eingebettet sein, wobei der jeweilige Stand der medizinischen und arbeitswissenschaftlichen Forschung sowie die Umsetzung der Erkenntnisse im Betrieb und im Gesetzgebungsprozess zu berücksichtigen seien. Darüber hinaus müssten die Analysestränge um Fragen nach vorhandenen gesetzlichen Bestimmungen und dem Stand der betrieblichen und staatlichen Sozialpolitik erweitert werden. Dabei erfordere das Verhalten der staatlichen Aufsichtsorgane und der Arbeitsmarktparteien im organisierten Kampf der Interessenvertretung eine gesonderte Beachtung. Schließlich sei nach historischen Wandlungen im Verständnis von individueller Schuld, Verantwortlichkeit und höherer Gewalt zu fragen.[29]

Trischler konzentrierte sich bei seiner Untersuchung auf Fragen nach dem Verhalten der staatlichen Aufsichtsorgane und dem der Arbeitsmarktparteien. Grundlage seiner Argumentation war eine kritische Würdigung allein der gesamtpreußischen tödlichen Unfallstatistik.

---

25 vgl. Hagenkötter, M[anfred]: Soziale Einflüsse und Häufigkeit der Arbeitsunfälle im Ruhrbergbau, Dortmund 1974 (= Schriftenreihe Arbeitsschutz, Nr. 4) sowie Mertens, Alfred: Der Arbeitsschutz und seine Entwicklung, Dortmund 1978 (= Schriftenreihe Arbeitsschutz, Nr. 15).

26 vgl. Völkening, Ulrich: Unfallentwicklung und -verhütung im Bergbau des Deutschen Kaiserreiches, Dortmund 1980 (= Schriftenreihe Arbeitsschutz, Nr. 23).

27 vgl. Trischler, Helmuth: Arbeitsunfälle und Berufskrankheiten im Bergbau 1851 bis 1945. Bergbehördliche Sozialpolitik im Spannungsfeld von Sicherheit und Produktionsinteressen, in: Archiv für Sozialgeschichte 28, 1988, S. 111 – 151, hier S. 111 ff. Zum weiterhin defizitären Stand der historischen Behandlung von Unfällen vgl. Cooter, Roger/Luckin, Bill: Accidents in History: An Introduction, in: Dies. (Hrsg.): Accidents in History: Injuries, Fatalities and Social Relations, Amsterdam/Atlanta 1997, S. 1 – 16.

28 vgl. Weindling, Paul (Hrsg.): The Social History of Occupational Health, London (u.a.) 1985; Spree, Reinhard: Soziale Ungleichheit vor Krankheit und Tod. Zur Sozialgeschichte des Gesundheitsbereichs im Deutschen Kaiserreich, Göttingen 1981.

29 vgl. Trischler, Arbeitsunfälle, S. 112.

18

In der für einen Aufsatz zweifellos gebotenen, gemessen am umfangreich entwickelten Forschungsfeld allerdings beschränkten Sichtweise liefen seine Ergebnisse auf eine Bestätigung
der von Tenfelde bereits beschriebenen Deutungsmuster hinaus. Auch bei Trischler war bei
Ablösung des Direktions- durch das Inspektionsprinzip das zuvor wirksame System der Gefahrenprävention für den Ruhrbergbau außer Kraft gesetzt worden. Die Verringerung des
Behördenpersonals bei gleichzeitiger Expansion des Wirtschaftszweiges hatte zu einer verminderten Präsenz des staatlichen Aufsichtsapparates geführt. Unterstützt durch einen
mangelhaften objektiven Aufsichtswillen der Bergbehörde bis zum Ende des wilhelminischen Kaiserreiches war im Bergbau eine Situation entstanden, in der allein nach den Direktiven
der Leistungsmaximierung und Gewinnorientierung gearbeitet worden war und deshalb die
Unfallzahlen in die Höhe schnellten.

Sowohl wegen der konzeptionellen Forschungsorientierung als auch aufgrund der ermittelten Ergebnisse gelten Trischlers Ausführungen als wichtiger Bezugspunkt für die vorliegende Arbeit. Sie wird versuchen, durch eine Beschränkung auf die Explosionsunglücke als spezieller Kategorie des komplexen bergbaulichen Unfallgeschehens das entwickelte
Thesengebäude zu prüfen. Die bewusste Eingrenzung bietet die Möglichkeit, weitere Analyseebenen – insbesondere die Frage nach dem Verständniswandel von höherer Gewalt und
individueller Schuld – zusätzlich zu berücksichtigen. Außerdem wird sie den Schwerpunkt
stärker auf die natürlich bedingten Gefahrenpotentiale und die technischen Dimensionen des
Problems legen. Auch in dieser Richtung hat sie sich mit bislang nicht beseitigten Defiziten
auseinander zu setzen.

Im Vergleich zur Sozialgeschichte ist die Technikgeschichte des Ruhrbergbaus weniger ausführlich behandelt worden. Bis heute fehlt eine übergreifende und zusammenhängende Untersuchung, die einer von der Technikhistoriographie seit den 1960er Jahren vollzogenen
perspektivischen Erweiterung des Technikbegriffs Rechnung trägt.[30] Der damit verbundene
begriffliche Übergang von der Erfindung zur Innovation, die Loslösung des Untersuchungsgegenstands von der reinen Mechanik und Maschinisierung sowie die Fokussierung auf soziale Folgen technischer Innovationen haben sich bezüglich des Bergbaus allenfalls innerhalb breit angelegter Technikgeschichten und in einzelnen Detailstudien niedergeschlagen.[31]
Dabei sind der Arbeitsplatz des Steinkohlenbergbaus in seinen technologischen Dimensionen
berücksichtigt und die technischen Defizite der Branche im Hinblick auf die Rationalisierungsbemühungen in den 1920er Jahren ausgelotet worden.[32] Allerdings spielten die für das
bergbauliche Explosionsproblem relevanten Technologien der Bewetterung, Beleuchtung
und Schießarbeit hierin eine marginale Rolle.

---

30 vgl. Farrenkopf, Michael: Grubenunglücke als Katastrophen des Bergbaus – Zur Methodik der Untersuchung
   aus technik- und sozialhistorischer Warte, in: Ferrum – Nachrichten aus der Eisenbibliothek 69, 1997, S. 24 –
   35, hier S. 24.
31 Zum Perspektivenwechsel der Technikgeschichte vgl. Hausen, Karin/Rürup, Reinhard (Hrsg.): Moderne Technikgeschichte, Köln 1975 sowie Troitzsch, Ulrich/Wohlauf, Gabriele (Hrsg.): Technik-Geschichte. Historische
   Beiträge und neuere Ansätze, Frankfurt a. M. 1980. Als Überblick der jüngsten Zeit siehe Troitzsch, Ulrich:
   Technikgeschichte, in: Goertz, Hans-Jürgen (Hrsg.): Geschichte. Ein Grundkurs, Reinbek bei Hamburg 1998,
   S. 379 – 393 sowie Weber, Wolfhard: Grundzüge der Entwicklung der Technikhistoriographie in Deutschland
   nach 1945, in: Blätter für Technikgeschichte 57/58, 1995/96, S. 25 – 38. Zur Behandlung des Bergbaus innerhalb übergreifender technikhistorischer Gesamtdarstellung vgl. König, Wolfgang (Hrsg.): Propyläen Technikgeschichte, 5 Bde., Berlin, unveränderte Neuausgabe, 1997 sowie Burghardt, Uwe: Der Steinkohlenbergbau in Deutschland, in: Wengenroth, Ulrich: Technik und Wirtschaft, Düsseldorf 1993 (= Hermann,
   Armin/Dettmering, Wilhelm (Hrsg.): Technik und Kultur, Bd. 8), S. 41 – 96.
32 vgl. Tenfelde, Klaus: Der bergmännische Arbeitsplatz während der Hochindustrialisierung (1890 bis 1914),
   in: Conze, Werner/Engelhardt, Ulrich (Hrsg.): Arbeiter im Industrialisierungsprozeß. Herkunft, Lage und Verhalten, Stuttgart 1979 (= Industrielle Welt, Bd. 28), S. 282 – 335 sowie Burghardt, Uwe: Die Mechanisierung
   des Ruhrbergbaus 1890 – 1930, München 1995.

Ein auch für Trischler geltendes Kennzeichen der bislang lückenhaften Unfallgeschichte des Bergbaus liegt in einer nicht zu übersehenden Vernachlässigung der technischen Faktoren. Die zutreffende Feststellung, dass technische Innovationen im Abbau und der horizontalen Förderung bis 1914 kaum vorkamen, ist dabei zu stark auf die Bergtechnik insgesamt verallgemeinert worden. Dieser Mangel fällt vermutlich erst dann auf, wenn die Unfallproblematik nicht als Ganzes, sondern in einzelnen Kategorien analysiert wird.

1.2 Erkenntnisinteresse und Struktur der Argumentation

Zu den Hauptzielen der Untersuchung gehört die strukturelle Ursachenanalyse für Schlagwetter- und Kohlenstaubexplosionen im Ruhrbergbau während der zweiten Hälfte des 19. Jahrhunderts. Jeder einzelne explosionsbedingte Unglücksfall ist zunächst das Ergebnis einer komplexen Ursachenkette, in der geologische, technische, betrieblich-ökonomische und soziale Faktoren ineinander greifen. Dabei laufen eine Vielzahl zeitlich versetzter und identischer Einzelvorgänge ab, deren Zusammentreffen die Abweichung vom planmäßigen Betriebsablauf bewirken und zu mehr oder minder katastrophalen Konsequenzen führen. Nicht nur den direkt oder mittelbar Betroffenen drängt sich so der Eindruck eines unvergleichlichen und unvorhersehbaren Geschehens auf, das grundsätzlich außerhalb existenter prophylaktischer Maßnahmen angesiedelt gewesen sei.[33]

Erst eine Untersuchung des Unfallproblems im Zeitverlauf bietet die Möglichkeit, das Einzelereignis aus der Sphäre des Zufälligen zu lösen und strukturelle Ursachen zu kennzeichnen. Eine unverzichtbare Voraussetzung dafür ist die Analyse des Auftretens und der Schwere von Explosionsunglücken innerhalb historischer Perioden durch eine im Trischlerschen Sinne methodenkritische Auswertung der Unfallstatistik. Sie steht deshalb am Anfang der Arbeit. Gezielt wird dabei das Explosionsgeschehen aus der gesamtpreußischen Unfallstatistik herausgeschält, um es dann in Relation zu den Entwicklungstrends der übrigen Unfallkategorien bewerten zu können. Der Trendverlauf wird deutlich machen, in welchen engeren Zeiträumen der Bergbau mit den vorhandenen technischen Standards und unter den herrschenden wirtschaftlichen Rahmenbedingungen das Explosionsproblem mehr oder minder erfolgreich beeinflusste.

Unabhängig davon, ob das Auftreten von Explosionsunglücken sich steigerte oder abnahm, blieben die Bergwerksbetreiber, Aufsichtsbehörden und Bergleute zu allen Zeiten bereit, ihren Beruf weiterhin auszuüben. Insofern entwickelten sie ein zeitgebundenes Verständnis für den Umgang mit Unsicherheiten, denen sie sich ausgesetzt sahen. Mit dem Begriff der Un-

---

33 Farrenkopf, Michael: Grubenunglücke in der historischen Forschung: Ansätze, Fragestellungen, Perspektiven, in: Kroker, Evelyn/Ders.: Grubenunglücke im deutschsprachigen Raum. Katalog der Bergwerke, Opfer, Ursachen und Quellen, Bochum, 2. überarbeitete und erweiterte Aufl., 1999 (= Veröffentlichungen aus dem Deutschen Bergbau-Museum Bochum, Nr. 79), S. 17 – 39, hier S. 19. Die Perspektive wird gerade von im Bergbau Tätigen vertreten, deren antiquarisch-traditionalistisches Geschichtsverständnis von dem verständlichen Interesse bestimmt ist, mit der langsam vergehenden Geschichte des Berufsstandes dem eigenen Arbeitsleben Sinn beizumessen. Vgl. die Rezension des leitenden Bergdirektors Volker Dennert zu Kroker/Farrenkopf, Grubenunglücke, in: Erzmetall 52, 1999, S. 440 f.: „Die technische Entwicklung hat besonders im Bergbau immer wieder zunächst unbekannte Gefahrenpotentiale heraufbeschworen, die durch die Erfahrung von Unfällen zu neuen Verhaltensregeln führten." Eine derartige Sicht deutet das Unfallproblem im Sinne schicksalsmäßiger Fügung, die weitgehend außerhalb präventiver Handlungs- und Beeinflussungsmöglichkeiten liegt. Sie ist Teil eines historisch gewachsenen Gefahrenverständnisses, dessen Untersuchung Teil der vorliegenden Arbeit ist. Zum Geschichtsverständnis der „akademisch gebildeten Bergbau-Traditionalisten" vgl. Tenfelde, „Klassische" und „moderne" Themen, S. 135 f.

sicherheit verbindet sich das zentrale Forschungskonzept der Arbeit, dass die strukturelle Ursachenanalyse mit weiteren Analyseebenen der Unfallgeschichte verbindet.[34] Der statistische Verlauf stellt letztlich das objektive Verlaufskriterium der Explosionsunsicherheit dar, auf den sich die menschlichen Handlungen zur Beeinflussung richteten. Unsicherheiten vermitteln sich den Menschen jedoch nie in objektiver sondern in einer subjektiven Weise. Erst die subjektive Perzeption der Unsicherheit veranlasst und strukturiert ihre Handlungsweise zur vermeintlichen Lösung des Problems.

In die Wahrnehmung der Unsicherheit fließen eine Vielzahl unterschiedlicher Bedingungen ein. Sie ist zunächst vom mehr oder minder direkten Betroffenheitsgrad abhängig und von kulturell gewachsenen Glaubensmustern im Sinne göttlicher Fügung oder menschlicher Handlungsautonomie beeinflusst. Unfallursachen waren zu allen Zeiten das Ergebnis menschlichen Handels – die Untersuchung der Handlungsspielräume ist deshalb das Ziel einer Unfallgeschichte.[35] Das heißt jedoch nicht, dass die menschlichen Handlungen zur Verminderung der Unsicherheit grundsätzlich rational geprägt waren. Gerade im Bergbau etablierten sich seit dem Mittelalter transzendentale Wahrnehmungsstrukturen, in denen etwa bereits das Auffinden der Mineralien als gottgefällige Fügung interpretiert wurde.[36] Ein entscheidendes Kriterium für die Effektivität der gewählten Präventionsmaßnahmen war eine möglichst rationale Perzeption im Hinblick auf die ursächlichen Faktoren der Unsicherheit.

Die Entwicklung rationaler Kriterien der Vorsorge setzt wiederum ein Verständnis für die Entstehungsfaktoren der Unsicherheit voraus. Die Arbeit geht deshalb im Anschluss an die statistische Analyse der Frage nach, wieweit das Wissen um die natürlich bedingten Explosionsvoraussetzungen Schlagwetter und Kohlenstaub bereits um die Mitte des 19. Jahrhunderts vorhanden war und wie es sich analog zum Verlauf des objektiven Explosionsgeschehens bis 1914 vertiefte. Es sei an dieser Stelle vorweggenommen, dass zentrale Fragen in dieser Zeit kaum erklärt werden konnten. Eine eigentliche Grubengasforschung, die das Vorkommen im und das Austreten des Methans aus dem Gebirge wissenschaftlich begründete, etablierte sich erst um die Mitte des 20. Jahrhunderts. Mit Darstellung der wissenschaftlichen Genese der Spezialdisziplin und ihrer Ergebnisse greift die vorliegende Untersuchung bewusst über den zeitlich gesetzten Rahmen hinaus. Erst mit ihrer Kenntnis werden Aussagen über die Entwicklung des natürlichen Gefährdungspotentials im Ruhrbergbau des 19. Jahrhunderts möglich.

In einem gesonderten zweiten Teil widmet sich die Arbeit anschließend den eigentlichen Handlungsstrategien des Explosionsschutzes in der zweiten Hälfte des 19. Jahrhunderts. Als Reflex auf das im Zeitverlauf für einzelne Bergwerke sehr unterschiedlich vorliegende natürliche Gefährdungspotential waren hierin ebenso technische, ökonomische und sozialpolitische Motive eingebunden. Die Darstellung orientiert sich dabei an den technischen Strategien, die sich aus den naturgesetzlich vorgegebenen Voraussetzungen zur Entstehung von

---

34 Das Konzept liegt der jüngst wissenschaftlich entwickelten Risikosoziologie zugrunde. Es wird zu Beginn des zweiten Teils der Arbeit eingehend diskutiert. Dort ist auch die einschlägige Literatur zitiert.

35 vgl. Dwyers, Tom: Life and Death at Work. Industrial Accidents as a Case of Socially Produced Error, New York/London 1991. Entsprechend auch Boyer, Josef: Unfallversicherung und Unternehmer im Bergbau. Die Knappschafts-Berufsgenossenschaft 1885 – 1945, München 1995, S. 12.

36 Derartige Vorstellungen versinnbildlichen beispielsweise die sog. Handsteine. Die kunsthandwerklich prächtig ausgestatteten Metallerzstufen galten als Gottesgeschenke, in denen sich das spätgotisch und barocke Menschenbild in seinem Verhältnis zu einem göttlichen Kosmos manifestierte. Vgl. Slotta, Rainer: Bergbau in Kultur und Kunst, in: Wirtschaftsvereinigung Bergbau e.V., Bonn (Hrsg.): Das Bergbau-Handbuch, Essen, 5. Aufl., 1994, S. 127 – 140, hier S. 137 sowie Ders.: Meisterwerke bergbaulicher Kunst und Kultur, Nr. 20: Handstein, Slowakei/Ungarn (?), um 1730, in: Der Anschnitt 35, 1983, Heft 1.

Explosionen ergaben. Im Allgemeinen sind dies die drei Faktoren Brennstoff (hier Methangas bzw. Kohlenstaub), Zündquelle (hier ganz überwiegend Beleuchtung und Schießarbeit) und Sauerstoff (Bestandteil der Grubenluft).[37] Die im engeren Sinne technischen Beeinflussungsstrategien bestanden deshalb zum einen in der Bewetterung der Bergwerke, mit deren Hilfe eine Verdünnung austretenden Gases unter das für Explosionen notwendige Mischungsverhältnis von Methan und Grubenluft erreicht werden sollte. Zum anderen richteten sie sich auf eine Kontrolle der Grubenbeleuchtung und der Schießarbeit. Letztere brachten Flammen nach unter Tage, deren Temperatur für die Zündung eines explosiven Gasgemisches ausreichte.

In primär technischer Hinsicht zerfiel der Explosionsschutz demnach in zwei Teilstrategien, deren Effektivität nicht erst durch eine möglichst optimale Gestaltung von beiden Seiten bestimmt wurde. Fehler bei der Kontrolle der Zündquellen konnten durch die wirksame Bewetterung ebenso ausgeglichen werden wie kritische Gasgemische infolge mangelhafter Bewetterung bei einer funktionalen Zündkontrolle nicht automatisch zur Explosion kamen. Angesichts des ambivalenten Charakters der technischen Explosionsschutzverfahren öffnen sich für die Untersuchung der Handlungsoptionen weiterführende Fragestellungen, die auf die außertechnischen Bereiche übergreifen.

Von großem Interesse ist beispielsweise, welche wirtschaftlichen Belastungen bei der Umsetzung der Teilstrategien auf die Zechen zukamen und mit welchen Motiven gegebenenfalls die eine zugunsten der anderen vernachlässigt oder bevorzugt wurde. Die Beurteilung der Motive differierte im Spannungsfeld der Interessenlagen von Unternehmern, Aufsichtsbehörde und Bergleuten. Inwieweit sich die Interessenstandpunkte durchsetzten und mithin die Effektivität des Explosionsschutzes beeinflussten, lässt sich an speziell erlassenen Bergpolizeiverordnungen zeigen. Als für die Zechen bindendes Mittel staatlicher Regelungskompetenz waren sie Fixpunkte offensiv geführter Risikokonflikte zwischen den industriellen Partnern – vorrangig zwischen Bergbehörde und der vergleichsweise früh organisierten Unternehmerschaft. Auf diesem Wege verbindet sich die spezielle Untersuchung der Explosionsunglücke des Weiteren mit den bestehenden Deutungsmustern der allgemeinen bergbaulichen Unfallgeschichte im wilhelminischen Kaiserreich. Durch Analyse des Verlaufs dieser Konflikte lässt sich prüfen, in welchem Maß Entscheidungen auch hier von einer Interessenkoalition zwischen Unternehmern und staatlichen Bergbeamten geprägt waren.

In diesem Zusammenhang ist schließlich die Frage nach der zeitgenössischen Interpretation der Explosionsursachen im Sinne höherer Gewalt oder individueller Verantwortung eingebunden. Im gesellschaftlichen Kontext erforderte das Unglücksgeschehen nach Kompensationsmustern zur Kanalisierung der Unsicherheitserfahrung. Nur so war die Bereitschaft zum Weiterarbeiten in den Bergwerken aufrecht zu erhalten. Die Perzeption von Explosionsgefahr und -risiko erfüllte somit gesellschaftliche Funktionen zur Legitimation der Handlungsmuster im Angesicht ihres Scheiterns.

Die Konzeption der Arbeit als struktureller Ursachenanalyse hat Konsequenzen für den gewählten Zeitrahmen. Um die Mitte des 19. Jahrhunderts begannen die Explosionsereignisse im Ruhrbergbau immer häufiger aufzutreten. Das Explosionsproblem verschärfte sich damit analog zu einem tief greifenden Wandel, dem der Bergbau in vielerlei Hinsicht unterworfen war. Unter Verwendung neuer technischer Verfahren dehnte er sich von den bis dahin einge-

---

37 vgl. Michelis, Jürgen: Explosionsschutz im Bergbau unter Tage. Die Bekämpfung von Methan- und Kohlen-staub-Explosionen, Essen 1998 (= Glückauf-Betriebsbücher, Bd. 18), S. 62.

grenzten Lagerstättenteilen im Ruhruferbereich in nördlicher Richtung aus. Die neu abge-teuften Zechen erschlossen die Kohle in immer größerem Abstand von der Erdoberfläche. Zugleich nahmen die betrieblichen Ausmaße in der Flächenausdehnung und der Beleg-schaftsgröße zu. Der Prozess war ferner von einer Neustrukturierung der betrieblichen Herrschafts- und Aufsichtsverhältnisse als Konsequenz der zwischen 1851 und 1865 vollzo-genen Bergrechtsrefom begleitet.

Mit dem Aufschluss neuer Lagerstättenteile veränderten sich die Grundlagen des für die Ex-plosionsproblematik relevanten natürlichen Gefahrenpotentials. Die bis dahin entwickelten Strategien des Explosionsschutzes wurden nicht nur zunehmend fragwürdig sondern auch Gegenstand einer speziellen normativen Regelung. Deren Gestaltung und deren Umsetzung vollzog sich innerhalb gewandelter Handlungsspielräume der mit der Bergrechtsrefom neu formierten industriellen Partner. Die Bergarbeiter blieben dabei trotz geringer Erfolge seit Ausbildung einer organisierten Bergarbeiterbewegung bis zum Ende des Kaiserreiches von einer betrieblichen Mitsprache weitgehend ausgeschlossen. Als von Unglücken eigentlich Be-troffene war damit ihre Einflussnahme auf Entscheidungen einer sicherheitlichen Gruben-kontrolle ebenso eingeengt.

Das für den Ruhrbergbau bis 1914 charakteristische Kräfteverhältnis wandelte sich mit An-erkennung der Gewerkschaftsverbände als Tarifpartner im Zuge des Ersten Weltkriegs. Durch In-Kraft-Treten des Betriebsrätegesetzes am 9. Februar 1920 wurde auch eine neue Form der Arbeitnehmerbeteiligung an der betrieblichen Unfallaufsicht geschaffen. Die Be-triebsräte hatten dabei zumindest formal die Aufsichtsbehörden bei der Kontrolle der gewer-bepolizeilichen und der Unfallverhütungs-Vorschriften zu unterstützen. Im System des Ar-beitsschutzes wurden die Betriebsvertretungen der Bergbehörde und den Unternehmern als dritter Partner zur Seite gestellt.[38] Zweifellos blieben dabei die konkreten Einflussmöglich-keiten der Bergarbeiter unter den aktuellen politischen Auseinandersetzungen um ökonomi-sche Integrität und Selbstbestimmung auch weiterhin beschränkt.[39] Die im Kaiserreich suk-zessive ausdifferenzierten Argumentationsmuster zur Wahrnehmung struktureller Explosionsursachen und ihrer Verantwortlichkeiten wurden gleichwohl neu definiert.

---

38 vgl. Bucksteeg, Mathias: Unfallaufsicht im Ruhrbergbau. Staatliche Bergaufsicht und Arbeitnehmerbeteili-gung am Beispiel der Schlagwetterkatastrophe auf „Minister Stein" am 11. Februar 1925. Bochum 1993 (= ms. Magisterarbeit an der Ruhr-Universität Bochum), S. 25 ff.
39 vgl. Weber, Wolfhard: Arbeitssicherheit. Historische Beispiele – aktuelle Analysen, Reinbek bei Hamburg 1988, S. 125 sowie Trischler, Arbeitsunfälle, S. 122 – 125.

Teil 1
Gefahrenverständnis und natürliches Risiko:
Die äußeren Grenzen für Risikobewusstsein und Sicherheitshandeln beim Explosionsschutz in der zweiten Hälfte des 19. Jahrhunderts

2. Das Schlagwetterproblem des Ruhrbergbaus im Rahmen der statistischen Unfallentwicklung im preußischen Steinkohlenbergbau

2.1 Form und quellenkritische Problematik historischer Unfallstatistik

„Der bisher mit der Unfallstatistik als Selbstverständlichkeit verbundene Anspruch, ein objektives Spiegelbild der Gefährdung und der tatsächlichen Unfallhäufigkeit in den Betrieben zu sein, muß aufgegeben werden. Der Verlust dieser ‚selbstverständlichen Objektivität' stellt gleichzeitig eine Entideologisierung zumindest der Unfallstatistik dar. Statistische Aussagen über das Unfallgeschehen können nicht mehr ohne ausführliche Definition des Aussagerahmens hingenommen werden. Das gilt insbesondere dann, wenn die Statistik zum Ausgangspunkt weiterführender Überlegungen, wie z. B. der Ermittlung von Unfallschwerpunkten und der Beurteilung durchgeführter Sicherheitsmaßnahmen, gemacht wird. Zahlenmäßige Angaben sind nur ein Datum im Gesamtbereich des Unfallgeschehens."[1]

Dieses Fazit über die Wertigkeit vorhandener Unfallstatistik zog Professor Dr. Manfred Hagenkötter – in den 1970er Jahren Präsident der Dortmunder Bundesanstalt für Arbeitsschutz und Unfallforschung – in seiner 1969 in Münster vorgelegten und 1974 in der Schriftenreihe der Bundesanstalt publizierten Dissertation mit dem Titel „Soziale Einflüsse und Häufigkeit der Arbeitsunfälle im Ruhrbergbau". Sein Urteil stand am Ende einer Arbeit, die das Unfallgeschehen im Steinkohlenbergbau des Ruhrreviers aus historischer Warte untersucht und dabei wesentlich auf statistischem Quellenmaterial beruht. Ziel des gesamten Forschungsvorhabens war, „die besonders im Bergbau herrschende Auffassung von der Eigengesetzlichkeit des Unfallgeschehens im Bergbau, die aufgrund der besonderen bergbaulichen Verhältnisse [...] angenommen wird, zu überprüfen."[2] Hagenkötters Arbeit lieferte neben den an dieser Stelle nicht diskutierten Spezialergebnissen hinsichtlich der Statistik eine kritisch fundierte Auseinandersetzung mit einem Grundproblem jeder historischen Unfallforschung, das sich letztlich auf ein historisches Quellenproblem reduzieren lässt.[3]

Sobald beabsichtigt wird, strukturelle Trends für bestimmte Gefährdungssituationen zu ermitteln und nicht jeden Betriebsunfall in einer bestimmten Branche oder in einem Industriesektor als zufälligen Einzelfall zu betrachten, sind hierfür abstrahierende Kriterien notwendig. Deren Bestimmung als Teil des historischen Forschungsansatzes ist jedoch an die verbliebene Existenz und vor allem an die Aussagekraft erreichbarer Quellen gebunden. Bei der Rekonstruktion des Unfallgeschehens im preußischen Steinkohlenbergbau in der zweiten Hälfte des 19. Jahrhunderts lässt sich heute nur ein Bruchteil aller Unfälle in der für den Historiker wünschenswerten Tiefe erschließen. Allein um ein annähernd realistisches Bild zumindest über ihr Auftreten zu erhalten, bleiben Unfallstatistiken damit trotz ihrer Detailprob-

---

1 zit. Hagenkötter, Soziale Einflüsse, S. 71 f.
2 zit. ebd., S. 19.
3 Über die Problematik historischer Unfallstatistiken siehe insbesondere Trischler, Arbeitsunfälle, S. 111 f. sowie Farrenkopf, Grubenunglücke in der historischen Forschung, S. 27 f.

lematik ein unverzichtbares Instrument. Dies zeigen nicht zuletzt zahlreiche Arbeiten zum Unfallgeschehen im Ruhrbergbau des fraglichen Zeitraums, die durchweg statistisches Quellenmaterial für die Argumentation benutzen.[4]

Mit Rücksicht auf die geschilderten Vorbehalte sollen im Folgenden einschlägige Statistiken zum Unfallgeschehen im preußischen Steinkohlenbergbau nach 1850 kritisch ausgewertet werden. Ziel ist es, das Unfallphänomen der Schlagwetter- bzw. Kohlenstaubexplosion bezüglich seines Auftretens in grundlegenden Trends zu kennzeichnen. Vom Ansatz her lassen sich diese Statistiken dabei in zwei große Gruppen unterteilen. Das entscheidende Rubrizierungskriterium der ersten, umfassenderen und bislang für die Erforschung des Unfallgeschehens vorrangig berücksichtigten Gruppe besteht in der Messung eines jeweils definierten Unfallgeschehens nach Anzahl der davon Betroffenen (in der Regel Verletzten oder Getöteten) pro Zeiteinheit (in der Regel Jahr). Entsprechende jährliche Listen sind vorrangig von den Bergbehörden und später von der Knappschafts-Berufsgenossenschaft etwa seit der Mitte des 19. Jahrhunderts in unterschiedlicher Aussagentiefe erstellt worden.

Hinsichtlich der hier vorrangig zu untersuchenden Schlagwetter- und Kohlenstaubexplosionen bergen die Statistiken der ersten Gruppe die große Schwierigkeit, dass der Indikator Anzahl Betroffener keinerlei Rückschluss darauf zulässt, auf welche Anzahl von Ereignissen er sich bezieht. Gerade in diesem Bereich des Unfallgeschehens variiert die Anzahl der Betroffenen pro Ereignis jedoch sehr stark.[5]

Speziell für die Untersuchung von Schlagwetter- und Kohlenstaubexplosionen kann und muss deshalb eine zweite Gruppe statistischer Erhebungen mit berücksichtigt werden. Es sind dies jene von der Bergbehörde summarisch oder jährlich ermittelten Listen, die Auskünfte über die Anzahl von Explosionsereignissen pro Zeiteinheit (in der Regel Jahr) geben. Erst durch die kombinierte Betrachtung beider statistischer Gruppen lassen sich valide Aussagen über Entwicklungstendenzen des Schlagwetter- und Kohlenstaubproblems gewinnen.[6]

2.2 Die allgemeine Unfallentwicklung im Lichte der Anzahl Betroffener

Der Messindikator Anzahl Betroffener ist zunächst nur eine Sammelkategorie, die in der statistischen Praxis je nach Zeitraum ihrer Erstellung in verschiedene Stufen des Betroffenheitsgrades zerfällt. Ausgehend von der Definition – „Als Arbeitsunfall bezeichnen wir eine mit der betrieblichen Organisation unmittelbar verbundene ungewollte und unerwartete Störung des Normalablaufs der Arbeitsvorgänge, die in der Regel durch Zusammenwirken innerer oder äußerer Ursachenfaktoren technischer, physischer, psychischer oder sozialer Natur hervorgerufen wird und zu einem Körperschaden führt" – müsste eine in diesem Sinne voll-

---

4 vgl. Völkening, Unfallentwicklung; Tenfelde, Sozialgeschichte, S. 224 – 229; Trischler, Arbeitsunfälle, S. 114 f. sowie Gappa, Konrad: Das Unfallgeschehen im Steinkohlenbergbau untertage der Bundesrepublik Deutschland 1950 – 1985. Kosten der Unfälle, Möglichkeiten zur Verbesserung der Unfallsituation, 2 Bde., Diss. Wuppertal 1989.

5 Die sich aus den Massenunglücken ergebenden Sprünge in den Statistiken nach Anzahl der Betroffenen gelten als zentrales Argument der Kritik gegenüber der Verwendbarkeit historischer Unfallstatistik im Bergbau. Vgl. Tenfelde, Sozialgeschichte, S. 226 sowie Trischler, Arbeitsunfälle, S. 112: „[...] gerade im Bergbau, der von Massenunfällen mit zum Teil Hunderten von Toten geprägt wurde, ist der statistische Befund allein für den historischen Verlauf des Unfall- und Krankheitsrisikos der Arbeitnehmer wenig aussagekräftig."

6 Es ist ein besonderer Vorteil für die Untersuchung von Schlagwetter- und Kohlenstaubexplosionen, dass nur für diesen speziellen Bereich des bergbaulichen Unfallgeschehens derartige Statistiken ausführlich und für längere Zeiträume durch die Bergbehörde erstellt worden sind. Gerade sie liefern das notwendige Korrektiv für die Statistiken nach Anzahl der Betroffenen.

ständige Statistik jede im Verlauf des Arbeitsprozesses aufgetretene Verletzung ausweisen.[7] Nur eine derart idealtypische – für den hier betrachteten Zeitraum jedoch nicht existierende – Auflistung aller Arbeitsunfälle würde der von Hagenkötter gemeinten „selbstverständlichen Objektivität" zumindest zahlenmäßig gerecht.

Für die zweite Hälfte des 19. Jahrhunderts gilt, dass sich ein entsprechendes Unfallmeldewesen sukzessive verfeinert hat. Gleichwohl konnte aber ein Großteil der oben definierten Arbeitsunfälle keinen statistischen Niederschlag finden. Wie vollständig die jeweiligen Zahlenübersichten das tatsächliche Unfallgeschehen heute repräsentieren und aus welchen Gründen sich unterschiedlich starke Grenzen ihrer historischen Validität ergeben, wird im Folgenden jeweils genauer ausgeführt.

Übersichten über die Anzahl von Betroffenen sind insgesamt bei denjenigen Institutionen erstellt worden, die für den Bergbau auf der Grundlage rechtlicher Vorgaben im Bereich der Unfallvor- bzw. Nachsorge tätig werden mussten. Für die Zeit bis 1884/85 waren dies zum einen die Bergbehörde als verantwortliche Instanz im Sinne der Bergpolizei sowie die Knappschaften in ihrer seit 1854 zunehmenden funktionalen Eingrenzung als Krankenversicherungsorgan. Mit In-Kraft-Treten des Unfallversicherungsgesetzes (UVG) und Einrichtung der Knappschafts-Berufsgenossenschaft Mitte der 1880er Jahre waren dann zur praktischen Umsetzung des gesetzlichen Regelwerks bereits im Gesetzestext sowie im Kommentar des UVG Anordnungen für die Durchführung eines neuen Unfallmeldewesens vorgeschrieben worden. Innerhalb dieser Vorschriften wurde auch die Anlegung bestimmter Unfallstatistiken als organisatorisches Hilfsmittel der berufsgenossenschaftlichen Tätigkeit bestimmt.

In der Rückschau auf die Statistiken der bei diesen drei mit dem Unfallgeschehen im preußischen Bergbau verbundenen Institutionen stellt sich nun das kaum zu lösende Problem, dass sich die gemessenen Grundgesamtheiten und die darauf aufgebauten Differenzierungsmerkmale erheblich unterscheiden. Insofern ist es leider nicht möglich, die jeweiligen Statistiken zunächst zu vereinheitlichen und sie dann in einem zweiten Schritt zusammenfassend zu interpretieren. Im Folgenden wird deshalb das statistische Quellenmaterial, getrennt nach der jeweils die Erhebung geführten Institution, beurteilt und erst dann versucht, die Erkenntnisse zu systematisieren. Da sich aus den Knappschaftsstatistiken durchweg nur sehr allgemeine Angaben über den Betroffenheitsgrad von Unfallopfern ohne weitere Erkenntnisse zum Schlagwetter- bzw. Kohlenstaubproblem ergeben, werden diese hier vernachlässigt.

2.2.1 Die Statistik der Knappschafts-Berufsgenossenschaft

2.2.1.1 Das berufsgenossenschaftliche Gliederungsschema der Arbeitsunfälle

Die Neuordnung von Ansprüchen an und Leistungen durch die Kranken- und Unfallversicherung im Rahmen des groß angelegten bismarckschen Reformwerks der Sozialversicherung hatte eine neue Terminologie der Gruppierung von Unfällen zur Folge. Ziel war eine Gliederung der Unfälle nach dem Schweregrad der Unfallfolgeschäden, gemessen an der unterschiedlichen Arbeits- bzw. Erwerbsunfähigkeitsdauer.[8] Den im UVG bestimmten Tatbestän-

---

7 zit. Völkening, Unfallentwicklung, S. 13 sowie Neuloh, Der Arbeitsunfall und seine Ursachen, S. 48.
8 vgl. Völkening, Unfallentwicklung, S. 14; Trischler, Arbeitsunfälle, S. 111: „In Deutschland basiert die sozialrechtliche Verkehrsanschauung seit dem Unfallversicherungsgesetz auf den melde- bzw. entschädigungspflichtigen Unfällen."

den folgend, zerfiel das tatsächliche Unfallgeschehen damit in immer weiter eingegrenzte Teilmengen. Diese schlugen sich dann in den Statistiken der Knappschafts-Berufsgenossenschaft nieder.

Das erste Gliederungsprinzip der Arbeitsunfälle ergab sich nach § 51 UVG aus der Meldepflicht des Unternehmers. Hierzu wurde bestimmt: „Von jedem in einem versicherten Betriebe vorkommenden Unfall, durch welchen eine in demselben beschäftigte Person getödtet wird oder eine Körperverletzung erleidet, welche eine Arbeitsunfähigkeit von mehr als drei Tagen oder den Tod zur Folge hat, ist von dem Betriebsunternehmer bei der Ortspolizeibehörde schriftliche Anzeige zu erstatten. Dieselbe muß binnen zwei Tagen nach dem Tage erfolgen, an welchem der Betriebsunternehmer von dem Unfall Kenntniß erlangt hat."[9]

Um dieser gesetzlichen Bestimmung praktische Wirksamkeit zu verleihen, sah das UVG Strafen für säumige Unternehmer vor: „§ 104: Betriebsunternehmer, welche den ihnen obliegenden Verpflichtungen in Betreff der Anmeldung der Betriebe und Betriebsänderungen [...], in Betreff der Einreichung der Arbeiter- und Lohnnachweisungen [...] oder in Betreff der Erfüllung der für Betriebseinstellungen gegebenen statutarischen Vorschriften [...] nicht rechtzeitig nachkommen, können von dem Genossenschaftsvorstande mit einer Ordnungsstrafe bis zu Dreihundert Mark belegt werden. Die gleiche Strafe kann, wenn die Anzeige eines Unfalls in Gemäßheit des § 51 nicht rechtzeitig erfolgt ist, gegen denjenigen verhängt werden, welcher zu der Anzeige verpflichtet war."[10]

Die statistische Aufbereitung dieser Meldedaten war zwar nicht im Gesetzestext direkt verankert, kam jedoch in den Erläuterungen der Motive zur Abfassung der §§ 51 bis 56 deutlich zum Ausdruck: „Das Unfallmeldewesen hat außerdem nicht nur das statistische Material zu schaffen, welches für die fortschreitende Vervollkommnung der Eintheilung der Betriebe in Gefahrenklassen von Werth ist, sondern auch den Genossenschaftsvorständen und den Gewerbeaufsichtsbehörden die Kenntniß der Unfallursachen zu vermitteln, deren sie für ihre auf Verminderung der Unfälle gerichtete Thätigkeit bedürfen."[11]

Das den meldepflichtigen Unfällen nachgeordnete Gliederungsprinzip ergab sich dann aus der im UVG formulierten Entschädigungspflichtigkeit der Arbeitsunfälle. Ebenfalls zeitlich fixiert, war es zugleich das Kriterium für den Wechsel des Leistungsempfangs von der Krankenversicherung zur Unfallversicherung. Nach § 5 Absatz 2 des UVG bestand die als Schadensersatz gezahlte Entschädigung aus der Unfallversicherung: „1. in den Kosten des Heilverfahrens, welche vom Beginn der vierzehnten Woche nach Eintritt des Unfalls an entstehen" und „2. in einer dem Verletzten vom Beginn der vierzehnten Woche nach Eintritt des Unfalls an für die Dauer der Erwerbsunfähigkeit zu gewährenden Rente."[12]

Eine nochmals tiefere Untergliederung der entschädigungspflichtigen Arbeitsunfälle wurde seitens der Knappschafts-Berufsgenossenschaft schließlich entlang von vier Kategorien gebildet, an deren Ende der tödliche Unfall als schwerste Form des Unfallfolgeschadens stand.

---

9 zit. Höinghaus, R. (Hrsg.): Unfallversicherungsgesetz für das Deutsche Reich. Mit der amtlichen Begründung der Reichsregierung, den Erklärungen der Bundes-Kommissare und den wichtigsten Verhandlungen des Reichstages, Berlin 1884, S. 99.

10 zit. ebd., S. 145.

11 zit. ebd., S. 99. Hinsichtlich der Motive ist anzumerken, dass die Berufsgenossenschaft seit ihrer Einrichtung zwar ein geschlossenes und weitgehend zuverlässiges Zahlenmaterial zusammengestellt hat, dem hier intendierten Zweck der Ursachenanalyse aber unzureichend entsprochen hat. Vgl. Boyer, Unfallversicherung, S. 37.

12 zit. ebd., S. 28 f.

Im Einzelnen zerfielen die entschädigungspflichtigen Arbeitsunfälle nochmals in solche mit vorübergehender Erwerbsunfähigkeit, Unfälle mit dauernd teilweiser sowie in Unfälle mit dauernd völliger Erwerbsunfähigkeit. Die vierte Gruppe bildeten die genannten tödlichen Unfälle. Schematisch lässt sich die Gesamtheit der Arbeitsunfälle nach dem Gliederungsprinzip der Knappschafts-Berufsgenossenschaft wie folgt darstellen:

Nicht meldepflichtige Unfälle (Erwerbsunfähigkeit < 3 Tage)			
Meldepflichtige, aber nicht entschädigungspflichtige Unfälle (Erwerbsunfähigkeit < 13 Wochen)			
Entschädigungspflichtige Unfälle mit vorübergehender Erwerbsunfähigkeit	Entschädigungspflichtige Unfälle mit dauernd teilweiser Erwerbsunfähigkeit	Entschädigungspflichtige Unfälle mit dauernd völliger Erwerbsunfähigkeit	Entschädigungspflichtige Unfälle mit Todesfolge

Schaubild 1: Gliederung der Arbeitsunfälle durch die Knappschafts-Berufsgenossenschaft

2.2.1.2 Reichweite und Validität der berufsgenossenschaftlichen Unfallgruppenstatistik

Nach genauer Kennzeichnung der aus der Unfallversicherungs-Terminologie abgeleiteten Differenzierung der Betroffenheitskategorien stellt sich nun die Frage, wie vollständig und valide die einzelnen Zahlengruppen das tatsächliche Unfallgeschehen repräsentieren.

Es ist zunächst nicht verwunderlich, dass die Anzahl der meldepflichtigen Unfälle mengenmäßig den größten Anteil innerhalb der berufsgenossenschaftlichen Statistik darstellen. Gemäß Definition handelte es sich hierbei um die weniger schweren Unfälle, die grundsätzlich in jedem Industriesektor den Großteil des Unfallgeschehens ausmachen. Gleichwohl ist davon auszugehen, dass gerade in dieser Kategorie eine Reihe von Faktoren wirksam geworden sind, die eine bedeutende Distanz des erhobenen zum tatsächlichen Unfallgeschehen bewirken. So werden vor allem ökonomische und betrieblich-soziale Rahmenbedingungen entscheidend darauf eingewirkt haben, ob sich die Betroffenen aufgrund der geringen Schädigung dafür entschieden, möglichst vor Ablauf der Frist von drei Tagen die Arbeit wieder aufzunehmen.[13]

Wie groß die Differenz zwischen den tatsächlichen und gemeldeten Unfällen im Ruhrbergbau seit 1923 war, hat Hagenkötter durch einen Vergleich von den erst im Reichsknappschaftsgesetz des Jahres 1923 vorgeschriebenen Verbandsbucheintragungen mit den gemeldeten Unfällen nachgewiesen. Nach seinen Berechnungen reduzierte sich der prozentuale Anteil der meldepflichtigen Unfälle an den als Gesamtheit des Unfallgeschehens interpretierten Verbandsbucheintragungen von annähernd 50 % im Jahr 1923 auf etwa 15 % in den 1950er Jahren.[14]

---

13 vgl. Trischler, Arbeitsunfälle, S. 112: „Durch das grobmaschige Raster der Meldepflicht fiel eine Fülle von leichteren Unfällen und Verletzungen, die nicht selten die den Aufsichtsbehörden und Berufsgenossenschaften zur Kenntnis gebrachten Vorkommnisse um ein Mehrfaches übertraf."
14 vgl. Hagenkötter, Soziale Einflüsse, S. 56.

Den äußerst niedrigen Anteil der gemeldeten Unfälle in den Zeiten des Nationalsozialismus – trotz tendenzieller Zunahme der Verbandsbucheintragungen zwischen 1935 und 1943 lag der Prozentsatz der meldepflichtigen Unfälle unter 10 % – führt Hagenkötter sicher zu Recht auf die Wirksamkeit nationalsozialistischer Propaganda zurück.[15] Indem Unfälle hier als „Verstoß gegen die Arbeitsdisziplin" stigmatisiert wurden, reduzierte sich offensichtlich auch die Bereitschaft der weniger schwer Verletzten, länger als drei Tage die Unfallfolgen auszukurieren.

Durch das Fehlen eines den Verbandsbucheintragungen vergleichbaren Indikators lässt sich leider die Differenz zwischen tatsächlichem und gemeldetem Unfallgeschehen für die zweite Hälfte des 19. Jahrhunderts nicht mehr angeben. Dennoch ist nicht daran zu zweifeln, dass auch in diesem Zeitraum die statistisch erfassten meldepflichtigen Unfälle das wirkliche Auftreten der minder schweren Arbeitsunfälle unterrepräsentieren.[16] Die Knappschafts-Berufsgenossenschaft hat in den ersten Jahrzehnten ihres Bestehens schließlich keine weitere Auswertung der meldepflichtigen Unfälle vorgenommen. Daraus lässt sich schließen, dass entsprechende Vorbehalte gegenüber diesen statistischen Daten bereits von Zeitgenossen gesehen wurden.

Eine höhere historische Validität scheint der Statistik der mengenmäßig geringeren entschädigungspflichtigen Unfälle zuzukommen. Es lässt sich zumindest vermuten, dass durch den Schweregrad der Verletzung in diesen Fällen der selbstbestimmte Entscheidungsspielraum der Betroffenen zur Wiederaufnahme der Arbeit begrenzt war. Andererseits sind auch hier die Statistik potentiell beeinflussende Faktoren auszumachen. Blickt man etwa auf die durch Schlagwetterexplosionen häufig hervorgerufenen Verbrennungen, so hing die Dauer der Genesung beispielsweise von der allgemeinen Konstitution des Betroffenen ab. Darüber hinaus war die Heilung sicher auch vom erreichten Stand der ersten Hilfe und der medizinischen Nachsorge bestimmt. Schließlich unterlag die Entscheidung, ob eine Verletzung innerhalb von 13 Wochen auskuriert worden war, dem Gutachten des behandelnden Arztes und mithin dessen Vorstellungen von der Arbeitsfähigkeit des Betroffenen.[17]

In der überwiegenden Mehrzahl der entschädigungspflichtigen Unfälle scheint allerdings die Klassifizierung des Unfallschweregrades durch die Knappschaftsärzte sehr kurzfristig nach dem Unfallhergang getroffen worden zu sein. Daraus lässt sich folgern, dass in der Regel Erfahrungswerte über die voraussichtliche Genesungsdauer und die versicherungsrechtliche Einstufung des Arbeitsunfalls bestanden, wodurch eine die Statistik beeinflussende Verzerrung des entschädigungspflichtigen Unfallgeschehens vermindert worden sein dürfte. Entsprechende Überlegungen gelten schließlich auch für die weitere Untergliederung der entschädigungspflichtigen Unfälle in die Kategorien dauernd teilweiser sowie dauernd völliger Erwerbsunfähigkeit.

---

15 vgl. ebd., S. 55 f.
16 Entsprechend distanziert beurteilt Völkening die statistische Aussagekraft der meldepflichtigen Unfälle für die Zeit des Kaiserreiches: „Als Indikator für die tatsächliche Gefahrensituation wird deshalb die Unfallkategorie der meldepflichtigen Unfälle als relativ problematisch angesehen, da sie einerseits nur einen geringen Teil aller tatsächlich geschehenen Unfälle enthält und andererseits – aufgrund ihrer Erfassungskriterien – von erst nach dem eigentlichen Unfallgeschehen wirksamen Faktoren beeinflußt wird." Zit. Völkening, Unfallentwicklung, S. 18.
17 vgl. ebd., S. 20. Völkening nimmt diese, die Statistik verzerrenden Faktoren mit wenig plausibler Argumentation nur für die entschädigungspflichtigen Unfälle mit dauernd teilweiser, dauernd völliger und tödlicher Folge an. Seiner Meinung nach hätten Verbesserungen in der ersten Hilfe und der medizinischen Versorgung vorrangig die Zahl der tödlichen Unfälle und nur bedingt den Schweregrad der Unfallfolgen beeinflusst. Da seine Überlegungen auf hypothetischer Ebene bleiben, erscheinen sie als sehr gewollte, aber unzureichende Rechtfertigung für die von seiner Seite nahezu ausschließliche Betrachtung der entschädigungspflichtigen Unfälle.

Den im Vergleich zu den meldepflichtigen und den entschädigungspflichtigen Unfällen mengenmäßig geringsten Anteil am gesamten Unfallgeschehen bilden die tödlichen Unfälle. Wenngleich auch sie den im Zeitverlauf veränderten Beeinflussungsfaktoren wie erster Hilfe und medizinischer Versorgung unterlagen, ist ihrer statistischen Zählung wohl die höchste historische Validität beizumessen. Hierfür spricht im Allgemeinen, dass bereits den mit dem Unfallgeschehen befassten Institutionen die Todesfolge eines Arbeitsunfalles als fundamentalster Beweis der betrieblichen Unsicherheit galt. Insbesondere die bergbehördliche Unfallstatistik hat sich ganz überwiegend auf die Zählung der tödlichen Unfälle beschränkt.[18] Weitestgehend genau scheint heute die Statistik der Knappschafts-Berufsgenossenschaft das tödliche Unfallgeschehen auszuweisen. Hier wurden selbst die noch nach mehreren Jahren als Folge eines früheren Unfalls anzusehenden Todesfälle erfasst.[19]

Insgesamt kann zur Reichweite und zur historischen Validität der berufsgenossenschaftlichen Unfallstatistik festgehalten werden, dass mit der Zunahme der Schwere des erhobenen Betroffenheitsgrades zunächst eine mengenmäßige Eingrenzung und folglich eine zunehmende Entfernung von der Gesamtheit des Unfallgeschehens verbunden ist. Der mengenmäßigen Begrenzung steht andererseits eine zunehmende Genauigkeit des Zahlenmaterials bezüglich des tatsächlichen Unfallgeschehens in den Betroffenheitskategorien gegenüber.

Nur in wenigen jüngeren Arbeiten zum bergbaulichen Unfallgeschehen ist bislang diese Gegensätzlichkeit im Aussagewert der Statistiken explizit formuliert worden. In der Regel wurde lediglich die Problematik erkannt und anschließend eine bestimmte Einzelstatistik für die Interpretation der Unfallentwicklung favorisiert. Entscheidend war dabei der das Erkenntnisinteresse leitende Standpunkt, der entweder die Annäherung an das Gesamtgeschehen als Ziel formulierte oder aber die höchste Validität des statistischen Materials einforderte.[20] Bei der sich hier anschließenden Interpretation soll eine einseitige Disqualifizierung der einen zugunsten der anderen Statistik unterbleiben. Vielmehr wird angestrebt, die Entwicklung auf der Grundlage des berufsgenossenschaftlichen Materials zunächst vorrangig im Be-

---

18 Eine relativ geringe Ungenauigkeit der bergbehördlichen Statistik ist für bestimmte längerfristige Todesfolgen aufgrund des verwaltungstechnischen Erfassungsmodus anzunehmen: „Die bergbehördliche Unfallstatistik stellt die Zahl der Verunglückten nach der Zeit des Unfalls zusammen. Sie wird jedesmal für ein einzelnes Kalenderjahr aufgestellt und nach Abschluß dieser Aufstellung – welcher in dem diesem Kalenderjahre nächstfolgenden Monat Mai bewerkstelligt wird – hinsichtlich des betr. Jahres nicht mehr ergänzt. Als tödlich Verunglückte werden außer den sofort zu Tode gekommenen noch diejenigen Verletzten mitgezählt, welche bis zur Zeit des Abschlusses der Statistik an den Folgen eines in dem betr. Jahre erlittenen Unfalls gestorben sind und deren Todeseintritt bis dahin der Bergbehörde, welche über den Kurverlauf der Unfallverletzten Kontrolle führt, bekannt geworden ist. Hat beispielsweise ein Bergmann im Jahre 1904 einen Betriebsunfall erlitten und stirbt er an dessen Folgen etwa im April 1905, so wird dieser Fall in der bergbehördlichen Statistik als tödliche Verunglückung noch bei dem Jahre 1904 mit berücksichtigt; stirbt der Mann aber an den Folgen des im Jahre 1904 erlittenen Unfalls erst im Juni 1905 oder später, so wird der Fall überhaupt nicht in die Zahl der tödlichen Verunglückungen der bergbehördlichen Statistik, auch nicht bei 1905 oder späteren Jahren, aufgenommen." Zit. Bergbau-Verein (u.a.) (Hrsg.), Die Entwickelung, Bd. 12, Teil 3, S. 97, Anm. a.

19 vgl. ebd., Anm. c: „Die Knappschafts-Berufsgenossenschaft berücksichtigt in der Unfall-Statistik auch noch die nach Jahren eintretenden, als Folge eines früheren Unfalls anzusehenden Todesfälle und ändert dementsprechend in solchen Fällen die Zahlen [...] auch noch für die rückwärtige Zeit, so dass diese Zahlen noch nicht absolut feststehen, vielmehr in der Folgezeit, wenn noch Unfallverletzte an diesen Verletzungen sterben, auch noch Aenderungen erfahren."

20 Als Vertreter des ersten Standpunkts gilt Völkening, Unfallentwicklung, S. 20: „Wir werden uns in dieser Arbeit im wesentlichen auf die entschädigungspflichtigen Unfälle stützen, da uns diese Kategorie für die Unfallgefahren und ihre Entwicklung am aussagefähigsten erscheint. Die meldepflichtigen Unfälle sollen ergänzend hinzugezogen werden." Dagegen sind aus seiner Sicht „die tödlichen Unfälle als Maßgröße ungeeignet, weil sie einen zu geringen Aspekt der Gefahrensituation abdecken." Als entschiedensten Vertreter des gegenteiligen Standpunkts siehe Trischler, Arbeitsunfälle, S. 112: „Insofern ist allenfalls die Rubrik der Unfälle mit tödlichem Ausgang quantitativ von hinlänglicher Verläßlichkeit."

reich der melde- und entschädigungspflichtigen Unfälle zu kennzeichnen. In einem zweiten Schritt wird dann der Verlauf der tödlichen Unfälle durch die Auswertung bergbehördlicher Quellen im Speziellen berücksichtigt.

2.2.1.3 Die Unfallentwicklung nach der berufsgenossenschaftlichen Statistik

Der Blick auf die Entwicklung der Arbeitsunfälle im gesamten Bereich der Knappschafts-Berufsgenossenschaft von 1886 bis 1914 zeigt zunächst, dass bei den meldepflichtigen Unfällen eine nahezu durchgängige Steigerung je 1000 Versicherte festzustellen ist (vgl. Schaubild 2). In den Jahren 1889 und 1890, 1897 und 1898 sowie 1902 und 1907 lässt sich lediglich eine Stagnation der Steigerungsbewegung beobachten. Im Vergleich der Jahre 1886 und 1914 erhöht sich die Zahl der gemeldeten Unfälle je 1000 Versicherte von 65,45 auf 146,21. Dies entspricht einer Steigerungsrate von 123,39 % gegenüber dem Ausgangsjahr 1886.

Die Entwicklung der entschädigungspflichtigen Unfälle weist einen ähnlichen Verlauf auf (vgl. Schaubild 3). Zumindest bis zum Jahr 1908 ist auch hier eine nahezu durchgängige Zunahme zu beobachten, die nur in den Jahren 1899 und 1900 eine leichte Trendwende erfährt. Im Unterschied zu den gemeldeten Unfällen verringern sich die entschädigungspflichtigen Unfälle nach 1908 jedoch leicht. Setzt man wiederum die beiden Jahre 1886 und 1914 in Beziehung, so ergibt sich ein Zuwachs von 6,59 entschädigungspflichtigen Unfällen je 1000 Versicherte in 1886 auf 15,60 derartige Fälle im Jahr 1914. Bezogen auf das Ausgangsjahr entspricht dies einer Steigerungsrate von 136,72 %. Wertet man das Jahr 1908 mit dem höchsten rechnerischen Wert von 16,03 als Trendwende für den gesamten Zeitraum, so ergibt sich für die Vergleichsjahre 1886 und 1908 sogar eine Steigerungsrate von 143,25 %. Bis 1914 verringert sich die Zahl dieser Unfallkategorie dann um 5,9 % des Spitzenjahres 1908.

Schaubild 2: Entwicklung der meldepflichtigen Unfälle je 1000 Versicherte im Gesamtbereich der Knappschafts-Berufsgenossenschaft (1886 – 1914)[21]

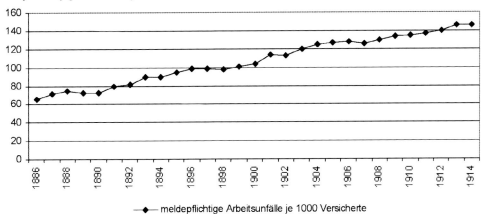

——◆—— meldepflichtige Arbeitsunfälle je 1000 Versicherte

---

21 Berechnet nach Boyer, Unfallversicherung, S. 38.

Schaubild 3: Entwicklung der entschädigungspflichtigen Unfälle je 1000 Versicherte im Gesamtbereich der Knappschafts-Berufsgenossenschaft (1886 – 1914)[22]

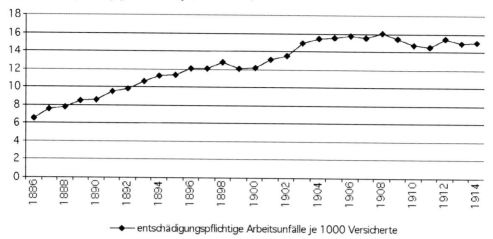

entschädigungspflichtige Arbeitsunfälle je 1000 Versicherte

Im Gegensatz zu den bisher betrachteten Unfallkategorien ist bei den tödlichen Unfällen je 1000 Versicherte keine signifikante Steigerung im gesamten Zeitraum zu erkennen (vgl. Schaubild 4). Mit geringfügiger Schwankungsbreite liegen die Werte bis 1900 überwiegend leicht über zwei tödlichen Unfällen je 1000 Versicherte. Für die folgenden Jahre bis einschließlich 1906 zeigt sich eine leichte Abnahme der Werte, im Zeitraum der Jahre 1907 bis 1909 allerdings wieder eine vorübergehend signifikante Zunahme. Vergleicht man auch hier die Jahre 1886 und 1914, so ergibt sich eine Steigerungsrate des tödlichen Unfallgeschehens von lediglich 8,9 % des Ausgangsjahres.

Schaubild 4: Entwicklung der tödlichen Unfälle je 1000 Versicherte im Gesamtbereich der Knappschafts-Berufsgenossenschaft (1886 – 1914)[23]

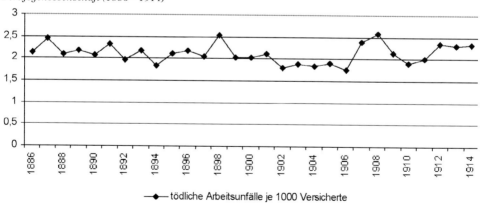

tödliche Arbeitsunfälle je 1000 Versicherte

Hinsichtlich des Unfallgeschehens im ganzen preußischen Bergbau von 1886 bis 1914 ist somit eine erhebliche Zunahme der Unfallzahlen insgesamt zu konstatieren. Getragen wird diese Steigerung dabei fast ausschließlich von den relativ leichten meldepflichtigen und

---

22 Berechnet nach ebd., S. 38.
23 Berechnet nach ebd., S. 38.

mittelschweren entschädigungspflichtigen Unfällen. Die tödlichen Unfälle sind an dieser Gesamtzunahme nur unwesentlich beteiligt.

Ausgehend von dieser den gesamten preußischen Bergbau umfassenden Aussage stellt sich die Frage nach einer spezielleren Kennzeichnung des Unfallgeschehens im Ruhrbergbau. Die Analyse des Verlaufs der meldepflichtigen Unfälle in der Sektion II der Knappschafts-Berufsgenossenschaft[24] liefert für den Zeitraum von 1888 bis 1913 dabei eine vom gesamtpreußischen Trend etwas abweichende Kurve.[25]

So erreichen die meldepflichtigen Unfälle je 1000 Versicherte im Ruhrbergbau ihren höchsten Wert bereits im Jahr 1905 und verringern sich bis 1913 dann vorübergehend geringfügig. Im Vergleich zum gesamtpreußischen Trend ist auffällig, dass die einzelnen Unfallraten durchgängig höher liegen. Während 1888 im gesamten preußischen Bergbau 74,19 Unfälle je 1000 Versicherte gemeldet wurden, beläuft sich der vergleichbare Wert für den Ruhrbergbau auf immerhin etwa 82 Unfälle.[26] Noch deutlicher zeigt sich die Differenz im Jahr 1913: 145,53 meldepflichtigen Unfällen je 1000 Versicherte in Preußen stehen etwa 160 derartige Fälle im Ruhrbergbau gegenüber.

Wie in ganz Preußen zerfällt auch im Ruhrbergbau die Entwicklung der entschädigungspflichtigen Unfälle in zwei gegenläufige Phasen. Im preußischen Maßstab bestimmt dabei das Jahr 1908 die Trendwende, im Ruhrbergbau steigen diese Unfälle je 1000 Versicherte dagegen nur bis 1905 mit leichter Stagnation in 1894 und 1902 an. Von 1905 bis 1913 sinken sie dann wesentlich stärker als in Preußen um etwa 20 % in etwa auf das Niveau des Jahres 1894 ab.[27]

Den tendenziell bedeutsamsten Unterschied im Vergleich des preußischen mit dem Bergbau des Ruhrgebiets weisen schließlich die tödlichen Unfälle je 1000 Versicherte auf. Trotz eines sehr ähnlichen Kurvenverlaufs[28] verringert sich ihre Zahl im Ruhrbergbau im Vergleich der Jahre 1888 und 1913 um etwa 15 %. Einem nur sehr leicht steigenden Trend in Preußen steht damit ein leicht fallender Trend für den Ruhrbergbau gegenüber. Es muss allerdings berücksichtigt werden, dass die Unfallraten im Ruhrbergbau wiederum etwas höher als in Preußen liegen. Während sie in Preußen nur um den Wert von zwei Toten je 1000 Versicherte schwanken, variieren sie im Ruhrbergbau stärker um den Wert von drei Toten je 1000 Versicherte.

---

24 Die Knappschafts-Berufsgenossenschaft gliederte sich neben einer Hauptverwaltung mit Sitz in Berlin in acht selbstständige Sektionen: I Saarbrücken/Bonn, II Bochum (Ruhrgebiet), III Clausthal, IV Halle, V Waldenburg/Niederschlesien, VI Tarnowitz/Oberschlesien, VII Dresden/Sachsen und VIII München/Bayern. Das Zahlenmaterial der Sektion II repräsentiert somit das Unfallgeschehen im Ruhrbergbau. Vgl. Boyer, Unfallversicherung, S. 12 und Anm. 15, S. 262 f. sowie für die Zeit nach 1945: Hauptverwaltung der Bergbau-Berufsgenossenschaft Bochum (Hrsg.): Die berufsgenossenschaftliche Unfallversicherung des Bergmanns, Bochum o.J. <1954>, S. 17.

25 Eine Berechnung des Verlaufs der berufsgenossenschaftlichen Unfallkategorien im Bereich der Sektion II der Knappschafts-Berufsgenossenschaft hat Völkening, Unfallentwicklung, S. 22 – 30 durchgeführt. Den dort angestellten Operationen lagen die Verwaltungsberichte jener Einrichtung zugrunde. Die im Rahmen jener Arbeit durchgeführten Berechnungen sind hinreichend solide, um an dieser Stelle benutzt zu werden. Vgl. dazu auch Boyer, Unfallversicherung, S. 37: „Gerade Hagenkötter und Völkening zeigten in ihren detaillierten Studien, daß über das von der Berufsgenossenschaft gewonnene Zahlenmaterial kaum hinausgegangen werden kann [...]." Für die Jahre von 1885/86 bis 1903 findet sich eine zusammenfassende Übersicht dieser Zahlen auch in: Bergbau-Verein (u.a.) (Hrsg.), Die Entwickelung, Bd. 12, Teil 3, S. 113.

26 vgl. Völkening, Unfallentwicklung, S. 22.

27 vgl. ebd., S. 23 f.

28 vgl. ebd., S. 26.

Wie in Preußen ergibt sich also auch für den Ruhrbergbau das Bild einer erheblichen Zunahme der Unfallzahlen insgesamt. Dabei verringern sich ab 1905 die entschädigungspflichtigen Unfälle in einem stärkeren Maß und vor allem die tödlichen Unfälle weisen einen stärker abwärts gerichteten Verlauf auf. Noch eindeutiger als in Preußen ist die Gesamtzunahme des Unfallgeschehens im Ruhrbergbau damit von den leichten meldepflichtigen Unfällen bestimmt.[29]

Der allgemeine Verlauf des Unfallgeschehens nach dem Betroffenheitsgrad muss für unsere Zwecke nun in einem zweiten Schritt bezüglich des Anteils der durch Schlagwetter- bzw. Kohlenstaubexplosionen bewirkten Unfälle näher untersucht werden. Im Zentrum des Interesses steht dabei ausschließlich der Ruhrbergbau, da ein Vergleich mit der gesamtpreußischen Entwicklung nur durch einen an dieser Stelle nicht zu vertretenden Mehraufwand bei der Erhebung des statistischen Materials zu leisten gewesen wäre. Für die mittelschweren entschädigungspflichtigen Unfälle liefert dabei ausschließlich das berufsgenossenschaftliche Zahlenmaterial eine auswertbare Materialgrundlage.

Um die Komplexität des Unfallgeschehens innerhalb des Betroffenheitsgrades näher aufzuschlüsseln, unterschied die Knappschafts-Berufsgenossenschaft in ihrer Statistik 15 verschiedene „Betriebseinrichtungen und Vorgänge, bei denen sich Unfälle ereigneten."[30] Die Zählung der Schlagwetter- und Kohlenstaubexplosionen erfolgte dabei in den Rubriken 4: „Sprengstoffe (Explosionen von Pulver, Dynamit usw.)" sowie 5: „Feuergefährliche, heiße und ätzende Stoffe (glühende Metallmassen, Gase und Dämpfe usw.)".[31]

Betrachtet man beide Kategorien im Zeitverlauf, so ist seit dem Jahr 1894 ein starker Rückgang der durch Explosionen allgemein verursachten entschädigungspflichtigen Unfälle feststellbar.[32] Dieser Rückgang übertraf sogar alle anderen ebenfalls abnehmenden Unfallveranlassungen. An der bereits beschriebenen Zunahme der mittelschweren Arbeitsunfälle im Ruhrbergbau bis zur Trendwende im Jahr 1905 waren demnach die durch Schlagwetter- und Kohlenstaubexplosionen bewirkten Verletzungen seit 1894 in immer geringerem Maße beteiligt.

Dass sich bis 1905 die mittelschweren Unfälle insgesamt erhöhten, lag aus berufsgenossenschaftlicher Sicht vorrangig an der Gefährdung durch Stein- und Kohlenfall sowie an den im weitesten Sinne bei der Förderung vorkommenden Verletzungen. Mit einem traditionell hohen Anteil von 30 bis 40 % am gesamten mittelschweren Unfallgeschehen wiesen die durch Stein- und Kohlenfall hervorgerufenen Verletzungen von 1888 bis 1894 zunächst eine erheb-

---

29 vgl. ebd., S. 27. Völkening erläutert diesen Zusammenhang mit gleichem Ergebnis noch differenzierter durch die getrennte Betrachtung der Arbeitsunfälle mit dauernd teilweiser und dauernd völliger Erwerbsunfähigkeit. Noch signifikanter als die tödlichen Unfälle weisen diese beiden Kategorien im Ruhrbergbau einen Abwärtstrend auf.
30 Diese Untergliederung bestimmt die Statistik der Knappschafts-Berufsgenossenschaft in den Verwaltungsberichten. Vgl. ebd., S. 41.
31 Die 15 Veranlassungskategorien bestanden in: „1. Motoren, Transmissionen und Arbeitsmaschinen, 2. Hebemaschinen (Fahrstühle, Aufzüge, Flaschenzüge, Winde, Krane usw.), 3. Dampfkessel, Dampfkochapparate, Dampfleitungen (Explosionen usw.), 4. Sprengstoffe (Explosionen von Pulver, Dynamit usw.), 5. Feuergefährliche, heiße und ätzende Stoffe (glühende Metallmassen, Gase, Dämpfe usw.), 6. Zusammenbruch, Einsturz, Herab- oder Umfall von Gegenständen, 7. Fall von Luken, Treppen usw. aus Luken usw. in Vertiefungen, auf ebener Erde, 8. Auf- und Abladen von Hand, Heben, Tragen usw., 9. Fuhrwerke (Überfahren, Absturz usw. von Wagen und Karren aller Art), 10. Eisenbahnbetrieb (Überfahren usw.), 11. Schiffahrt und Verkehr zu Wasser (Fall über Bord usw.), 12. Tiere (Stoß, Schlag, Biß usw.) einschließlich aller Unfälle beim Reiten, 13. Handwerkszeug und einfache Geräte (Hammer, Meißel, Axt, Spaten, Hacke usw.), 14. Elektrischer Strom und 15. Abspringende Splitter."
32 vgl. Völkening, Unfallentwicklung, S. 42 – 46.

lich steigende Tendenz auf, die im folgenden Jahrzehnt allmählich stagnierte. Von 1905 bis 1913 verringerte sich ihr Auftreten merklich und bestimmte aufgrund des hohen Prozentanteils zwangsläufig die bereits beschriebene Abnahme des gesamten entschädigungspflichtigen Unfallgeschehens im Ruhrbergbau seit 1905.

Das zweite an der Steigerung der Unfallzahlen bis 1905 besonders beteiligte Gefährdungspotential bestand gemäß berufsgenossenschaftlicher Erhebung in Verletzungen beim Umgang mit Fahrzeugen sowie bei der Beförderung von Lasten. Im Gegensatz zu allen anderen Unfallveranlassungen stiegen sie von 1888 bis 1913 nahezu kontinuierlich an. Belief sich ihre Zahl im Jahr 1888 nur auf die Hälfte der Verletzungen durch Stein- und Kohlenfall, so hatte sich das Verhältnis bis 1913 auf zwei Drittel zu ein Drittel verschoben.

Für die Untersuchung der Schlagwetter- und Kohlenstaubexplosionen im Ruhrbergbau kann hier festgehalten werden, dass die bis 1905 zunehmenden mittelschweren Unfälle immer stärker auf andere Gefährdungsmomente zurückzuführen sind, während die Verletzungsgefahr durch Explosionen spätestens seit 1894 vergleichsweise stark abgenommen hat. Inwieweit dieser Befund allerdings im Sinne einer Verminderung der Schlagwetter- und Kohlenstaubgefahr insgesamt zu werten ist, lässt sich allein durch die Betrachtung der entschädigungspflichtigen Unfälle nicht beantworten. So könnte die Verringerung der mittelschweren Explosionsverletzungen schließlich auch von einer Zunahme der tödlichen Explosionsunfälle begleitet sein. Dieses Ergebnis ließe sich im Gegenteil sogar als eine Steigerung der Explosionsgefahr im Ruhrbergbau werten. Insofern ergibt sich hieraus einmal mehr die Forderung, eine kombinierte Betrachtung beider Betroffenheitskategorien anzustellen.

Wenngleich eine detaillierte Ursachenanalyse der tödlichen Unfälle auch auf der Grundlage des berufsgenossenschaftlichen Materials für die Zeit nach 1885 möglich wäre, soll im Folgenden auf bergbehördliche Quellen zurückgegriffen werden. Dies geschieht in erster Linie deshalb, weil die bergbehördliche Statistik in ihrer weitgehenden Beschränkung auf tödliche Unfälle wesentlich früher als die berufsgenossenschaftliche Zählung einsetzt. Zumindest für den Verlauf der tödlichen Unfälle im preußischen Bergbau lassen sich somit annähernd den gesamten vorliegenden Untersuchungszeitraum übergreifende Trends ermitteln.

2.2.2 Die Statistik der preußischen Bergbehörde

2.2.2.1 Form und Aufbau der bergbehördlichen Unfallstatistik

Dem während des 19. Jahrhunderts in absoluten Zahlen beständig zunehmenden tödlichen Unfallgeschehen im preußischen Bergbau ist zuzuschreiben, dass sich die bergbehördliche Unfallstatistik sukzessive erweitert und verfeinert hat. Hintergrund dieser Entwicklung war sicher der ernst gemeinte Versuch, durch die aus verwaltungstechnischer Sicht immer trennschärfere Zählung bestimmter Unfallvorgänge genauere Kenntnisse über die Unfallwirklichkeit zu erlangen. Inwieweit die aus der selbst erhobenen Statistik gewonnenen Daten im Nachhinein durch die Bergbeamten interpretiert und welche Handlungsoptionen daraus gewonnen wurden, wird später zur Diskussion stehen. Für eine Charakterisierung der bergbehördlichen Unfallstatistik an dieser Stelle ist nur die erste Feststellung maßgeblich.

Genauere Kenntnisse über die Zeiträume, in denen die preußische Bergbehörde Unfallstatistiken mit unterschiedlicher Aussagentiefe erarbeitete, verdanken wir dem 1895 zum Geheimen Bergrat ernannten Franz Anton Haßlacher (1838 – 1921). Im Rang des Bergrats war er 1880 als Hilfsarbeiter des Oberberghauptmanns Albert Ludwig Serlo an das Ministerium der öffentlichen Arbeiten in Berlin und ein Jahr später als Protokollführer und General-Berichterstatter in die preußische Schlagwetterkommission berufen worden.[33] Darüber hinaus hatte er von 1880 bis 1892 die Schriftleitung der Zeitschrift für das Berg-, Hütten- und Salinenwesen in dem preussischen Staate (ZBHSW) – dem zentralen bergbehördlichen Publikationsorgan – inne.[34]

Haßlacher befand sich 1881 innerhalb der Verwaltungshierarchie also an ausreichend zentraler Stelle, um die Aktenlage seiner Behörde umfassend bewerten zu können. Auf der Suche nach einschlägigen Unfallstatistiken im Rahmen seiner Tätigkeit für die Schlagwetterkommission kam er zu dem Ergebnis, dass „die Unfallstatistik des Preussischen Bergbaus überhaupt, wie die des Steinkohlenbergbaues insbesondere [...] nicht über das Jahr 1821" zurückreichte.[35] Dabei bezog er sich für die Jahre 1821 bis 1840 auf eine heute anscheinend nicht mehr existierende „umfassende Aufstellung", nach der im Stein- und Braunkohlenbergbau im Mittel dieser Jahre von durchschnittlich 14 500 beschäftigten Arbeitern jährlich 34,05 Bergleute zu Tode gekommen waren. Umgerechnet entsprach dies einer Todeszahl von 2,35 Arbeitern je 1000 Beschäftigte. Für den Zeitraum von 1841 bis 1851 lagen Haßlacher dann lediglich summarische Übersichten „der bei den sämmtlichen Mineralgewinnungen zusammen in den verschiedenen Haupt-Bergdistricten vorgekommenen tödlichen Unglücksfälle" vor, die er selbst vermutlich nicht weiter auswerten konnte.[36]

Haßlacher stellte schließlich fest, dass „eine getrennte Nachweisung der Verunglückungen nach einzelnen Mineralgewinnungen und zugleich nach den hauptsächlichsten Arten der Unfälle, also eine eingehendere Verunglückungs-Statistik [...] erst mit dem Jahre 1852" begann.[37] Mit Sicherheit waren damit die seit Erscheinen der ZBHSW im Jahr 1854 veröffentlichten Unfallangaben gemeint. Diese gliederten sich bis zum 1867 erschienenen Band 15 zunächst in eine chronologisch geordnete Auflistung aller jährlich vorkommenden tödlichen Unfälle. Fortlaufend wurde hier jeder Unfall mit Informationen zum Namen, zur Lage sowie zum geförderten Mineral des betroffenen Bergwerks ausgewiesen. Ergänzt wurden die Angaben durch die Namensnennung und die Berufsbezeichnung des jeweils getöteten Bergmanns sowie durch eine sehr knappe Schilderung zur „Veranlassung des Unfalls".[38]

Ab dem 1855 erschienenen zweiten Band der ZBHSW erhielt die chronologische Unfallauflistung eine zusätzliche, im eigentlichen Sinne statistische Auswertung der Unfallzahlen – und zwar rückwirkend bis zum Jahr 1852. Bezogen auf Preußen insgesamt, wurden die Unfälle jeweils getrennt nach den Bergbauzweigen Steinkohle, Braunkohle und Erz in fünf unterschiedliche Ursachenkomplexe unterteilt. Zu den fünf „Kategorieen" zählten „durch Steinfall", „in Schächten", „in bösen Wettern", „durch Maschinen etc." sowie „durch sonstige Unfälle". Welche Unglücksverläufe dabei unter welcher Rubrik zu fassen waren, ergab sich aus der Erläuterung.

33 vgl. Serlo, Walter: Die Preußischen Bergassessoren, Essen, 5. Aufl., 1938, S. 35; ferner Ders.: Bergmannsfamilien in Rheinland und Westfalen, Münster 1936, S. 149 f. sowie Haßlacher, A[nton]: Haupt-Bericht der preussischen Schlagwetter-Commission, nebst 5 Bänden Anlagen und einem Atlas, Bd. 1, Berlin 1887, S. 2.

34 vgl. Kroker, Evelyn: Der Grubenunglück-Katalog des Bergbau-Archivs: Motivationen – Methoden – Ziele, in: Kroker/Farrenkopf, Grubenunglücke, S. 10 – 16, hier S. 13.

35 zit. Haßlacher, A[nton]: Die auf den Steinkohlenbergwerken Preussens in den Jahren 1861 bis 1881 durch schlagende Wetter veranlassten Unglücksfälle, in: Zeitschrift für das Berg-, Hütten- und Salinenwesen in dem preussischen Staate (fortan: ZBHSW) 30, 1882, Teil B, S. 339 – 382, hier S. 339.

36 vgl. Verunglückungen bei dem Bergwerksbetriebe im Jahre 1853, in: ZBHSW 2, 1855, Teil A, S. 259 ff., hier S. 261.

37 zit. Haßlacher, Die auf den Steinkohlenbergwerken Preussens in den Jahren 1861 bis 1881 durch schlagende Wetter veranlassten Unglücksfälle, S. 339.

38 vgl. erstmals: Verunglückungen bei dem Bergwerksbetriebe in Preussen im Jahre 1853, in chronologischer Reihenfolge, in: ZBHSW 1, 1854, Teil A, S. 226 ff. und 254 ff.

So verstand man unter Steinfall folgende Geschehnisse: „Hereinbrechen von losem und festem Gebirge, von Steinkohlen-, Braunkohlen-, Erz- und Gesteinsmassen, Umsturz von Zimmerholz, Einbrechen von Bühnen bei Gewinnungs- oder Befestigungs-Arbeiten, sowohl in Gruben-, als auch in Tagebauen."[39] Beim Steinkohlenbergbau war Steinfall damit bereits im Sinne der später genauer gefassten Bezeichnung Stein- und Kohlenfall zu verstehen. Zu den Verunglückungen in Schächten zählten der „Fall in Schächte von Tage herein, oder von Fahrten, Bühnen, Fahrkünsten, bei der Seilfahrt, desgleichen in Gesenke, Ueberbrechen etc., ferner Tödtung durch hereingefallene Gegenstände etc., jedoch ausschliesslich abgelöster Gesteinswände u. dgl. aus den Stössen, da dies unter a. (= Steinfall, M.F.) gehört."[40]

Schlagwetter- bzw. Kohlenstaubexplosionen wurden in der Rubrik böse Wetter mitgezählt; allerdings berücksichtigte man hier alle Unfälle, die „in Folge Betäubung, Erstickung und Verbrennung"[41] entstanden waren – also auch solche Fälle, in denen keine Explosion stattgefunden hatte.[42] Unter den einen Unfall herbeiführenden Maschinen verstand man „sowohl stehende als bewegte" und rechnete hierzu „Schleiftröge, Förderwagen, Förder- und Bremsschlitten, Bremsketten, Seile etc."[43] Als sonstige Unfälle galten schließlich alle Vorkommnisse, „welche nicht unter die vorstehenden Abtheilungen zu bringen sind."[44]

Eine nicht unbedeutende Veränderung der statistischen Meldungen innerhalb der ZBHSW ergab sich mit Veröffentlichung des Bandes 16 im Jahr 1868. Nun entfiel die chronologische Auflistung der einzelnen Unglücksfälle zugunsten einer stark erweiterten statistischen Aufbereitung des tödlichen Unfallgeschehens. Wohl unter dem Eindruck der sich mit Zunahme der absoluten Todesfälle auch beständig verlängernden Listen vermisste man zusehends eine tiefere „Systematik" der reinen Aufzählung.[45]

Kennzeichen der neuen, bis 1914 formal nur noch kaum veränderten Verunglückungsstatistik war einerseits eine getrennte Zählung der tödlichen Unfälle in den drei Bergbauzweigen Steinkohle, Braunkohle und Erz für jeden der fünf preußischen Oberbergamtsbezirke.[46] Zum anderen erfolgte nun eine wesentlich umfangreichere Gliederung der Unfallursachen in elf Obergruppen, von denen fünf nochmals eine unterschiedlich starke Unterteilung aufwiesen.

Als vollkommen neue Ursachenkomplexe kamen die Rubriken „bei der Schiessarbeit", „in Bremsbergen und Bremsschächten", „bei der Streckenförderung", „bei Wasserdurchbrüchen" und „ueber Tage" hinzu. Getrennt wurden auch die Unfälle „in schlagenden Wettern" und „in bösen Wettern" ausgewiesen. Einzig die Kategorien „durch Steinfall", „in Schächten" und „durch Maschinen" blieben erhalten, wenngleich sie von nun an sicher nur noch einen Teilbereich der bis 1867 hierunter gezählten Unfälle auswiesen. Am deutlichsten zeigte sich

---

39 zit. Verunglückungen bei dem Bergwerksbetriebe im Jahre 1853, in: ZBHSW 2, 1855, Teil A, S. 259.

40 zit. ebd., S. 259.

41 zit. ebd., S. 259.

42 Eine getrennte Ausweisung der ausschließlich in Folge von Explosionen schlagender Wetter tödlich Verunglückten im Zeitraum 1852 bis 1867 liefert jedoch Haßlacher, Die auf den Steinkohlenbergwerken Preussens in den Jahren 1861 bis 1881 durch schlagende Wetter veranlassten Unglücksfälle, S. 339 f.

43 zit. Verunglückungen bei dem Bergwerksbetriebe im Jahre 1853, in: ZBHSW 2, 1855, Teil A, S. 259.

44 zit. ebd., S. 259.

45 vgl. Die Verunglückungen bei dem Bergwerksbetriebe Preussens im Jahre 1867, in: ZBHSW 16, 1868, Statistischer Teil (fortan: Teil ST), S. 136 – 143, hier S. 136, Anm. 1: „An Stelle der chronologischen Uebersichten über die einzelnen Unglücksfälle, wie sie für die früheren Jahre in dieser Zeitschrift veröffentlicht worden sind, werden vom gegenwärtigen Jahrgange an systematische Zusammenstellungen mitgetheilt werden, welche die Zahl der Verunglückten, nach Oberbergamtsbezirken, nach Mineralgewinnungen, sowie nach Art der Verunglückung classificirt angeben."

46 Die fünf existierenden Oberbergämter befanden sich in Breslau, Halle, Clausthal, Dortmund und Bonn.

diese wesentlich engere Fassung bei den Schachtunfällen in der neuen Statistik: Waren bislang auch alle Stürze in Gesenke, Überbrechen usw. hierunter subsumiert worden, so wurden sie nun vorrangig im Bereich der Bremsberge und Bremsschächte getrennt aufgeführt.

Da letztere Kategorie jetzt zusätzlich in Unfälle zerfiel, die entweder „durch Sturz", „durch den Bremsapparat" oder „auf sonstige Weise" herbeigeführt worden waren, gelangten vermutlich von nun an solche Verunglückungen in diese Rubrik, die zuvor aufgrund des Einflusses von Bremsschlitten, Bremsketten sowie Seilen vorrangig in der Rubrik „durch Maschinen etc." gezählt worden waren.

Die kritische Auseinandersetzung mit der Form der bergbehördlichen Unfallstatistik zeigt damit abermals, dass auch hier bei einer Kombination unterschiedlicher Erhebungsmuster selbst bei in Teilen fortbestehender statistischer Kriterien Vorsicht geboten ist. Für die folgende Auswertung der bergbehördlichen Quellen bedeutet es, dass nur in wenigen begründeten Ausnahmefällen Daten zur Ermittlung langfristiger Trends korreliert worden sind. In der Mehrzahl der Fälle war jedoch die formale statistische Zäsur des Jahres 1867 nicht zu überbrücken.

2.2.2.2 Die Entwicklung der tödlichen Unfälle nach der bergbehördlichen Statistik

Die Gesamtentwicklung der tödlichen Unfälle

Schaubild 5: Absolute Entwicklung der tödlichen Unfälle im Steinkohlenbergbau Preußens und im Ruhrbergbau (1841 – 1914)[47]

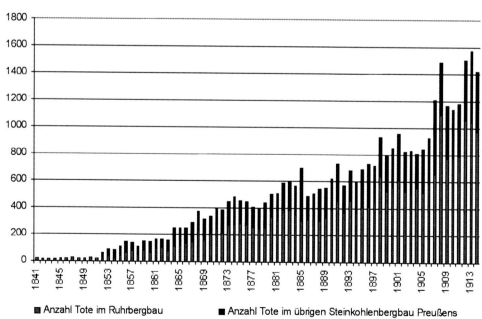

47 Berechnet nach Tenfelde, Sozialgeschichte, S. 225 f.; Haßlacher, Die auf den Steinkohlenbergwerken Preussens in den Jahren 1861 bis 1881 durch schlagende Wetter veranlassten Unglücksfälle, S. 339 f. sowie den statistischen Angaben der ZBHSW 1, 1854 – 63, 1915.

Stellt man zunächst einmal die Frage, wie sich der Verlauf der tödlichen Unfälle in Preußen und im Ruhrbergbau in absoluten Zahlen darstellt, so ergibt sich das seit längerem aus der Literatur bekannte Bild einer nahezu ungebrochenen und starken Zunahme. Auch wenn eine reine Betrachtung der absoluten Unfallzahlen für eine Beurteilung der Entwicklung des Unfallrisikos durch das Fehlen branchenspezifischer Bezugsgrößen wie etwa Belegschaftszunahme oder Produktionswachstum relativ wertlos ist, vermittelt sie dennoch Anhaltspunkte für die zeitgenössische Erfahrungswelt der Unfallproblematik.

Schaubild 6: Prozentualer Anteil der tödlichen Arbeitsunfälle (absolut) im Ruhrbergbau an der Gesamtzahl im preußischen Steinkohlenbergbau (1852 – 1914)[48]

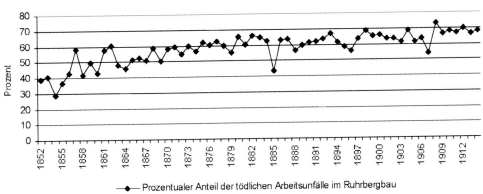

Bis heute ist das öffentliche Meinungsbild für die Gefährdung einer bestimmten Arbeitswelt oder einer speziellen Technik vorrangig über die Anzahl der in diesem Zusammenhang tödlich verletzten Menschen geprägt. Vorstellungen von Schmerz und persönlichem Leid der Angehörigen finden nur in der Person des getöteten Menschen eine ausreichende Projektionsfläche. Betrachtet man die Entwicklung der absoluten Todeszahlen im preußischen Steinkohlenbergbau aus diesem Blickwinkel, so wird sie nicht unwesentlich den Mythos von der Gefährlichkeit der bergmännischen Arbeitswelt und den gesellschaftlichen Handlungsdruck beeinflusst haben. Sowohl in Preußen als auch im Ruhrbergbau vollzog sich in der zweiten Hälfte des 19. Jahrhunderts ein immenser Zuwachs der jährlichen tödlichen Arbeitsunfälle. Vergleicht man die Jahre 1852 und 1913 so steigerte sich die absolute Zahl der Todesfälle im preußischen Steinkohlenbergbau von 59 auf 1574. Im Ruhrbergbau stiegen sie von 23 auf 1042 an. Gleichzeitig konzentrierten sich die tödlichen Unfälle in zunehmendem Maß auf den Steinkohlenbergbau im Ruhrrevier (vgl. Schaubilder 5 und 6).

Dieser für die öffentliche Wahrnehmung der Unfallproblematik im Bergbau wichtige Verlauf sollte nicht gänzlich unberücksichtigt bleiben, wenn anschließend die Entwicklung in Relation zur Wachstumsdynamik der Branche beurteilt wird. Der seitens der Bergbehörde bis

---

48 Berechnet nach Tenfelde, Sozialgeschichte, S. 225 f.; Haßlacher, Die auf den Steinkohlenbergwerken Preussens in den Jahren 1861 bis 1881 durch schlagende Wetter veranlassten Unglücksfälle, S. 339 f. sowie den statistischen Angaben der ZBHSW 1, 1854 – 63, 1915.

1914 durchgängig herangezogene Vergleichsindikator war dabei das Belegschaftswachstum, gemessen in der Anzahl der Todesfälle je 1000 Beschäftigte.[49]

Schaubild 7: Entwicklung der tödlichen Unfälle pro 1000 Beschäftigte im Steinkohlenbergbau Preußens und im Ruhrbergbau (1841 – 1914)[50]

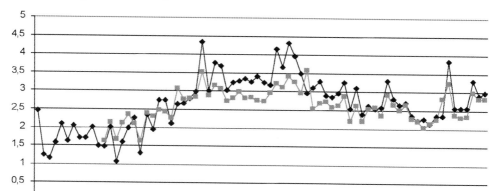

Die vergleichende Betrachtung des tödlichen Unfallgeschehens je 1000 Beschäftigte im preußischen Steinkohlen- und im Ruhrbergbau über den gesamten Zeitraum der zweiten Hälfte des 19. Jahrhunderts macht deutlich, dass sich in beiden Bereichen zwei gegenläufige Trends gegenüberstehen (vgl. Schaubild 7). Ausgehend vom Jahr 1852, in dem erstmals für beide Bezugsgrößen Werte vorliegen, ist bis Anfang der 1870er Jahre eine deutliche Steigerung der tödlichen Unfallraten je 1000 Beschäftigte zu erkennen. Der besonders hohe Ausschlag der Kurve im Jahr 1868 erklärt sich dabei durch die Schlagwetterexplosion auf der bei Bochum-Langendreer gelegenen Zeche Neu-Iserlohn, in deren Folge erstmals im Ruhrbergbau über 80 Bergleute bei einem Unglück starben.[51]

---

49 Kritisch dazu Völkening, Unfallentwicklung, S. 21. Völkening weist darauf hin, dass seit den 1920er Jahren die Berechnung der Unfallzahlen nicht mehr wie zuvor auf 1000 Beschäftigte sondern auf 100 000 verfahrene Schichten vorgenommen wird. Dadurch ergebe sich ein genaueres Bild der Unfallhäufigkeitsentwicklung, weil so nicht nur Belegschafts- sondern vielmehr auch Beschäftigungsschwankungen berücksichtigt würden: „Die Berücksichtigung der Beschäftigungsschwankungen wäre aber für ein genaueres Bild der Unfallhäufigkeit erforderlich, da Veränderungen in der Beschäftigungsdauer – ohne daß eine Veränderung der Unfallgefahr eingetreten sein muß – bereits eine gleichgewichtige Veränderung der Unfallhäufigkeit bewirken." Diesem prinzipiell nicht unberechtigten Einwand steht für den hier untersuchten Zeitraum entgegen, dass entsprechende Berechnungen in den vorhandenen Quellen weder zu finden, noch durch nachträgliche Operationen vollständig zu leisten sind. Darüber hinaus ermittelte Völkening selbst nach in Teilen erfolgter Umrechnung des Belegschafts- auf den Beschäftigungsdauer-Indikator lediglich etwas steiler verlaufende Kurven ohne gravierende Änderungen des Trendverlaufs. In der übrigen jüngeren Literatur zum Thema gilt deshalb der Belegschafts-Indikator als weitgehend akzeptiert. Vgl. beispielsweise Tenfelde, Sozialgeschichte, S. 225 f.; Ders., Der bergmännische Arbeitsplatz, S. 325 f.; Trischer, Arbeitsunfälle, S. 115 und Boyer, Unfallversicherung, S. 38 mit der Berechnung auf je 1000 Versicherte.
50 Berechnet nach Tenfelde, Sozialgeschichte, S. 225 f.; Haßlacher, Die auf den Steinkohlenbergwerken Preussens in den Jahren 1861 bis 1881 durch schlagende Wetter veranlassten Unglücksfälle, S. 339 f. sowie den statistischen Angaben der ZBHSW 1, 1854 – 63, 1915.
51 Mit weiterführenden Quellen- und Literaturverweisen zu diesem ersten großen Schlagwetterunglück des Ruhrbergbaus vgl. Kroker/Farrenkopf, Grubenunglücke, S. 138 f. sowie Farrenkopf, Grubenunglücke als Katastrophen, S. 28 f.

Für den Zeitraum der 1870er Jahre ergibt sich in beiden Bereichen dann eine vorübergehende Stagnation der tödlichen Unfallraten auf einem vergleichsweise hohen Niveau. Etwa zu Beginn der 1880er Jahre erreichen beide Kurven ihren Scheitelpunkt, wobei der Ruhrbergbau mit dem höchsten rechnerischen Wert von 4,314 Toten je 1000 Beschäftigte im Jahr 1882 dem preußischen Steinkohlenbergbau um drei Jahre vorauseilt. Mit 3,583 Toten je 1000 Beschäftigte bedeutet das Jahr 1885 den Höhepunkt im gesamten Steinkohlenbergbau Preußens.

Spätestens seit Mitte der 1880er Jahre zeichnet sich sowohl in Preußen als auch im Ruhrrevier eine relativ deutliche Verminderung der Todesfälle ab, die etwa bis 1905 anhält und nur im Jahr 1898 kurzfristig unterbrochen wird. Erneut ist hierfür ein Grubenunglück im Ruhrgebiet von bis dahin ungekanntem Ausmaß verantwortlich: Mindestens 115 tote Bergleute waren am 17. Februar dieses Jahres auf der Zeche Carolinenglück in Bochum-Hamme vermutlich infolge einer kombinierten Schlagwetter- und Kohlenstaubexplosion zu beklagen.[52]

Für die restlichen Jahre von 1906 bis 1915 lässt sich schließlich erneut eine leichte Trendwende mit steigenden tödlichen Unfallraten erkennen, wobei das Jahr 1914 allerdings deutlich unter dem höchsten Niveau der beginnenden 1880er Jahre bleibt. Die signifikanten Ausschläge beider Kurven in den Jahren 1908 und 1912 sind abermals durch zwei große Grubenunglücke auf den Zechen Radbod in Hamm-Bockum-Hövel (12. November 1908: mindestens 339 Tote)[53] und Lothringen in Bochum-Gerthe (8. August 1912: mindestens 112 Tote)[54] bedingt.

Der Gesamtverlauf des tödlichen Unfallgeschehens von 1852 bis 1914 kann somit beim Vergleich mit dem in Belegschaftszahlen gemessenen Branchenwachstum in eine Phase zunehmenden Unfallrisikos bis etwa zum Beginn der 1880er Jahre und in eine zweite anschließende Epoche abnehmender Lebensgefahr am Arbeitsplatz unterteilt werden. Die Feststellung gilt sowohl für den gesamten preußischen Steinkohlenbergbau als auch für den Ruhrbergbau im Speziellen. Der Befund kontrastiert erheblich zur Entwicklung der beständig steigenden absoluten Todesfälle und erklärt gleichzeitig die in der Literatur zu findenden unterschiedlichen Wertungen des tödlichen Unfallgeschehens im Ruhrbergbau.

Während etwa Klaus Tenfelde in seiner Sozialgeschichte der Bergarbeiterschaft an der Ruhr im 19. Jahrhundert – der Betrachtungszeitraum endet mit der Zäsur des ersten großen Bergarbeiterstreiks 1889 – die Unfallentwicklung nur bis 1891 nachzeichnete, bildete sich hier fast ausschließlich die Phase steigender Unfallraten ab.[55] Ulrich Völkening konnte demgegenüber bei seiner Arbeit über die Unfallentwicklung im Bergbau des Deutschen Kaiserreiches fast nur sinkende Todeszahlen ermitteln, weil sein Untersuchungszeitraum – in erster Linie bedingt durch die nahezu ausschließliche Berücksichtigung berufsgenossenschaftlicher Quellen – erst im Jahr 1888 einsetzte.[56]

---

52 vgl. Kroker/Farrenkopf, Grubenunglücke, S. 244.
53 vgl. ebd., S. 287 f.
54 vgl. ebd., S. 306.
55 vgl. Tenfelde, Sozialgeschichte, S. 226: „[...] blickt man auf die Zahl der Unfälle je 1000 Belegschaftsmitglieder, so zeigt die Unfallentwicklung bei erheblich gewachsener Produktivität auch aufweisende Tendenz [...]."
56 Nicht recht verständlich ist, dass Völkening seine relativ knapp ausgefallene Auswertung der bergbehördlichen Statistik trotz der auch für die frühere Zeit vorhandenen Daten erst im Jahr 1888 beginnt. Da der Titel der Arbeit die Zeit des Deutschen Kaiserreiches vorgibt, hätten also zumindest die Jahre ab 1871 berücksichtigt werden können. Vgl. Völkening, Unfallentwicklung, S. 36 – 40.

Abgesehen vom Verlauf der tödlichen Unfälle liefert das Schaubild 7 nochmals einen deutlichen Beweis für die relativ große Dominanz des tödlichen Unfallgeschehens im Ruhrbergbau gegenüber den restlichen Steinkohlenrevieren in Preußen. Was sich bei den absoluten Zahlen durch eine Steigerung von 40 % (1852) auf annähernd 70 % (1914) aller pro Jahr im preußischen Steinkohlenbergbau vorkommenden Todesfälle abzeichnete (vgl. Schaubild 6), findet sich hier in einer weitgehenden Deckungsgleichheit der abgetragenen Kurven wieder. Offensichtlich entwickelten sich die tödlichen Arbeitsunfälle in den übrigen preußischen Steinkohlenrevieren zu keiner Zeit so stark, dass sich die gesamtpreußische Kurve signifikanter von der Kurve des Ruhrbergbaus absetzen konnte.

Darüber hinaus lässt sich erkennen, dass der Ruhrbergbau spätestens seit Ende der 1860er Jahre zumindest bei den lebensbedrohlichen Risiken beständig an der Spitze des preußischen Steinkohlenbergbaus rangierte. Lag die Anzahl der Todesfälle pro 1000 Beschäftigte in Preußen bis dahin noch häufig über dem Vergleichswert des Ruhrbergbaus, so übertraf dieser den erstgenannten insbesondere in den 1880er Jahren erheblich. Dass dafür gerade Schlagwetterexplosionen wesentlich mitverantwortlich waren, wird später genauer ausgeführt. Erst seit etwa Mitte der 1890er Jahre verringerte sich der Abstand zwischen beiden Werten merklich, wobei der Ruhrbergbau jedoch weiterhin einen leicht höheren Gefährdungsgrad aufwies.[57]

Der Vorgehensweise bei den entschädigungspflichtigen Unfällen entsprechend, muss der beschriebene Gesamtverlauf der tödlichen Unfälle genauer auf die Beteiligung der einzelnen Ursachenkomplexe untersucht werden. Die gute Quellenlage erlaubt dabei auch weiterhin eine vergleichende Betrachtung von preußischem Steinkohlen- und Ruhrbergbau. Darüber hinaus kann die vorrangig interessierende Entwicklung der durch Explosionen hervorgerufenen Todesfälle gerade durch den Vergleich mit den übrigen Unfallursachen genauer gekennzeichnet werden.

Die Todesfälle durch Stein- und Kohlenfall

Die meisten Unfälle sowohl im preußischen Steinkohlen- als auch im Ruhrbergbau waren über den gesamten Zeitraum der zweiten Hälfte des 19. Jahrhunderts auf Stein- und Kohlenfall zurückzuführen. Schon 1867 beliefen sich von insgesamt 293 Todesfällen in Preußen mehr als ein Drittel, nämlich 106 tödliche Unfälle, auf derartige Schädigungen. 1914 hatte sich die Anzahl mit 522 von insgesamt 1424 getöteten Bergleuten zwar beträchtlich gesteigert, doch das Verhältnis war annähernd gleich geblieben.[58]

Hinsichtlich des Unfallhergangs bedeutete Stein- und Kohlenfall in erster Linie das Hereinbrechen der hangenden Gesteinsschichten entweder im Flöz oder in der Abbaustrecke. Häufig waren deshalb die Gewinnungsarbeiter unter freiem Hangenden oder im Abbaustreckenvortrieb hiervon betroffen.[59] Durch die tektonischen Bildungsvorgänge der Steinkohlenlagerstätten war der gesamte Gebirgskörper von unzähligen Trennflächen und Rissen durchsetzt, die im bergmännischen Sprachgebrauch je nach Lage und Form als Klüften,

---

57 Zu einem übereinstimmenden Ergebnis kommt Tenfelde, Der bergmännische Arbeitsplatz, S. 324 durch einen punktuellen Vergleich der Unfallraten in den preußischen Oberbergamtsbezirken für das Jahr 1891. Dortmund (= Ruhrbergbau, M.F.) lag hier vor dem Breslauer Bezirk, dem wiederum Bonn und Clausthal folgten.
58 Bezüglich der angegebenen Zahlenwerte vgl. die statistischen Angaben der ZBHSW, für die Jahre 1867 und 1914 insbesondere ZBHSW 16, 1868, Teil ST, S. 137 ff. sowie ZBHSW 63, 1915, Teil ST, S. 43 – 59, hier S. 43.
59 vgl. Tenfelde, Der bergmännische Arbeitsplatz, S. 324.

Schlechten, Lösen oder Risse bezeichnet werden. Insbesondere im Zusammenhang mit den Klüften in den Hangendschichten bildeten sich trapezförmige Gesteinsblöcke, sog. Sargdeckel, die bei durch den Abbau der Kohle bedingten Druckveränderungen ohne Warnung plötzlich herabfielen.[60]

Nicht minder gefährlich waren die als „Kessel" bezeichneten Steinkerne, bei denen es sich um mit Gestein ausgefüllte ehemalige Baumstümpfe handelte. Auf der Unterfläche des Hangenden ließen sie sich durch ein wulstförmiges Heraustreten und den ehemals die Baumrinde bildenden Kohlenring gut erkennen.[61] Wegen ihrer sich nach oben hin verjüngenden Form lösten auch sie sich leicht und unvermittelt aus dem umgebenden Gesteinsverband.

Insgesamt dienten alle jene technischen und arbeitsprozessualen Maßnahmen zur Vermeidung derartiger Unfallgefahren, die bis heute unter dem Sammelbegriff des Grubenausbaus[62] verstanden werden. Es sei an dieser Stelle nochmals ausdrücklich vermerkt, dass die Ausführungen dieses Kapitels lediglich beabsichtigen, die Anteile der einzelnen Unfallursachen am tödlichen Unfallgeschehen zu kennzeichnen, um damit den Stellenwert der explosionsbedingten Schäden genauer einschätzen zu können. Insofern muss davon abgesehen werden, die tieferen Grundlagen aller übrigen Ursachenkomplexe umfassend erörtern zu wollen.

Welche spezielle Form des Ausbaus an welcher Stelle des Grubengebäudes zur Anwendung kam, hing zunächst von den allgemeinen Druckverhältnissen im Steinkohlengebirge ab. Gerade im rheinisch-westfälischen Karbon war ein kurzfristig nach dem Auffahren der Grubenbaue vorzunehmender Ausbau unvermeidlich. Dies galt sowohl für die Gewinnungsörter als auch für das mit untertägiger Ausdehnung der Bergwerke längenmäßig ebenso wachsende Streckensystem.[63] Bei Letzterem und hier vornehmlich bei den Querschlägen und Richtstrecken waren dessen Ausführung, Stärke und die Wahl des angewandten Materials weiterhin von der Beschaffenheit der Grubenwetter, der projektierten Lebensdauer des Streckenteils sowie von seiner Bedeutung für den gesamten Betrieb abhängig.

Bis Anfang des 20. Jahrhunderts kam als Ausbaumaterial ganz überwiegend Holz zum Einsatz, wobei sich die einzelnen Holzarten hinsichtlich Druckfestigkeit und wetterbedingter Widerstandskraft unterschieden. Etwa bis 1850 war im Ruhrbergbau fast nur die als „Hartholz" bezeichnete Eiche in Gebrauch[64], anschließend verwandte man in immer stärkerem Maße die billigeren „Weichhölzer" Tanne, Fichte und Kiefer.[65] Deren etwa um die Hälfte kürzere Tragfähigkeit im Vergleich zum Eichenholz[66] konnte verlängert werden, wenn sie in getrocknetem und geschältem Zustand in die Grube eingebracht wurden. Ferner neigten sie so

---

60 vgl. Hahne, Carl/Schmidt, Rolf: Die Geologie des Niederrheinisch-Westfälischen Steinkohlengebietes. Einführung in das Steinkohlengebirge und seine Montangeologie, Essen 1982, S. 55 – 58.

61 vgl. Haarmann, Karl (u.a.): Der Bergmannsfreund. Ein Ratgeber zur Bekämpfung der Unfallgefahren im Steinkohlenbergbau, Bochum 1927, S. 212.

62 vgl. Heise, F./Herbst, F.: Lehrbuch der Bergbaukunde mit besonderer Berücksichtigung des Steinkohlenbergbaues, Bd. 2, 5. vermehrte und verbesserte Aufl., Berlin 1932, S. 1.

63 vgl. Bergbau-Verein (u.a.) (Hrsg.), Die Entwickelung, Bd. 2: Ausrichtung, Vorrichtung, Grubenausbau, S. 347 – 378.

64 vgl. ebd., S. 357 sowie Kroker, Evelyn: „Der Bergmann vor Ort und nach der Schicht" – Zu den Ergebnissen einer historischen Dokumentation über die Arbeits- und Lebensumstände der Bergleute im Ruhrrevier, in: Der Anschnitt 30, 1978, S. 180 ff., hier S. 180 f. Über die Modalitäten der Grubenholzbeschaffung im Ruhrbergbau zu Zeiten des Direktionsprinzips vgl. Krampe, Hans Dieter: Der Staatseinfluß auf den Ruhrkohlenbergbau in der Zeit von 1800 bis 1865, Köln 1961 (= Schriften zur rheinisch-westfälischen Wirtschaftsgeschichte), S. 83 f.

66 Nach Bergbau-Verein (u.a.) (Hrsg.), Die Entwickelung, Bd. 2: Ausrichtung, Vorrichtung, Grubenausbau, S. 357 hatte Eichenholz eine durchschnittliche Verwendungsdauer von sieben bis acht Jahren, während Tannenholz in schlechten Grubenwettern schon nach spätestens drei bis vier Jahren seine Tragkraft verlor.

wesentlich weniger zur Fäulnisbildung, die man ansonsten durch spezielle Behandlungen wie Tränken in Carbolineum[67] oder durch Anstrich mit Holzkohlenteer zu unterbinden suchte.[68]

Solange ausschließlich Holz beim Streckenausbau Anwendung fand, wählte man gerade in Abschnitten mit besonders hohem Gebirgsdruck eine relativ schwache und deshalb billige Ausbauform, die innerhalb eines gewissen Zeitraums auf einen bestimmten Streckenquerschnitt zusammengedrückt wurde. Nach geraumer Zeit musste dieser Streckenteil dann neu ausgebaut werden, wobei das zuvor benutzte Holz geraubt und teilweise wieder verwandt wurde.[69] Bei gleichmäßigem Druck und konstanten Querschnitten erhielten die Hauptstrecken in erster Linie Türstock-, die Abbaustrecken dagegen Schalholzzimmerung.

Seit den 1870er Jahren wurden im Ruhrbergbau vorrangig die wichtigen Hauptstrecken mit Hilfe von Eisenteilen ausgebaut. In Abhängigkeit von den geologischen Verhältnissen im Einzelfall benutzte man Eisenkappen sowie Bögen unterschiedlicher Form. Gerade im Türstockbau ließen sich Holz- und Eisenteile – nicht selten handelte es sich um eiserne Eisenbahnschienen – besonders gut verbinden und relativ schnell in die Grubenräume einbringen. Nachdem erstmals die Zeche Prosper in Bottrop 1875 in größerem Umfang einen kombinierten Streckenausbau mit hölzernen Stempeln und eisernen Kappen ausgeführt hatte, war diese Form um die Jahrhundertwende bereits auf 70 Ruhrzechen anzutreffen – bei 40 Bergwerken sogar ausschließlich.[70]

Die Gebirgs- und Lagerungsverhältnisse im Ruhrbergbau erforderten auch einen weitgehenden Ausbau derjenigen Grubenräume, in denen sich die eigentliche Kohlengewinnung vollzog. Dies galt sowohl für die nach 1850 noch für mehrere Jahrzehnte bestimmende Abbaumethode des Pfeilerbaus als auch für die etwa seit den 1880er Jahren in größerem Umfang angewandten Versatzbauarten.[71] Die gewählte Form des Ausbaus hing dabei wiederum vom örtlichen Gebirgsverhalten sowie von der Lagerung, Mächtigkeit und der Art des Verhiebs des jeweiligen Kohlenflözes ab. Grundelemente aller Ausbauarten waren von Hand gesetzte Holzstempel, die das Hangende bis möglichst nahe an die Kohlenfront in Abständen von etwa einem Meter abstützten. Häufig handelte es sich dabei um einfachen Stempelschlag, bei dem jeder Holzstempel einige Zentimeter in die liegende Gesteinsschicht eingesetzt (eingebühnt) und gegen das Hangende mit einem Kopfholz (Anpfahl) zur Erreichung der Standfestigkeit „angetrieben" wurde. Darüber hinaus existierten insbesondere bei druckhaften Liegend- und Hangendschichten zahlreiche alternative Ausbauformen, zu denen in der Regel immer

---

67 Carbolineum gehörte als Imprägnieröl zur Gruppe der Steinkohlenteeröle, deren verfahrenstechnische Gewinnung und Verwendung eng mit dem um die Mitte des 19. Jahrhunderts boomenden Ausbau des Eisenbahnstreckennetzes zusammenhing. Da die Eisenbahngleise zunächst fast ausschließlich auf rohen Holzschwellen verlegt wurden, verrotteten sie bereits nach wenigen Jahren und mussten deshalb häufig ausgewechselt werden. Die Idee, zur Imprägnierung der Schwellenhölzer Steinkohlenteeröl zu verwenden, war zuerst in England von John Bethel entwickelt worden. Im Zusammenhang mit dem Ausbau der Köln-Mindener Eisenbahn errichtete dann Julius Rütgers in Essen ein erstes Imprägnierwerk in Deutschland, das Steinkohlenteeröl für diese Zwecke einsetzte. Vgl. Franck, H.-G./Collin, G.: Steinkohlenteer. Chemie, Technologie und Verwendung, Berlin/Heidelberg/New York 1968, S. 112 f.; Blümer, Gerd-Peter (u.a.): Rütgers VFT. 100 Jahre Werk Castrop-Rauxel, Castrop-Rauxel 1997, S. 10 – 14. Speziell zur Köln-Mindener Eisenbahn: Reininghaus, Wilfried: Eisenbahnen zwischen Rhein und Weser 1825 – 1995, in: Ellerbrock, Karl-Peter/Schuster, Marina (Hrsg.): 150 Jahre Köln-Mindener Eisenbahn, Essen, 2. Aufl., 1997, S. 12 – 73.
68 Zur Beurteilung der zahlreichen Verfahren, insbesondere der Tränkungsverfahren, den verwandten Flüssigkeiten und den Wirksamkeiten in untertägigen Grubenbauen vgl. Heise/Herbst: Lehrbuch der Bergbaukunde, Bd. 2, 5. Aufl., S. 31 – 38.
69 vgl. Elmer, Wilhelm/Schlickau, Stephan/Stube, Bernhard: Glückauf Ruhrrevier. Sozialgeschichte, technische Entwicklung und Sprache im Ruhrbergbau, Essen 1993, S. 94 f.
70 vgl. Meis, Hans: Der Ruhrbergbau im Wechsel der Zeiten, Essen 1933, S. 31.
71 Zum Wandel der Abbauarten vgl. insbesondere Burghardt, Die Mechanisierung, S. 78 – 83.

46

dann gegriffen wurde, wenn die einfachen Kopfhölzer keine ausreichende Sicherheit boten. So kamen bei weichem Liegenden zusätzlich Fußhölzer zum Einsatz oder das Hangende wurde mit Schalhölzern und Verzughölzern abgefangen.[72]

Bereits aus dieser keinesfalls erschöpfend dargestellten Vielzahl unterschiedlicher Ausbauformen wird deutlich, wie wenig standardisiert diese Frage im untertägigen Betriebsgeschehen gelöst wurde. Insofern war es zwangsläufig, dass die 1897 von der preußischen Regierung zur Untersuchung der Stein- und Kohlenfallgefahr eingesetzte Kommission, zu der Vertreter der Bergbehörde, der Unternehmer und der Bergarbeiterschaft gehörten, die allgemeine Einführung eines systematischen Ausbaus propagierte. Hierunter wurden vor allem die verbindliche Festlegung von Mindestabständen zwischen den Stempeln untereinander und zum Arbeitsstoß sowie Grundsätze einer „systematischen Verzimmerung" verstanden.[73] Im Unterschied zum Ruhrbergbau war dieses Verfahren in anderen preußischen Steinkohlenrevieren und im Ausland bereits erprobt worden.[74]

Schaubild 8: Prozentuale Entwicklung aller Todesfälle durch Stein- und Kohlenfall im Steinkohlenbergbau Preußens (1867 – 1914)

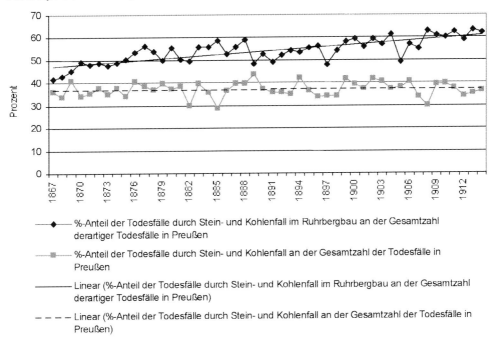

Dass sich gerade im Ruhrbergbau bis zum Ausbruch des Ersten Weltkriegs letztlich keine merkliche Verbesserung des Unfallgeschehens durch Stein- und Kohlenfall eingestellt hat, ist seitens der montangeschichtlichen Forschung mehrfach festgestellt worden.[75] Zu Recht ist in

72 vgl. Bergbau-Verein (u.a.) (Hrsg.), Die Entwickelung, Bd. 2: Ausrichtung, Vorrichtung, Grubenausbau, S. 139 – 144.

73 vgl. Trischler, Arbeitsunfälle, S. 119.

74 vgl. Brüggemeier, Franz-Josef: Leben vor Ort. Ruhrbergleute und Ruhrbergbau 1889 – 1919, München, 2., durchgesehene Aufl., 1984, S. 119.

75 vgl. vor allem ebd., S. 116 – 121; ferner Trischler, Arbeitsunfälle, S. 118 – 121.

diesem Zusammenhang auf die jede Einmischung in die betrieblichen Belange ablehnende Haltung der Bergbauunternehmer hingewiesen worden. Sie hatten auch nach Berufung der Stein- und Kohlenfall-Kommission in der Abwehr der behördlicherseits zunehmend geforderten Einführung des systematischen Ausbaus Erfolg. Dabei standen nicht zuletzt betriebswirtschaftliche Überlegungen im Hintergrund, denn die Einführung wäre mit einer Erhöhung der Holzkosten und einer Vermehrung des Aufsicht führenden Steigerpersonals für die Zechen verbunden gewesen.

Schaubild 9: Entwicklung der tödlichen Unfälle durch Stein- und Kohlenfall pro 1000 Beschäftigte (1867 – 1914)

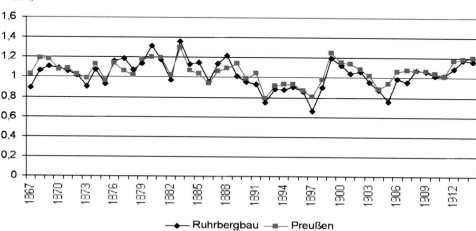

Kehren wir nach diesen für das Grundverständnis des Stein- und Kohlenfall-Problems unerlässlichen Hinweisen zur eigentlichen Fragestellung zurück, so ist aus Schaubild 8 zu erkennen, dass dieser Ursachenkomplex im preußischen Steinkohlenbergbau relativ konstant etwa 38 % aller pro Jahr vorkommenden tödlichen Unfälle ausmachte. Berechnet man hiervon zusätzlich den Anteil derartiger Unfälle im Ruhrbergbau, so zeigt sich, dass die gesamtpreußische Zahl in steigendem Maße von den Todesfällen im Ruhrbergbau bestimmt wurde. Während von den 106 Unfällen in 1867 nur 41,51 % (44 Tote) auf das Ruhrrevier entfielen, waren in 1914 immerhin 62,26 % (325 von 522 Toten) aller durch Stein- und Kohlenfall getöteten Bergleute in den dortigen Steinkohlenzechen gestorben.

Bezieht man die Unfallentwicklung durch Stein- und Kohlenfall wieder auf das Belegschaftswachstum, so ist über den gesamten Zeitraum ebenso eine relativ hohe Konstanz ablesbar (vgl. Schaubild 9). Allenfalls während der 1890er Jahre scheint zwischenzeitlich eine leichte Verminderung der Todesfälle je 1000 Beschäftigte eingetreten zu sein, die jedoch um die Jahrhundertwende bereits wieder durch einen steigenden Trend mit Erreichen des vorherigen Niveaus ersetzt wurde.

Interessant ist weiterhin, dass das tödliche Unfallrisiko durch Stein- und Kohlenfall im Ruhrbergbau nur im Zeitraum der 1880er Jahre leicht über der Gefährdung in Preußen lag. Vor 1876 und nach 1889 scheint der Ruhrbergbau in diesem Unfallbereich dagegen geringfügig sicherer gewesen zu sein.

Das durch Stein- und Kohlenfall bewirkte tödliche Unfallgeschehen legt somit zwei zentrale Schlussfolgerungen nahe:

1. Die absolut beträchtliche Steigerung und gleichzeitige Konzentration auf den Ruhrberg- bau ist in erster Linie durch das hier in Belegschaftszahlen ausgedrückte Branchen- wachstum zu erklären. Rechnet man die Unfallzahlen auf diesen Wachstumsindikator um, so zeigt sich eine relativ gleich bleibende Gefährdung im gesamten Zeitverlauf.

2. Der durch zwei Phasen zu- und abnehmender Lebensbedrohung bestimmte Gesamtver- lauf der tödlichen Unfälle muss aufgrund der relativ hohen Konstanz im Bereich des Stein- und Kohlenfalls stärker durch die Entwicklung anderer Unfallursachen zu erklären sein.

Die Todesfälle bei der Fahrung und Förderung

Eine ebenfalls beträchtliche Anzahl tödlicher Unfälle ereignete sich bei Arbeitsprozessen, die sich sehr allgemein entweder der Beförderung von Sachgütern oder dem Transport der Bergleute innerhalb der untertägigen Grubenbaue zuordnen lassen. Die bergbehördliche Statistik unterschied hierzu seit 1867 drei Unfallkategorien: „In Schächten", „In Bremsber- gen und Bremsschächten" sowie „Bei der Streckenförderung".

Zu den Bereichen des Bergbaubetriebes, die in der zweiten Hälfte des 19. Jahrhunderts in technischer Hinsicht ganz erheblichen Veränderungen unterworfen waren, gehörten die Schächte als Verbindungen des untertägigen Grubengebäudes mit den über Tage angeordne- ten Zechenanlagen. Der technische Fortschritt betraf dabei zum einen die Vervollkommnung der Schachtbaumethoden, die gerade im Ruhrbergbau eine zentrale Voraussetzung für das Abteufen immer tieferer Schächte im Zuge der Nordwanderung darstellten. Schon zu Beginn der 1830er Jahre war es dem Mülheimer Gewerken Franz Haniel (1779 – 1868) erstmals ge- lungen, die in nördlicher Richtung mit zunehmender Mächtigkeit die Karbonschichten über- lagernde, stark wasserführende Mergeldecke zu durchteufen.[76] Damit war eine der wesent- lichen technischen Voraussetzungen für den Übergang vom zuvor bestimmenden Stollenbergbau zum Tiefbau geschaffen.

Einen zweiten, ebenso wichtigen technischen Faktor stellten die seit etwa 1800 sukzessive auf den Ruhrbergwerken eingesetzten Dampfmaschinen dar, da sich nur mit ihrer Hilfe die im Tiefbau verschärften Anforderungen der Wasserhaltung bewältigen ließen.[77] Mit wach- senden Schachtteufen, Ausdehnung der Grubenbaue und Förderanstieg der einzelnen Ze- chen wurde die Dampfkrampf im Verlauf des 19. Jahrhunderts zugleich im Bereich der Schachtförderung unverzichtbar. Waren gelegentlich sogar noch bis zum Ende des 19. Jahr- hunderts die im frühneuzeitlichen Bergbau entwickelten Pferdegöpel anzutreffen, so setzten sich im gesamten mitteleuropäischen Steinkohlenbergbau etwa seit den 1820er Jahren

---

76 vgl. Spethmann, Hans: Franz Haniel. Sein Leben und Werk, Duisburg-Ruhrort 1956, S. 173 – 192; ferner Hus- ke, Joachim: Die Steinkohlenzechen im Ruhrrevier. Daten und Fakten von den Anfängen bis 1997, Bochum, 2., überarbeitete und erweiterte Aufl., 1998 (= Veröffentlichungen aus dem Deutschen Bergbau-Museum Bo- chum, Nr. 74), S. 12, S. 300; über den Industrialisierungsvorsprung des westlichen Ruhrreviers, auf den sich das Abteufen der ersten zehn Mergelschächte bis 1840 beschränkte, sowie die ältere Literatur zum Thema umfassend zusammenstellend: Tenfelde, Sozialgeschichte, S. 39.

77 vgl. Fischer, Hugo/Weiher, Siegfried von: Die Anfänge des Dampfmaschinen-Betriebes im Ruhrbergbau, in: Bergfreiheit 16, 1951, Heft 6, S. 33 – 36 sowie Fauser, Hermann: Entwicklung und Stand der Fördermaschi- nentechnik, in: Glückauf 100, 1964, S. 1077 – 1092, hier S. 1079.

dampfgetriebene Fördermaschinen durch.[78] Damit war sowohl eine Vergrößerung der Fördergeschwindigkeit als auch eine Erhöhung der Förderlast verbunden. Erst zu Beginn des 20. Jahrhunderts erhielt der Dampfantrieb bei der Schachtförderung allmählich erneute Konkurrenz, wobei die auf der Musterzeche Zollern II/IV in Dortmund-Bövinghausen 1903 installierte elektrische Fördermaschine nun ihrerseits den Anfang des sich allerdings auch in den kommenden Jahrzehnten nur langsam durchsetzenden elektrischen Fördermaschinenbaus in Deutschland markierte.[79] Bis 1914 liefen zwar bereits 74 elektrische neben 535 dampfgetriebenen Fördermaschinen allein im Ruhrbergbau, doch noch 1948 wurden hier annähernd 80 % aller Fördermaschinen mit Dampfkraft bewegt.[80]

Dieser enorme Leistungsanstieg der Förderantriebe war darüber hinaus mit einer Fülle von technischen Weiterentwicklungen in den übrigen zur Schachtförderung zählenden Teilbereichen verbunden. Für die Betrachtung der Unfälle „in Schächten" ist vor allem die nach 1850 hierdurch erheblich gewandelte Form der Schachtfahrung der Bergleute von Bedeutung. In den ersten Jahrzehnten des 19. Jahrhunderts war im Ruhrbergbau die bereits seit Jahrhunderten bestehende Praxis üblich, den Höhenunterschied zwischen über und unter Tage durch Klettern an Leitern (Fahrten) zu überbrücken. Mit zunehmenden Schachtteufen musste folglich der zeitliche und kräftemäßige Aufwand für das Ein- und Ausfahren der Bergleute erheblich anwachsen. Für den Oberharz rechnete der Geschworene Otto Dörell in den 1830er Jahren aus, dass die reine Fahrzeit eines Bergmannes aus einer Teufe von rd. 200 Metern bereits eine Dauer von 22 Minuten in Anspruch nahm. Für Teufen von 500 bis 600 Meter ergaben sich hieraus für den einzelnen Bergmann Fahrzeiten von bis zu einer Stunde.[81] Zu den im betriebswirtschaftlichen Sinne unproduktiven Fahrzeiten kam eine erhebliche physische Belastung der Bergleute hinzu. Bezogen auf reine Muskelarbeit im Erzbergbau errechnete Dörell, dass der Kraftaufwand für das Ausfahren um 30 % über der Belastung lag, die während der Schichtarbeit ansonsten aufzubringen war.[82]

Dass diese traditionelle Form der Schachtfahrung gerade im Ruhrbergbau alsbald an ihre Grenzen stoßen musste, verdeutlichen Zahlenangaben zum Teufenfortschritt im hier gegebe-

---

78 vgl. Suhling, Lothar: Aufschließen, Gewinnen, Fördern. Geschichte des Bergbaus, Reinbek bei Hamburg 1983, 196 f.; zu technischen Detailausführungen und Funktionsweisen der Dampffördermaschinen vgl. beispielsweise: Hoffmann, C.: Lehrbuch der Bergwerksmaschinen (Kraft- und Arbeitsmaschinen), Berlin/Göttingen/Heidelberg, 5., erweiterte und verbesserte Aufl., 1956, S. 235 – 259.

79 vgl. zur Elektrifizierung des Bergbaus allgemein: König, Wolfgang: Massenproduktion und Technikkonsum. Entwicklungslinien und Triebkräfte der Technik zwischen 1880 und 1914, in: Ders./Weber, Wolfhard: Netzwerke, Stahl und Strom 1840 bis 1914, Berlin 1997 (= König, Wolfgang (Hrsg.): Propyläen Technikgeschichte, Bd. 4), S. 263 – 552, hier S. 279; zur Einführung elektrischer Fördermaschinen im Ruhrbergbau vgl. Burghardt, Die Mechanisierung, S. 157 ff.; speziell zur ersten mit Gleichstrom betriebenen elektrischen Hauptschachtförderung auf der Zeche Zollern II/IV vgl. Vereinigte Stahlwerke AG (fortan VST): Die Schachtanlagen Zollern-Germania in Dortmund, Bd. 1, o. O. <Essen> o. J. <1931>, S. 367; ferner Telsemeyer, Ingrid/Tempel, Norbert: Die Schachtfördereinrichtungen der Zeche Zollern II/IV, in: Dies. (Hrsg.): Die Fördergerüste der Zeche Zollern II/IV, Dortmund 1988 (= Kleine Reihe/Landschaftsverband Westfalen-Lippe, Westfälisches Industriemuseum, Heft 1), S. 13 – 34, hier S. 29 sowie Parent, Thomas: Industriemuseum, Industriedenkmal, Industrielandschaft. Zur Zeche Zollern II/IV in Dortmund-Bövinghausen, in: Geschichte lernen, 1990, Heft 14, o. S.

80 vgl. Schunder, Friedrich: Tradition und Fortschritt. Hundert Jahre Gemeinschaftsarbeit im Ruhrbergbau, Stuttgart 1959, S. 106. Ein Jahr bevor die mit Gleichstrom gespeiste Fördermaschine auf der Zeche Zollern II/IV in Betrieb ging, hatte die Harpener Bergwerksgesellschaft auf ihrer Zeche Preußen II in Lünen-Gahmen-Horstmar die erste elektrische Drehstromfördermaschine im Ruhrbergbau installieren lassen. Vgl. dazu Huske, Steinkohlenzechen, S. 779 sowie Heinrichsbauer, A.: Harpener Bergbau-Aktien-Gesellschaft 1856 – 1936. Achtzig Jahre Ruhrkohlen-Bergbau, Essen 1936, S. 129.

81 vgl. Bartels, Christoph: Vom frühneuzeitlichen Montangewerbe zur Bergbauindustrie. Erzbergbau im Oberharz 1635 – 1866, Bochum 1992 (= Veröffentlichungen aus dem Deutschen Bergbau-Museum, Nr. 54), S. 437 f.; ferner Dennert, Herbert: Kleine Chronik der Oberharzer Bergstädte und ihres Erzbergbaus. Vierte erweiterte Aufl. der Chronik der Bergstadt Clausthal-Zellerfeld von H. Morich, Clausthal-Zellerfeld 1974, S. 58 f.

82 vgl. ebd., S. 438.

nen Untersuchungszeitraum. Betrug die größte Schachtteufe unter der Hängebank auf der Essener Zeche Gewalt im Jahr 1858 zwar schon 300 Meter, so lag der Teufendurchschnitt im Ruhrrevier 1864 erst bei ca. 240 Meter. Bis zur Mitte der 1880er Jahre war die mittlere Schachtteufe auf 342 Meter angewachsen, wobei die Zeche Ewald I in Gelsenkirchen-Buer 1884 den tiefsten Schacht schon mit 624 Metern Teufe besaß.[83] Im Jahr 1892 wies dann nur noch ein Drittel aller Ruhrschächte (insgesamt 67) eine geringere Teufe als 300 Meter auf, während mit 95 Schächten der Großteil in Teufen zwischen 301 und 450 Metern stand. Die maximale Schachtteufe von 720 m war 1892 auf der Dortmunder Zeche Hansa erreicht.[84] Eine Übersicht über den nochmaligen Teufenfortschritt bis zum Stand des Jahres 1912 vermittelt Schaubild 10.

Zu Beginn des 20. Jahrhunderts zeichnete sich der Steinkohlenbergbau an der Ruhr auch im preußischen Vergleich durch eine besonders große Schachtteufe aus. Während hier der Schwerpunkt der Förderung auf Schachtanlagen von mehr als 500 Metern Teufe lag, wurden im Saarrevier hingegen 85,44 % der Kohlen aus weniger tiefen Grubenbauen gewonnen. Noch erheblicher war der Unterschied zum schlesischen Steinkohlenbergbau. In Oberschlesien belief sich die durchschnittliche Schachtteufe im Jahr 1911 erst auf 221 Meter und auch in Niederschlesien hatten im selben Jahr nur 9,2 % der Schächte eine größere Teufe als 400 Meter aufzuweisen. Immerhin 70 % der Schachtanlagen förderten hier aus einer Teufe von weniger als 300 Metern.[85]

Schaubild 10: Verteilung der Schachtteufen auf den Ruhrzechen im Jahr 1912[86]

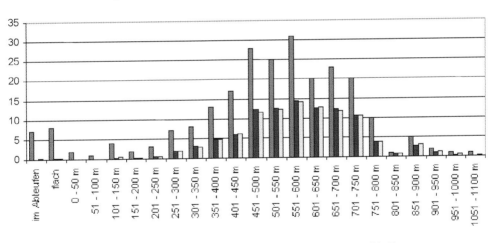

■ Anzahl Schächte   ■ Förderanteil in %   □ Belegschaftsanteil in %

83 vgl. BBA 4/200, Bl. 27: Geschäftsbericht für das Jahr 1884; 50 Jahre Gewerkschaft des Steinkohlenbergwerks Ewald, Herten in Westfalen, 1871 – 1921, Gelsenkirchen 1921, S. 22 f. sowie Huske, Steinkohlenzechen, S. 278.

84 Zu den Beweggründen, die auf der Zeche Hansa um 1890 ein vergleichsweise großes Vordringen der Ausrichtung in die Teufe nahe legten, vgl. VST: Die Schachtanlage Hansa in Dortmund-Huckarde, o. O. <Essen> o. J. <1932>, S. 151 ff.

85 vgl. Jüngst: Das niederrheinisch-westfälische Revier, in: Borchardt, Karl (Hrsg.): Handbuch der Kohlenwirtschaft. Ein Nachschlagewerk für Kohlenerzeuger, Kohlenhändler und Kohlenverbraucher, Berlin 1926, S. 189 – 210, hier S. 191.

86 vgl. ebd., S. 190.

Der bereits im Direktionsprinzip einsetzende und in der zweiten Hälfte des 19. Jahrhunderts erheblich steigende Arbeitskräftebedarf zwang nicht nur den Ruhrbergbau, nach rationellen Formen der Schachtfahrung zu suchen. Bei wachsenden Belegschaften, die mit Ausdehnung der Grubenbaue immer weitere Wege zum Erreichen ihrer Arbeitsstellen unter Tage zurückzulegen hatten, gewann diese Forderung eine hohe betriebswirtschaftliche Relevanz. Die Frage, ob die Anfahrtsdauer auf die Schichtzeiten anzurechnen war, entwickelte sich dabei zu einem zentralen Konfliktpotential zwischen Unternehmern und Bergarbeitern. Darüber hinaus bot die spätere Reglementierung der Seilfahrt den Unternehmern eine Möglichkeit, die Bergleute zur Mehrarbeit durch Schichtzeitverlängerungen zu zwingen.[87]

Die Einführung mechanisierter Schachtfahrungen begann im Ruhrbergbau in den 1840er Jahren, wobei zwei alternative Methoden erprobt wurden. Dabei handelte es sich zunächst um die im Oberharz 1833 entwickelten Fahrkünste. Im Spiegelthaler-Hoffnung-Richtschacht hatte Dörell die nebeneinander auf- und niedergehenden Pumpengestänge mit Tritten versehen, auf denen die Bergleute durch Umsteigen ein- oder ausfahren konnten.[88] Die Fahrkünste verbreiteten sich anschließend relativ schnell im Harzer und im belgischen Bergbau. Das westfälische Oberbergamt stellte daraufhin Ermittlungen und Versuche an, inwieweit die Fahrkünste auch im Ruhrbergbau Anwendung finden könnten. Erste Versuche im Schacht Conrad der bei Essen gelegenen Zeche Gewalt überzeugten die Bergbeamten 1842 allerdings nicht. Nach ihren Ermittlungen wurde mit Hilfe der kostenintensiven Einrichtung lediglich der Kraftaufwand der Bergleute geschont, nicht aber die Fahrzeit wesentlich verkürzt.[89]

Das begrenzte betriebswirtschaftliche Einsparungspotential sowie die vergleichsweise hohen Unfallzahlen hemmten in der Folgezeit die Bereitschaft der Gewerken, Fahrkünste einzurichten. Bis Mitte der 1860er Jahre hatten trotz bergbehördlichen Anreizes lediglich fünf Bergwerke derartige mechanische Mittel der Personenbeförderung installiert: Neben der Mitte des 19. Jahrhunderts tiefsten Zeche Gewalt waren dies 1857 die Zechen Zollverein und in den 1860er Jahren die Bergwerke Oberhausen, Prosper und Glückauf Tiefbau.[90] Im Unterschied zu anderen Bergbaurevieren, in denen auch in den kommenden Jahrzehnten Fahrkünste bis in wesentlich größere Teufen eingerichtet wurden, setzte sich im Ruhrrevier etwa seit 1860 die Seilfahrt als zweite Alternative maschinengestützter Personenförderung durch.[91]

Dem nahe liegenden Ansinnen, die zunächst ausschließlich zur Hebung des Gewinnungsprodukts eingesetzten Körbe auch für die Personenbeförderung vorzusehen, standen in den 1840er Jahren sicherheitliche Bedenken im Hinblick auf die Reißfestigkeit der vorwiegend

---

87 Zur umfangreich erforschten Frage der Schichtzeitenverlängerung als Mittel unternehmerischer Repression vgl. beispielsweise Tenfelde, Sozialgeschichte, S. 266 f. Als Teil der vielschichtigen Streikmotivation 1889 im Detail: Zimmermann, Michael: „Parole heißt Sieg oder Todt". Der Bergarbeiterstreik von 1889 im Raume Recklinghausen, in: Ditt, Karl/Kift, Dagmar (Hrsg.): 1889. Bergarbeiterstreik und wilhelminische Gesellschaft, Hagen 1989 (= Westfälisches Industriemuseum, Schriften Bd. 6), S. 53 – 68, hier S. 54 ff.
88 vgl. Beißner, Kurt: Die landesherrschaftliche Bergverwaltung im Oberharz und ihr Einfluß auf die Lebensumstände der Bevölkerung, in: Der Anschnitt 26, 1974, Heft 1, S. 3 – 11, hier S. 5.
89 vgl. Krampe, Der Staatseinfluß, S. 64.
90 Zur Einführung der Fahrkunst auf Zeche Gewalt siehe Lottner: Die Fahrkunst auf der Steinkohlengrube Gewalt, in: ZBHSW 1, 1854, Teil B, S. 120 – 144; zu den technischen Einzelheiten der übrigen Fahrkünste vgl. Bergbau-Verein (u.a.) (Hrsg.): Die Entwickelung, Bd. 5: Förderung, S. 354 – 357.
91 Auf verschiedenen mittelböhmischen Schachtanlagen des Příbramer Silber- und Bleierzreviers wurden Mitte des 19. Jahrhunderts Fahrkünste mit Längen von annähernd 500 Metern in Betrieb genommen. Mit Fortschreiten der Gruben in die Teufe wurden hier auch die Fahrkünste verlängert, so dass sie in den 1880er Jahren beispielsweise auf dem Mariaschacht in Birkenberg bis auf eine Teufe von 1060 Metern reichten. Bei einer Hubgeschwindigkeit der Gestänge von 40 Zentimetern in der Sekunde dauerte das Ausfahren aus 1000 Metern Teufe 54 Minuten. Vgl. Schenk, Georg W.: Das große Grubenunglück in den Příbramer Silbererzgruben im Jahre 1892, in: Der Anschnitt 24, 1972, Heft 2, S. 22 – 32, hier S. 24 f.

aus Hanf gefertigten Förderseile entgegen. Erst mit der sukzessiven Einführung von (Eisen-) Drahtseilen, deren Erfindung für die Zwecke des Bergbaus dem Clausthaler Oberbergrat Albert zuzuschreiben ist[92], wandelte sich allmählich die ablehnende Haltung der Bergbehörde zur Personenseilfahrt.[93] Anlässlich der Generalbefahrungen auf den Zechen Gewalt und Graf Beust 1843 und 1844 sprach sich zuerst das Essener Bergamt für eine Erlaubnis aus.[94] Die bald vom Dortmunder Oberbergamt geteilte Ansicht widersprach vorerst noch der fortgesetzten Skepsis der Berliner Zentralbehörde, die 1845 die allgemeine Seilfahrt erneut verbot und die Vorschriften 1850 infolge eines Unfalles bei unerlaubter Seilfahrt auf der Zeche Glückauf nochmals erneuerte.[95]

Seit 1850 erhöhte sich der von Gewerken und Bergleuten durch Petitionen vermittelte Druck auf die Bergbehörde, die Bestimmungen zu ändern. Im praktischen Betrieb kam es immer wieder zu Übertretungen des Seilfahrtverbots, wobei das Vertrauen auf die Sicherheit beim Fahren am Seil unter den Bergleuten unterschiedlich beurteilt wurde. Noch vier Jahre nachdem im Dezember 1859 die Seilfahrt durch Bergpolizeiverordnung schließlich erlaubt worden war[96], stieg die Belegschaft der Zeche Franziska Tiefbau lieber auf den Fahrten in die Tiefe, als die am 5. Oktober 1863 gewährte Erlaubnis zur Seilfahrt im Schacht Eleonore anzunehmen.[97] Insgesamt repräsentierte ein solches Risikoverständnis allerdings den Sonderfall, denn nachdem 1860 die Bergwerke Argus und Hörder Kohlenwerk des Hörder Vereins sowie die Zechen Hibernia und Shamrock die Seilfahrt eingeführt hatten, folgten schnell eine Vielzahl weiterer Gruben. 1867 fuhren bereits mehr als die Hälfte aller Ruhrbergleute am Seil wesentlich schneller als mit den anderen Alternativen ein und aus.[98]

Frühe statistische Erhebungen wiesen nach, dass bereits in der Anfangszeit mit keinesfalls optimalen Seilen die tödlichen Unfallraten bei der Seilfahrt deutlich unterhalb der Verunglückungen auf den Fahrkünsten und selbst niedriger als bei der Fahrtenbenutzung lagen.[99] Diese prinzipielle Erhöhung der Sicherheit bei der Schachtfahrung lässt sich vor allem damit erklären, dass sich die Struktur der Unfallgefahr wesentlich veränderte. Sowohl beim Klettern an den Fahrten als auch beim beständigen Umsteigen an den Fahrkünsten war der Bergmann in hohem Maße selbst gefordert, fehlerfrei zu handeln. Die physische Beanspruchung des Kletterns oder Umsteigens auf mitunter nassen Trittbrettern stellte höchste Anforderungen an die Leistungsfähigkeit der Bergleute. Die Seilfahrt auf dem Förderkorb schloss die individuellen Fehlerquellen für den fahrenden Bergmann weitgehend aus und koppelte die Unfallgefahr nun viel stärker an die Funktionalität des engeren technischen Systems. Zugleich erhöhte sich damit die Verantwortlichkeit der signalgebenden Anschläger sowie der

92 vgl. Albert: Die Anfertigung von Treibseilen aus geflochtenem Eisendrath, in: Karsten, C. J. B. (Hrsg.): Archiv für Mineralogie, Geognosie, Bergbau und Hüttenkunde, Bd. 8, Berlin 1835, S. 418 – 428 sowie Hoppe, O.: Alberts Versuche und Erfindungen, in: Stahl und Eisen 16, 1896, S. 437 – 441, S. 496 – 500.

93 Zur Einführung der Drahtseile auf den Ruhrzechen, die 1835 bereits ein Jahr nach Alberts Erfindung auf der Zeche Sälzer und Neuack begann, vgl. Bergbau-Verein (u.a.) (Hrsg.), Die Entwickelung, Bd. 5: Förderung, S. 251 – 272.

94 vgl. Tenfelde, Sozialgeschichte, S. 208 sowie Krampe, Der Staatseinfluß, S. 65.

95 vgl. Hue, Die Bergarbeiter, Bd. 1, S. 410.

96 Am 28. März 1858 wurde die Zulässigkeit des Seilfahrens durch ministeriellen Erlass zunächst von gewissen Bedingungen abhängig gemacht. Die Bergpolizeiverordnung des Jahres 1859 war dann an die Beachtung zusätzlich erlassener strenger Sicherheitsvorkehrungen gekoppelt und sah ferner vor, dass die Bergleute nicht zur Seilfahrt gezwungen werden konnten. Vgl. Bergbau-Verein (u.a.) (Hrsg.), Die Entwickelung, Bd. 5: Förderung, S. 358 sowie Krampe, Der Staatseinfluß, S. 65.

97 vgl. Spethmann, Hans: Die geschichtliche Entwicklung des Ruhrbergbaus um Witten und Langendreer. Ein Beitrag zur Heimatkunde des Ruhrgebiets, Gelsenkirchen 1937, S. 59 f.

98 Nach Tenfelde, Sozialgeschichte, S. 208 dauerte die Seilfahrt in einem 200 Meter tiefen Schacht bei einer Geschwindigkeit von 3 Metern pro Sekunde etwa ein bis zwei Minuten, während die Fahrkünste für die Überbrückung derselben Entfernung 10 Minuten beanspruchten.

99 vgl. Das Seilfahren, Teil 2, in: Glückauf 1865, Nr. 16.

Fördermaschinisten, deren mögliche Fehler innerhalb des komplexen technischen Systems der Seilfahrt eine hohe Tragweite erhielten.[100]

Die engeren systemtechnischen Teilbereiche der Seilfahrt wurden im Verlauf der zweiten Hälfte des 19. Jahrhunderts weiter optimiert. Die Sicherheit der Schachtförderseile gegen die gefürchteten Seilbrüche nahm erheblich zu.[101] Schon seit 1872 führte die Bergbehörde eine Statistik der Schachtförderseile[102], die Bergpolizeiverordnung des Jahres 1887 schrieb dann erstmals eine regelmäßige Überprüfung der Förderseile vor.[103] Deren planmäßige Erforschung im engeren Sinn vollzog sich schließlich seit Beginn des 20. Jahrhunderts, als bei der WBK eine eigene Seilprüfstelle aufgebaut wurde.[104] Zu den Sicherheitsvorschriften seit behördlicher Genehmigung der Seilfahrt gehörte die Ausrüstung der Förderkörbe mit Fangvorrichtungen, die im Falle eines Seilbruches den Absturz des Korbes durch Verkeilen in den Spurlatten verhindern sollten. In unterschiedlichen Detailkonstruktionen kamen sie seit den 1860er Jahren zum Einsatz. Die Signalanlagen, bei denen sich die klassischen Klopfhämmer

Schaubild 11: Prozentuale Entwicklung aller Todesfälle in Schächten im Steinkohlenbergbau Preußens (1867 – 1914)

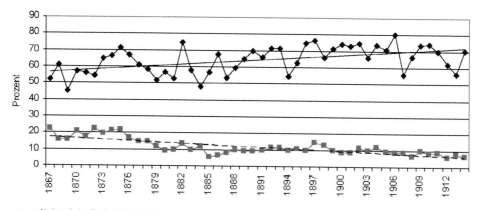

——◆—— %-Anteil der Todesfälle in Schächten im Ruhrbergbau an der Gesamtzahl derartiger Todesfälle in Preußen

——■—— %-Anteil der Todesfälle in Schächten an der Gesamtzahl der Todesfälle in Preußen

———— Linear (%-Anteil der Todesfälle in Schächten im Ruhrbergbau an der Gesamtzahl derartiger Todesfälle in Preußen)

– – – – Linear (%-Anteil der Todesfälle in Schächten an der Gesamtzahl der Todesfälle in Preußen)

---

100 Ein großes Problem stellte das sog. Übertreiben des Förderkorbes dar. Bei nicht rechtzeitiger Auslösung der in der Regel dampfgetriebenen Bremseinrichtung durch den Fördermaschinisten wurden der aufgehende Korb über die Hängebank bis zu den Seilscheiben und der abwärtsfahrende Korb in den Schachtsumpf gezogen und dort abrupt gestoppt. Die zeitgenössische Ursachenermittlung lastete derartige Unfälle durchweg dem „menschlichen Versagen" der Fördermaschinisten an. Vgl. beispielsweise: Der Unfall bei der Seilfahrt auf Zeche General Blumenthal bei Recklinghausen am 28. September 1898, in: ZBHSW 47, 1899, Teil B, S. 387 – 392.

101 vgl. Bergbau-Verein (u.a.) (Hrsg.), Die Entwickelung, Bd. 5: Förderung, S. 272 ff.

102 vgl. Wenderoth: Ueber Schacht-Förderseile und Seil-Kosten, in: ZBHSW 34, 1886, Teil B, S. 308 – 314.

103 vgl. Bergpolizei-Verordnung des Königl. Oberbergamtes zu Dortmund vom 6. October 1887, betreffend den Schutz der in Schächten, Bremsbergen, Abhauen, an Rollöchern, in Förderstrecken und in der Nähe bewegter Maschinenteile, bei Pumpen und Dampfkesseln beschäftigten Personen, Anlage B, § 5, in: ZBHSW 36, 1888, Teil A, S. 30 – 34, hier S. 31.

104 vgl. Herbst, Hermann: 50 Jahre Seilprüfstelle der Westfälischen Berggewerkschaftskasse, in: Mitteilungen der Westfälischen Berggewerkschaftskasse, Heft 5, 1953 sowie Kaniss, Fritz: Der Neubau der Seilprüfstelle der Westfälischen Berggewerkschaftskasse, in: Glückauf 98, 1962, S. 285 – 291, hier S. 285 f.

aufgrund ihrer betrieblichen Zuverlässigkeit eines fortgesetzten Einsatzes erfreuten, wurden in der Regel elektrifiziert. Daneben fanden seit den 1880er Jahren Telefone und sog. Grubentelegraphen Eingang auf den Ruhrzechen. Letztere sollten die Eindeutigkeit der Informationsübermittlung dadurch erhöhen, dass die gegebenen Signale nicht nur zu hören, sondern auf einem Anzeigenfeld auch optisch ablesbar waren.[105]

Der statistische Verlauf der tödlichen Unfälle in Schächten zeigt denn auch eine deutliche Verminderung des Anteils an allen Todesfällen im preußischen Steinkohlenbergbau (vgl. Schaubild 11). Lagen die Schachtunfälle 1867 mit einer Beteiligung von etwas über 22 % nach den Schädigungen durch Stein- und Kohlenfall noch an zweiter Stelle der Unfallstatistik, so verringerte sich dieser Anteil bis 1914 auf einen Wert von 6,67 %. Noch stärker als bei den Unfällen durch Stein- und Kohlenfall konzentrierten sie sich dabei auf den Ruhrbergbau. Schon 1867 waren mehr als die Hälfte aller preußischen Schachtunfälle (52,31 %) auf Ruhrzechen zu beklagen; 1914 war dieser Anteil auf 70,53 % angestiegen.

Schaubild 12: Entwicklung der tödlichen Unfälle in Schächten pro 1000 Beschäftigte (1867 – 1914)

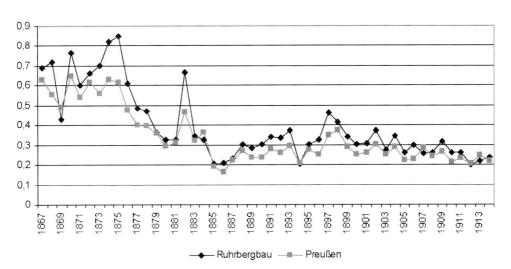

Bezogen auf das Belegschaftswachstum wird die Verringerung des tödlichen Unfallrisikos in Schächten besonders deutlich (vgl. Schaubild 12). Von einem hohen Anfangsniveau zu Beginn der 1870er sanken die Werte bis zur Mitte der 1880er Jahre ganz erheblich. Der gegenläufige Spitzenwert des Jahres 1882 ist erwartungsgemäß durch ein einzelnes Seilfahrtsunglück auf der Zeche Fürst Hardenberg bedingt. Infolge eines Seilbruches, der auf die Überladung des Förderkorbes sowie auf eine zu plötzliche Veränderung der Fördergeschwindigkeit zurückzuführen war, kamen bei diesem einen Fall 25 bzw. 31,23 % aller im laufenden Jahr in preußischen Steinkohlenschächten getöteten Bergleute ums Leben.[106] Bis 1914 stagnierten die Unfallraten dann auf einem relativ niedrigen Niveau, wobei von 1885

---

105 vgl. Bergbau-Verein (u.a.) (Hrsg.), Die Entwickelung, Bd. 5: Förderung, S. 331 – 354.
106 vgl. VST: Ver. Stein und Hardenberg. Die Schachtanlage Fürst Hardenberg in Dortmund-Lindenhorst, o. O. <Essen> o. J. <1936>, S. 21. Für weitere Literaturhinweise siehe Kroker/Farrenkopf, Grubenunglücke, S. 183.

bis 1898 allerdings wieder ein leichter Aufwärtstrend zu beobachten ist. Im Unterschied zum Jahr 1898, dessen relativ hoher Wert durch das Übertreiben der Förderkörbe auf der Schachtanlage General Blumenthal hervorgerufen wurde, war der noch höhere Wert von 1897 gerade nicht durch ein Massenunglück bedingt.[107] Anfang des 20. Jahrhunderts kehrte sich der vorher schwache Aufwärtstrend schließlich wieder in eine leichte Abnahme um.

Bei der hohen Konstanz der Unfallraten im Bereich des Stein- und Kohlenfalls scheint die nachhaltige Reduzierung der Mortalität bei Schachtunfällen den insgesamt rückläufigen Trend der Todesfälle seit Mitte der 1880er Jahre mitbestimmt zu haben. Dass dieser Beitrag im Endeffekt jedoch kaum zum Tragen kam, lag vor allem an der gegenläufigen Entwicklung der jährlichen Todeszahlen in den beiden übrigen, die Förderung betreffenden Rubriken.

Um die Kohle von den Gewinnungs- bis zu den Füllörtern an den Hauptschächten zu bringen, musste sie durch ein verzweigtes untertägiges Streckennetz transportiert werden. Im gesamten 19. Jahrhundert war es in der Regel die Aufgabe der Schlepper, den Transport durch Muskelkraft in dafür vorgesehenen Transportgefäßen zu leisten. Anfangs zog man in den noch wenig ausgedehnten Grubenbauen die Kohle in Schlitten oder Schleppkisten direkt auf dem Liegenden bis zum Schacht. Seit den 1820er Jahren kamen dann allmählich hölzerne Förderwagen, teilweise mit eisernen Achsen und gusseisernen Rädern, in Gebrauch, die auf einem Gestänge aus Laufbrettern mit aufgenagelten Spurlatten verfahren werden konnten. Die durch das Gewicht der Förderwagen stark belasteten und deshalb reparaturanfälligen Holzschienen wurden im Ruhrbergbau erst gegen Mitte des 19. Jahrhunderts durch eiserne Schienen ersetzt. Zuvor hatten sich diese bereits über Tage als Mittel zur Verbesserung der Verkehrsinfrastruktur erwiesen.[108]

Neben den eisernen Schienen steigerten insbesondere die nach 1850 zumindest in den Hauptstrecken eingesetzten Pferde die Förderleistung ganz entscheidend. Bei mittleren Distanzen von bis zu 1500 Metern ersetzte ein Pferd mehrere Schlepper, so dass bis Anfang der 1880er Jahre 2200 Grubenpferde die Arbeit von etwa 15 000 Schleppern verrichteten.[109] Gleichwohl blieb die einfache Schleppertätigkeit bis ins 20. Jahrhundert in weiten Teilen des Grubengebäudes unverzichtbar.[110] Bis zu 300 Metern Streckenlänge war sie der Pferdeförderung weiterhin wirtschaftlich überlegen und beim Auffahren neuer Strecken bzw. in Abbaustrecken ließen Pferde sich ohnehin nicht verwenden.

Die beständig zunehmende Streckenlänge unterstützte seit den 1880er Jahren das Bestreben, die Streckenförderung durch maschinelle Einrichtungen rationeller zu gestalten.[111] Brauchbare technische Lösungen hielten jedoch erst ab den 1890er Jahren unter Tage Einzug, wobei wirtschaftliche Anreize zu ihrem Einbau nicht zuletzt aus dem gesteigerten Niveau der Schlepperlöhne infolge des Streiks von 1889 resultierten. Als erste Zeche des Ruhr-

107 vgl. ebd., S. 239 – 243. Danach ist es 1897 zwar am 19. Februar auf dem oberschlesischen Bergwerk Karsten-Zentrum und am 9. August auf der Bochumer Zeche Carolinenglück zu größeren Seilfahrtsunglücken gekommen, doch wurden die betroffenen Bergleute dabei nicht getötet.
108 vgl. Kroker, Werner: Ruhrbergbau und Verkehr vor der Industrialisierung. Entwicklungen im Süden Wittens, in: Der Anschnitt 47, 1995, S. 26 – 43, hier S. 35 – 40 sowie Ders.: Frühe Eisenbahnen und das Montanwesen, in: Reininghaus, Wilfried/Teppe, Karl (Hrsg.): Verkehr und Region im 19. und 20. Jahrhundert. Westfälische Beispiele, Paderborn 1999, S. 57 – 70, hier S. 64 f.
109 vgl. Tenfelde, Sozialgeschichte, S. 206. Über die Seilfahrt als Voraussetzung zur Beförderung der Pferde nach unter Tage siehe Boie, Bernhard: Erinnerung an das letzte Grubenpferd Tobias, in: Der Anschnitt 21, 1969, Heft 3, S. 28 f., hier S. 29.
110 vgl. Elmer/Schlickau/Stube: Glückauf Ruhrrevier, S. 98.
111 vgl. Vogel, H.: Ueber den Ersatz der Pferde bei der unterirdischen Streckenförderung ausgedehnter Bergwerke, in: ZBHSW 31, 1883, Teil B, S. 399 – 420.

reviers installierte Nordstern eine Kettenbahn, die über eine Entfernung von 650 Metern reichte und dabei sieben Kurven durchfuhr. Die Förderwagen wurden in die über Rollen geführte Kette durch gabelförmige Mitnehmer eingehängt.[112] Neben diesen Kettenbahnen, deren Anzahl sich bis 1898 auf sechs erhöhte, verbreiteten sich bis zur Jahrhundertwende in noch stärkerem Maße ähnlich konstruierte Seilförderungen. Sie waren den Kettenbahnen durch das geringere Seilgewicht überlegen. Außerdem war es bei ihnen einfacher, die Wagen durch eine Vielzahl unterschiedlicher Knotenkonstruktionen anzukuppeln und die gerade im Ruhrbergbau häufig vorkommenden Streckenkurven zu durchfahren. Bei der Antriebstechnik setzte sich in der Regel zunächst die Druckluft durch, etwas später kamen elektrisch getriebene Motoren hinzu.[113] Erst im ersten Jahrzehnt des 20. Jahrhunderts traten schließlich Lokomotiven verschiedener Antriebsenergien zu den beschriebenen Mitteln der mechanischen Streckenförderung hinzu.[114] 1914 gab es im Ruhrbergbau insgesamt 374 Seil- und 36 Kettenbahnen sowie 1164 Lokomotiven unter Tage.[115]

Bei der Beurteilung der Unfallproblematik im Bereich der Streckenförderung darf die langfristige Dominanz der Schleppertätigkeit nicht übersehen werden. Betriebswirtschaftlicher Kostendruck vermittelte sich in diesem Arbeitsfeld hoher physischer Belastung über die Lohnfrage relativ direkt auf die Ebene der durchweg jugendlichen Arbeiter. Der daraus resultierende Leistungsdruck, während der Schichtdauer ein möglichst großes Quantum an Kohle fördern zu wollen, verringerte in jedem Fall die Handlungsspielräume für ein optimal sicheres Arbeiten. Das belegen typische Unfallfolgen, wie etwa das Überfahren vorauseilender Schlepper durch zu geringes Abstandhalten beim Schieben der beladenen Förderwagen oder die Verschüttung durch Umstürzen entgleister Förderwagen infolge des unvermittelten Anziehens der Pferde während des Versuchs, diese ins Gleis zurückzusetzen. Größere Abstände einzuhalten bzw. das Pferd des betroffenen Kohlenzuges vorher auszuspannen, bedeutete vor allem Zeitverlust, der sich zuungunsten der Förderleistung auswirkte.

Die weitgehende Kopplung der Unfallrisiken in den Strecken an das im Sinne der Sicherheit funktionale Handeln der Betroffenen wurde auch durch die Einführung derjenigen technischen Apparaturen nicht vollständig beseitigt, die zumindest die physische Belastung der Förderleute herabsetzten. So ereigneten sich tödliche Unfälle bei der Lokomotivförderung etwa dadurch, dass Weichen, die von den Zugführern selbst zu stellen waren, teilweise ohne Anhalten der Lok betätigt wurden. Abermals um Zeit zu sparen, wurde die Lokfahrt lediglich verlangsamt. Der Lokführer sprang ab und musste das Umlegen dann innerhalb der verbleibenden Dauer erledigt haben, bis die führerlos herannahende Lokomotive die Weiche passierte.[116]

In der zweiten Hälfte des 19. Jahrhunderts nahm die Lebensbedrohung durch tödliche Unfälle bei der Streckenförderung im gesamten preußischen Steinkohlenbergbau relativ kontinuierlich zu (vgl. Schaubild 13). Ausgehend von einer mit 2,39 % nur geringen Beteiligung am gesamten Unfallgeschehen im Jahr 1867 steigerte sich der Anteil bis auf 8,29 % in 1914. Im

112 vgl. Lankhorst: Die unterirdische maschinelle Streckenförderung auf Zeche Nordstern bei Gelsenkirchen, in: Der Bergbau 4, 1890/91, Heft 15, S. 1 ff.

113 vgl. Bergbau-Verein (u.a.) (Hrsg.), Die Entwickelung, Bd. 5: Förderung, S. 56 – 174.

114 vgl. ebd, S. 174 mit Beschreibung des Zustands um 1900: „Es sind auf westfälischen Gruben zahlreiche Versuche über Tage angestellt worden, um den Wert der Lokomotive für den unterirdischen Streckenbetrieb zu erproben. Die größere Anzahl dieser Versuche hat ein vollständig negatives Ergebnis gehabt. Aber auch dort, wo die Resultate günstiger waren, wurden die geplanten Anlagen aus den verschiedensten Gründen doch nicht zur Ausführung gebracht."

115 vgl. Schunder, Tradition und Fortschritt, S. 101.

116 Zu den Formen tödlichen Unfallrisikos bei der Lokomotivförderung vgl. insbesondere Haarmann, Der Bergmannsfreund, S. 170 – 182.

Schaubild 13: Prozentuale Entwicklung aller Todesfälle bei der Streckenförderung im Steinkohlenbergbau Preußens (1867 – 1914)

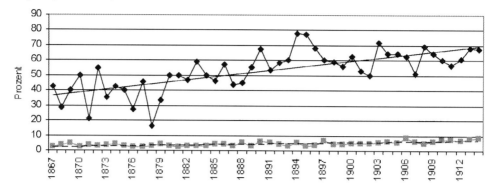

——◆—— %-Anteil der Todesfälle bei der Streckenförderung im Ruhrbergbau an der Gesamtzahl derartiger Todesfälle in Preußen

——■—— %-Anteil der Todesfälle bei der Streckenförderung an der Gesamtzahl der Todesfälle in Preußen

———— Linear (%-Anteil der Todesfälle bei der Streckenförderung im Ruhrbergbau an der Gesamtzahl derartiger Todesfälle in Preußen)

· — — — Linear (%-Anteil der Todesfälle bei der Streckenförderung an der Gesamtzahl der Todesfälle in Preußen)

Schaubild 14: Entwicklung der tödlichen Unfälle bei der Streckenförderung pro 1000 Beschäftigte (1867 – 1914)

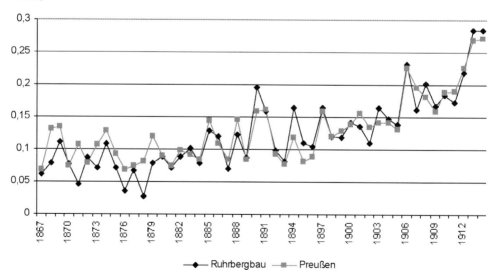

Vergleich zu den tödlichen Schachtunfällen verlagerte sich das Risiko damit eindeutig von den Förderschächten in die Förderstrecken. Den bereits behandelten Ursachenkomplexen entsprechend, konzentrierte es sich gleichzeitig auf den Ruhrbergbau. Aus der Relation zur Wachstumsdynamik des gesamten Wirtschaftszweiges wird allerdings ersichtlich (vgl. Schaubild 14), dass der Steigerungstrend erst Mitte der 1880er Jahre einsetzte und insbesondere seit etwa 1900 eine auffallende Belebung erfuhr. Die Einführung technischer Hilfsmittel bei der Streckenförderung bewirkte demnach trotz Verminderung der physischen Arbeitsbelastung für die Schlepper alles andere als eine Reduzierung des Mortalitätsrisikos.

Bei unterschiedlichen Unfallabläufen ähnelten die Verhältnisse in den Bremsbergen den in der Streckenförderung herrschenden Risikostrukturen. Als schräge Verbindungen zwischen den Abbau- und Hauptförderstrecken waren Bremsberge im Ruhrbergbau wegen der vielfach steilen oder halbsteilen Lagerung der Kohlenflöze in der zweiten Hälfte des 19. Jahrhunderts sehr verbreitet. Das Neigungsgefälle nutzte man hier zur Erleichterung der Förderung aus. Durch die unterschiedlichen Lagerungsverhältnisse auf den jeweiligen Gruben, das abwechselnd flache und steile Einfallen der Flöze sowie aufgrund der jeweils lokalbedingten Streckenquerschnitte wiesen die Bremsbergeinbauten zahlreiche Detailunterschiede auf. Grundsätzlich lag ihnen allen aber das Prinzip zugrunde, das Eigengewicht der gefüllten Förderwagen auf der schiefen Ebene als Bewegungsenergie einzusetzen. Dort, wo die Abbaustrecken in den Bremsberg mündeten, wurden die gefüllten Kohlenwagen entweder direkt an ein Seil angeschlagen oder in ein spezielles Bremsgestell eingeschoben. Die Gestelle waren vor allem in steilen Bremsbergen mit einer größeren Neigung als 30° vonnöten, da sonst die vollen Förderwagen zu weit aus der horizontalen Lage gebracht wurden und die Kohle herausfiel.[117]

Um die Geschwindigkeit der im Bremsberg ablaufenden vollen und damit schwereren Wagen in Grenzen zu halten, also die Abwärtsbewegung „abzubremsen", wurden entweder leere Förderwagen an das andere Seilende angehängt und zu den Abbaustrecken gezogen oder Gegengewichte verwandt.[118] Die Fördergeschwindigkeit hing physikalisch von der Kraft ab, die die vollen Wagen aufgrund des größeren Gewichts und des Neigungswinkels im Bremsberg zur Überbrückung der gegenwirkenden Reibungs- und Gewichtswiderstände aufbrachten. Die Berechnung eines möglichst optimalen Verhältnisses dieser Variablen war naturgemäß auf eine wirtschaftliche Förderung des Gewinnungsprodukts bezogen.[119]

Eine häufige Unfallursache in den Bremsbergen resultierte aus der verbotswidrigen Benutzung der Förderwagen und Gestelle zur Fahrung. Durch Überbelastung rissen entweder die Seile oder die Bremsen an den Haspeln versagten. Neben diesen, von den Bergleuten zur Verkürzung der Fahrzeiten bisweilen bewusst in Kauf genommenen Risiken, bestanden weitere Gefahren durch frei gewordene, im Bremsberg „abgehende" Förderwagen. In flachen Bremsbergen ohne Gestellförderung musste der Förderweg zur Befestigung der vollen Wagen am Seil betreten werden. Vom Seil gelöste Wagen erreichten vor allem in den unteren Abschnitten eines Bremsberges hohe Geschwindigkeiten, so dass ein Ausweichen schwer möglich war.

Die prozentuale Beteiligung der Todesfälle in Bremsbergen am gesamten tödlichen Unfallgeschehen in Preußen war bereits 1867 relativ groß. Mit 12,97 % lag sie nur sehr knapp hinter den Sterbefällen durch Schlagwetterexplosionen an vierter Stelle in der Unfallstatistik (vgl. Schaubild 15). Bei konstant leichter Steigerung wuchs sie bis 1914 auf 19,73 % an und rangierte damit am Ende des Untersuchungszeitraums hinter den Todesfällen durch Stein- und Kohlenfall mit deutlichem Abstand zu den übrigen Unfallkategorien an zweiter Stelle. Zu-

---

117 Zu den technischen Ausführungen der Bremsbergeinbauten vgl. Bergbau-Verein (u.a.) (Hrsg.), Die Entwickelung, Bd. 5: Förderung, S. 175 – 216.
118 vgl. Heise/Herbst: Lehrbuch der Bergbaukunde, Bd. 2, 5. Aufl., S. 529 f.
119 vgl. Dannenberg: Ueber Förderung auf annähernd horizontaler und auf geneigter Bahn abwärts, in: ZBHSW 37, 1889, Teil B, S. 61 – 69.

gleich waren die tödlichen Unfälle in Bremsbergen vor allem ein Problem des Ruhrbergbaus. In der Regel entfielen zwischen 70 und 80 % auf dieses Revier, was in erster Linie durch die lagerstättenbedingt große Anzahl der Bremsberge im Ruhrbergbau zu erklären ist.

In Relation zum Beschäftigungswachstum zeigt sich dieser Umstand durch die im gesamten Zeitverlauf ausnahmslos höhere Kurve des Ruhrbergbaus (vgl. Schaubild 16). Bei keiner anderen Unfallursache ergaben sich während der Zeit ähnlich große Abstände. Vor 1895 entwickelten sich die Mortalitätsraten in den Bremsbergen allerdings weitgehend außerhalb eines eindeutig identifizierbaren Trends. Ausgehend von relativ hohen Werten in den 1870er Jahren steigerte sich die Sterblichkeit zu Beginn der 1880er Jahre kurzfristig auf ein sehr hohes Niveau. 1885 sank es hingegen abrupt auf niedrige Raten ab, die sich bis 1895 nur wenig veränderten. Erst seit diesem Jahr erhöhte sich das Mortalitätsrisiko mit einigermaßen durchgehender Konstanz – erneut durchbrochen von einem leicht rückläufigen Trend zwischen 1899 und 1903 – bis zum Höchstwert der gesamten Zeitspanne in 1914.

Die Entwicklung der tödlichen Unfälle im gesamten Komplex der Förderung und Fahrung kann abschließend dahingehend bilanziert werden, dass sich die Sterblichkeit bei Arbeitsunfällen zwischen 1867 und 1914 sehr deutlich aus den Förderschächten in die Strecken- und Bremsbergförderung verlagert hat. Dabei ist die Abnahme der Mortalität in den Schächten annähernd gleichgewichtig durch die Todesfälle in den Strecken und Bremsbergen ersetzt worden. 1867 belief sich die Summe aller drei Unfallkategorien in Preußen auf einen Anteil von 37,54 %. 1914 war er nur unwesentlich auf 34,39 % abgesunken. Im Ruhrbergbau zeigt sich die gleichgewichtige Verlagerung in Relation zum Branchenwachstum noch wesentlich signifikanter: Lag die summarische Sterblichkeitsrate in allen drei Bereichen im Jahr 1867 bei 1,296 Toten pro 1000 Beschäftigte, so ergab sich für 1914 mit 1,298 Promille ein annähernd identischer Wert.

Schaubild 15: Prozentuale Entwicklung aller Todesfälle in Bremsbergen im Steinkohlenbergbau Preußens (1867 – 1914)

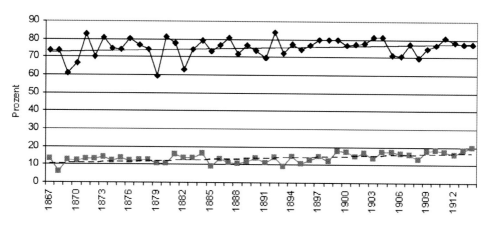

———◆——— %-Anteil der Todesfälle in Bremsbergen im Ruhrbergbau an der Gesamtzahl derartiger Todesfälle in Preußen

———■——— %-Anteil der Todesfälle in Bremsbergen an der Gesamtzahl der Todesfälle in Preußen

————— Linear (%-Anteil der Todesfälle in Bremsbergen im Ruhrbergbau an der Gesamtzahl derartiger Todesfälle in Preußen)

– – – – Linear (%-Anteil der Todesfälle in Bremsbergen an der Gesamtzahl der Todesfälle in Preußen)

Schaubild 16: Entwicklung der Todesfälle in Bremsbergen pro 1000 Beschäftigte (1867 – 1914)

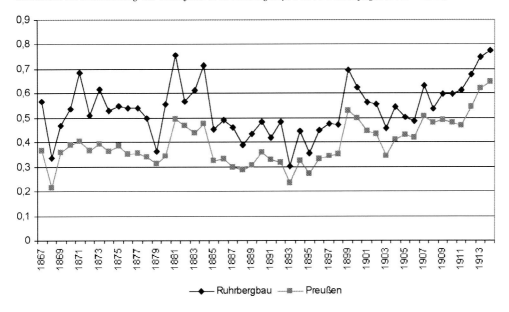

Für die Gesamtheit der tödlichen Unfälle bei der Förderung und Fahrung bedeutet dies eine vergleichbar hohe anteilige Konstanz wie bei den Todesfällen durch Stein- und Kohlenfall. Insofern können die beiden zahlenmäßig umfangreichsten Unfallkategorien den in zwei Phasen zu- und abnehmender Lebensbedrohung geteilten Verlauf aller tödlichen Unfälle im preußischen Steinkohlenbergbau in der zweiten Hälfte des 19. Jahrhunderts nicht hervorgerufen haben.

Von den übrigen statistisch erhobenen Unfallursachen scheiden ferner die Erstickungen durch Wassereinbrüche und in matten Wettern ebenso aus, wie die Tötungen durch „Maschineneinfluß". Ihr Anteil am gesamten tödlichen Unfallgeschehen war über die ganze Dauer mit Werten zwischen 1 und 3 % als Beeinflussungsgröße zu niedrig. Die bergbehördlich erhobenen Daten der Todesfälle über Tage sowie durch „sonstige Ursachen" lagen mit einer prozentualen Beteiligung zwischen jeweils 5 und 10 %. Bezogen auf das Belegschaftswachstum nahm die Gefährdung innerhalb dieser Unfallkategorien über den gesamten Zeitraum bis 1914 relativ kontinuierlich zu. Dem insgesamt abnehmenden Trend der Mortalität seit Mitte der 1880er Jahre liefen diese beiden Ursachenkomplexe also entgegen. Bezüglich des Gesamtverlaufs ist deren Zunahme schließlich durch die leicht rückläufigen Sterbefälle bei der Schießarbeit in etwa nivelliert worden.

Die Todesfälle durch Schlagwetter- und Kohlenstaubexplosionen

Die bisherige Analyse der Unfallkategorien führt zu dem Schluss, dass allein die Entwicklung der Todesfälle durch Schlagwetter- und Kohlenstaubexplosionen einen hinreichend großen Einfluss auf den Gesamtverlauf der tödlichen Unfälle hatte, um diesen in zwei Phasen zu- und abnehmender Lebensbedrohung zu unterteilen. Dazu muss allerdings die isolierte Betrachtung des Mortalitätsverlaufs ein entsprechendes Bild ergeben, d. h. die Todesfälle durch Schlagwetter- und Kohlenstaubexplosionen müssen sich bis zur Mitte der 1880er Jahre tendenziell erhöht und anschließend wieder verringert haben.

Die beschriebene Neufassung der bergbehördlichen Statistik im Jahr 1867 hatte zur Folge, dass die Rubrik „in schlagenden Wettern" konsequent alle tödlichen Explosionsunfälle auflistete. Seitdem war der statistische Wert von den ohne Explosionseinfluss tödlich verlaufenden Erstickungen in nicht atembaren Wettern befreit. Da sich jedoch erst im Verlauf des späten 19. Jahrhunderts ein tieferes Verständnis für die Abläufe und Bedingungen von Kohlenstaubexplosionen einstellte, wurden letztlich alle Explosionen unter dem Oberbegriff Schlagwetterexplosionen subsumiert. Bei der engeren Statistik unterschied die preußische Bergbehörde erst seit 1902 Schlagwetter- von reinen Kohlenstaub- und Hybridexplosionen.[120] Insofern liefert der Indikator „in schlagenden Wettern" das Maß für die Gesamtheit aller drei Explosionsvarianten.

Die Entwicklung der explosionsbedingten Sterblichkeit zeigt eindeutig den erwarteten Verlauf, wenn zuvor die den statistischen Jahreswert verzerrenden Massenunglücke ausgeschieden werden. In erster Linie sind hiervon die Jahre 1868, 1898, 1908 und 1912 aufgrund der bereits erwähnten Katastrophen betroffen. Wurde schon der Trendverlauf des tödlichen Unfallgeschehens insgesamt von jenen Einzelereignissen gestört, so treten sie bei der isolierten Betrachtung des Explosionsgeschehens natürlich noch stärker in Erscheinung. Kritisch sind darüber hinaus auch die Jahre 1870, 1885, 1891, 1893 sowie 1907 zu werten, in denen sich gemessen an den größten Katastrophen zumindest „mittelschwere" Massenunglücke durch Explosionen ereigneten.[121] Werden in den genannten Jahren die Werte zur Korrektur des statistischen Fehlers erniedrigt, lässt sich von 1867 bis 1885 eine Zunahme der jährlichen Explosionstoten feststellen (vgl. Schaubild 17). Durchbrochen von einem leicht abgeschwächten Verlauf Mitte der 1870er Jahre stieg der Anteil der Explosionsopfer am gesamten tödlichen Unfallgeschehen von etwa 12 % auf annähernd 20 % in den 1880er Jahren. Um 1887 kehrt sich die Entwicklung jedoch um. In den 1890er Jahren reduzierte sich die prozentuale Beteiligung zunächst wieder auf etwa 10 %, nach 1900 fiel sie teilweise sogar deutlich unter die 5-%-Grenze ab.

In Relation zum Belegschaftswachstum werden die Phasen zu- und abnehmenden Mortalitätsrisikos durch Explosionen ebenso deutlich (vgl. Schaubild 18). Nimmt man auch hier die Jahre 1868, 1870, 1898, 1908 und 1912 als statistische Fehler aus der Betrachtung aus, so

---

120 vgl. Ruth, Karl Heinz: Explosionsunglücke im Steinkohlenbergbau an der Saar, Dudweiler 1999 (= unveröffentlichtes Aufsatzmanuskript; im Besitz des BBA), S. 4 f. Als hybrides Gemisch wird heute die bei Explosionsereignissen im Steinkohlenbergbau häufig ursächlich beteiligte Vermengung der Brennstoffkomponenten (Methan-)Gas und Kohlenstaub bezeichnet. Vgl. Michelis, Explosionsschutz, S. 79. Die vorherrschende Unkenntnis der chemisch-physikalischen Explosionsgrundlagen bis in die 1880er Jahre bedingte, dass die zeitgenössischen Unglücksuntersuchungen die Frage nach der speziellen Art des Explosionsverlaufs nicht ermitteln konnten. Es ist davon auszugehen, dass auch in den Jahren vor 1880 zahlreiche bergbehördlich ermittelte Schlagwetterexplosion mindestens Hybridexplosionen gewesen sind.

121 Am 12. Dezember 1870 kam es auf Neu-Iserlohn zu einer zweiten großen Explosionskatastrophe, bei der 35 Bergleute starben. Vgl. Brämer, Helmut: Der Knappen letzte Fahrt. Eine Dokumentation über Grubenkatastrophen und die dazugehörigen Friedhofs-Gedenkstätten in Bochum, Bochum 1992, S. 10 sowie Kroker/Farrenkopf, Grubenunglücke, S. 146. 1885 ist der besonders hohe Ausschlag der Kurven in erster Linie durch die kombinierte Schlagwetter- und Kohlenstaubexplosion auf der Grube Camphausen im saarländischen Querschied bedingt. Im März des Jahres starben hier mindestens 172 Bergarbeiter. Vgl. insbesondere HSTAD OBA Bonn, Nr. 725 sowie Kroker/Farrenkopf, Grubenunglücke, S. 192. In den Jahren 1891 und 1893 ließen auf den Zechen Hibernia (23.01.1891, mindestens 52 Tote) und Kaiserstuhl (19.08.1893, mindestens 61 Tote) eine Vielzahl von Bergleuten bei ein und demselben Unglück ebenso ihr Leben wie 1907 auf der Saargrube Reden (28.01.1907, mindestens 149 Tote). Vgl. ebd., S. 213, S. 225 und S. 276 f. Zu Reden ferner: HSTAD OBA Bonn, Nr. 1143.

*Schaubild 17: Prozentuale Entwicklung aller Todesfälle durch Schlagwetterexplosionen im Steinkohlen-
bergbau Preußens (1867 – 1914)*

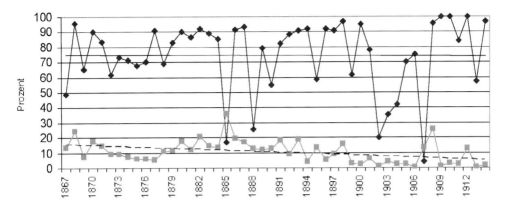

——◆—— %-Anteil der Todesfälle durch Schlagwetterexplosion im Ruhrbergbau an der Gesamtzahl derartiger
Todesfälle in Preußen

······■······ %-Anteil der Todesfälle durch Schlagwetterexplosion an der Gesamtzahl der Todesfälle in Preußen

– – – – Linear (%-Anteil der Todesfälle durch Schlagwetterexplosion an der Gesamtzahl der Todesfälle in
Preußen)

——— Linear (%-Anteil der Todesfälle durch Schlagwetterexplosion im Ruhrbergbau an der Gesamtzahl
derartiger Todesfälle in Preußen)

*Schaubild 18: Entwicklung der Todesfälle durch Schlagwetterexplosionen pro 1000 Beschäftigte (1867 –
1914)*

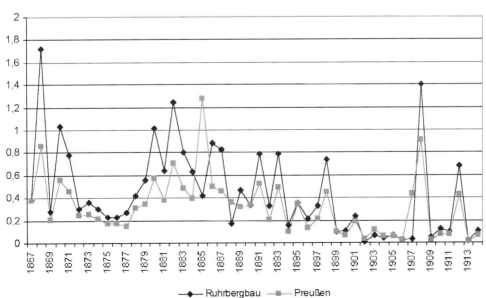

63

zeigt sich der zweigeteilte Verlauf mit der Trendwende in den 1880er Jahren in relativ hoher Prägnanz. Schließlich weisen die Kurvenverläufe darauf hin, dass sich das tödliche Explosionsgeschehen des preußischen Steinkohlenbergbaus während der zweiten Hälfte des 19. Jahrhunderts etwa zu konstant 75 % auf den Ruhrbergbau beschränkte (vgl. Schaubild 17).

Beschließen wir die Analyse der preußischen Unfallstatistik nach dem Betroffenheitsgrad mit einer Zusammenstellung der für die Entwicklung des Explosionsproblems zentralen Kernaussagen. Obwohl sich die Anzahl der tödlichen Unfälle im preußischen Steinkohlenbergbau von Jahr zu Jahr erhöhte, wuchs das in Relation zum Branchenwachstum ermittelte Mortalitätsrisiko nur bis zur Mitte der 1880er Jahre an. Anschließend verringerte es sich sowohl im preußischen Steinkohlenbergbau allgemein, als auch im Ruhrbergbau im Besonderen. Die meisten Todesfälle ereigneten sich über den gesamten Zeitraum durch Stein- und Kohlenfall, wobei sich die Gefährdung in diesem Bereich kaum veränderte. Etwas weniger tödliche Unfälle entfielen auf die Förderung und Fahrung, deren relative Gefährdung sich zwar erheblich aus den Schächten in die Förderstrecken und Bremsberge verlagerte, insgesamt aber gleichfalls weitgehend konstant blieb. Die Veränderungen des Sterblichkeitsrisikos insgesamt resultierten deshalb in erster Linie aus der Gefährdung durch Schlagwetter- und Kohlenstaubexplosionen.

Die explosionsbedingte Mortalität steigerte sich dabei zunächst bis zu ihrem Höhepunkt in den 1880er Jahren in weit stärkerem Ausmaß als in allen übrigen Unfallkategorien. Insofern verschärfte sich das Risiko, infolge einer Schlagwetter- oder Kohlenstaubexplosion zu sterben. Danach sank nicht nur die Zahl der Explosionstoten zusehends, auch die hierdurch bedingten entschädigungspflichtigen Unfälle ohne Todesfolge nahmen drastisch ab. Verdeckt von den bis 1914 absolut steigenden Todesfällen und Verletzungen verminderte sich das Unfallrisiko durch Explosionen nun wesentlich gravierender als bei allen übrigen Unfallursachen.

2.3 Die spezielle Explosionsentwicklung im Lichte der stattgefundenen Ereignisse

Der beschriebene Wandel des Unfallrisikos durch Schlagwetter- und Kohlenstaubexplosionen in der zweiten Hälfte des 19. Jahrhunderts liefert erste Anhaltspunkte für die Einschätzung der Wirksamkeit zeitgenössischer Sicherheitskonzepte. Würde allein aus der Betroffenheitsstatistik geurteilt, so müsste diese bis zur Mitte der 1880er Jahre beständig ab- und anschließend wieder erheblich zugenommen haben. Unzweifelhaft wäre eine solche Schlussfolgerung jedoch nur, wenn das explosionsbedingte Unfallgeschehen grundsätzlich allein Einzelpersonen betroffen hätte. Nur unter dieser unrealistischen Voraussetzung wären nämlich Unfallzahlen gleichbedeutend mit der Anzahl der stattgefundenen Explosionsereignisse, auf deren Verhinderung die Maßnahmen des Explosionsschutzes in erster Linie ausgerichtet waren.

Das größte Problem der historischen Unfallstatistik nach der Anzahl Betroffener liegt in der ungenügenden Aussagekraft zur Anzahl und Intensität der Explosionsereignisse. Welch entscheidenden Einfluss diese Frage jedoch für die Beurteilung des Explosionsschutzes hat, beweist folgende hypothetische Überlegung. Nehmen wir an, in einem ersten Jahr hätten sich 300 Explosionen mit jeweils einem Toten, in einem zweiten Jahr 30 Explosionen mit jeweils zehn und in einem dritten Jahr drei Explosionen mit jeweils 100 getöteten Bergleuten ereignet. Für jedes Jahr stünden damit 300 Explosionstote zu Buche. Aus der Betroffenheitsstatistik wäre dieses Ergebnis als gleich bleibendes Mortalitätsrisiko zu werten. Welche Rückschlüsse ließen sich aber für die Wirksamkeit des Explosionsschutzes ziehen?

Die heutige Fachliteratur zum Explosionsschutz unter Tage gliedert die Summe aller Präventivmaßnahmen grundsätzlich in zwei Bereiche: Einerseits in solche, die vorbeugenden Schutz vor Explosionen und zweitens solche, die konstruktiven Schutz gegen Explosionen beinhalten.[122] Das Ziel möglichst niedriger Unfallzahlen kann demnach durch zwei ergänzende Strategien bewirkt werden. Zunächst durch die Verhinderung von Explosionen überhaupt und schließlich für den Fall, dass sie dennoch eintreten, durch die Begrenzung der Explosionswirkungen auf einen engen Raum bzw. auf eine geringe Anzahl in Mitleidenschaft gezogener Bergleute. Zu den konstruktiven Elementen der zweiten Strategie gehörten im Verlauf des 20. Jahrhunderts vor allem die sog. Explosionssperren, entweder mittels Gesteinsstaub zur Inertisierung aufgewirbelten Kohlenstaubs oder durch Wasser als Löschmittel der Explosionsflamme. Im deutschen Steinkohlenbergbau sind die Wassertrogsperren heute durchgängig anzutreffen.

Die ersten Ideen zur Errichtung von Explosionssperren wurden allerdings nicht vor 1910 geboren.[123] Deren Umsetzung in wirkungsvolle Apparaturen erforderte darüber hinaus eine Vielzahl von praktischen Experimenten, die nicht nur in Deutschland in der Regel auf den Versuchsgruben durchgeführt wurden und nochmals eine gewisse Zeit beanspruchten.[124] Eigentlich konstruktive Mittel der zweiten Strategie waren folglich in der zweiten Hälfte des 19. Jahrhunderts im Grunde nicht vorhanden. Kam es in dieser Zeit also zu einer Explosion, so war allenfalls eine besonders erfolgreich verlaufende Rettungsaktion in der Lage, die Unfallbilanz des einen Ereignisses positiv zu beeinflussen. Die dominierende Option zur Gestaltung des Explosionsschutzes lag bis ins 20. Jahrhundert nahezu ausschließlich in der vorbeugenden, d. h. die Explosion überhaupt verhindernden Strategie.

Bezogen auf unser hypothetisches Beispiel wäre die erhebliche Verringerung der Explosionsereignisse als großer Erfolg in der Wirksamkeit des vorbeugenden Explosionsschutzes zu werten. Diesen Erfolg hätte die Betroffenheitsstatistik vollkommen verschleiert. Eine statistische Analyse des Explosionsgeschehens kann folglich auf die Betrachtung der Entwicklung der Explosionsereignisse als entscheidenden Indikator für die Bewertung des vorbeugenden Explosionsschutzes keinesfalls verzichten.

---

122 vgl. Michelis, Explosionsschutz, S. 54.
123 vgl. ebd., S. 362, S. 385. Die Idee, den zum Inertisieren eingesetzten Gesteinsstaub in konzentrierter Form gegen eine Explosion als Sperre vorzusehen, wird im Allgemeinen J. Taffanel um 1913 zugeschrieben. Siehe dazu Taffanel, J.: Les Expériences de Commentry sur les Inflammations de Poussière, Paris 1913. Den Einsatz von Wasserbehältern, die durch die Explosionsdruckwelle entleert werden sollten, formulierte erstmals Padour, A.: Beitrag zur Erforschung und Abwendung von Kohlenstaub-Explosionen, Teplitz-Schönau 1910/11. Taffanel erprobte in den Jahren 1911 bis 1913 dann sowohl Gesteinsstaub- als auch Wassertrogsperren bei seinen Bemühungen zur Verbesserung der Explosionsbekämpfung infolge der Katastrophe im französischen Courrières. Vgl. Steffenhagen, Alfred/Meerbach, Hans: Wassersperren – ein wesentlicher Fortschritt in der Grubensicherheit?, in: Glückauf 100, 1964, S. 1013 – 1022, hier S. 1013.
124 Zu den Versuchen und konstruktiven Detaillösungen bis in die 1960er Jahre vgl. Beyling, C[arl]: Versuche mit Gesteinstaub zur Bekämpfung von Grubenexplosionen, ausgeführt in der Versuchsstrecke der Knappschafts-Berufsgenossenschaft in Derne, in: Glückauf 55, 1919, S. 373 – 379, S. 397 – 405, S. 417 – 422, S. 437 – 443, S. 457 – 466; ferner: Mayer, F. W.: Versuche zur Bekämpfung von Kohlenstaubexplosionen mit Wasser und Gesteinstaub, in: Glückauf 77, 1941, S. 393 – 399 sowie als umfassender Überblick: Schultze-Rhonhof, H./Fischer, K./Meerbach, H.: Untersuchungen über den Verlauf und die Bekämpfung von Schlagwetter- und Kohlenstaubexplosionen, Essen 1963 (= Berichte der Versuchsgrubengesellschaft, Heft 11). Für die weitere Entwicklung bis zum heutigen Stand als unverzichtbare Übersicht: Michelis, Explosionsschutz, S. 361 – 520.

2.3.1 Die Verteilung der Explosionen auf die preußischen Oberbergamtsbezirke

Eine seit 1861 vollständige Erhebung der Explosionsereignisse für den gesamten preußischen Steinkohlenbergbau existiert nur für diejenigen Unglücke, in deren Folge mindestens ein Bergmann gestorben ist. Die Daten für die 1860/70er Jahre ermittelte die preußische Schlagwetterkommission unmittelbar nach ihrer Berufung getrennt in den fünf Oberbergamtsbezirken Dortmund, Bonn, Breslau, Halle und Clausthal. Erst seit Mitte der 1880er Jahre wurden die zusätzlich erfassten nichttödlichen Explosionen, in deren Folge ausschließlich Bergleute verletzt worden waren, ebenfalls für die verschiedenen Oberbergamtsbezirke fortlaufend gezählt. Ein vollständiges Material zu allen tödlichen und nichttödlichen Explosionsereignissen in Preußen liegt somit nur für den Zeitraum nach 1882 vor. Allerdings lässt sich aus den Unterlagen der Schlagwetterkommission zumindest für den Ruhrbergbau die Entwicklung der nichttödlichen Explosionen auch für die früheren Jahre durch nachträgliche Operationen rekonstruieren. Für die Zeiträume 1861 bis 1882 sowie 1893 bis 1914 enthalten die verfügbaren Quellen ferner genaue Aussagen über die Unglücksschwere, wobei selbst diejenigen Explosionen erkennbar sind, die völlig ohne Verletzungsfolgen blieben.

Die in Schaubild 19 abgetragene Entwicklung der tödlichen Explosionsereignisse zeigt eine nur von wenigen Ausnahmen durchbrochene jährliche Zunahme zwischen 1861 und 1882. Von diesem Höhepunkt mit insgesamt 36 tödlichen Explosionen verringerte sich die jährliche Explosionszahl, abgesehen von einem kurzfristig gegenläufigen Trend zwischen 1888 und 1890, ganz entscheidend. Schon um 1900 war in etwa die Größenordnung des Anfangsjahres 1861 wieder erreicht. Im ersten Jahrzehnt des 20. Jahrhunderts sanken die Schlagwetter- und Kohlenstaubexplosionen pro Jahr schließlich tendenziell sogar unter die Werte des Jahres 1861 ab. Außerdem wurden die Phasen zu- und abnehmender Explosionsereignisse ganz überwiegend durch Unglücke im Ruhrbergbau bestimmt. Lediglich 1902 und 1905 ereigneten sich anteilig mehr Explosionen im Bonner und Breslauer Oberbergamtsbezirk.

Allein aus der Anzahl der Explosionsereignisse auf unterschiedliche Wirksamkeiten des Explosionsschutzes in den einzelnen preußischen Oberbergamtsbezirken zu schließen, verbietet sich aus mehreren Gründen. Dass Schlagwetter- und Kohlenstaubexplosionen im Bereich der Oberbergämter Halle und Clausthal nur sehr selten zu beklagen waren, erklärt sich zunächst durch den geringen Anteil des Steinkohlenbergbaus in diesen Verwaltungsregionen. Nur die restlichen drei Oberbergamtsbezirke verfügten über ausgedehnte Steinkohlenlagerstätten, deren unterschiedliche tektonische Bedingungen einen hohen Einfluss auf die Gasführung hatten. Für einen umfassenden Vergleich der Sicherheitskonzepte im schlesischen, Aachener-, Saar- und Ruhr-Revier müssten jene grundlegenden Bedingungen in die historische Analyse einbezogen werden. Die dabei zu berücksichtigenden Detailfragen ergeben sich aus der folgenden Untersuchung des Ruhrbergbaus, der hier im Mittelpunkt steht. Für die übrigen Reviere können sie im Rahmen dieser Arbeit nicht beantwortet werden.

Zweifelsfrei belegt die Kurve der tödlichen Explosionsereignisse jedoch, dass das steigende Mortalitätsrisiko durch Schlagwetter- und Kohlenstaubexplosionen bis zur Mitte der 1880er Jahre in allen preußischen Steinkohlenrevieren auf eine wachsende Unwirksamkeit des vorbeugenden Explosionsschutzes zurückzuführen ist. Anschließend haben sich die explosionsverhindernden Sicherheitsmaßnahmen gleichfalls in allen preußischen Oberbergamtsbezirken wesentlich verbessert. Nach 1890 sind in Schlesien nur noch sieben tödliche Explosionen vorgekommen, während zuvor fast jährlich zumindest ein derartiges Unglück zu verzeichnen war. Im Aachener- und Saar-Revier wurden die zuvor zunehmenden jährlichen Explosionsereignisse ab Mitte der 1880er Jahre durch abnehmende Raten ebenso ersetzt, wie im zahlenmäßig am größten betroffenen Ruhrbergbau.

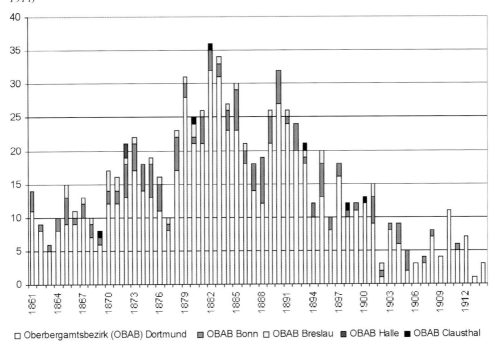

Die kombinierte Betrachtung von Mortalitätsverlauf und Entwicklung der tödlichen Explosionsereignisse beweist hinlänglich, dass sich der vorbeugende Explosionsschutz im preußischen Steinkohlenbergbau in der zweiten Hälfte des 19. Jahrhunderts in zwei Phasen ab- und zunehmender Wirksamkeit unterscheidet. Die steigenden und fallenden Todesraten waren deshalb in erster Linie durch die Menge der auftretenden Explosionen und weniger durch eine signifikante Verlagerung der Unglücksintensität bedingt. Das Ergebnis entspricht durchaus unserer These von der geringen Bedeutung, den die zweite Strategie zur Begrenzung der Explosionswirkungen in der zweiten Hälfte des 19. Jahrhunderts entfalten konnte. Um dieses Argument zum Abschluss der gesamten statistischen Analyse zu erhärten, muss die Frage beantwortet werden, wie sich die Unglücksschwere im Zeitverlauf entwickelte. Sollte der Einfluss der zweiten Strategie größer sein, als bisher vermutet werden kann, müssten signifikante Verlagerungen in der Unglücksschwere zu beobachten sein.

2.3.2 Die Entwicklung der Unglücksschwere bei Explosionen im Ruhrbergbau

Das allgemeinste Kennzeichen für die Verlagerung der Unglücksschwere besteht im Verhältnis von tödlichen zu nichttödlichen Explosionsverläufen. Betrachten wir die Entwicklung dieser Relation im Ruhrbergbau, dann lassen sich zwischen 1861 und 1914 keine gravierenden

---

125 Berechnet nach Hasslacher, Die auf den Steinkohlenbergwerken Preussens in den Jahren 1861 bis 1881 durch schlagende Wetter veranlassten Unglücksfälle, S. 346 – 363 sowie nach den Angaben des statistischen Teils der ZBHSW der Jahrgänge 9, 1861 – 63, 1915. Ebenso für die Schaubilder 20 bis 25.

Schaubild 20: Entwicklung der Explosionen im Oberbergamtsbezirk Dortmund (1861 – 1914)

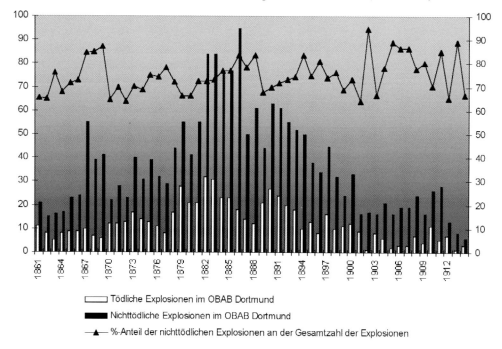

☐ Tödliche Explosionen im OBAB Dortmund

■ Nichttödliche Explosionen im OBAB Dortmund

▲ %-Anteil der nichttödlichen Explosionen an der Gesamtzahl der Explosionen

Veränderungen erkennen (vgl. Schaubild 20). Relativ konstant blieben jedes Jahr etwa 75 % aller im Ruhrbergbau vorkommenden Schlagwetter- und Kohlenstaubexplosionen ohne Todesfolge. Insofern starb nur bei etwa jeder vierten Explosion mindestens ein Bergmann. Zugleich bedeutet dieses Ergebnis, dass weder in der Phase der sich häufenden Ereignisse die tödlichen Explosionen zunahmen, noch während des abnehmenden Zeitraums die Explosionen ausschließlich mit Verletzungsfolgen stärker in den Vordergrund traten. Die Wahrscheinlichkeit, beim Eintritt einer Explosion getötet oder „nur" verletzt zu werden, blieb während des gesamten Zeitraums auf den ersten Blick weitgehend unverändert.

Der alleinige Vergleich von tödlichen und nichttödlichen Explosionsereignissen liefert allerdings keinerlei Aussagen über die Veränderungen der Unglücksschwere innerhalb der beiden grundsätzlichen Kategorien. Wichtiger ist deshalb die Frage, ob sich im Zeitverlauf die Anzahl der Toten bzw. Verletzten pro Explosion signifikant veränderte. Trotz eines konstanten Verhältnisses von tödlichen zu nichttödlichen Explosionen können sich hier erhebliche Verschiebungen ergeben haben, die auf den Einfluss der die Explosionswirkungen hemmenden Strategie zurückzuführen wären.

Eine relative Betrachtung sowohl innerhalb der tödlichen als auch nichttödlichen Explosionen lässt sich aus den genannten Überlieferungsgründen nur für die Jahre 1861 bis 1882 und 1893 bis 1914 leisten. Um die Unglücksintensität trotz der zum Teil überaus großen Unterschiede in den Opferzahlen graphisch darstellen zu können, wurden zusammenfassende Schweregrade zugrunde gelegt. In beiden Kategorien erfolgte die Zählung von Explosionen mit ein bzw. zwei getöteten oder verletzten Bergleuten jeweils in einer getrennten Gruppe. Schwerere Explosionen mit drei bis fünf sowie sechs bis zehn Betroffenen wurden ebenso

68

Schaubild 21: Entwicklung der Unglücksschwere bei tödlichen Explosionen im Ruhrbergbau (1861 – 1882)

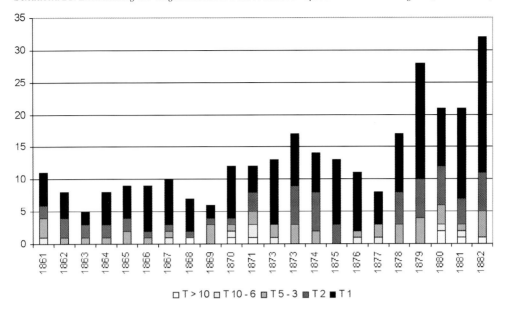

zu einer eigenen Gruppe vereinigt, wie die innerhalb der Kategorien schwersten Explosionen, in deren Folge mehr als zehn Bergleute entweder getötet oder verletzt worden waren.

Aus den Schaubildern 21 und 22 wird zuerst einmal deutlich, dass das tödliche Explosionsgeschehen durchgängig von Unglücken bestimmt war, in deren Folge maximal zwei Bergleute starben. Bis zum Beginn des 20. Jahrhunderts überwogen dabei die Explosionen mit lediglich einem Toten. Unverkennbar handelte es sich bei einem Großteil der Explosionen also um

Schaubild 22: Entwicklung der Unglücksschwere bei tödlichen Explosionen im Ruhrbergbau (1893 – 1914)

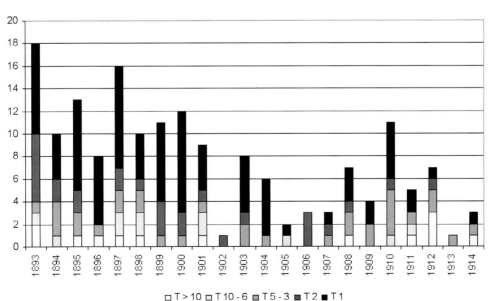

Ereignisse, die im zeitgenössischen Verständnis als reine Arbeitsunfälle zu klassifizieren waren. Dieses Ergebnis widerspricht fundamental der heute verbreiteten Sichtweise, Schlagwetter- und Kohlenstaubexplosionen seien nahezu ausschließlich Massenunglücke gewesen. Vermutlich haben nur die schwereren Explosionen eine überlieferte publizistische Bearbeitung nach sich gezogen, die als vorrangig verbliebene Quellengrundlage die heutige Perspektive bestimmt und zugleich verzerrt.

Für die Beurteilung des Unfallrisikos durch die Zeitgenossen gewinnt der hohe Anteil der explosionsbedingten Arbeitsunfälle eine große Bedeutung, weil der Unfalltod eines einzelnen Bergmanns am einfachsten durch individuelles Fehlverhalten gedeutet werden konnte. Durch den von ihm vermeintlich begangenen Fehler hatte er schließlich nur sein eigenes Leben aufs Spiel gesetzt. Insofern vermittelten Arbeitsunfälle den geringsten Druck, bestehende Sicherheitskonzepte prinzipiell zu überdenken. Inwieweit eine derartige Sichtweise in der zweiten Hälfte des 19. Jahrhunderts Einfluss auf die Behandlung von Explosionsschutzkonzepten nahm, wird im weiteren Verlauf der Untersuchung zu berücksichtigen sein.

Eine signifikante Verlagerung der Unglücksschwere bei tödlichen Explosionen ist für den Zeitraum der 1860/70er Jahre nicht festzustellen. Unglücke mit drei bis fünf Toten traten zwar mit Ausnahme von 1868 und 1875 in jedem Jahr auf, eine tendenzielle Zunahme ist jedoch nicht zu erkennen. Zwischen ein bis vier Ereignissen pro Jahr schwankend, scheinen sie sich allerhöchstens am Ende der 1870er Jahre auf einem höheren Niveau eingependelt zu haben. Entsprechendes gilt für die noch schwereren Unglücke mit mindestens sechs getöteten Bergleuten. Bei einem Ausfall Mitte der 1860er und 1870er Jahre kamen sie in der Regel höchstens einmal pro Jahr vor.

Schaubild 23: Entwicklung der Unglücksschwere bei nichttödlichen Explosionen im Ruhrbergbau (1861 – 1882)

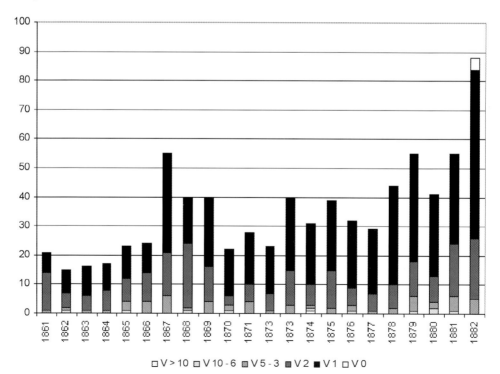

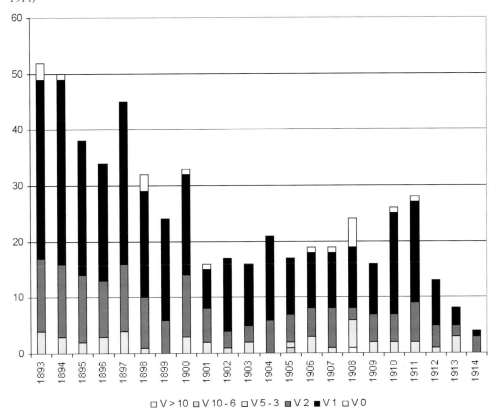

In den Jahren seit 1893 veränderten sich die Verhältnisse kaum. Auch hier blieben die minderschweren Explosionen mit ein und zwei Toten wenigstens bis zum Beginn des 20. Jahrhunderts die größte Teilmenge. Erst in den letzten acht Jahren des Untersuchungszeitraums nahm die Unglücksintensität bei absolut wesentlich verringerten Explosionen relativ zu. Dabei resultierte die anteilige Steigerung der schwereren Unglücke allerdings nur aus der jetzt offenkundig sinkenden Zahl der weniger schweren tödlichen Explosionen. Im Vergleich zu den früheren Jahren kam es auch zwischen 1906 und 1914 nicht häufiger zu Unglücken mit einer hohen Anzahl von Toten.

Eine noch größere Konstanz in der Verteilung der Unglücksintensität wiesen schließlich die Explosionen allein mit Verletzungsfolgen auf (vgl. Schaubilder 23 und 24). Der noch stärker dominierende Anteil entfiel auch hier auf die Ereignisse mit ein oder zwei verletzten Bergleuten. Unglücke mit mehr als fünf verletzten Personen waren eine seltene Ausnahme, die sich dadurch erklärt, dass Explosionen größeren Ausmaßes mehrheitlich auch zu Todesfällen führten.

Die im gesamten Zeitverlauf nur unbedeutend variierende Verteilung der Unglücksschwere bei den Explosionen im Ruhrbergbau beweist (vgl. Schaubild 25), dass ein die Auswirkungen effektiv vermindernder Explosionsschutz bis 1914 nicht existierte. Wäre er zusätzlich zu den seit Mitte der 1880er Jahre optimierten Methoden des vorbeugenden Schutzes wirksam gewesen, so hätten sich vor allem die schwereren Unglücke verringern müssen. Gerade weil der Ruhrbergbau vor 1914 bei sich ausdehnenden Grubenbauen und wachsenden Beleg-

71

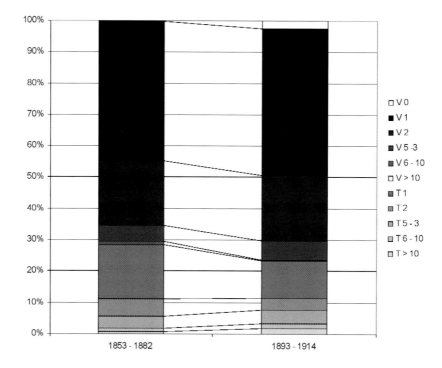

schaftsstärken keine effektiven Mittel zur Begrenzung einer ablaufenden Explosion besaß, äußerten sich diese immer seltener eintretenden Ereignisse als Unglücke größeren Ausmaßes. Die eigentlichen Massenunglücke mit weit über 10 Toten blieben allerdings bis 1914 gemessen am übrigen Explosionsgeschehen eindeutig die Ausnahme.[126]

---

126 Der Zusammenhang von Belegschaftswachstum und Fehlen der die Explosionswirkungen hemmenden Mittel wird in den außerordentlich hohen Todeszahlen der Unglücke auf den Zechen Carolinenglück 1898, Radbod 1908 sowie Lothringen 1912 besonders evident. Gleichwohl scheint anhand dieser Beispiele der besagte Zusammenhang für den gesamten Ruhrbergbau viel stärker verallgemeinert worden zu sein, als es die hier vorgelegten statistischen Werte rechtfertigen. Kritisch sind deshalb auch Aussagen über die Entwicklung der „spezifischen Gefährlichkeit" der Explosionen zu werten, die sich beispielsweise in der Festschrift zum 75-jährigen Bestehen der Berggewerkschaftlichen Versuchsstrecke in Dortmund-Derne aus dem Jahr 1969 finden. Besagter Wert, der in der vorliegenden Arbeit in etwa dem Begriff der Unglücksschwere bzw. -intensität entspricht, wurde dort für übergreifende Zeiträume durch das Verhältnis von Explosionsanzahl zur Summe der dabei insgesamt getöteten Bergleute ermittelt. Es ergaben sich erhebliche Steigerungen in dem weitgehend abstrakten Wert der Todesopfer je Explosion, die letztlich das Bild einer generell steigenden Unglücksschwere suggerieren. Die Problematik dieser statistischen Interpretation lässt sich am Beispiel des Jahres 1908 am besten nachvollziehen. In diesem Jahr ereigneten sich im Ruhrbergbau insgesamt 31 Explosionen, wobei insgesamt etwa 370 Menschen zu Tode kamen. Ermittelt man die vermeintliche „spezifische Gefährlichkeit" der Explosionen des Jahres 1908 nach obigem Verfahren, so beläuft sie sich für jedes Explosionsereignis auf knapp 12 tote Bergleute. Mithin wären 1908 ausschließlich Unglücke der schwersten Kategorie vorkommen, d. h. die „spezifische Unglücksschwere" hätte außerordentlich hoch gelegen. In der Realität blieben jedoch 24 von den 31 Explosionen völlig ohne Todesfolgen. Bei drei Explosionen starb ein Bergmann, eine Explosion hatte zwei und zwei Explosionen hatten drei bis fünf Tote zu beklagen. Bei 27 von 31 Fällen lag die wirkliche Unglücksintensität folglich gerade nicht besonders hoch. Das für die Mehrzahl der Unglücke des Jahres 1908 bestimmende Ergebnis wurde bei obiger Berechnung durch das Unglück auf Radbod in erheblichem Maße verfälscht. Vgl. 75 Jahre Berggewerkschaftliche Versuchsstrecke in Dortmund-Derne der Westfälischen Berggewerkschaftskasse, 1894 – 1969, Herne 1969, S. 6 f.

2.4 Fazit

Bei Wahrung der kritischen Distanz, die die historische Forschung gegenüber Unfallstatistiken zu berücksichtigen hat, lassen sich grundlegende Erkenntnisse über die Entwicklung des Unfallgeschehens aus dieser Quellengattung gewinnen. Die im Ruhrbergbau zwischen 1850 und 1914 durch Schlagwetter- und Kohlenstaubexplosionen hervorgerufenen Unfälle sind durch eine Vielzahl unterschiedlicher Daten quellenmäßig belegt. Im Vergleich zu anderen Unfallursachen zeigt die große Fülle der erhobenen Werte die Bedeutung der Explosionsgefahr im industriellen Steinkohlenbergbau. Das dem explosionsbedingten Unfallgeschehen innewohnende Problem der Massenunglücke begrenzt die Aussagekraft einzelner statistischer Erfassungsmodi. Es fungiert deshalb durchweg als prinzipielles Kernargument gegen die Verwendbarkeit der Unfallstatistik für eine historische Analyse der Schlagwetter- und Kohlenstaubgefahr. Die Vorbehalte sind allerdings nur berechtigt, solange lediglich singuläre statistische Datenpools herangezogen werden, die den statistischen Fehler nicht überbrücken können. Darüber hinaus wird die Bedeutung der Massenunglücke für das Explosionsgeschehen bei einer bewussten Disqualifizierung der statistischen Quellen überbewertet.

Die Unfallgeschichte des Ruhrbergbaus in der zweiten Hälfte des 19. Jahrhunderts ist bislang selten explizit zum Gegenstand historischer Untersuchungen gemacht worden. Mehrheitlich wurde sie im Rahmen übergeordneter Fragestellungen am Rande mitberücksichtigt und dabei auf die Gesamtheit der Arbeitsunfälle bezogen. Trotz der geäußerten Kritik kamen die Arbeiten selten ohne diejenigen statistischen Quellen aus, die das Unfallgeschehen in Betroffenenzahlen für alle Unfallursachen auswiesen. In Relation zur Belegschaft als Indikator des Branchenwachstums konnten so valide Aussagen über die Entwicklung des Unfallrisikos im Ruhrbergbau ermittelt werden. Da sich der Fokus jedoch nicht ausdrücklich auf die Explosionsgefahr richtete, blieben die umfangreich überlieferten Erhebungen über die Anzahl der Explosionsereignisse unberücksichtigt. Letztlich wurde deshalb deren Qualität zur Bereinigung des durch Massenunglücke hervorgerufenen statistischen Fehlers innerhalb der Betroffenheitsstatistik durchweg nicht gesehen.

Die Entwicklung des Unfallrisikos im preußischen Steinkohlenbergbau ist durch eine Trendwende in den 1880er Jahren bestimmt. Im Hintergrund der mit dem Branchenwachstum absolut steigenden Unfallzahlen erhöhte sich seither nur noch das Verletzungsrisiko, während die Sterblichkeit bei Unfällen zurückging. Die durch Schlagwetter- und Kohlenstaubexplosionen hervorgerufenen Unfälle traten im Vergleich zu den das Gesamtgeschehen bestimmenden Schädigungen durch Stein- und Kohlenfall bzw. bei der Förderung und Fahrung seltener auf. Allerdings steigerten sie sich bis zur Mitte der 1880er Jahre stärker als alle anderen Unfallursachen. Anschließend sank sowohl das Verletzungs- als auch das Mortalitätsrisiko in diesem Bereich wiederum stärker als bei allen übrigen Unfallkategorien ab. Die Veränderungen im explosionsbedingten Unfallgeschehen waren so gravierend, dass die Trendwende im gesamten Unfallrisiko in erster Linie auf Schlagwetter- und Kohlenstaubexplosionen zurückgeführt werden kann.

Die anfangs überproportional steigenden explosionsbedingten Unfallraten ergaben sich aus den von Jahr zu Jahr immer häufiger auftretenden Explosionsereignissen. Zwischen 1850 und 1880 war insbesondere der Ruhrbergbau immer weniger in der Lage, beim Eintreten einer potentiellen Gefährdungssituation, das Initial einer Schlagwetter- oder Kohlenstaubexplosion von vornherein zu unterbinden. Die in dieser Phase zunehmende Disfunktionalität des im gesamten 19. Jahrhundert nahezu ausschließlich verfolgten vorbeugenden Explosionsschutzkonzepts wandelte sich im Verlauf der 1880er Jahre. Bis 1914 erhöhte sich dessen Effektivität nicht nur im Ruhrbergbau ganz entscheidend.

3. Etappen der wissenschaftlichen Durchdringung untertägiger Explosionen und ihrer naturgegebenen Einflussfaktoren

3.1 Das Verständnis für die Explosionsverläufe im engeren Sinn

Im 19. Jahrhundert war die Definition des Begriffs „Technik" eng mit dem Begriff der „Kunst" verbunden. Einschlägige Lexika verstanden unter Technik beispielsweise die Kunst überhaupt oder jedes künstliche Verfahren, das sich auf das Denken bzw. Handeln allgemein bezog. Erst um die Jahrhundertwende schied der engere Technikbegriff die Bedeutungsgehalte der „schönen Künste" zugunsten der auf „nützliche Zwecke" gerichteten menschlichen Tätigkeiten unter Zuhilfenahme angewendeter Hilfsmittel aus. Technik verfolgte im Verständnis des frühen 20. Jahrhunderts mehrere Hauptziele. Sie war gerichtet auf die Gewinnung der natürlich gebotenen und für den Menschen verwertbaren Rohstoffe sowie auf die Erhöhung des Gebrauchswertes durch Umformung in Gebrauchsgegenstände.[1]

Der so definierte Technikbegriff hat sich bis heute kaum verändert. Neueste Konversationslexika erklären ihn als „Gesamtheit aller Objekte (Werkzeuge, Geräte, Maschinen u.a.), Maßnahmen und Verfahren, die vom Menschen durch Ausnutzung der Naturgesetze und -prozesse sowie geeigneter Stoffe hergestellt bzw. entwickelt werden und sich bei der Arbeit und in der Produktion anwenden lassen. Darüber hinaus bezeichnet Technik die Wissenschaft von der Anwendung naturwissenschaftlicher Erkenntnisse."[2] Der Technikbegriff intendiert somit die beherrschbare Ausnutzung naturwissenschaftlicher Erkenntnisse zur Verbesserung der menschlichen Lebens- und Arbeitsbedingungen.[3]

Eine rein positivistische Sichtweise technischer Entwicklung ist seit mehreren Jahrzehnten höchst umstritten. Gezweifelt wurde nicht an der Gültigkeit der naturgesetzlichen Bindung von Technik, wohl aber an der allein positiven Wirkung und Kontrollierbarkeit auf Naturgesetzen basierender technischer Mittel und Verfahren. Im Diskurs über Nutzen und Gefahren der atomaren Technik manifestierte sich die Erkenntnis, dass technisch induzierte, naturgesetzlich ablaufende Prozesse Risiken in sich bargen, die unter ungünstigen Umständen den Einfluss menschlicher Prozesskontrolle außer Kraft setzen konnten. Insofern unterlag auch das Risiko naturgesetzlichen Bedingungen.

Diese Kehrseite war bereits allen technischen Systemen der Vergangenheit eigen, weil sie sich schon immer und auch ohne menschliches Verständnis der tieferen Zusammenhänge

---

1 vgl. Alemann, Ulrich von: Grundbegriffe und Entwicklungsstufen der Technikgesellschaft, in: Ders./Schatz, Heribert/Simonis, Georg (Hrsg.): Gesellschaft – Technik – Politik. Perspektiven der Technikgesellschaft, Opladen 1989, S. 11 – 33, hier S. 12 f.
2 zit. Der Brockhaus in drei Bänden, Bd. 3, Mannheim/Leipzig 1992, S. 415.
3 vgl. Birkhofer, Adolf/Lindackers, Karl-Heinz: Technik und Risiko, in: Lukes, Rudolf/Birkhofer, Adolf (Hrsg.): Rechtliche Ordnung der Technik als Aufgabe der Industriegesellschaft. Vorträge und Diskussionen, Köln (u.a.) 1980 (= Recht – Technik – Wirtschaft, Bd. 22), S. 97 – 114, hier S. 97.

den naturgesetzlichen Gegebenheiten unterwarfen. Lediglich die negative Tragweite eines Ausfalls moderner großtechnischer Systeme hat sich heute wesentlich verschärft und damit das kritische Bewusstsein erheblich gewandelt.[4] Die Abwendung technisch immanenter Risiken erforderte von Beginn an eine möglichst genaue Vorstellung von den natürlichen Grundlagen potentieller Gefährdungssituationen. Die Annäherung an den gewünschten Zustand der Sicherheit war Teil des historischen Entwicklungsprozesses. Gleichzeitig war sie abhängig vom Stand der naturwissenschaftlichen Kenntnis und vom Selbstverständnis der Zeitgenossen, diesen Zustand mit Hilfe der einsetzbaren technischen Systeme erreichen zu können.

In der zweiten Hälfte des 19. Jahrhunderts herrschte ein überschwänglicher technischer Fortschrittsglaube, der sich durch alle gesellschaftlichen Ebenen zog. Im Angesicht des durch den Kapitalismus hervorgebrachten technischen Fortschritts galten Technik und Naturwissenschaft als harmonisch vereint. Selbst das Theoriengebäude des Sozialismus deutete die „Unterjochung der Naturkräfte" durch die „Maschinerie" als „Produktivkräfte im Schoß der gesellschaftlichen Arbeit".[5] Erst gegen 1900 verstärkte sich die kritische Reflexion der positivistischen Denkmuster. Der physikimmanente Paradigmenwechsel durch Quanten- und Relativitätstheorie leitete eine Tendenzwende im wissenschaftlichen Selbstvertrauen ein und die Darwinsche Evolutionstheorie veränderte den bislang ungebrochenen gesellschaftlichen Fortschrittsglauben.[6]

Die verbreiteten Wertvorstellungen zur Technik im Allgemeinen werden innerhalb des preußischen Steinkohlenbergbaus kaum anders gewesen sein. Die montanindustrielle Führungsschicht der Bergassessoren zeichnete sich innerhalb der Wilhelminischen Gesellschaft durch ein hohes Selbstbewusstsein aus, das vorrangig auf ihrer fachlichen Kompetenz und technischen Spezialbildung beruhte.[7] Die Absolvierung einer ausgedehnten Ausbildung mit Studium an den Bergakademien, anschließender Referendar- und Assessorenzeit führte sie durch ein breites Spektrum bergtechnischer Bereiche.[8] Aus den Vorworten einschlägiger Handbücher zur Bergbaukunde klang nicht selten die höchste Bewunderung für das technische Leistungspotential des eigenen Berufszweiges: „Es kann keinem Zweifel unterliegen, dass das Berg- und Hüttenwesen unter allen Wundern der menschlichen Schöpfungskraft durch die grossartigsten Leistungen und Resultate der ihm gewidmeten Anstrengungen, zur wohlbegründetesten Bewunderung auffordert, und mehr als jedes andere Gewerbe zeigt,

---

4 Zum Begriff „großtechnisches System" als Gegenstand der sozialwissenschaftlichen Technikforschung seit Ende der 1980er Jahre vgl. Joerges, Bernward/Braun, Ingo: Große technische Systeme – erzählt, gedeutet, modelliert, in: Dies. (Hrsg.): Technik ohne Grenzen, Frankfurt a. M. 1994, S. 7 – 49. Zum Bewusstseinswandel in der Beurteilung von Technik unter Berücksichtigung technischer Katastrophen siehe Tenner, Edward: Die Tücken der Technik. Wenn Fortschritt sich rächt, Frankfurt a. M. 1997, S. 46 ff.
5 zit. nach Alemann, Grundbegriffe, S. 15.
6 vgl. Dienel, Hans-Liudger: Herrschaft über die Natur? Naturvorstellungen deutscher Ingenieure 1871 – 1914, Stuttgart 1992, S. 43 – 49.
7 vgl. Faulenbach, Bernd: Die Preußischen Bergassessoren im Ruhrbergbau. Unternehmermentalität zwischen Obrigkeitsstaat und Privatindustrie, in: Mentalitäten und Lebensverhältnisse. Beispiele aus der Sozialgeschichte der Neuzeit. Rudolf Vierhaus zum 60. Geburtstag, Göttingen 1982, S. 225 – 242, hier S. 233. Zu den Kontinuitäten des Berufsstandsprofils bis zur Mitte des 20. Jahrhunderts siehe Kroker, Evelyn: Heinrich Kost und die DKBL. Die neue Führungsspitze des Ruhrbergbaus nach 1945, in: Der Anschnitt 50, 1998, S. 228 – 239, hier S. 229 sowie Dies.: Heinrich Kost. Rationalisierung und Sozialbeziehungen im Bergbau, in: Erker, Paul/Pierenkemper, Toni (Hrsg.): Deutsche Unternehmer zwischen Kriegswirtschaft und Wiederaufbau. Studien zur Erfahrungsbildung von Industrie-Eliten, München 1999, S. 291 – 316, hier S. 292. Eine spezielle Untersuchung zum Technikverständnis der Bergbaueliten, wie sie vergleichbar von Dienel, Herrschaft über die Natur?, zu den Ingenieuren des Kaiserreiches geleistet worden ist, gilt als Desiderat der Forschung.
8 Zum Ausbildungsgang der preußischen Bergassessoren im einzelnen siehe Zix: Die Ausbildung der höheren Staatsbergbeamten in Preußen (1778 – 1897), in: ZBHSW 59, 1911, Teil B, S. 1 – 61 und zu dessen Wirkung als Element der Konstituierung des fachlichen Selbstbewusstseins: Farrenkopf, Michael: Zwischen Bürgerlichkeit, Beamtenstatus und berufsständischer Orientierung. Die höheren preußischen Bergbeamten in der zweiten Hälfte des 19. Jahrhunderts, in: Der Anschnitt 47, 1995, S. 2 – 25, hier S. 12 ff.

was der Mensch durch geistige und mechanische Kräfte zu bewirken vermag!"[9] Die Motivation zur Abfassung bergtechnischer Lehrbücher, häufig geschrieben von Personen, die selbst die besagte Ausbildung durchlaufen hatten, ergab sich aus selbiger Technikbegeisterung. Wilhelm Leo, Bergmeister a. D. und Mitglied der Großherzoglich mineralogischen Societät zu Jena, sah den Hauptzweck seines 1861 in Quedlinburg erschienenen Lehrbuchs der Bergbaukunde darin, „dem angehenden Bergmann die Grundlehren der Geologie und Bergbaukunst leichtfaßlich in die Hände zu legen, welche ihm das Schwierige jeden Anfangs, die Erlernung seiner Kunst erleichtern [... und] sich in dem weiten Gebiete seiner Kunst zurecht zu finden", gewährleisten sollte.[10]

Der Glaube an die Allmacht der Technik herrschte im Bergbau dieser Zeit genauso wie in anderen gewerblichen und industriellen Sektoren. Auch hier basierte das Vertrauen in technische Systeme auf dem Bewusstsein der Beherrschung naturgesetzlicher Grundlagen, jedenfalls solange die praktische Anwendung technischer Hilfsmittel ohne gravierende Störungen ihre Funktion erfüllte. Wie tief das reale Verständnis der naturwissenschaftlichen Grundregeln war, lassen die zeitgenössischen Quellen mitunter erst auf den zweiten Blick erkennen. In jedem Fall muss eine historische Untersuchung, die sich mit der Kehrseite des positiven Technikglaubens befasst, darum bemüht sein, die Differenzen zwischen vermeintlicher und existenter Durchdringung der naturgesetzlichen Basis von Technik zu erhellen. Sie darf vor allem den zeitgebundenen Glauben an die Beherrschbarkeit von Technik nicht dahingehend fehlinterpretieren, dass im Falle des technischen Versagens zwangsläufig eine bessere Option bestanden hätte, die nur aus den ein oder anderen Gründen im Unglücksfall nicht gewählt worden sei. Es stellt sich also die Frage, wie genau das Wissen um die naturgegebenen Grundlagen von Schlagwetter- und Kohlenstaubexplosionen in der zweiten Hälfte des 19. Jahrhunderts ausgebildet war.

3.1.1 Schlagwetterexplosionen

Mit der zunehmenden Bedeutung, die der Steinkohlenbergbau seit Beginn der Industrialisierung gewann, widmeten sich auch die bergbaukundlichen Handbücher des frühen 19. Jahrhunderts diesem speziellen Bergbauzweig. Zuvor hatten sich einschlägige bergtechnische Spezialarbeiten noch vorrangig mit dem Erzbergbau beschäftigt.[11] In den Kapiteln über die Wetterlehre enthielten sie nun durchweg Ausführungen zum Begriff der „schlagenden Wetter", die man innerhalb der verschiedenen Erscheinungsformen der als Wetter bezeichneten Grubenluft zu systematisieren suchte. Zwischen „guten" und „schlechten" bzw. „schweren" Wettern hatte bereits Georg Agricola (1494 – 1555) in seinen „Zwölf Bücher[n] vom Berg- und Hüttenwesen" unterschieden und aufgrund ihrer Existenz die notwendigen mechanischen Einrichtungen zur Wetterführung im frühneuzeitlichen Erzbergbau begründet. Das zugrunde liegende Unterscheidungskriterium war die Atembarkeit für die Bergleute, die in tiefen Schächten oder langen Stollen durch ungenügende Verdünnung der Grubenluft herab-

9 zit. Hartmann, Carl: Handbuch der Bergbau- und Hüttenkunde oder die Aufsuchung, Gewinnung und Zugutemachung der Erze, der Stein- und Braunkohlen und anderer nutzbarer Mineralien. Eine Encyclopädie der Bergwerkskunde, Weimar 1858, S. IV.
10 zit. Leo, Wilh[elm]: Lehrbuch der Bergbaukunde. Für Bergschulen und zum Selbstunterricht, insbesondere für angehende Bergbeamte, Bergbau-Unternehmer, Grubenbesitzer, etc., Quedlinburg 1861, S. VI.
11 vgl. Koch, Manfred: Geschichte und Entwicklung des bergmännischen Schrifttums, Goslar 1963 (= Schriftenreihe Bergbau-Aufbereitung, Bd. 1), S. 118 – 131; Buchheim, Gisela/Sonnemann, Rolf (Hrsg.): Geschichte der Technikwissenschaften, Leipzig 1990, S. 157 – 163 sowie Bóday, Gábor: „Anleitung zu der Bergbaukunst". Christoph Traugott Delius veröffentlichte 1773 die erste moderne Bergbaukunde, in: Der Anschnitt 19, 1967, Heft 4, S. 10 – 20.

gesetzt wurde.[12] Unerkannt war allerdings die Anreicherung der Grubenluft mit bestimmten Gasen als eigentlicher Ursache.

Unter Ausnutzung der seither wesentlich verbesserten chemischen Kenntnisse führten die Bergbauhandbücher zu Beginn des 19. Jahrhunderts alle Formen schlechter Wetter bereits auf den schädlichen Einfluss von Gasen zurück. Die Systematik zur Unterscheidung der Wetterarten differenzierte sich gleichsam analog zum tieferen Verständnis der chemischen Einflüsse. Carl Hartmann[13] unterteilte in seinem 1825 in zwei Bänden erschienenen Handwörterbuch der Mineralogie, Berg-, Hütten- und Salzwerkskunde die Erscheinungsformen der Grubenluft nach Agricolas System zunächst in gute und böse bzw. schlechte Wetter. Anschließend gliederte er die bösen Wetter in matte und schlagende Wetter weiter auf und begründete die matten Wetter „mit einem großen Antheil von kohlengesäuertem Gas, daher sie schwerer, als die gemeine Grubenluft und dem Verbrennungsprozesse, mithin auch dem Athmen hinderlich" seien. Die schlagenden Wetter wären hingegen „die gefährlichsten von allen" und außerdem „entzündbar und leichter, als die gemeinen Wetter, welche Eigenschaften sie einem beträchtlichen Antheil von Wasserstoff verdanken." Schließlich benannte Hartmann eine dritte Art böser Wetter, die sich durch einen hohen Gehalt an „Stickstoffgas" ergäben.[14]

Die in den folgenden Jahren wachsenden Einsichten in die chemisch-physikalischen Eigenschaften untertägiger Gasgemische erschwerten das Prinzip, eine Einteilung der Wetterarten allein durch die Benennung ihrer Wirkungen auf die Bergleute aufrecht zu erhalten. 1841 differenzierte Hartmann die Wetter bereits in „1) gute, 2) matte, und 3) schlechte Wetter" und teilte letztere wieder „a) in schlagende, b) in brennbare, c) in dampfige und d) in böse Wetter, oder nach dem verschiedenen spec. Gewichte in leichte und schwere Wetter ein."[15] Bei der Erläuterung der schlagenden Wetter wies er auf ein nicht näher bestimmtes Mischungsverhältnis von „Wasserstoffgas" und „Luft" hin, um „gefährlich" zu werden. Außerdem war die Entzündung des Gasgemenges erforderlich.

Einigermaßen genaue Vorstellungen über den chemischen Stoff des „Grubengases", der für das Entstehen schlagender Wetter verantwortlich war, enthielt 1829 die Bergbaukunde des französischen Oberbergmeister C. P. Brard. In der wiederum von Hartmann 1830 veröffentlichten deutschen Übersetzung war zu lesen, im reinen Zustand bestehe es „dem Volumen nach aus 2 Maaß Wasserstoff- und aus 1/2 Maaß Kohlenstoffgas."[16] Dies entsprach bereits weitgehend der später genauer bezeichneten Strukturformel des Methans (CH_4). Darüber hinaus formulierte Brard den Ablauf des auf die Zündung der schlagenden Wetter folgenden Ereignisses als Explosion, die dann eingeleitet wurde, wenn der Gasanteil in der Grubenluft den „dreizehnten Theil" – also etwa 8 Vol.-% erreicht hatte.

---

12 vgl. Schiffner, Carl (u.a.) (Bearb.): Georg Agricola. Zwölf Bücher vom Berg- und Hüttenwesen. Vollständige Ausgabe nach dem lateinischen Original von 1556, Nördlingen 1977, S. 177.

13 Carl Friedrich Alexander Hartmann veröffentlichte in der ersten Hälfte des 19. Jahrhunderts eine große Zahl bergtechnischer Handbücher und machte sich als Übersetzer fremdsprachiger Bergbaukunden sowie als Initiator der „Berg- und hüttenmännischen Zeitung" einen Namen. Vgl. Koch, Geschichte und Entwicklung des bergmännischen Schrifttums, S. 130 f.

14 zit. Hartmann, Carl: Handwörterbuch der Mineralogie-, Berg-, Hütten- und Salzwerkskunde, 2 Bde., Ilmenau 1825, Bd. 2, S. 806. Diese Einteilung war jedoch nicht allgemein verbindlich, wie etwa das bewusst populärwissenschaftlich gehaltene Werk von H[offmann], C[arl] R[obert]: Der belehrende Bergmann. Ein fasslisches Lese- und Bildungsbuch, Pirna 1830 (Reprint Essen 1981), S. 29 f. zeigt. Hoffmann teilte die Wetter grundsätzlich in schlagende und gemeine böse Wetter sowie Schwaden ein.

15 zit. Hartmann, Carl (Hrsg.): Conversations-Lexikon der Berg-, Hütten- & Salzwerkskunde und ihrer Hilfswissenschaften, 4 Bde., Stuttgart 1841, Bd. 4, S. 770.

16 zit. Hartmann, Carl (Bearb.): Grundriß der Bergbaukunde von C. P. Brard, Berlin 1830, S. 350.

In den 1850er Jahren kristallisierte sich ein erstes Verständnis für die Explosionsgrenzen des Grubengasgemisches heraus. Das von Hartmann überarbeitete und in deutscher Sprache 1856 veröffentlichte Handbuch des belgischen Bergingenieurs A. T. Ponson stellte fest, dass die Einleitung einer Schlagwetterexplosion nur in den Grenzen von einem Raumteil Gas zu sechs bis 14 Raumteilen „atmosphärischer Luft" eintrat.[17] In der deutschen Übersetzung des von Amadée Burat um die Mitte des 19. Jahrhunderts verfassten Handbuchs war nicht allein die Existenz von Explosionsgrenzen, sondern auch die Zu- und Abnahme der Explosionsintensität in Abhängigkeit von den Mischungsverhältnissen beschrieben. Die explosionsartige Verbrennung der schlagenden Wetter begann nach Burat bei einem Verhältnis von 1 : 15 (etwa 6,6 Vol.-%). „Am stärksten und wahrhaft verheerend" seien sie bei einem Gas – Luft-Verhältnis von 1 : 9 oder 1 : 8 (ca. 11 bis 12 Vol.-%), anschließend verringerten sie sich erneut bis zu einer oberen Grenze im Bereich von 1 : 5 bis 1 : 4 (max. 25 Vol.-%).[18] Als Begründung für die Existenz der Explosionsgrenzen führte Burat bereits den Gehalt des Sauerstoffs in der Luft an, der insbesondere bei einem zu hohen Gehalt an Grubengas nicht ausreichte, um den Oxidationsprozess ablaufen zu lassen.[19]

Die bis heute als unverzichtbare Entstehungsfaktoren von Explosionen herangezogenen Bedingungen Brennstoff, Sauerstoff und Zündquelle[20] formulierte Carl Hartmann 1858 sehr klar, wenn er schrieb: „Die Verbindung des Kohlenwasserstoffes mit dem in der atmosphärischen Luft enthaltenen Sauerstoff veranlasst, wenn sie durch einen brennenden Körper entzündet werden, fürchterliche und um so grössere Verwüstungen [...]." Ferner lieferte er eine einigermaßen genaue Beschreibung des eigentlichen chemischen Vorgangs, der dem Explosionsverlauf zugrunde lag: „Ein Theil des Sauerstoffs vereinigt sich mit dem Kohlen- und der andere Theil mit dem Wasserstoffe, welches Veranlassung zur Bildung von kohlensaurem Gase, Wasserdampf und einer, den ganzen Raum erfüllenden Flamme giebt."[21] Alle relevanten Reaktionsbedingungen zumindest für eine Methanknallgas-Explosion waren hier vorhanden.[22] Außerdem gelang es, die grundlegenden Wirkungen des Explosionsverlaufes nicht mehr nur zu beschreiben, sondern wenigstens ansatzweise chemisch-physikalisch zu begründen: „Die hohe Temperatur, der die Gasmasse fast unmittelbar unterworfen wird, ertheilt ihr fast das doppelte Volumen von dem, welches sie vor der Reaction einnimmt; sie treibt die in der Grube wechselnden Wetter mit Heftigkeit zurück und zerstört alle sich ihrer Explosion entgegensetzenden Hindernisse. Sogleich darauf verdichtet sich ein Theil des Wasserdampfes und veranlasst eine Luftleere, in die sich die umgebende Atmosphäre, welche durch die erste Bewegung zurückgedrängt worden war, stürzt. Alle diese Erscheinungen folgen mit einer so ausserordentlichen Schnelligkeit aufeinander, dass die Bergleute nur einen Stoss erhalten und einen Knall hören."

Auch wenn es sich bei Schlagwetterexplosionen durch den in der Luft enthaltenen hohen Anteil von Stickstoff nicht um die hier beschriebenen Methanknallgas-Explosionen handelte, ist

---

17 vgl. Hartmann, Carl (Bearb.): Handbuch des Steinkohlen-Bergbaues oder Darstellung des in den bedeutendsten Steinkohlen-Bergwerken Europa's zur Aufsuchung, Gewinnung und Förderung der brennbaren Mineralien angewendeten Verfahrens. Nach dem Werke des belgischen Bergingenieurs A. T. Ponson, Weimar 1856, Sp. 282.
18 vgl. Hartmann, Carl (Bearb.): Das Material des Steinkohlenbergbaues. Beschreibung der Tagegebäude, der Apparate und Maschinen, welche zur Gewinnung und Förderung der Steinkohlen angewendet werden. Von Amadée Burat, Brüssel/Leipzig 1861, S. 234 f.
19 vgl. ebd., S. 235: „Bei 1 : 5 bis 1 : 4 erlischt die Lampenflamme aus Mangel an Sauerstoff, ohne eine Entzündung zu erzeugen [...]".
20 vgl. Michelis, Explosionsschutz, S. 62. Schematisch werden die drei unverzichtbaren Voraussetzungen für das Entstehen von Explosionen in der Regel als Explosionsdreieck dargestellt.
21 zit. Hartmann, Carl: Handbuch der Bergbau- und Hüttenkunde, Sp. 530.
22 Die chemische Formel für die explosive Umsetzung eines reinen Methan-Sauerstoffgemisches lautet: $CH_4 + 2\,O_2 \rightarrow CO_2 + 2\,H_2O + 193{,}5$ kcal (Wasser dampfförmig). Vgl. Drekopf, Karl/Braukmann, B.: Physik und Chemie für Bergschulen, Essen 1955, S. 467.

festzustellen, dass die grundlegenden naturgesetzlichen Abläufe untertägiger Gasexplosionen Mitte des 19. Jahrhunderts prinzipiell erkannt waren.[23] Seither sind sie anhand kaum überschaubarer Einzelparameter immer weiter vertieft worden. Die französische Schlagwetterkommission ermittelte in den 1870er Jahren die Zündtemperatur verschiedener Grubengasbestandteile auf Bereiche zwischen 550 und 780 °C. Für „Wasserstoff" gab sie sie mit 580 °C den heutigen Erkenntnissen weitgehend entsprechend an.[24] Differenzierte Untersuchungen widmeten sich einer genaueren Bestimmung der Explosionsgrenzen, die heute in Abhängigkeit vom Vordruck des Gas-Luft-Gemisches, der Ausgasungstemperatur, der relativen Feuchte sowie der Zündquellenenergie mit 4,5 und 14,5 Vol.-% bestimmt sind.[25]

Eine wissenschaftliche Durchdringung der für Explosionsverläufe maßgeblichen Einzelparameter vollzog sich ohne Zweifel erst im Verlauf des 20. Jahrhunderts. Für den deutschen Steinkohlenbergbau erwies sich die am 7. Oktober 1927 gegründete Versuchsgrubengesellschaft als zentrale Institution groß angelegter Forschungsvorhaben. Seit 1928 nutzte sie zunächst die Grube Hibernia und seit 1942 die Grube Tremonia als reine Versuchsgruben, um unter realistischen Bedingungen die Eigenarten untertägiger Explosionen zu erkennen und daraus zielgerichtete Schutzkonzepte zu entwickeln. Bis zur Schließung Anfang 1997 wurden hier etwa 5000 Explosionsversuche durchgeführt.[26] Das Grubengas Methan als Brennstoff, seine chemische Umsetzung mit Sauerstoff in Form eines in der Regel explosiv verlaufenden Oxidationsprozesses sowie die Initialisierung der Reaktion mittels einer Zündquelle waren jedoch schon Mitte des 19. Jahrhunderts bekannt.

3.1.2 Kohlenstaubexplosionen

Anders lagen die Verhältnisse beim zweiten in Steinkohlengruben auftretenden Brennstoff Kohlenstaub, der entweder allein oder in Verbindung mit Schlagwettern zu untertägigen Explosionen führte. Beim Umgang mit Substanzen, die pulver- oder staubförmig vorlagen, machte man schon Ende des 18. Jahrhunderts etwa bei Mehlstaubexplosionen die Erfahrung, dass derartige Stoffkonzentrationen explosibel waren.[27] Allerdings konnte das zugrun-

---

23 vgl. Gurlt, Adolf: Die Bergbau- und Hüttenkunde, eine gedrängte Darstellung der geschichtlichen und kunstmäßigen Entwickelung des Bergbaues und Hüttenwesens, Essen 1877, S. 78. Auch spätere Beschreibungen der naturwissenschaftlichen Grundlagen von Schlagwetterexplosionen gingen grundsätzlich von der Darstellung reiner Methan-Sauerstoffexplosionen aus und ergänzten diese dann um die jeweils bekannten untertägigen Einflussbedingungen. Vgl. Serlo, Albert: Leitfaden zur Bergbaukunde, 2 Bde., Berlin, 4. Aufl., 1884, Bd. 2, S. 302 f.; Demanet, Ch.: Der Betrieb der Steinkohlenbergwerke. Übersetzt und mit einzelnen Anmerkungen versehen von C. Leybold, Braunschweig 1885, S. 36 f. sowie Ryba, Gustav: Handbuch des Grubenrettungswesens, 2 Bde., Leipzig 1929/30, Bd. 1, S. 160 – 163.
24 vgl. Goupillière, Haton de la: Bericht der Französischen Commission zur Prüfung der Mittel gegen die Explosionen schlagender Wetter in den Steinkohlenbergwerken, in: ZBHSW 29, 1881, Teil B, S. 281 – 394, hier S. 293 f. Nach Michelis, Explosionsschutz, S. 68 liegt die Zündtemperatur von Methan je nach Versuchsbedingungen und Messverfahren zwischen 595 und 650 °C.
25 vgl. ebd., S. 67. Als wichtige Beiträge zu dieser Frage insbesondere Kirst, Ernst: Ueber den Einfluß der Aenderung der Luftzusammensetzung auf die Explosionsgrenzen der Schlagwetter, in: Kohle und Erz 27, 1930, Sp. 707 – 710, Sp. 733 – 736 sowie Ders.: Die Explosionsgrenzen der Schlagwetter, in: Glückauf 67, 1930, S. 50 – 57. Zusammenfassend auch Ramlu, Madisetti Anant: Mine Disasters and Mine Rescue, Balkema/Rotterdam 1991, S. 94 f.
26 vgl. Michelis, Explosionsschutz, S. 3.
27 Rein deskriptive Auseinandersetzungen des Kohlenstaubs in Verbindung mit Schlagwetterexplosionen sind für den englischen Steinkohlenbergbau nach 1750 überliefert. Vgl. Winnacker, Erich: Beiträge zur Kenntnis des Britischen Steinkohlenbergbaues, 2 Bde. Essen 1936, Bd. 2, Teil 1, S. 192. Über eine Explosion auf der Wallsend Colliery im Jahr 1803 heißt es: „Die Grubenbaue waren sehr trocken und staubig, und die Ueberlebenden, welche dem Explosionszentrum am fernsten waren, wurden durch einen Sprühregen von rothglühenden Kohlenstaubfunken verbrannt, welche durch die Gewalt der Explosion vorwärts getrieben waren." Zit. Walther, Th.: Die Kohlenstaubfrage bei Schlagwetter-Explosionen, Berlin 1887, S. 3.

de liegende Gefährdungspotential, das in der Neigung zur exothermen Zersetzung bestand, nicht erklärt werden.[28]

Erste naturwissenschaftlich fundierte Vermutungen über die Beteiligung von Kohlenstaub an Explosionen im Steinkohlenbergbau äußerten die Engländer Lyell und Faraday im Rahmen ihrer Untersuchungen einer Explosionskatastrophe auf der britischen Grube Maxwell im Jahr 1844.[29] Sie hatten nach dem Unglücksfall in den Grubenbauen koksartigen Staub vorgefunden, dessen Stärke in Richtung auf den Explosionsherd zunahm. Bei der anschließenden chemischen Analyse im Vergleich mit gepulverter Rohkohle stellten sie fest, dass aus dem staubigen Explosionsrückstand die Flüchtigen Bestandteile der Kohle überwiegend entwichen waren. Diese Beobachtung gab ihnen Veranlassung zu glauben, „dass die Flamme der schlagenden Wetter in Folge der eingetretenen Luftströmung vermittelst des Kohlenstaubes und der Grubenluft selbst die Bildung einer grossen Menge Gas hervorgerufen hat [...]."[30] Dieses Gas hatte vermutlich die Explosion durch die Grube fortgetragen.

Gleiche Schlussfolgerungen zog der französische Ober-Bergingenieur des Bezirks St. Etienne, Du Souich, in den 1850/60er Jahren im Rahmen seiner Untersuchungen verschiedener Explosionen im französischen Steinkohlenbergbau. Anscheinend ohne Kenntnis der englischen Überlegungen führte er die Ausdehnung der Explosionen in den Gruben bei Firminy und Villars auf die Mitwirkung von Kohlenstaub zurück. Wie Faraday und Lyell erklärte er das Explosionsereignis durch einen zweigeteilten Verlauf. Zunächst sei es zu einer Schlagwetterexplosion gekommen, deren Druckwelle den in der Grube verteilten Kohlenstaub aufgewirbelt und aufgrund der Flammentemperatur aus diesem die Flüchtigen Bestandteile ausgetrieben habe. Da es sich bei den Flüchtigen Bestandteilen um Gase handelte, wären diese dann explosionsartig verbrannt.[31]

In England und Frankreich ging man in den 1870er Jahren infolge weiterer Explosionsunglücke dazu über, die vermutete Explosionsfähigkeit von Kohlenstaub experimentell zu beweisen. Unterschiedliche Versuchsbedingungen simulierten dabei zwei grundsätzlich verschiedene Zustände: Zum einen das Vorhandensein von Kohlenstaub in einer Atmosphäre reiner Umgebungsluft und zum anderen die Ablagerung von Kohlenstaub in Verbindung mit Grubengas.[32] Die Interpretation der Versuchsergebnisse führte zu gegensätzlichen Standpunkten, die in beiden Ländern im Rahmen der am Ende der 1870er Jahren eingesetzten Untersuchungskommissionen diskutiert wurden und auch das gegensätzliche Meinungsbild

---

28 vgl. Steinbach, Jörg: Chemische Sicherheitstechnik, Weinheim (u.a.) 1995, S. 243.

29 vgl. Hilt, C[arl]: Schluss-Bericht über die in der Versuchsstrecke auf der fiskalischen Steinkohlengrube König bei Neunkirchen (Saarbrücken) bezüglich der Zündung von Kohlenstaub und Grubengas angestellten Versuche, in: Haßlacher, A[nton]: Anlagen zum Haupt-Berichte der preussischen Schlagwetter-Commission, Bd. 4, Berlin 1886, S. 1 – 88, hier S. 1. Hilts Bericht enthält eine ausführliche Einleitung über die Anfänge der internationalen Kohlenstaubforschung, die im Wesentlichen auf einer detaillierten Untersuchung für die französische Schlagwetterkommission von Mallard und Le Chatelier beruht.

30 zit. Goupillière, Bericht der Französischen Commission, S. 310.

31 In seinem Gutachten über die Explosion auf der Schachtanlage Charles in Firminy vom 29. August 1855 schrieb Du Souich: „Man konnte an verschiedenen Punkten auf der Zimmerung eine Art Kruste von leichtem Koks sammeln, welche nur von Kohlenstaub herrühren kann, der in den Abbauörtern und auf der Sohle der Strecken aufgewirbelt und durch die in Folge der Explosion entstandene äusserst heftige Luftströmung weit fortgeführt worden ist. Da dieser Staub sich zum Theil selbst angebrannt findet, so kann er die Wirkungen der schlagenden Wetter noch fortsetzen, indem er sie weiter trägt." Zit. ebd., S. 310.

32 In Frankreich untersuchte Vital 1875 die Explosionsfähigkeit von Kohlenstaub, indem er eine 35 mm breite und 2 m lange Glasröhre im Inneren mit Kohlenstaub bestreute. Durch Einführung von Gasflammen erhielt er in der Röhre „Feuer-Erscheinungen, welche sich fast durch die ganze Länge der Versuchsröhre hindurch erstreckten, aber niemals zu dem zweiten, offenen Ende der Röhre heraustraten." Zit. Hilt, Schluss-Bericht, S. 2.

der Vertreter der preußischen Schlagwetterkommission zu Beginn der 1880er Jahre repräsentierten.[33]

Einige Kommissionsmitglieder teilten die Ansicht der französischen Berichterstatter Mallard und Le Chatelier, die nach ihren Versuchen zu dem Ergebnis gekommen waren, Kohlenstaub böte nur in Anwesenheit von Grubengas eine ernste Gefahr. Anders formuliert hieß dies, eine Entzündung von Kohlenstaub setzte grundsätzlich eine Explosion schlagender Wetter voraus und auch die Fortleitung der Explosion sei an ein weiteres Vorhandensein von Grubengas gebunden.[34] Eine solche Sichtweise war anscheinend im Oberbergamt Dortmund während der 1880er Jahre vorherrschend. 1888 wandten sich Bergrevierbeamte an die vorgesetzte Behörde und baten um eine Entscheidung, wie sie einzelne Explosionsunglücke für die bergbehördliche Statistik aufzubereiten hätten, bei denen es sich nach dem neuesten Kenntnisstand wohl um Kohlenstaubexplosionen gehandelt hatte. Oberbergrat Rudolph Nasse (1837 – 1899) beantwortete die Fragen mit dem Hinweis „Kohlenstaub-Explosionen sind auch immer Schlagwetter-Explosionen unter den hiesigen Verhältnissen u[nd] dementsprechend zu behandeln.“[35]

Andere Vertreter der preußischen Schlagwetterkommission favorisierten hingegen englische Überzeugungen, wonach Kohlenstaub auch ohne Beteiligung von Grubengas zur Explosion gebracht werden konnte. Zu dieser Auffassung war vor allem W. Galloway gelangt, der seit 1876 das Problem in königlichem Auftrag untersuchte.[36] Galloway hatte zunächst experimentell nachgewiesen, dass sich beim Vorhandensein von Kohlenstaub die Explosionsgrenzen von Grubengas herabsetzten.[37] 1881 stellte er fest, „dass Kohlenstaub auch in reiner atmosphärischer Luft – durch einen Schuss oder eine locale Gasexplosion aufgewirbelt – nicht nur unter dem unmittelbaren Einfluss der Explosionsflamme zur Entzündung gebracht werden könne, sondern auch, wenigstens in manchen Sorten, die auf diese Weise einmal eingeleitete Verbrennung selbstständig und bis auf unbegrenzte Entfernungen weiter zu tragen vermöge.“[38]

---

33 In Frankreich wurde per Gesetz am 26. März 1877 eine Kommission zum Studium der Mittel zur Verhütung der Explosion schlagender Wetter eingesetzt. Dieses Gremium bereiste auch englische, deutsche und belgische Steinkohlenbergwerke. Vgl. Haßlacher, A[nton]: Der Schlussbericht der Französischen Schlagwetter-Commission, in: ZBHSW 30, 1882, Teil B, S. 285 – 298, hier S. 285. Die durch königliche Verordnung am 12. Februar konstituierte englische Kommission hatte im Verständnis des preußischen Oberberghauptmanns und Vorsitzenden der zwei Jahre später eingerichteten preußischen Schlagwetterkommission, Albert Ludwig Serlo, einen stärker wissenschaftlichen Charakter, „indem sie berathen sollte, ob nicht der heutige Stand der Wissenschaft bessere Mittel, als bisher bekannt seien, an die Hand gebe, um den Unglücksfällen in Bergwerken vorzubeugen oder wenigstens die Folgen einzuschränken.“ Vgl. Serlo, Leitfaden zur Bergbaukunde, 4. Aufl., Bd. 2, S. 295, Anm. 22.

34 „Wir betrachten als nachgewiesen, dass Kohlenstaub in Abwesenheit des Grubengases keine ernste Gefahr bietet. Derselbe kann eine wichtige Rolle nur insofern spielen, als er die Folgen einer Wetterexplosion vergrössert". Zit. Hilt, Schluss-Bericht, S. 6.

35 vgl. STAM OBA Dortmund, Nr. 945, Bl. 178: Schreiben des Assistenten Heinzmann an das OBA Dortmund v. 7. März 1888.

36 Zu den englischen Versuchen seit 1876 vgl. insbesondere Kreischer, C. G.: Vorläufiger Bericht der englischen Grubenunfallcommission, in: Jahrbuch für das Berg- und Hüttenwesen im Königreiche Sachsen, 1882, Teil 1, S. 179 – 225, hier S. 191 ff.; Rziha, Franz Ritter von: Schlagende Wetter. Eine populäre Darstellung dieser bergmännischen Tagesfrage, Wien 1886, S. 50 f. sowie Nasse, R[udolph]: Die Ursachen der bedeutenderen Explosionen schlagender Wetter auf den Englischen Kohlengruben im Jahre 1880 und die Untersuchungen von F. A. Abel über den Einfluss von Staub auf Explosionen in Kohlengruben, in: ZBHSW 30, 1882, Teil B, S. 144 – 170, hier S. 151 – 170. Abels Ergebnisse wurden allerdings insbesondere von Carl Hilt bald darauf angezweifelt.

37 vgl. Hilt, Schluss-Bericht, S. 2.

38 zit. ebd., S. 2.

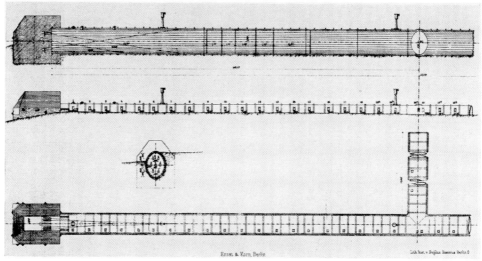

Abb. 1: Versuchsstrecke auf der Grube König in Neunkirchen an der Saar (1884)

In diesem naturwissenschaftlichen Erklärungsmuster der Explosionsgefährlichkeit von Kohlenstaub verbarg sich eine hohe Brisanz bezüglich der bislang bestehenden Explosionsschutzkonzepte. Sie waren bisher grundsätzlich von der alleinigen Gefährlichkeit von Grubengasgemischen ausgegangen und hatten sich prinzipiell auf eine Regelung dieses Risikofaktors beschränkt. Selbst wenn man nun aufgrund der französischen Argumente die Explosionsfähigkeit von Kohlenstaub anerkannte, so blieb aus dieser Perspektive das Eintreten einer Schlagwetterexplosion die unabdingbare Voraussetzung. Aus diesem Blickwinkel war der Kohlenstaub eine den Schlagwettern nachgeordnete Gefahr, die sich automatisch mit einer Vermeidung von Schlagwetterexplosionen regelte. Akzeptierte man allerdings Galloways Sicht, dann ergaben sich Risikofaktoren, die vermutlich völlig außerhalb der bestehenden Sicherheitsmaßnahmen lagen.

In der sechsten Plenarversammlung der preußischen Schlagwetterkommission kam es deshalb zu einer „sehr lebhafte[n] Discussion" über die Kohlenstaubfrage im Allgemeinen sowie über „die Art und Weise der etwa vorzunehmenden Versuche."[39] Am Ende einigte man sich darauf, dass die wissenschaftlich-technische Abteilung das Problemfeld experimentell durchforschen sollte. Zunächst wollte man die Versuche in Streckenteilen der stark gasenden Ruhrzechen Westphalia oder Neu-Iserlohn vornehmen. Da auf beiden Zechen jedoch für die Versuchszwecke nicht genügend Grubengas zur Verfügung stand und sich bald die Meinung durchsetzte, eine unterirdische Strecke nicht vorsehen zu wollen, wich man schließlich auf die fiskalische Saargrube König bei Neunkirchen aus. Im Grubenfeld des Wilhelm-Schachtes war ein kräftiger Bläser vorhanden, aus dem das Grubengas relativ leicht an die Tagesoberfläche geleitet werden konnte.[40] Auf der Halde wurde nun erstmals eine Versuchsstrecke in Dimensionen errichtet, die in etwa die damals üblichen Abbaustreckenquerschnitte simulierte. Die englischen und französischen Untersuchungsergebnisse hatte man zuvor hauptsäch-

---

39 vgl. Haßlacher, A[nton]: Anlagen zum Haupt-Berichte der preussischen Schlagwetter-Commission, Bd. 1, Berlin 1885, S. 20.
40 vgl. Hilt, Schluss-Bericht, S. 11.

lich deshalb kritisiert, weil sie in kleinen Versuchseinrichtungen ermittelt worden waren und so angeblich nur wenig Relevanz für die realen untertägigen Bedingungen besaßen.[41]

Die letztlich sehr umfangreichen Versuchsarbeiten wurden mit Unterbrechung in den Wintermonaten zwischen Juni 1884 und Oktober 1885 ausgeführt. Als zentrales Ergebnis stand im Sommer 1885 fest, dass Kohlenstaub gewisser Kohlenarten auch ohne Grubengas in der Lage war, Explosionen weiterzutragen. Außerdem konnten Kohlenstaubexplosionen nicht allein durch Schlagwetterexplosionen, sondern auch durch ausblasende Sprengschüsse initialisiert werden. Damit waren die englischen Auffassungen unter praxisnäheren Bedingungen hinlänglich bewiesen. Darüber hinaus konnten die Erkenntnisse zur Initialisierung von Kohlenstaubexplosionen wesentlich vertieft werden. Mit hoher Sicherheit ließ sich nämlich die für Schlagwetterexplosionen neben der Sprengarbeit als Zündquelle relevante Beleuchtung als Initial für Kohlenstaubexplosionen ausschließen.[42] Die weiteren Versuchsergebnisse förderten das Wissen über die Bedeutung der Korngröße und der Flüchtigen Bestandteile des Kohlenstaubes, über den Einfluss der Zumischung von Grubengas zu der den Staub tragenden Atmosphäre und über die Wirkung der Befeuchtung des abgelagerten Kohlenstaubs.[43]

Im Unterschied zu Schlagwetterexplosionen war ein experimentell fundiertes wissenschaftliches Verständnis für das Gefährdungspotential des Kohlenstaubs im Ruhrbergbau erst Mitte der 1880er Jahre vorhanden.[44] Ein Teilbereich des realen Explosionsgeschehens zwischen 1850 und 1880 konnte somit weder erkannt noch in strategische Maßnahmen des Explosionsschutzes umgesetzt werden.[45] Unbeeinflusst von operativen Sicherungsvorkehrungen verschärften sich bestimmte Risikostrukturen, die zu Beginn der 1880er Jahre gerade die schweren Explosionen bestimmten.

Sowohl das Unglück auf der Zeche Zollern in Dortmund-Bövinghausen am 15. September 1881 als auch die Katastrophe auf der Herner Grube Pluto vom 10. Mai 1882 waren durch Schießarbeit initialisiert worden.[46] Ihre bedeutende Ausdehnung in den Grubenbauen – auf Pluto starben mindestens 62 Bergleute – ergab sich aus dem auf beiden Schachtanlagen in erheblichen Mengen abgelagerten Kohlenstaub: „Auf diesen drei Gruben (Neu-Iserlohn, Pluto und Zollern, M.F.) ist die Sohle der Bremsberge und Strecken außerordentlich hoch mit trockenem Kohlenstaub bedeckt, so dass man stellenweise im Kohlenstaub watet; ebenso

---

41 Zur Beschreibung der Versuchsstrecke im Einzelnen vgl. ebd., S. 11 – 14.
42 vgl. Tübben, L[udwig]: Die Gefahren des Bergbaues und ihre Bekämpfung, Berlin 1913, S. 23.
43 vgl. ausführlich ebd., S. 14 – 88 sowie 75 Jahre Berggewerkschaftliche Versuchsstrecke, S. 10 ff.
44 vgl. vor allem Walther, Die Kohlenstaubfrage, S. 13. Zweifelhaft dagegen Tübben, Die Gefahren, S. 23 mit der Datierung auf etwa 1898. Ansonsten gilt auch für Kohlenstaubexplosionen, dass die engeren Explosionsparameter erst im Verlauf des 20. Jahrhunderts tiefer durchforscht worden sind. Bis etwa 1960 hielt sich die seit den 1880er Jahren verbreitete Meinung, eine Kohlenstaubexplosion verlaufe allein in der sog. Gasphase, d. h. die durch Erhitzung des aufgewirbelten Kohlenkorns ausgetriebenen Flüchtigen Bestandteile seien der alleinige Reaktionsträger. Vgl. Drekopf/Braukmann, Physik und Chemie für Bergschulen, S. 473: „Auch Kohlenstaubexplosionen müssen in der Hauptsache als Gasexplosionen angesehen werden." Anschließend entwickelte sich eine Drei-Phasen-Theorie, nach der es zunächst zum Aufheizen des Korns und zur Bildung und Austreibung von Flüchtigen Bestandteilen sowie von Teerprodukten (= Pyrolyse) komme. Anschließend erfolge die Zündung und Verbrennung der Pyrolyseprodukte und schließlich noch eine Zündung und Verbrennung des Koks- bzw. Kohlerestes. Je nach Korngröße und Aufheizgeschwindigkeit variierte die zeitliche Abfolge der genannten Phasen. Vgl. 75 Jahre Berggewerkschaftliche Versuchsstrecke, S. 108 f. sowie Koch, V.: Entgasung von Steinkohlen bei hohen Aufheizgeschwindigkeiten und ihre Bedeutung für den Verbrennungsverlauf, Diss. Aachen 1968.
45 Das Verständnis der Kohlenstaubgefahr offenbarte dessen Einfluss auf Explosionsverläufe, die zuvor in Unkenntnis der Sachlage als reine Schlagwetterexplosionen aufgefasst wurden. Vgl. Walther, Die Kohlenstaubfrage, S. 13: „Heute erscheint es dagegen zweifellos, dass z. B. bei den Katastrophen auf Zeche ‚Neu-Iserlohn' in den Jahren 1868 und 1870 der Kohlenstaub seine Rolle mitgespielt hat."
46 vgl. Kroker/Farrenkopf, Grubenunglücke, S. 178, S. 180.

zeigen die Vorsprünge an den Seitenstößen und die Zimmerung fingerdicke Bedeckungen von Kohlenstaub."[47] Die Untersuchungen des Zollern-Unglücks erhellen die große Unsicherheit der Bergbehörde, die Rolle des Kohlenstaubs zweifelsfrei für die Ausdehnung des Explosionsgeschehens verantwortlich und sie vor allem zum Gegenstand zielgerichteter Schutzmaßnahmen zu machen. Sie spiegeln das umstrittene Meinungsbild der etwa zeitgleich eingesetzten preußischen Schlagwetterkommission in dieser Frage.

Die bergbehördliche Verhandlung des Unglücksverlaufs wurde am 20. und 21. September vom zuständigen Revierbeamten, Bergrat Rudolf Brüning (1835 – 1899), durch Zeugenvernahme und Besichtigung des Grubengebäudes geführt. Dabei stellte er die Ablagerung großer Kohlenstaubmengen im Bereich des Entzündungsortes fest, die von der am Explosionsherd abgebauten trockenen und zur Staubbildung neigenden Fettkohle stammten.[48] Die weiteren Ermittlungen führten zu dem Schluss, dass am Explosionsort verbotswidrig geschossen und zunächst Schlagwetter entzündet worden waren. Im abschließenden Gutachten fasste Brüning seine Auffassung des Explosionshergangs im Sinne einer den realen Verhältnissen sicher weitgehend entsprechenden kombinierten Schlagwetter- und Kohlenstaubexplosion zusammen: „Der gegen die Firste gerichtete Schuß hat die dort anstehenden Wetter entzündet und zur Explosion gebracht. Der hierdurch aufgewirbelte und gleichfalls zur Explosion gebrachte Kohlenstaub ist dann der weitere Träger der Flamme durch die übrigen Theile des Bremsberges geworden."[49]

Auch bei Untersuchung der ebenfalls in Brünings Bergrevier am 24. Juni 1881 erfolgten Explosion auf der Zeche Louise Tiefbau betonte er die Rolle des Kohlenstaubs für den weiteren Explosionsverlauf.[50] In einem nachträglichen Bericht an das Oberbergamt vertrat er die Ansicht, „daß der Kohlenstaub gegebenen Falls ganz allein genügt, um eine Explosion herbeizuführen." Zum Beweis zog er eine Explosion im Kesselhaus der Dortmunder Zeche Germania heran.[51] Brüning vertrat also im Wesentlichen bereits die wenige Jahre später experimentell bewiesenen englischen Ansichten zum Wesen von Kohlenstaubexplosionen. Konkrete Forderungen für eine Neubewertung bisher verfolgter Schutzmaßnahmen leitete jedoch auch er nicht ab, weil er deren Versagen zumindest im Fall Zollern allein auf das verbotswidrige Schießen zurückführte.[52] Insofern formulierte Brüning zwar das Gefährdungspotential des Kohlenstaubs, machte ihn selbst jedoch nicht zum Gegenstand sicherheitsrelevanten Handelns. Der alles entscheidende Fehler war nach seiner Auffassung die Einleitung der Schlagwetterexplosion gewesen, ohne die es auch nicht zur Kohlenstaubexplosion gekommen wäre. Da erstere im konkreten Fall als Verstoß gegen bergpolizeiliche Maßnahmen gedeutet werden konnte, gab es folglich auch keinen Anlass, an der prinzipiellen Funktionalität des etablierten Explosionsschutzes zu zweifeln.

Wie massiv die natürlichen Grundlagen der Kohlenstaubgefahr noch zu Beginn der 1880er Jahre sogar verkannt wurden, zeigen die kritischen Stellungnahmen vorgesetzter Behörden zu Brünings Berichten. Unter dem Eindruck der sich gerade konstituierenden Schlagwetterkommission übte der preußische Oberberghauptmann Serlo eine relativ harsche Kritik an

---

47 zit. ebd., S. 13.
48 vgl. STAM OBA Dortmund, Nr. 1874, Bl. 72 – 91.
49 zit. ebd., Bl. 90.
50 vgl. Kroker/Farrenkopf, Grubenunglücke, S. 177.
51 vgl. STAM OBA Dortmund, Nr. 1874, Bl. 113 – 118.
52 vgl. ebd., Bl. 91: „Auf Grund der vorgenommenen Lokalbesichtigung sowie der Zeugenaussagen spricht sich der Unterzeichnete dahin aus, daß in dem gegenwärtigen Falle eine Schuld Dritter nicht vorliegt. Meines Erachtens ist der Unglücksfall dadurch veranlaßt, daß die vor Ort No. 7 beschäftigten Arbeiter verbotswidriger Weise geschossen haben."

den Schlussfolgerungen des Revierbeamten. Er machte ihn darauf aufmerksam, dass die Frage, ob „Kohlenstaub für sich allein Explosionen herbeizuführen vermöge", noch nicht überzeugend nachgewiesen sei. Außerdem wäre das von Brüning herangezogene Beispiel einer Kohlenstaubexplosion in einem Kesselhause unbedeutend, „da die Umstände, unter welchen sich [...] eine in der Luft schwebende dichte Kohlenstaubmasse an einem starke Hitze ausstrahlenden offenen Kesselhause entzündet hat, in annähernd gleicher Art beim unterirdischen Grubenbetrieb niemals vorkommen" würden. Für den Fall, dass man der Kohlenstaubgefahr überhaupt eine größere Rolle zubillige, wäre es auf Zollern versäumt worden, „durch vollkommenere Wetterführung [...] für Beseitigung der Gefahr zu sorgen."[53] Selbst unter der Voraussetzung, dass sich Serlos Kritik an der mangelhaften Wetterführung wohl auf die Verdünnung der Schlagwetter bezog, entsprachen derartige Vorstellungen der Berliner Zentralbehörde einer fatalen Unterschätzung der tatsächlichen Kohlenstaubgefahr.

Bessere Akzeptanz fanden Brünings Überlegungen in der westfälischen Lokalabteilung der Schlagwetterkommission. Im Rahmen ihrer dritten Sitzung am 29. März 1882 stand das Zollern-Unglück an zweiter Stelle der Tagesordnung. In seinem Grundsatzreferat kam der Bergwerksdirektor des Köln-Neuessener Bergwerksvereins, Bergassessor Emil Krabler (1839 – 1909)[54] zu dem Ergebnis, dass die Ursache in dem verbotswidrig abgegebenen Sprengschuss zu sehen und „dem Kohlenstaube unbedingt eine große Rolle für das weitere Umsichgreifen der Explosion zuzusprechen sei." Außerdem wurden hier erste Maßnahmen eines speziell auf den Kohlenstaub gerichteten Schutzkonzeptes thematisiert. In Kenntnis der seitens der französischen Schlagwetterkommission vorgeschlagenen Mittel zur Vorbeugung von Kohlenstaubexplosionen diskutierte man dessen Besprengung vor dem Abtun von Sprengschüssen. Ein Erfolg dieser Maßnahme war allerdings in Frankreich bezweifelt worden.[55] Vor allem die Unternehmensvertreter in der Kommission teilten die Vorbehalte mit Rücksicht auf das „öconomische Interesse", das sie bei einer zwangsläufigen Vorschrift der Besprengung gefährdet sahen.[56] Als Fazit der Beratung stand zwar fest, dass die auf der Zeche Zollern „getroffenen Vorsichtsmaßregeln als ausreichend zu erachten" waren. Gleichwohl trat die Option einer gezielten Behandlung des Kohlenstaubs als Teil des komplexen Explosionsgeschehens erstmals eindeutig ins Bewusstsein der Beteiligten.

Die zeitliche Kongruenz von naturwissenschaftlicher Durchdringung der Kohlenstaubgefahr und Trendwende in der Funktionalität des vorbeugenden Explosionsschutzes Mitte der 1880er Jahre ist unverkennbar. Dennoch darf sie für die Phase bis 1880 als Begründung der abnehmenden Wirksamkeit der Sicherheitskonzepte nicht überbewertet werden. Auch wenn die Beteiligung des Kohlenstaubs an den bis dahin als reine Schlagwetterexplosionen ermittelten Unglücksfällen größer war, als die überlieferten Quellen in Ermangelung der notwendigen Kenntnisse ausweisen, so handelte es sich im ganz überwiegenden Maß doch auch nicht um reine Kohlenstaubexplosionen. Dafür spricht unzweifelhaft die Tatsache, dass zwischen 1861 und 1881 lediglich 12,9 % der Zündinitiale durch Sprengarbeit geleistet wurden. Sie allein waren überhaupt in der Lage, reine Kohlenstaubexplosionen zu verursachen.[57] In etwa neun von zehn Fällen, bei denen in der Regel die Flamme des Grubengeleuchts zur Zün-

53 zit. ebd., Bl. 107 f.: Schreiben Serlo an das Oberbergamt Dortmund v. 04.10.1881 (Abschrift).
54 vgl. Siebrecht, Fritz: Der Köln-Neuessener Bergwerksverein. Ein Rückblick über 75 Jahre, Essen o. J. <1924>, S. 31 – 56.
55 vgl. Goupillière, Bericht der Französischen Commission, S. 317 f.
56 vgl. STAM OBA Dortmund, Nr. 1874, Bl. 250: Dritte Sitzung der westfälischen Localabtheilung der Wetter-Commission, 29.03.1882.
57 vgl. Haßlacher, Die auf den Steinkohlenbergwerken Preussens in den Jahren 1861 bis 1881 durch schlagende Wetter veranlassten Unglücksfälle, S. 377.

dung führte, konnten also höchstens kombinierte Schlagwetter- und Kohlenstaubexplosionen die Folge sein. Bei diesen wäre die Entzündung des Kohlenstaubs in der Tat zwangsläufig dann unterblieben, wenn es gar nicht erst zu einer Schlagwetterexplosion gekommen wäre.

Der für den Eintritt untertägiger Explosionen entscheidend kritische Brennstoff war das Grubengas Methan. Seine explosionsartige Umsetzung durch Zündung zu verhindern, musste das eigentliche Ziel des Explosionsschutzes sein. Das in der zweiten Hälfte des 19. Jahrhunderts vorhandene Wissen um seine Beteiligung am Explosionsverlauf lieferte eine entscheidende Grundlage für die Ausrichtung der Sicherheitskonzepte. Ebenso unerlässlich war jedoch das erforderliche Verständnis für die Bedingungen seines Auftretens in den Grubenbauen.

3.2 Das Grubengas Methan (CH$_4$) als naturgegebene Grundlage der Explosionsgefahr

Ganz im Gegensatz zur verbreiteten Kenntnis über das notwendige Vorhandensein von Methan zur Einleitung von Schlagwetterexplosionen stand bis 1914 das Wissen um die Bedingungsfaktoren seines Auftretens in den Grubenbauen. Zwar waren vor dem Hintergrund von durch Erfahrung gewonnener Beobachtungen verschiedene allgemeine Grundsätze formuliert, doch diesen mangelte es an einer verbindenden Theorie. Auch ein halbes Jahrhundert später, nachdem vorrangig in den Steinkohle fördernden Ländern aus verschiedenen Forschungsrichtungen an diesem Problemfeld gearbeitet worden war, existierte weiterhin ein großer Forschungsbedarf.[58] Ein wesentlicher Grund für die offensichtlich immensen Schwierigkeiten zur Formulierung allgemein gültiger Erklärungsmuster für das Auftreten von Grubengasen war, dass diese Frage untrennbar mit den grundlegenden Anschauungen über die Entstehungsfaktoren der Kohle überhaupt zusammenhing. Aus wissenschaftlicher Sicht galt die Kohle aber noch im Jahr 1946 als das „komplizierteste und am schwersten zu erklärende Gestein.“[59]

Hinsichtlich der Kohle gingen die Anschauungen der Forschung selbst in der Mitte des 20. Jahrhunderts in zentralen Bereichen auseinander. So war beispielsweise nicht eindeutig geklärt, ob die Zellulose oder das Lignin des Holzes den Rohstoff der Kohle bildete.[60] Umstritten war auch, ob Braun- und Steinkohle überhaupt auf den gleichen Rohstoff zurückzuführen waren. Allgemein akzeptiert wurde die Vorstellung vom Entstehungsprozess der Kohle als Umbildung pflanzlicher Substanz im Verlauf langanhaltender geochemischer Prozesse unter dem Begriff Inkohlung.[61] Durch welchen Umstand die Inkohlung jedoch ausgelöst worden

---

58 vgl. Kegel, Karl-Heinz: Probleme der Ausgasung, in: Glückauf 99, 1963, S. 512 – 522, hier S. 512: „Die Fragen, die mit der Ausgasung, d. h. mit dem Auftreten von Grubengas in Steinkohlengruben, in Zusammenhang stehen, sind noch weitgehend problematisch.“

59 zit. Forstmann, Richard/Schulz, Paul: Die heutigen Erkenntnisse über das Auftreten von Grubengas und seine Bekämpfung, in: Bergbau-Archiv, Bd. 1, 1946, S. 81 – 142, hier S. 82.

60 Bis vor dem Ersten Weltkrieg galt als gängige Lehrmeinung, dass allein die Zellulose als Hauptbestandteil der pflanzlichen Zellwand den Ausgangsstoff der Kohlen bildete. Vgl. z.B. Muck, F[ritz]: Elementarbuch der Steinkohlen-Chemie für Praktiker, Essen, 2. Aufl., 1887, S. 15 ff. In den 1920er Jahren entwickelten Franz Fischer und Hans Schrader vom Kaiser-Wilhelm-Institut für Kohlenforschung in Mülheim a. d. Ruhr die sog. „Lignintheorie“: Vgl. Fischer, Franz/Schrader, Hans: Entstehung und chemische Struktur der Kohle, Essen, 2. Aufl., 1922. Zusammenfassend über die Forschungsentwicklung auf diesem Gebiet vgl. Rasch, Manfred: Geschichte des Kaiser-Wilhelm-Instituts für Kohlenforschung 1913 – 1943, Weinheim 1989, S. 149 – 153.

61 Zur Definition des Begriffs Inkohlung vgl. beispielsweise Patteisky, Karl: Schlagwetter im Kohlenbergbau, Ursachen ihrer Bildung und Abwehr der Gefahren, in: Mitteilungen der Westfälischen Berggewerkschaftskasse, Heft 6, 1953, S. 1 – 40, hier S. 7.

war und ob für den Prozessverlauf bestimmte Drücke oder Temperaturen im Vordergrund standen, wurde kontrovers diskutiert.

Aufgrund der engen Verknüpfung mit den Problemen zum Verständnis der Kohle an sich galten zahlreiche Fragen zum Grubengas als ungeklärt, deren gemeinschaftliche Beantwortung für die Kenntnisse über das Methanauftreten jedoch unverzichtbar war: Wie und unter welchen Bedingungen war Methan im Steinkohlengebirge überhaupt entstanden? Wie ließ sich die durch Erfahrung bekannte, unterschiedliche Grubengasführung einzelner Kohlenarten erklären? Warum trat aus dem gleichen Flöz an manchen Stellen mehr und an anderen Orten weniger Gas aus?

Ein großer Teil der Fragen konnte erst im Verlauf der letzten 50 Jahre beantwortet werden. Entscheidende Fortschritte der Forschung wurden dabei gerade in den 1950er und frühen 1960er Jahren erzielt, in denen der Steinkohlenbergbau nicht nur in Deutschland zentrale Bedeutung für die Energieversorgung innehatte.[62] Dies legt den Schluss nahe, dass das bis 1958 anhaltende Branchenwachstum seit 1945 auch im wissenschaftlichen Bereich Kräfte und Motivationen in besonderer Weise freisetzte, um das Ziel eines umfassenden Explosionsschutzes im Steinkohlenbergbau durch genauere Kenntnisse über die Parameter des Methanauftretens zu erreichen.

Im Ruhrbergbau waren insbesondere mit der Westfälischen Berggewerkschaftskasse (WBK) und ihren Spezialabteilungen sowie den verschiedenen relevanten Ausschüssen des Steinkohlenbergbauvereins die traditionell in Grubensicherheitsbelangen involvierten Organisationen an dem fundamentalen Forschungsfortschritt beteiligt. Zugleich lässt sich seit Beendigung des Zweiten Weltkrieges eine gewisse Schwerpunktbildung in der Behandlung der vielschichtigen Schlagwetterprobleme erkennen. Während bei der WBK vorrangig an der Grundlagenforschung über die Entstehung des Grubengases und seines lagerstättenbedingten Vorkommens gearbeitet wurde, standen in den Ausschüssen des Steinkohlenbergbauvereins die bergbaubetrieblichen Einflüsse auf das Entgasungsverhalten und die Entwicklung praxisorientierter Präventionsmaßnahmen im Mittelpunkt des Interesses. Gleichwohl ist diese Feststellung nicht im Sinne einer strengen Trennung zu verstehen, denn gerade in Anbetracht der komplexen Zusammenhänge des Untersuchungsgegenstandes ergaben sich zahlreiche organisationsübergreifende Bezüge.

Ziel der Ausführungen innerhalb dieses Kapitels ist es, die sachlich-inhaltlichen Deutungsmuster der Grubengasforschung unter Berücksichtigung der historischen Etappen des Erkenntnisgewinns zu erläutern. Das Verständnis der Zusammenhänge liefert eine wesentliche Grundlage für die Analyse der Explosionsproblematik im Ruhrbergbau der zweiten Hälfte des 19. Jahrhunderts. Bei der inhaltlichen Betrachtung des wissenschaftlichen Fortschritts wird der Beitrag einzelner Persönlichkeiten und deren Einbettung in institutionelle Strukturen des bergbaulichen Forschungswesens deutlich werden. Um den tief greifenden Erkenntnisgewinn der Grubengasforschung in den 1950/60er Jahren vor diesem Hintergrund hinreichend einordnen zu können, müssen der inhaltlichen Darstellung der Wissensentwicklung einige Grundzüge der bergbaulichen Forschungspolitik seit den 1930er Jahren vorangestellt werden. Sowohl die inhaltliche Ausrichtung als auch die organisatorische Anbindung der Schlagwetterforschung markierte dabei ein wesentliches Konfliktfeld der im Bereich der allgemeinen Bergbauforschung engagierten Organisationen.

---

62 vgl. Abelshauser, Werner: Der Ruhrkohlenbergbau seit 1945. Wiederaufbau, Krise, Anpassung, München 1984, S. 15 – 86; ferner Kroker, Evelyn: Zur Entwicklung des Steinkohlenbergbaus in Nordrhein-Westfalen zwischen 1945 und 1995, in: Glückauf 132, 1996, S. 457 – 485, hier S. 457 – 468.

3.2.1 Die Grubengasforschung im Rahmen konkurrierender Forschungsinteressen

Die Weltwirtschaftskrise seit 1929 zwang im Ruhrbergbau vor allem die Zechen mit flacher Lagerung durch Rationalisierungsmaßnahmen zu einer Zusammenfassung ihrer Betriebe, was eine erhebliche Umstellung der Wetterführung auf den Anlagen zur Folge hatte. Dabei traten bereits neuartige wettertechnische Fragen auf, deren Lösung unter dem Druck einer allgemein sinkenden Förderung zur betriebswirtschaftlichen Notwendigkeit wurde.[63] Den wettertechnischen Problemen begegnete der Ruhrbergbau zunächst durch eine Intensivierung der Wettermessungen unter Tage. Seit 1933 führte die WBK außerdem Sonderlehrgänge für die mit der Überwachung der Wetterführung beauftragten Wettersteiger durch.[64] Da die seit dem 19. Jahrhundert bestehende Anemometerprüfstation von den Ruhrzechen nun in zunehmendem Maße für die untertägigen Wettermessungen in Anspruch genommen wurde, wertete man sie 1934 bzw. 1935 innerhalb des Organisationsgefüges des WBK zur sog. Wetterwirtschaftsstelle auf.[65]

Mit der seit 1935 sukzessive wieder ansteigenden Förderung der Ruhrzechen wurden die wettertechnischen Erschwernisse durch die Intensivierung des Grubenbetriebes von einer Zunahme der Ausgasungs- und Klimaprobleme begleitet. Die Bergwerke hatten somit immer größere Schwierigkeiten, der Forderung des § 90 Abs. 1 der Bergpolizeiverordnung vom 1. Mai 1935, wonach der Grubengasgehalt im Wetterstrom überall unter 1 % zu halten war, zu entsprechen.[66] Mitarbeiter der WBK richteten ihr Augenmerk daraufhin stärker als zuvor neben den wettertechnischen Belangen auch auf die Grundlagen der Ausgasung. In erster Linie ging es dabei um die Bedingungen der Flözausgasung unter dem Einfluss der sich durch Abbau verändernden Gebirgsdruckverhältnisse.[67] Trotz dieser Ansätze zur Erforschung des Schlagwetterproblems unter Berücksichtigung der grundlegenden Ausgasungsbedingungen blieb das vorrangige Engagement der Wetterwirtschaftsstelle auch in den späteren 1930er Jahren auf die Lösung der engeren wettertechnischen Probleme beschränkt. Seit 1938 wurde sie sowohl von der Bergbehörde als auch von den Zechen in immer stärkerem Ausmaß als Sachverständigenstelle für die Grubenbewetterung in Anspruch genommen. Die WBK weitete sie 1939 dementsprechend zu einer selbstständigen Abteilung aus.[68]

Die bis dahin in der Wetterwirtschaftsstelle nebenamtlich tätigen Bergschullehrer ersetzte man nun durch hauptamtliche Fachkräfte, zu denen Bergingenieure, Strömungstechniker sowie Wetter- und Maschinensteiger zählten. Als hauptamtlicher Leiter der Abteilung fungierte seit 1941 Dr.-Ing. Eberhard Linsel, der zuvor die Wasserwirtschaftsstelle geführt hatte.[69] Die drei zentralen Arbeitsgebiete gliederten sich in Prüfungstätigkeiten der Wetterfüh-

---

63 vgl. Mommsen, Hans (u.a.): Bergarbeiter. (Katalog der) Ausstellung zur Geschichte der organisierten Bergarbeiterbewegung in Deutschland, Bochum 1969 (= Veröffentlichungen aus dem Deutschen Bergbau-Museum Bochum, Nr. 2), Kap. 27.

64 vgl. BBA 16/1537: Linsel, Eberhard: Aufbau und Aufgaben der Wetterwirtschaftsstelle der Westfälischen Berggewerkschaftskasse, Bochum (= ms. Manuskript des Vortrags in der 7. Sitzung des Ausschusses für Wettertechnik am 07.11.1950 bei der Wetterwirtschaftsstelle der WBK in Bochum), S. 1 – 10, hier S. 4.

65 vgl. ebd., S. 4 mit der Jahresangabe 1934. Schunder, Friedrich: Lehre und Forschung im Dienste des Ruhrbergbaus. Westfälische Berggewerkschaftskasse 1864 – 1964, Herne 1964, S. 222 gibt hingegen das Jahr 1935 an.

66 vgl. Hatzfeld, K.: Die Neuregelung der bergpolizeilichen Vorschriften für den Steinkohlenbergbau, in: Glückauf 71, 1935, S. 773 – 784, hier S. 777.

67 vgl. BBA 16/891: Steinbrinck, [Robert]/Niederbäumer, [Hermann]: Untersuchungen über die Bewetterungsverhältnisse und die Flözausgasung in Großabbaubetrieben (= Sonderdruck aus: Der Bergbau 47, 1934, S. 347 – 351 zugleich WBK Rundschreiben Nr. 15 v. 25.02.1935, S. 1 – 12). Zur Biographie der Bergassessoren Steinbrinck und Niederbäumer vgl. Serlo, Die Preußischen Bergassessoren, S. 463, S. 512.

68 vgl. BBA 120/2088: Linsel, Eberhard: Wetterwirtschaftsstelle (Prüfstelle für Grubenbewetterung) <1942>.

69 vgl. BBA 120/1101: Die Arbeitsgebiete der Prüf- und Forschungsanstalten der Westfälischen Berggewerkschaftskasse <ca. 1937>, S. 3 f.

rung im Auftrag der Bergbehörde und der Zechenverwaltungen sowie in Forschungs- und Lehraufgaben zum gesamten Komplex der Grubenbewetterung. Innerhalb des mit insgesamt neun Kernzielen umrissenen Forschungsfeldes wurde jetzt die spezielle Erforschung der Ausgasung auch ausdrücklich verankert.[70]

Die zweite Organisation, die sich im Verlauf der 1930er Jahre intensiv um die Schlagwetter- und Grubengasforschung bemühte, war der Bergbau-Verein. Zweifellos bedingten die geschilderten verschärften Probleme der Ausgasung auf den Zechen dieses Engagement. Motiviert wurde es allerdings auch durch speziell verbandspolitische Gründe, die sich auf den gesamten Bereich der bergbaulichen Forschung bezogen. Seit 1933 hatte der Bergbau-Verein mit Abschaffung des Zechenverbandes im Zuge der Auflösung der Vereinigung der deutschen Arbeitgeberverbände eines seiner bisherigen Tätigkeitsfelder verloren.[71] Aufgrund des Gesetzes zur Vorbereitung des organischen Aufbaus der deutschen Wirtschaft vom 27. November 1934 übernahm schließlich die neu gegründete Bezirksgruppe Ruhr der Fachgruppe Steinkohlenbergbau in der Wirtschaftsgruppe Bergbau jene Aufgaben. Darüber hinaus wurden dem Bergbau-Verein auf diesem Wege bisherige Arbeitsfelder des Wirtschaftsrechts und der Sozialwirtschaft, des Verkehrs- und Steuerwesens sowie der Wirtschaftsstatistik entzogen.[72] Den Verlust versuchte er in den 1930er Jahren durch eine stärkere Ausgestaltung seiner Präsenz in dem ihm letztlich verbliebenen Aufgabenfeld der bergbautechnischen und kohlenwirtschaftlichen Forschung zu kompensieren. Dadurch entstanden zunehmend Konflikte mit denjenigen Organisationen, die in dem heterogen strukturierten Bereich der bergbaulichen Forschung gleichfalls tätig waren. Hierzu zählten neben der Westfälischen Berggewerkschaftskasse noch der Verein zur Überwachung der Kraftwirtschaft der Ruhrzechen, der sog. Dampfkesselverein, das Rheinisch-Westfälische Kohlen-Syndikat, das Kaiser-Wilhelm-Institut für Kohlenforschung sowie die Gesellschaft für Kohlentechnik.[73]

Bereits mit Gründung des Hauptausschusses für Forschungswesen 1934 zielte das Bestreben des Bergbau-Vereins dahin, das vermeintlich „unorganische und zersplitterte Bild" der Forschungslandschaft im Ruhrbergbau unter seiner Führung zu vereinheitlichen.[74] Als dann 1938 eine reichseinheitliche Neuregelung des gesamten technischen Überwachungswesens dem Dampfkesselverein der Ruhrzechen seine Sonderstellung als einer nur den Zechen dienenden Organisation nahm, sah der Bergbau-Verein die Zeit gekommen, seinen Führungsanspruch in der Forschung endgültig durchzusetzen. Mit dem Argument, die bisherige Organisationsstruktur genüge den ökonomischen Ansprüchen des Vierjahresplans nicht, wandte er sich an den Beauftragten des Vierjahresplans, Generalfeldmarschall Hermann Göring

70 vgl. BBA 120/2088: Arbeitsgebiete der Wetterwirtschaftsstelle der Westfälischen Berggewerkschaftskasse <1942> sowie Schunder, Lehre und Forschung, S. 223.

71 vgl. Osthold, Paul: Die Geschichte des Zechenverbandes 1908 – 1933. Ein Beitrag zur deutschen Sozialgeschichte, Berlin 1934, S. 419 – 424.

72 vgl. Verein für die bergbaulichen Interessen (Bergbau-Verein), in: Jahrbuch für den Ruhrkohlenbezirk 40, 1942, S. 189 – 192, hier S. 190.

73 Zum Dampfkesselverein vgl. Sonnenberg, Gerhard S.: Hundert Jahre Sicherheit. Beiträge zur technischen und administrativen Entwicklung des Dampfkesselwesens in Deutschland 1810 – 1910, Düsseldorf 1968 sowie Przigoda, Stefan: Unternehmensverbände im Ruhrbergbau. Zur Geschichte von Bergbau-Verein und Zechenverband 1858-1933, Bochum 2002, S. 107 – 110; zum RWKS vgl. Kroker, Evelyn: Das Rheinisch-Westfälische Kohlen-Syndikat. Gründung, Organisation, Strukturprobleme, in: Der Anschnitt 32, 1980, S. 165 – 176 sowie Dies./Ragenfeld, Norma von (Bearb.): Rheinisch-Westfälisches Kohlen-Syndikat 1893 – 1945. Findbuch zum Bestand 33, Bochum 1980 (= Veröffentlichungen aus dem Deutschen Bergbau-Museum, Nr. 19), S. VIII – XVI; über das Kaiser-Wilhelm-Institut für Kohlenforschung in Mülheim a. d. Ruhr vgl. Rasch, Geschichte des Kaiser-Wilhelm-Instituts sowie Ders.: Baugeschichte des Kaiser-Wilhelm-Instituts für Kohlenforschung 1912 – 1945, in: Zeitschrift des Geschichtsvereins Mülheim a. d. Ruhr 65, 1993, S. 7 – 128.

74 vgl. Neuordnung des Forschungswesens beim Bergbau-Verein, in: Glückauf 75, 1939, S. 133 ff., S. 305 f.

(1893 – 1946)[75], sowie an den Reichswirtschaftsminister Walther Funk (1890 – 1960).[76] Beide akzeptierten den Vorstoß, was Göring durch seine Antwort mitteilte: „Für die Durchführung des Vierjahresplans ist es von großer Bedeutung, daß auch die technische Forschung sich auf die gesamtwirtschaftlichen Aufgaben einstellt und nach den einheitlichen Richtlinien geleitet wird. Deshalb begrüße ich den Beschluß des Geschäftsführenden Ausschusses, die verschiedenen Forschungsstellen des Ruhrbergbaus auf den Verein für die bergbaulichen Interessen zu übernehmen."[77]

Innerhalb des Bergbau-Vereins vollzog man daraufhin eine umfassende Neuordnung des schon vorher bestehenden verzweigten Ausschusswesens. Für den Aufbau und die Neugliederung forderte man grundsätzlich eine enge Verbindung mit der Praxis. Um dies zu erreichen, sollten die neuen Ausschüsse drei Kernaufgaben berücksichtigen. Dazu zählten Erfahrungsaustausch und Erfahrungsanalyse, die Förderung der technischen Entwicklung im Allgemeinen sowie die Lösung technisch-wirtschaftlicher Aufgaben durch eine planmäßige Forschungsarbeit.[78] Insgesamt entstanden 13 neu formierte Fachausschüsse, die unter übergeordneten Gesichtspunkten in zwei Hauptausschüssen zusammengefasst wurden. Im Hauptausschuss A sammelten sich sieben Fachausschüsse, die mit bergtechnischen und bergwirtschaftlichen Fragen befasst waren. Der Hauptausschuss B umschloss die restlichen sechs Gremien, die zur Kohlenverarbeitung, -veredlung und -verwendung tätig werden sollten.[79]

Eine genauere Festlegung der neuen bzw. fortzusetzenden Forschungsvorhaben innerhalb der einzelnen Fachausschüsse erfolgte in einer Gemeinschaftssitzung am 2. Februar 1939 im Essener Dienstgebäude des Bergbau-Vereins.[80] Dabei behandelte man auch das Thema Schlagwetterforschung hinsichtlich seiner organisatorischen Anbindung sowie bezüglich seiner thematischen Ausrichtung. Ein erstes Mal kam es bei der Vorstellung des Arbeitsprogramms des Fachausschusses für Bergtechnik zur Sprache. Nach Meinung des Ausschussvorsitzenden Otto Haarmann sollten hier insbesondere die Fragen nach der Schlagwetterentwicklung in Abhängigkeit vom bestehenden Abbauverfahren geklärt werden. Bei der Durchführung wollte man eng mit dem Fachausschuss für Grubensicherheit zusammenarbeiten, dessen Forschungsprofil wenig später von Bergassessor Dr.-Ing. Friedrich Benthaus (1884 – 1978) umrissen wurde.[81]

Benthaus stellte zunächst fest, dass der gesamte Ausschuss für Grubensicherheit an die bisher geleisteten Arbeiten des zuvor existenten Unfallausschusses anknüpfen sollte. Dieser hatte sich bislang vorrangig um Unfallbelange und die damit zusammenhängenden bergpolizeilichen Fragen gekümmert. Da er zwar immer ein Ausschuss des Bergbau-Vereins gewesen war, von der Bergbehörde aber als ein Gremium der Bezirksgruppe Ruhr angesehen worden sei, sollte er unter seinem ursprünglichen Namen mit der traditionellen Aufgabenstellung zukünftig eindeutig zur Bezirksgruppe gehören. In seiner Spitze müsste er allerdings mit dem neuen Ausschuss für Grubensicherheit des Bergbau-Vereins zusammenkommen.

---

75 vgl. Fröhlich-Broszat, Elke: Göring, Hermann, in: Weiß, Hermann (Hrsg.): Biographisches Lexikon zum Dritten Reich, Frankfurt a. M. 1998, S. 156 ff.
76 vgl. Rimmele, Eva: Funk, Walther, in: ebd., S. 136 f.
77 zit. BBA 16/412: Ausführungen vom Generaldirektor der Harpener Bergbau-AG, Ernst Buskühl, über „Zweck und Aufbau des Forschungswesens beim Bergbau-Verein" <1939>.
78 vgl. Neuordnung des Forschungswesens beim Bergbau-Verein, S. 134.
79 vgl. ebd. S. 306.
80 vgl. BBA 16/412: Niederschrift über die Gemeinschaftssitzung der beiden Hauptausschüsse für Forschungswesen A und B am Donnerstag, den 2. Februar 1939, im Dienstgebäude des Bergbau-Vereins, Essen.
81 Zur Biographie von Friedrich Benthaus sen. vgl. Serlo, Die Preußischen Bergassessoren, S. 367 sowie insbesondere BBA 68, Einleitung zum Findbuch und BBA 68/1.

Die eigentliche Tätigkeit des letzteren war nach der Ansicht von Benthaus durch die Bildung von Arbeitskreisen zu organisieren, die sich jeweils mit den Problemen der Sicherheit des Ausbaus und der Versatzfrage, mit der Beleuchtung unter Tage, der Sicherheit bei der Schießarbeit, der Erforschung der Brandursachen sowie schließlich mit der Untersuchung der Schlagwetter und dem Anstieg der Grubentemperaturen zu beschäftigen hatten. Um Überschneidungen mit den Arbeiten des bergtechnischen Ausschusses in der Schlagwetterforschung zu vermeiden, ging Benthaus davon aus, dass jener sich verstärkt um die technischen Fragen des speziellen Problems kümmern sollte. Der Sicherheitsausschuss hätte sich hingegen „lediglich mit der Untersuchung der Schlagwetterfrage, der Temperaturen und der Schlagwetteranzeige zu befassen".[82]

Aus den konzeptionellen Absichtserklärungen ergab sich kaum ein wirklich praxisorientiertes und erkenntnisleitendes Forschungsprogramm. Auch die folgende Aussprache über die Aufgabenschwerpunkte des geplanten Schlagwetter-Arbeitskreises machte deutlich, aus welchem Blickwinkel das Schlagwetterproblem vom Bergbau-Verein vorrangig betrachtet wurde. Am deutlichsten brachte es Gustav Knepper auf den Punkt, indem er als wichtigste Aufgabe von Unfall- und Grubensicherheitsausschuss formulierte, „von den schweren bergpolizeilichen Verordnungen abzukommen und sie auf ein Normalmaß zurückzuführen."[83] In weitgehender Übereinstimmung vertraten alle Sitzungsteilnehmer die Ansicht, dass das besagte Normalmaß keinesfalls in der generellen bergpolizeilichen Bestimmung von maximal 1 % Methan im Wetterstrom zu erblicken sei. Insgesamt hielt man die bergpolizeilichen Vorschriften für viel zu ausschweifend und umfangreich.[84]

Im weiteren Verlauf des Jahres 1939 kam es zur Einrichtung des Schlagwetter-Arbeitskreises, der sich formell in zwei Gremien gliederte: Einerseits formierte sich ein engerer „Schlagwetterausschuß", der sich aus Vertretern besonders schlagwettergefährdeter Zechen, des Bergbau-Vereins und der WBK zusammensetzte. Bergassessor Wilhelm Nebelung, seit 1935 stellvertretendes Vorstandsmitglied der Aktiengesellschaft Gutehoffnungshütte in Oberhausen, übernahm den Vorsitz.[85] Daneben bestand eine Arbeitsgemeinschaft aus Mitgliedern des Oberbergamts in Dortmund, Mitarbeitern von Bergbau-Verein und WBK sowie solchen Zechenvertretern, die keine Zeit hatten, an den Sitzungen des eigentlichen Schlagwetterausschusses teilzunehmen.[86] Als Geschäftsführer des Ausschusses wurde Bergassessor Dr.-Ing. Richard Forstmann (1877 – 1951) bestellt, der nach einer anfänglichen Beschäftigung im Kalibergbau bereits 1907 in die Dienste des Bergbau-Vereins getreten war. 1910 hatte er die Leitung der neu gegründeten Hauptstelle für das Grubenrettungswesen übernommen und in dieser Position über 20 Jahre auch die Geschäfte des Deutschen Ausschusses für das Grubenrettungswesen geführt.[87]

---

82 zit. BBA 16/412: Niederschrift über die Gemeinschaftssitzung der beiden Hauptausschüsse für Forschungswesen A und B am Donnerstag, den 2. Februar 1939, im Dienstgebäude des Bergbau-Vereins, Essen, S. 13.

83 zit. ebd., S. 15.

84 Besonders aufschlussreich formulierte diese Ansicht Richard Forstmann: „Das Oberbergamt bringt nächstens eine gedruckte Zusammenstellung heraus, die die jetzt bestehenden Richtlinien, Verfügungen usw. enthält. Der Entwurf wurde uns gezeigt; es ist ein dickes Aktenheft. Das Oberbergamt wird dadurch selbst in der Öffentlichkeit dokumentieren, wie es heute aussieht." Zit. ebd., S. 15 f.

85 vgl. BBA 120/1934: Auszug aus der Niederschrift über die Sitzung des Geschäftsausschusses am 27.04.1939; zu Nebelung (geb. 1889) vgl. Serlo: Die Preußischen Bergassessoren, S. 398.

86 vgl. BBA 120/1937: Schreiben von Bergassessor Hermann Nierhaus an Oberbergrat Theobald Keyser v. 19.06.1940, Anlage 1, S. 1; ferner Forstmann, R[ichard]: Zur Schlagwetterfrage, in: Glückauf 76, 1940, S. 595 – 608, hier S. 595.

87 vgl. Forstmann, Richard, in: Pudor, Fritz (Bearb.): Nekrologe aus dem rheinisch-westfälischen Industriegebiet, Jahrgang 1939 – 1951, Düsseldorf 1955 (= Schriften der volks- und betriebswirtschaftlichen Vereinigung im rheinisch-westfälischen Industriegebiet, Neue Folge, Hauptreihe, Heft 16), S. 208 f. sowie Heinrich: [Nachruf auf] Richard Forstmann, in: Glückauf 87, 1951, S. 1220; ferner: 1910 – 1960. 50 Jahre Hauptstelle für das Grubenrettungswesen Essen, Essen 1960.

In der Praxis arbeitete der Schlagwetterausschuss wesentlich zielgerichteter, als es nach den sehr allgemeinen Formulierungen der Gemeinschaftssitzung vom 2. Februar 1939 zu vermuten gewesen wäre. In erster Linie wurden die bereits 1936 aufgenommenen Untersuchungen zur Flözausgasung auf den stärker durch Methanauftreten gefährdeten Zechen der Gelsenkirchener Bergwerks-AG (GBAG) durch CH_4-Messungen fortgeführt.[88] Anfänglich befasste man sich dabei ausschließlich mit dem Auftreten der Schlagwetter im Abbau, da man diesen Umstand als für den praktischen Bergbaubetrieb dringlichste Frage betrachtete. Seit 1939 richtete man sein Interesse jedoch stärker auf die Gasführung der Gesteinsschichten, weil die auf verschiedenen Bergwerken gemachten Beobachtungen den Schluss nahe legten, das häufig starke Antreffen von Schlagwettern in den Kopfstrecken nicht allein mit der Gasführung der Flöze erklären zu können. Bis 1940 waren diese Untersuchungen allerdings nicht über den Stand von „tastenden Versuchen" hinausgekommen.[89]

An der von Forstmann gewählten Formulierung, die aus der Niederschrift zur Sitzung des Schlagwetterausschusses vom 4. Januar 1940 stammt, entzündete sich alsbald eine interessante Kontroverse über Sinn und Zweck der bis dahin von besagtem Ausschuss geleisteten Forschungstätigkeit. Ausgetragen wurde sie vorrangig zwischen Vertretern des Bergbau-Vereins und der WBK. Zugleich rückte die „Schlagwetter-Angelegenheit"[90] damit ins Zentrum des seit Frühjahr 1938 offen schwelenden Konflikts zwischen beiden Organisationen. Inhaltlich begründete die Auseinandersetzung letztlich die Unterschiede in den Forschungsansätzen, die in kommenden Jahrzehnten von WBK und Bergbau-Verein bzw. seinen Nachfolgeorganisationen in der Schlagwetterfrage vorrangig verfolgt wurden.

Nachdem der Bergbau-Verein im März 1938 seine Initiative zur Erlangung der führenden Rolle im bergbaulichen Forschungswesen gestartet hatte, sah die WBK ihre bislang bestehende Organisationsform in Gefahr. Am 25. April 1938 kam es deshalb zu einer gemeinsamen Sitzung zwischen Vorstands- und Geschäftsführungsmitgliedern beider Einrichtungen, in der die WBK-Vertreter sich über das Vorgehen des Vereins beschwerten. Insbesondere der seit 1936 amtierende Vorstandsvorsitzende der WBK, Bergassessor Hans Eichler (1879 – 1956), wehrte sich gegen die bereits vollzogenen Maßnahmen, da sie ohne vorherige Abstimmung mit seiner Organisation erfolgt waren. Zwar ging auch er davon aus, dass eine Zusammenfassung und engere Zusammenarbeit auf dem Gebiete des Forschungswesens von allen bergbaulichen Stellen für zweckmäßig und dringend notwendig gehalten werde. „Dieses Ziel müsse aber unter Wahrung der Organisation sowie der Zuständigkeit und Selbständigkeit der Organe der WB[K] erreicht werden. Die WB[K] als solche könne sich nicht einer Oberhoheit des Bergbauvereins unterstellen."[91]

Das wohl wichtigste Ergebnis der Sitzung bestand darin, dass die WBK ein weitgehendes Fortbestehen ihrer jeweiligen Prüf- und Forschungseinrichtungen durchsetzen konnte. Lediglich die seit 1932 existierende Forschungsstelle für angewandte Kohlenpetrographie wurde dem Bergbau-Verein angegliedert. Für die praktische Forschungsarbeit bedeutete das Ergebnis allerdings, dass sich die Konfliktebene über Zuständigkeiten und inhaltliche Ausrichtung auf die Instituts- bzw. Fachausschusebene verlagerte. Eine sinnvolle Abgrenzung der einzelnen Tätigkeiten sollte hier geschehen, indem die Mitarbeiter der WBK an den

88 vgl. Gassmann, W./Mommertz, W.: Schlagwetter im Abbau, in: Glückauf 75, 1939, S. 511 – 530, hier S. 511 f. sowie Forstmann, Richard/Schulz, Paul: Das Auftreten von Grubengas und seine Bekämpfung, in: Glückauf 80, 1944, S. 131 – 138, hier S. 131.
89 vgl. BBA 120/1937: Schreiben Nierhaus an Keyser v. 19.06.1940, Anlage 1, S. 1.
90 vgl. ebd., S. 1.
91 zit. BBA 120/1931: Niederschrift zur Besprechung über die Frage der Ordnung des Forschungswesens im Ruhrbergbau v. 25.04.1938, S. 3 f.

Fachausschüssen des Bergbau-Vereins beteiligt wurden. In der täglichen Praxis ergaben sich durch die Verlagerung erhebliche Probleme, die exemplarisch an der Schlagwetterforschung nachvollzogen werden können.

Angesichts der vielen ungeklärten Fragen hatte Forstmann 1939 ein umfangreiches Arbeitsprogramm aufgestellt, das im Rahmen des von ihm geschäftsmäßig geführten Schlagwetterausschusses behandelt werden sollte. In die Beratung des Programms waren die in Frage kommenden Mitarbeiter der WBK einbezogen worden. Insofern hatte sich Forstmann zur Diskussion auch an den Leiter der Geologischen Abteilung der WBK, Professor Paul Kukuk, gewandt. Kukuk nahm Mitte Januar 1940 in einem Brief an Forstmann zu dem entwickelten Forschungskatalog Stellung und verwies darauf, dass aus seiner Sicht in dem „sicherlich recht großzügigen Arbeitsprogramm" ein Fragenkomplex nicht berücksichtigt sei, den er als „Geologie der Schlagwetter" bezeichnete.[92] Im Wesentlichen war damit die bislang noch relativ unzureichend verifizierte Vorstellung umrissen, dass der Methangehalt der Flöze in erster Linie eine Funktion geologischer Faktoren war, wozu der petrographische Aufbau der Kohle, der Inkohlungsgrad und tektonischer Druck zählten.[93] Nach Kukuk konnte kein Zweifel daran bestehen, dass die Fragen, welche „die primäre Entstehung des Grubengases, [...] der Inkohlung usw., die Wanderung des Gases bis zum Austritt in die Gruben-Wetter betreffen, auch für die Verfolgung der [...] zu untersuchenden Fragen der reinen Praxis von größter Bedeutung sind."

Im Grunde war mit diesen Äußerungen erstmals ein weit umfassendes Modell der eigentlichen Grubengasanalyse als Grundlagenforschung umrissen, das sich von den eher bergbaubetrieblich orientierten Fragestellungen Forstmanns unterschied. Zugleich differenzierten sich damit die Forschungsschwerpunkte heraus, die die WBK bis in die 1960er Jahre im Gegensatz zum Bergbau-Verein bzw. den Ausschüssen der Deutschen Kohlenbergbau-Leitung (DKBL) und des Steinkohlenbergbauvereins in späteren Jahren verfolgte.

Da Kukuk seinen Ansatz als einen unverzichtbaren Teil der praktischen Forschung des Schlagwetterausschusses verstand, beschloss er seinen Brief mit einem Fragenkatalog, der bei einer „Untersuchung des Schlagwetterproblems im geologischen Sinne" zu berücksichtigen sein sollte.[94] Forstmann nahm im Frühjahr 1940 die Anregungen durchaus bereitwillig auf, gab gegenüber dem Ausschussvorsitzenden Nebelung jedoch zu bedenken, dass sich der Aufgabenkreis damit noch weiter ausdehne. Außerdem befürchtete er „neue Schwierigkeiten und Zweifelsfragen" bei der Ausschusstätigkeit.[95] In den folgenden Wochen fanden dann mehrere Treffen zwischen Kukuk und Forstmann statt, um die praktische Arbeit an den Zusatzfragen zu organisieren und die Beteiligung der einzelnen Forschungsstellen festzulegen. Im Sommer 1940 hatten beide – offensichtlich einvernehmlich – ein tragfähiges Konzept dafür entwickelt.[96] Anschließend waren es dann auch andere Personen, die den neuen Ansatz

---

92 vgl. BBA 120/1930: Schreiben von Bergassessor Prof. Dr. Paul Kukuk an Bergassessor Dr.-Ing. Richard Forstmann v. 19.01.1940.
93 vgl. Kukuk, Paul: Geologie des Niederrheinisch-Westfälischen Steinkohlengebietes, Bd. 1, Berlin 1938, S. 240: „Man kann daher geradezu von einer ‚Geologie der Schlagwetter' reden [...]. Dabei verschlägt es wenig, daß die in Frage kommenden Vorgänge noch nicht in allen Einzelheiten erkannt sind."
94 vgl. BBA 120/1930: Schreiben Kukuk an Forstmann v. 19.01.1940, S. 3.
95 vgl. ebd., Schreiben Forstmann an Nebelung v. 24.01.1940, S. 1.
96 vgl. ebd., Schreiben Forstmann an Kukuk v. 10.06.1940, S. 2: „Bei der Erforschung der Beziehungen von geologischen und tektonischen Einflüssen auf Vorkommen und Auftreten von Schlagwettern werden sich Ihr und mein persönliches Arbeitsgebiet vielfach und eng berühren. Wir waren uns aber darüber einig, daß hierdurch keine Schwierigkeiten entstehen werden, wenn Sie sich mehr auf die allgemeinen Fragen und ich [mich] auf die speziell bergmännischen Fragen beschränken [werde] und wenn wir in freundschaftlichem Meinungsaustausch unsere Arbeiten gegenseitig fördern."

dazu nutzten, Interessenpolitik zu betreiben. Bei der WBK sah man mit den Anregungen Kukuks nunmehr eine Chance, die Position Forstmanns als Geschäftsführer des Schlagwetterausschusses zu destabilisieren und die eigene Position in dieser Frage zu stärken.

Bergassessor Hermann Nierhaus berichtete im Juni 1940 dem zu jener Zeit bei der Militärverwaltung in Belgien und Nordfrankreich tätigen Geschäftsführer der WBK, Oberbergrat Theobald Keyser (1901 – 1984), über die Entwicklung des bergbaulichen Forschungswesens. In deren Verlauf, der „mit den Interessen und Lebensrechten der WB[K]" nach Meinung Nierhaus nicht zu vereinbaren war, spielte die Schlagwetterfrage eine wichtige Rolle.[97] Nach außen ließ sich die Kritik an der von Forstmann vorgesehenen Beteiligung der WBK-Forschungsstellen bei den Untersuchungen festmachen.[98] Die wahren Gründe lagen jedoch tiefer, was deutlich aus den Stellungnahmen verschiedener Abteilungsleiter der WBK zu einem von Nierhaus entworfenen Protest-Schreiben an den Bergbau-Verein erkennbar wurde. Während Kukuk diesen Entwurf bezeichnenderweise „formell und materiell für gänzlich unmöglich hielt"[99], wurde er von den übrigen Befragten „in allen Teilen für notwendig und richtig" erkannt.[100] Der Leiter der berggewerkschaftlichen Versuchsstrecke in Dortmund-Derne und Geschäftsführer der Versuchsgrubengesellschaft, Bergassessor Dr.-Ing. Herbert Schultze-Rhonhof, billigte zwar den Ton des geplanten Schreibens nicht[101], kritisierte ansonsten aber den bisher vermeintlich zu erkennenden Misserfolg der Forschungen im Schlagwetterausschuss.

So habe Forstmann bei der Gestaltung seines Arbeitsprogramms die große Linie vermissen lassen und sich immer nur mit Einzelfragen beschäftigt, die ihm gerade im Augenblick besonders leicht zu lösen oder vordringlich erschienen. Schultze-Rhonhof kam bei seiner Beurteilung zu dem Schluss, „daß die Führung der Geschäfte des Ausschusses nicht in den rechten Händen lag." Dementsprechend sollte nun versucht werden, „die Führung auf dem Gebiete der Schlagwetterforschung in aller Ruhe auf Grund sachlich wohl begründeter Argumente von Herrn Forstmann auf Herrn Prof. Kukuk überzuleiten." Die Frage sei „so wichtig und augenblicklich auch so akut, daß die Geologische Abteilung sie unter Zurücksetzung aller andern geologischen Probleme an sich bringen" müsse.

Unterstützung fand Schultze-Rhonhof in einem wenig später geführten Gespräch mit Vertretern des Oberbergamts in Dortmund. Aufgrund ihrer Teilnahme an den Sitzungen der Arbeitsgemeinschaft für Schlagwetterfragen waren sie zu dem Ergebnis gekommen, dass eine Rede von Kukuk in besagtem Gremium, „der erste Vortrag gewesen sei, der wirklich einen Inhalt gehabt habe, während man bei den Ausführungen Forstmann's immer unbefriedigt gewesen sei." Gemeinsam wollte man das Problem der Schlagwetterführung deshalb nun von Grund auf anfassen und dies könne nur unter der Führung „des besten Geologen-Kenners des Ruhrbezirks, Prof. Kukuk, geschehen."[102] Die offene Frage scheint im weiteren Verlauf des Zweiten Weltkriegs nicht mehr im Sinne der WBK entschieden worden zu sein. Das mag sicher auch daran gelegen haben, dass die gesamte Schlagwetterforschung bis 1945 zusehends eingeschränkt worden ist. Forstmann bilanzierte den Wissensfortschritt wenige

97 vgl. BBA 120/1937: Schreiben Nierhaus an Keyser v. 19.06.1940, S. 1.
98 vgl. ebd., Entwurf des Schreibens der WBK an Bergbau-Verein v. 14.06.1940.
99 vgl. ebd., Schreiben Nierhaus an Keyser v. 19.06.1940, Anlage 5.
100 vgl. ebd., Schreiben Nierhaus an Keyser v. 19.06.1940, S. 2 f.
101 vgl. ebd., Schreiben Schultze-Rhonhof an Nierhaus v. 18.06.1940: „Ich halte den Ton, in dem der Entwurf zu dem Schreiben an den Bergbau-Verein vom 14. Juni 1940 abgefaßt ist, nicht für sehr glücklich und sachdienlich. Er erinnert stark an den Ton, in dem die englische und polnische Regierung vor Ausbruch dieses Krieges mit der deutschen Regierung zu verhandeln pflegten" [sic!].
102 vgl. ebd., Aktenvermerk von Schultze-Rhonhof v. 19.06.1940.

Jahre später mit dem Hinweis, während des Krieges wäre nur ein Anschneiden der Probleme, nicht aber eine systematische Erforschung möglich gewesen.[103]

Nach 1945 vollzog sich die Schlagwetterforschung zwischen institutioneller Neustrukturierung und Fortsetzung der bis 1940 herausgebildeten inhaltlichen Schwerpunkte. Am 27. August 1945 wurden der Bergbau-Verein und die Bezirksgruppe Ruhr der Fachgruppe Steinkohlenbergbau durch die alliierten Besatzungsmächte aufgelöst. Im Juli 1945 hatte die britische Militärregierung die „German Mines Supplies Agency" eingerichtet, um die Zulieferung von Materialien sowohl für die Bergwerksunternehmen als auch für die Bevölkerung sicherzustellen. Die Versorgungszentrale – so der deutsche Titel – griff dabei teilweise auf den Apparat des Bergbau-Vereins und der Bezirksgruppe Ruhr zurück.[104] Zur Fortführung der Arbeiten an der Schlagwetterfrage baute man hier eine Methanforschungsstelle auf, die personell mit ehemaligen Mitarbeitern Richard Forstmanns besetzt wurde.[105] Nach Etablierung der Deutschen Kohlenbergbau-Leitung (DKBL) im November 1947 kam es dann erneut zur Bildung eines Schlagwetterausschusses, der bis zum Sommer 1953 insgesamt neun Sitzungen durchführte.[106]

Nach Liquidation der DKBL am 29. Juli 1953 gingen die technisch-wissenschaftlichen Aufgaben auf den am 8. Dezember 1952 in Essen gegründeten Steinkohlenbergbauverein über. Dieser knüpfte an die Forschungstraditionen des 1945 suspendierten Bergbau-Vereins an und führte somit auch die bisher geleisteten Arbeiten des Schlagwetterausschusses fort. Als sich der Ausschuss im Dezember 1953 erstmals unter dem neuen organisatorischen Dach des Steinkohlenbergbauvereins im Sitzungszimmer der Zeche Nordstern 1/2 in Gelsenkirchen-Horst versammelte, standen ausschließlich Vorträge auf dem Programm, die sich dem Thema der planmäßigen Absaugung des Methangases widmeten.[107] Dies zeigt die fundamentale Wende in der inhaltlichen Ausrichtung der praxisorientierten Grubengasforschung, die bereits Mitte der 1940er Jahre eingeleitet worden war und im weiteren Verlauf der 1950er Jahre in der Ausschusstätigkeit bestimmend blieb.[108] Bei der Entwicklung von technischen Verfahren zur Grubengasabsaugung verbanden sich von Beginn an Motive der Schlagwettersicherheit mit wirtschaftlichen Erwägungen. So war Methan einerseits als gasförmiger Rohstoff anzusehen. Andererseits ließen sich durch eine planmäßige Absaugung des Grubengases auch solche Kohlenfelder abbauen, in denen sonst durch die hohe Gasbelastung der Abbau gestundet werden musste. Insofern fasste man die technischen Verfahren häufig auch unter dem Begriff der Grubengasgewinnung zusammen.

103 vgl. Forstmann/Schulz, Das Auftreten von Grubengas, S. 131.

104 vgl. Gebhardt, Gerhard: Ruhrbergbau. Geschichte, Aufbau und Verflechtung seiner Gesellschaften und Organisationen, Essen 1957, S. 58 f.; Abelshauser, Ruhrkohlenbergbau seit 1945, S. 15 – 30 sowie Farrenkopf, Michael: Die Überlieferung des Bergbaus im Zeitraum „Stunde Null" am Beispiel ausgewählter Bestände des Bergbau-Archivs Bochum, in: Archiv und Wirtschaft 29, 1996, S. 62 – 69, hier S. 64.

105 vgl. Erlinghagen, Karl: Die Ausgasung von Steinkohlenflözen im Zusammenhang mit den Abbauverhältnissen und die Möglichkeiten des Absaugens von Grubengas, in: Bergbau-Archiv, Bd. 5/6, 1947, S. 71 – 81, hier S. 72, S. 80 f. Zu diesen Mitarbeitern gehörte u. a. Dipl.-Ing. Paul Schulz.

106 vgl. BBA 16/1422: Schreiben des Steinkohlenbergbauvereins an die Mitglieder des Schlagwetterausschusses v. 21.11.1953 sowie BBA 12/50: Schreiben der DKBL an die Leiter der Bergwerksgesellschaften v. 27.02.1948, Anlage 4, S. 2. Über die organisatorische Zusammensetzung der DKBL vgl. BBA 12, Findbuch, S. I – IL, ferner Gebhardt, Ruhrbergbau, S. 60 f. sowie Martiny, Martin: Die Durchsetzung der Mitbestimmung im deutschen Bergbau, in: Mommsen, Hans/Borsdorf, Ulrich (Hrsg.): Glück auf, Kameraden! Die Bergarbeiter und ihre Organisationen in Deutschland, Köln 1979, S. 389 – 414, hier S. 394 – 397.

107 vgl. BBA 16/1422: Schreiben des Steinkohlenbergbauvereins an die Mitglieder des Schlagwetterausschusses v. 21.11.1953. Vorgetragen wurde zu den Themen 1. Absaugeverfahren im Saarkohlenrevier, 2. Absaugung im Flöz Zollverein 2/3 der Zeche Nordstern sowie 3. Besichtigung der Verwertungsanlage für Grubengas der Zeche Nordstern.

108 vgl. BBA 16/1423: Sitzungsberichte des Schlagwetterausschusses des Steinkohlenbergbauvereins in den Jahren 1958/59.

Zur Verhütung des Entstehens kritischer Methankonzentrationen entsprach das nun verfolgte Konzept der Absaugung des Gases, noch bevor es überhaupt durch Abbau oder Nebengestein in den Wetterstrom gelangen konnte, einer tief greifend neuen Strategie der Gefahrenprävention. Im Gegensatz zu den seit Jahrhunderten allein angewandten Maßnahmen, auftretende CH_4-Ansammlungen durch die Bewetterung unter die kritische Explosionsgrenze zu verdünnen und wegzuspülen, setzte das neue Konzept darauf, die Möglichkeiten des Methanaustretens in die Betriebspunkte von vornherein zu verringern.[109]

Die geradezu stürmische Einführung der Grubengasabsaugung auf den europäischen Steinkohlenbergwerken im Verlauf der 1940/50er Jahre basierte auf technisch-wissenschaftlichen Grundlagen, die eindeutig als Erfolge der Arbeiten des Schlagwetterausschusses zu werten sind. Zur Klärung der Bedingungen, unter denen Methan aus den Flözen bzw. aus den Begleitschichten in den Wetterstrom drang, waren seit Anfang 1940 Bohrloch-Untersuchungen unternommen worden. Im Gegensatz zu den bisher ausschließlich durchgeführten Wettermessungen hatte Forstmann im Januar des gleichen Jahres diese neuen Maßnahmen als „tastende Versuche" bezeichnet. Anfänglich wurden die Bohrungen allein zu wissenschaftlichen Zwecken genutzt. In die zumeist nur wenige Meter tiefen Bohrlöcher führte man dünne Rohre ein, die mit einer Gasuhr verbunden waren. Etwas hinter der Öffnung wurden die Löcher um das dünne Rohr durch einen Gummikörper abgedichtet. Über einen bestimmten Zeitraum ließ sich so das Anschwellen der Ausgasung in den Bohrlöchern messen und damit eine genauere Kenntnis über die Bedingungen der Gaswanderung in den Gesteinsschichten gewinnen.[110]

Die späteren technischen Verfahren der großbetrieblichen Grubengasabsaugung verwandten dann eine Vielzahl derartiger Bohrlöcher zum Anzapfen stark methanführender Lagerstättenteile. Nachdem mit den Versuchsbohrungen erste allgemeine Aussagen über die Ausgasung der Gebirgsschichten infolge der durch den Bergbaubetrieb hervorgerufenen Druckveränderungen im Gebirgskörper gewonnen waren, stellte sich sehr bald der Gedanke ein, das Methan auf diesem Wege planmäßig zu gewinnen und zu verwerten.[111] Richard Forstmann und sein Mitarbeiter Paul Schulz ließen sich 1943 das Bohrloch-Verfahren deshalb patentieren.[112] Noch im gleichen Jahr wandte die bei Bochum-Langendreer gelegene Zeche Mansfeld als „Pionierzeche der Methanabsaugung" im Ruhrgebiet das Verfahren erstmals großräumig an.[113] Obwohl sich innerhalb des zunächst auf ein Jahr zeitlich be-

---

109 vgl. Forstmann/Schulz, Die heutigen Erkenntnisse, S. 135 f. sowie Dies., Das Auftreten von Grubengas, S. 138: „Im allgemeinen ist der Bergmann geneigt, das Hauptgewicht auf die erste Gruppe von Maßnahmen, nämlich ein Verdünnen und Wegspülen der Gase zu legen. Zweifellos hat dieses Verfahren seine große Bedeutung und ist nicht zu entbehren. [...] Andererseits hat man aber doch den Eindruck, daß der Bergbau sich zu sehr auf das Verdünnen und Wegspülen der Gase eingestellt hat."
110 Die ausführliche Schilderung der Bohrloch-Untersuchungen findet sich in: Forstmann/Schulz, Die heutigen Erkenntnisse, S. 94 – 135.
111 vgl. Forstmann, Richard/Schulz, Paul: Grubengasgewinnung untertage, in: Glückauf 80, 1944, S. 175 – 179, hier S. 175.
112 Am 22.03.1943 erfolgte die Bekanntmachung des angemeldeten „Verfahren[s] zur Absaugung von Grubengas aus Kohlenflözen". Vgl. Schulz, Paul: Der neueste Stand der Grubengasabsaugung in Westeuropa, in: Glückauf 88, 1952, S. 426 – 434, hier S. 426 sowie Heinrich, Richard Forstmann, S. 1220. Vermutlich im Rahmen der vorgeschalteten Patentrecherche stellten Forstmann und Schulz fest, dass im Aachener Revier bereits in den 1880er Jahren erste Versuche unternommen worden waren, konzentriertes Grubengas mit Hilfe eines Rohrnetzes aus der Firste von Abbaustrecken abzusaugen. Dabei wollte man das im Versatz unterhalb der Kopfstrecke austretende Gas durch Lutten und Ventilatoren abziehen. Bis 1940 ist dieser unzureichende Ergebnisse liefernde Versuch, der die großen wirtschaftlichen Aufwendungen nicht rechtfertigte, der einzige Vorstoß dieser Strategie des Explosionsschutzes geblieben. Zu den technischen Einzelheiten vgl. Brenner: Versuche, betreffend das Absaugen des Grubengases auf der Königsgrube im Wurm-Reviere, in: ZBHSW 37, 1889, Teil B, S. 70 – 75.
113 vgl. Weddige, Alfred/Bosten, Josef: Künstliche Ausgasung eines Abbaufeldes und Nutzbarmachen des Methans für die Gasversorgung, in: Glückauf 80, 1944, S. 241 – 250, S. 414 f.

schränkten Versuchs zahlreiche Betriebsschwierigkeiten einstellten, konnte er sowohl in wirtschaftlicher als auch sicherheitlicher Hinsicht als Erfolg gewertet werden. Insgesamt wurden dem Abbau 3 Mio. m³ reines CH_4 entzogen, das man zum größten Teil der Ferngasversorgung zuführte. Zugleich verminderte sich die gemessene Schlagwetterführung im Abbau des zuvor erheblich belasteten Flözes Röttgersbank 1 nachhaltig.

Nachdem 1948 die allgemeinen bergbaubetrieblichen Schwierigkeiten der unmittelbaren Nachkriegszeit allmählich überwunden waren, folgten im Ruhrrevier weitere Zechen, die aufgrund des erfolgreichen Mansfelder Versuchs die Grubengasabsaugung einführten. Auf der Dortmunder Zeche Hansa, die zu dieser Zeit auf der 820-m-Sohle die unteren Fettkohlen zwischen Flöz Karl und Sonnenschein abbaute, hatte man bereits 1946 die Methanabsaugung ins Auge gefasst. Bei Streblängen von 150 bis 200 m trat in Flöz Karl nach 50 m streichendem Abbau bereits eine merkliche Schlagwetterentwicklung auf. Bei 150 m streichender Baulänge stieg der Schlagwettergehalt in der Regel bis auf 2 % an, so dass der Abbau eingestellt und die Streben abgedämmt werden mussten. Im Oktober 1947 richtete man daraufhin die Gasabsaugung ein, wodurch die Streben auf der gesamten Länge von 200 m bei einem Methangehalt von höchstens 0,6 bis 0,7 % abgebaut werden konnten. Bis Ende 1952 fielen auf Hansa umgerechnet etwas mehr als 9 Mio. m³ reines CH_4 an.[114] In technisch sehr ähnlicher Ausführung saugte seit Sommer 1950 auch die Zeche Victoria in Lünen beträchtliche Grubengasmengen ab.[115]

Von 1949 bis 1952 stieg die Anzahl der absaugenden Zechen in Westeuropa auf 90 Bergwerke an. 1951 verzeichnete dabei mit 35 Anlagen die größte Zuwachsrate, die im folgenden Jahr mit „nur" 23 neuen Zechen sich erstmals etwas verlangsamte. Paul Schulz führte diesen Rückgang in seinen jährlich im Glückauf veröffentlichten Berichten über die Entwicklung der Grubengasabsaugung darauf zurück, dass im belgischen und saarländischen Bergbau 1952 praktisch alle in Frage kommenden Bergwerke die Absaugung betrieben und eine Ausdehnung in die Breite nur noch im Ruhrgebiet und in Großbritannien möglich war.[116] Im gleichen Zeitraum hatte sich die Gesamtmenge des abgesaugten Methans von 16 Mio. m³ auf 270 Mio. m³ gesteigert.[117] 1957 wurden dann allein im Ruhrbergbau bereits 220 Mio. m³ CH_4 gewonnen, während sich die Gesamtmenge in Westeuropa durch die Anwendung des Verfahrens in immer mehr steinkohlefördernden Ländern auf 620 Mio. m³ bezifferte.[118]

---

114 vgl. Mende, Hermann/Trösken, Kurt: Einrichtung einer Methanabsaugeanlage auf der Zeche Hansa unter Tage, in: Glückauf 86, 1950, S. 1 – 11 sowie Brandstetter, H.: Gasabsaugung auf Zeche Hansa, Dortmund-Huckarde, in: Berg- und Hüttenmännische Monatshefte 99, 1954, S. 161 – 166.

115 vgl. Frotscher, Günther: Dreißig Monate Grubengasabsaugung auf der Zeche Victoria, Lünen, in: Glückauf 89, 1953, S. 562 – 568.

116 vgl. Schulz, Paul: Die Entwicklung der Grubengasabsaugung im Jahre 1952, in: Glückauf 89, 1953, S. 421 ff., hier S. 421.

117 vgl. ebd., S. 422. Zur Verbreitung der technischen Verfahren außerhalb des Ruhrreviers, vor allem im Saarrevier vgl. Vidal, E.: Vier Jahre Grubengasabsaugung auf den Saargruben, in: Schlägel und Eisen, 1952, S. 420 – 424, S. 470 ff. sowie Düpre, Günter: 25 Jahre Grubengasabsaugung im Saarrevier, in: Glückauf 111, 1975, S. 1162 – 1167; Feyferlik, H.: Die Grubengasabsaugung beim Strebrückbau in Fohnsdorf, in: Berg- und Hüttenmännische Monatshefte 103, 1958, S. 41 – 51. Zur Verbreitung und Weiterentwicklung außerhalb Deutschlands siehe Schulz, Paul: Die Bedeutung der Grubengasabsaugung in belgischer und englischer Betrachtung, in: Glückauf 88, 1952, S. 449 – 452 sowie Bordonne, G.: Fortschritte bei der Gasabsaugung im lothringischen Steinkohlenbergbau, in: Europäische Gemeinschaft für Kohle und Stahl, Zentralstelle für Information und Dokumentation (ZID) (Hrsg.): Beherrschung der Ausgasung in Grubenbetrieben, Verbesserung des Grubenklimas. Informationstagung Luxemburg, 24. – 25. Februar 1971, Luxemburg 1971, S. 283 – 303, hier S. 283 – 286.

118 vgl. Schulz, Paul: Das Entwicklungsbild der Grubengasabsaugung (= Vortrag auf der 5. Sitzung des Schlagwetterausschusses des Steinkohlenbergbauvereins am 19.09.1956), in: Bergfreiheit 23, 1958, S. 51 – 57 sowie BBA 16/1423: Ders.: Übersicht über Entwicklung und technische Verbesserungen der Gasabsaugung in Westeuropa (= Vortrag auf der 7. Sitzung des Schlagwetterausschusses des Steinkohlenbergbauvereins am 09.07.1958), S. 1 – 10, hier S. 4.

Es besteht kein Zweifel, dass die bis heute technisch und operativ fortentwickelten Verfahren der Grubengasabsaugung die Schlagwettersicherheit von Steinkohlenbergwerken seit 1950 nachhaltig gefördert haben.[119] Aufgrund des in dieser Arbeit verfolgten wesentlich früheren Untersuchungszeitraums kann hierauf nicht erschöpfend eingegangen werden. Im Zuge der seit den 1960er Jahren anhaltenden Strukturkrise sah sich vor allem der deutsche Steinkohlenbergbau gezwungen, die Betriebskonzentration zu erhöhen, d. h. die mittlere Fördermenge pro Betriebspunkt zu steigern. Mit einer Intensivierung des Abbaufortschritts ist in der Regel allerdings auch eine Zunahme der Ausgasung verbunden. Insofern darf nicht vorausgesetzt werden, dass sich das naturgegebene Gefährdungsniveau gegenüber früheren Zeiten prinzipiell vermindert hat. Andererseits ist aber die Anzahl der Schlagwetterexplosionen in den letzten Jahrzehnten deutlich zurückgegangen (vgl. Schaubild 26).

Es liegt auf der Hand, diesen Rückgang auf den zunehmenden Einsatz der Grubengasabsaugung zurückzuführen, weil die Bewetterung seither nicht mehr als alleiniges Mittel zur Vermeidung kritischer Methankonzentrationen einsetzbar war. Im Sinne des von Charles Perrow vertretenen Konzepts, die Versagenswahrscheinlichkeit großtechnischer Systeme durch das Maß der Kopplung und Komplexität der Systembestandteile zu erklären, kann die Dualität beider Strategien als Entkopplung des wettertechnischen Systems von der alleinigen Verantwortlichkeit zur Gefahrenabwehr interpretiert werden.[120]

Schaubild 26: Schlagwetterunglücke im deutschen Steinkohlenbergbau seit 1950[121]

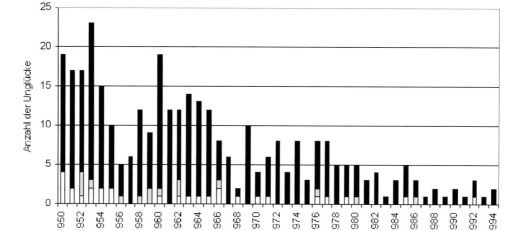

119 vgl. insbesondere: Direktion „Kohle" der Kommission der Europäischen Gemeinschaften (Hrsg.): Gruben-gasabsaugung. Handbuch für den Steinkohlenbergbau der Europäischen Gemeinschaft, Essen 1980 mit Zusammenstellung der einschlägigen englischen, französischen, belgischen und deutschen Literatur. Nachdem der Rat der Organisation für die wirtschaftliche Zusammenarbeit in Europa (OEEC) im Juni 1953 den Vorschlag des Komitees „Kohle" gebilligt hatte, im Rahmen der Aktivitäten des „Europäischen Büros für Wirtschaftsförderung" eine innereuropäische Mission mit der Aufgabe zu gründen, technische Hilfe-stellung bei der Absaugung und Verwendung von Methan in Steinkohlenbergwerken zu leisten, etablierte sich ein reger internationaler Erfahrungsaustausch in diesem Forschungsfeld.
120 vgl. Perrow, Charles: Normale Katastrophen. Die unvermeidbaren Risiken der Großtechnik, Frankfurt a. M./New York, 2. Aufl., 1992, S. 95 – 140.
121 Berechnet nach Kroker/Farrenkopf, Grubenunglücke, S. 442 – 509. Abgetragen sind hier alle 337 Gruben-unglücke, bei denen mindestens zwei Tote oder drei Verletzte zu Schaden gekommen sind. Der Steinkohlenbergbau im Gebiet der ehemaligen DDR ist miterfasst.

Bei der WBK entwickelte sich die Schlagwetterforschung nach 1945 organisatorisch und inhaltlich im Rahmen der von Kukuk 1940 entworfenen Programmatik. Die verheerende Schlagwetterkatastrophe auf der Kamener Zeche Grimberg 3/4 am 20. Februar 1946 bot dabei zunächst den Anlass, die Arbeiten an der Grubengasforschung wieder aufzunehmen.[122] Die gesteigerte Bedeutung der „Geologie der Schlagwetter" kam 1947 durch die Errichtung einer neuen Prüfstelle für Gebirgsdruck und Schlagwetterbildung zum Ausdruck. Organisatorisch gehörte sie anfangs noch zur Wetterwirtschaftsstelle, die personell durch einen Assistenten des Bergbauinstitutes der Technischen Hochschule Aachen, einen in Methanfragen besonders erfahrenen Wettersteiger des Bergwerks Monopol sowie durch einen technischen Spezialisten für „Ultrarotgeräte" aufgestockt wurde. Anfang 1952 ließ man schließlich die bisherige Prüfstelle in der Wetterwirtschaftsstelle aufgehen und gründete bei der Geologischen Abteilung von Kukuk eine eigene Forschungsstelle für Gebirgsdruck und Schlagwetterbildung. Damit war nach mehr als zehn Jahren die inhaltliche Ausrichtung der Grubengasforschung mit der organisatorischen Anbindung innerhalb der WBK vollzogen.[123]

Die Kernaufgaben bestanden fortan in der Grundlagenforschung zum Auftreten und Freiwerden von Methan im Steinkohlengebirge sowie in der Erarbeitung einer Grubengas- und Inkohlungskarte für das Ruhrrevier, die auf diesen Erkenntnissen aufbaute.[124] Aus welch unterschiedlichen Forschungsdisziplinen die Grundlagenforschung dabei Erkenntnisse zu berücksichtigen hatte, formulierte der Leiter der Forschungsstelle, Karl Patteisky (1891 – 1968), im Jahr 1955 wie folgt: „Ohne Kenntnis der geologischen, petrographischen und physikalischen Bedingungen, unter denen Grubengas im Gebirge vorkommt und von ihm abgegeben wird, ohne Eindringen in die Mechanik der Gebirgsbewegungen und die Wettertechnik läßt sich keine Schlagwetterforschung betreiben."[125]

Seit 1958 verlagerten sich die engeren Forschungstätigkeiten zum Gebirgsdruck und zur Ausgasung durch Einbettung in größere Vorhaben sukzessive von der WBK zur Bergbau-Forschung GmbH als Nachfolgerin der bereits 1918 gegründeten Gesellschaft für Kohlentechnik (GfK).[126] Innerhalb der Organisationseinheit „Grundlagen und Sicherheit" befasste sich bei der Bergbau-Forschung GmbH die Abteilung Grubenbewetterung und Klimatechnik mit der weiteren Vervollständigung der Kenntnisse über die Ausgasung als Grundlage der Methanbekämpfung. Im Verlauf der 1960er und 1970er Jahre wandelte sich das Forschungsinteresse dabei von der Grundlagenforschung immer weiter zur Bearbeitung praxisorientierter Probleme der angewandten Wettertechnik. Diese Umorientierung war letztlich auch dadurch möglich, dass es in den 1960er Jahren weitgehend gelungen war, wissen-

122 vgl. BBA 120/2088: Aufbau und Aufgaben der Wetterwirtschaftsstelle der Westfälischen Berggewerkschaftskasse, Bochum <1951>, S. 6 f. Zum Unglück auf Grimberg: Kroker/Farrenkopf, Grubenunglücke, S. 435 f., S. 600 f.

123 vgl. BBA 120/1100: Mitteilung der WBK an die Abteilungsleiter v. 31.01.1952 sowie Schunder, Lehre und Forschung, S. 46 f.

124 vgl. Patteisky, Karl: Grubengas- und Schlagwetterkunde. Ein Handbuch für den praktischen Bergbaubetrieb, Herne o.J. <1964>, S. 78 – 81 sowie Ders.: Erläuterungen zur Grubengas- und Inkohlungskarte, in: Westfälische Berggewerkschaftskasse, Heft 1, 1952, Heft 2, 1955, Heft 3, 1959.

125 zit. Patteisky, Karl: Die Art des Vorhandenseins des Grubengases im Gebirge und seines Austretens, in: Bergbau-Archiv 12, [Bd. 15], 1951, Heft 2, S. 29 – 61, hier S. 29. Zur Biographie von Prof. Dr. Karl Patteisky, „der besonders infolge seiner grundlegenden Erkenntnisse auf dem Gebiet der Grubengas- und Schlagwetterkunde in Fachkreisen des In- und Auslandes höchste Wertschätzung genoß", vgl. Wolansky, Dora: Karl Patteisky zum Gedächtnis, Bochum o.J. <1968> (= ms. Manuskript), in: BBA 187 (unverzeichnet): Personalakten.

126 vgl. Reerink, Wilhelm: Forschung und Entwicklung als Gemeinschaftsaufgabe im deutschen Steinkohlenbergbau, in: Ludwig, Gerhard (Red.): 20 Jahre Gemeinschaftsforschung des Steinkohlenbergbaus, Essen 1978 (hrsg. von der Bergbau-Forschung GmbH), S. 6 – 9.

schaftliche Modelle für die analytische Berechnung der Ausgasung und des Grubenklimas aufzustellen.[127]

Die bezogen auf den Untersuchungszeitraum dieser Arbeit wesentlich später erkannten Gesetzmäßigkeiten über das Auftreten von Grubengas bedeuten, dass bis 1914 im Bergbau im Grunde keinerlei Möglichkeiten vorhanden waren, ein potentielles Auftreten von Methan im untertägigen Grubenbetrieb annähernd sicher vorherzusehen. Daraus folgt, dass auch keine Möglichkeiten zur Gefahrenprävention vorhanden sein konnten, die zur Erzielung eines Explosionsschutzes bereits auf der Ebene der naturgegebenen Gefährdung einsetzten. Die Gefahrenprävention war somit strukturell einseitig an die Ausgestaltung der angewandten Technik in den Bereichen Bewetterung und Zündquellen gekoppelt.

Andererseits lassen sich auf der Grundlage der wesentlich später gewonnenen Kenntnisse über die Gesetzmäßigkeiten des Grubengasauftretens Rückschlüsse auf die Entwicklung der naturgegebenen Explosionsgefahr im Ruhrbergbau von 1850 bis 1914 ziehen. Grundlegend ist dabei die Vorstellung, dass eine mögliche Verschärfung der naturgegebenen Explosionsgefahr zwangsläufig höhere Anforderungen an die Funktionalität der Bewetterung und der vorhandenen Zündquellen zur Erzielung von Explosionssicherheit bedeutete. Diesem sich wandelnden Druck unterlagen dann auch die Handlungsmuster der industriellen Partner zur Ausgestaltung des Explosionsschutzes.

3.2.2 Entstehung des Grubengases und natürliche Grubengasführung im Ruhrrevier

Heute durchweg akzeptierte Theorien über die Entstehung des Grubengases und seine großräumliche Lagerung im Steinkohlengebirge beziehen sich einerseits auf die komplexen bio- und geochemischen Vorgänge der sog. Inkohlung. Andererseits berücksichtigen sie die tektonischen Eigentümlichkeiten, unter denen die Steinkohlenlagerstätten an der Erdkruste aufgebaut und durch die Gebirgsbildungsprozesse nachträglich verformt, d. h. gestört worden sind. Zentrale Bedeutung gewinnen dabei Vorstellungen von prozessbedingten Druck- und Temperaturverhältnissen, die den Fortschritt der Inkohlung bewirkt haben. Zum Verständnis der Grubengasentstehung sind deshalb grundlegende Kenntnisse zum Inkohlungsvorgang und zur Tektonik einer Lagerstätte unverzichtbar.

3.2.2.1 Petrographische und elementarchemische Bedingungen der Inkohlung

Präzisere Vorstellungen vom Ablauf der Kohlenbildung haben sich erst im Verlauf des 20. Jahrhunderts herausgebildet. Zwar war schon um 1600 die Entstehung der Kohle aus Holz angenommen worden[128], doch hielten sich bis etwa 1900 völlig andere Erklärungsmuster. Dabei konkurrierten Thesen vom mineralischen Ursprung mit solchen der Entstehung aus Mineralöl bzw. der Bildung aus reinem Kohlenstoff.[129] Nach heutiger Lehrmeinung müssen

---

127 vgl. Ludwig, Gerhard (Red.): 20 Jahre Gemeinschaftsforschung des Steinkohlenbergbaus, Essen 1978 (hrsg. von der Bergbau-Forschung GmbH), S. 12.
128 vgl. Forstmann/Schulz, Die heutigen Erkenntnisse, S. 83; Potonié, H.: Die Entstehung der Steinkohle und der Kaustobiolithe überhaupt, Berlin 1910 sowie Ders.: Wesen und Klassifikation der Kaustobiolithe, in: Glückauf 45, 1909, S. 773 – 780, hier S. 774 – 779.
129 vgl. Muck, F[ritz]: Grundzüge und Ziele der Steinkohlen-Chemie, Bonn 1881, S. 98 – 101. Dieses erste größere Werk vom damaligen Leiter des chemischen Laboratoriums der WBK, einem ehemaligen Schüler Liebigs, gilt als erste, experimentell fundierte Gesamtdarstellung der Kohlechemie. Vgl. Schunder, Lehre und Forschung, S. 197 ff.

die in der Oberkarbonzeit (vor ca. 300 Mio. Jahren) am Nordrand des zuvor entstandenen variszischen Gebirges weit verbreiteten Waldsumpfmoore langsam abgesenkt worden sein, so dass deren Gewächse nach ihrem Absterben unter den Wasserspiegel gerieten und dort zunächst vertorften.[130] Etwa gleichzeitig bildete sich aus kleinsten niederen Lebewesen, hineingewehten Sporen der Karbonpflanzen sowie von benachbarten Hochgebieten eingeschwemmten Sedimenten ein Faulschlamm, der sich durch Fäulnisprozesse in eine zähe Faulgallerte verwandelte.

Die aus den abgestorbenen, vertorften Pflanzen und aus der Faulgallerte bestehende Substanz unterlag nun im Verlauf von Jahrmillionen insgesamt einer chemisch-biologischen Umbildung, die etwa mit der trockenen Destillation[131] zu vergleichen ist. Beim Absinken in tiefere Regionen ging der Ausgangsstoff zunächst in Weichbraunkohle über. Nach heutigem Wissensstand sollen vorrangig biochemische Vorgänge bei normalen Druck- und Temperaturbedingungen hierfür verantwortlich gewesen sein. Mikrolebewesen wie Pilze und Bakterien veränderten dabei die chemische Zusammensetzung der Ursubstanz.[132]

Infolge weiterer Verlagerung des Gebirges in größere Teufen vollzog sich schließlich die Umbildung der Weichbraunkohle zunächst in Hartbraun- und schließlich in Steinkohle. Im Gegensatz zur vorherigen Bildungsphase werden für diesen Veränderungsschritt geochemische Faktoren wie langanhaltender Auflagerungsdruck durch die bedeckenden Gesteinsschichten sowie der Einfluss steigender Temperaturen vorausgesetzt.[133]

Insgesamt gliedert sich der Vorgang der Inkohlung also mindestens in zwei getrennte Prozesse: Einen ersten biochemischen Abschnitt, an dessen Ende eine bestimmte Form der Braunkohle steht und schließlich eine zweite geochemische Etappe, die mit der Ausbildung einer charakteristischen Form der Steinkohle endet. Den ersten Abschnitt hat man seit den 1920er Jahren in der Regel auch als Diagenese bzw. Humifikation bezeichnet, während der geochemische Teil als Metamorphose aufgefasst worden ist.[134] Wichtig ist hier die Erkenntnis, dass die Metamorphose weitere gebirgsbildende Faktoren voraussetzte, um bereits entstandene Braunkohle in Steinkohle zu überführen.

Innerhalb des langfristigen Inkohlungsvorgangs lassen sich die schrittweisen Veränderungen der Kohle unter verschiedenen Gesichtspunkten genauer kennzeichnen. Eine Möglichkeit

---

130 vgl. Ruhr & Saar-Kohle AG, Basel (Hrsg.): Kohle und Koks. Wissenswertes über die Ruhrbrennstoffe von der Förderung bis zur Verbrennung, Basel 1954, S. 9 ff.

131 Als Destillation ist das Verfahren zur Trennung oder Reinigung von Flüssigkeitsgemischen definiert. Sie umfasst die Verdampfung einer Flüssigkeit und die Kondensation der Dämpfe zum Destillat. Bei der trockenen Destillation werden anstelle der Flüssigkeiten feste Stoffe unter völligem Luftabschluss erhitzt und die flüchtigen Zersetzungsprodukte aufgefangen. Als eigener verfahrenstechnischer Bereich der trockenen Destillation von Steinkohle gilt die Verkokung. Über die chemischen Vorgänge bei diesem Verfahren vgl. beispielsweise Gluud, Wilhelm (Hrsg.): Handbuch der Kokerei, Bd. 1, Halle 1927, S. 60 – 63; Karrer, Paul: Lehrbuch der organischen Chemie, Leipzig, 11., verbesserte Aufl., 1950, S. 423.

132 vgl. Franck, Heinz-Gerhard/Knop, André: Kohleveredlung. Chemie und Technologie, Berlin (u.a.) 1979, S. 13.

133 vgl. Hahne/Schmidt, Die Geologie, S. 15 f.

134 vgl. Erdmann, E.: Der genetische Zusammenhang von Braunkohle und Steinkohle auf Grund neuer Versuche, in: Brennstoff-Chemie 5, 1924, S. 177 – 186; Potonié, R.: Diagenese, Metamorphose und Urmaterial der Kohlen, in: Kohle und Erz 26, 1929, Sp. 1035 – 1038 sowie Bode, H.: Der Inkohlungsvorgang und die Entstehung des Grubengases, in: Glückauf 75, 1939, S. 401 – 409, hier S. 401 f. In der jüngeren Literatur wird häufig eine Dreiteilung des Inkohlungsprozesses vorgenommen, bei der die Steinkohlenbildung bis zum Anthrazit zwar ebenfalls den geochemischen Veränderungen zugeordnet, hier aber als „Spätdiagenese" bezeichnet wird. Als wirkliche Metamorphose gilt in dieser Theorie nur die Umbildung von Anthrazit in Graphit. Vgl. dazu: Mackowsky, Marie-Therese: Inkohlung und Kohlenpetrographie, in: Bartholomé, Ernst (u.a.) (Hrsg.): Ullmanns Encyklopädie der technischen Chemie, Bd. 14: Keramische Farben bis Kork, Weinheim/New York, 4. Aufl., 1977, S. 288 – 292, hier S. 288.

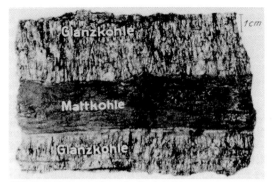

Abb. 2: Schichtenaufbau der Steinkohle

zur Differenzierung der Abläufe besteht dabei in der Untersuchung der Gefügebestandteile, aus denen sich die Kohle im Verlauf ihrer Bildung zusammensetzt. Die Lehre, die sich mit diesen Fragen befasst, bezeichnet man als Kohlenpetrographie. Grundlegend für die petrographische Untersuchung der Kohle ist die Erkenntnis, dass die bio- und geochemischen Beeinflussungsfaktoren die organische Ausgangssubstanz etappenweise unterschiedlich stark zersetzen. In Abhängigkeit vom Fortschritt der Inkohlung bestehen die Kohlenflöze dabei aus einem Gemenge von Einzelbestandteilen. Die mengenmäßige Beteiligung und die Vergesellschaftung (Mikrolithotypen) der Einzelbestandteile in der Kohle bestimmen dann die chemischen, physikalischen und technologischen Eigenschaften der Kohle eines gegebenen Inkohlungsgrades.

Zur Analyse der Gefügebestandteile einzelner Kohlen hat sich die moderne Kohlenpetrographie mikroskopischer Untersuchungen von an- bzw. dünngeschliffenen Kohlenstücken bedient.[135] Bei starker Vergrößerung und bestimmter Form der Beleuchtung werden so die Gemenge einzelner Gefügebestandteile durch deren charakteristisches Reflexionsvermögen sichtbar. Die mikroskopisch erfassbaren Gefügebestandteile bezeichnet man in Analogie zu den anorganischen Mineralen als Macerale.[136]

Erst die mikroskopischen Untersuchungen der Gefügebestandteile der Kohle geben seit mehreren Jahrzehnten ausreichenden Aufschluss über deren Feinaufbau. Bevor die technischen Voraussetzungen derartiger Untersuchungsverfahren entwickelt wurden, bezog sich die petrographische Differenzierung der Kohle ausschließlich auf die makroskopisch sichtbaren Unterschiede. Die direkte Ansicht der unter Tage vorkommenden Kohlenflöze hatte den Bergleuten schon wesentlich früher vor Augen geführt, dass diese aus glänzenden und matten Streifen bestanden, in die mineralische Beimengungen (Bergemittel) abwechselnd stark eingelagert waren. Dieser deutlich erkennbare Schichtenaufbau der Kohlenflöze trat bei unterschiedlichen Stufen des Inkohlungsgrades immer wieder auf (vgl. Abb. 2).

Die Einteilung der Flözkohlen in Glanz-, Matt- und Faserkohle war bis zu Beginn des 20. Jahrhunderts neben einfachen chemischen Untersuchungen die einzige Grundlage zur Beurteilung und Einteilung von Kohlen.[137] Mit bloßem Auge betrachtet, zeigt die Glanzkohle einen nahezu schichten- und strukturlosen Aufbau sowie eine spröde und schlechtenreiche Erscheinung. Die grau-schwarze Mattkohle wirkt dagegen feiner geschichtet und weniger von Schlechten durchsetzt. Die Faserkohle bildet hingegen mehr oder weniger dünne, häufig lin-

135 Zur genaueren Erläuterung der Untersuchungsverfahren im Dünnschliff mit durchfallendem Licht und Anschliff mit auffallendem Licht vgl. Deutsche Kohlenbergbau-Leitung/Amt für Bodenforschung (Hrsg.): Atlas für angewandte Steinkohlenpetrographie, Essen 1951, S. 10 f. Zu den Anfängen der Untersuchungen mit auffallendem Licht vgl. Winter, Heinrich: Die mikroskopische Untersuchung der Kohle im auffallenden Licht, in: Glückauf 49, 1913, S. 1406 – 1413.
136 vgl. Franck/Knop, Kohleveredlung, S. 14.
137 vgl. Muck, Grundzüge, S. 32 – 45.

senförmige Lagen. Sie besitzt ebenfalls eine grau-schwarze Farbe, im Unterschied zur Mattkohle jedoch einen leichten Seidenglanz.[138]

Neben den drei genannten Erscheinungsformen der Flözkohlen (Humuskohlen) unterschied man bereits im 19. Jahrhundert die vorrangig aus Faulschlamm gebildete Kennelkohle. Sie zeichnet sich durch ein schichtungsloses, teerartiges Gefüge mit muscheligem Bruch und mattem Fettglanz aus. Der Kennelkohle ähnlich, jedoch von anderer Zusammensetzung, ist die Bogheadkohle, die leicht bräunlich schimmert. Als letzte, ebenfalls mit bloßem Auge erkennbare Erscheinungsform gelten mit Kohlensubstanz vermischte Tonsteine, die mit dünnen Kohlenlagen oder auch Kohlenrinden im Wechsel auftreten und als Brandschiefer bezeichnet werden.

Zu Beginn des 20. Jahrhunderts verlagerte sich das Verständnis vom Wert der Kohle immer stärker von der vorher alleinigen Verwendbarkeit als Brennstoff zu einem umfassend einsetzbaren Rohstoff. Kohle und vor allem der aus ihr gewonnene Koks wurden im Zuge dieser Entwicklung nicht nur unverzichtbare Voraussetzung für ein weiteres Wachstum der Eisen- und Stahlproduktion. Vielmehr bildeten beide Stoffe die Grundlage für eine sich ständig erweiternde Veredlungsindustrie, deren wirtschaftlicher Erfolg jetzt von einer genaueren Kenntnis der rohstofflichen Eigenschaften abhing, als es die makroskopische Beurteilung der Flözkohlen gewährleistete. Mit Hilfe der mikroskopischen Analysen gelang es nun, den Feinaufbau innerhalb der makroskopischen Streifenarten der Kohle aufzuschlüsseln. Dies betrifft sowohl die Braun- als auch die Steinkohle, wobei hier nur für letztere etwas näher auf die gegenwärtigen petrographischen Kenntnisse eingegangen werden soll.

Die bereits oben angesprochenen, Macerale genannten mikroskopisch erkennbaren Gefügebestandteile der Steinkohle werden heute aufgrund ihrer Vielzahl zunächst in drei Maceralgruppen zusammengefasst. Diese Maceralgruppen bezeichnet man als Vitrinit, Exinit und Inertinit. Stark verkürzt kann gefolgert werden, dass sich die Gruppe der Vitrinite aus den verholzten Pflanzenbestandteilen und der Rinde der Ursprungssubstanz gebildet haben. Vitrinite formen häufig die Grundmasse in den verschiedenen Kohlenstreifen, und sie sind vorrangig in der Glanzkohle vorhanden. Zu Beginn der 1920er Jahre wurde die Glanzkohle in der petrographischen Literatur erstmals vitrain bzw. im deutschen Sprachraum Vitrit genannt.[139] Im modernen Verständnis gelten jedoch nur reine, d. h. monomaceralisch aufgebaute Glanzkohlen als Vitrit (= homogener Mikrolithotyp).[140]

Die Exinite sind vor allem aus Harzen, Zellwänden, Sporen und Algen (Bitumenkörper) entstanden, während sich die Inertinite durch Zersetzungs- und biochemische Oxidationsprozesse gebildet haben. Die Mattkohle ist in der Regel exinit- und inertinitreich. In der petrographischen Literatur hat man die Mattkohlenstreifen ebenfalls seit den 1920er Jahren als durain bzw. Durit beschrieben.[141] Hinsichtlich der Gefügebestandteile setzt sich der Durit aus einer inertinitischen Grundmasse und den exinitischen Einlagerungen zusammen. In die nochmals verschiedenartig gebildete Grundmasse (Micrinit, Macrinit, Semifusinit, Fusinit, Sclerotinit und Inertodetrinit)[142] können nun Bitumenkörper in wechselnder Menge eingela-

138 vgl. Hahne/Schmidt, Die Geologie, S. 13 f.
139 vgl. Patteisky, Karl: Die Veränderungen der Steinkohlen beim Ablauf der Inkohlung, in: Brennstoff-Chemie 34, 1953, S. 75 – 82, hier S. 75 sowie zur Begriffsgeschichte: Bode, H.: Zur Nomenklatur in der Kohlenpetrographie, in: Kohle und Erz 25, 1928, Sp. 699 – 710, hier Sp. 702 ff.
140 vgl. Hahne/Schmidt, Die Geologie, S. 16.
141 vgl. Patteisky, Die Veränderungen der Steinkohlen, S. 75 f. sowie Bode, Zur Nomenklatur, Sp. 704 – 708.
142 vgl. Mackowsky, Inkohlung und Kohlenpetrographie, S. 290.

gert sein. Es lassen sich demnach bitumenreiche und grundmassenreiche, inerte Durite unterscheiden.

Eine zweite Möglichkeit, die schrittweisen Veränderungen im Verlauf der Kohlenbildung zu kennzeichnen, bietet die Betrachtung der chemischen Elementarzusammensetzung der verschiedenen Inkohlungsstufen. Alle Kohlen bestehen im Wesentlichen aus Kohlenstoff (C), Wasserstoff (H) und Sauerstoff (O) sowie geringen Mengen Stickstoff (N) und Schwefel (S). Ausgehend von der Weichbraunkohle mit einem Anteil von etwa 65 % Kohlenstoff steigert sich der Kohlenstoffgehalt bis zur anthrazitischen Kohle auf über 91 %. Entsprechend der Kohlenstoffzunahme nimmt der Prozentanteil aller übrigen beteiligten chemischen Elemente sukzessive ab. Jeweils bezogen auf Weichbraunkohle und Anthrazit verringern sich die Prozentanteile beim Sauerstoff von ca. 30 auf unter 2 % und beim Wasserstoff von 8 auf unter 4 % (vgl. Tabelle 1).[143]

Auch die chemischen Elemente Stickstoff und Schwefel sinken prozentual mit fortschreitender Inkohlung. Im Vergleich zu Sauer- und Wasserstoff sind sie vor allem im Verlauf der Steinkohlenbildung ohnehin nur in geringen Mengen beteiligt. In der Literatur finden sich deshalb häufig nur Angaben über die prozentuale Abnahme von Sauer- und Wasserstoff, während Stickstoff und Schwefel vernachlässigt werden.[144] Schon bei den geologisch jüngsten und am wenigsten weit inkohlten Steinkohlen, den sog. Flammkohlen, sind die Elemente Stickstoff und Schwefel nur zu 1,6 bzw. 1,5 % enthalten.[145] Die verschiedenen Vertreter der sog. Kohlenreihe werden also, was ihre chemische Zusammensetzung angeht, mit zunehmendem geologischen Alter im Allgemeinen immer kohlenstoffreicher und vor allem ärmer an Sauer- und Wasserstoff.

Eng verbunden mit der elementaren Zusammensetzung je Inkohlungsstufe ist ein Klassifikationsschema für Steinkohle, das insbesondere für deren Verwendung im Bereich der thermischen Kohlenveredlung[146] – vor allem bei der Verkokung – eine wichtige Rolle spielt. Erhitzt man gleichgroße Mengen von Kohle unterschiedlichen Inkohlungsfortschritts nach einem genormten Verfahren[147], so erhält man mit zunehmendem Anteil von Kohlenstoff in der Kohle immer geringere Mengen an sog. Flüchtigen Bestandteilen.[148] Die Flüchtigen Bestandteile

143 vgl. Franck/Knopp, Kohleveredlung, S. 15.
144 vgl. Hahne/Schmidt, Die Geologie, S. 17.
145 vgl. Patteisky, Karl: Die Entstehung des Grubengases, in: Bergbau-Archiv, Bd. 11/12, 1950, S. 5 – 24, hier S. 9 f.
146 In der modernen Terminologie umfasst die Kohlenveredlung insgesamt vier Teilbereiche. Dazu gehören die mechanische (Aufbereitungs- und Brikettierprozesse), die energetische (Verstromung), die thermische (Verschwelung und Verkokung) sowie die chemische (Hydrierung und Vergasung) Kohlenveredlung. Vgl. Ruhrkohlen-Handbuch. Anhaltszahlen, Erfahrungswerte und praktische Hinweise für industrielle Verbraucher, Essen, 7. Aufl., 1987, S. 166 sowie als Beispiel für den Gebrauch früherer Terminologie: Ress, Franz Michael: Geschichte der Kokereitechnik, Essen 1957, S. 185.
147 In Deutschland sind derartige Verfahren nach DIN genormt. In jüngster Zeit wird zur Bestimmung des Gehalts an Flüchtigen Bestandteilen nach DIN 51720 Punkt 1 g einer lufttrockenen Probe von Kohle oder Koks unter festgelegten Bedingungen in einem Quarzglastiegel bei 900 °C verkokt. Vgl. Ruhrkohlen-Handbuch, S. 49.
148 Die Flüchtigen Bestandteile setzen sich aus verschiedenen Gasen zusammen, vor allem CH_4, C_nH_{2n}, CO_2, CO sowie Wasser und Teerstoffen. In der älteren Literatur sind die Flüchtigen Bestandteile der Kohle häufig auch als „Gasgehalt" bzw. kurz als „Gas" bezeichnet worden. Da die Menge der Flüchtigen Bestandteile einer Kohlenart jedoch nicht gleichbedeutend mit der entsprechenden Grubengasbildung ist, haben sich teilweise Missverständnisse ergeben. Vgl. Patteisky, Karl: Der verschiedene Grad der Grubengasführung einzelner Gebirgsschollen, in: Bergbau-Rundschau 4, 1952, S. 561 – 567, hier S. 561. Als Beispiel für die unzulässige Gleichsetzung von Flüchtigen Bestandteilen und natürlicher Methanbildung noch in der jüngeren Literatur vgl. Bronny, Horst M./Dege, Wilfried: Raumpotential und Raumstruktur an der Schwelle der Industrialisierung, in: Köllmann, Wolfgang (u.a.) (Hrsg.): Das Ruhrgebiet im Industriezeitalter. Geschichte und Entwicklung, Bd. 1, S. 81 – 110, hier S. 87: „Zunächst wurde Wasser (H_2O), später vor allem Kohlensäure (CO_2) und Grubengas (CH_4) abgespalten. Diese chemischen Verbindungen werden als ‚flüchtige Bestandteile' der Kohle bezeichnet".

Kohlenart	Kohlenstoff (C) (in %)	Sauerstoff (O) (in %)	Wasserstoff (H) (in %)	Flüchtige Bestandteile (in % waf[150])
Weichbraunkohle	65 – 70	30 – 18	8 – 5	60 – 50
Hartbraunkohle	70 – 73	25 – 16	8 – 5	50 – 47
Glanzbraunkohle	72 – 75	18 – 12	7 – 5,5	47 – 43
Flammkohle	75 – 81	> 9,8	6,6 – 5,8	45 – 40
Gasflammkohle	81 – 85	9,8 – 7,3	5,8 – 5,6	40 – 35
Gaskohle	85 – 87,5	7,3 – 4,5	5,6 – 5,0	35 – 28
Fettkohle	87,5 – 89,5	4,5 – 3,2	5,0 – 4,5	28 – 19
Esskohle	89,5 – 90,5	3,2 – 2,8	4,5 – 4,0	19 – 14
Magerkohle	90,5 – 91,5	2,8 – 2,5	4,0 – 3,75	14 – 12
Anthrazit	> 91,5	< 2,5	< 3,75	< 12

Tabelle 1: Gehalt an Flüchtigen Bestandteilen und Elementarzusammensetzung von Braun- und Stein-kohlen nach Kohlenarten[149]

sind folglich die beim Erhitzen der Kohle unter Luftabschluss gasförmig entweichenden Zer-setzungsprodukte der organischen Brennstoffsubstanz. Für die Kokereitechnik sind derarti-ge Zusammenhänge deshalb von Wichtigkeit, weil nur Kohlen mit einem bestimmten Gehalt an Flüchtigen Bestandteilen – insbesondere die Fettkohlen – weitere speziell für einen opti-malen Verkokungsverlauf entscheidende Eigenschaften besitzen. Je nach der Menge der Flüchtigen Bestandteile kann man die Kohle demnach ebenfalls in charakteristische Kohlen-arten unterteilen und sie entsprechend benennen (vgl. Tabelle 1).

Darüber hinaus ergibt sich auch bei dieser Art der Kennzeichnung von Veränderungen im Verlauf der Kohlenbildung eine Reihung, bei der enge Beziehungen zwischen der elementa-ren Zusammensetzung, dem Gehalt an Flüchtigen Bestandteilen, dem geologischen Alter und dem Inkohlungsgrad vorhanden sind.[151]

3.2.2.2 Die Theoriebildung der Methanentstehung

Im historischen Verlauf der Theoriebildung zur Entstehung des Grubengases markierten nun entweder die jeweils existenten zeitgenössischen Kenntnisse zur Kohlenpetrographie oder zur chemischen Elementarzusammensetzung den Ausgangspunkt für die Entwicklung eines Erklärungsmusters. Die Frage, ob das im Kohlengebirge vorhandene Methan überhaupt als ein Produkt des Inkohlungsvorgangs anzusehen sei, hat man erst seit den 1920er Jahren mit theoretischer Fundierung gemeinhin bejaht. Zuvor war diese richtige Anschauung zwar ver-mutet, vor dem Hintergrund der defizitären Kenntnisse über den Inkohlungsvorgang jedoch kaum tiefer erklärt worden.

So enthielt der von Anton Haßlacher 1887 verfasste Hauptbericht der preußischen Schlag-wetterkommission im Punkt 47 eine nur wenige Sätze umfassende Bilanz zum Verständnis der „Entstehung der Gase": „Es kann keinem Zweifel unterliegen, dass die im Steinkohlenge-

149 Zusammengestellt nach Franck/Knop, Kohleveredlung, S. 16; Hahne/Schmidt, Die Geologie, S. 18.
150 waf = wasser- und aschefrei.
151 vgl. Dupierry, Ernst: Die Aufbereitung der Steinkohle, Dortmund o.J. <1941>, S. 5 – 8.

birge vorkommenden Gase lediglich als Nebenerzeugnisse jener langsamen Zersetzung von Pflanzenmassen anzusehen sind, welcher überhaupt die Steinkohle ihre Entstehung verdankt. Sowohl bei der trockenen Destillation von Pflanzen, wie auch bei deren Zersetzung unter Wasser scheiden sich Wasserstoff und Sauerstoff aus, ersterer vorzugsweise in Verbindung mit Kohlenstoff als Sumpfgas[152], letzterer theils gleichfalls mit Kohlenstoff als Kohlensäure, theils mit Wasserstoff als Wasser. Dass daneben auch freier Wasserstoff, Sauerstoff, Stickstoff, sowie schwere Kohlenwasserstoffe sich finden, dürfte mit dem verschieden weit vorgeschrittenen Grade der Verkohlung und mit der vielleicht gleichzeitigen Zersetzung von thierischen Resten in Zusammenhang stehen."[153] Die preußische Schlagwetterkommission postulierte damit also lediglich den Zusammenhang von Inkohlung und Methanentstehung. Genauere Kenntnisse über die speziellen Faktoren der Grubengasbildung waren um die Mitte der 1880er Jahre nicht vorhanden.

Die verbreitete Unkenntnis über die Entstehungsfrage des Methans hatte zur Folge, dass auch zu Beginn des 20. Jahrhunderts dieses Thema in der Literatur kaum berücksichtigt bzw. übergangen wurde.[154] Sofern Grubengas eine Erörterung fand, standen häufig die chemischen und physikalischen Eigenschaften des Methans – also seine Strukturformel, seine Geruchs- und Farblosigkeit sowie seine Brennbarkeit, etc. – im Vordergrund.[155]

Differenziertere Annahmen über die Umstände, die zur Bildung des Methans im Verlauf der Inkohlung führten, ergaben sich erstmals im Zusammenhang mit den von Friedrich Bergius (1884 – 1949) um 1910 unter Anwendung der Hochdrucktechnik gemachten Experimenten zur Nachbildung des Entstehungsprozesses der Steinkohle.[156] Bergius hatte eine kleine Menge von Trockentorf bei einer Temperatur von 370 °C und einem Druck von mehreren 100 atm in eine Braunkohle mit einem Kohlenstoffgehalt von über 75 % überführt. Das bei dieser Versuchsanordnung gebildete Gas enthielt 88,12 % CO_2, 8,4 % CH_4 und 2,21 % H_2. Die unter den gegebenen Versuchsbedingungen herrschenden Temperaturen und Drücke verwandelten den Ausgangsstoff allerdings lediglich bis zu einem Kohlenstoffgehalt von 84 %, also bis zur Grenze von der Gasflamm- zur Gaskohle (vgl. Tabelle 1). Erst als dieses als „Endkohle" bezeichnete Produkt wesentlich höheren Drücken ausgesetzt wurde, schritt die Inkohlung bis zu einer Fettkohle mit 89 % Kohlenstoff voran. Die bei dieser weiteren Inkohlung freigesetzten Gase enthielten nun 70 bis 80 % CH_4, 8 bis 11 % CO_2 und 10,2 % H_2.

In den folgenden Jahren bezweifelten verschiedene Forscher mit Rücksicht auf die relativ großen Mengen des gebildeten Wasserstoffs die unmittelbare Übertragbarkeit der künstlichen Inkohlung von Bergius auf die Verhältnisse des natürlichen Inkohlungsverlaufs.[157] Bergius selbst hatte nicht den Nachweis der chemischen Identität seiner künstlichen mit den natürlichen Kohlen geführt, sondern nur auf die Übereinstimmung des Kohlenstoffgehalts seiner Produkte mit den natürlichen Steinkohlen hingewiesen.[158] Nach den Beobachtungen in

---

152 In der älteren Literatur des 19. und frühen 20. Jahrhunderts wird das Grubengas Methan häufig als „Sumpfgas" bezeichnet, vgl. Hanel, H.: Die Schlagwettergefahr im sächsischen Steinkohlenbergbau in Vergangenheit und Gegenwart, in: Bergbautechnik 3, 1953, S. 257 – 262, hier S. 257.

153 vgl. Haßlacher, Haupt-Bericht, S. 57 f.

154 vgl. Patteisky, Die Entstehung, S. 5.

155 vgl. Bergbau-Verein (u.a.) (Hrsg.), Die Entwickelung, Bd. 6: Wetterwirtschaft, S. 38 – 41.

156 vgl. Bergius, Friedrich: Die Anwendung hoher Drucke bei chemischen Vorgängen und eine Nachbildung des Entstehungsprozesses der Steinkohle, Halle 1913. Speziell zur Person von Friedrich Bergius und seiner wissenschaftlichen Biographie: Rasch, Manfred: Friedrich Bergius und die Kohleverflüssigung. Stationen einer Entwicklung, Bochum 1985 (= Veröffentlichungen aus dem Deutschen Bergbau-Museum Bochum, Nr. 35).

157 vgl. Patteisky, Die Entstehung, S. 6: „Die Temperatur war wahrscheinlich zu hoch."

158 vgl. Rasch, Geschichte des Kaiser-Wilhelm-Instituts, S. 150.

der Natur und aufgrund der erwähnten Versuchsergebnisse setzte sich seit 1920 allerdings die allgemein akzeptierte Meinung durch, dass die Methanentstehung nicht nur unmittelbar mit der Inkohlung zusammenhing, sondern in besonderer Stärke erst in der geochemischen Phase der Steinkohlenbildung einsetzte.[159]

Im weiteren Verlauf der 1920er und 1930er Jahre wandte sich insbesondere die kohlenpetrographische Forschung der Frage zu, ob die Methanbildung nicht innerhalb des gesamten Steinkohlenbildungsprozesses deutlicher zu differenzieren wäre. Einer gleichmäßigen Grubengasentstehung bei allen Gliedern der Kohlenreihe von der Flammkohle bis zum Anthrazit stand nicht nur die aus dem Ruhrgebiet durch Erfahrung gewonnene Kenntnis entgegen, dass bestimmte Kohlenarten offensichtlich stärker ausgasten als andere.

Ansatzpunkt für diese neue Etappe auf dem Weg der Theoriebildung zur Entstehung von Grubengas beim Inkohlungsverlauf war die Annahme, dass sich die Gefügebestandteile der Vitrinite und Exinite in der Kohle etappenweise unterschiedlich stark verändern würden. Insbesondere das sog. Bitumen, also die Maceralgruppe der Exinite, die aus Harzen, Zellwänden, Sporen und Algen entstanden war und mit einem hohen Anteil in den Mattkohlen vorkam, trat dabei in das Zentrum der Untersuchungen. Als Träger der Flüchtigen Bestandteile ließ sich dieser wachsähnliche, amorphe und dem Erdöl ähnliche Stoff durch Benzol oder Pyridin aus der Kohle extrahieren.[160] In der zeitgenössischen Terminologie bezeichnete man die Ausgangsstoffe des Bitumens, d. h. jene Verbindungen, aus denen die Blatthäute, die Sporen und Pollen sowie ein Teil der Harze bestand, als Protobitumina. Der überwiegende Teil der Protobitumina war im Verlauf der Untersuchungen bis zu den geologisch jüngeren Steinkohlen chemisch unverändert vorgefunden worden, so dass hierfür die Bezeichnung Stabil-Protobitumen eingeführt wurde. Diejenigen Protobitumina, die bereits im Verlauf der Braunkohlenbildung chemische Veränderungen erlitten, erhielten dementsprechend den Namen Labil-Protobitumen. In stofflicher Hinsicht handelte es sich bei den letzteren vorrangig um Fette, Öle und einen Teil der Harze.[161]

Detaillierte Untersuchungen über den Abbau des Bitumens im Laufe des Inkohlungsvorgangs hatten gegen Ende der 1920er Jahre u. a. im Institut der Preußischen Geologischen Landesanstalt in Berlin stattgefunden. Hier wurden Kohlen verschiedener Beschaffenheit und unterschiedlichen Inkohlungsgrades mit Lösungsmitteln behandelt.[162] Es ergab sich, dass bei den Extraktionen der Braun- und jüngeren Steinkohlen in der Regel lediglich Umwandlungserzeugnisse des Labil-Protobitumens ausgezogen werden konnten. Erst bei den Gas- und Fettkohlen ließen sich auch Teile des Stabil-Protobitumens extrahieren. Hinsichtlich der Gesamtmenge des Extraktbitumens ermittelte man zunächst von der Braun- über die Glanzbraun- bis zur Gasflammkohle eine stetige Abnahme. In der Gaskohle stieg die Extraktausbeute plötzlich und unvermittelt aber wieder auf mehr als das Doppelte an, um im weiteren Verlauf der Inkohlung erneut abzufallen.

Aus den geschilderten experimentellen Beobachtungen zog man nun folgende Schlüsse: Die Veränderungen, die das Protobitumen im Verlauf der Inkohlung aufwies, unterschieden sich offensichtlich signifikant von denjenigen Umwandlungen, denen die vitritischen Gefügebe-

---

159 vgl. Forstmann/Schulz, Die heutigen Erkenntnisse, S. 87.
160 vgl. Theimer, Walter: Öl und Gas aus Kohle, München 1980, S. 32.
161 vgl. Bode, Der Inkohlungsvorgang, S. 405.
162 vgl. ebd., S. 405 f. sowie Dolgner: Über die petrographische Herkunft des bei der Benzolextraktion von Kohlen gewonnenen Bitumens, in: Arbeiten der Preußischen Geologischen Landesanstalt, 1932, S. 250 – 265, hier S. 259.

standteile der Kohle unterlagen. Während das Protobitumen im Zustand der Braun- und jüngeren Steinkohle kaum verändert zu werden schien, trat hingegen im Zustand der Gaskohle ein erheblicher Abbau ein, der dessen Angreifbarkeit durch die Lösungsmittel erklärte. Daraus ließ sich wiederum folgern, dass im Inkohlungszustand der Fettkohle das Bitumen überhaupt nachhaltig zersetzt worden war.[163]

Gestützt wurden diese Interpretationen zu Beginn der 1930er Jahre auch durch planmäßige petrographische Flözprofiluntersuchungen, die die neu gegründete Forschungsstelle für angewandte Kohlenpetrographie der WBK im Ruhrrevier unternahm.[164] Mit zunehmender Teufe ermittelte man hier eine durchgängige Abnahme des Durit- sowie dementsprechend ein stetiges Ansteigen des Vitritgehalts in den Flözen. Einzig bei den Gaskohlenflözen war die ansonsten relativ stetige Inkohlungskurve durch eine sprunghafte und wesentlich stärkere Abnahme des Duritgehalts gekennzeichnet. Dieses Phänomen bezeichnete man in der Folgezeit als sog. Inkohlungssprung.[165]

Es lag nahe, die neuen kohlenpetrographischen Kenntnisse des Bitumenzerfalls im Bereich der Gas- und Fettkohle mit der Grubengasentstehung in Verbindung zu bringen. Unter der Voraussetzung, dass das Protobitumen aus besonders wasserstoffreichen Kohlenwasserstoffen bestand, musste bei deren ausserordentlich starker Zersetzung im Bereich der Gas- und Fettkohle leicht Methan entstanden sein. Zwar galt diese Beobachtung vorrangig für die duritreichen Mattkohlen und weniger für die vitritreichen Glanzkohlen. Insgesamt zeichnete sich jedoch erstmals eine Erklärung für das bislang durch Erfahrung bekannte Phänomen der häufig hohen Gasführung in den Fettkohlenflözen des Ruhrgebietes ab: „Die Methanentwicklung setzt im allgemeinen in der Gasflammkohlengruppe ein, wobei die Mattkohle bis zur mittlern Fettkohlengruppe erheblich mehr Gas als die Glanzkohle liefert. Erst bei abnehmender Gesamtausgasung, von der mittlern Fettkohlengruppe bis zu den Magerkohlen tritt die Glanzkohle stärker hervor. [...] Demnach ist unverkennbar, dass die Protobitumina der Mattkohlen besonders viel Methan abgeben."[166]

Das kohlenpetrographisch basierte Erklärungsmuster für eine hohe Gasführung der Gas- und Fettkohlenflöze fand im Verlauf der 1940er Jahre allgemeine Beachtung und weitgehenden Eingang in die Fachliteratur.[167] Gleichwohl waren damit noch nicht alle Entstehungsbedingungen für Methan schlüssig geklärt. Umstritten blieb die Frage, ob überhaupt und wenn ja in welchem Ausmaß die anderen Inkohlungsschritte, also von der Flammkohle bis zur Gaskohle und von der Fettkohle zum Anthrazit an der Methanbildung beteiligt waren.

An dieser Stelle setzten um 1950 die Arbeiten der bereits erwähnten Prüfstelle für Gebirgsdruck und Schlagwetterbildung der WBK ein. Im Unterschied zu den kohlenpetrographischen Forschungen gingen sie weniger von den Gefügebestandteilen der Kohle als vielmehr von den Veränderungen der Elementarzusammensetzung im Verlauf der Kohlenbildung aus.

163 vgl. Bode, H.: Die Mazerationsmethode in der Kohlenpetrographie, in: Bergtechnik 21, 1928, S. 200 – 207, hier S. 205.
164 vgl. Hoffmann, E.: Abhängigkeit der Ausgasung von petrographischer Gefügezusammensetzung und Inkohlungsgrad bei Ruhrkohlen, in: Glückauf 71, 1935, S. 997 – 1005; zur Forschungsstelle für angewandte Kohlenpetrographie: Schunder, Lehre und Forschung, S. 201 f.
165 vgl. erstmals Lehmann, K./Stach, E.: Die praktische Bedeutung der Ruhrkohlenpetrographie, in: Glückauf 66, 1930, S. 289 – 299, hier S. 291, S. 298.
166 zit. Hoffmann, Abhängigkeit der Ausgasung, S. 1005.
167 vgl. beispielsweise Erlinghagen, Die Ausgasung von Steinkohlenflözen, S. 71; Forstmann/Schulz, Die heutigen Erkenntnisse, S. 88 sowie Kegel, K.: Die Einwirkung des Abbaudruckes auf die Schlagwetterentwicklung, in: Bergbau und Energiewirtschaft 1, 1948, Heft 2, S. 44 – 49, hier S. 44.

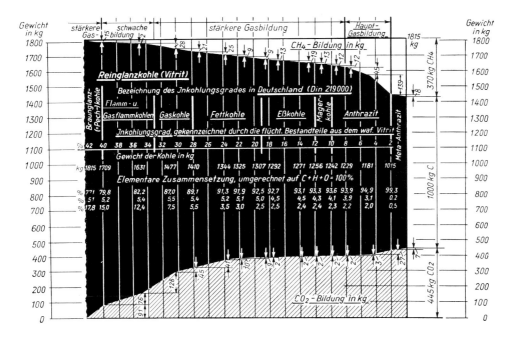

Abb. 3: Rechnerische Ermittlung der Entstehung von Methan und Kohlendioxid beim Ablauf der Inkohlung von Reinglanzkohle

Unter Berücksichtigung der bereits von Friedrich Bergius gewonnenen Erkenntnisse über die Verläufe der künstlichen Inkohlung setzte man voraus, dass sich im Verlauf der Steinkohlenbildung die prozentuale Verringerung der elementaren Anteile von Wasserstoff und Sauerstoff ganz überwiegend durch Gasabspaltung vollzog. Bei diesen Gasen konnte es sich dann nur um Methan (CH_4) und Kohlendioxid (CO_2) handeln.[168]

Orientierende Idee der Forschung war weiterhin, dass sich, unter Zugrundelegung einer Vielzahl von Elementaranalysen verschiedenen Inkohlungsgrades und bei Berücksichtigung des Grundsatzes von der Erhaltung der Materie, die Mengen der Gasabspaltung für jeden Inkohlungsschritt errechnen lassen mussten.[169] Der im Inkohlungsverlauf abnehmenden Gewichtsmenge des Elements C in der Kohle war demnach bei jeder Inkohlungsstufe jeweils eine bestimmte Gewichtsmenge der Elemente H und O derart zu addieren, dass sich immer die gleiche Gewichtsmenge (C + H + O) der Ausgangskohle ergab. Die zu Beginn der 1950er Jahre in verschiedenen Aufsätzen publizierten Berechnungsergebnisse fassten die teilweise umfangreichen Erläuterungen in der Regel durch sehr anschauliche Graphiken zusammen.[170] Da hier nur zusammenfassend und die Ergebnisse referierend auf diese Berechnungen eingegangen wird, sollen zwei jener Graphiken abgebildet werden (vgl. Abb. 3 und 4).

---

168 Aufgrund der geringen Anteile von Stickstoff und Schwefel in der Kohle wurden diese beiden Elemente grundsätzlich vernachlässigt: „So kann man [...] annehmen, daß sich der Inkohlungsvorgang bei der Steinkohle ohne wesentliche Wasserbildung und auch ohne Hinzukommen beachtenswerter Wassermengen vollzogen hat, und daß er auf der mittleren Linie abgelaufen ist, bei der lediglich Methan und Kohlensäure gebildet worden sind." Vgl. Patteisky, Die Entstehung, S. 9 ff.

169 Zu den rechnerischen Gleichungen vgl. ebd., S. 11.

170 vgl. Patteisky, Schlagwetter im Kohlenbergbau, S. 8; Ders., Das Auftreten und die Abwehr des Grubengases beim Steinkohlenbergbau, in: Glückauf 91, 1955, Beiheft: Beiträge deutscher Verfasser zum Jahrhundertkongreß der Société de l'Industrie Minérale, S. 5 – 18, hier S. 6.

Zur Durchführung der mathematischen Operationen wurden anfänglich die Elementaranalysen von Reinglanzkohlen zugrundegelegt. Dafür gab es im Wesentlichen zwei Gründe. Einerseits stand Ende der 1940er Jahre eine ausreichende Anzahl von Elementaranalysen westfälischer Kohlen nicht zur Verfügung, so dass die Forschungsstelle auf entsprechendes Material zurückgreifen musste, das bereits zu Beginn des 20. Jahrhunderts an amerikanischen Kohlen ermittelt worden war.[171] Bei diesen Untersuchungen waren Glanzkohlen verwendet worden. Abgesehen von diesen praktischen Problemen ging man andererseits davon aus, dass die in der Natur auftretenden Flözkohlen ja gerade zum größten Teil aus Gefügebestandteilen der Vitrinite, also der Glanzkohlen, bestanden. Letzteres Argument begründete folglich eine vorrangige Berechnung der Gasabspaltung bei der Reinglanzkohle.

Aus den vorgenommenen mathematischen Ermittlungen ergab sich nun (vgl. Abb. 3), dass aus 1815 kg Reinglanzkohle vom Inkohlungsgrad an der Grenze zwischen Braun- und Steinkohle während des gesamten Inkohlungsverlaufs 1000 kg Graphit, 370 kg Methan und 445 kg Kohlendioxid gebildet wurden. Beim Fortschritt der Inkohlungsstufen spalteten sich dabei die am oberen und unteren Rand der Abb. 3 angegebenen Mengen CH_4 und CO_2 ab. Im Bereich der Flamm- und Gasflammkohle zeigten die Berechnungen nur geringe Raten der Methanabspaltung. Bei der Gaskohle angefangen, wurde diese zwar etwas stärker, doch eine eigentliche Hauptgasbildung mit den vergleichsweise größten Mengen der Methanabspaltung konnte erst bei der Umbildung von der Magerkohle zum Anthrazit errechnet werden.

Die Interpretation der mathematisch ermittelten Mengen der Methanausgasung bereitete anfangs offensichtlich einige Probleme, weil sie mit den Ergebnissen der kohlenpetrographisch basierten Theorie der hohen Gasführung im Bereich der Gas- und Fettkohlenflöze nicht übereinstimmte. Karl Patteisky stellte nach diesen ersten Berechnungen deshalb vorübergehend die für die kohlenpetrographischen Erklärungsmuster zentrale Annahme vom Inkohlungssprung im Bereich der Gaskohle überhaupt zur Diskussion: „Das Vorhandensein eines zwischen der Gas- und Fettkohle vielfach angenommenen ‚Inkohlungssprunges‘, der auch auf die Gasbildung einen besonderen Einfluß haben soll, zeigt sich weder in der Ralstonschen Inkohlungslinie noch bei der rechnerischen Untersuchung der Gasabspaltung. Vielmehr gehen gerade in diesem Bereich nur sehr allmähliche Veränderungen vor sich.“[172]

Dass die rechnerische Methode zur Ermittlung der Gasabspaltung durchaus mit den kohlenpetrographischen Annahmen weit stärker harmonierte, als es nach den ersten mathematischen Operationen den Anschein hatte, zeigte sich wenig später bei der Zugrundelegung von Mattkohle (vgl. Abb. 4). Aus 1810 kg Mattkohle im Inkohlungsstadium zwischen Braun- und Steinkohle ermittelte man als Produkte des gesamten Inkohlungsverlaufs wieder 1000 kg Graphit sowie 400 kg Methan und 410 kg Kohlendioxid. Im Gegensatz zur Reinglanzkohle zeigten sich im Verlauf der Gasbildungsperioden jetzt aber zwei signifikante Gasbildungsphasen: Zum einen trat eine der Glanzkohle entsprechende starke Gasabspaltung von der Magerkohle zum Anthrazit auch bei der Mattkohle in Erscheinung. Entscheidender für die Übereinstimmung von Rechnungsmodell und bestehender Theorie war jedoch zum anderen die sich deutlich abzeichnende erste Haupt-Gasbildungsphase im Bereich der Gaskohle.

Die Rechenergebnisse der Gasabspaltung bei der Mattkohle veranlassten Patteisky daraufhin, nicht länger an der Annahme des Inkohlungssprunges zu zweifeln: „Die erste Haupt-Gasbildung hängt hier mit dem, während des Fortschreitens der Inkohlung der Gaskohle ein-

---

171 vgl. Patteisky, Die Entstehung, S. 10.
172 zit. Patteisky, Die Entstehung, S. 12.

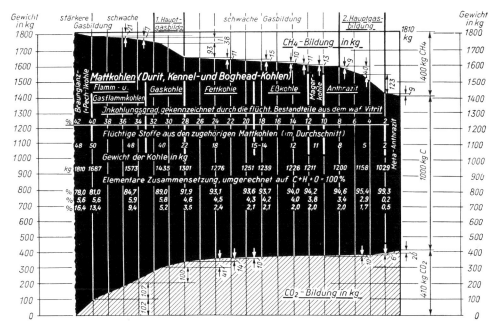

Abb. 4: Rechnerische Ermittlung der Entstehung von Methan und Kohlendioxid beim Ablauf der Inkohlung von Mattkohle

getretenen Inkohlungssprung der in den Mattkohlen enthaltenen Sporen und anderen Einlagerungen (Exiniten) zusammen. Ihr kommt für die erhöhte Grubengasführung der Steinkohlen an der Gas-Fettkohlengrenze eine besondere Bedeutung zu."[173]

Anfang der 1960er Jahre waren damit grundlegende theoretische Regeln zur Entstehung des Methans im Grubengebäude erforscht, die bis heute Gültigkeit besitzen. Sie lassen sich wie folgt zusammenfassen: Die Entstehung des Grubengases Methan ist grundsätzlich eine Folge der Inkohlung. Innerhalb des gesamten Kohlenbildungsprozesses hat vorrangig die zweite, geochemische Etappe der Steinkohlenbildung zur Methanentstehung geführt. Im Verlauf der Steinkohlenbildung bemisst sich die Menge der Methanabspaltung nach den einzelnen Inkohlungsstufen, wobei die Zusammensetzung der Kohle aus den jeweiligen Gefügebestandteilen eine wichtige Rolle spielt. Sowohl bei den Glanz- als auch bei den Mattkohlen muss nach Laborversuchen und Berechnungen erst bei den am höchsten inkohlten Kohlen im Bereich von der Magerkohle zum Anthrazit am meisten Grubengas gebildet worden sein. Eine weitere Haupt-Gasbildungsphase hat beim Übergang von der Gas- zur Fettkohle stattgefunden. Sie ist auf die als Inkohlungssprung bezeichnete Zersetzung der bituminösen Substanzen insbesondere bei der Mattkohle zurückzuführen.

Wenn nun davon ausgegangen werden konnte, dass das Methangas in den Steinkohlenlagerstätten unter diesen allgemein gültigen Regeln entstanden war, so blieben doch eine Reihe von Fragen bezüglich der natürlichen Grubengasführung im Ruhrgebiet offen. Mit den Re-

---

173 zit. ebd., S. 4.

111

geln allein ließen sich die im Ruhrbergbau schon seit dem 19. Jahrhundert allgemein bekannten Verhältnisse nicht erklären, dass etwa die Gas- und Fettkohlenflöze in verschiedenen Grubenfeldern unterschiedlich große Mengen an Grubengas freisetzten. Schon um die Jahrhundertwende hatte der damalige Leiter des chemischen Laboratoriums der WBK, Professor Dr. Karl Broockmann, auf diese Problematik hingewiesen: „Innerhalb der einzelnen Flötzgruppen zeichnen sich häufig wieder einzelne Flötze durch starke CH_4-Entwickelung aus, die allerdings oft schon innerhalb der Markscheiden einer einzelnen Zeche und mehr noch innerhalb verschiedener Grubenfelder schwankt."[174] Weiter kompliziert wurden die Verhältnisse durch Erfahrungen, nach denen an manchen Stellen die Fettkohlenflöze weniger ausgasten als solche anderer Kohlenarten. Im Widerspruch zur Regel der besonders hohen Methanabspaltung von der Magerkohle zum Anthrazit stand auch die Beobachtung, dass in der Magerkohlengruppe des Ruhrreviers „eine stärkere CH_4-Entwickelung zu den seltenen Ausnahmen" gehörte.[175]

Auf diese Fragen eine schlüssige Antwort zu geben, gelang erst, als man die Regeln der Methangasentstehung mit den um 1950 vorliegenden Kenntnissen zur Geologie und Tektonik des niederrheinisch-westfälischen Steinkohlengebirges in Beziehung setzte. Zum Verständnis der Argumente müssen erneut einige grundlegende Aussagen aus diesen Wissensgebieten kurz referiert werden.

3.2.2.3 Geologische und tektonische Grundlagen des Ruhrreviers

Im Rahmen der Ausführungen über die petrographischen und elementarchemischen Bedingungen der Inkohlung wurde erwähnt, dass sich die Entstehung der geologischen Formationen, die man im bergmännischen Sprachgebrauch Steinkohlengebirge nennt[176], vor etwa 300 Millionen Jahren vollzogen hat. Das Erdzeitalter, für das die Genese des Kohle führenden Schichtenverbands prägend war und das etwa die Zeitspanne von vor 355 bis 286 Millionen Jahren umfasst, wird deshalb als Karbon bezeichnet. Erdgeschichtlich gehört dieser Zeitraum, der sich neben einer ersten Untergliederung in Unter- und Oberkarbon noch tiefer in einzelne Phasen zerteilen lässt, zum Erdaltertum (Paläozoikum).[177]

Bereits am Anfang der davor liegenden Periode des Devons (410 bis 355 Mio. Jahre) hatte sich im heutigen Westeuropa ein ausgedehnter Senkungstrog gebildet. Im Nordwesten und Nordosten formten der „Old-Red-Kontinent" sowie das Kaledonische Kettengebirge, im Südosten die Alemannische Halbinsel die Grenzen dieser sog. Geosynklinale.[178] Von Westen wurde sie von einem flachen und nach Osten vordringenden Meer überflutet. Unter fortlaufender weiterer Absenkung füllte sich der Senkungstrog allmählich mit devonischen und unterkarbonischen Sedimenten unterschiedlicher Zusammensetzung. Dabei trugen von Norden nach Süden verlaufende Wasserströme den abgetragenen Schutt des Kaledonischen Gebirges in Form von Geröllen, Sand, Schlamm und feiner Tontrübe in die Sammelmulde, so dass sich eine Schichtenfolge von insgesamt ca. 10 000 m Mächtigkeit herausbildete.[179]

---

174 zit. Bergbau-Verein (u.a.) (Hrsg.), Die Entwickelung, Bd. 6: Wetterwirtschaft, S. 99.

175 vgl. ebd., S. 98.

176 vgl. Burghardt, Die Mechanisierung, S. 24.

177 Die Chronologie der Erdzeitalter in dieser Arbeit stützt sich auf die Angaben in: Wirtschaftsvereinigung Bergbau e.V., Bonn (Hrsg.): Das Bergbau-Handbuch, Essen, 5. Aufl., 1994, S. 33.

178 vgl. Kukuk, Paul: Unsere Kohlen. Eine Einführung in die Geologie der Kohlen unter Berücksichtigung ihrer Gewinnung, Verwendung und wirtschaftlichen Bedeutung, Leipzig/Berlin, 3. Aufl. 1924 (= Aus Natur und Geisteswelt, Bd. 396), S. 32.

179 vgl. Kukuk, Geologie, Bd. 1, S. 14.

An der Wende von der Unter- zur Oberkarbonzeit setzte dann zunächst eine von Südwesten nach Nordosten vorrückende Gebirgsbildung ein, in der sich das variszische Gebirge auffaltete (sudetische Phase der variszischen Orogenese). An dessen Nordrand verblieb eine Rest-Geosynklinale (subvariszische Vortiefe). Rhythmisch wechselnd kam es in diesem Trog zu Absenkungs- und Stillstandsphasen, wobei nun Reste des variszischen Gebirges als Sedimente in die Senke eingelagert wurden. Im Niveau des anstehenden Grundwassers wuchsen in dieser Tiefebene, begünstigt durch die zu jener Zeit herrschenden tropischen Klimaverhältnisse, die Waldsumpfmoore.[180] Aufgrund der hohen Umgebungstemperaturen und des Wasserreichtums erreichten die krautartigen Gewächse die Größe heutiger Bäume.

Aus geologischer Sicht vollzog sich die Ausbildung der heutigen Kohlenflöze, indem die Moore durch die Sedimentbildner überlagert wurden.[181] Dazu kam es, sobald die Absenkungsdie Sedimentationsrate überstieg.[182] Unter dem Einfluss von Gebirgsdruck und Temperatur verfestigten sich die Moore zu den Kohlenflözen und die übrigen Sedimente zu ton- und sandsteinartigen Schichten, dem späteren Flöznebengestein und Zwischenmittel. Die Vorgänge von Moorbildung und sedimentärer Überdeckung wiederholten sich im Verlauf der Karbonzeit etwa 200 Mal, so dass schließlich eine etwa 4000 m mächtige Sedimentfolge im Oberkarbon entstand, die sich durch Wechsellagen von Kohlenflözen und Flöznebengestein aufbaute.[183] Im ganz überwiegenden Ausmaß von 95 bis 98 % enthält das Steinkohlengebirge Nebengestein und nur 2 bis 5 % entfallen auf Kohlenflöze, die im Sinne des Bergbaus bauwürdig waren bzw. sind.

Als Folge der bedingt regelmäßigen und über einen langen Zeitraum sich erstreckenden Ablagerung der Kohlenflöze ergab sich ein spezifischer Schichtenaufbau – die sog. Stratigraphie des Karbons. Bezogen auf den Querschnitt, lagerten dabei die geologisch ältesten Schichten in den tiefsten und die jüngsten Schichten in den höchsten Bereichen des Steinkohlengebirges. Da die tiefsten Flöze somit am längsten den Bedingungen der Inkohlung – also Auflagerungsdruck und teufenbedingter Temperaturzunahme – ausgesetzt waren, konnten sie den weitesten Fortschritt im Verlauf der Kohlenbildung erzielen. In der Regel handelt es sich bei diesen Schichten im Ruhrgebiet demnach um Magerkohlen. Je geologisch jünger und je höher die Flöze im Steinkohlengebirge gelagert sind, desto geringer wird im Allgemeinen der Inkohlungsgrad.

Die Zusammenhänge zwischen stratigraphischer Tiefe und Inkohlungsgrad der Kohlenflöze waren bereits in den 1870er Jahren von Bergassessor Carl Joseph Hilt (1835 – 1888), dem seinerzeitigen Spezialdirektor der Vereinigungsgesellschaft im Aachener Wurmrevier, erkannt worden.[184] Hilts Überlegungen standen zu jener Zeit im Rahmen allgemeiner Bemühungen, eine Klassifikation der Steinkohlen aufgrund der Koksausbeute zu erstellen. Die weit reichenden Folgerungen, die er aus den reihenmäßigen Untersuchungen des Koksausbringens zog, blieben zunächst in Fachkreisen umstritten, fanden in der Folgezeit jedoch als

---

180 vgl. Dixon, Dougal/Bernor, Raymond L.: Geologie für Amateure. Einführung in die Wissenschaft von der Erde, Köln 1998, S. 153.
181 vgl. BBA 187: Tasch, Karl-Heinz: Flözprofil und Flözgenese. Geologisch-petrologische Untersuchungen an Flözen der Sprockhöveler-, Wittener-, Bochumer-, Essener- und Horster-Schichten im Raume Bottrop, Bochum und Wattenscheid (= ms. Diss. RWTH Aachen) o.J. <1956>.
182 vgl. Bronny/Dege, Raumpotential, S. 83.
183 vgl. BBA 36/304: Oberste-Brink, K[arl]: Der heutige Stand der geologischen Erforschung des Ruhrkohlenbezirks, in: Die Naturwissenschaften 40, 1953, S. 113 – 119, hier S. 113.
184 vgl. Serlo, Die Preußischen Bergassessoren, S. 28 sowie Schunder, Friedrich: Geschichte des Aachener Steinkohlenbergbaus, Essen 1968, S. 190 – 206.

sog. Hiltsche Regel Eingang in die Literatur.[185] Wesentlich später durchgeführte Untersuchungen bestätigten und präzisierten diese Regel, indem gezeigt werden konnte, dass Kohlen der in stratigraphischer Beziehung um 100 m tiefer liegenden Flöze durchweg zwischen 1,2 und 1,6 % weniger Flüchtige Bestandteile abgaben.[186]

In Übereinstimmung mit den vorrangig die chemisch-technischen Eigenschaften der Flözkohlen bestimmenden Regel wurden bereits seit etwa Mitte des 19. Jahrhunderts bestimmte Schichtenfolgen innerhalb des Steinkohlengebirges differenziert. Zur Unterscheidung dieser Flözhorizonte benutzte man bestimmte Leitflöze bzw. Leitschichten, die sich durch gut ausgeprägte Merkmale identifizieren ließen.[187] In einer der ersten umfassenden geologischen Darstellungen des Ruhrkarbons, die 1859 vom späteren Bergrat Heinrich Lottner (1828 – 1866) während dessen Lehrzeit an der Bochumer Bergschule veröffentlicht worden war[188], fand sich von unten nach oben eine Gliederung in mehrere „Etagen"[189]: Zunächst eine Sand- oder Magerkohlen führende, dann eine Ess- oder Sinterkohlen enthaltende und darüber wiederum eine Back- oder Fettkohlen umfassende Flözgruppe. Schließlich benannte Lottner über den genannten Schichten eine Gaskohlen enthaltende Etage.

Bis zu Beginn des 20. Jahrhunderts wurde Lottners erstmals vorgenommene schematische Gliederung der Schichtenfolge des Ruhrkarbons durch verschiedene geologische Arbeiten weiter präzisiert.[190] Neue Erkenntnisse und die Beseitigung mancher Irrtümer ließen sich dabei nicht selten erst durch die Aufnahme des Bergbaubetriebs in bis dahin vom Bergbau unberührten Gebieten erzielen. Noch in den 1880er Jahren war beispielsweise ungeklärt, ob die Steinkohlenlagerstätten des Aachener und des Ruhrreviers überhaupt geologisch zusammenhingen. Einzelne Bergbeamten lehnten zu dieser Zeit eine solche Annahme ab. Erst die Mutungsbohrungen für die bei Hückelhoven gelegene Zeche Sophia-Jacoba durch Friedrich Honigmann (1841 – 1913) beseitigten derartige Zweifel.[191]

Eine neue Etappe auf dem Weg zum Verständnis der Stratigraphie des Ruhrkarbons begann dann um die Mitte der 1920er Jahre. Zunächst wurde auf einer internationalen Geologenkonferenz im niederländischen Heerlen eine international geltende Profilgliederung des Kar-

185 vgl. Patteisky, K[arl]/Teichmüller, M[arlies]: Inkohlungs-Verlauf, Inkohlungs-Maßstäbe und Klassifikation der Kohlen auf Grund von Vitrit-Analysen, Teil 1, in: Brennstoff-Chemie 41, 1960, S. 79 – 84, hier S. 80 f. Zur zeitgenössischen Kritik bezüglich der Kohlenklassifikation vgl. Lameck, Paul Gerhard: Dr. Fritz Muck. Der Begründer der Steinkohlen-Chemie im Ruhrgebiet, Witten 1937, S. 102 f.

186 vgl. Böttcher, Heinrich/Teichmüller, Marlies u. Rolf: Zur Hiltschen Regel in der Bochumer Mulde des Ruhrkarbon, in: Glückauf 85, 1949, S. 81 – 92, hier S. 91.

187 vgl. Hahne/Schmidt, Die Geologie, S. 28.

188 vgl. Serlo, Die Preußischen Bergassessoren, S. 20 sowie Kroker, Evelyn: Der Aufstieg eines preußischen Bergbeamten im 19. Jahrhundert: Oberberghauptmann Albert Ludwig Serlo, in: Der Anschnitt 32, 1980, S. 258 – 277, hier S. 264, S. 258. Zu den Etappen der geologischen Forschungen im Vorfeld von Lottner, insbesondere zur Rolle Heinrich von Dechens, vgl. Langer, Wolfhart: Zur Erforschung der Geologie und Paläontologie Westfalens. Von den Anfängen bis 1900, in: Bartels, Christoph/Feldmann, Reinhard/Oekentorp, Klemens: Geologie und Bergbau im rheinisch-westfälischen Raum. Bücher aus der historischen Bibliothek des Landesoberbergamtes Nordrhein-Westfalen in Dortmund, Münster 1994 (= Schriften der Universitäts- und Landesbibliothek Münster, Bd. 11), S. 13 – 33, hier S. 26 – 30.

189 vgl. Lottner, Heinrich: Geognostische Skizze des Westfälischen Steinkohlen-Gebirges, o.O. 1859.

190 Die Etappen des Forschungsfortschritts und die einschlägigen Veröffentlichungen zusammenfassend vgl. Oberste-Brink, K[arl]/Bärtling, R[ichard]: Die Gliederung des Karbonprofils und die einheitliche Flözbenennung im Ruhrkohlenbecken, in: Glückauf 66, 1930, S. 889 – 893, S. 921 – 933, hier S. 889 ff. In mehreren von Oberste-Brink und Bärtling um 1930 gemeinsam veröffentlichten Arbeiten findet sich bei Bärtling der Vorname Richard. Es handelt sich jedoch um den von der Preußischen Geologischen Landesanstalt mit der geologischen Aufnahme des Ruhrkohlenbeckens beauftragten Landesgeologen Theodor Bärtling. Vgl. Quiring, Heinrich: Bärtling, Theodor Carl Wilhelm Richard, in: Neue Deutsche Biographie 1, 1953, S. 529.

191 vgl. Farrenkopf, Michael/Przigoda, Stefan: Schwarzes Silber. Die Geschichte des Steinkohlenbergwerks Sophia-Jacoba, Essen, 2. Aufl., 1997, S. 14 f.; Wagner, Hermann: Beschreibung des Bergreviers Aachen, Bonn 1881, S. 2 – 64.

bons erarbeitet.[192] Den Nestoren der geologischen Forschung des Ruhrreviers Paul Kukuk (1877 – 1967)[193] und Karl Oberste-Brink (1885 – 1966)[194] gelang es wenig später, eine für die folgenden Jahrzehnte bestimmende Schichtengliederung des Ruhrkarbons in die internationale Systematik einzufügen. Bezogen auf die stratigraphische Tiefe identifizierten sie Mager-, Ess-, Fett-, Gas-, Gasflamm- und Flammkohlenschichten, so dass der Inkohlungsgrad weiterhin das grundlegende Ordnungskriterium blieb.[195]

Vor allem aber schlugen Kukuk und Oberste-Brink eine einheitliche Flözbenennung in allen Bereichen des Karbons vor. Bedingt durch weitere gebirgsbildende Kräfte war das Steinkohlengebirge seit dem Ende der Karbonzeit nachhaltig verändert worden, so dass sich die Lagerstättenverhältnisse je nach der geographischen Lage eines Bergwerks vielfach unterschieden. Wir kommen im Folgenden auf diese Zusammenhänge noch zurück. Die komplizierten Lagerungsverhältnisse hatten im 19. Jahrhundert dazu geführt, dass den gleichen Flözen auf den einzelnen Schachtanlagen verschiedene Namen gegeben worden waren. Das Dortmunder Oberbergamt bemühte sich deshalb seit der Jahrhundertwende, die Namensunterschiede gleicher Flöze sukzessive zu vereinheitlichen. Neben einer Vereinfachung der verwaltungstechnischen und betriebswirtschaftlichen Vorgänge versprach man sich nicht zuletzt auch eine leichtere Untersuchung und Erkennung möglicher Schlagwettergefahren durch eine einheitliche Benennung derselben Flöze.[196]

Schaubild 27: Stratigraphische Gliederung des Ruhrkarbons[197]

Erdgeschichtliche Großgliederung (Abteilung)	Internationale Stufenbezeichnung	Schichtengliederung des Ruhrkarbons nach Kukuk/Oberste-Brink	Schichtengliederung des Ruhrkarbons seit 1943
Oberkarbon	Oberes Westfal (C)	Flammkohlenschichten	Dorstener Schichten
	Mittleres Westfal (B)	Gasflammkohlenschichten Gaskohlenschichten	Horster Schichten Essener Schichten
	Unteres Westfal (A)	Fettkohlenschichten Esskohlenschichten	Bochumer Schichten Wittener Schichten
	Namur	Magerkohlenschichten	Sprockhöveler Schichten

---

192 vgl. Kongreß zur Erörterung der stratigraphischen Verhältnisse des Steinkohlengebirges in den europäischen Kohlengebieten, in: Glückauf 63, 1927, S. 809 sowie Kukuk, P[aul]: Kongreß zur Klärung der stratigraphischen Verhältnisse des Karbons in den europäischen Steinkohlenbezirken, in: Glückauf 63, 1927, S. 1133 ff.; ferner: Oberste-Brink, Karl/Heine, Friedrich: Stratigraphie und Tektonik der einzelnen in Abbau befindlichen Gebiete und Vorkommen. Das niederrheinisch-westfälische Gebiet, in: Bergbau-Verein (Hrsg.): Der deutsche Steinkohlenbergbau. Technisches Sammelwerk, Bd. 1: Geologie, Geophysik, Berechtsamswesen, Essen 1942, S. 9 – 98, hier S. 11 f.

193 Zur Biographie des Leiters der Geologischen Abteilung der WBK und außerordentlichen Professors für angewandte Geologie an der Universität Münster vgl. Kroker, Evelyn: Kukuk, Paul, in: Neue Deutsche Biographie 13, 1982, S. 272 sowie Wolansky, Dora: Paul Kukuk zum Gedächtnis, in: Glückauf 103, 1967, S. 1218 f.

194 vgl. Kroker, Evelyn: Karl Oberste-Brink (1885 – 1966), in: Weber, Wolfhard (Hrsg.): Ingenieure im Ruhrgebiet, Münster 1999 (= Rheinisch-Westfälische Wirtschaftsbiographien, Bd. 17), S. 373 – 389.

195 vgl. Kukuk, Paul: Die neue stratigraphische Gliederung des rechtsrheinischen Karbons, in: Glückauf 64, 1928, S. 685 – 695.

196 vgl. Kroker, Karl Oberste-Brink, S. 381. Zur Vereinheitlichung und zur Etymologie der Mager-, Ess- und Fettkohlenschichten mit Blick auf die Flöze der Bochumer Zeche Ver. Engelsburg, vgl. Dilly, Reinhard: Engelsburg. Gestern und heute, Bochum-Engelsburg 1992, S. 38 – 47.

197 Zusammengestellt aus Hahne/Schmidt, Die Geologie, S. 28 sowie Patteisky, Die Veränderungen der Steinkohlen, S. 82.

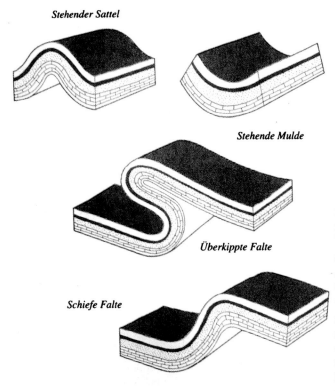

Stehender Sattel

Stehende Mulde

Überkippte Falte

Schiefe Falte

Abb. 5: Geologische Faltenbildung

Mit zunehmender Vervollständigung der geologischen Kenntnisse zeigte sich bald, dass bei der Identifizierung der gleichen Flöze über die gesamte Flächenerstreckung des Reviers der Inkohlungsgrad eines Flözes keineswegs gleich blieb. Diejenigen Flöze, die in der Region um Bochum beispielsweise in die Fettkohlenschichten einzuordnen waren, hatten im Bereich der Emscher Mulde bereits Esskohlen-Charakter. Verfolgte man sie weiter bis zur Lagerstätte von Sophia-Jacoba an der nördlichen Grenze des Aachener Reviers, so war ihr Inkohlungsgrad bis zum Anthrazit fortgeschritten. Die Bezeichnung der stratigraphischen Schichtenglieder nach dem Inkohlungsgrad erwies sich damit als zunehmend unzweckmäßig.

Nach einer 1943 im Reichsamt für Bodenforschung einberufenen Besprechung änderte man deshalb die Benennung der Schichtenfolge im Ruhrkarbon in Anlehnung an andere Kohlenbezirke dahingehend, dass anstelle des Inkohlungsgrades Ortsnamen traten. Bis heute unterteilt man die Stratigraphie des Steinkohlengebirges an der Ruhr deshalb vom Liegenden zum Hangenden in Sprockhöveler, Wittener, Bochumer, Essener, Horster und Dorstener Schichten (vgl. Schaubild 27).[198]

Gegen Ende des Oberkarbons wurde das Steinkohlengebirge erneut von einer nach Norden weiter fortschreitenden Gebirgsbildung (asturische Phase der variszischen Orogenese) erfasst. Die bis dahin in der subvariszischen Vortiefe horizontal abgelagerten Flöz- und Nebengesteinsschichten waren hierbei einem von Süden angreifenden Pressungsdruck unterworfen, der den gesamten Schichtenverband in nördlicher Richtung auffaltete. Die bruchlosen Verformungen gliederten das Ruhrkarbon so in tiefergelegene Mulden und herausgehobene Sättel, die jeweils von Westsüdwest nach Ostnordost verliefen. Der geologischen Forschung waren diese Hauptfaltungszonen[199] bereits früh bekannt.[200] Insbesondere im Süden des Ruhrreviers, in der Wittener Hauptmulde südlich des Stockumer Hauptsattels, traten zu der

198 vgl. Patteisky, Die Veränderungen der Steinkohlen, S. 82.
199 Von Süden nach Norden werden heute unterschieden: Wittener Hauptmulde, Stockumer Hauptsattel, Bochumer Hauptmulde, Wattenscheider Hauptsattel, Essener Hauptmulde, Gelsenkirchener Hauptsattel, Emscher-Hauptmulde, Vestischer Hauptsattel, Lippe-Hauptmulde und Dorstener Hauptsattel. Vgl. Hahne/Schmidt, Die Geologie, S. 41.
200 vgl. Oberste-Brink, Der heutige Stand, S. 116.

Hauptfaltenbildung zahlreiche Einzelfaltungen hinzu. Hierzu zählen beispielsweise die Herzkämper Mulde und der Esborner Sattel.[201]

Die stärkere Spezialfaltung am Südrand hatte zur Folge, dass hier die Kohlenflöze erheblich aus dem ehemals horizontalen Verlauf herausgehoben wurden und in steile Lagerungen übergingen.[202] Die in nördlicher Richtung flachere Faltung und die sich daraus ergebende regelmäßigere Flözlagerung erklärten sich nach älteren geologischen Ansichten mit einer Abnahme des Faltungsdrucks während der asturischen

Abb. 6: *Überschiebung auf einem Wechsel*

Phase der variszischen Gebirgsbildung. Heutige Auffassungen favorisieren dagegen eine Stockwerkstektonik infolge disharmonischer Lagerung des gesamten Steinkohlengebirges. Dabei geht man davon aus, dass im oberen Stockwerk mit den geologisch jüngeren Steinkohlenflözen grundsätzlich geringere Faltungen als in den älteren und tieferen Schichten stattgefunden haben. Die flachen und ungestörteren Verhältnisse der heute im Norden des Reviers ausgebeuteten Flöze sind demnach die Folge einer Kippung der gesamten Scholle des Steinkohlengebirges nach Norden. Während die jüngeren Schichten im Norden im erdgeschichtlichen Verlauf bestehen blieben, sind sie im Süden flächenhaft abgetragen worden.[203]

Neben der bruchlosen Verformung mit Faltenbildung hatte die tektonische Veränderung des Steinkohlengebirges auch ein Zerreißen der Schichten zur Folge. Dies geschah, sobald der anliegende Druck die Festigkeitskräfte des Gebirges überschritt. Einzelne Parzellen des Gebirgskörpers wurden an den Zerreißungsflächen gegeneinander verschoben, so dass die ehemalige Grundform anschließend zerstört (bergmännisch: gestört) war. Im Ruhrkarbon existieren eine ganze Reihe unterschiedlicher Störungen, die grundsätzlich in Überschiebungen auf Wechseln, Abschiebungen auf Sprüngen und Verschiebungen auf Blättern eingeteilt werden.[204] Zum Verständnis der Gasführung reicht es, lediglich die Wechsel und Sprünge etwas genauer zu kennzeichnen. Beide Störungsarten hatten verschiedene Ursachen. Flächenmäßig betrachtet (vgl. Abb. 9), führen sie zu einer Längs- und Quergliederung des Ruhrkarbons.

Ebenso wie die Falten verlaufen auch die Wechsel im Ruhrrevier von Westsüdwest nach Ostnordost, weil sie den Flanken der Hauptsättel aufsitzen und diese über weite Erstreckung begleiten. Zur Entstehung von Wechseln kam es, wenn im Verlauf der Gebirgsbildung der Pressungsdruck so stark wurde, dass die Faltenbildung allein nicht genügend Druckausgleich lieferte. In der geschwächten Zone rissen die Schichten ab und die von Süden nachdrängenden Gebirgsmassen schoben sich über bzw. unter den nördlich der Störung gelegenen Gebirgsblock. Es entstand eine sog. Über- bzw. Unterschiebung (vgl. Abb. 6). Karl Oberste-Brink teilte 1938 die Wechsel in Abhängigkeit ihrer Lage auf den Süd- bzw. Nordflanken der Sättel

201 vgl. Hahne/Schmidt, Die Geologie, S. 41.
202 vgl. Burghardt, Mechanisierung, S. 25.
203 vgl. Böttcher, Heinrich: Die Tektonik der Bochumer Mulde zwischen Dortmund und Bochum und das Problem der westfälischen Karbonfaltung, in: Glückauf 61, 1925, S. 1145 – 1153, S. 1189 – 1194; ferner Seidl, E[rich]: Erklärungen der Gesamttektonik des Ruhr-Lippe-Gebietes durch Hohlformdruck, in: Der Bergbau 46, 1933, S. 135 – 141, hier S. 135 ff.; zusammenfassend aus heutiger Sicht: Bronny/Dege, Raumpotential, S. 84.
204 vgl. Hahne/Schmidt, Die Geologie, S. 46.

in solche der ersten und zweiten Folge ein. Nach seiner Feststellung wiesen die Nordflügel der Hauptsättel eine stärkere Faltung auf als die Südflügel.[205] Als wichtigste Wechsel im Ruhrkarbon sind von Süden nach Norden zu nennen: Die südfallende Satanella (auch Hattinger Wechsel) und das nordfallende Scharnhorster Wechsel-System auf den Flanken des Stockumer Hauptsattels. Den Wattenscheider Hauptsattel begleiten der südfallende Sutan und der nordfallende Hannibal-Wechsel. Im Bereich des Gelsenkirchener Hauptsattels be-

Abb. 7: Abschiebung auf einem Sprung

findet sich der südfallende Gelsenkirchener Wechsel und dem Vestischen Hauptsattel folgt schließlich das südfallende Gladbecker (oder Scholvener) Wechsel-System.[206]

Nach Abschluss der variszischen Gebirgsbildung unterlag das Steinkohlengebirge einer ostwestlichen Dehnung, wodurch die gefalteten Gesteinsschichten nun etwa rechtwinklig zum Faltenverlauf in einzelne Gebirgsschollen zerrissen wurden.[207] Die Zerrkräfte längten das Ruhrkarbon von Westsüdwest nach Ostnordost um 5 bis 10 %.[208] Infolge der Auflockerung des Gebirges entstanden von Nordnordost nach Südsüdwest verlaufende Zerrklüfte, an denen die einzelnen Gebirgsschollen unterschiedlich stark in die Tiefe sanken. Entlang der Querstörungen versprang – deshalb Sprünge – das gefaltete Gebirge zum Teil in erheblichem Ausmaß in Gräben, Horste und Bruchstaffeln.

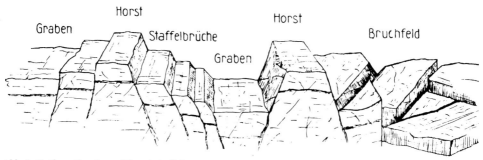

Abb. 8: Gräben, Horste und Bruchstaffeln

Zu den großen Querstörungen des Ruhrreviers gehören von Westen nach Osten der Rheinpreußen-, der Thyssen-Westende-, der Lohberger-, der Neumühl-Concordia-, der Kölner-Bergwerksverein-, der Graf Moltke-Wilhelmine-Victoria-, der Graf Bismarck-Dahlhauser Tiefbau- (Primus), der Herner- (Sekundus), der Blumenthaler- (Tertius), der Kirchlinder- (Quartus), der Bickefelder- (Quintus), der Achenbacher-, der Kurler-, der Unnaer-, der Königsborner- und schließlich der Fliericher-Sprung. Daneben treten noch zahlreiche größere und kleinere Sprünge im Ruhrkarbon auf, die hier nicht genannt werden sollen.

---

205 vgl. Oberste-Brink, Karl: Der Mechanismus der tektonischen Bewegungsvorgänge im Ruhrbezirk, in: Kukuk, Geologie, Bd. 1, S. 315 – 347, hier S. 321 – 331.
206 vgl. Hahne/Schmidt, Die Geologie, S. 46 f.
207 Zu den geologischen Altersbeziehungen der Hauptstörungsformen des Ruhrkarbons vgl. Pilger, A.: Der tektonische Bau des Ruhrkarbons, in: Bergbau-Rundschau 8, 1956, S. 400 – 405, hier S. 401.
208 vgl. Oberste-Brink/Heine, Stratigraphie und Tektonik, S. 84.

118

3.2.2.4 Großräumliche Kennzeichen der Grubengasführung im Ruhrrevier

Bei der Entwicklung einer schlüssigen Theorie zur natürlichen Grubengasführung im Ruhrrevier gingen die Forscher um Karl Patteisky zu Beginn der 1950er Jahre davon aus, dass gegen Ende des Karbonzeitalters auch im niederrheinisch-westfälischen Steinkohlengebirge die Methangasentstehung unter den rechnerischen und kohlenpetrographischen Regeln verlaufen war. In dieser sog. Hauptinkohlungsphase[209] hatten demnach sowohl die Gas- und Fettkohlen, als auch die Magerkohlen die Hauptmengen an Methan abgespalten. Eine unbedingte Gültigkeit der Grundregeln der Methangasentstehung für jede Kohlenlagerstätte folgerten sie mit Blick auf die Kohlenreviere in Südwest-Pennsylvania, Südwales und Belgien. In den ersten beiden Fällen war die höchste Gasführung beim Anthrazit und in Belgien bei den Magerkohlen anzutreffen.[210]

Im Unterschied zu den genannten Revieren, bei denen das durch den Bergbaubetrieb freigesetzte Methan offensichtlich noch aus der Hauptinkohlungsphase stammte, war im Ruhrrevier nach Patteiskys Überzeugung das im Oberkarbon entsprechend den Regeln gebildete Grubengas im Verlauf der langen erdgeschichtlichen Zeiträume vollständig aus dem Steinkohlengebirge entwichen. Dafür sprach nicht nur die erwähnte, seit langem bekannte niedrige Gasführung der Magerkohlenflöze im Ruhrgebiet. Auch die Rechnungsmodelle untermauerten eine solche Annahme. Unter der Voraussetzung, dass 1 m^3 Methan bei einer Temperatur von 0 °C und einem Druck von 1,013 bar (= 1 atm bzw. 760 Torr) 0,7168 kg wog, ließen die Berechnungen der Methanabspaltung auf dem Weg des Inkohlungsfortschritts eine Ermittlung der Abspaltungsmengen für 1 t Kohle zu. Bei einer Kohle, die je zur Hälfte aus Vitrit und Magerkohle bestand, mussten beim Fortschreiten der Inkohlungsstufen von der Gasflamm- bis zur Magerkohle auf 1 t Kohle rund 300 m^3 Methan abgegeben worden sein. Rechnete man die für den Bergbau an der Ruhr allerdings wenig relevante weitere Inkohlung der Magerkohle über Anthrazit bis zum Graphit hinzu, so stieg der rechnerische Wert bis auf 540 m^3 Methan je 1 t Kohle.[211]

Die seit dem Ende des 19. Jahrhunderts gemessenen Ausgasungsraten der Zechen des Ruhrreviers lagen jedoch weit unterhalb dieser Rechnungswerte. Selbst die im Vergleich der Ruhrzechen an der Spitze rangierende Schachtanlage Hibernia in Gelsenkirchen erreichte nur 50 bis 100 m^3 CH$_4$/t. Sogar im besonders stark gasenden Ostrau-Karwiner Bergrevier am Südsaum des oberschlesischen Steinkohlenbeckens gingen die Messergebnisse nicht weit über 150 m^3 CH$_4$/t hinaus.[212] Gerade im Ruhrbergbau konnte es sich deshalb bei dem vom Bergbaubetrieb freigesetzten Grubengas nicht um das Methan handeln, das bereits während der Hauptinkohlung in weit größerem Ausmaß entstanden sein musste. Vielmehr war dessen Auftreten im Steinkohlengebirge durch eine sog. Nachinkohlungsphase zu erklären, die erst nach Abschluss der Hauptinkohlung durch die tektonischen Veränderungen der Lagerstätte bewirkt worden war.

Mit den gebirgsbildenden Kräften waren Zug-, Druck- und Schubspannungen aufgetreten, die einer Bewegungsenergie der Gebirgsschichten entsprachen. Nach Meinung Patteiskys hatte sich diese Bewegungsenergie bei der Verformung der Schichten durch Reibung an den entstandenen Bewegungsflächen – also insbesondere in den Störungszonen – in „tektonische

209 vgl. Patteisky, Die Entstehung, S. 8 f.
210 vgl. ebd., S. 12.
211 vgl. Patteisky, Grubengas- und Schlagwetterkunde, S. 4 f.
212 vgl. Gothan, W.: Schlagwetter und Kohle, in: Kohle und Erz 27, 1930, Sp. 703 – 708, hier Sp. 705; ferner Patteisky, K[arl]: Die Geologie der im Steinkohlengebirge auftretenden Gase, in: Glückauf 62, 1926, S. 1609 – 1621, S. 1641 – 1651, hier S. 1618 f.

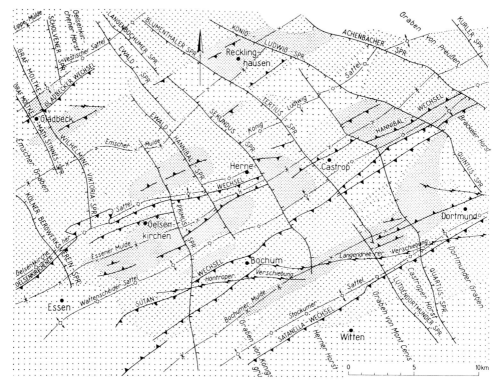

Abb. 9: Die natürliche Grubengasführung im mittleren Teil des Ruhrreviers

Wärme" umgewandelt. Den in der Hauptinkohlungsphase entscheidend wichtigen Kriterien Auflagerungsdruck und Temperaturzunahme mit stratigraphischer Tiefe entsprachen bei der Nachinkohlung also tektonisch bedingter Faltungsdruck und tektonisch bedingte Temperaturerhöhung. Überall dort, wo eine Nachinkohlung aufgrund der Tektonik vonstatten gegangen war, galten wiederum die rechnerischen und kohlenpetrographischen Regeln der Methangasentstehung.[213] Außerdem mussten für das Anspringen der Nachinkohlung bei den fortgeschrittenen Inkohlungsstufen die tektonischen Kräfte immer stärker gewesen sein. Die weitgehende Gasfreiheit der Magerkohlenflöze am Südrand des Ruhrreviers war folglich darauf zurückzuführen, dass hier trotz des hohen Faltungsgrades der Schichten die im Vergleich zu den Gas- und Fettkohlen wesentlich höheren Grenzdrücke für die Nachinkohlung der Magerkohle nicht erreicht worden waren.[214]

Mit dem theoretischen Konzept der Nachinkohlung ließen sich nun erstmals schlüssige Aussagen über die Prinzipien der Gasführung im Ruhrkarbon gewinnen. Als erste allgemein gültige Annahme galt, dass innerhalb der von den Sprüngen begrenzten Gebirgsschollen die tektonischen Umbildungen mit unterschiedlicher Stärke abgelaufen waren. Insofern hatten hier jeweils verschiedene Drücke bzw. Temperaturen vorgelegen, die innerhalb der Schollengrenzen eine unterschiedlich starke Nachinkohlung und Methanbildung bewirkt hatten. Damit war weiter zu erklären, warum Schichtenpakete gleichen Inkohlungsgrades zwischen den großen Querstörungen im Ruhrrevier stärker und schwächer ausgasten. Mit Blick auf die Abb. 9 sei hier beispielsweise auf die verschieden starke Grubengasführung im Gebirgstrum westlich und östlich des Primus-Sprunges im Bereich der Essener Mulde verwiesen. Im west-

---

213 vgl. Patteisky, Die Entstehung, S. 6.
214 vgl. ebd., S. 6, S. 17; ferner Patteisky, Der verschiedene Grad der Grubengasführung, S. 566.

lichen, wesentlich stärker gasenden Teil lag die Zeche Hibernia, die beim Abbau ihrer Fettkohlenflöze in der zweiten Hälfte des 19. Jahrhunderts mit der höchsten gemessenen Ausgasung konfrontiert war.[215]

Innerhalb der unterschiedlich stark gasenden Schollen kamen den auf den Hauptsätteln auf-
sitzenden Wechseln besondere Bedeutung für eine stärkere Grubengasführung zu. Hier war
es im Verlauf der tektonischen Umbildung des Steinkohlengebirges zu den geschilderten
Über- bzw. Unterschiebungen gekommen. Dabei waren abermals verschiedene Belastungs-
drücke ausgeübt worden, die zu einer kleinräumlichen Nachinkohlung geführt hatten. Patteisky leitete für die Wechsel die prinzipielle Regel ab, dass bei Überschiebungen die untere,
d. h. die überschobene Scholle eine höhere Gasführung aufwies. Bei Unterschiebungen gaste
hingegen die obere Scholle stärker. Begründet wurde die Regel mit der Überlegung, dass bei
Überschiebungen die untere Scholle während des Bewegungsablaufes stärker abgebremst
worden war. Dadurch hatten größere Kräfte auf die untere Scholle gewirkt, die in tektonische
Temperaturzunahme umgesetzt worden waren und in der Scholle die Nachinkohlung mit
Gasabspaltung ausgelöst hatten. Bei Unterschiebungen galten entsprechende Überlegungen
für eine stärke Bremswirkung in der oberen Scholle.[216]

Aus Abb. 9 lassen sich die Zonen starker Gasführung im Verlauf der Wechsel gut erkennen:
Am Südflügel der Bochumer Mulde verläuft ein schmales Band hoher Gaskonzentration entlang des Colonia-Wechsels, der östlich des Quartus-Sprunges als Scharnhorster Wechsel bezeichnet wird. Innerhalb dieses stark gasenden Wechselsystems, jeweils etwas nördlich bzw.
südlich der Langendreerer Verschiebung, befanden sich beispielsweise die Grubenfelder der
Schachtanlagen Neu-Iserlohn und Bruchstrasse. Südlich der Essener Mulde zeigt sich die erhöhte Gasführung bei Gelsenkirchen im nordfallenden Wechselsystem zwischen Wattenscheider Sattel und Essener Mulde. Neben der Zeche Hibernia förderten hier die Bergwerke
Rheinelbe und Holland die Steinkohlen zu Tage. In östlicher Richtung erreicht die Grubengasführung südlich der Essener Mulde in der Hannibal-Wechselzone, insbesondere in der
Gebirgsscholle zwischen Quartus- und Quintus-Sprung, nochmal ein hohes Maß. Am Südflügel der Emscher Mulde nimmt die Gasführung schließlich im Bereich des Graf-Bismarck-
Wechsels zu.

Betrachtet man die Gasführungskarte des mittleren Ruhrreviers zusammenfassend, so ergibt sich ein Flächenraster mit Kernbereichen hoher Methankonzentration. In Querrichtung
ist die Gliederung durch prinzipiell stärker oder schwächer gasende Schollen gekennzeichnet. Innerhalb der Schollen springt überall dort, wo Wechsel vorhanden sind, der Grad der
Grubengasführung nochmals prinzipiell an. Entsprechend der Quergliederung gilt dies für
die schwächer gasenden Schollen in geringerem und für die stärker gasenden in stärkerem
Maß.

3.2.3 Einflüsse der Grubengasführung auf die Entwicklung der natürlichen Ge-fährdung

Die Gefährdung eines Bergwerks durch das Auftreten von schlagenden Wettern hing im
Ruhrrevier zunächst davon ab, ob dessen Grubenfelder in stärker oder schwächerem Maß
gasführend waren. Der regionalen Lage einer Zeche innerhalb des Ruhrreviers kam somit
für den naturgegebenen Gefährdungsgrad eine erhebliche Bedeutung zu. Eine verbindende

---

215 vgl. Bergbau-Verein (u.a.) (Hrsg.), Die Entwickelung, Bd. 6: Wetterwirtschaft, S. 89.
216 vgl. Patteisky, Die Entstehung, S. 7.

Betrachtung der seit den 1960er Jahren bekannten flächenbezogenen Grubengasführung mit der durch bergtechnische und infrastrukturelle Faktoren bestimmten geographischen Schwerpunktverlagerung des Ruhrbergbaus in nördlicher Richtung bietet die Möglichkeit, allgemeine Strukturen zu- bzw. abnehmender natürlicher Gefährdung im Verlauf des 19. Jahrhunderts zu identifizieren. Einfacher formuliert geht es also um die Frage, innerhalb welcher Zeiträume die Gesamtheit der Bergwerke im Ruhrgebiet mehrheitlich in stärker oder schwächer gasenden Bereichen betrieben wurde.

Die Anfänge der Steinkohlengewinnung an der Ruhr liegen im Mittelalter[217] und wegen der über Jahrhunderte vorherrschenden, aus bergtechnischer Sicht primitiven Abbauform des Pingenbaus[218] war sie räumlich lange Zeit auf die Ruhrufergebiete beschränkt. Auch der Stollenbergbau, dessen Ursprünge zwar an das Ende des 16. Jahrhunderts zurückreichen[219], der aber erst im 18. Jahrhundert durch die Versuche des brandenburg-preußischen Zentral-staates zur Umsetzung der merkantilistisch-kameralistischen Wirtschaftspolitik im Montan-wesen[220] eine starke Verbreitung fand, änderte dies nicht. Zwar wurde das gemeinhin als „Raubbau" beschriebene Abgraben der an der Tagesoberfläche „ausstreichenden" Kohlen-flöze nun durch ein „geordneteres" Abbausystem ersetzt. Vor allem die durch Erbstollen[221] bewerkstelligte Wasserhaltung verhinderte jedoch bis Anfang des 19. Jahrhunderts ein räumliches Fortschreiten des Bergbaus aus den Grenzen der durch zahlreiche Hügel und Tä-ler (= Siepen) bestimmten südlichen Zone entlang der Ruhr.

Erst im Verlauf des 19. Jahrhunderts hat sich die bergbaugeprägte Industrielandschaft mit abgrenzbaren Phasen von den alten Baufeldern nach Norden ausgedehnt. Als es in den

---

217 Je nach geographischem Schwerpunkt finden sich in der montanhistorischen Literatur zum Ruhrbergbau unterschiedliche Datierungen des ersten schriftlichen Erwähnung der Steinkohlengewinnung. Für den Dort-munder Raum wird in der Regel eine Datierung vor 1296/1302 vorgenommen. Vgl. Gebhardt, Ruhrbergbau, S. 2 f.; Pfläging, Kurt: Die Wiege des Ruhrkohlenbergbaus. Die Geschichte der Zechen im südlichen Ruhrge-biet, Essen 1978, S. 17 – 20 sowie Mämpel, Arthur: Bergbau in Dortmund. Von Pingen und Stollen bis zu den Anfängen des Tiefbaus, Dortmund 1963, S. 7 – 10; darauf Bezug nehmend: Kroker, Evelyn/Huske, Joachim: Daten zur Geschichte des Ruhrbergbaus, in: Huske, Steinkohlenzechen, S. 11 – 19, hier S. 11. Im Duisburger Bereich wird eine frühere schriftliche Erwähnung für das Jahr 1129 herangezogen. Vgl. Volkert, Ralf: Ge-schichte des märkischen Steinkohlenbergbaus. Von den Anfängen bis zur Bergrechtsreform 1865, Witten 1986, S. 4. Wilfried Reininghaus weist in jüngerer Zeit zu Recht darauf hin, dass die Frage nach den ältesten Nachrichten über den Fund oder die Nutzung der Steinkohle „müßig" sei, da die erhaltenen Zeugnisse mehr oder minder als Zufälle der Überlieferung gewertet werden müssen. Gerade weil die Stifter Essen und Wer-den sowie die einzige westfälische Reichsstadt Dortmund über eine reiche Urkundenüberlieferung verfügen, rücken sie allenfalls exemplarisch in den Blick. Vgl. Reininghaus, Wilfried: Der märkische Steinkohlenberg-bau und Brandenburg-Preußen. Ein Überblick über die Entwicklung bis 1770, in: Huske, Joachim/Reining-haus, Wilfried/Schilp, Thomas: Das Muth-, Verleih- und Bestätigungsbuch 1770 – 1773. Eine Quelle zur Frühgeschichte des Ruhrbergbaus (= Veröffentlichungen des Stadtarchivs Dortmund, Bd. 9), S. 13 – 50, hier S. 16.
218 Als anschauliche Darstellung dieser frühesten Art der Steinkohlengewinnung vgl. Pfläging, Kurt: Steins Rei-se durch den Kohlenbergbau an der Ruhr. Der junge Freiherr vom Stein als Bergdirektor in der Grafschaft Mark, Horb am Neckar 1999, S. 19 f.
219 vgl. Kroker/Huske, Daten, S. 11 sowie Fessner, Michael: Der märkische Steinkohlenbergbau vor der Indus-trialisierung: 1600 – 1806/07. Ein Forschungsproblem, Teil 1, in: Der Anschnitt 44, 1992, S. 150 – 161, hier S. 154 f.
220 Zur Diskussion über die Auswirkungen der merkantilistisch-kameralistischen Wirtschaftspolitik auf das Montanwesen in Konkurrenz zum ständischen Regionalismus und der sektoralen Wirtschaftspolitik in Kle-ve-Mark im 17. und 18. Jahrhundert vgl. Fessner, Michael: Steinkohle und Salz. Der lange Weg zum indus-triellen Ruhrrevier, Bochum 1998 (= Veröffentlichungen aus dem Deutschen Bergbau-Museum Bochum, Nr. 73), S. 14 – 19 sowie Ders.: Der märkische Steinkohlenbergbau zur Zeit Carl Arnold Kortums. Staatliche Bergverwaltung und Knappschaftsgründung, in: Seebold, Gustav (Red.): Carl Arnold Kortum 1745 – 1824. Arzt, Forscher, Literat, Essen 1995, S. 58 – 69, hier S. 58 – 63.
221 vgl. Winkelmann, Heinrich: Die Ruhrzechen in dem Generalbefahrungsprotokoll des Reichsfreiherrn vom und zum Stein, in: Der Anschnitt 9, 1957, Heft 5, S. 3 – 10, hier S. 8 f. sowie Rumscheid, Ewald: Der Schlebu-scher Erbstollen, in: Jahrbuch des Vereins für Orts- und Heimatkunde in der Grafschaft Mark 43, 1930, S. 84 – 103.

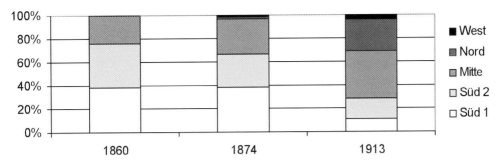

Schaubild 28: Etappen der Nordwanderung im Ruhrbergbau nach fördernden Zechen[222]

1830er Jahren bergtechnisch gelang, nördlich der etwa in waagerechter Linie von Essen über Bochum in den Süden von Dortmund verlaufenden Mergelgrenze Schächte abzuteufen und mit wesentlich höherem technischen Aufwand auch Bergbau zu betreiben, griff der Kohlenabbau allmählich auf die Hellwegzone über.[223] Noch bis zur Mitte des Jahrhunderts blieb indes der Bereich des zutagetretenden flözführenden Karbons der bergbaubetriebliche Kernraum. Die Zahl der 1850 bei Essen, Wattenscheid, Bochum, Dortmund und Unna gelegenen „Mergel-" bzw. Tiefbauzechen belief sich zunächst auf nicht mehr als 16 Anlagen.[224] In der anschließenden wirtschaftlichen Aufschwungphase von 1854 bis 1857 wurde die Hellwegzone wenig später erst vollständig erschlossen. Dies führte zwangsläufig zu einer wesentlichen Vermehrung der Tiefbauschächte.

Im Zuge der wirtschaftlichen Euphorie nach der Reichsgründung 1871 dehnte sich der Ruhrbergbau weiter in die Emscherzone aus. Durch die Teufenzunahme der Kohlenflöze gelangten diese Bergwerke meist erst nach einer längeren Vorrichtungsphase zu Beginn der 1880er Jahre in Förderung. Bei ihrem Abteufen stellten sich häufig Schwierigkeiten durch das Auftreten von Fließsand ein. Gelöst wurden sie durch die Entwicklung innovativer Schachtbaumethoden.[225] Bis zur Jahrhundertwende setzte sich die Nordwanderung schließlich bis in die Lippezone fort (vgl. Schaubild 28).

Bezogen auf die natürliche Grubengasführung des Ruhrreviers bedeutet die knapp skizzierte Schwerpunktverlagerung des Bergbaubetriebes, dass zumindest bis etwa 1850 der Abbau ganz überwiegend in tendenziell schwach gasenden Bereichen umgegangen sein muss. Die nahezu vollständige Beschränkung auf die Ruhrzone hatte zur Folge, dass vorrangig die beiderseits des Ruhrufergebietes zu Tage tretenden Magerkohlenflöze ausgebeutet wurden, die gemäß den naturgegebenen Regeln der Methanentstehung im Ruhrrevier wenig ausgasten. Wir wollen im Folgenden diese generelle These genauer untersuchen, indem wir dem Auftreten von Schlagwettern in der Zeit bis zur Jahrhundertmitte nachgehen.

---

222 vgl. Tenfelde, Sozialgeschichte, S. 37: Süd 1 = Gruben südlich der Ruhr, Süd 2 = Gruben zwischen Ruhr und Mergellinie, Mitte = Gruben von der Mergellinie bis zur Emscher, Nord = Gruben nördlich der Emscher und West = linksrheinische Gruben.

223 Es sei angemerkt, dass der Prozess der Nordwanderung mit einer Reihe weiterer strukturbildender Faktoren, wie etwa großbetrieblicher Produktionsweise, erhöhten Kapitalbedarfs, Ausbau der Verkehrsinfrastruktur und Erweiterung der Absatzmärkte verbunden war. Die Darstellung der Nordwanderungsetappen erfolgt hier bewusst eindimensional unter Berücksichtigung der wesentlichen bergtechnischen Zäsuren. Als konzentrierte Darstellung mit Berücksichtigung auch der übrigen Faktoren sowie der grundlegenden Literatur vgl. Tenfelde, Sozialgeschichte, S. 33 – 43.

224 vgl. Dege, Wilhelm: Großraum Ruhr. Wirtschaft, Kultur und Politik im Ruhrgebiet, Düsseldorf/Braunschweig 1973, S. 23.

225 vgl. Bergbau-Verein (u.a.) (Hrsg.): Die Entwickelung, Bd. 3: Stollen, Schächte, S. 170 – 536.

3.2.3.1 Strukturen der natürlichen Gasgefährdung vor 1850

Genauere Kenntnisse über die Methanbildung auf den Ruhrzechen vor 1850 erschließen sich nur schwer, weil erstens eine Unglücksstatistik erst für die folgenden Jahre vorhanden ist. Zweitens existieren kaum zeitgenössische Berichte über das Problem, durch die sich Rückschlüsse auf das natürliche Gefährdungspotential einzelner Zechen ergeben. Schon Bergassessor Hermann Kette[226], der sich vermutlich während oder kurz nach seiner Assessorenzeit am Dortmunder Oberbergamt der Aufgabe unterzog, die historischen Grundlagen des „Auftreten[s] von Grubengas im Ruhrbezirk" für das vom Bergbau-Verein Anfang des 20. Jahrhunderts herausgegebene Sammelwerk „Die Entwickelung des Niederrheinisch-Westfälischen Steinkohlen-Bergbaues" zu verfassen, stand vor der gleichen Schwierigkeit: „Schlagende Wetter sind schon seit alters her auf den Ruhrzechen bekannt, wenn auch über das mehr oder minder gefährliche Auftreten derselben nur spärliche Nachrichten aus früheren Zeiten vorliegen."[227] Kettes quellenkritische Äußerung wiegt umso schwerer, als er zumindest während seiner Beschäftigung bei der Bergbehörde sicher Zugang zu den Oberbergamtsakten hatte und diese gerade aufgrund des Fehlens anderer Hinweise zu Rate gezogen haben dürfte.

Aufschlussreich und doch wenig präzise ist Kettes Hinweis auf die „seit alters her" bekannte Konfrontation der Bergleute mit den Schlagwettern. Dass diese Gefahr in jedem Fall bereits vor der Jahrhundertmitte im Ruhrbergbau eine Rolle spielte, beweisen die bergbehördlichen Instruktionen für das Steigerpersonal im Direktionsprinzip. In den Anweisungen des Jahres 1824 regelt der § 15 zwei spezielle Maßnahmen, die zur Verhinderung von Schlagwetterexplosionen vorzusehen waren. Überall, „wo schlagende Wetter sich bilden", sollte der Steiger dafür Sorge tragen, dass anstatt der gewöhnlichen Gruben- die Sicherheitslampe angewandt wird und ein Aufhauen von tieferen zu höheren Sohlen unterbleibt. Letztere Bestimmung begründete die Instruktion bereits mit dem geringeren Gewicht des Methangases gegenüber der „atmosphärischen" Luft, wodurch die Schlagwetter die Eigenschaft besäßen, „sich mithin immer in den oberen Räumen" zu sammeln.[228] In den 1820er Jahren war also das Auftreten von Schlagwettern im Ruhrbergbau so bekannt, dass eine durchaus differenzierte Behandlung der Explosionsproblematik vorgenommen wurde.

Der vergleichsweise frühe Regelungsbedarf der Schlagwettergefahr scheint zunächst unserer These von der tendenziell schwachen Gasführung bis 1850 zu widersprechen. Entscheidend ist allerdings die Frage, auf welchen und auf wie vielen Zechen das Methanauftreten schon vor 1824 beobachtet worden war.

Zu den ersten Handlungen, die Reichsfreiherr Friedrich Karl vom und zum Stein (1757 – 1831) nach seiner Berufung zum Leiter des märkischen Bergreviers unternahm, gehörte im Frühsommer 1784 eine mehrwöchige Reise durch seinen neuen Amtsbereich. Innerhalb von knapp zwei Monaten inspizierte er weit über 60 Bergwerke, die in dem Gebiet zwischen der Essener Stadtgrenze in Essen-Überruhr (Westen) bis zur Hammer Stadtgrenze in Dortmund-Holzwickede (Osten) und von der Emscher Mulde (Norden) bis zur Stadtgrenze von Wupper-

---

226 Hermann Kette (geb. 1867) war von 1896 bis 1900 als Bergassessor am Dortmunder Oberbergamt tätig, bevor er anschließend als Bergwerksdirektor der Schlesischen Aktiengesellschaft für Bergbau und Zinkhüttenbetrieb in Beuthen den Staatsdienst verließ. Von 1905 bis zu seiner Pensionierung 1932 fungierte er als Bergwerksdirektor und Vorstandsmitglied bei der Harpener Bergbau-AG. Vgl. Serlo, Die Preussischen Bergassessoren, S. 156 sowie Heinrichsbauer, Harpener Bergbau-Aktien-Gesellschaft, S. 344.
227 zit. Bergbau-Verein (u.a.) (Hrsg.), Die Entwickelung, Bd. 6: Wetterwirtschaft, S. 64.
228 vgl. BBA 112/1340: Instruction für den Steiger, Essen 1824, S. 4 f.

tal (Süden) lagen.[229] Begleitet wurde vom Stein von drei märkischen Bergbeamten, zu denen der Bergmeister und Markscheider Caspar Heinrich Anton Morsbach (1758 – 1795) zählte. Das von ihm geführte Protokoll der Generalbefahrung beschrieb die Verhältnisse der besuchten Zechen.[230]

Jüngere montangeschichtliche Forschungen über die Rahmenbedingungen zur Etablierung des Direktionsprinzips im märkischen Steinkohlenbergbau haben darauf hingewiesen, dass Steins Reise, ebenso wie die des späteren schlesischen Berghauptmanns Friedrich Wilhelm Graf von Reden (1752 – 1815)[231] ein Jahr zuvor, unter den Vorgaben des Berliner Bergwerks- und Hüttendepartements zu beurteilen sind.[232] Sowohl von Reden als auch vom Stein inspizierten die Bergwerke in der Überzeugung, grundlegende Verbesserungen des Grubenhaushaltes und des Grubenbetriebes durchsetzen zu wollen, um so den wirtschaftspolitischen Vorstellungen der Berliner Zentralbehörde Rechnung zu tragen. Ungeachtet der wissenschaftlichen Kontroverse, ob und inwieweit die Verankerung des staatlichen Einflusses im Direktionsprinzip bereits existierende privatwirtschaftliche Handlungsmuster beschnitt und damit hemmte[233], ist die Zielrichtung des Steinschen Reiseprotokolls hervorzuheben. Gerade weil es vom Stein darum ging, grubentechnische Defizite auszumachen, die anschließend im Zuge staatlicher Lenkung behoben werden sollten, gewinnt das Reiseprotokoll auch für die Frage des Auftretens von Schlagwettern an Bedeutung.

Man kann voraussetzen, dass eine existierende Schlagwettergefährdung Eingang in die Aufzeichnungen gefunden hätte, da sie die behördlichen Argumente zur Verbesserung des grubentechnischen Standards nur unterstützen konnte. Ferner wird bei den Beschreibungen der Gruben wiederholt auf Sicherheitsdefizite hingewiesen.[234] Das völlige Fehlen von Bemerkungen zu bösen oder schlagenden Wettern im Steinschen Reisebericht kann demnach nur bedeuten, dass das Schlagwetterproblem auf den Ruhrzechen am Ende des 18. Jahrhunderts kaum eine Rolle spielte.

Gestützt wird eine solche Annahme durch den Umstand, dass vom Stein am 30. Juni 1784 auch die Zeche St. Peter untersucht hat.[235] Die älteste erwähnte Grube im Schlebuscher Revier gehört zu den ersten Anlagen, auf denen sich das Auftreten von schlagenden Wettern bereits kurz nach 1800 nachweisen lässt. Am Morgen des 4. April 1807 befuhren drei Bergleute hier ein Überhauen und in dem Moment, als der eine Hauer sein Licht am Stoß befestigen wollte, „entzünden sich beim nemlichen Augenblick die Wetter mit einem starken Knall und

---

229 vgl. Pfläging, Steins Reise, S. 15.
230 vgl. ebd., S. 24 – 206. Im Bestand BBA 112/1357 befindet sich eine transkribierte Fassung des im Staatsarchiv Münster verwahrten Protokolls. Für die Argumentation in dieser Arbeit wurde auf den Text des Bergbau-Archivs zurückgegriffen. Zur Biographie von Morsbach vgl. BBA 120/2075.
231 vgl. Friedrich Wilhelm Graf von Reden, in: Der Anschnitt 5, 1953, Heft 3, S. 10 sowie Hentrich, Werner: Das Denkmal des Grafen von Reden, in: Der Anschnitt 6, 1954, Heft 4, S. 7 – 11.
232 vgl. Fessner, Steinkohle und Salz, S. 343 – 346.
233 vgl. ebd., S. 18 sowie Reininghaus, Wilfried: Gewerken und Steinkohlengruben im Dortmunder Süden im späten 18. Jahrhundert, in: Der Anschnitt 44, 1992, S. 162 – 167, hier S. 162. Jüngere Forschungen zum Ruhrbergbau im 18. Jahrhundert gehen kritisch auf Distanz zu den älteren Arbeiten, die vorrangig von staatlichen Bergbeamten selbst verfasst wurden.
234 vgl. Pfläging, Steins Reise, S. 114 f. Auf der bei Witten-Stockum gelegenen Zeche Steinberger Bank bemängelte vom Stein die vernachlässigten Einrichtungen des Förderschachtes und verhängte Geldstrafen gegen die verantwortlichen Aufsichtspersonen. In einer wenige Tage später erteilten Anweisung an den Obergeschworenen Wünnenberg heißt es: „1.) Muß das Vorleggetriebe mit neuen eisernen Zapfen und einer anderen Latte zu Führung des Seils versehen werden und daß solches so lange unterblieben und dadurch leicht ein Unglück entstehen können, wird der Obergeschworene Wünnenberg erinnert, daß er wegen der Unordnung der Bergleute, wie in dieser Grube bemerket, weil sie in seinem Revier liegt, er zuerst verantwortlich ist." Zit. BBA 112/1357, Nr. 5, S. 65 f.
235 vgl. ebd., S. 96 sowie Pfläging, Steins Reise, S. 143 ff.

verbrennen diesen Burschen die Haare vom Kopfe, das Gesicht nebst Händen sehr stark, hingegen bleiben die übrigen 2 Arbeiter auf der Strecke unversehrt."[236] Die anschließende Untersuchung durch den Geschworenen Crone „entdeckt indessen keine Spur der Ursachen", so dass das Überhauen auch in den folgenden Tagen wieder belegt wird. Vier Tage später kommt es erneut zur Explosion, „welche vor allen Örtern der Grube gehöret" wird und die nun zwei Bergleute zum Teil erheblich verbrennt.

Der kurz darauf verfasste Bericht des Märkischen Bergamts enthält einige wichtige Formulierungen zur Einschätzung der Schlagwetterfrage im Ruhrbergbau zu Beginn des 19. Jahrhunderts. Einleitend wird festgestellt, dass die Schlagwetterexplosion auf St. Peter „ein seltener und merkwürdiger Vorfall bei dem hiesigen Steinkohlenbergbau" sei. Zur Frage der Ursachenanalyse lässt sich aus Sicht des Bergamtes „speziell nichts anführen, da dies eine seltene und die 1. Erfahrung auf dieser Grube und umso bewundernswürdiger ist, da man ähnliche Arbeiten bei weit schwächeren Wettern unternommen und nie eine Äußerung jenes Umstandes verspürt" habe. Als einzigen vergleichbaren Fall führt das Bergamt eine Explosion auf der im Hörder Revier gelegenen Zeche Geitling an, „wo vor etwa 40 Jahren sich schlagende Wetter in ähnlicher Weise geäußert haben sollen."[237]

Schließlich zeugt der Bericht von einer weitgehenden Unkenntnis der Bergbeamten über die tatsächlichen Entstehungsursachen von Schlagwettern: „Die Entwicklung dieser Gasart geschieht bekanntlich durch Auflösung der Metalle aus Wasser, [...] aus verschiedenen Ursachen und diese erzeugen entweder Kohlenwasserstoff, Schwefelwasserstoff und gasförmigen Kohlenstoffoxyd. Wahrscheinlich ist es im vorliegenden Falle, wo schon matte Wetter existierten, folglich mehr kohlensaures Gas anwesend war, was schwerer als die gewöhnliche Luft ist, und daher die Vermischung des Sauerstoffs nebst der Circulation behinderte, jene Entwicklung der brennbaren Luft hingegen beförderte, daß solches nemlich durch Schwefelsäure, die in der Kohle gerade auf dieser Stelle vielleicht häufiger erzeugt, vielleicht in Verbindung der Feuchtigkeit vor dem Übersichbrechen ihre Würkung auf das in der Nähe befindliche Metall Eisentheilchen oder was sonst vorhanden geäußert und durch solche Einwürkungen ein Schwefelwasserstoffgas entwickelt hat, was vermöge dieses Prozesses unser jetzt beschriebenes Phänomen ausmacht."[238] Die aus heutiger Sicht falschen Annahmen zur Entstehung von schlagenden Wettern sind ein weiteres Indiz für die weitgehende Unbekanntheit des Schlagwetterproblems, mit dem sich die Bergbehörde 1807 auf der Zeche St. Peter konfrontiert sah.

St. Peter entwickelte sich in den kommenden Jahren zu einem Bergwerk, das wegen seiner schlagenden Wetter gefürchtet war.[239] Hier fand die oben erwähnte Steiger-Instruktion von 1824 Anwendung, so dass St. Peter zu den ersten Zechen des Ruhrreviers zählte, auf denen die Davysche Sicherheitslampe eingesetzt wurde.[240] Bereits 1827 versuchte man durch eine Vermehrung der Überhauen, Abwechslung im Betrieb der Örter und durch Anlegen von Verbindungen mit höher gelegenen Bauen die Explosionsgefahr zu vermindern.[241]

236 vgl. BBA 112/1346, Nr. 24, S. 1 ff.
237 vgl. ebd., S. 1 ff. sowie Huske, Steinkohlenzechen, S. 350, S. 614 f.
238 zit. BBA 112/1346, Nr. 24, S. 2 f.
239 vgl. Bergbau-Verein (u.a.) (Hrsg.), Die Entwickelung, Bd. 6: Wetterwirtschaft, S. 65.
240 vgl. BBA 112/1349, Nr. 4, S. 2.
241 vgl. ebd., S. 2 f. sowie Reuss, M[ax]: Mittheilungen aus der Geschichte des Königlichen Oberbergamtes zu Dortmund und des Niederrheinisch-Westfälischen Bergbaues, in: ZBHSW 40, 1892, Teil B, S. 309 – 422, hier S. 375.

Mit Rücksicht auf die Grubengasführung im Ruhrrevier ist das starke Ausgasen der Zeche St. Peter nicht leicht zu erklären. In Nachbarschaft der Zechen Dachs und Grevelsloch, St. Paul sowie Trappe lag St. Peter etwas nördlich des Dorfes Silschede im äußersten Südrandgebiet des Ruhrkohlenbezirks.[242] Einige Kilometer südwestlich von Wetter erstreckt sich hier ein Hügelland mit Höhen von 200 bis 250 m. Inmitten des Gebietes befindet sich das Gut Schlebusch, von dem sich die Revierbezeichnung ableitet. Im Raum Silschede sind ausschließlich Magerkohlenflöze vorhanden, wobei die Grenze des flözführenden Karbons bereits am Südrand des Dorfes verläuft. Als Hauptflöze der Magerkohlenschicht sind Sengsbank als liegendstes und Mausegatt als hangendstes Flöz nachzuweisen.[243] Eine mögliche Erklärung für das den Regeln nicht konforme stärkere Auftreten von Methan in den Magerkohlen kann hier wohl nur in der speziellen Tektonik gesehen werden. Zunächst liegt Silschede auf dem Südflügel der Herzkämper Mulde, dessen Abgrenzung gleichzeitig den Übergang vom flözführenden zum flözleeren Karbon markiert. Darüber hinaus treten auf den Muldenflügeln Störungen auf, die durch die Grundschötteler und Esborner Überschiebung sowie durch eine spießwinklige Verwerfung im Esborner Sattel gebildet werden. Die spezielle Tektonik entspricht damit weitgehend den Bedingungen, die Patteisky als Voraussetzungen für die Nachinkohlung und Methanentstehung formuliert hat. Allerdings müssen die tektonischen Druckverhältnisse so stark gewesen sein, dass die Inkohlung selbst in der Magerkohle nochmals anspringen konnte.

Führt man die Methanentstehung im nördlichen Silscheder Raum auf besagte tektonische Bildungsvorgänge zurück, dann erklärt sich allerdings auch das Ausgasen der nur unweit von St. Peter gelegenen Zeche Trappe.[244] Hier muss die Schlagwetterentwicklung in der ersten Hälfte des 19. Jahrhunderts teilweise so stark gewesen sein, dass von einzelnen Bergleuten Aufhauen in völliger Dunkelheit aufgefahren wurden.[245] 1827 blieb auf der Zeche Portbänker Erbstollen bei Witten durch auftretende Schlagwetter gleichfalls nichts anderes übrig, als „nach dem Sattel im Finstern" aufzuhauen.[246] Die Zeche Portbank, die 1840 den Portbanker Erbstollen übernahm, war schon 1826 von einer Schlagwetterexplosion betroffen worden. Hierbei kamen vermutlich erstmals im Ruhrbergbau zwei Bergleute gleichzeitig zu Tode.[247]

Große Schwierigkeiten bereitete das Ausgasen in den ersten Jahrzehnten des 19. Jahrhunderts ferner der Zeche Friedrich Wilhelm im Süden der Dortmunder Stadtgrenzen. Sie war 1815 durch Konsolidation der am nördlichen Emscherufer fördernden Stollenbetriebe Sonnenblick, Brautkammer und Ambusch entstanden. Nachdem die Reichsstadt Dortmund im Jahr 1813 an Preußen übergangen war, galt auch hier das den märkischen Bergbau bestimmende Direktionsprinzip.[248] Mit der Zusammenlegung beabsichtigte die Bergbehörde, den verzettelten Betrieb wirtschaftlicher zu gestalten und die Förderung zu drosseln. Darü-

---

242 vgl. Düsterloh, Diethelm: Bergbau, Bergwerkswüstung und Siedlungsentwicklung im Gebiet von Witten – Silschede – Volmarstein, in: Der Anschnitt 30, 1978, S. 32 – 42, hier S. 34 f.

243 vgl. Heithoff, Ursula: Zur Geschichte des Steinkohlenbergbaus im Raum Silschede, in: Jahrbuch des Vereins für Orts- und Heimatkunde in der Grafschaft Mark 64, 1964, S. 3 – 78, hier S. 16.

244 Zur Zeche Trappe, die Mitte der 1820er Jahre nach der Brünninghauser Zeche Glückauf der zweitgrößte Bergbaubetrieb im märkischen Revier war, vgl. Metzelder, Hans-Alwin: Der Wittener Steinkohlenbergbau im Umbruch zur Großindustrie 1830 – 1860, Essen 1964, S. 170 – 173.

245 vgl. Auffahren bei völliger Dunkelheit, in: Der Anschnitt 10, 1958, Heft 1, S. 7.

246 vgl. BBA 112/1349, Nr. 4, S. 2.

247 vgl. Kroker/Farrenkopf, Grubenunglücke, S. 96. Zu Portbank, die 1859 mit anderen Gruben zur Zeche Borbecker Tiefbau konsolidiert wurde, vgl. Huske, Steinkohlenzechen, S. 775 sowie BBA 36/3, S. 661.

248 vgl. Horstmann, Theo: Früher Bergbau im Raum Dortmund zwischen 1766 – 1865. Historische Strukturen, wirtschaftliche Entwicklung und materielle Überreste, in: Beiträge zur Geschichte Dortmunds und der Grafschaft Mark 83/84, 1992/93, S. 109 – 140, hier S. 115 f.

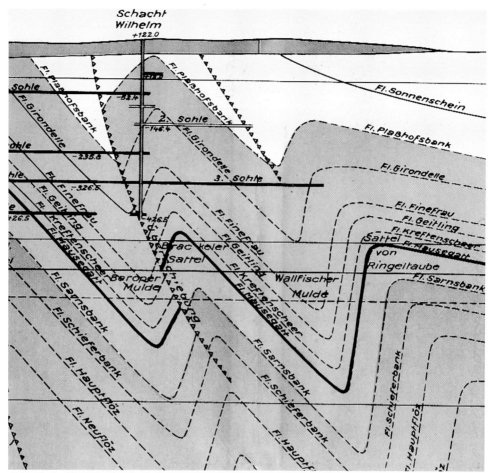

Abb. 10: Profilschnitt durch die Lagerstätte der Zeche Friedrich Wilhelm in Nord-Süd-Richtung (etwa 1930)

ber hinaus sollte die kostspielige Wasserhaltung unter der Stollensohle mittels der Dampf-kraft rationalisiert werden.[249] Der Bergbaubetrieb wurde daraufhin auf das Feld der frühe-ren Zeche Ambusch beschränkt. Nach der Aufstellung einer Dampfmaschine von Franz Din-nendahl entwickelte sich mit zwei Förderschächten (sog. Mergelschacht und Schacht Christine) sowie einem Wasserhaltungsschacht (sog. Kunstschacht) ein erster bescheidener Tiefbau.[250]

Von Anfang an belasteten schlagende Wetter die Arbeiten, denn bereits nachdem am 1. Juli 1816 ein Hauer durch eine Schlagwetterexplosion verletzt worden war, wurde der Betrieb „vorderhand eingestellt".[251] Im folgenden Jahr sah man sich erneut gezwungen, beim Vor-trieb von Diagonalstrecken zur Verbindung mit älteren Bauen am Kunstschacht das Auffah-

249 Vereinigte Stahlwerke AG (VST): Die Schachtanlage Tremonia in Dortmund, o.O. <Essen> o.J. <1931>, S. 54.
250 vgl. Heymann, Gerd/Rothhämel, Alexander: 700 Jahre Bergbau in Dortmund, o.O. <Dortmund> o.J. <1986>, S. 6 ff.
251 vgl. BBA 112/1346, Nr. 24, S. 15.

ren vorübergehend zu unterbrechen.[252] Im November 1820 zeigten sich im Flöz 3 „die schlagenden Wetter so stark, dass man das Aufhauen vom Ort Nr. 1 aus gänzlich verlassen musste."[253] Laut bergbehördlichem Bericht war kein Hauer mehr bereit, in den kritischen Bereichen zu arbeiten.[254] Dem starken Ausgasen versuchte man jetzt täglich durch gezieltes Anzünden der Schlagwetter zu begegnen.

Als der Obersteiger Winter in seinem Grubenbetriebsbericht für das Jahr 1821 mehrmals notierte, dass sich die schlagenden Wetter „mehr vermindert, als vermehrt" hätten, gab er zu einem Großteil seiner eigenen Hoffnung Ausdruck.[255] Ganz im Gegenteil blieb Friedrich Wilhelm auch in den folgenden Jahrzehnten von einer hohen Schlagwetterbildung betroffen. In den 1840er Jahren zählte die Grube weiterhin zu den besonders gefährdeten Zechen und in den 1850/60er Jahren kam es hier häufig zu Explosionen.[256]

Während dieser Zeit verlagerte sich der Abbauschwerpunkt innerhalb der Feldesgrenzen sukzessive nach Norden. Die weitgehende Erschöpfung der Lagerstätte im Feld Ambusch erforderte gegen Ende der 1820 Jahre das Abteufen zweier neuer Schächte im nordwestlich gelegenen Brautkammer Feld. Schacht Friedrich der neuen Schachtanlage Theodor-Friedrich erreichte am 23. Dezember 1829 die erste Sohle bei einer Teufe von 58 m. Die jetzige erste Sohle war damit 38 m unter der ehemaligen Stollensohle angesetzt. Wiederum zehn Jahre später begannen die Arbeiten an dem nordöstlich von Theodor-Friedrich gelegenen Schacht Veltheim, der nach seiner Fertigstellung 1844 mit einer Dampffördermaschine ausgestattet wurde. Der Abbau der Zeche Friedrich Wilhelm, die 1852 mit einer jährlichen Förderung von 72 000 t Kohle zu den größten Anlagen des Reviers gehörte, konzentrierte sich dabei zusehends auf die Vorkommen um den Veltheim-Schacht. Eine nochmalige nördliche Orientierung vollzog sich schließlich mit dem Niederbringen des Schachtes Wilhelm (vgl. Abb. 10) im Jahr 1869.

Wie schon im Fall von St. Peter stellt sich auch bei Friedrich Wilhelm die Frage, ob das starke Ausgasen mit den Regeln der Gasführung im Ruhrrevier zu erklären ist. Im Anschluss daran soll schließlich die Stimmigkeit der generellen These von der tendenziell schwachen Gasführung im Ruhrbergbau bis ca. 1850 unter Berücksichtigung der geschilderten Beispiele frühen Methanauftretens bewertet werden.

Das Baufeld der Zeche Friedrich Wilhelm überdeckte im Wesentlichen den Stockumer Sattel als südlichsten Hauptsattel des Ruhrkarbons. Nördlich und südlich des sog. Sattelhöchsten waren Spezialmulden vorgelagert, so dass sich hier das typische Bild einer durch hohen Faltungsdruck zu engen Mulden und Sätteln zusammengepressten Lagerstätte ergab.[257] Für Friedrich Wilhelm kamen dabei ausschließlich die südlichen Spezialfaltungen in Betracht, zu denen die Baroper und Wallfischer Mulden sowie der Brackeler Sattel und der Sattel von Rin-

---

252 vgl. ebd., S. 16.

253 Um 1820 standen auf Friedrich Wilhelm die Flöze Nr. 2, Nr. 3 und Nr. 4 in Bau. Flöz Nr. 3 war rein und besaß eine Mächtigkeit von 0,78 m. Vgl. VST, Die Schachtanlage Tremonia, S. 53.

254 vgl. BBA 112/1346, Nr. 24, S. 17.

255 vgl. ebd., S. 17.

256 Für die 1840er Jahre vgl. Bergbau-Verein (u.a.) (Hrsg.), Die Entwickelung, Bd. 6: Wetterwirtschaft, S. 65; über eine Explosion mit drei Toten am 29. November 1853 vgl. Verunglückungen bei dem Bergwerksbetriebe in Preussen im Jahre 1853, in: ZBHSW 1, 1854, Teil A, S. 254 ff., hier S. 256 sowie STAM OBA Dortmund, Nr. 275, Bl. 27 f., Bl. 30. Betreffend einer Explosion am 11. August 1858 vgl. ebd., Bl. 105. Von 1861 bis 1870 ereigneten sich schließlich nicht weniger als 17 Schlagwetterexplosionen mit tödlichem Ausgang, vgl. Haßlacher, A[nton]: Anlagen zum Haupt-Berichte der preussischen Schlagwetter-Commission, Bd. 2: Schluß-Bericht der Lokal-Abtheilung Dortmund, Berlin 1885, S. 48 sowie Anhang.

257 vgl. VST, Die Schachtanlage Tremonia, S. 155.

geltaube gehörten (vgl. Abb. 10). In Verbindung mit der Auffaltung durch den starken Druck hatten sich zusätzlich eine Reihe von Überschiebungen gebildet, wobei insbesondere die etwas nördlich des Baufeldes von Friedrich Wilhelm gelegene Satanella eine sehr große Schubhöhe mit bis zu 1200 m aufwies. Südlich der Satanella und somit in der Lagerstätte von Friedrich Wilhelm war vor allem die Baroper Mulde von einer Überschiebung größeren Ausmaßes betroffen (vgl. die durch kleine Dreiecke gekennzeichnete Linie in Abb. 10, die links des Schachtes Wilhelm verläuft und die Baroper Mulde durchschneidet). Das Überschiebungsmaß erreichte hier etwa 100 bis 150 m. Auch der Kern der Wallfischer Mulde war zumindest in den oberflächennahen Bereichen durch eine weitere Überschiebung kleineren Ausmaßes gestört. Die erhebliche tektonische Beanspruchung des Grubenfeldes erfüllte folglich in hohem Maße die Voraussetzungen für das Anspringen der Nachinkohlung und die damit verbundene Methanentstehung.

Mit Blick auf die Kohlenschichten, die im Zuge des nördlichen Ausgreifens von Friedrich Wilhelm zum Abbau gelangten, lassen sich die Überlegungen weiter präzisieren. Etwa bis 1850 konzentrierte sich der Bergbaubetrieb ausschließlich auf die oberhalb des Flözes Sonnenschein angetroffenen bauwürdigen Flöze (vgl. oberer rechter Bildrand der Abb. 10, in der leider die alten Grubenbaue sowie die zuerst ausgebeuteten Flöze nicht eingetragen sind). Als die Schachtanlage Theodor-Friedrich um 1830 die Förderung aufnahm, waren die Flöze Siebenhandbank, Magerhahn und Eierkamp durchteuft worden. Nach der Einheitsbezeichnung handelte es sich hierbei um die Flöze Präsident bis Luise, die an der oberen Grenze der unteren Fettkohlenschichten lagen. Im Unterschied zu den mehrheitlich südlich der Ruhr ausschließlich in Magerkohlenschichten stehenden Zechen gewann Friedrich Wilhelm also bereits zu Beginn des 19. Jahrhunderts Fettkohlen, die gemäß den Regeln der Grubengasentstehung bei tektonischer Beanspruchung zu einer besonders starken Methanbildung neigten. Dieser Umstand erklärt sicher das starke Ausgasen des Betriebes bis zur Jahrhundertmitte.

Je weiter sich die Grubenbaue anschließend nach Norden und zugleich in die Tiefe erstreckten, um so mehr schlossen sie dabei die unter den Fettkohlen anstehenden Esskohlenschichten auf. Der von 1869 bis 1876 niedergebrachte Schacht Wilhelm durchteufte lediglich die oberen Esskohlenschichten zwischen den Leitflözen Plasshofsbank und Finefrau. Allerdings scheint die Verlagerung des Abbaus in die an sich weniger stark gasenden Bereiche nicht wirklich zu einer nachhaltigen Verminderung der Ausgasung beigetragen zu haben. Immerhin ereigneten sich in der Zeit von 1869 bis 1885, als der Betrieb gänzlich auf die Schachtanlage Wilhelm begrenzt wurde, elf tödliche Explosionen.[258] Eine mögliche Erklärung für diesen Umstand liefert die Tatsache, dass Schacht Wilhelm sowie die von ihm aufgefahrenen Sohlen ziemlich genau zwischen den beiden oben beschriebenen Überschiebungen angesetzt waren. Die Aus- und Vorrichtung sowie der erste Abbau oberhalb der dritten Sohle vollzog sich somit in der von den südlichen Fettkohlenschichten unterschobenen Gebirgsscholle, in der die Nachinkohlung der Esskohlenschichten zur Bildung von Grubengas geführt haben dürfte.

Die erhöhte Gasführung auf denjenigen Zechen, die Hermann Kette trotz der wenig aussagekräftigen Quellenbasis als gefährdete Anlagen bereits vor 1850 ausmachte, lässt sich also durchaus schlüssig mit den Grundregeln der Methanentstehung erklären. Paradoxerweise liefern die schon weit vor 1850 mit Schlagwettern behafteten Zechen damit einen Beweis für die allgemeine Gültigkeit des Thesengebäudes zur natürlichen Grubengasführung im Ruhr-

---

258 vgl. Anhang.

revier, das wiederum die Annahme von der generell schwachen Gasbelastung bis etwa 1850 einschließt. Da Kette die erst Jahrzehnte später entwickelten Kenntnisse über die Entstehung des Methans und die natürliche Grubengasführung im Ruhrrevier nicht zur Verfügung standen, folgerte er vermutlich aufgrund der gefundenen frühen Belege der Schlagwettergefahr auf St. Peter und Friedrich Wilhelm, „dass grössere oder geringere Mengen schlagender Wetter fast auf sämtlichen Zechen des Beckens [...] in früheren Zeiten vorgekommen sind."[259] Wenngleich er nur vereinzelte Nachrichten über die Grubengasbelastung aus der Überlieferung ermitteln konnte, zweifelte er nicht daran, dass eine breite Gefährdung in der Realität doch bestanden habe.[260]

Kettes Schlussfolgerung ist aus heutiger Sicht als unzulässig zu bezeichnen. Das weitgehende Fehlen von Mitteilungen zum Auftreten von Grubengasen bis 1850[261] findet in der tendenziell schwachen Gasführung der vorrangig an der Ruhr gelegenen und Magerkohle fördernden Zechen seine Erklärung. Für die Mehrzahl der im Direktionsprinzip betriebenen Bergwerke ist somit eine geringe natürliche Ausgasungsgefahr vorauszusetzen. Innerhalb der insgesamt niedrigen natürlichen Gefährdung existierten nur wenige Zechen, die bereits vor 1850 mit einer hohen Ausgasung konfrontiert waren. Für die Beurteilung der Explosionsproblematik und der Präventionsmaßnahmen im Direktionsprinzip ist dies von großer Bedeutung, weil das zahlenmäßig geringe Auftreten von Schlagwetterexplosionen im gesamten Ruhrbezirk vor dem Hintergrund der natürlichen Gefährdungsstruktur gesehen werden muss.[262]

Die bis zur Jahrhundertmitte entwickelten Maßnahmen zum Explosionsschutz sind durch die begrenzte naturgegebene Gefährdung nur wenig belastet worden und vor allem deshalb wirksam gewesen. Auf den einzelnen stärker gasenden und bezeichnenderweise sehr häufig von Schlagwetterexplosionen betroffenen Zechen St. Peter oder Friedrich Wilhelm boten sie hingegen kaum Schutz. Gerade diese Zechen beweisen die hohe Ineffektivität der bestehenden Präventionskonzepte, weil sich hier der erhöhte Ausgasungsgrad gleichsam direkt im Auftreten von Schlagwetterexplosionen äußerte. Da die kritische natürliche Gefährdung bis zur Jahrhundertmitte jedoch nur auf wenige, regional einzugrenzende Lagerstättenteile im südlichen Ruhrrevier zutraf, konnten Schlagwetterexplosionen insgesamt auch nur innerhalb dieser lokalen Grenzen auftreten.

3.2.3.2 Strukturen der natürlichen Gasgefährdung nach 1850

Für die Entwicklung des naturgegebenen Gefährdungspotentials bedeutete das nördliche Ausgreifen des Bergbaus von der Ruhr- zur Hellwegzone eine tief greifende Zäsur. Nahezu alle Zechen, die in den 1840/50er Jahren bei Essen, Bochum und Dortmund zum Teil nördlich der Mergelgrenze in Betrieb kamen, waren nun von einer mehr oder minder starken Schlagwetterbildung betroffen. Im Essener Bereich galt das insbesondere für die Zechen Graf

259 zit. Bergbau-Verein (u.a.) (Hrsg.), Die Entwickelung, Bd. 6: Wetterwirtschaft, S. 64.

260 vgl. ebd., S. 65: „Bei den Nachrichten, die uns aus früheren Zeiten über die Schlagwettergefährlichkeit der einzelnen Zechen überkommen sind, ist freilich zu bedenken, dass in Ermangelung eines geeigneten Massstabes der Begriff der Schlagwettergefährlichkeit ein sehr schwankender war [...]."

261 vgl. BBA 120/80 – 120/88: Verein für die bergbaulichen Interessen, Essen (Hrsg.): Generalberichte des Bochumer und des Essen-Werdenschen Bergamts vom Jahre 1827 an, kontophotiert nach den Originalen im Oberbergamt Dortmund, Essen 1939 – 1943.

262 vgl. Haßlacher, Die auf den Steinkohlenbergwerken Preussens in den Jahren 1861 bis 1881 durch schlagende Wetter veranlassten Unglücksfälle, S. 355: „Die Zechen des Niederrheinisch-Westfälischen Steinkohlenbeckens haben bis in die 1850er Jahre nicht übermässig mit schlagenden Wettern zu kämpfen gehabt."

Beust, Hercules, Victoria Mathias sowie Helene & Amalie.[263] Bei Bochum entwickelte sich Methan zunächst vor allem auf dem Bergwerk Präsident, kurz darauf sahen sich die Zechen Hannibal, Carolinenglück und Constantin der Große mit dem Phänomen der Ausgasung konfrontiert.[264] In und um Dortmund traten Schlagwetter bei einer ganzen Reihe von Zechen auf. Neben Friedrich Wilhelm waren etwa Schürbank & Charlottenburg, Am Schwaben, Carlsglück und Germania betroffen.[265]

Zweifellos bestanden Unterschiede in der Höhe des Ausgasungsgrades bei den einzelnen Bergwerksbetrieben, doch sind Rückschlüsse auf diese Differenzen nur sehr allgemein möglich. Erst zu Beginn der 1860er Jahre nahm die Bergbehörde gezielte Untersuchungen auf, aus denen sich einige Informationen über das Ausmaß der Grubengasentwicklung ergeben.[266] Auffällig ist allerdings, dass im Gegensatz zu den bei Bochum und Dortmund gelegenen Anlagen, auf denen in der Regel bereits während oder kurz nach Beendigung der Vorrichtungsarbeiten Schlagwetterexplosionen vorkamen, die Essener Zechen in den 1850er Jahren wenige derartige Unfälle konstatierten. Im Unterschied zu Helene & Amalie scheint die Ausgasung auf Graf Beust und Hercules in diesen Jahren nicht besonders groß gewesen zu sein.[267]

Im regionalen Vergleich ereigneten sich Schlagwetterexplosionen bis zu Beginn der 1860er Jahre vor allem auf den um Dortmund gelegenen Zechen. Die 25 Explosionen, die 1860 im gesamten Dortmunder Oberbergamtsbezirk der Bergbehörde gemeldet wurden, verteilten sich auf 16 verschiedene Bergwerke. Elf davon lagen entweder auf Dortmunder Stadtgebiet oder in dessen Umfeld. Allein jeweils dreimal explodierten die Schlagwetter in den Grubenbauen der 1863 in Courl umbenannten Zeche Asseln sowie auf den Anlagen Friedrich Wilhelm und Carlsglück. Die Werke Germania, Neu-Düsseldorf und Crone waren jeweils zweimal betroffen und je eine Explosion entfiel auf die Zechen Freie Vogel und Unverhofft, Massen II, Tremonia, Wiendahlsbank sowie Borussia. Vier Fünftel aller Schlagwetterexplosionen im Jahr 1860 konzentrierten sich damit auf das Dortmunder Gebiet.[268]

Die verbleibenden fünf Explosionen verteilten sich großflächig über das gesamte Ruhrrevier: Am 16. Januar wurden zwei Bergleute auf der Zeche Ver. Carolinenglück in Bochum-Hamme verletzt, am 6. Februar drei Hauer auf Hibernia in Gelsenkirchen verbrannt und am 16. April entzündete der Hauer Wassermann die Schlagwetter mit einer offenen Grubenlampe auf dem Wittener Bergwerk Martha. Am 11. Dezember verbrannten sich auf der bei Mülheim-

---

263 vgl. Bergbau-Verein (u.a.) (Hrsg.), Die Entwickelung, Bd. 6: Wetterwirtschaft, S. 65; zu Helene & Amalie in erster Linie STAM OBA Dortmund, Nr. 274, Bl. 21 f. Zum Durchteufen der Mergeldecke der genannten Zechen vgl. Spethmann, Hans: Die ersten Mergelzechen im Ruhrgebiet, Essen/Lübeck, vorläufige Ausgabe, 1947, S. 61 – 75, S. 107 – 122.

264 vgl. Bergbau-Verein (u.a.) (Hrsg.), Die Entwickelung, Bd. 6: Wetterwirtschaft, S. 65 sowie STAM OBA Dortmund, Nr. 275.

265 vgl. STAM OBA Dortmund, Nr. 275, Nr. 276.

266 1863 wurden im Laboratorium der Gewerbeschule in Bochum die ersten beiden Wetterproben auf ihren Gasgehalt hin analysiert. Ziel der vom Dortmunder Oberbergamt in Auftrag gegebenen Untersuchung war, die Gefahr der Schlagwetterzündung durch Wetteröfen zu ermitteln. Die Proben stammten von den Zechen Westphalia in Dortmund und Holland in Wattenscheid. Vgl. Nonne, J[ulius]: Die Wetterführung in den Westfälischen Steinkohlengruben unter specieller Berücksichtigung der Arbeiten der Wetter-Untersuchungscommission, in: ZBHSW 21, 1873, Teil B, S. 37 – 84, hier S. 68.

267 vgl. STAM OBA Dortmund, Nr. 934, Bl. 20: Bericht des Berggeschworenen Wiester an das OBA Dortmund v. 05.03.1862: „Dem Königlichen Ober-Berg-Amte berichte ich gehorsamst, daß unter den Zechen des Reviers Essen biss jetzt nur die Zechen Graf Beust und Hercules ein Auftreten schlagender Wetter haben bemerken lassen, beide Zechen jedoch nur in geringem Grade."

268 vgl. ebd., Bl. 24 – 28: Aufstellung „Verunglückungen in Folge von Entzündungen schlagender Wetter bei dem Bergwerks-Betriebe im Districte des Kgl. Ober-Berg-Amts zu Dortmund in den Jahren 1860 und 1861".

Heißen fördernden Zeche Wiesche vier Bergleute so stark, dass einer von ihnen acht Tage später an den Verletzungen starb. Tags zuvor war es schließlich auf der Essener Grube Prinz Wilhelm zur Explosion gekommen, weil der Hauer Weber mit offenem Geleucht in ein Überhauen gefahren war. Bezeichnend für die südlich von Essen gelegene Zeche hatten sich die Schlagwetter, „welche bisher auf der Grube unbekannt waren, in geringer Quantität angesammelt."[269]

Bereits mit Erschließung der Hellwegzone und Verlassen der Magerkohlenflöze im eigentlichen Ruhrrevier wuchs das Schlagwetterproblem aus der für die Zeit des Direktionsprinzips charakteristischen räumlichen Begrenzung auf einige wenige Zechen hinaus. Diese Entwicklung verstärkte sich in den kommenden Jahrzehnten mit der Nordwanderung in die Emscherzone. In welchem Ausmaß sich das Auftreten von Grubengas dabei über die gesamte Erstreckung des Ruhrreviers ausbreitete, kann mit Hilfe einiger statistischer Kennwerte nachvollzogen werden. So liegen für die Zeit von 1861 bis 1890 Erhebungen der Bergbehörde vor, die die Verteilung der tödlichen Explosionen auf die betroffenen Gruben nachweisen. Diese sind leider auf den preußischen Steinkohlenbergbau insgesamt berechnet. Bei der bereits nachgewiesenen, konstant hohen Beteiligung der Ruhrzechen am tödlichen Explosionsgeschehen im Bereich von durchschnittlich etwa 75 % können sie jedoch auch für die Beurteilung des Ruhrbergbaus herangezogen werden (vgl. Schaubild 29).

Ausgehend von 1861, als es auf zwölf preußischen Bergwerken zu Schlagwetterexplosionen kam, griff das Unfallphänomen von Jahr zu Jahr relativ beständig auf neue Bergwerke über. Bis 1890 hatte sich die Gesamtzahl der preußischen Gruben, auf denen seither Schlagwetter mit Todesfolge entzündet worden waren, auf 140 erhöht. Bezogen auf die 354 betriebenen preußischen Steinkohlenbergwerke in 1890 entsprach dies einem Anteil von fast 40 %. Dabei muss allerdings berücksichtigt werden, dass sich die Gesamtmenge im Verlauf der Jahre durch Konsolidationen nicht unerheblich verringert hatte.[270] Den relativ konstanten räumlichen Ausdehnungsgrad verdeutlichen die Zahlen der pro Jahr erstmals mit Explosionen konfrontierten Zechen. Im Durchschnitt des gesamten Zeitraums lag er bei etwa fünf Werken und nur in den Jahren 1871 und 1872 steigerte er sich signifikant auf einen Höchstwert von zehn. Offensichtlich kam hier die Inbetriebnahme neuer Anlagen in der Gründerzeit zum Tragen, die vermutlich sehr bald von Explosionen heimgesucht wurden.

Da sich etwa drei Viertel aller tödlichen Schlagwetterexplosionen im fraglichen Zeitraum auf den Ruhrzechen ereigneten, muss die Ausdehnung des Explosionsraumes vor allem im Ruhrbergbau vonstatten gegangen sein. Dies zeigt auch der fünfjährige Durchschnitt der insgesamt im Ruhrbergbau von Explosionen betroffenen Gruben. Lag dieser von 1861 bis 1865 erst bei 2,9 %, so wuchs er in den folgenden Zeiträumen auf 3,5 % in 1866 bis 1870, 4,6 % in 1871 bis 1875 und 6,9 % in 1876 bis 1880 an.[271] Von 1881 bis 1885, als das tödliche Schlagwettergeschehen seinen Höhepunkt erreichte, wurden 10,68 % – also mehr als jedes zehnte aller fördernden Bergwerke – von Unglücken ereilt.[272]

---

269 zit. ebd., Bl. 25.
270 Im Jahr 1890 belief sich die Gesamtzahl der Ruhrzechen auf 177, während sie 1861 bei 275 gelegen hatte. Vgl. Tenfelde, Sozialgeschichte, S. 602 f.
271 vgl. Haßlacher, Die auf den Steinkohlenbergwerken Preussens in den Jahren 1861 bis 1881 durch schlagende Wetter veranlassten Unglücksfälle, S. 355.
272 Berechnet nach Tenfelde, Sozialgeschichte, S. 603 sowie: Die auf den Steinkohlenbergwerken Preussens im Jahre 1886 durch schlagende Wetter veranlassten Unglücksfälle, in: ZBHSW 35, 1887, Teil ST, S. 59 – 76, hier S. 60, Tab. II.

Schaubild 29: Räumliche Ausdehnung der Schlagwetterexplosionen in Preußen (1861 – 1890)[273]

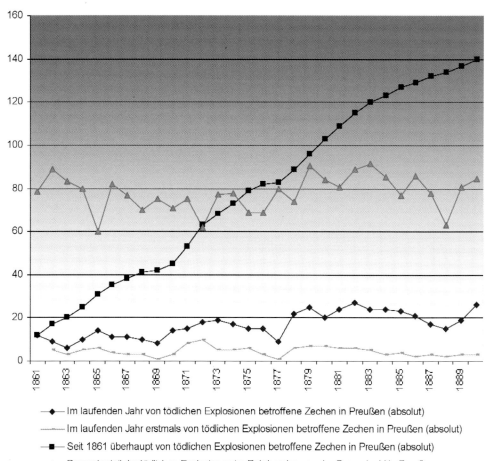

—◆— Im laufenden Jahr von tödlichen Explosionen betroffene Zechen in Preußen (absolut)
——— Im laufenden Jahr erstmals von tödlichen Explosionen betroffene Zechen in Preußen (absolut)
—■— Seit 1861 überhaupt von tödlichen Explosionen betroffene Zechen in Preußen (absolut)
—▲— Prozentanteil der tödlichen Explosionen im Ruhrbergbau an der Gesamtzahl in Preußen

Für das Jahr 1882 lässt sich erstmals die unterschiedliche Stärke der Ausgasung etwas genauer feststellen. Unter den 196 Betriebszechen dieses Jahres befanden sich 133 Gruben, auf denen die Entwicklung von Schlagwettern seit ihrem Bestehen überhaupt festgestellt worden war. Fast 70 % der Bergwerke waren demnach schlagwetterführend. Nach den Erhebungen der 1881 einberufenen Schlagwetterkommission zeigten 81 Zechen eine fortdauernde und gleichmäßige Ausgasung, während auf den restlichen 52 Gruben die Schlagwetterentwicklung nur zeitweise und mit grösseren Unterbrechungen zu beobachten war.[274] Von den 81 ständig schlagwetterbelasteten Anlagen galten vier Bergwerke als stark, elf als weniger

273 Berechnet nach: Haßlacher, Die auf den Steinkohlenbergwerken Preussens in den Jahren 1861 bis 1881 durch schlagende Wetter veranlassten Unglücksfälle, S. 359 sowie: Die auf den Steinkohlen-Bergwerken Preussens im Jahre 1890 durch schlagende Wetter veranlassten Unglücksfälle, in ZBHSW 39, 1891, Teil ST, S. 43 – 62, hier S. 48.
274 vgl. Haßlacher, Anlagen zum Haupt-Berichte, Bd. 2, S. 10.

stark und 66 schließlich als schwach gasend. Bei den vier besonders problematischen Gruben handelte es sich vorrangig um die bei Bochum-Langendreer gelegenen Zechen Neu-Iserlohn, Bruchstraße und Mansfeld. Auf Zeche Mansfeld, die 1875 aus dem Verbund der Zechen Urbanus und Colonia hervorgegangen war, entwickelten sich die Schlagwetter hauptsächlich auf der Schachtanlage Colonia. Die vierte stark gasende Zeche war Westphalia in Dortmund.

Auf jede dieser Anlagen trafen die Bedingungen der tektonisch verursachten Methanentstehung in vollem Umfang zu, was zunächst ein Blick auf die Karte der natürlichen Grubengasführung im mittleren Ruhrrevier (vgl. Abb. 9) beweist. Die Lage von Neu-Iserlohn und Bruchstraße innerhalb des Colonia-Wechsels am Südrand der Bochumer Mulde ist bereits angesprochen worden. Die betreffenden Lagerstätten waren im Höchstmaß aufgefaltet und von einer ganzen Reihe unterschiedlicher Überschiebungen durchzogen. So überdeckte das Grubenfeld der Zeche Bruchstraße beispielsweise vier Spezialsättel und drei Spezialmulden, die sich allerdings erst in größerer Teufe vollständig bemerkbar machten. Bei einer maximalen Feldesbreite von etwa 1300 m folgte somit ca. alle 165 m bereits eine Mulden- bzw. Sattellinie. Die Lagerstätte von Bruchstraße war demnach durch den Faltungsdruck außergewöhnlich eng zusammengepresst.[275] Der Druck hatte zwangsläufig zu einem Bruch der Gesteinsschichten mit der Ausbildung von Überschiebungen geführt.

Nach den Ermittlungen der Schlagwetterkommission war die Ausgasung auf Bruchstraße zu Beginn der 1880er Jahre vor allem in den Flözen 3 und 3a besonders hoch.[276] Auf Zeche Neu-Iserlohn entsprachen diesen die ebenfalls schlagwetterreichen Flöze 5 und 6, die man 1882 bereits weitgehend abgebaut hatte.[277] Bezogen auf die Einheitsbezeichnung muss es sich um die Flöze Mathilde 1 und 2 an der unteren Grenze der oberen Fettkohlen gehandelt haben, die unter der beschriebenen tektonischen Beanspruchung besonders zur Methanentstehung neigten.[278]

Im Verlauf der mehrjährigen Tätigkeit der Schlagwetterkommission wurden die ersten umfassenden Aussagen über das Ausgasungsverhalten der Ruhrzechen weiter präzisiert. In der am 11. Juni 1881 in Berlin abgehaltenen dritten Sitzung der gesamten Kommission war u. a. das Programm der Untersuchungen festgelegt worden. Als vierter Punkt der „wissenschaftliche[n] und technischen Ermittelungen" sollte die „Art des Auftretens der Schlagwetter in den Gruben" sowie der „Einfluss der Ausrichtungs-, Vorrichtungs- und Abbau-Methoden auf ein mehr oder minder starkes Ansammeln derselben" geklärt werden.[279] Die seit Sommer 1881 in den einzelnen Oberbergamtsbezirken gebildeten Befahrungskommissionen sahen sich zur Erfüllung dieser Aufgabe häufig nicht ausreichend in der Lage, weil ihnen nur ungenügende Möglichkeiten zur Bestimmung des Methangehalts in den Wetterströmen zur Verfügung standen. Für eine genauere Ermittlung des Ausgasungsverhaltens forderte man deshalb zunehmend eine chemische Analyse von Wetterproben.[280]

Bei der Suche nach einer geeigneten Stelle für die Durchführung der chemischen Gasanalysen richtete sich der Blick sehr bald auf das bereits 1870 bei der WBK geschaffene chemische

275 vgl. Vereinigte Stahlwerke AG (VST): Die Schachtanlage Bruchstraße in Bochum-Langendreer, o.O. <Essen> o.J. <1931>, S. 116 – 157.
276 vgl. Haßlacher, Anlagen zum Haupt-Berichte, Bd. 2, S. 11.
277 vgl. Renesse, von: Die Explosion schlagender Wetter auf Zeche Neu-Iserlohn bei Langendreer am 15. Januar 1868, in: ZBHSW 16, 1868, Teil B, S. 156 – 166, hier S. 156 ff. sowie Ders.: Die Explosionen schlagender Wetter auf der Zeche Neu-Iserlohn bei Langendreer, in: ZBHSW 19, 1871, Teil B, S. 11 – 25.
278 vgl. VST, Die Schachtanlage Bruchstraße, Anlagen 7 u. 8.
279 vgl. Haßlacher, Anlagen zum Haupt-Berichte, Bd. 1, S. 9.
280 vgl. ebd., S. 14 f.

Laboratorium. Unter der Leitung Fritz Mucks (1837 – 1891)[281] waren hier in den 1870er Jahren erste grundlegende Arbeiten zur Elementaranalyse von Steinkohlen durchgeführt worden, um für den Ruhrbergbau wichtige Bestimmungen des Aschengehalts und des Heizwertes von Kohle und Koks vornehmen zu können.[282] Muck selbst hatte dem Vorstand der WBK bald nach seinem Dienstantritt die Einrichtung eines „Gaszimmers" zur Untersuchung der Grubenwetter vorgeschlagen.[283] Anlässlich eines Lokaltermins am 1. Juli 1881 kamen Vertreter der Schlagwetterkommission jedoch zu dem Ergebnis, dass die Benutzung des dortigen Laboratoriums in seiner bestehenden Form für die Gasanalyse nicht in Frage kam.[284]

Im weiteren Verlauf der Jahre 1881/82 verhandelten Vertreter der preußischen Bergbehörde und des Ruhrbergbaus über die Modalitäten zur Ausführung eines speziellen Wetterlaboratoriums. Letztere hielten es – sicher auch angesichts der besonders hohen Schlagwetterbedrohung im Ruhrrevier – für zweckmäßig, diese Forschungseinrichtung räumlich und sachlich an die WBK zu binden. Die wenig später getroffene Übereinkunft sah schließlich vor, bei der WBK ein neues Gebäude zu errichten und so auszustatten, dass nicht nur die zahlreichen Arbeiten für die Schlagwetterkommission erfüllt werden könnten. Auch nach deren Beendigung werde sich das Wetterlaboratorium „als eine dauernde Einrichtung nothwendig erweisen".[285] Während die WBK ein Grundstück in unmittelbarer Nähe des chemischen Labors bereitstellte und die Baukosten trug, übernahm der preußische Staat die Unterhaltszahlung in Zeiten der Benutzung durch die Schlagwetterkommission. Darüber hinaus gewährte das Ministerium der öffentlichen Arbeiten einen Zuschuss von 5000 Mark für die Anschaffung der erforderlichen Apparate und Instrumente.

Die Leitung des Labors wurde daraufhin dem zuvor auf der fiskalischen Saargrube Heinitz beschäftigten Chemiker Dr. Schondorff übertragen. Er gehörte neben Fritz Muck zu den maßgeblichen Steinkohlenchemikern jener Zeit und stimmte in seinen wissenschaftlichen Überzeugungen im Wesentlichen mit den Ansichten Mucks überein.[286] Schondorff hatte seine Untersuchungen zur Chemie der Steinkohle mit Saarkohlen durchgeführt und die Ergebnisse 1875 publiziert.[287] Bei der praktischen Arbeit im Wetterlabor sollte ihn dann ein Steiger unterstützen, der zuvor ebenfalls auf der Grube Heinitz gearbeitet hatte.

Schon die instrumentelle Ausrüstung des Labors unterlag im Wesentlichen den von Schondorff gemachten Vorschlägen. Im März 1882, knapp zwei Monate bevor er offiziell die Arbeiten in Bochum aufnahm, hatte er eine Arbeitsplanung entworfen und der Schlagwetterkommission zur Beratung vorgelegt. Im Mittelpunkt der Aufgaben stand die praktische Durchführung der Gasanalysen, die nach Schondorffs Meinung bisher nur sehr ungenügend erforscht sei: „Es wird somit die Gasanalyse die Hauptarbeit im Laboratorium bilden und dieserhalb bei Einrichtung des Letzteren besonders auf die Beschaffung vorzüglicher gasanalytischer Apparate Rücksicht zu nehmen sein. Welchen speciellen Zwecken die Analysen der Grubenwetter dienen können, wird zunächst von der Art der Probenahme abhängen, und daher Letztere durch die Erstere bedingt sein."[288]

281 vgl. Anm. 130 und 188.

282 vgl. BBA 120/3705: Rechenschaftsberichte von Fritz Muck an den Vorstand der WBK aus den Jahren 1877 bis 1880.

283 vgl. Schunder, Lehre und Forschung, S. 196 - 199.

284 vgl. Haßlacher, Anlagen zum Haupt-Berichte, Bd. 1, S. 72.

285 zit. ebd., S. 72.

286 vgl. Lameck, Dr. Fritz Muck, S. 104 – 107.

287 vgl. Schondorff, A.: Coaksausbeute und Backfähigkeit der Steinkohlen des Saarbeckens, in: ZBHSW 23, 1875, Teil B, S. 135 – 162.

288 zit. BBA 120/1886: Schondorff, A.: Entwurf eines Planes für die Arbeiten im Laboratorium der Wettercommission zu Bochum, Heinitz, 08.03.1882.

Für die Praxis der Gasanalysen waren insbesondere zwei Instrumente von großer Wichtigkeit. Einerseits die sog. Proberöhren, mit denen die Wetter unter Tage aufgefangen und bis zur eigentlichen Untersuchung im Wetterlabor aufbewahrt werden mussten. Andererseits natürlich der eigentliche „gasanalytische Apparat", der den Prozentgehalt des CH_4-Anteils in der Wetterprobe bestimmen sollte. Bei der Auswahl der dafür in Frage kommenden Geräte waren einige Vorbedingungen zu erfüllen, die sich vor allem aus den Erwartungen der Schlagwetterkommission ergaben. Als die wissenschaftlich-technische Abteilung der Kommission im November 1882 zu ihrer ersten Sitzung in Berlin zusammenkam, ergänzte man das von Schondorff entworfene Arbeitsprogramm zunächst um nicht eben wenige Aufgaben.

Neben den gedachten Vorschlägen sollte sich das Labor nun auch um Kohlenstaubuntersuchungen kümmern. Weiter sollten die Fragen geklärt werden, wann ein Gasgemenge durch Sprengschüsse entzündet wird und wie sich die Verwendung der Elektrizität zu Beleuchtungs- oder anderen Betriebszwecken auf die Wettersicherheit auswirkt. Vorrangig wurde allerdings gefordert, dass sich der Laborleiter an den ausstehenden Grubenbefahrungen beteiligen und nach Möglichkeit die Probenahme vor Ort auch selbst ausführen sollte.[289] Auf der zwei Wochen später abgehaltenen vierten Sitzung der gesamten Kommission war den Beteiligten klar geworden, dass ein solches Arbeitsprogramm im Alltag wohl kaum zu bewältigen war. Von mehreren Teilnehmern wurde nun befürwortet, Schondorffs Assistenten und zuweilen auch von diesem angeleitete Grubenbeamte mit der Probenahme zu betrauen.[290]

Als Anforderungen an die technischen Instrumente galten also eine möglichst rasche Analysendauer bei großer Genauigkeit der Messergebnisse und insbesondere bei den Proberöhren eine leichte Bedienbarkeit. Diese war bei den Röhren, die aus 80 cm^3 fassenden, oben und unten mit Absperrhähnen versehenen Hohlkörpern bestanden, in der Regel gegeben. Dennoch sah sich Schondorff Ende 1884 genötigt, eine detaillierte „Anleitung zur Entnahme von Wetterproben" zu verfassen. Danach waren die Proberöhren vollkommen mit Wasser zu füllen und in diesem Zustand an die Messstelle unter Tage zu bringen. Zur eigentlichen Probenahme musste der untere Hahn geöffnet werden, so dass mit Abfließen des Wassers durch den oberen unverschlossenen Hahn das zu untersuchende Gas in die Proberöhre gesogen wurde.

Dort, wo sich die Gasentwicklung relativ genau lokalisieren ließ, sollte die obere Röhrenöffnung ruhig in das betreffende Gas eingetaucht werden. Schwieriger gestalteten sich indes die „Mischungsproben" im Wetterstrom, da hierbei die gesamte Röhre während des Wasserabflusses im Streckenquerschnitt hin und her bewegt werden musste – und zwar ohne das Wasser in der Röhre durch ruckartige Bewegungen ins Schwanken zu bringen. War das Wasser vollständig aus der Röhre entwichen, mussten lediglich die beiden Hähne wieder geschlossen werden. In verschlossenem Zustand ließen sich die Proben dann zum Wetterlaboratorium transportieren, in dem sie mitunter mehrere Monate bis zur Durchführung der Analyse unbeschadet gelagert werden konnten.[291]

Für die Auswahl geeigneter Apparaturen und Methoden der Gasanalyse standen Schondorff an sich bereits entwickelte Konstruktionen zur Verfügung. So hatte Professor Winkler auf sächsischen Steinkohlengruben ausziehende Wetterströme untersucht und dabei die Ele-

---

289 vgl. Haßlacher, Anlagen zum Haupt-Berichte, Bd. 1, S. 74.
290 vgl. ebd., S. 15.
291 vgl. ebd., S. 38 ff. sowie Schondorff, A.: Die Apparate des Laboratoriums der Preussischen Schlagwetter-Commission, in: ZBHSW 35, 1887, Teil B, S. 59 – 96, hier S. 67 f.

mentar-Analyse mit titrimetrischer Bestimmung des Kohlendioxids angewandt.[292] Die dafür erforderlichen großen Probemengen hätten allerdings die Probenahme bei der Vielzahl der zu befahrenden Gruben erschwert. Die von Robert Wilhelm Bunsen (1811 – 1899) entwickelten „gasometrische[n] Methoden" wären nach Ansicht des Laborleiters zu zeitraubend gewesen[293] und die ansonsten bekannten gasanalytischen Apparate gestatteten nur eine schnelle Arbeitsweise und nicht die geforderte Messgenauigkeit.

Schondorff entschloss sich deshalb, „nach eingehendem Studium der älteren Apparate und ihrer Fehler, für die Zwecke des Laboratoriums einen neuen [...], schnell und dabei möglichst genau arbeitenden Apparat zu construiren".[294] Er bestand in seinen Hauptteilen aus einer Messröhre, einem Absorptionsgefäß für Kohlensäure, d. h. Kohlendioxid, einem birnenförmigen Verbrennungsraum und einem Wassermanometer. Die Bestimmung des CH_4-Gehalts in der Wetterprobe erfolgte schließlich durch drei Volumenmessungen. Zunächst wurde die Menge der Gasprobe überhaupt ermittelt, nach erfolgter Kohlensäure-Absorption durch Kalilauge die verbleibende Menge erneut gemessen und schließlich aus dieser Restmenge das Methan im Verbrennungsraum verbrannt. Anhand der verbliebenen Gasmenge, wobei das durch die Verbrennung entstandene Kohlendioxid nochmals absorbiert wurde, ließ sich zuletzt der Prozentgehalt des Methans in der Gasprobe errechnen.[295]

1883 und 1884 sind im Wetterlabor knapp 300 Proben von Bergwerken des gesamten preußischen Steinkohlenbergbaus mit Hilfe des beschriebenen Apparates analysiert worden. Der ganz überwiegende Teil entstammte mit gut 250 Analysen den Wetterströmen von insgesamt 55 Ruhrzechen.[296] Da Schondorff gemäß seines Auftrages jedoch vorrangig den Prozentgehalt des Methans in Teilwetterströmen bestimmt hatte, waren die Ergebnisse im Nachhinein für die vergleichende Beurteilung des Ausgasungsgrades der Zechen insgesamt wenig zu gebrauchen. Der Wert der Ergebnisse lag vielmehr in der lokalen Beurteilung bestimmter gefährlicher Bereiche der Grubenbaue. Hier ließen sich nun erstmals messtechnisch fundierte Aussagen über den Zusammenhang von lokaler Ausgasung und Effektivität der an dieser Stelle herrschenden Bewetterung gewinnen.

Das Prinzip, Gasanalysen anhand von Wetterproben durchzuführen und mit deren Hilfe genauere Kenntnisse über den Gefährdungsgrad der Zechen zu erzielen, hat sich in den 1890er Jahren zunehmend durchgesetzt.[297] In der am 1. Januar 1902 für den Ruhrbergbau in Kraft getretenen Bergpolizeiverordnung betreffend die Bewetterung der Steinkohlenbergwerke und die Sicherung derselben gegen Schlagwetter- und Kohlenstaubexplosionen waren in § 10,2 Wetterproben erstmals verankert. Jeder Revierbeamte war danach befugt, zu jeder Zeit und an jeder Stelle Wetterproben zu entnehmen und auf Kosten des Bergwerksbesitzers

---

292 vgl. Winkler, Cl.: Die chemische Untersuchung der bei verschiedenen Steinkohlengruben Sachsens ausziehenden Wetterströme und ihre Ergebnisse, in: Jahrbuch für das Berg- und Hüttenwesen im Königreich Sachsen, 1882, S. 65 – 84, hier S. 69 – 73.

293 Die von Bunsen 1857 veröffentlichten „gasometrischen Methoden" enthielten neben der eigentlichen Analyse auch die Bestimmung des spezifischen Gewichts (Dichte) durch Ausströmungsvergleiche sowie weitere analytische Verfahren zur Bestimmung von Gasgemischen. Vgl. Körting, Johannes: Geschichte der deutschen Gasindustrie. Mit Vorgeschichte und bestimmenden Einflüssen des Auslandes, Essen 1963, S. 155 f. Zur Biographie Bunsens vgl. Lockemann, G.: Robert Wilhelm Bunsen. Lebensbild eines deutschen Naturforschers, Stuttgart 1949.

294 zit. Schondorff, Die Apparate, S. 60.

295 vgl. ausführlich ebd., S. 61 – 81.

296 vgl. Schondorf, [A.]: Chemische Untersuchung von Grubenwettern in Preussischen Steinkohlenbergwerken, Teil 1, in: ZBHSW 31, 1883, Teil B, S. 435 – 445 sowie Teil 2, in: ZBHSW 32, 1884, Teil B, S. 509 – 519.

297 vgl. BBA 41/138, Bl. 214 ff.: Schreiben der Zeche Holland an den Revierbeamten v. 13.04.1895.

analysieren zu lassen.[298] Nach 1900 ist diese Praxis allgemein als operatives Mittel des Explosionsschutzes eingesetzt worden.[299]

Mit der planmäßigen Anwendung der Gasanalysen verdichteten sich seit 1895 die Kenntnisse über die Ausgasung auf nahezu allen Ruhrzechen. 1896 erarbeitete das Oberbergamt in Dortmund eine erste vollständige Übersicht über die Wetterwirtschaft aller Steinkohlenbergwerke in seinem Verwaltungsbezirk. In dieser 1899 und 1902 aktualisierten Auflistung waren für jede Zeche eine ganze Reihe wettertechnischer Kennzeichen vermerkt, zu denen auch die Angabe des prozentualen Methangehalts im Hauptwetterstrom sowie die auf eine Tonne Förderung berechnete Methanmenge in Kubikmetern zählte.[300] Zusätzlich zu diesen Listenwerten erhob der Bergbau-Verein 1898 in Vorbereitung des bereits genannten Gesamtwerks über die Entwicklung des rheinisch-westfälischen Steinkohlenbergbaus für alle Ruhrzechen nochmals dieselben Messwerte. Abgesehen von 18 zumeist sehr kleinen Anlagen, auf denen Gasanalysen nicht zu beschaffen waren, ergab sich so ein sehr differenziertes Bild über die unterschiedlich starke Grubengasentwicklung auf den restlichen 191 betriebenen Zechen.[301]

Gruppe	Ausgasung (in m^3 CH$_4$/t Förderung)	Anzahl Zechen	Prozentanteil an der Gesamtheit der fördernden Zechen
1	> 20	15	7,2
2	10 – 20	22	10,5
3	5,0 – 10	31	14,8
4	2,5 – 5,0	42	20,1
5	0,3 – 2,5	51	24,4

Tabelle 2: Ausgasung der Ruhrzechen im Jahr 1898 (in m^3 CH$_4$/t Förderung)[302]

Anhand der Verhältniszahl von entwickelter Methanmenge in Kubikmetern zu einer Tonne Förderung war es nun möglich, die Bergwerke in fünf Gruppen verschieden starker Ausgasung zu klassifizieren. Von vornherein schieden dabei 30 Zechen aus, auf denen entweder überhaupt keine CH$_4$-Entwicklung gemessen werden konnte oder höchstens Spuren von Methan auftraten. Es verblieben also 161 oder 77 % aller 1898 im Ruhrgebiet fördernden Steinkohlengruben, die mit einer messbaren Gasbelastung konfrontiert waren (vgl. Tabelle 2).

Neben der am stärksten gasenden Zeche Hibernia (60,47 m^3 CH$_4$/t Förderung) waren in Gruppe 1 drei der 1881 bereits besonders schlagwetterbelasteten Bergwerke vertreten. An

298 vgl. Bergpolizei-Verordnung des Königlichen Oberbergamtes zu Dortmund, betreffend die Bewetterung der Steinkohlenbergwerke und die Sicherung derselben gegen Schlagwetter- und Kohlenstaubexplosionen, in: ZBHSW 49, 1901, Teil A, S. 29 – 38.

299 vgl. BBA 41/142: Schreiben des Revierbeamten Reimann an die Zeche Holland v. 30.10.1908: „Die Untersuchungen der Wetterproben der Zeche Holland, insbesondere der Schachtanlage I/II haben ergeben, daß mehrere Teilströme einen hohen CH$_4$ Gehalt entfalten und daß insbesondere die Entwicklung von CH$_4$ vor Ort eine recht hohe ist. Eine gute Beaufsichtigung ist daher im Interesse der Arbeiter unbedingt erforderlich."

300 vgl. STAM Bergämter, Nr. 6889: Übersicht der Wetterwirtschaft auf den Steinkohlenbergwerken im Oberbergamtsbezirke Dortmund. Aufgestellt im 2. Halbjahr 1902.

301 vgl. Bergbau-Verein (u.a.) (Hrsg.), Die Entwickelung, Bd. 6: Wetterwirtschaft, S. 70 – 83.

302 Berechnet nach ebd., S. 89 – 93.

vierter Stelle lag mit 33,96 m³ CH₄/t Förderung die Schachtanlage Kaiserstuhl II, die bis 1895 ein Teil der Dortmunder Zeche Ver. Westphalia gewesen war.[303] Nahezu gleiche Ausgasungswerte ermittelte man für Neu-Iserlohn I (33,22 m³ CH₄/t Förderung) und die Zeche Bruchstraße entwickelte immerhin noch 22,25 m³ CH₄/t Förderung. Als stark gasend waren ferner die Bergwerke Gneisenau, Monopol mit den Schachtanlagen Grimberg und Grillo, Holland I/II, Germania I, Adolf von Hansemann, General Blumenthal, Hansa, Dahlbusch und Ewald III/IV in Gruppe 1 einzustufen.

In Band 6 des vom Bergbau-Verein herausgegebenen Gesamtwerks befindet sich eine Übersichtskarte des Ruhrbergbaus, in der die Grubenfelder entsprechend der gemessenen Ausgasungswerte farbig markiert sind.[304] Ein Vergleich dieser auf Messwerten beruhenden Karte mit der in den 1950/60er Jahren erarbeiteten, auf den theoretischen Annahmen von Methanentstehung und natürlicher Gasführung beruhenden Karte (vgl. Abb. 9) liefert eine weitgehende Übereinstimmung. Diese Entsprechung muss als ein weiterer Beweis für die grundlegende Bedeutung der natürlichen Grubengasführung gesehen werden, die hier für die Beurteilung der Entwicklung des naturgegebenen Gefährdungspotentials herangezogen wurde und abschließend in zentralen Aussagen zusammengefasst werden soll.

Die unausweichliche Voraussetzung für das Ereignis einer Schlagwetterexplosion war das Auftreten von Methangas in den Grubenbauen. Aufgrund der tektonisch bedingten Entstehungsfaktoren des Methans war der südliche Raum des Ruhrreviers prinzipiell weniger gasführend als die nördlichen Lagerstättenteile, die der Ruhrbergbau erst im Laufe der Nordwanderung erschlossen hat. Bis 1850 ganz überwiegend auf die fast ausschließlich Magerkohlenflöze führende Ruhrzone beschränkt, stellte sich eine erhöhte Ausgasung nur auf wenigen Bergwerken ein. Diese lagen gleichsam als Inseln innerhalb des ansonsten durch eine geringe Gasgefährdung gekennzeichneten Bergbaukernlandes. Mit Erschließung der Hellwegzone wandelte sich diese generell geringe Gefährdung ganz entscheidend. Bezüglich des natürlichen Gefährdungspotentials fiel damit in die Jahrhundertmitte eine tief greifende Zäsur, weil der Bergbau nun in jene Lagerstättenbereiche ausgriff, die mehrheitlich gasführend waren. Im Gegensatz zum vorherigen Zeitraum verblieben innerhalb dieser weiträumig gasenden Teile des Ruhrkarbons nur wenige Inseln ohne oder mit nur sehr geringer Methanbelastung.

Innerhalb der mehrheitlich gasführenden nördlicheren Lagerstättenteile ergaben sich erhebliche Unterschiede im Ausgasungsgrad. Diese Unterschiede waren durch kleinräumliche tektonische Beanspruchungen hervorgerufen worden, die wiederum davon abhingen, ob eine Zeche in einer mehr oder minder stark gasenden Scholle bzw. im Bereich der für die Methanbelastung besonders kritischen tektonischen Wechsel abgeteuft worden war. Umstritten bleibt die Frage, ob die durch die Nordwanderung hervorgerufene Teufenzunahme generell die Ausgasung erhöhte und damit das Gefährdungspotential negativ beeinflusste. Während die ältere Literatur dies in der Regel annimmt, scheinen jüngere Forschungen den Zusammenhang von größerer Teufe und erhöhter Ausgasung eher abzulehnen.[305]

---

303 vgl. Huske, Steinkohlenzechen, S. 564 f.

304 vgl. Bergbau-Verein (u.a.) (Hrsg.), Die Entwickelung, Bd. 6: Wetterwirtschaft, Tafel III.

305 Als den Zusammenhang bejahende Vertreter vgl. ebd., S. 94 f. sowie exemplarisch Dürr, Reinhard: Verfahren und Einrichtungen zur Grubengasabsaugung, in: Das Gas- und Wasserfach 109, 1968, S. 165 – 171, hier S. 165. Kritisch hingegen Treskow, Alexander von: Die Zusammenhänge zwischen dem Gasinhalt und der Geologie im Ruhrrevier, in: Glückauf 121, 1985, S. 1747 – 1755, hier S. 1749: „Bei der Untersuchung der Abhängigkeit der Gasführung der Flöze von der Teufe hat sich herausgestellt, daß der Gasinhalt kaum von der absoluten Teufe, sondern deutlich vom Abstand zur Karbonoberfläche und zu Sprüngen und Überschiebungen abhängt. Die frühere Annahme einer ständigen Verstärkung der Ausgasung in der Teufe wurde im allgemeinen nicht bestätigt […]."

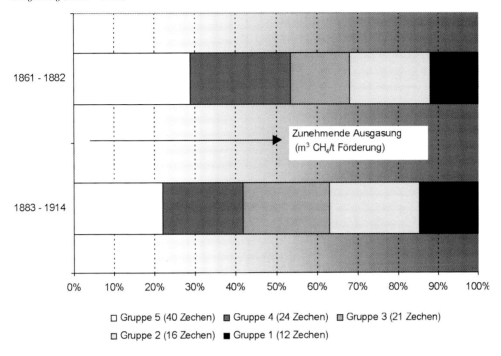

Schaubild 30: Prozentuale Verteilung der tödlichen Explosionen auf die Zechen unterschiedlich starker Ausgasung (1861 – 1914)[306]

Setzt man die Argumentation über die Entwicklung des natürlichen Gefährdungspotentials in Beziehung zum statistischen Befund des Explosionsgeschehens, so lassen sich einige grundsätzliche Aussagen zur Effektivität der zeitgenössischen Sicherheitskonzepte treffen. Die Ausführungen über die naturgegebene Gefährdung im Direktionsprinzip haben gezeigt, dass das zahlenmäßig geringe Auftreten von Explosionen in erster Linie durch die allgemein niedrige Ausgasung bedingt war. Explosionen traten nur bei den wenigen stärker methanbelasteten Zechen auf, bei denen sich zugleich die existierenden Sicherheitsmaßnahmen als weitgehend unwirksam erwiesen. Eine solche Konstellation konnte zwangsläufig erst in dem Moment zunehmend kritisch werden, als der Ruhrbergbau nach der Jahrhundertwende in die stärker gasenden Bereiche vorrückte. Insofern ist die erhebliche Zunahme von Explosionen im Zeitraum von 1850 bis 1880 wesentlich durch die Steigerung des natürlichen Gefährdungspotentials bewirkt worden.

306 Berechnet nach: Haßlacher, Anlagen zum Haupt-Berichte, Bd. 2, S. 48 – 55 (für 1861 bis 1882); STAM OBA Dortmund, Nr. 945, Bl. 193 – 204 (für 1883 bis 1887); Die im Jahre 1898 auf den Steinkohlen-Bergwerken Preussens vorgekommenen Schlagwetter-Explosionen und Erstickungen in Schlagwettern, in: ZBHSW 47, 1899, Teil ST, S. 61 – 94, hier S. 81 – 85 (für 1888 – 1898); Nachweisungen der in der Zeit vom 1. Januar 1861 bezw. 1. Januar 1888 bis Ende des Jahres 1903 vorgekommenen Schlagwetterexplosionen, in: ZBHSW 52, 1904, Teil ST, S. 65 – 80, hier S. 65 – 69 (für 1899 bis 1903); Nachweisungen der in der Zeit vom 1. Januar 1861 bezw. 1. Januar 1888 bis Ende des Jahres 1908 vorgekommenen Schlagwetterexplosionen, in: ZBHSW 57, 1909, Teil ST, S. 72 – 84, hier S. 72 – 75 (für 1904 bis 1908); Nachweisungen der in der Zeit vom 1. Januar 1861 bezw. 1. Januar 1888 bis Ende des Jahres 1913 vorgekommenen Schlagwetterexplosionen, in: ZBHSW 62, 1914, Teil ST, S. 70 – 82, hier S. 70 – 73 (für 1909 bis 1913) sowie Unglücksfälle durch Schlagwetter und Kohlenstaub auf den Steinkohlenbergwerken Preußens im Jahre 1914, in: ZBHSW 63, 1915, Teil ST, S. 60 – 68, hier S. 64 (für 1914).

Die seit Mitte der 1880er Jahre beständig abnehmende Anzahl jährlich zu beklagender Explosionen kann hingegen nicht durch eine Verringerung des natürlichen Gefährdungspotentials erklärt werden. Letztere ist vielmehr, wenn nicht sogar gestiegen, so doch wenigstens unverändert geblieben. Daraus kann nur geschlossen werden, dass seit dieser Zeit die Sicherheitskonzepte optimiert worden sind und immer stärker in der Lage waren, dem Auftreten von Explosionen Einhalt zu gebieten. Zur Untermauerung der für den zweiten Teil der Arbeit grundlegenden These sei der Zusammenhang von Ausgasungsgrad und Explosionsvorkommen auf den Ruhrzechen für die Zeit nach 1850 zuletzt noch etwas genauer untersucht.

Unter den 161 schlagwetterführenden Zechen des Jahres 1898 ist zwischen 1861 und 1914 auf insgesamt 113 Bergwerken mindestens eine tödliche Schlagwetterexplosion aufgetreten. Der mit zunehmendem Ausgasungsgrad sich verringernden Gruppenstärke entspricht zunächst die ebenfalls abnehmende Zahl der betroffenen Zechen: Innerhalb der Gruppe 1 mit 15 Zechen waren es zwölf Bergwerke (= 80 %), 16 von 22 Gruben in Gruppe 2 (= 72,7 %) und 21 von 31 Bergwerken in der dritten Gruppe (= 67,7 %). In Gruppe 4 mit 42 Zechen ereigneten sich auf 24 Zechen tödliche Schlagwetterexplosionen (= 57,1 %) und in der am schwächsten ausgasenden Gruppe 5 hatten schließlich 40 von 52 Gruben (= 78,4 %) wenigstens einmal ein solches Unglück zu beklagen (vgl. Schaubild 30).

Von Gruppe 1 bis 4 verringert sich also der prozentuale Betroffenheitsgrad analog zur Abnahme der Ausgasungsstärke der jeweiligen Gruppe. Allerdings waren in der am schwächsten gasenden Gruppe 5 anteilig fast ebenso viele Gruben mit Explosionen konfrontiert wie in Gruppe 1. Dieses verblüffende Ergebnis lässt sich möglicherweise damit erklären, dass auf den kaum schlagwetterführenden Zechen das Ereignis einer Explosion am wenigsten erwartet werden konnte und deshalb zumindest bis zum Eintritt der ersten Explosion nur wenige Sicherheitsvorkehrungen getroffen wurden.

Auf den 113 Bergwerken explodierten die Schlagwetter von 1861 bis 1914 insgesamt 2222 Mal.[307] Dabei fielen 857 Unglücke in die Zeit des jährlich zunehmenden Explosiongeschehens von 1861 bis 1882, während die restlichen 1365 Explosionen von 1883 bis 1914 auftraten. Die beträchtlich höhere Anzahl des späteren Zeitraums ist in erster Linie durch die zwar fallenden, jeweils aber sehr hohen Explosionsraten in den 1880er Jahren zu erklären.

Der Vergleich des gruppenbezogenen Explosionsaufkommens in den beiden Zeiträumen zeigt, dass sich tendenziell aufschlussreiche Verlagerungen ergeben haben. So ereigneten sich bis 1882 mehr als 50 % der Explosionen auf den Zechen geringer Ausgasung. Mit 28,7 % waren die Zechen der Gruppe 5 darunter am stärksten vertreten. In der Summe erreichten die mittel- bis sehr stark gasenden Gruben in der ersten Zeitspanne einen Wert von 46,4 %, worunter die Zechen der Gruppe 2 mit knapp 20 % den größten Anteil hatten. Seit 1883 ging der Prozentsatz der Explosionen auf den schwach gasenden Zechen der Gruppen 4 und 5 deutlich zurück. Zusammen erzielten beide jetzt nur noch einen Wert von 41,8 %. Mit 6,7 % war dabei der Rückgang in Gruppe 5 am stärksten, doch auch der Explosionsanteil in Gruppe 2 verminderte sich immerhin um 5 %. Zwangsläufig stieg damit der Gesamtanteil der

---

307 Aus den unter Anm. 306 genannten Quellen berechnet sich die Gesamtzahl aller im Oberbergamtsbezirk Dortmund von 1861 bis 1914 aufgetretenen Schlagwetterexplosionen mit Todesfolge auf 2672. Der Fehlbetrag von 450 tödlichen Explosionen (= 16,3 %) ist hier dadurch bedingt, dass diejenigen Zechen, die entweder wesentlich vor 1914 stillgelegt bzw. erst wesentlich nach 1861 in Förderung getreten sind, gezielt ausgeschlossen wurden.

mittel- bis sehr stark gasenden Gruben am Explosionsaufkommen nach 1883 auf 58,2 %. Alle drei Gruppen hatten einen Zuwachs zu verzeichnen, der sich insbesondere in Gruppe 3 mit 6,8 % am deutlichsten bemerkbar machte. In der am stärksten gasenden Gruppe 1 belief er sich immerhin noch auf 2,7 % und in Gruppe 2 ergab sich eine Zunahme um 2,3 %.

Im Vergleich der beiden Zeiträume wird klar, dass sich das Explosionsgeschehen in der zweiten Hälfte des 19. Jahrhunderts sukzessive auf die stärker gasenden Zechen verlagert hat. Dieses Ergebnis stützt die Überlegungen zum Zusammenhang von natürlichem Gefährdungspotential und Effektivität der zeitgenössischen Sicherheitssysteme. Wenn sich bis 1882 mehr als die Hälfte aller tödlichen Explosionen auf jene Zechen konzentrierte, die nur ein geringes natürliches Gefährdungspotential aufwiesen, so kann dieser Umstand als Beweis für die allgemeine Unwirksamkeit der gewählten Maßnahmen des Explosionsschutzes gewertet werden. Im Gegensatz dazu versagten die Sicherheitsvorkehrungen nach 1882 mehrheitlich erst auf den Bergwerken mit stärkerer Ausgasung. Offensichtlich waren die jetzt optimierten Schutzkonzepte immer effektiver in der Lage, zumindest bei den geringer gasbelasteten Zechen Schlagwetterexplosionen zu verhindern.

Teil 2
Die Gestaltung des Explosionsschutzes als Aufgabe:
Handlungsmuster und Zielvorstellungen der industriellen Partner zur Optimierung von System- und Betriebssicherheit

4. Strategien des Explosionsschutzes und Bewältigungsmuster bei dessen Versagen in der Phase abnehmender Sicherheit (1850 – 1880)

4.1 Die Perzeption von Explosionsgefahr und -risiko als Grundlage von Sicherheitshandeln und Unsicherheitsbewältigung

„70 Jahre Sicherheitsforschung der Versuchsgrubengesellschaft auf dem Gebiet des Explosionsschutzes haben dazu beigetragen, die Schutzmaßnahmen im Bergbau unter Tage immer wirkungsvoller zu gestalten. [...] Ein Explosionsunglück, wie es sich auf der Grube Luisenthal 1962 ereignet hat, kann heute für den deutschen Steinkohlenbergbau mit großer Sicherheit ausgeschlossen werden."[1] Die kurz nach Stilllegung der Dortmunder Versuchsgrube Tremonia 1997 aus Expertensicht geäußerte Einschätzung wird in bergbaulichen Fachkreisen kaum strittig sein.[2] Uns interessiert deshalb nicht die Frage, ob der Meinung grundsätzlich zuzustimmen ist. Wichtiger erscheint die mit Bedacht gewählte Formulierung „großer Sicherheit". Trotz der bislang erreichten Fortschritte im untertägigen Explosionsschutz glauben selbst Experten also nicht an eine „absolute Sicherheit" gegenüber Explosionsereignissen. Es bleibt – und sei er noch so klein – ein Rest von „Unsicherheit".

Bis in jüngste Zeit wird die verbliebene Unsicherheit als latente Gefahr der Schlagwetter- oder Kohlenstaubexplosionen weiterhin thematisiert. Sie dient als Kernargument, „die notwendige Verbesserung der Maßnahmen und Methoden zur weitgehenden Ausschaltung dieser Gefahren ständig voranzutreiben und die relevanten Forschungs- und Entwicklungsergebnisse möglichst schnell in die Praxis zu transferieren."[3] Mit den Ende der 1980er Jahre geäußerten Absichtserklärungen, die ausdrücklich die Notwendigkeit von Forschung und Entwicklung betonen, scheint die nur wenige Jahre später erfolgte Stilllegung der Versuchsgrube im Widerspruch zu stehen. Immerhin sind seither in Deutschland keine Prüf- und Versuchstätigkeiten auf dem Gebiet des Brand- und Explosionsschutzes unter Tage mehr möglich. Die gravierenden ökonomischen Probleme, denen der deutsche Steinkohlenbergbau unterliegt, erschwerten die Aufrechterhaltung des Versuchsbetriebes bis zur endgültigen Aufgabe. Im letzten Jahrzehnt vollzog sich folglich keine tatsächliche Veränderung der verbliebenen Unsicherheit gegenüber Explosionsereignissen im deutschen Steinkohlenbergbau,

---

1 zit. Heiermann, Heinrich: Vorwort, in: Michelis, Explosionsschutz, S. 3. Zur Schlagwetter- und Kohlenstaubexplosion auf der saarländischen Steinkohlengrube Luisenthal, dem bislang letzten großen Massenunglück mit 299 getöteten Bergleuten in der Geschichte des bundesdeutschen Steinkohlenbergbaus, vgl. in erster Linie BBA Sammlung U (Grubenunglücke): Saarbergwerke AG (Hrsg.): Zweiter vorläufiger Bericht über das Unglück im Alsbachfeld der Grube Luisenthal am 7. Februar 1962, o.O. o.J. <1962> sowie Kroker/Farrenkopf, Grubenunglücke, S. 474 f.

2 Hinreichende Begründung findet diese Auffassung in der Tatsache, dass infolge des Luisenthaler Unglücks die Wassertrogsperren nachhaltig erprobt, weiterentwickelt und schließlich im deutschen Steinkohlenbergbau allgemein eingeführt worden sind. Vgl. Kolligs, Rainer: Begrüßung und Einführung [der Vortragsveranstaltung des Fachausschusses Betriebssicherheit des Steinkohlenbergbauvereins am 7. Juni 1989 in Bochum unter dem Thema „Explosionsschutz im deutschen Steinkohlenbergbau unter Tage"], in: Glückauf 125, 1989, S. 1297 f.

3 zit. ebd., S. 1297. Vgl. außerdem Schelter, Helmut: Die Bedeutung des Explosionsschutzes aus der Sicht der Bergbehörde, in: Glückauf 125, 1989, S. 1298 – 1302, hier S. 1298 f.

wohl aber eine Wandlung in der Rezeption der zur Bewältigung von Unsicherheit notwendigen Kapazitäten. Kurz gesagt: Nicht das Risiko an sich änderte sich, sondern die Risikowahrnehmung.

Der erste Teil der Untersuchung hat die natürlichen Strukturen der Explosionsgefahr im Ruhrbergbau nachgezeichnet und zentrale Aussagen zur Funktionalität des Explosionsschutzes getroffen. Im Folgenden soll nun danach gefragt werden, welche Handlungsmuster dem Explosionsschutz in der zweiten Hälfte des 19. Jahrhunderts zugrunde lagen und mithin dessen Effektivität bestimmten. Die Ausführungen orientieren sich zunächst an dem soeben kurz vorgestellten Konzept der Wahrnehmung von Unsicherheit. Im Rahmen des seit etwa 20 Jahren interdisziplinär geführten Diskurses zur Risikoforschung[4] ist es vorrangig seitens der Soziologie in den letzten Jahren entwickelt worden.[5] Anfänglich fast ausschließlich auf die postindustrielle Gegenwart bezogen[6], gewinnt es erst in jüngster Zeit auch für die historische Forschung an Relevanz.[7] Immer deutlicher zeichnet sich dabei ab, dass nicht nur die Gesellschaften seit Ausgang des 20. Jahrhunderts als „Risikogesellschaften" zu bezeichnen sind.

Die entscheidende Klammer zur Verankerung risikosoziologischer Erklärungsmuster mit allgemein historischen Entwicklungsstrukturen besteht in der Annahme, dass jede Form sozialen Handelns sowie alle Arten sozialer Entwicklung den Umgang mit Unsicherheiten erforderten. Insofern waren auch vormoderne Gesellschaften durch Handlungsmuster geprägt, die sich auf eine Bewältigung von als Gefahr bzw. als Risiko empfundenen Bedrohungen richteten.[8] Sind somit Gefahr und Risiko zwei Seiten der gleichen Medaille „Unsicherheit"[9], so unterscheiden sie sich aber fundamental in den ihnen zugeordneten Wahrnehmungsstrukturen. Anhand dieser lassen sie sich zugleich als typische Formen des Umgangs mit Unsicherheit innerhalb der historischen Entwicklung verorten.

Als ältere und erst im Zuge der Aufklärung allmählich ersetzte Wahrnehmungsebene der Unsicherheit gilt das Gefahrenverständnis im Sinne von außen auferlegter Bedrohung, auf die der Mensch selbst kaum Einfluss nehmen kann.[10] In der mittelalterlichen Gesellschaft ließ

---

4 vgl. Banse, Gerhard/Bechmann, Gotthard: Interdisziplinäre Risikoforschung. Eine Bibliographie, Wiesbaden 1998 sowie Bechmann, Gotthard: Risiko – ein neues Forschungsfeld?, in: Ders. (Hrsg.): Risiko und Gesellschaft. Grundlagen und Ergebnisse interdisziplinärer Risikoforschung, Opladen 1993, S. VII – XXIX.

5 vgl. Luhmann, Niklas: Soziologie des Risikos, Berlin/New York 1991, ferner Japp, Klaus-Peter: Soziologische Risikotheorie. Funktionale Differenzierung, Politisierung und Reflexion, Weinheim/München 1996 (= Grundlagentexte Soziologie) sowie Krohn, Wolfgang/Krücken, Georg: Risiko als Konstruktion und Wirklichkeit. Eine Einführung in die sozialwissenschaftliche Risikoforschung, in: Dies. (Hrsg.): Riskante Technologien: Reflexion und Regulation, Frankfurt a. M. 1993, S. 9 – 44.

6 vgl. insbesondere das im Rahmen dieses Forschungsfeldes Epoche machende Werk von Beck, Ulrich: Risikogesellschaft. Auf dem Weg in eine andere Moderne, Frankfurt a. M. 1986 sowie Ders.: Risikogesellschaft und Vorsorgestaat – Zwischenbilanz einer Diskussion, in: Ewald, François: Der Vorsorgestaat, Frankfurt a. M. 1993, S. 535 – 558.

7 vgl. in erster Linie Bonß, Wolfgang: Heulen und Zähneklappern. Risiken und andere Unsicherheiten, in: Kultur und Technik, 1999, Heft 4, S. 18 – 25 sowie ausführlicher Ders.: Vom Risiko. Unsicherheit und Ungewißheit in der Moderne, Hamburg 1995. Zum Begriff der „riskanten Zukunft" bzw. zu den konstitutiven Elementen Risiko und Zukunft innerhalb der neuzeitlichen Gesellschaft vgl. Meyer, Torsten: Natur, Technik und Wirtschaftswachstum im 18. Jahrhundert. Risikoperzeption und Sicherheitsversprechen, Münster [u.a.] 1999 (= Cottbuser Studien zur Geschichte von Technik, Arbeit und Umwelt, Bd. 12), S. 10 – 24.

8 vgl. Evers, Adalbert: Umgang mit Unsicherheit. Zur sozialwissenschaftlichen Problematisierung einer sozialen Herausforderung, in: Bechmann, Gotthard (Hrsg.): Risiko und Gesellschaft. Grundlagen und Ergebnisse interdisziplinärer Risikoforschung, Opladen 1993, S. 339 – 374, hier S. 342.

9 vgl. insbesondere Luhmann, Niklas: Risiko und Gefahr, in: Krohn, Wolfgang/Krücken, Georg (Hrsg.): Riskante Technologie: Reflexion und Regulation. Einführung in die sozialwissenschaftliche Risikoforschung, Frankfurt a. M. 1993, S. 138 – 185, hier S. 147 f.

10 vgl. Wiedemann, Peter M.: Tabu, Sünde, Risiko: Veränderungen der gesellschaftlichen Wahrnehmung von Gefährdungen, in: Bayerische Rückversicherung (Hrsg.): Risiko ist ein Konstrukt. Wahrnehmungen zur Risikowahrnehmung, München 1993, S. 43 – 67, hier S. 45.

sich Unsicherheit nicht anders als durch irrationale Bedrohung durch höhere Mächte erklären. Die teleologische Ausrichtung auf das christliche Heilsversprechen und der damit den menschlichen Handlungen zugrunde liegende transzendente Sinn bezüglich der Gnade Gottes projizierte Unsicherheitsempfindungen auf das glaubensbezogene Sündenkonzept.[11] Zum Begriff der Sünde gehörte die Entscheidungsfreiheit und insoweit war Sünde als menschliche Schuld durchaus zurechen- und verantwortbar. Die gottgewollte Natur des Menschen war zwar von diesem vorgegeben, sie musste jedoch von den Menschen erst verwirklicht werden.[12] Bei dieser Einbindung in eine kosmologische Ordnung sah sich der Mensch bis ins 18. Jahrhundert im Zentrum aller Vorgänge, die er auf verschiedenen Abstraktionsniveaus auf sich bezieht: auf die eigene Person, auf die eigene Ortschaft, auf die Menschheit als ganze.[13] Unsicherheit als Sünde geriet so wiederum aus dem auf einzelne Menschen verortbaren Handlungsbezug hinaus. Vielmehr konnte nahezu jedes Zeichen der Umwelt unabhängig von räumlicher Nähe oder Entfernung als göttliche Strafe gegen das sich selbst zuerkannte Sündenvergehen interpretiert werden.[14] Unsicherheit im Sinne der Gefahr hatte immer den Charakter göttlicher Fügung und Schicksalshaftigkeit.

Die tief religiöse Durchdringung des täglichen Lebens bis weit in die Neuzeit hinein galt nicht nur für bergbaugeprägte Kulturlandschaften. In diesen entwickelten sich gleichwohl besondere Züge transzendenter Glaubensmuster, die auf die speziellen bergbaulichen Lebens- und Arbeitsformen bezogen waren. „Der Charakter der bergmännischen Werktätigkeit mit ihren Faktoren des Risikos bei der Erschließung und Gewinnung der Bodenschätze in dem unmittelbaren Gegenüber der Naturmächte und ihrer Unberechenbarkeit wie mit dem zugleich immer geforderten Maß an wacher Bewußtheit und technischen Kenntnissen zur Bewältigung der gestellten Aufgaben hat spezifische Formen des religiösen Ethos und Verhaltens entstehen lassen, die auf vielen Ebenen als ,Ausdruck des ewigen und unzerstörbaren metaphysischen Bedürfnisses der Menschennatur' lebendig sind und aus verpflichtenden Glaubensäußerungen und Handlungsweisen bestehen."[15] Den gottgewollten Gefahren des Bergmannsberufes begegneten die Bergleute nicht nur in der frühen Neuzeit mit einer von verschiedenen Arten des Aberglaubens durchsetzten tiefen Religiosität.[16] Dieses Verständnis prägte sowohl die mental-psychologischen Bewältigungsmuster bei Grubenunglücken als auch die Sicherungsstrategien zur Fortsetzung der Arbeiten auf der Unglückszeche.

Nachdem es im September 1732 auf der mährischen Kohlengrube der Gebrüder Gutmann & Wondracek bei Poremba zu einer bis dahin wohl unbekannten Schlagwetterexplosion gekommen war, berichtete der zuständige Amtmann an die Wiener Hofkammer über den Vorfall. Danach sei bei Schichtbeginn um 5 Uhr 30 den Bergleuten „unversehens mit großen Getöse ein Feuer [...] entgegengelaufen, hat sie zu Boden geschlagen und übel verbrannt [...]. Derzeit will sich kein Mensch hineintrauen; ob es etwa ein gelegtes Feuer oder das wilde Feu-

---

11 vgl. Meyer, Natur, S. 10 f.
12 vgl. Wiedemann, Tabu, Sünde, Risiko, S. 50.
13 zit. Begemann, Christian: Furcht und Angst im Prozeß der Aufklärung. Zu Literatur und Bewußtseinsgeschichte des 18. Jahrhunderts, Frankfurt a. M. 1987.
14 vgl. Bonß, Heulen und Zähneklappern, S. 20.
15 zit. Heilfurth, Gerhard: Der Bergbau und seine Kultur. Eine Welt zwischen Dunkel und Licht, Zürich/Freiburg 1981, S. 178 f.
16 Als Beispiele unterschiedlicher Formen des Aberglaubens vgl. ebd., S. 209. Zum Berggeist als quantitativ dominierendes Phänomen innerhalb der abergläubischen Vielfalt siehe Ders.: Bergbau und Bergmann in der deutschsprachigen Sagenüberlieferung Mitteleuropas, Marburg 1967; Kirnbauer, Franz: Die Quellen und Grundlagen der Bergmannssagen, in: Der Anschnitt 6, 1954, Heft 6, S. 16 – 19, hier S. 17 f. sowie Laub, Gerhard: Zwergkönig Hübich. Eine Sagengestalt des Westharzes, in: Der Anschnitt 22, 1970, Heft 5, S. 3 – 10.

er ist, kann niemand wissen; oder was es bedeutet, das weiß der allmächtige Gott."[17] Spricht aus diesen Worten bereits der zentrale übernatürliche Gottesbezug, so erklären sie zugleich die von der Bergbaugemeinde getroffenen Reaktionsmuster zur Bewältigung des Krisenereignisses.

Am folgenden Tag hielt man um 5 Uhr morgens in der Mariae Himmelfahrt geweihten Kirche ein Messamt. Anschließend ging das ganze Dorf „mit unseren sämtlichen vorher eingereichten, verschiedenen geweihten Sachen" zum Bethaus am Schacht. Dabei kursierten unter den Bergleuten die typischen Formen abergläubischer Zuordnung der Unglücksursache. Einige Bergleute meinten in der Nacht vor Ausbruch des Feuers den Berggeist gesehen zu haben, anderen war beim Gang zur Schicht eine Frau begegnet. Für die Ignoranz dieser göttlichen Warnzeichen glaubten sie durch das Unglück bestraft worden zu sein. Beim Versuch, mit den geweihten Gegenständen in die Grube vorzudringen und sie zu untersuchen, ereignete sich bei der erneuten Konfrontation des offenen Geleuchts mit den Schlagwettern eine zweite Explosion. Dabei wiederholten sich die kollektiv-symbolischen und rituellen Kompensationsmuster, die über mehrere Wochen mit Bittgottesdiensten solange fortgesetzt wurden, bis die Arbeit im Bergwerk – die Schlagwetter müssen durch den natürlichen Wetterzug allmählich ausreichend verdünnt worden sein – wieder aufgenommen werden konnte.[18]

Die zweite Wahrnehmungsebene von Unsicherheit im Sinne des Risikos setzte einen langfristigen und tief greifenden Wandlungsprozess in der Selbstdefinition menschlicher Handlungsweise voraus. Nur sehr allmählich wurden die subjektzentrierten, religiösen Deutungsmuster menschlicher Daseinsbegründung zugunsten eines aktiven, selbstbestimmten Menschenbildes verändert.[19] Dabei durchbrach der Verlust der Gnadensicherheit im Zuge der Reformation zunächst die allumfassende Transzendenz des Handlungsverständnisses. Indem sich der Mensch die göttliche Gnade durch gottgefälliges Handeln und innerweltliche Askese gleichsam „erarbeiten" musste, wurde das menschliche Handeln an sich gesellschaftlich eingebunden.[20] Die aufklärerische Kritik der Religion und des Aberglaubens und der daraus folgende Durchbruch einer naturwissenschaftlichen Weltanschauung – nach Kant also der Ausgang des Menschen aus der selbstverschuldeten Unmündigkeit[21] – rechnete die Tragweite seiner, die Welt verändernden Handlungen endgültig dem Menschen selber zu.

Ein derart gewandeltes Menschenbild musste zwangsläufig eine Wahrnehmungsänderung gegenüber Unsicherheiten zur Folge haben, da diese nun nicht mehr prinzipiell als schicksalshafte Bedrohung bzw. als unbeeinflussbare Gefahr empfunden werden konnten. Wenn der Mensch für seine Handlungen selbst verantwortlich war, so gestaltete er auch die Unsicherheiten in Form eines zurechenbaren Wagnisses bzw. des Risikos selbst. Hierin besteht für die Risikosoziologie der entscheidende systematische Unterschied zwischen vormodernen und modernen Unsicherheitskonzepten.[22] Das Risiko als moderne Form der Unsicherheitswahrnehmung impliziert drei wesentliche Gesichtspunkte, die es von der vormodernen Gefahr unterscheiden. Erstens sind Risiken handlungs- und entscheidungsbezogene Unsicherheiten auf freiwillig eingegangener Basis. Das Ziel ist dabei die Erreichung bestimmter

---

17 zit. nach Reif, Heinz: „Das wilde Feuer". Schlagwetterexplosionen im deutschen Bergbau während des 18. und 19. Jahrhunderts (= unveröffentlichtes Vortragsmanuskript, Essen, 10.04.1986), S. 3.
18 vgl. ebd., S. 5.
19 vgl. Bonß, Heulen und Zähneklappern, S. 21.
20 vgl. Meyer, Natur, S. 12 f.
21 vgl. Wiedemann, Tabu, Sünde, Risiko, S. 54.
22 vgl. Bonß, Heulen und Zähneklappern, S. 21.

Vorteile unter Durchbrechung etablierter Handlungsmuster.[23] Zweitens gelten Risiken aufgrund der menschlichen Entscheidungskompetenz unter Berücksichtigung der Wahrscheinlichkeitsannahme als kalkulierbar. Aus dieser Kalkulationsentscheidung resultiert schließlich der dritte determinierende Gesichtspunkt, nämlich die Zurechen- und vor allem die Verantwortbarkeit von Risiken. Da Personen auch falsch kalkulieren können, muss ihnen die Schuld als Verantwortung des Versagens zugeordnet werden.

Für den Erkenntnisprozess in der vorliegenden Untersuchung gewinnt eine weitere risikosoziologische Grundannahme in Bezug auf die Begriffe Gefahr und Risiko große Bedeutung. Betrachtet man die systematische Unterscheidung beider Begriffe in historischer Perspektive, dann ist festzuhalten, dass vormoderne Gesellschaftsmuster nahezu ausschließlich Unsicherheiten vom Typus der Gefahr kennen konnten. In modernen Gesellschaften wird das Gefahrenverständnis hingegen nicht vollkommen von der Risikowahrnehmung ersetzt. Vielmehr existieren beide Unsicherheitsrezeptionen nebeneinander und zwar in einer verschränkten Art und Weise, die wesentlich von der Perspektive der Beteiligten abhängig ist. Was für den einen als freiwillig eingegangenes Risiko erscheint, kann von anderen als unfreiwillige Bedrohung betrachtet werden. Für die Deutsche Bahn AG war die Ausrüstung der ICE-Züge mit den im Nachhinein fragwürdigen Radreifen angesichts des Unglücks in Eschede 1998 ein kalkuliertes Risiko, für die Bahnkunden jedoch eine nicht zu beeinflussende Gefahr.[24]

Vor dem Hintergrund der Symmetriebeziehung beider Begriffe eröffnen sich eine Reihe von Fragen zur Unsicherheitswahrnehmung von Explosionen im Ruhrbergbau der zweiten Hälfte des 19. Jahrhunderts. Zunächst ist überhaupt zu untersuchen, inwieweit das Risikoverständnis neben die am Beispiel von Poremba dargestellte Gefahrenwahrnehmung getreten ist. Damit lässt sich zugleich die Frage beantworten, inwieweit die Klassengesellschaft des 19. Jahrhunderts im Umgang mit technisch induzierten Unsicherheiten bereits als Risikogesellschaft strukturiert war.[25] Darüber hinaus gilt es zu klären, wie sich die Wahrnehmungsebenen der Beteiligten im Sinne von Risiko und Gefahr unterschieden und gegebenenfalls gezielt als Kompensation objektiv bestehender Unsicherheit kultiviert und instrumentalisiert worden sind. Diese Frage setzt die Existenz des Risikoverständnisses gegenüber Explosionen zumindest für einen Teil der Bergbautreibenden im 19. Jahrhundert voraus.

Um das zentrale Konzept der Unsicherheitsrezeption für die Handlungsmuster des Explosionsschutzes im Ruhrbergbau nach 1850 anzuwenden, bedarf es einer weiteren kurzen Klä-

---

23 Dieses strukturelle Merkmal des Risikos ergibt sich aus der Begriffsgeschichte. Urkundlich nachgewiesen ist die Rede vom Risiko erstmals in oberitalienischen Städten während des 12. Jahrhunderts im Kontext des See- und Fernhandels. Die Bedrohungen, denen die Schiffe bis zur Einfahrt in den angesteuerten Hafen ausgesetzt waren, nahmen die Kaufleute als kalkuliertes Wagnis (rischiare = wagen) auf sich. Im Erfolgsfall ernteten sie Reichtümer, bei Misserfolgen drohte der Konkurs. Im deutschen Sprachraum wurden zuerst im 16. Jahrhundert entsprechende Wagnisse „uf unser Rysign" genommen. Vgl. Bonß, Vom Risiko, S. 111 – 121 sowie Ders., Heulen und Zähneklappern, S. 21.

24 Zur Mischperspektive von Gefahr und Risiko vgl. vor allem Luhmann, Risiko und Gefahr, S. 161 f.: „Die Gefahr des unerwarteten Aquaplaning kann zugleich das Risiko sein, auf das man sich mit zu schnellem Fahren einläßt. Die Gefahr der Schäden durch ein Erdbeben kann das Risiko sein, auf das man sich einläßt, wenn man in einem bekanntermaßen erdbebengefährdeten Gebiet baut. (Es ist kein Risiko, wenn man das Gebäude geerbt hat, es ist dennoch ein Risiko, wenn man es nicht verkauft, obwohl man weiß, daß es in einem erdbebengefährdeten Gebiet steht.)"

25 Insbesondere Wolfgang Bonß fragt neuerdings, „ob wirklich erst die Gesellschaften des späten 20. Jahrhunderts als ‚Risikogesellschaften im engeren Sinne' zu bezeichnen sind." Vgl. Bonß, Heulen und Zähneklappern, S. 19. Eine solche Sichtweise bricht mit den Grundannahmen von Ulrich Beck, der den Begriff der Risikogesellschaft in Abgrenzung zur „Industrie- und Klassengesellschaft" definiert und eingeführt hat. Vgl. Beck, Risikogesellschaft, S. 25 f. Speziell zur Risikogesellschaft bezüglich der Grubenunglücksproblematik siehe auch Farrenkopf, Grubenunglücke in der historischen Forschung, S. 20 f.

rung der Handlungsspielräume und der Handlungsträger im industrialisierten Steinkohlenbergbau. Mit der endgültigen Etablierung privatkapitalistischer Verhältnisse durch das Allgemeine Berggesetz von 1865 bildeten sich mit den Arbeitgebern, Arbeitnehmern und den
staatlichen Bergbeamten sukzessive drei industrielle Handlungspartner mit spezifischen und
gegensätzlichen Interessenlagen heraus. Deren Ausgleich innerhalb der „Industriellen Beziehungen" vollzog sich dabei zunehmend nach einem korporatistischen Modell des Tripar-
tismus.[26] Die bergbehördliche Kompetenz, die sich im vorherigen Direktionsprinzip auf die
direkte Leitung des gesamten bergbaulichen Betriebes erstreckt hatte, wurde nun auf die In-
spektion vorrangig bergpolizeilicher Belange eingeschränkt.[27] Damit rückte die Sicherheits-
aufsicht normativ allerdings gerade ins Zentrum des bergbehördlichen Handlungsauftrages.[28] Sie sollte sich nach den Worten des Gesetzes auf die Sicherheit der (Gruben)baue sowie
des Lebens und der Gesundheit der Arbeiter beziehen, ferner den Schutz der Oberfläche im
Interesse der persönlichen Sicherheit und des öffentlichen Verkehrs und schließlich gegen
gemeinschädliche Einwirkungen des Bergbaus gewährleisten.[29] Über den Verwaltungsweg
hatte die Bergbehörde dazu spezielle Bergpolizeiverordnungen zu erlassen, deren Durchführung trotz der Möglichkeit der Rekursbeschwerde für die Zechenbetreiber bindend war.[30] Da
aber die Durchsetzung von Sicherheitsanforderungen in der Regel betriebsökonomische Erschwernisse nach sich zog, verkürzte sich angesichts der wirtschaftsliberalen Grundtendenz
des Allgemeinen Berggesetzes der bergbehördliche Handlungsspielraum in Sicherheitsfragen gegenüber dem Direktionsprinzip.

Die Gewerken erlangten im Zuge der Bergrechtsreform eine wesentlich größere Verfügungs-
gewalt über ihre Zechen. Seit den 1850er Jahren zur Verfolgung wirtschaftlicher Interessen
übergreifend organisiert, gelang ihnen die Ausbildung eines „Herr-im-Hause"-Stand-
punkts.[31] Die anfangs kleine Gruppenstärke der Bergbau-Unternehmer ermöglichte es insbesondere dem 1858 gegründeten Bergbau-Verein intern die Interessenlagen zu eruieren,
Strategien politischen Handelns zu entwerfen und sie auch im direkten Behördenkontakt effektiv zu verfolgen.[32] Soziale und familiäre Verflechtungen zwischen höheren Verwaltungsbeamten und Unternehmerschaft erleichterten diesen Umstand zusätzlich. Im Vergleich zur
Bergarbeiterschaft waren die Unternehmer damit wesentlich früher in der Lage, auch die
Wahrnehmungsebenen der Explosionsunsicherheit kollektiv zu kanalisieren und interessen-
gebunden durchzusetzen.

---

26 Zum Begriff der Industriellen Beziehungen vgl. insbesondere: Tenfelde, Klaus: Zur Geschichte der Industriellen Beziehungen im Bergbau, in: Feldman, Gerald D./Tenfelde, Klaus (Hrsg.): Arbeiter, Unternehmer und
   Staat im Bergbau. Industrielle Beziehungen im internationalen Vergleich, München 1989, S. 7 – 14. Hinsichtlich des Tripartismus-Konzepts siehe Weisbrod, Bernd: Arbeitgeberpolitik und Arbeitsbeziehungen im Ruhrbergbau. Vom „Herr-im-Haus" zur Mitbestimmung, in: ebd., S. 107 – 162, hier S. 109 f.
27 Als wichtige Beiträge zum umfangreich erforschten Gegenstandes seien hier genannt: Kroker, Evelyn: Bergverwaltung, in: Jeserich, Kurt G. A./Pohl, Hans/Unruh, Georg-Christoph von (Hrsg.): Deutsche Verwaltungsgeschichte, Bd. 3: Das Deutsche Reich bis zum Ende der Monarchie, Stuttgart 1985, S. 514 – 526, hier S. 517 –
   521; Schlüter, Richard: Die preußische Bergverwaltung einst und jetzt. Zum fünfundsiebzigjährigen Bestehen
   des Preußischen Berggesetzes, Essen 1940, S. 48 – 60; Fischer, Wolfram: Die Bedeutung der preußischen
   Bergrechtsreform (1851 – 1865) für den industriellen Aufbau des Ruhrgebiets, Dortmund 1961 (= Vortragsreihe der Gesellschaft für Westfälische Wirtschaftsgeschichte e.V., Dortmund, Heft 9) sowie Ders.: Das wirt-
   schafts- und sozialpolitische Ordnungsbild der preußischen Bergrechtsreform 1851 – 1865, in: Zeitschrift für
   Bergrecht 102, 1961, S. 181 – 189.
28 vgl. Allgemeines Berggesetz für die Preußischen Staaten. Vom 24.6.1865 (Urtext), in: Zeitschrift für Bergrecht
   106, 1865, S. 3 – 41, hier S. 32 ff.
29 vgl. ebd., S. 32, § 196.
30 vgl. ebd., S. 33, §§ 197 – 203.
31 vgl. Weisbrod, Arbeitgeberpolitik, S. 110 – 117.
32 vgl. Tenfelde, Klaus: Protest, Organisation, Emanzipation. Die Arbeitswelt und ihre Konflikte im Ruhrgebiet,
   in: Ruhrlandmuseum Essen (Hrsg.): Die Erfindung des Ruhrgebiets. Arbeit und Alltag um 1900, Essen 2000,
   S. 105 – 119, hier S. 111 f.

Aufseiten der Bergleute äußerten sich die Folgen der Bergrechtsreform in einem Verlust an sozialer Sicherheit, in Dekorporation und Entrechtlichung.[33] Der weit reichende, multifunktionale Veränderungsprozess, der in sozialhistorischer Sicht ganz allgemein durch den Übergang vom Bergmannsstand zur Bergarbeiterklasse bezeichnet wird[34], war entscheidend von einer Umorientierung im Bewusstsein der eigenen gesellschaftlichen Stellung begleitet.[35] Die im Direktionsprinzip wirksamen Wege der Interessenvertretung über das Petitionswesen wurden sukzessive entkräftet und erst allmählich durch neue, klassenbezogene Formen der Interessenartikulation ersetzt.[36] Unsicherheitswahrnehmungen am Arbeitsplatz waren damit Teil des auf die gesamte Lebens- und Arbeitswelt bezogenen Klassenbewusstseins. Ihre Kanalisierung und Vertretung unterlag den grundsätzlichen Erschwernissen der neuen Rollendefinition.

Jüngere montanhistorische Studien zur Unfallgeschichte im Ruhrbergbau haben den strukturellen Wandel im Verhältnis der industriellen Partner als generelle Ursache abnehmender Sicherheit seit der Bergrechtsreform gesehen. Unter Berücksichtigung der vergleichsweise niedrigen statistischen Unfallraten ordnen sie dem Direktionsprinzip ein geringes Gefährdungsniveau zu, das durch die Koinzidenz von unternehmerischer und sozialordnender Kompetenz der Bergbehörde über ein engmaschiges Kontrollnetz und ein detailliertes Verordnungswesen garantiert worden sei.[37] Mit Übergang zum Inspektionsprinzip hätte insbesondere die mentalitätsbezogene Interessenkongruenz zwischen Unternehmerschaft und Bergbehörde die geforderte Neutralität der Bergbehörde als Aufsichtsorgan außer Kraft gesetzt. Mangelnde Präsenz und defizitärer objektiver Aufsichtswille vor allem bei den Revierbeamten zwangen die Bergleute danach, allein nach den Direktiven der Leistungsmaximierung zu arbeiten und Sicherheitsvorschriften bewusst und gezielt zu missachten.[38]

Es scheint geboten, die generellen Aussagen im Rahmen dieser Arbeit speziell für das Explosionsgeschehen im Ruhrbergbau zu hinterfragen. Dabei lässt sich das bereits nachgewiesene geringe Auftreten von Schlagwetterexplosionen vor 1850 weniger durch eine effektive bergbehördliche Kontrolle als vielmehr durch den Umstand begrenzter natürlicher Gasgefährdung erklären. Auf den wenigen gasenden Zechen in Zeiten des Direktionsprinzips war es der Bergbehörde eben gerade nicht gelungen, Explosionen wirklich zu verhindern. Man kann deshalb vermuten, dass die skizzierten Interpretationsmuster das gewandelte Rollenverständnis der Bergbehörde als zentrale Ursachenbegründung wenigstens für die Explosionsproblematik überstrapazieren.

33 vgl. exemplarisch Tenfelde, Klaus: Probleme der Organisation von Arbeitern und Unternehmern im Ruhrbergbau 1890 bis 1918, in: Mommsen, Hans (Hrsg.): Arbeiterbewegung und industrieller Wandel. Studien zu gewerkschaftlichen Organisationsproblemen im Reich und an der Ruhr, Wuppertal 1980, S. 38 – 61, hier S. 38 f.
34 vgl. Tenfelde, Sozialgeschichte, S. 334 – 342 sowie Köllmann, Wolfgang: Vom Knappen zum Bergarbeiter: Die Entstehung der Bergarbeiterschaft an der Ruhr, in: Mommsen, Hans/Borsdorf, Ulrich (Hrsg.): Glück auf, Kameraden! Die Bergarbeiter und ihre Organisationen in Deutschland, Köln 1979, S. 23 – 48.
35 Allgemein und grundlegend zum Zusammenhang von Klassenbildung, Klassenbewusstsein und Klassenhandeln siehe Kocka, Jürgen: Lohnarbeit und Klassenbildung. Arbeiter und Arbeiterbewegung in Deutschland 1800 – 1875, Berlin/Bonn 1983, S. 23 – 30.
36 vgl. Tenfelde, Klaus: Gewalt und Konfliktregelung in den Arbeitskämpfen der Ruhrbergleute bis 1918, in: Engel-Janosi, Friedrich/Klingenstein, Grete/Lutz, Heinrich (Hrsg.): Gewalt und Gewaltlosigkeit. Probleme des 20. Jahrhunderts, Wien 1977 (= Wiener Beiträge zur Geschichte der Neuzeit, Bd. 4), S. 185 – 236, hier S. 214 f. sowie Ders./Trischler, Helmuth (Hrsg.): Bis vor die Stufen des Throns. Bittschriften und Beschwerden von Bergarbeitern, München 1986, S. 9 – 27.
37 vgl. Trischler, Arbeitsunfälle, S. 113.
38 vgl. ebd., S. 114: „Der über die Gedingefestsetzung vermittelte Druck zwang die Bergarbeiter, Sicherheitsvorschriften zu mißachten, auch wenn sie dabei ihre Gesundheit riskierten."

Die Prüfung der sozialhistorisch dominierten Deutungsmuster zum bergbaulichen Unfallgeschehen im Verlauf des 19. Jahrhunderts bedingt für den Explosionsschutz eine zusätzliche Fokussierung auf die technischen Dimensionen des Bergbaubetriebes. Die langfristige Dominanz der Handarbeit im eigentlichen Gewinnungsbetrieb bis Ende des 19. Jahrhunderts ist unbestritten.[39] Der daraus abgeleitete geringe Technisierungsgrad und mithin die Vernachlässigung speziell technischer Faktoren zur Untersuchung der Unfallentwicklung ist allerdings nur für einzelne Bereiche des komplexen bergbaulichen Unfallgeschehens gerechtfertigt. Im Unterschied zur Problematik des Stein- und Kohlenfalls, für die technische Zäsuren während des 19. Jahrhunderts trotz veränderter Abbauverfahren kaum relevant waren, bezog sich der Explosionsschutz grundsätzlich auf speziell technische Verfahren und Instrumente. In Teilen trugen sie bereits den Charakter einer engeren Sicherheitstechnik, wie etwa der Begriff der „Sicherheitslampe" beweist.

Die Gestaltung der technischen Sicherheit richtete sich zunächst auf diejenigen Aspekte, die durch die naturgesetzliche Basis des Explosionsverlaufs vorgegeben waren. Einerseits also auf die Bewetterung zur Verdünnung des Methangases und andererseits auf die Kontrolle der Zündinitiale im Falle einer Konfrontation mit unzureichend verdünnten Gasgemischen. Seit 1850 betraf letzteres in erster Linie das technische System der Beleuchtung und nachgeordnet die technischen Verfahren der Schießarbeit. Der Explosionsschutz gliederte sich somit in zwei aufeinander bezogene technikorientierte Teilstrategien, die in gemeinsamer Wirksamkeit zur Geltung gebracht werden mussten. Die vorliegende Untersuchung behandelt deshalb sowohl die Bewetterungs- als auch die Zündquellenstrategie. Sie beschränkt sich bei letzterer allerdings auf die als Zündinitial im fraglichen Zeitraum weit vorherrschende Beleuchtung.

Darüber hinaus verfolgten beide Teilstrategien zwei grundlegende Konzepte, um den Explosionsschutz in die Praxis umzusetzen. Sie ergaben sich aus den im 19. Jahrhundert allgemein bestehenden Optionen zur Herstellung technischer Sicherheit unter Industrialisierungsbedingungen.[40] Der eine Weg bestand in der Suche nach Zuverlässigkeit der eingesetzten technischen Mittel an sich. Orientierende Idee dieser Suche war die Entwicklung einer engeren technischen Sicherheit mit Hilfe wissenschaftlich begründeter Methodik. Sie zielte darauf, dass Maschinen und betriebliche Abläufe sich selbst kontrollierten und sich im Gefährdungsfall möglichst ohne menschlichen Einfluss regulieren sollten.[41] Das alternative Konzept stellte den handelnden Menschen in den Mittelpunkt und richtete sich auf dessen Anleitung zum funktionsadäquaten Umgang mit den vorhandenen technischen Mitteln. Leitende Idee dieser Richtung wurde der dem Betrieb bzw. der Maschine angepasste Mensch, dessen zunehmende Übereinstimmung mit den Sicherheitsanforderungen der Technik durch Verhaltenskodices und bürokratische Vorschriften zu verordnen und durch betriebliche Kontrolle zu realisieren war.[42]

---

39 vgl. Burghardt, Die Mechanisierung, S. 39 sowie Brüggemeier, Leben vor Ort, S. 92.
40 vgl. Reif, „Das wilde Feuer", S. 11 f.
41 Die technische Sicherheit im hier gemeinten engeren, quasi selbstsichernden Sinne wird in technischen Lexika häufig als „Systemsicherheit" bezeichnet. Vgl. Weber, Wolfhard: Arbeitssicherheit. Historische Beispiele – aktuelle Analysen, Reinbek bei Hamburg 1988, S. 8 sowie Farrenkopf, Grubenunglücke als Katastrophen, S. 31.
42 Dieses Konzept richtet sich auf die Ebene der „Betriebssicherheit", die vom Erfolg des Betriebssystems Mensch – Maschine abhängig ist. Vgl. Weber, Arbeitssicherheit, S. 8.

4.2 Die Grubenbewetterung als Mittel zur Vermeidung kritischer Methankonzentrationen

4.2.1 Auf dem Weg zur Theorie des künstlichen Wetterzuges

Bei Herausbildung der komplex zusammengesetzten und nicht auf einer einheitlichen naturwissenschaftlichen Grundlage basierenden Montanwissenschaft seit dem 16. Jahrhundert finden sich die Wurzeln einer eigenen Grubenwetterlehre bereits bei Georg Agricola. Bezogen auf den frühneuzeitlichen Stand der Technik unterschied er die natürliche Bewetterung von der künstlichen, d. h. mit technischen Hilfsmitteln erzeugten Frischluftversorgung der untertägigen Grubenbaue. Rein deskriptiv erläuterte er das Phänomen des natürlichen Wetterzuges für den Stollenbergbau in Abhängigkeit der verschiedenen Jahreszeiten: „Die Außenluft zieht von selbst in die Grubenbaue ein und auch wieder aus, wenn ein Durchgang möglich ist. [...] Im Frühjahr und im Sommer fallen die Wetter in den hoch angesetzten Schacht ein, gehen durch den Stollen oder das Feldort und ziehen aus dem Stollenmundloch oder dem tief angesetzten Schacht aus [...]. Im Herbst und Winter dagegen ziehen sie in den tiefer angesetzten Schacht oder Stollen ein und aus dem höheren aus."[43] Windfänge, Wetterlutten, Wettertrommeln und Blasebälge waren notwendige technische Hilfsmittel, um den Wetterzug in Grubenräumen herzustellen, bei denen durch die Länge der Stollen oder die Schachtteufe der natürliche Wetterzug allein nicht ausreichte. Jene technischen Einrichtungen beschrieb Agricola im sechsten der „Zwölf Bücher vom Berg- und Hüttenwesen" sehr ausführlich.[44]

Die bis heute gültige theoretische Erklärung des 1556 erstmals literarisch festgehaltenen und durch Erfahrung bekannten natürlichen Wetterzuges lieferte erst der russische Gelehrte Michail Wassiljewitsch Lomonossow (1711 – 1765) etwa 200 Jahre später. Auf seinen Reisen durch Deutschland studierte er im Zeitalter der Aufklärung vor allem in Marburg. 1739/40 weilte er zur montanistischen Ausbildung in Freiberg, bevor er 1741 als Wissenschaftler an die Petersburger Akademie der Wissenschaften zurückkehrte.[45] Hier verfasste er 1745 in lateinischer Sprache das Werk „Über den natürlichen Wetterzug in den Bergwerken". Darin systematisierte er die bislang vorhandenen physikalischen Grundlagen zur Beweisführung des natürlichen Wetterzuges auf naturwissenschaftlicher Basis.

Seit dem Mittelalter war der Begriff des spezifischen Gewichts bekannt und nach den Experimenten von Robert Boyle (1627 – 1691) sowie Edme Mariotte (1620 – 1684) wusste man von den Zusammenhängen zwischen Luftdruck und Dichte der Luft. Leonardo da Vinci (1452 – 1519), Simon Stevin (1548 – 1620) und Blaise Pascal (1623 – 1662) hatten das in der Praxis schon seit Jahrhunderten angewandte Prinzip der kommunizierenden Röhren im Hinblick auf das Gleichgewicht von Flüssigkeiten behandelt.

Letzteres legte Lomonossow dem System eines Bergbaubetriebs zugrunde. In der theoretischen Annahme, dass die Strecken und Schächte mit einer Flüssigkeit gefüllt wären, deren

---

43 zit. Schiffner, Georg Agricola, S. 91 f.

44 vgl. ebd., S. 171 – 182. Zu den Vorläufern montanistischer Literatur in Bezug auf die Bewetterung vgl. Batzel, Siegfried: Aus der Geschichte der Grubenbewetterung, in: Bergbau-Archiv 19, 1958, Nr. 1/2, S. 1 – 15, hier S. 1 ff.

45 Zur Biographie von Lomonossow vgl. insbesondere: Fedorow, A. S.: M. W. Lomonossow in Deutschland, in: Michail Wassiljewitsch Lomonossow (1711 bis 1765). Vorträge des Gedenkkolloquiums der Akademie der Wissenschaften der DDR und der Bergakademie Freiberg anläßlich des 270. Geburtstages von M. W. Lomonossow 1981 in Freiberg, Leipzig 1983 (= Freiberger Forschungshefte, Reihe D, Bd. 157), S. 7 – 17.

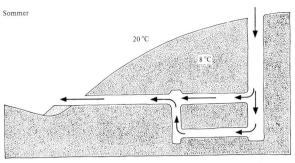

Sommer

20 °C

8 °C

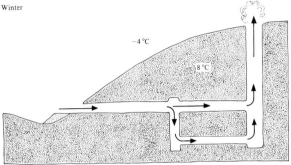

Winter

−4 °C

8 °C

Abb. 11: Natürlicher Wetterzug

spezifisches Gewicht das der Außenluft übersteige, musste die Flüssigkeit in dem höheren Schacht insgesamt schwerer sein, als diejenige in dem niedrigeren Schacht. Das Wasser musste folglich aus dem niedrigeren Schacht solange auslaufen, bis das Gleichgewicht in beiden Schächten hergestellt war. Entsprechende Überlegung galt auch für die Luft unter Berücksichtigung ihres spezifischen Gewichts in Abhängigkeit von der Lufttemperatur. Im Vergleich zur gleich bleibenden Temperatur im Grubengebäude war demnach die Außenluft im Sommer wärmer und leichter bzw. im Winter kälter und schwerer als die Grubenwetter. Für die Sommerzeit ließ sich das Flüssigkeitsmodell also direkt auf das Wettermodell übertragen. Beim Erkalten der wärmeren Außenluft im höheren Schacht

erhöhte sich das Gewicht und ließ die Wetter durch diesen einfallen. Dadurch wurde die Grubenluft durch den niedrigeren Schacht ausgetrieben. Im Winter galt das gleiche Prinzip nur in umgekehrter Richtung. Verlängerte man gedanklich den niedrigeren bis auf die Größe des höheren Schachtes, so war er in dem gedachten Teil durch die spezifisch schwerere Winterluft gefüllt. Insofern fielen die Wetter nun durch den niedrigeren Schacht ein und zogen durch den höheren Schacht aus.[46]

Lomonossow verband die vorliegenden physikalischen Grundlagen mit der beschreibenden Erklärung des Phänomens durch Agricola und lieferte die bis heute grundlegende Theorie des natürlichen Wetterzuges. Nur in Teilen auf die Bedingungen moderner Tiefbauanlagen spezifiziert, erweist sich beispielsweise die Erläuterung in der 1961 erschienenen, von Carl Hellmut Fritzsche publizierten zehnten Auflage des von Heise und Herbst 1908 erstmals veröffentlichten Standardwerks der Bergbaukunde: „In tiefen und warmen Gruben, deren Gebirgstemperatur das ganze Jahr hindurch höher als die Außentemperatur ist, findet stets eine Erwärmung der Luft in der Grube statt, und sobald der Wetterzug nach der einen oder anderen Richtung in Bewegung gekommen ist, bleibt der Strom bestehen."[47]

46 Zur Auswertung und Übersetzung der Originaltexte von Lomonossow vgl. Wagenbreth, Otfried: Lomonossow und die Herausbildung der Grubenwetterlehre als Spezialdisziplin der Montanwissenschaften, in: Michail Wassiljewitsch Lomonossow (1711 bis 1765). Vorträge des Gedenkkolloquiums der Akademie der Wissenschaften der DDR und der Bergakademie Freiberg anläßlich des 270. Geburtstages von M. W. Lomonossow 1981 in Freiberg, Leipzig 1983 (= Freiberger Forschungshefte, Reihe D, Bd. 157), S. 69 – 110.

47 zit. Fritzsche, Carl Hellmut: Lehrbuch der Bergbaukunde mit besonderer Berücksichtigung des Steinkohlenbergbaus, Bd. 1. Zehnte, völlig neubearbeitete Aufl. des von Dr.-Ing. eh. F. Heise und Dr.-Ing. eh. F. Herbst begründeten Werkes, Berlin/Göttingen/Heidelberg 1961, S. 685.

Zur planmäßigen Einrichtung eines untertägigen Wettersystems war das theoretische Rüstzeug für Stollenzechen mit geringen Teufen und kleinräumlicher Ausdehnung seit Lomonossow durchaus ausreichend vorhanden. Im Zuge des Teufenfortschritts, steigender Betriebsgrößen mit wachsenden Belegschaftszahlen sowie Verzweigung der untertägigen Grubenbaue in der ersten Hälfte des 19. Jahrhunderts gelangte die natürliche Bewetterung nicht nur im Ruhrbergbau aber zusehends an ihre Grenzen. Zwangsläufig musste sie nun durch maschinelle Einrichtungen der künstlichen Bewetterung ersetzt werden. Das theoretische Wissen um temperaturbedingte Gewichts- und Druckunterschiede der Grubenwetter reichte dabei für eine wissenschaftliche Berechnung und Projektierung der Bewetterungsmaschinen nicht aus. Vielmehr erforderten die neuen Maschinen eine eigene Theorie der künstlichen Bewetterung. Um sicherzustellen, dass die notwendigen Frischwetter in geforderter Menge bis zu den entlegensten Arbeitsörtern geführt wurden und potentiell austretende Methangase verdünnten, waren andere physikalische und chemische Bedingungen zu klären, als sie Lomonossow für die Theorie des natürlichen Wetterzuges benötigt hatte. Jener theoretisch-wissenschaftliche Klärungsprozess vollzog sich allerdings erst seit Mitte des 19. Jahrhunderts und er gelangte nicht vor Mitte der 1870er Jahre zu allgemein begründeten und akzeptierten Berechnungsmodellen.

Theoretische Basis der Lehre vom künstlichen Wetterzug war die vor allem von Julius Weisbach (1806 – 1871)[48] um 1840 entwickelte technische Strömungslehre. Vorwiegend auf Wasser bezogen, wurde hier den realen Widerständen in Rohrleitungen und verschiedenen Formstücken Beachtung geschenkt.[49] Aufgrund der geringen Druckunterschiede konnte jedoch auch die Grubenluft in erster Annäherung wiederum zunächst als Flüssigkeit betrachtet werden. Die Strömungslehre Weisbachscher Prägung wurde so auch für die Theorie der künstlichen Grubenbewetterung anwendbar und in der bergbaukundlichen Literatur um die Mitte des 19. Jahrhunderts entsprechend herangezogen.

Wilhelm Leo definierte den Wetterzug 1861 mit folgenden Worten: „Unter Wetterzug oder Wetterwechsel versteht man ein fortwährendes Durchströmen der Tagluft in den Grubengebäuden [...]; je schneller dieser Wechsel stattfindet, desto besser wird die Grubenluft sein. Die Schnelligkeit dieses Umsatzes ist abhängig
1) von der Größe der Tagesöffnung, durch welche die frische Luft ein- und die verdorbene Luft ausströmen kann,
2) von der Schnelligkeit, mit welcher die Tagluft einströmt; dieses hängt nun wieder ab
   a) von der Kraft, die der Luftstrom überhaupt erzeugt, und
   b) von dem Widerstande, die derselbe zu überwinden hat.
Diese Widerstände sind im Ganzen dieselben, welche in Canälen fließendes Wasser zu überwinden hat; sie entstehen durch die Rauhigkeit der Begrenzungsflächen und durch die Länge des Weges, durch Kreuzung oder Abzweigung des Weges etc.; die Wetter suchen sich jedoch alle Mal die kürzesten Wege aus."[50]

Auf der Grundlage der Strömungslehre war mit dieser noch immer recht prosaischen Beschreibung das Wesen der künstlichen Bewetterung zumindest kausal begründet. Allerdings

---

48 Zur Biographie von Julius Weisbach, seit 1832 Professor an der Bergakademie in Freiberg, vgl. Zöllner, Georg: Lebensbild Julius Weisbachs, in: Beck, Werner (Bearb.): Julius Weisbach. Gedenkschrift zu seinem 150. Geburtstag, Berlin 1956 (= Freiberger Forschungshefte, Reihe D, Bd. 16), S. 11 – 61.
49 vgl. Beck, Werner: Die Bedeutung Julius Weisbachs auf dem Gebiete der Hydraulik, in: Ders. (Bearb.): Julius Weisbach. Gedenkschrift zu seinem 150. Geburtstag, Berlin 1956 (= Freiberger Forschungshefte, Reihe D, Bd. 16), S. 91 – 110.
50 zit. Leo, Lehrbuch der Bergbaukunde, S. 385.

fehlten in den 1860er Jahren weiterhin die Möglichkeiten, die Zusammenhänge mathematisch genauer zu fassen. Im Unterschied zu den relativ einfachen Röhrenmodellen, die der Weisbachschen Strömungslehre zugrunde lagen, erschwerten die schier unendlich verschiedenen Streckenquerschnitte und Gesteinsoberflächen in den verzweigten Grubengebäuden die Suche nach einer rechnerischen Kenngröße zur Beschreibung des Verhältnisses von zugeführter Wettermenge und dem Wetterzug entgegenwirkender Reibungswiderstände. Erst im Verlauf der 1870er Jahre entwickelte der französische Bergingenieur Daniel Murgue (1840 – 1918), beschäftigt auf den Steinkohlengruben von Bessèges, eine näherungsweise Rechnungsformel, die er als „äquivalente Grubenöffnung" bezeichnete.[51]

Murgues Überlegungen gingen davon aus, dass die Bewegung von Luft durch die Räume einer Grube nur dann stattfand, wenn an der Eintrittsstelle die „Pressung" größer als an der Ausgangsstelle war. Der Überdruck an der Eintrittsstelle, der bei der künstlichen Bewetterung durch eine Wettermaschine erzeugt wurde, diente zur Überwindung der vielfachen Reibungen und sonstigen Hindernisse des untertägigen Luftstromes. Für den hypothetischen Fall, dass alle Grubenräume eine bestimmte geometrische Form aufwiesen, ließ sich nach Murgue der Verlust an Pressung durch jedes einzelne Hindernis durchaus berechnen. Die Addition aller Teilwerte würde im hypothetischen Fall die totale Depression des Luftstromes auf dem Weg durch die Grube ergeben. Wegen der „ganz unregelmäßigen" Form der Räume war dies aber unmöglich.[52]

Murgue abstrahierte seine Gedankengänge daraufhin zugunsten des „ganz allgemeinen Charakters", den der Vorgang des Wetterwechsels immer an sich hatte. Er schlug vor, die Summe all jener regelmäßig und unregelmäßig geformten Grubenräume als „äquivalent" zu bezeichnen, welche dieselbe Depression erforderten, um dasselbe Luftvolumen in einer gegebenen Zeit durchströmen zu lassen. Mathematisch beschreibbar war diese Größe als Querschnittsöffnung in einer gedachten dünnen Wand – eben der „äquivalenten Grubenöffnung" eines gesamten Bergwerks in Quadratmetern.[53] Durch sie strömte in gegebener Zeit dieselbe Luftmenge wie durch die betreffende Grube, wenn zwischen dem Saugkanal der Grube und der atmosphärischen Luft die gleichen Pressungsunterschiede vorhanden waren, wie auf beiden Seiten der dünnen Wand. Als relevante Einflussgrößen zur Berechnung waren die mittels Anemometer gemessene Wettergeschwindigkeit sowie die mit Hilfe des Manometers ermittelte Depression am Saugkanal des Ventilators in die mathematische Formel einzusetzen.[54] Als Resultat ergab sich eine Quadratmeterzahl, nach der Murgue die von ihm untersuchten Steinkohlengruben in drei Gruppen klassifizierte: Enge Gruben mit weniger als 1 m², mittlere Gruben mit annähernd 1 m² und weite Gruben mit mehr als 1 m² äquivalenter Grubenöffnung. Die Extremwerte lagen nach seinen Ermittlungen bei 0,66 m² auf einer belgischen Grube mit geringmächtigen Flözen und engen Wetterstrecken sowie bei 4,3 m² auf einer englischen Steinkohlenzeche.

Im Ruhrbergbau wurde die äquivalente Grubenöffnung erstmals durch die Ventilator-Unterkommission der preußischen Schlagwetterkommission für das Jahr 1883 auf 69 Zechen er-

---

51 vgl. Wagenbreth, Lomonossow und die Herausbildung der Grubenwetterlehre, S. 93.

52 zit. nach ebd., S. 94.

53 Zur Berechnungsformel der äquivalenten Grubenöffnung (orifice équivalent) und ihrer Ableitung aus der Strömungslehre vgl. ebd., S. 95 sowie Bergbau-Verein (u.a.) (Hrsg.), Die Entwickelung, Bd. 6: Wetterwirtschaft, S. 214 ff.

54 Murgues Theorie entstand unmittelbar in Verbindung mit der Frage nach der Leistungsfähigkeit von Grubenventilatoren, die Mitte der 1870er Jahre in Frankreich im Rahmen einer speziellen Kommission untersucht wurde. Vgl. Wagenbreth, Lomonossow und die Herausbildung der Grubenwetterlehre, S. 98.

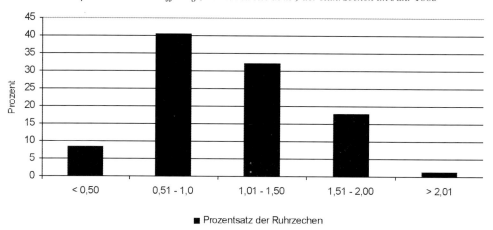

■ Prozentsatz der Ruhrzechen

mittelt. Durch nachträgliche Operationen gelang es um 1900 für 15 damals nicht untersuchte Gruben, die Werte zusätzlich zu errechnen, so dass sich die äquivalente Grubenöffnung bei 84 Ruhrzechen 1883 gemäß Schaubild 31 verteilte. Etwa die Hälfte aller untersuchten Ruhrzechen gehörte Mitte der 1880er Jahre demnach zu den engen Gruben im Murgueschen Klassifikationsschema. Lediglich eine einzige Schachtanlage, Neu-Iserlohn 1, besaß mit 2,43 m² eine äquivalente Grubenöffnung von mehr als 2 m².[56]

Für die Auslegung eines Wettersystems brachte die von Murgue entwickelte technische Kenngröße, die auf der Basis der Strömungslehre die technische Realität zusammenfasste und mathematisierte, einen ganz entscheidenden Fortschritt. Indem jetzt für jede Grube die äquivalente Grubenöffnung zu berechnen war, ließ sich mittels der Formel auch jederzeit die Frage beantworten, wie viel Luft bei gegebener Depression durch die Grube strömte. Dementsprechend konnte man berechnen, welche Depression – also welche Ventilatorleistung – zur Fortbewegung eines Luftstroms unter Tage erforderlich war, um eine bestimmte Wettermenge durch die Grubenbaue zu leiten. Erst mit der Murgueschen Formel lag eine verlässliche theoretische Grundlage zur konstruktiven Berechnung von Ventilatorleistungen vor. Sie ersetzte die unzureichenden Untersuchungsverfahren zur Beurteilung von Ventilatorleistungen, die im Ruhrbergbau noch Ende der 1870er Jahre herangezogen wurden und zu in Fachkreisen erheblich umstrittenen Ergebnissen führten.[57] Vor allem aber transformierte sie

---

55 Berechnet nach Bergbau-Verein (u.a.) (Hrsg.), Die Entwickelung, Bd. 6: Wetterwirtschaft, S. 217.

56 vgl. ebd., S. 217.

57 Die Diskussion entbrannte über den Leistungsvergleich zwischen den während der 1870er Jahre vorwiegend im Ruhrbergbau eingeführten Guibal-Ventilatoren mit den seit 1879 als Konkurrenz auftretenden kleineren Pelzer-Ventilatoren. Pelzer-Ventilatoren kamen als übertägige Maschinen zur Erzeugung des Gesamtwetterstroms sowie als Handventilatoren zur Sonderbewetterung etwa auf den Zechen Julius Philipp in Bochum-Wiemelhausen und Bruchstraße in Bochum-Langendreer 1879/80 zum Einsatz. Auf der Dortmunder Zeche Dorstfeld wurde 1879 ein im Vergleich zu den Guibal-Ventilatoren wesentlich kleinerer Ventilator der Baroper Maschinenbau AG aufgestellt. Die Leistungsversuche mit dem Dorstfelder Ventilator bedienten sich des üblichen Verfahrens, „die Leistung eines Ventilators [...] durch eine Zahl, welche aus Multiplication der Depression in Millimeter und Luftquantum in Cubikmeter je Minute entsteht" auszudrücken. Zit. Versuche und Verbesserungen bei dem Bergwerksbetriebe in Preussen während des Jahres 1879, in: ZBHSW 28, 1880, Teil B, S. 237 – 261, hier S. 256. Die Versuche ermittelten sehr schlechte Vergleichswerte der Guibal-Ventilatoren u. a. auf den Zechen Westphalia, Fürst Hardenberg, Germania und Neu-Iserlohn, die jedoch im Verlauf des Jahres 1880 kritisiert wurden, weil „Zweifel an der Richtigkeit der betreffenden Versuche laut geworden" waren. Zit.: Versuche und Verbesserungen bei dem Bergwerksbetriebe in Preussen während des Jahres 1880, in: ZBHSW 29, 1881, Teil B, S. 238 – 276, hier S. 268.

die bis weit in die 1880er Jahre vorherrschende Unsicherheit in der Beurteilung von Bewetterungssystemen auf eine rationellere Ebene, die nun auch im Sinne bergpolizeilicher Verordnungspraxis funktionalisiert, d. h. mit konkreten Richtwerten ausgestattet werden konnte.

In Frankreich wurde Murgues Begriff der äquivalenten Grubenöffnung etwa Mitte der 1880er Jahre von Professor Haton de la Goupillière an der Pariser École des mines in das Lehrprogramm der Bergbaukunde-Vorlesungen aufgenommen. In der deutschsprachigen bergbaukundlichen Literatur fand er gegen Ende der 1880er Jahre Eingang, nachdem Murgues Schrift „Über Grubenventilatoren", mit einigen Zusätzen von J. v. Hauer bearbeitet, 1884 in Leipzig auf Deutsch publiziert worden war.[58] Unter dem bis heute in Deutschland gebräuchlichen Begriff der Grubenweite beschrieben ihn vermutlich erstmals Heise und Herbst 1908 in ihrem Bergbaukunde-Handbuch.[59] Spätestens seit Ende des 19. Jahrhunderts gehörte er somit zum Grundwissen eines jeden Bergingenieurs und alle weiteren Erkenntnisse der Grubenwetterlehre im 20. Jahrhundert basierten letztlich auf dieser grundlegenden Theorie des künstlichen Wetterzuges.

4.2.2 Technische Standards der Erzeugung und Verteilung des Wetterzuges im Ruhrbergbau nach 1850

Die Qualität eines Bewetterungssystems hängt prinzipiell nicht allein von der Menge der einem Bergwerksbetrieb zugeführten Frischluft ab, sondern auch von der Art und Weise ihrer Verteilung in den Grubenbauen. Die Funktionalität der Bewetterung als Teilstrategie des Explosionsschutzes ist dementsprechend auf eine möglichst optimale Ausgestaltung beider wettertechnischer Teilbereiche angewiesen. In den Handbüchern der Bergbaukunde des 19. Jahrhunderts finden sich die beiden zentralen Aspekte der Grubenwetterlehre etwa seit den 1860er Jahren als getrennte Kapitel vor. In der Regel werden sie innerhalb der im praktischen Bergbaubetrieb seit Mitte des 19. Jahrhunderts vorherrschenden, wesentlich ausführlicher behandelten künstlichen Bewetterung besprochen.[60]

Im Ruhrbergbau kamen mit der Notwendigkeit zum Übergang auf maschinell unterstützte Formen der künstlichen Bewetterung zunächst solche Einrichtungen zum Einsatz, die die grundlegenden Funktionen des natürlichen Wetterzuges lediglich verstärkten. Die frühen Formen maschineller Erzeugung des Wetterwechsels zielten entweder darauf, den Temperaturunterschied zwischen der atmosphärischen und der Grubenluft durch künstliche Erwärmung des Ausziehschachtes zu erhöhen, oder den Niveauunterschied zwischen den beiden Tagesöffnungen durch Aufsattelung der höher gelegenen Öffnung zu vergrössern. Die einfachste Art bestand in der Verbindung des ausziehenden Schachtes mit einer sog. Wetteresse, bei der es sich in der Regel um den Schornstein der Kesselanlage handelte. Die in den Verbrennungsgasen der Dampfkessel enthaltene Wärme verdünnte den ausziehenden

58 vgl. Wagenbreth, Lomonossow und die Herausbildung der Grubenwetterlehre, S. 98 sowie Murgue, D[aniel]: Über Grubenventilatoren. Mit einigen Zusätzen deutsch bearbeitet von J. v. Hauer, Leipzig 1884.
59 Da die äquivalente Grubenöffnung bei der Erzeugung eines Wetterstromes den Widerständen der Grube gleichzusetzen war, wurde sie im Deutschen bereits in den 1890er Jahren gleichsam direkt als Grubenweite bezeichnet. Vgl. Bergbau-Verein (u.a.) (Hrsg.), Die Entwickelung, Bd. 6: Wetterwirtschaft, S. 215.
60 vgl. beispielsweise Leo, Lehrbuch der Bergbaukunde, S. 380 – 400, mit grundsätzlicher Gliederung in natürlichen und künstlichen Wetterzug. Eine direkte Teilung der Ausführungen über den künstlichen Wetterzug in Erzeugung und Leitung bzw. Verteilung der Wetter findet sich hier noch nicht. Entsprechend durchgeführt aber etwa in Serlo, Leitfaden der Bergbaukunde, Bd. 2, S. 346 – 435 oder in Jičínsky, Jaroslav: Katechismus der Grubenwetterführung mit besonderer Berücksichtigung der Schlagwettergruben, Leipzig/Mährisch-Ostrau/Wien, 3. Aufl., 1901, S. 68 – 209.

Wetterstrom und vergrößerte damit die ausziehende Wettermenge.[61] Nicht selten wurde der durch die Wetteresse hervorgerufene Wetterzug durch die Verlegung von Wärme abgebenden Dampfrohrleitungen in den Ausziehschächten noch unterstützt.[62]

Besonders nahe liegend war die einfache Version der Bewetterung mittels Wetteressen in den Phasen der Einrichtung eines Grubenbetriebes, also während des Schachtabteufens und bei der Vor- und Ausrichtung in wenig ausgedehnten Grubenbauen. Da in dieser Entwicklungsphase nur ein Schacht zur Verfügung stand, wurde er durch Einbauten in verschiedene Schachttrumme unterteilt. Ein möglichst wetterdicht abgeschlossenes Schachttrum übernahm dann die Funktion des ausziehenden Schachtes, indem nur dieser Teil in entsprechender Weise über einen Wetterkanal mit der Wetteresse in Verbindung stand.

1883 war die Bewetterung durch Wetteressen als „verlängertes Provisorium" noch auf 38 Ruhrzechen anzutreffen.[63] Die Dortmunder Lokalabteilung der preußischen Schlagwetterkommission erkannte eine ganze Reihe unterschiedlicher Mängel jener Systeme, die vor allem auf die Beibehaltung des zunächst provisorischen Charakters zurückgeführt wurden. So war häufig eine sachgemäße Ausführung nicht vorhanden, was sich vor allem durch Querschnittsverengungen und Richtungsänderungen der Wetterwege äußerte. Auf den Zechen Borussia, Wolfsbank und Schacht Holstein vom Hörder Kohlenwerk wurde die Wetteresse durch abgeführte Kesselgase so beansprucht, dass nur eine sehr geringe Leistung für die Wetterführung übrig blieb. Allerdings ermittelte die betreffende Kommission im Fall des Schachtes 2 der Zeche Prosper auch eine Wetterleistung, die nur unwesentlich hinter den Wettermengen zeitgleich eingesetzter Grubenventilatoren zurückstand.[64]

Das gleiche Prinzip der künstlichen Erwärmung des ausziehenden Luftstromes nutzten auch die Wetteröfen. Sie waren während der 1860/70er Jahre nahezu auf allen Tiefbaugruben im Ruhrrevier anzutreffen und noch 1883 standen sie auf 41 Ruhrzechen in Betrieb.[65] Aufgestellt waren sie entweder über oder unter Tage, wobei letzter Fall größere Wetterleistungen versprach, weil so die ganze Luftsäule des Ausziehschachtes erwärmt wurde. Bei der Anbringung über Tage kam ähnlich wie bei den Wetteressen nur die wesentlich kürzere Luftsäule in dem Kamin zum Tragen.[66] Darüber hinaus war die Beschaffung von Brennmaterial, das von speziell zur Unterhaltung des Feuers angestellten Arbeitern besorgt wurde, unter Tage rationeller und somit billiger. Die Konstruktion der Wetteröfen bestand in der Regel aus Mauerwerk mit aufgesetzten Gewölben; im Inneren befanden sich etwa 2 bis 3 m^2 große eiserne Roste, auf denen die Kohle verbrannt wurde. Zur Vermeidung von Flözbränden waren sie unter Tage möglichst frei in den Strecken aufgestellt oder sonst auch der Verbindungskanal vom Ofen zum Schacht ausgemauert.[67]

Besonders leistungsfähige Wetteröfen kamen in den 1860er Jahren auf den Schachtanlagen Hibernia und Shamrock zum Einsatz, wobei das seit Jahrzehnten im englischen Steinkohlenbergbau entwickelte Wissen um die technischen Belange untertägiger Wetteröfen offenbar

61 vgl. Serlo, Leitfaden der Bergbaukunde, Bd. 2, S. 347.
62 vgl. Bergbau-Verein (u.a.) (Hrsg.), Die Entwickelung, Bd. 6: Wetterwirtschaft, S. 245 f.
63 vgl. ebd., S. 240.
64 vgl. Haßlacher, Anlagen zum Haupt-Berichte, Bd. 2, S. 115 f.
65 vgl. Bergbau-Verein (u.a.) (Hrsg.), Die Entwickelung, Bd. 6: Wetterwirtschaft, S. 242.
66 vgl. Serlo, Leitfaden der Bergbaukunde, Bd. 2, S. 348.
67 vgl. ebd., S. 351.

positiv ausgenutzt worden ist.[68] Überhaupt war beispielsweise Shamrock bereits 1860, drei Jahre nach Teufbeginn des ersten Schachtes, als Doppelschachtanlage konzipiert worden.[69] 1863 hatte man den ausschließlich als Wetterschacht abgeteuften Schacht 2 bei 60 Lachtern (= 125,5 m) per Durchschlag mit Schacht 1 verbunden und in dem vollständig ausgemauerten und ohne Einbauten versehenen Schacht 2 mit der Aufstellung eines Wetterofens begonnen.[70] Der 2,20 m breite und 2,82 m lange Rost des Wetterofens bestand aus 78 mm dicken, innen hohlen gusseisernen Röhren, die an den Rostenden mit 13 mm starken Rippen versehen waren. Sie sollten die richtige Fugenweite herstellen und ein Abgleiten von den Trägern vermeiden. Zur Verhinderung des Verbrennens der Röhren wurden diese mit speziellen Schlüsseln etwa alle 20 bis 30 Minuten um ein Viertel gedreht.[71] Die um 1870 ermittelte Wetterleistung lag mit 1448,31 m^3 pro Minute weit über dem Durchschnitt aller anderen Bewetterungssysteme im Ruhrbergbau.[72]

Als dritte Form der künstlichen Wettererzeugung wurden seit Mitte der 1850er Jahre die heute als Hauptgrubenlüfter bezeichneten Ventilatoren im Ruhrbergbau eingesetzt. Anders als in England, wo die Wetteröfen stark verbreitet waren, hatte man sie insbesondere im belgischen und nordfranzösischen Steinkohlenbergbau seit etwa 1830 bereits eingeführt. Durch bergpolizeiliche Anordnung war in Belgien am 1. März 1850 der Betrieb von Wetteröfen in schlagwetterführenden Gruben im Hinblick auf mögliche Gefahren durch das offene Feuer verboten worden. Bis zum Beginn der 1860er Jahre belief sich die Anzahl der in Belgien mit Dampf getriebenen, allgemein als Wettermaschinen bezeichneten Ventilatoren deshalb auf über 200 Einrichtungen.[73]

Im Ruhrbergbau blieb dagegen die Anzahl der eingeführten Ventilatoren wenigstens bis zum Ende der 1860er Jahre sehr beschränkt. Nach Bluhme arbeiteten 1865 insgesamt 17 Ventilatoren im Ruhrrevier, wovon zwölf zu den sog. Fabryschen Wetterrädern gehörten und die restlichen fünf als Radiallüfter, zeitgenössisch Centrifugalventilatoren genannt, konstruiert waren.[74] Umstritten war dabei insbesondere die Leistungsfähigkeit der Fabryschen Wetter-

---

68 Zur englischen Tradition der untertägigen Wetteröfen vgl. insbesondere Herold: Der Bergbau in dem Steinkohlengebirge Englands und Schottlands. Bericht über eine im Jahre 1852 ausgeführte Reise, in: ZBHSW 3, 1856, Teil B, S. 10 – 80, hier S. 64; Busse: Notizen über den Steinkohlenbergbau Englands, in: ZBHSW 6, 1858, Teil B, S. 79 – 120, hier S. 91; Serlo/von Rohr/Engelhardt: Der Steinkohlenbergbau in England und Schottland. Bericht über eine im Jahre 1860 ausgeführte Instructionsreise, in: ZBHSW 10, 1862, Teil B, S. 12 – 140, hier S. 41 – 44 sowie Serlo, Leitfaden der Bergbaukunde, S. 350 ff.

69 Seit 1855 wurde die Zeche Hibernia als Doppelschachtanlage abgeteuft. Die Einführung des Zwei-Schacht-Systems im Ruhrbergbau wird deshalb William Thomas Mulvany (1806 – 1885), dem Repräsentanten der fast ausschließlich von Iren gebildeten Gewerkschaften Hibernia und Shamrock zugeschrieben. Vgl. Boldt, Hermann: Meilensteine der Bergtechnik im Spiegel der Zeitschrift Glückauf, in: Glückauf 125, 1989, S. 23 – 52, S. 1417 – 1438; 126, 1990, S. 63 – 75, S. 155 – 173, hier S. 156 sowie Bloemers, Kurt: William Thomas Mulvany (1806 – 1885). Ein Beitrag zur Geschichte der rheinisch-westfälischen Großindustrie und der deutsch-englischen Wirtschaftsbeziehungen im 19. Jahrhundert, Essen 1922 (= Veröffentlichungen des Archivs für Rheinisch-Westfälische Wirtschaftsgeschichte, Bd. 8), hier S. 56 – 74. Allerdings ist etwa gleichzeitig auch die Dortmunder Zeche Westphalia als Doppelschachtanlage abgeteuft worden. Vgl. Huske, Steinkohlenzechen, S. 1019 ff. sowie STAM OBA Dortmund, Nr. 934, Bl. 88 f.: Beschreibung des Bewetterungssystems der Zeche Westphalia, o.D. <März 1862>.

70 vgl. Huske, Steinkohlenzechen, S. 883.

71 vgl. Hauchecorne, W[ilhelm]: Versuche und Verbesserungen bei dem Bergwerksbetriebe in Preussen während der Jahre 1863 bis 1867, Teil 2, in: ZBHSW 17, 1869, Teil B, S. 57 – 93, hier S. 87 sowie: Ueber Neuerungen bei der Wetterlosung, in: Glückauf 5, 1869, Nr. 33.

72 vgl. STAM OBA Dortmund, Nr. 935, Bl. 285 – 301: Nonne, [Julius]: Specieller Bericht über die einzelnen Befahrungen und die durch das Königliche Oberbergamt zu Dortmund erlassenen Anordnungen, Dortmund 1881, hier Bl. 296 f. sowie Ders.: Die Wetterführung in den Westfälischen Steinkohlengruben, S. 42.

73 vgl. Bluhme: Bericht über einige neuere, namentlich in Belgien übliche Wettermaschinen, in: ZBHSW 13, 1865, Teil B, S. 181 – 191, hier S. 181 sowie Voß: Wetterführung in den Gruben, in: Glückauf 10, 1874, Nr. 26.

74 vgl. Bluhme, Bericht, S. 181. Die graphische Darstellung zur Verbreitung der Ventilatorsysteme im Ruhrbergbau in Bergbau-Verein (u.a.) (Hrsg.), Die Entwickelung, Bd. 6: Wetterwirtschaft, Tafel IX weist für 1865 allerdings lediglich zehn Fabry-Wetterräder aus.

räder, die Ende der 1850er Jahre auf den Zechen Carolus Magnus, Anna, Neu-Cöln, Graf Beust und Hannibal nach belgischem Vorbild aufgestellt worden waren.[75] Vor allem bei Carolus Magnus und Graf Beust wird der belgisch-französische Trend zur Verwendung von Ventilatoren insofern großen Einfluss gehabt haben, als beide Zechen zur Phoenix, Aktiengesellschaft für Bergbau und Hüttenbetrieb gehörten. In der am 16. September 1852 gegründeten Gesellschaft waren neben Kölner und Aachener Bankkreisen vor allem französische Geldgeber beteiligt. Außerdem erfolgte 1855 die Angliederung der Société des mines et fonderies du Rhin Détillieux et Cie., die ein mit belgischem Einfluss gegründetes Hochofen- und Hüttenwerk bei Essen-Borbeck betrieb, an den Phoenix.[76]

Mehr als zwölf Fabrysche Wetterräder sind im Ruhrbergbau nicht zur Anwendung gekommen. Neben den konstruktionsbedingten Leistungsbeschränkungen[77] war dieser Umstand auch auf praktische Unzulänglichkeiten zurückzuführen. Nach kurzer Dauer hatte sich häufig der Holzbelag an den Flügeln verzogen und verklemmte sich, so dass die Antriebszahnräder aufeinander stießen, ausliefen und zerbrachen. Um diesen Gefahren Einhalt zu gebieten, setzte man in der Regel die Laufgeschwindigkeit herab, was dann zwangsläufig zu einer noch geringeren Wetterleistung führte.

Nur vorübergehend errichteten einzelne Zechen wie etwa Neu-Düsseldorf in Dortmund-Körne sowie Vollmond und Heinrich-Gustav in Bochum-Werne um die Mitte der 1860er Jahre Centrifugalventilatoren, die von der Maschinenfabrik R. W. Dinnendahl aus Essen-Huttrop nach dem System des k. k. Sections- und Oberbergrats Rittinger konstruiert waren.[78] In einem etwa 40 cm breiten Rad von 4 m äußerem und 2,5 m innerem Durchmesser waren hier 62 Blechflügel montiert. Dieses Ventilatorrad wurde von einer 12 PS starken Maschine über Vorgelege angetrieben und war mit dem etwa 1,80 m breiten Wetterkanal dicht verschlossen.[79] Auf der Zeche Heinrich Gustav ergaben im Dezember 1862 durchgeführte Leistungsversuche, dass sich die Wettermenge beim Betrieb des Rittinger-Ventilators gegenüber dem natürlichen Wetterzug etwa vervierfachte.[80]

Dem an sich günstigen Ergebnis standen aber ähnliche konstruktive Mängel wie bei den Fabryschen Wetterrädern gegenüber. Die auch hier vorgesehene Kraftübertragung durch Zahnräder erlitt ähnlich große Belastungen durch die bedeutende Schwungkraft des Ventilatorrades, so dass zur Vermeidung von Zahnradbrüchen auch die Rittinger-Ventilatoren mit herabgesetzter Geschwindigkeit betrieben werden mussten. Auf der Zeche Neu-Düsseldorf versuchte man deshalb, die Zahnradvorgelege wegzulassen und den Antrieb „directwirkend" auszuführen. Allerdings wurden bei schneller Laufgeschwindigkeit des Ventilators Stöße und Vibrationen befürchtet, die auf eine schnelle Abnutzung der Maschinenteile hinausliefen. Inwieweit der Rittinger-Ventilator in der Praxis eingesetzt worden ist, bleibt aus heutiger Sicht unklar. Ein auf der Zeche Pluto aufgestellter Rittinger-Ventilator war allerdings so ungenügend ausgefallen, dass er Mitte der 1860er Jahre bereits wieder durch eine Wetteresse ersetzt worden war.[81]

---

75 vgl. Versuche und Verbesserungen bei dem Bergwerksbetriebe in Preussen, in dem Zeitraume vom Jahre 1854 bis Schluss 1859, in: ZBHSW 8, 1860, Teil ST, S. 174 – 210, hier S. 196.
76 vgl. Gebhardt, Ruhrbergbau, S. 246 f.
77 Über die konstruktiven Entwicklungsstufen und Leistungsberechnungen vgl. Serlo, Leitfaden der Bergbaukunde, Bd. 2, S. 401 – 405.
78 vgl. Boldt, Meilensteine der Bergtechnik, S. 156.
79 vgl. Versuche und Verbesserungen bei dem Bergwerksbetriebe in Preussen während des Jahres 1862, in: ZBHSW 11, 1863, Teil ST, S. 251 – 270, hier S. 265 f.
80 vgl. ebd., S. 265 f. sowie Serlo, Leitfaden der Bergbaukunde, Bd. 2, S. 398 f.
81 vgl. Bluhme, Bericht, S. 185.

Die ersten Radiallüfter, die sich während der 1870er Jahre im Ruhrbergbau in größerem Ausmaß durchsetzten, waren die vorrangig von den Maschinenfabriken Union und Humboldt gebauten Guibal-Ventilatoren. Von dem belgischen Ingenieur Theophile Guibal (1814 – 1888) entwickelt, nutzten sie im Wesentlichen drei zentrale Konstruktionsideen, nämlich die geschlossene, Strömungswirbel verringernde Bauweise, den Diffusor zur Verlangsamung des Wetterstromes sowie den Wetterschieber zur Drosselung. Die drei Merkmale begründeten den Erfolg der Guibal-Ventilatoren gegenüber den vorherigen Bauweisen. Im Prinzip waren sie auch bei allen folgenden Radiallüftern anzutreffen.[82]

Der erste Guibal-Ventilator des Ruhrbergbaus kam 1867 in einer älteren Bauart mit Riemenübertragung und sechs Flügeln auf der ebenfalls zum Phoenix gehörenden Zeche Rheinelbe in Gelsenkirchen-Ückendorf zum Einsatz.[83] Bis Mitte der 1880er Jahre hatte sich deren Anzahl auf 44 erhöht; sie stellte damit den größten Anteil an den Radiallüfter-Systemen während der Untersuchungen der preußischen Schlagwetterkommission.[84] Aufgrund der in den 1870er Jahren noch vorherrschenden Meinung, die aus einer Grube abzusaugende Wettermenge hänge von der Größe des Ventilators ab, erhielten die ausgeführten Ventilatorräder große Durchmesser von durchschnittlich etwa acht bis neun Metern. Da sie nun zur Vermeidung der Zahnradprobleme früherer Bauarten direkt angetrieben wurden, liefen die großen Guibal-Räder relativ langsam.[85]

Dieser Nachteil wurde seit Ende der 1870er Jahre durch die Lüfterbauarten mit wesentlich geringerem Raddurchmesser beseitigt, bei denen die Übertragung der Antriebskraft von der Dampfmaschine wieder indirekt durch Riemen- bzw. Seiltransmissionen erfolgte. Bei kleinerem Durchmesser liefen sie mit einer erheblich höheren Umlaufgeschwindigkeit. Als erstes Bergwerk im Ruhrrevier erhielt 1876 der Schacht Schleswig der Zeche Hörder Kohlenwerk einen sog. Schnellläufer, der von der Maschinenfabrik C. Schiele & Co. in Manchester errichtet wurde.[86] Bis Mitte der 1880er Jahre war die Gesamtzahl der kleineren und mit einem höheren mechanischen Nutzeffekt arbeitenden Ventilatoren bereits bedeutend angewachsen. Nach den Guibal-Ventilatoren rangierte die Konstruktion von Pelzer mit 18 vorhandenen Anlagen an zweiter Stelle. Daneben existierten 13 Ventilatoren der Bauart Winter, acht Radiallüfter der Konstruktion Schiele sowie zwei Kaselowski-Systeme. Schließlich verfügte die Zeche Gemania seit 1880 über einen Centrifugalventilator der Bauart Wagner und die Schachtanlage Hannover I stellte 1882 einen Lüfter des Systems Dinnendahl in Dienst.[87]

In welchem Grade die von den Wettermaschinen erzeugte Leistung ausgenutzt wurde, hing nun wesentlich davon ab, wie die Wetter zunächst den untertägigen Grubenbauen zugeführt und anschließend in denselben verteilt wurden. Die eigentliche Wetterführung in der Grube beeinflusste dabei eine Vielzahl einzelner Faktoren, die sich aufgrund der unterschiedlichen Lagerstättenverhältnisse der Bergwerke nicht unwesentlich unterschieden. Dennoch lassen sich einige allgemein gültige Kennzeichen für den Ruhrbergbau identifizieren.

---

82 vgl. Bergbau-Verein (u.a.) (Hrsg.), Die Entwickelung, Bd. 6: Wetterwirtschaft, S. 285 – 290.
83 vgl. ebd., S. 290 sowie Bluhme, Bericht, S. 186, Anm. 2.
84 vgl. Haßlacher, Anlagen zum Haupt-Berichte, Bd. 2, S. 128 f. In Bergbau-Verein (u.a.) (Hrsg.), Die Entwickelung, Bd. 6: Wetterwirtschaft, S. 290 u. Tafel IX sind hingegen 46 Guibal-Ventilatoren für den entsprechenden Zeitraum angegeben.
85 vgl. Simmersbach, F.: Darlegung und Beurtheilung der beim Steinkohlenbergbau Deutschlands gebräuchlichen Arten der Aus- und Vorrichtung und der Wetterführung, sowie der für diese getroffenen Vorkehrungen in Beziehung auf ihre Zweckmässigkeit und die Gewähr ausreichender Sicherheit beim Vorhandensein schlagender Wetter, in: ZBHSW 31, 1883, Teil B, S. 332 – 348, hier S. 342.
86 vgl. BBA 32/4405: Pilz, Alfred: Geschichte der Bergwerksgesellschaft Hibernia, Bd. 1, o.O. o.J. <ca. 1946> (= ms. Manuskript), S. 132.
87 vgl. Haßlacher, Anlagen zum Haupt-Berichte, Bd. 2, S. 129 f.

Für die Zuführung des Frischwetterstroms von der Tagesoberfläche waren vor allem Anzahl und Größe der Tagesöffnungen einer Grube von entscheidender Bedeutung. Während in den älteren Stollenzechen des Südrandgebietes deren Herstellung aufgrund der geringen Teufe kaum Schwierigkeiten und finanzielle Aufwendungen verursacht hatte, wurde das Abteufen der tieferen Schächte durch die Mergeldecke wesentlich aufwendiger und kostspieliger. Im Gegensatz zu den Südrandzechen, die häufig mehrere Wetteröffnungen für jeden in Betrieb stehenden Feldesteil aufwiesen[88], verfügte die überwiegende Zahl der um die Mitte des 19. Jahrhunderts im Ruhrbergbau entstehenden Tiefbauzechen nur über einen Schacht. Bedingt durch die spezifischen Lagerungsverhältnisse bildete sich im Ruhrrevier viel stärker als in allen anderen preußischen Bergrevieren das sog. Ein-Schacht-System heraus. Jedes Grubenfeld war dabei nur durch einen einzigen, allen bergmännischen Zwecken – Bewetterung, Personen- und Sachgutförderung, usw. – dienenden Verbindungsweg mit der Erdoberfläche aufgeschlossen.

Nach bergbehördlichen Erhebungen gehörten im Juli 1881 noch 40 der insgesamt 186 im Ruhrgebiet gelegenen Bergwerke dem Ein-Schacht-System an. Auf sie entfielen 1880 16 % der Förderung und 17,8 % der Belegschaft des Reviers.[89] Immerhin 30 von ihnen galten als schlagwetterführend und auf 23 Zechen war es allein im Zeitraum der letzten drei Jahre vor der Erhebung zu Schlagwetterexplosionen gekommen.[90] Daneben zeichneten sich eine ganze Reihe weiterer Anlagen durch eine „modificirte" Art des Ein-Schacht-Systems aus. So gab es Bergwerke, die zwar über mehrere Schachtanlagen verfügten, deren Wetterabteilungen aber nur auf jeden der einzelnen Schächte bezogen war. Rein wettertechnisch handelte es sich dabei um mehrere, nebeneinander bestehende Ein-Schacht-Systeme. Schließlich hatten andere Zechen Durchschläge zu benachbarten Gruben aufgefahren, durch welche ein allerdings nur geringer Teil des verbrauchten Wetterstroms abgegeben wurde.[91]

Aus der Beschränkung auf einen Schacht folgte als zwingende Notwendigkeit, dass hierdurch die frische Luft ein- und die verbrauchte Grubenluft gleichzeitig ausziehen musste. Zumindest bis zur Wettersohle waren deshalb zwei getrennte und möglichst dicht abgeschlossene Abteilungen innerhalb des Schachtquerschnitts notwendig. Auf einer bestimmten Länge in die Teufe wurden die Schächte deshalb durch Schachtscheider getrennt. Dabei handelte es sich um an den Schachteinstrichen befestigte hölzerne Gerüste, auf denen in der Regel eine Holzbohlen-Verkleidung angebracht war. Zur Abdichtung der Fugen kam bisweilen geteertes Tuch zum Einsatz oder es wurden zusätzliche Bretter aufgenagelt. Für die Herstellung eines möglichst dichten Anschlusses zwischen Scheiderwänden und Schachtstößen wurde entweder Zement verwandt oder letztere mit einem Schlitz zum Einlassen der Holzwand versehen.[92]

88 So beispielsweise die Sprockhöveler Zeche Stock & Scherenberg, bei der mehrere Bauabteilungen über eigene ausziehende Wetterschächte verfügten und transportable Wetteröfen die künstliche Bewetterung unterhielten. Vgl. Huske, Steinkohlenzechen, S. 928 sowie Bergbau-Verein (u.a.) (Hrsg.), Die Entwickelung, Bd. 6: Wetterwirtschaft, S. 243 f., S. 366 f.

89 vgl. Hoernecke, [Eduard]: Ueber die Sicherungsmassregeln gegen schlagende Wetter beim Steinkohlenbergbau, mit besonderer Rücksicht auf die Aus- und Vorrichtung und die Wetterführung in den Steinkohlengruben Deutschlands, in: ZBHSW 31, 1883, Teil B, S. 279 – 330, hier S. 318.

90 vgl. Haßlacher, A[nton]: Die Steinkohlenbergwerke Preussens nach der verschiedenen Art ihrer Wetterführung, in: ZBHSW 30, 1882, Teil B, S. 181 – 192, hier S. 186.

91 vgl. ebd., S. 186.

92 Zu den Konstruktionen der Schachtscheider vgl. Bergbau-Verein (u.a.) (Hrsg.), Die Entwickelung, Bd. 6: Wetterwirtschaft, S. 375 – 381. In den 1850er Jahren verfügten mehrere Zechen im Ruhrbergbau auch über Schachtscheider, die aus Fachwerk mit Ziegelmauerung erstellt waren. Vgl. Versuche und Verbesserungen bei dem Bergwerksbetriebe in Preussen, in dem Zeitraume vom Jahre 1854 bis Schluss 1859, in: ZBHSW 8, 1860, Teil ST, S. 174 – 210, hier S. 196.

Das Dichthalten der Schachtscheider während des laufendes Betriebes gestaltete sich sehr schwierig, weil durch die zwangsweise in demselben Schacht vorzunehmende Förderung und durch die Einrichtungen der Wasserhaltung Vibrationen und Stöße ausgeübt wurden.[93] Bei einmal eingetretenen Undichtigkeiten wirkten die in den beiden Luftsäulen herrschenden Pressungsunterschiede weiter dichtungshemmend. Zu den das Wettersystem beeinträchtigenden Faktoren trat der Umstand erschwerend hinzu, dass die Schachteinbauten den wetterwirksamen Querschnitt herabsetzten. Außerdem bemaß man das einziehende Trum wegen ungenügender Kenntnis der physikalischen Regeln des künstlichen Wetterzuges sowie durch seine Verwendung als nach oben offenes Fördertrum meist wesentlich größer als das ausziehende. Dieser Reibungsverluste und Wettergeschwindigkeiten mindernde Einfluss erhielt zusätzliche Bedeutung durch die Volumenvermehrung der Grubenwetter infolge ihrer untertägigen Erwärmung.[94]

Die Verteilung des Wetterstroms im Inneren des Grubengebäudes hing in jedem Bergwerk unmittelbar mit den jeweils durch die Lagerstättensituation gegebenen Formen der Aus- und Vorrichtung und des aus verschiedenen Gesichtspunkten gewählten Abbausystems zusammen. Grundsätzliches Ziel war immer, auch die vom Schacht am weitesten entfernten bzw. wettertechnisch am schwierigsten zu erreichenden Grubenbaue mit einer ausreichenden Wettermenge zu versorgen. In der Praxis standen mit der Spezial- bzw. Separatventilation zwei alternative Formen zur Wahl, wobei sich für die zweite im Zuge ihrer zunehmenden Bedeutung seit Ende des 19. Jahrhunderts die Bezeichnung Sonderbewetterung durchsetzte. Der wesentliche Unterschied bezog sich in erster Linie auf den sog. Durchgangswetterstrom, der von den großen Wettererzeugungsmaschinen für die gesamte Grube hergestellt wurde. Spezialventilation fand in einer Grube statt, wenn die Frischluftversorgung der Betriebspunkte ausschließlich mit Hilfe des Durchgangswetterstroms erfolgte, indem man diesen durch Wettertüren, Wetterscheider, Wetterblenden oder Wetterröschen auf planmäßigem Wege durch die Grubenbaue führte. Separatventilation bzw. Sonderbewetterung war gegeben, wenn ein Teil des Durchgangswetterstromes abgezweigt und über eigene untertägige maschinelle Hilfsmittel verstärkt wurde.[95] Maßnahmen der Sonderbewetterung wurden in der Regel vor allem in den vom Schacht entfernten Abbaubetrieben notwendig, bei denen die Spezialventilation durch Länge der Wetterwege und abnehmende Querschnitte der Grubenbaue hohen Reibungswiderständen unterlag. Inwieweit man es unter den gegebenen Verhältnissen an diesen Stellen bei der Spezialventilation beließ oder aber Sonderbewetterung einrichtete, war Mitte des 19. Jahrhunderts häufig eine Ermessenssache der Grubenbeamten bzw. des Betriebsdirektors.

Die Detailproblematik der Wetterverteilung im Ruhrbergbau nach 1850 war an die Bedingungen des in der Zeit allgemein vorherrschenden streichenden Pfeilerbaus gekoppelt.[96] Die

---

93 vgl. Haßlacher, Anlagen zum Haupt-Berichte, Bd. 2, S. 155.

94 Nach Hoernecke, Ueber die Sicherungsmassregeln, S. 307, S. 319 lag die Volumenvermehrung der Grubenwetter im Ruhrbergbau durchschnittlich bei etwa 10 bis 15 %.

95 Zur Definition von Spezial- und Separatventilation – ohne Verwendung des Begriffs Sonderbewetterung – zu Beginn des 20. Jahrhunderts vgl. Jicínsky, Katechismus der Grubenwetterführung, S. 164 f. Für die Separatventilation wird hier die Ausschaltung jener Betriebe aus dem Hauptwetterstrom geltend gemacht. Diese auch bei Uthemann: Neuere Erfolge auf Saarbrücker Gruben mit der Separatventilation der Aus- und Vorrichtungsarbeiten, in: Glückauf 31, 1895, S. 1209 – 1213 geäußerte Ansicht wird in Bergbau-Verein (u.a.) (Hrsg.), Die Entwickelung, Bd. 6: Wetterwirtschaft, S. 464 dahingehend korrigiert, dass die sonderbewetterten Betriebe nicht im eigentlichen Sinne aus dem Hauptwetterstrom ausgeschaltet sind, da der Teilstrom dem Durchgangsstrom lediglich entnommen, vorübergehend beschleunigt und dann wieder in den ausziehenden Strom zurückgeführt wird.

96 Über die historische Entwicklung der Abbauarten im Ruhrbergbau vgl. Bergbau-Verein (u.a.) (Hrsg.), Die Entwickelung, Bd. 2: Ausrichtung, Vorrichtung, Abbau, Grubenausbau, S. 52 – 66.

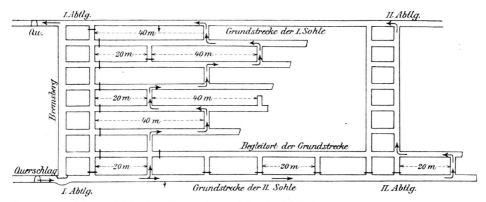

Abb. 12: Wetterführung bei der Vorrichtung des streichenden Pfeilerbaus

Zerlegung eines Baufeldes im Kohlenflöz durch ein System streichender Strecken, die dem anschließenden Rückbau der Kohlenpfeiler zwangsläufig vorausgehen musste, ließ eine Vielzahl von Vorrichtungsstrecken entstehen, die in wettertechnischer Hinsicht im Grunde einer Sackgasse glichen. Erst wenn sie mit anderen bereits aufgefahrenen Grubenbauen durchschlägig, d. h. verbunden waren, konnte der Wetterzug vollständig durch sie hindurch geleitet werden (vgl. Abb. 12). Bei Auffahrung der Grund-, Teilsohlen- und Abbaustrecken führte man deshalb zwei Strecken parallel und durchbrach den zwischen ihnen entstehenden Kohlenpfeiler in bestimmten Abständen durch sog. Wetterdurchhiebe. Der Wetterstrom zog dann durch die untere Grundstrecke jeweils bis zum letzten Wetterdurchhieb, anschließend durch diesen hindurch zur etwa 10 bis 15 m höheren Parallel- oder Begleitstrecke und schließlich in umgekehrter Richtung wieder ein Stück zurück. Beim Parallelbetrieb reduzierte sich die Streckenlänge außerhalb des Spezialwetterzuges damit nur auf diejenigen Bereiche, die jenseits des letzten Wetterdurchhiebes lagen.

Zur Bewetterung der noch nicht durchschlägigen Streckenteile waren zunächst selten weitere Hilfsmittel vorgesehen. Solange keine Schlagwetterbelastung vorlag, überließ man deren Frischluftversorgung allein der Diffusion, d. h. man vertraute darauf, dass sich Teile des am letzten Durchhieb abgezweigten Durchgangswetterstroms in sie verwirbelten. In den überwiegend schlagwetterfreien Grubenbetrieben der ersten Hälfte des 19. Jahrhunderts gelangte die Funktionalität dieses Verfahrens erst dann an ihre Grenze, wenn die Wetter vor den Streckenörtern zu matt wurden und die Bergleute infolgedessen nicht mehr genügend Sauerstoff zum Atmen hatten. Hinsichtlich der Verdünnung potentiell auftretenden Grubengases unter die kritische Explosionsgrenze war die Diffusion wegen der kaum vorhandenen Wettergeschwindigkeit allerdings grundsätzlich unwirksam.

Um die aus der Diffusion erwachsenden Explosionsgefahren zu vermindern, standen mehrere Verfahrensmuster zur Verfügung. Alle erforderten jedoch einen arbeitsstrukturellen und betriebswirtschaftlichen Mehraufwand. Ein Weg bestand in der Auffahrung von Wetterdurchhieben in möglichst kurzen Abständen, da sich dadurch natürlich auch die Länge der noch nicht durchschlägigen, der Diffusion unterliegenden Streckenteile verringerte. Gleichzeitig stieg bei diesem Vorgehen aber auch die Menge der aufzufahrenden Wetterdurchhiebe, was wiederum den Zeitraum bis zur Aufnahme des eigentlichen Abbaus verlängerte, Lohnkosten verschlang und gleichzeitig noch die Grundstreckenpfeiler schwächte.[97] Außerdem

---

[97] vgl. ebd., S. 81.

entsprachen die Wetterdurchhiebe während ihrer Auffahrung den noch nicht durchschlägigen Strecken. Auf mehreren Ruhrzechen griff man seit den 1850er Jahren deshalb zu einem Hilfsmittel, das die Wetterdurchhiebe zwar nicht ersetzte, deren Funktion aber sehr ähnelte. Mit Hilfe einfacher Schlangenbohrer oder speziell hierfür konstruierter Bohrwerkzeuge stieß man Wetterbohrlöcher mit einem Durchmesser von etwa 10 bis 15 cm von der Grund- zur Parallelstrecke.

Auf den Zechen Hörder Kohlenwerk (Schachtanlage Schleswig), Courl (Asseln XVI) und Prinz von Preußen wurden die Wetterbohrlöcher mit einem von Obersteiger Hilgenstock eigens für diese Zwecke konstruierten Bohrapparat hergestellt. Die Betätigung des Bohrgestänges erfolgte manuell, wobei zur Durchbohrung eines etwa 8,5 m starken Pfeilers zwei Arbeiter eine Schicht benötigten. Das Vorbohren und spätere Erweitern mit Schlangenbohrern fand auf den Bergwerken Dorstfeld und Holland praktische Anwendung. Zur Erzielung einer dem Hilgenstockschen Apparat vergleichbaren Leistung waren allerdings drei Bergleute während einer Schicht beschäftigt. Probleme bei der Herstellung von Wetterbohrlöchern ergaben sich in Flözen mit nur geringer Neigung, weil hier das Bohrmehl nicht von selbst aus den Löchern fiel, sondern zusammenklebte und ein häufiges Herausziehen des Bohrgestänges erzwang. Auf der Zeche Heinrich Gustav gelang die Herstellung von Wetterbohrlöchern in einem Flöz mit 10° Neigung aus den genannten Gründen zu Beginn der 1860er Jahre nicht.[98]

Eine wirkliche Bewetterung des Streckenortes ließ sich schließlich nur durch Spezial- oder Separatventilation erreichen. In den Grund- und Teilsohlenstrecken fiel meistens durch Nachreißen des Nebengesteins eine ausreichende Menge Berge an, die an einer Seite des Streckenstoßes versetzt wurden und in Verbindung mit einem hölzernen Wetterscheider eine sog. Wetterrösche bildeten. Bei nicht ausreichendem Bergefall bot sich die alleinige Verwendung von Wetterscheidern aus Holz oder Segeltuch an. Nachdem die Streckenteile mit Wetterdurchhieben an den Wetterstrom angeschlossen waren, konnten die besagten Einrichtungen dann wieder entfernt werden.

In sehr schmalen Strecken, die wegen der Querschnittsverengung den Einbau von Wetterscheidern und Wetterröschen nicht gestatteten, führte man anfänglich aus Holzbrettern, später aus Zinkblech hergestellte Wetterlutten bis vor das Streckenort. Je nach Bedarf in unterschiedlichem Durchmesser, wurden die etwa zwei Meter langen Lutten ineinander gesteckt und an den Verbindungsstellen durch Dichtungsmaterial wie Unschlitt, Ton oder Zement verschmiert. Je nach den örtlichen Verhältnissen dienten sie entweder als „blasende" Lutten der Zuführung von frischen Wettern bis vor Ort oder als „saugende" Lutten der Abführung des aus den Streckenstößen ausströmenden Grubengases direkt in den Durchgangswetterstrom. Im Unterschied zur später überwiegend vorhandenen Verbindung mit kleineren Grubenventilatoren bezweckten sie zunächst nur eine gezielte Leitung des Durchgangswetterstroms bis zu den Arbeitsörtern. Weil dabei der Hauptwetterzug nicht im Sinne der Sonderbewetterung durch zusätzliche mechanische Hilfsmittel unterstützt wurde, zog er quasi „selbst" durch die Lutten, d. h. die Lutten arbeiteten im „Selbstzug".[99]

Als frühe Formen der Sonderbewetterung gelangten auf den Ruhrzechen zunächst einfache Wetterräder zum Einsatz. Auf einzelnen Gruben wie beispielsweise Ver. Sellerbeck in Mülheim verwandte man auch gewöhnliche Schmiedeblasebälge. Die Wetterräder, deren Gehäu-

---

98 vgl. Versuche und Verbesserungen bei dem Bergwerksbetriebe in Preussen während des Jahres 1861, in: ZBHSW 10, 1862, Teil ST, S. 203 – 218, hier S. 210 sowie Versuche und Verbesserungen bei dem Bergwerksbetriebe in Preussen während des Jahres 1862, in: ZBHSW 11, 1863, Teil ST, S. 251 – 270, hier S. 264 f.
99 vgl. Boldt, Meilensteine der Bergtechnik, S. 160.

se anfänglich aus Holz, später aus Eisen- oder Zinkblech angefertigt waren, wurden seit Ende der 1850er Jahre häufig nach einer Konstruktion des Fahrsteigers Eckardt als doppeltes Gehäuse mit zwei seitlichen Ausblaseöffnungen gebaut.[100] Die weitere konstruktive Entwicklung der untertägigen Sonderbewetterungsmaschinen verlief in enger Kopplung mit den Fortschritten im Bau der großen Hauptgrubenlüfter über Tage, wobei die Maschinenfabriken in der Regel beide Arten von Ventilatoren herstellten. Gebläsesonderformen wie etwa Ventilatoren nach dem Prinzip des Kapselgehäuses der Gebrüder Francis M. und Philander Roots, die in den 1870er Jahren auf der Zeche Helene & Amalie eingeführt wurden, blieben eher die Ausnahme.[101]

Angetrieben wurden die untertägigen Grubenlüfter bis zur allmählichen Verbreitung der Druckluft ausschließlich von Hand. Um einen gleich bleibenden Wetterzug aufrecht zu erhalten, teilte man vorwiegend junge Bergleute zum Drehen der Wetterräder ein, welche die ermüdende Tätigkeit während der gesamten Schicht zu leisten hatten. Probleme traten häufig während der Schichtwechsel auf, wenn die Ablösung nicht direkt am Wetterrad erfolgte und diese deshalb für geraume Zeit stillstanden.[102]

Die aus der betrieblichen Struktur des streichenden Pfeilerbaus resultierenden wettertechnischen Probleme insbesondere im Bereich der Aus- und Vorrichtungsstrecken spiegelte sich denn auch in den statistischen Befunden der preußischen Schlagwetterkommission zur Lage der Explosionsorte zwischen den Jahren 1861 und 1884. Obwohl die Daten hier erneut nur für den gesamten preußischen Steinkohlenbergbau vorliegen, zeigt sich, dass etwa zwei Drittel aller Explosionen in den Aus- und Vorrichtungsstrecken in der Kohle lagen und nur 34,1 % auf die Kohlengewinnung beim Abbau der Pfeiler entfielen.[103]

4.2.3 Die Bewetterungsstrategie im Spannungsfeld von Bergbehörde und Unternehmerschaft

Im Verlauf des 9. Augusts 1852 machte der für das Bergrevier Hörde verantwortliche Berggeschworene Reiser dem Bochumer Bergamt die pflichtgemäße Anzeige, dass gegen 6.30 Uhr am selben Morgen auf der Zeche Ver. Schürbank & Charlottenburg der Bergmann Bürgemeister bei der Vorrichtung eines Pfeilers im Südflügel des Flözes Potsdam „durch Explosion der Schlagendenwetter verunglückt und wegen des zurückgelassenen Schadens" zwei Stunden später tot geborgen worden war. Außerdem hatten drei weitere Arbeiter weniger schwere Brandverletzungen davongetragen.[104] Noch am gleichen Tag war daraufhin durch den

---

100 vgl. Eckardt: Die Anwendung eines doppeltwirkenden Ventilators zur Entfernung schlagender Wetter, in: ZBHSW 5, 1858, Teil B, S. 79 – 83, hier S. 79 sowie Versuche und Verbesserungen bei dem Bergwerksbetriebe in Preussen, in dem Zeitraume vom Jahre 1854 bis Schluss 1859, in: ZBHSW 8, 1860, Teil ST, S. 174 – 210, hier S. 196.

101 vgl. Versuche und Verbesserungen bei dem Bergwerksbetriebe in Preussen während des Jahres 1875, in: ZBHSW 24, 1876, Teil B, S. 146 – 192, hier S. 168. Zur Entwicklung des Kapselgebläses, erstmals 1624 beschrieben vom Lehrer der Mathematik im Jesuitenkloster von Bar le Duc, Jean Leurechon, vgl. Reuleaux: Ueber die Kapselräder, in: Dingler, Emil Maximilian (Hrsg.): Polytechnisches Journal, 1868, Bd. 189, S. 434 – 446. Über die Verbreitung der Roots Blower als Gassauger im Kokereiwesen des 19. Jahrhunderts siehe Ress, Geschichte der Kokereitechnik, S. 318 f. sowie Farrenkopf, Michael (Hrsg.): Koks. Die Geschichte eines Wertstoffes, Bd. 2: Chronik zur Entwicklung des Kokereiwesens, Bochum 2003, S. 59, S. 76, S. 129.

102 vgl. STAM OBA Dortmund, Nr. 275, Bl. 128: Schreiben des Berggeschworenen Bäumler an das Bergamt in Bochum v. 25.07.1859 mit Berichterstattung über eine Schlagwetterexplosion auf der Zeche Dorstfeld: „Mitgewirkt hat der Umstand, daß der Wettermühlendreher, da keine Ablösung kam, seinen Posten verlassen hat, ohne einem Grubenbeamten davon Nachricht zu geben; [...]"

103 vgl. Haßlacher, Haupt-Bericht, S. 27.

104 vgl. STAM OBA Dortmund, Nr. 275, Bl. 2.

Oberbergrat von Kummer, Mitglied im Kollegium des Dortmunder Oberbergamts, ein offenbar nicht mehr zum Kreis der westfälischen Bergbehörde zählender Sachverständiger mit der Untersuchung des Vorfalls beauftragt worden. Das bereits am folgenden Tag abgefasste Gutachten schilderte den Hergang des Unfalls und die Umstände, die nach der Zeugenvernahme aus dessen Sicht dafür verantwortlich waren.[105]

Relativ ausführlich kam dabei auch die Frage der Bewetterung zur Sprache: „In wie weit die Grubenbeamten durch die Grubenbau-Veranstaltungen an dem Unglücke betheiligt sind – darüber möchte ich dem Urtheile des Königl. Berg Amts nicht vorgreifen, zumal mir nicht gegenwärtig ist, welche Bestimmungen bei schlagenden Wettern allgemein und welche mehr für specielle Fälle gegeben sind, und ich mich namentlich nicht erinnere, welcher Art die Vorschriften über die Aufbringung von Ueberhauen bei Gegenwart von schlagenden Wettern, wie dieselben publicirt und wie nachträglich solche im Interesse des Bergbaus abgeändert worden sind. [...] Was das Ansetzen des Ueberhaues [...] rechtfertigt ist, daß

1. 7 – 9 oder 10 Ltr. (= Lachter [2,0924 Meter], M.F.) vom Ueberhau frischer Wetterzug vorhanden ist,
2. daß ein 7 – 9 Ltr. langes Mittel eine andere Art des Baues nicht lohnte,
3. daß das Ueberhau bei starker Belegung sehr weit – 3 Ltr. – genommen war, so daß, wenn zu Anfang der Schicht die Wetter wären glücklich zertheilt worden, bei der lebhaften Arbeit sich keine schlagenden Wetter hätten festsetzen können."

Übersetzen wir den Sachverhalt aus der zeitgenössischen bergbaulichen Fachterminologie, so lässt sich zunächst klar erkennen, dass das Unglück in einem etwa sechs Meter breiten, nicht durchschlägigen Wetterdurchhieb (= Überhauen) eingetreten war. Diesen hatte man von einer Vorrichtungsstrecke abgezweigt, die auf einer Länge von mindestens 14 Metern allein durch Diffusion bewettert worden war. Das Unglück hatte sich also innerhalb der beim Pfeilerbau in wettertechnischer Hinsicht besonders kritischen Bereiche ereignet. Außerdem offenbart die Unfallanalyse grundlegende Strukturen der Risikowahrnehmung bezüglich der Bewetterung, die über den konkreten Fall hinausreichen.

Erstens löste das Gutachten die Verantwortungsfrage für das Versagen der Bewetterung weitgehend aus dem Handlungsbereich der Bergleute hinaus. Im Urteil zwar ausweichend und wenig eindeutig, stellte es die Frage nach Fehlern im Bereich des betrieblichen Führungs- bzw. des technischen Angestelltenpersonals. Die Zuordnung war weder zufällig noch durch die speziellen Bedingungen des Unfallhergangs bedingt. Sie resultierte vielmehr aus den Gestaltungsmöglichkeiten der Bewetterungsstrategie, die vorrangig auf grundsätzliche Entscheidungen zur Auslegung des betrieblichen Gesamtsystems bezogen waren und auf dieser Ebene nicht zum Handlungsspielraum der Bergleute gehörten. Wenn den Grubenbeamten also eine Mitschuld am Unglück zuzuerkennen sein sollte, dann durch ihre „Grubenbau-Veranstaltungen", d. h. ihre Entscheidung, die Vorrichtung in Anbetracht der konkreten Lagerstättenbedingungen so und nicht anders vorgesehen zu haben. Die Erzielung von Explosionsschutz über die Strategie der Bewetterung richtete sich damit in erster Linie auf die Etablierung einer technischen Sicherheit sowohl auf der Ebene des gewählten Abbausystems, als auch auf der noch höheren Ebene der wettertechnischen Auslegung eines Bergbaubetriebes an sich. Die Bewetterung trug somit prinzipiell den Charakter einer nach Möglichkeit zuverlässig und selbstsicher arbeitenden Systemsicherheit.

---

105 vgl. ebd., Bl. 2, Bl. 6 ff. Das Gutachten wurde von Bergrat Röder verfasst, dessen Zugehörigkeit zur preußischen Bergbehörde sich für den Zeitraum 1852/53 nicht nachweisen lässt. Vgl. Die Königl. Preussischen Bergbehörden und die Verwaltungen der Staatswerke, in: ZBHSW 1, 1854, Teil A, S. 1 – 12.

Zweitens war dem Gutachter eine Urteilsfindung in der Verantwortungsfrage nur auf der Grundlage bestehender bergpolizeilicher Verordnungen mit speziellen Richtlinien zur Bewetterung möglich. Die Gestaltung der Bewetterungsstrategie erforderte die Existenz normativer Regeln, die einerseits die Etablierung des Explosionsschutzes gewährleisten sollten, andererseits bei dessen Versagen als Gradmesser für die Abweichung vom normierten Regelfall fungierten. Erst durch die Bestimmung der Abweichungen wurden Aussagen zur Verantwortung möglich. Gleichzeitig waren die normativen Regeln jedoch nicht der Garant für eine absolute Sicherheit, sondern der Ausfluss eines in erster Linie zwischen Bergbehörde und Bergbauunternehmern getroffenen Konsenses, mit dem man glaubte, den Zustand der Sicherheit am besten erreichen zu können. Insofern handelte es sich bei den Bergpolizeiverordnungen um Vereinbarungen, deren Abfassung, Ausgestaltung und spätere Umsetzung zentral von der Risikowahrnehmung der Beteiligten abhing.

Das von der westfälischen Bergbehörde selbst als erste Wetterpolizei-Verordnung apostrophierte Regelwerk hatte das Dortmunder Oberbergamt am 24. März 1846 erlassen.[106] Als Anhang zur Instruktion für die Revierbeamten und Steiger konzipiert, war es zunächst nur für den amtsinternen Gebrauch gedruckt worden. Eine weitere publizistische Verbreitung erhielt es erst 1854 durch die Veröffentlichung im ersten Band der Zeitschrift für das Berg-, Hütten- und Salinenwesen. Der spätere Oberberghauptmann August Huyssen (1824 – 1903) druckte es im Rahmen seines Gutachtens über die Schlagwetterexplosion auf der Mindener Steinkohlengrube Laura vom 19. August 1853 in voller Länge ab.[107] Dieser Umstand erklärt die mangelnde Detailkenntnis der Verordnungslage beim Sachverständigen des Unglücks auf Ver. Schürbank & Charlottenburg.

Im engeren Sinn die Bewetterungsstrategie betreffende Passagen gab es in der Verordnung von 1846 ebenso wenige wie in den vorherigen Steiger-Instruktionen. Lediglich der § 19 ordnete an, dass in Flözen, in denen schlagende Wetter bereits bemerkt worden waren, die Vorrichtungsstrecken im Allgemeinen nur von oben nach unten aufzufahren seien.[108] Da diese Maßregel aber im Widerspruch zur gängigen Praxis der entgegengesetzten Verfahrensweise stand,[109] sah der betreffende Passus zugleich die Möglichkeit der schriftlichen Ausnahmeregelung durch den zuständigen Revierbeamten vor. Dieser konnte im Falle lagerstättenbedingter Schwierigkeiten die aufwärts gerichtete Auffahrung in gasgefährdeten Bereichen gestatten, wenn dort ausschließlich Sicherheitslampen angewandt wurden. In letzter Konsequenz lief diese Einschränkung auf eine fundamentale Außerkraftsetzung der einzigen bewetterungsstrategischen Anordnung hinaus. Da jede Schlagwetterexplosion immer die Zündung des explosiven Gemisches voraussetzte, ließ sich die Frage nach möglichen Fehlern im Bewetterungssystem grundsätzlich mit dem Hinweis auf Defizite bei der Behandlung der Beleuchtung als Zündquelle ersetzen. In der Risikowahrnehmung schied damit das in erster Linie von Unternehmerseite zu beeinflussende Bewetterungssystem nur allzu häufig als potentielle Fehlerquelle aus.

---

106 vgl. Reuss, Mittheilungen, S. 378, Anm. 1.

107 vgl. Huyssen, [August]: Die Entzündung schlagender Wetter auf der Steinkohlengrube Laura am 19. August 1853, in: ZBHSW 1, 1854, Teil B, S. 146 – 164, hier S. 154 – 157. Zur Biographie von August Huyssen siehe Serlo, Walter: Männer des Bergbaus, Berlin 1937, S. 75 f.

108 Diese Bestimmung war bereits in der Steiger-Instruktion von 1824 in ähnlich lautender Formulierung enthalten. Vgl. BBA 112/1340: Instruction für den Steiger, Essen 1824, S. 4 f., § 15.

109 Die aufwärts gerichtete Vorrichtung der Grubenbaue in geneigten Flözen nutzte den ganz entscheidenden Vorteil, dass die hereingewonnenen Kohlen und Berge aufgrund ihres Eigengewichts leichter nach unten als nach oben zu befördern waren.

Genau diese Sichtweise machte sich auch der Sachverständige bei der Beurteilung der vermeintlich eigentlichen Unglücksursache auf der Zeche Ver. Schürbank & Charlottenburg zu eigen. Trotz seiner Vorbehalte gegenüber den wettertechnischen Bedingungen verwies er vor allem auf den aus seiner Sicht unsachgemäßen Umgang der Bergleute mit der Beleuchtung. Weil er hier aus Gründen, die wir später noch genauer untersuchen werden, vermeintliche Fehler sehen konnte, trug er „kein Bedenken, die Schuld im eigentlichen Sinn des Wortes der groben, mit Unwissenheit gepaarten Unvorsichtigkeit des verunglückten Bürgemeister zuzuschreiben [...].“[110]

Bei Untersuchung der im Laufe der 1850er Jahre langsam zunehmenden Explosionsunglücke kam die Bergbehörde nur selten zu dem Ergebnis, dass mangelhafte Bewetterungsverhältnisse am Unfallereignis ursächlich beteiligt waren. In den wenigen zutreffenden Fällen war der Abbau in noch völlig unzureichend vorgerichteten und an den Wetterstrom angeschlossenen Grubenbauen aufgenommen worden. Dies galt auch für das Unglück auf Ver. Schürbank & Charlottenburg.[111] Das nicht allein für die wirtschaftsliberale Phase zutreffende bergbautypische Bestreben, konjunkturelle Krisen mit einer Erhöhung der Förderleistung zu begegnen, lieferte dabei eine besondere Motivation zur vorzeitigen Aufnahme des Abbaus. In der durch außerordentliche Wachstumsraten von durchschnittlich 9 % gekennzeichneten Periode zwischen 1850 und 1874 lagen die Täler für den Ruhrbergbau in den Jahren 1858/59 sowie 1867/68.[112] Die in den ersten Gründerjahren Mitte der 1850er Jahre abgeteuften Zechen erreichten den Zeitpunkt der Förderaufnahme damit gerade in der ersten Talsohle, wodurch sich die Krise noch verschärfte.[113] Die bergbehördlichen Untersuchungsprotokolle nahmen diesen Zusammenhang kaum zur Kenntnis. Ein kurzfristiges Anschwellen der Explosionsereignisse in beiden kritischen Zeiträumen ist demgegenüber nicht von der Hand zu weisen.[114]

Das gängige Reaktionsmuster der Bergbehörde auf diejenigen Fälle, in denen sich das Missverhältnis von Vorrichtung und Abbau nicht negieren ließ, bestand in der aus dem Direktionsprinzip erwachsenen Anleitung der Geschworenen zu einer besseren Aufsicht und Kontrolle der Vorrichtungsarbeiten.[115] Dabei waren die Revierbeamten angesichts der rasant

110 zit. STAM OBA Dortmund, Nr. 275, Bl. 6 ff.
111 vgl. STAM OBA Dortmund, Nr. 275, Bl. 4: Schreiben Bergamt Bochum an OBA Dortmund v. 24.09.1852: „Eine nicht zu verkennende Unvorsichtigkeit besteht darin, daß gleichzeitig mit der Herstellung des Ueberbrechens die Erweiterung derselben behufs der Kohlengewinnung noch vor dem Durchschlage mit der zweiten Strecke eingeleitet worden ist, wodurch der ausgehauene Raum bedeutend erweitert, die Untersuchung erschwert und die Ansammlung einer größeren Menge schlagender Wetter erleichtert wurde.“
112 vgl. Holtfrerich, Carl-Ludwig: Quantitative Wirtschaftsgeschichte des Ruhrkohlenbergbaus im 19. Jahrhundert. Eine Führungssektoranalyse, Dortmund 1973 (= Untersuchungen zur Wirtschafts-, Sozial- und Technikgeschichte, Bd. 1), S. 24 sowie Bleidick, Dietmar: Die Hibernia-Affäre. Der Streit um den preußischen Staatsbergbau im Ruhrgebiet zu Beginn des 20. Jahrhunderts, Bochum 1999 (= Veröffentlichungen aus dem Deutschen Bergbau-Museum Bochum, Nr. 83), S. 76.
113 vgl. Tenfelde, Sozialgeschichte, S. 194.
114 vgl. STAM OBA Dortmund, Nr. 275 ff. für 1858/59 sowie Schaubild 20 für 1867/68.
115 vgl. STAM OBA Dortmund, Nr. 275, Bl. 4: Schreiben Bergamt Bochum an OBA Dortmund v. 24.09.1852: „Wir sind daher der Ansicht, daß [...] sowohl die Grubenbeamten als der Revierbeamte angewiesen werden müssen, die Vorschriften des Anhanges zu der Instruction der Revier- und Grubenbeamten strenge zu befolgen.“

zunehmenden Anzahl neuer Schachtanlagen teilweise eindeutig überfordert.[116] Tiefergehende Zweifel an der Funktionalität des wettertechnischen Standards der Ruhrzechen erwuchsen seit Ende der 1850er Jahre jedoch nicht auf der Ebene der westfälischen Behördenvertreter, sondern innerhalb der preußischen Zentralinstanz in Berlin. Sie verstärkten sich nur, als es am 7. August 1861 auf der zum Verwaltungsbereich des Dortmunder Oberbergamts gehörenden Steinkohlenzeche Laura & Bölhorst in Minden erneut zu einer Schlagwetterexplosion mit mindestens acht Toten kam. In Folge dieses Unglücks entwickelte sich eine öffentliche Diskussion über die Unfallursache, die neben der Bergbehörde auch die Regierungsbehörden beschäftigte.[117]

Am 16. Januar 1862 erging deshalb vom Handelsminister von der Heydt die unmissverständliche Aufforderung an das Dortmunder Oberbergamt, eine Kommission zur Untersuchung der Wetterverhältnisse auf den Ruhrzechen zu bilden. Sie sollte jene Zechen befahren, die „mehr mit schlagenden Wettern zu kämpfen" hatten, und aufgrund der wahrscheinlich vorhandenen Mängel in den Bewetterungssystemen Maßnahmen zur Abwendung treffen. Im Unterschied zur bergbehördlichen Mittelinstanz rückte das Ministerium für Handel, Gewerbe und öffentliche Arbeiten die Bewetterungsstrategie viel stärker in den Mittelpunkt des praktischen Explosionsschutzes: „Als Hauptgesichtspunkt ist dabei zu beachten, dass die nächste Veranlassung zu Explosionen, nämlich die Ansammlung schlagender Wetter, unter allen Umständen beseitigt werden muss."[118] In Bezug auf die Zusammensetzung der Kommission gab von der Heydt zu bedenken, ob es sich nicht empfehlen würde, neben den Bergbeamten auch eine gewisse Zahl der „intelligenten Gruben-Repräsentanten und Directoren, welche das allgemeine Vertrauen genießen", zu den Befahrungen hinzu zu ziehen. Dieser Vorschlag war weniger als Misstrauensbeweis gegen die westfälischen Bergbeamten zu verstehen. Vielmehr sollten diese gewissenhaft prüfen, ob sich dadurch nicht die Bereitschaft der seit kurzem im Verein für die bergbaulichen Interessen im Oberbergamtsbezirk Dortmund vereinigten Bergbauunternehmer vergrößerte, die als Folge verschärfter Anordnungen zu treffenden praktischen Maßnahmen trotz vermutlich erheblicher finanzieller Belastungen wirklich umzusetzen.

Erst nach einer nochmaligen Ermahnung zur sofortigen Kommissionsbildung[119] reichte das Dortmunder Oberbergamt Anfang Februar 1862 seine Vorschläge über die Mitglieder und das Vorgehen bei den Befahrungen im Handelsministerium ein. Es wandte sich ausdrücklich

---

116 Die weitgehende Diskrepanz zwischen vermeintlicher und praktikabler Funktionalität einer Revierbeamtenkontrolle in Unfallfragen schon am Ende der 1850er Jahre wird vor allem im Bereich der behördlich geforderten, unverzüglich zu leistenden Unfallaufnahme deutlich. Vgl. STAM OBA Dortmund, Nr. 276, Bl. 37 f.: Schreiben des Berggeschworenen Berger an das Bochumer Bergamt v. 26.03.1861: „Am 26ten cur. Mts. kehrte ich noch Abends gegen 7 Uhr aus dem Revier und zwar von der Zeche Margaretha, wohin ich durch den Herrn Berghauptmann von Oeynhausen [...] befohlen war, zurück und stieß unterwegs ziemlich nahe bei Unna auf Leute, welche eine Tragbahre trugen. Von diesen vernahm ich zuerst, daß wieder ein Unglücksfall durch schlagende Wetter auf der Zeche Asseln XVI stattgefunden habe, doch wußten dieselben nur Allgemeines über diese unglückliche Katastrophe anzugeben. [...] Meine Anwesenheit auf der Grube für diesen Abend, nachdem die Rettung bereits ausgeführt, erachtete ich nicht für erforderlich; begab mich aber in aller Frühe des nächsten Tages zu der von Unna 2 Stunden entfernt befindenen Zeche Asseln XVI [...]. Als ich gegen Mittag eine sich zufällig mir darbietende Eisenbahn-Fahrgelegenheit benutzend, zur gefälligen Berichterstattung über den Unglücksfall in der Sitzung des königlichen Oberbergamts erschien, war meine Anzeige längst dort eingetroffen." Siehe ferner STAM OBA Dortmund, Nr. 275, Bl. 7 ff.: Schreiben des Bergmeisters Brassert an OBA Dortmund v. 17.01.1862 mit der Bitte, die Fristenregelung zur Behandlung von Unfällen „mit Rücksicht auf die in dieser Zeit neben den laufenden Dienstgeschäften anzufertigenden Quartals- und Jahres-Arbeiten nicht zu kurz bemessen zu wollen."
117 vgl. Kroker/Farrenkopf, Grubenunglücke, S. 116 sowie STAM OBA Dortmund, Nr. 276.
118 zit. STAM OBA Dortmund, Nr. 934, Bl. 4 f.
119 vgl. STAM OBA Dortmund, Nr. 934, Bl. 8: Schreiben des Ministeriums für Handel, Gewerbe und öffentliche Arbeiten an das OBA Dortmund v. 27.01.1862.

gegen den Vorschlag, Zechenvertreter in die Kommission aufzunehmen. Um eine eigenständige Position gegenüber den Unternehmern bemüht, argumentierte man auf der Grundlage verwaltungstechnischer Erfahrung. Wegen der lagerstättenbedingt sehr unterschiedlichen Gasbelastung der Ruhrzechen war zu erwarten, dass der Bergbau-Verein eine einheitliche Position zur Abwehr verschärfter wettertechnischer Anforderungen einnahm. Während die Vertreter stärker gefährdeter Zechen den wettertechnischen Standard allgemein als ausreichend erachten würden, um verschärfte Anordnungen für die eigene Grube zu umgehen, hätten Vertreter nicht gasbelasteter Zechen wohl wenig Interesse daran, die eigene „glückliche Lage" auszunutzen.[120] Als Kommissionsmitglieder kamen demnach ausschließlich Mitglieder des Oberbergamts und ausgewählte Revierbeamte in Betracht.[121]

Darüber hinaus bezweifelte das Oberbergamt die vom Ministerium geforderte Dringlichkeit in der Problembehandlung. Aus seiner Sicht reichte es aus, die vermutlich 25 bis 30 in Frage kommenden Zechen routinemäßig im Verlauf des Sommers bei den Betriebsplanprüfungen auf mögliche Defizite im Bewetterungssystem zu kontrollieren. Ferner versuchte man, noch bevor überhaupt mit den Untersuchungen begonnen worden war, die Hoffnung auf möglichst kurzfristige Erfolge zu dämpfen. Diese seien nicht zu erwarten, weil ein Großteil der schlagwetterführenden Zechen im Verlauf der beiden zurückliegenden Jahre in größere Teufen vorgedrungen sei und nur über einen Schacht verfügte. Eine derartige Argumentation lief auf die Akzeptanz eines zentralen wettertechnischen Defizits hinaus, das im Rahmen der Untersuchung erst zu prüfen war.

Die ausweichende Haltung des Oberbergamts teilte die Ministerialabteilung im Folgenden nicht. Sie beharrte auf der unverzüglichen Einrichtung der Kommission, zu der nun weder Zechenvertreter noch die Bergrevierbeamten hinzugezogen werden sollten. Die Beschränkung auf vier Mitglieder des Oberbergamts wurde angeraten, weil sich das Untersuchungsgremium ansonsten „nur schwerfällig" bewegte und „die Erledigung dieser dringenden Angelegenheit dadurch unvermeidliche Verzögerungen" erfuhr.[122] Gegenüber den ursprünglichen Vorstellungen erheblich zusammengeschrumpft, nahm die Untersuchungskommission schließlich im März 1862 ihre Tätigkeit mit einer Befragung der Revierbeamten über die zu befahrenden Zechen auf.[123] Bis zur Vorlage des Abschlussberichts im August des Jahres hatte sie dann insgesamt 23 Bergwerke besucht.[124] Der überlieferte Abschlussbericht und die ihm zugrunde liegenden Befahrungsprotokolle geben Auskunft über die Risikowahrnehmung der westfälischen Bergbehörde in Bezug auf die Bewetterungsstrategie zu Beginn der 1860er Jahre. Sie zeigen nicht nur, welche bewetterungstechnischen Defizite überhaupt als solche erkannt worden sind. Sie vermitteln auch einen Eindruck davon, inwieweit die Kommission Vorschläge zu deren Beseitigung entwickelte und bis zu welchem Grade diese dann in bergpolizeiliche Anordnungen umgesetzt wurden.

---

120 vgl. ebd., Bl. 6 f.: Entwurf eines Schreibens vom OBA Dortmund an das Ministerium für Handel, Gewerbe und öffentliche Arbeiten v. 03.02.1862.

121 Es waren dies die Oberbergräte Carl Daniel Küper (1803 – 1879) und Heinrich Wilhelm Lorsbach (1820 – 1886), die Bergassessoren Ernst Emil Wilhelm Baeumler (1827 – 1888) und Ernst von Rohr (1825 – 1902) vom Dortmunder Oberbergamt sowie die Bergrevierbeamten Hilgenstock, Schmid, Brassert und Erdmann.

122 zit. STAM OBA Dortmund, Nr. 934, Bl. 11: Schreiben des Ministeriums für Handel, Gewerbe und öffentliche Arbeiten an das OBA Dortmund v. 18.02.1862.

123 vgl. ebd., Bl. 20, Bl. 22.

124 vgl. ebd., Bl. 337 – 358: Bericht der behufs örtlicher Untersuchung der Wetterversorgungs-Anstalten auf den mit schlagenden Wettern behafteten Steinkohlen-Bergwerken von Sr. Excell. dem Herrn Minister für Handel u. Gew[erbe] unterm 18. Febr. d. J. ernannten Kommission, o.D. <27.08.1862>. Im Anschluss wurden die Befahrungen noch auf die Zechen Centrum, Königsgrube, Prinz von Preußen, Friedrich Wilhelm, Heinrich Gustav, Wilhelmine und Hibernia ausgedehnt. Vgl. Nonne, Die Wetterführung in den Westfälischen Steinkohlengruben, S. 44.

Bei mehr als der Hälfte aller untersuchten Anlagen stellte die Kommission einen guten oder wenigstens so ausreichenden Wetterzug fest, dass Vorschläge zur Verbesserung gar nicht unterbreitet wurden. Die beste Beurteilung erhielt das Bewetterungssystem der Dortmunder Zeche Am Schwaben. Sie verfügte über drei Wetteröffnungen zur Tagesoberfläche sowie über einen untertägigen Wetterofen im nördlichen ausziehenden Wetterschacht. Zwar waren die Baue hier sehr weit ausgedehnt und durch zahlreiche Verwerfungen von bedeutender Sprunghöhe unregelmäßig angelegt. Dem an mehreren Punkten der Grube „in Mengen" austretenden Grubengas stand jedoch ein Wettersystem gegenüber, bei dem die Wetterführung insgesamt zweckmäßig eingerichtet zu sein schien. Als besonders positiv galt der offenbar sehr gewissenhaft ausgeführte Abschluss der nicht mehr benötigten Wetterdurchhiebe mittels Verschlägen oder zugesetztem Bergematerial. Ferner waren die Firsten sehr glatt geführt, so dass sich kaum Hohlräume vorfanden, in denen sich Schlagwetter festsetzen konnten.[125] Da die Kommission am Tage ihrer Befahrung dann auch das Vorhandensein schlagender Wetter nirgends feststellen konnte, sprach sie ihr Gutachten dahin aus, „dass die Wetterführung in Anbetracht der schwierigen Verhältnisse in sämmtlichen Bauen eine genügende und gesicherte sei."[126]

Nur geringfügig schlechter als bei der Zeche Am Schwaben fiel das Urteil über die Bewetterung des Bergwerks Carlsglück in Dortmund-Dorstfeld aus. Dies ist umso erstaunlicher, als am Tage der Befahrung gleich an mehreren Stellen des Grubengebäudes schlagende Wetter konstatiert wurden. Am selben Morgen hatte sich sogar eine Schlagwetterexplosion ereignet, in deren Folge ein Arbeiter leichte Verbrennungen erlitten hatte. Dennoch wurde „der Wetterzug für genügend befunden."[127] Von Vorschlägen zu besonderen Anordnungen sah die Kommission auch im Fall der Zeche Dorstfeld ab, obwohl nur etwa zwei Wochen vor der Befahrung ein Arbeiter wegen Wettermangels vor einem Pfeilerbetrieb erstickt war.[128] Allein in den beiden Jahren 1861 und 1862 ereigneten sich auf Dorstfeld nicht weniger als sieben Schlagwetterexplosionen.[129]

Die meisten von der Kommission getroffenen Vorschläge betrafen spezielle Maßnahmen der Wetterführung. Sie verteilten sich auf 13 untersuchte Zechen und wurden in der Regel auch in direkte Anordnungen umgesetzt (vgl. Tabelle 3).

Dabei kann nicht übersehen werden, dass gerade diejenigen Vorschläge auf den Verordnungsweg gebracht wurden, die keine besonders große betriebswirtschaftliche Belastung für die Zechen nach sich zogen. Weit größere Zurückhaltung bewies die Kommission nämlich bei Ratschlägen, die auf eine Verbesserung der gesamten Wetterversorgung gerichtet waren und damit entweder die Herstellung eines zweiten Schachtes oder die Anlage zusätzlicher Maschinen der Wettererzeugung nahe legten. Das einzige Bergwerk, dem das Abteufen eines zweiten Schachtes im Zuge der Kommissionstätigkeit vorgeschrieben wurde, war die seit 1855 betriebene Zeche Germania in Dortmund-Marten. Hier hatten die starken Wasserzuflüsse das Abteufen des ersten Schachtes schon sehr erschwert und deshalb auch wenig Be-

---

125 vgl. ebd., Bl. 144 – 150. Es handelt sich hierbei um die der Wetterkommission am Tage der Befahrung (07.04.1862) vorgelegte Beschreibung des Wetterrisses der Zeche Am Schwaben. Sie ist von dem noch in der Ausbildung stehenden Bergexpektanten Kleine verfasst und nachträglich mit dem Vermerk „vidi" durch den zuständigen Berggeschworenen Berger abgezeichnet. Während Kleines Urtext sich noch zu der Behauptung hinreißen lässt, es sei „seit 8 Jahren kein Unglücksfall durch Explosion schlagender Wetter" auf der Zeche verursacht worden, schränkt Berger diese Aussage zumindest durch den Zusatz „welche den Tod zur Folge gehabt hätte" ein.

126 zit. ebd., Bl. 143: Verhandlungsprotokoll für die Zeche Am Schwaben v. 07.04.1862.

127 zit. ebd., Bl. 102: Verhandlungsprotokoll für die Zeche Carlsglück v. 31.03.1862.

128 vgl. ebd., Bl. 130 f.: Verhandlungsprotokoll für die Zeche Dorstfeld v. 04.04.1862.

129 vgl. Haßlacher, Anlagen zum Haupt-Berichte, Bd. 2, S. 48.

Vorgeschlagene Maßnahme	Anzahl der Anordnungen
Einbringung von Wettertüren bzw. Wettergardinen	4
Abdichtung von Wetterdurchhieben	4
Umleitung des Wetterzuges im Allgemeinen	4
Offenhaltung und Erweiterung von Streckenquerschnitten	3
Verkürzung des Abstands von Wetterdurchhieben	2
Einbringung von Wetterscheidern bzw. Wetterlutten	2
Verkürzung des Wetterweges der Ausziehwetter	1
Abdichtung des Schachtscheiders	1

Tabelle 3: Anordnungen zur Verbesserung der Wetterführung (1862)

reitschaft zur Anlage einer zweiten Tagesöffnung erzeugt.[130] Durch die Zunahme der untertägigen Aufschlüsse sah das Untersuchungsgremium im Fall von Germania die Gefahr, dass die Wetterversorgung bei einem noch weiteren Fortschreiten des Abbaus gänzlich an ihre Grenzen stieß. Das Oberbergamt verlangte deshalb Anfang April 1862, die Herstellung eines zweiten Schachtes innerhalb von vier Wochen zu beginnen und „so schwunghaft fortzusetzen, dass derselbe binnen Jahresfrist in Function treten" könne.[131] Der daraufhin 630 m südlich von Schacht 1 angesetzte Wetterschacht erreichte jedoch nur eine Teufe von 10,5 m. In Lehm und Mergel stehend wurden die Wasserzuflüsse unbeherrschbar und die Arbeiten dementsprechend eingestellt.[132]

Die Aufstellung von Wetteröfen bzw. Ventilatoren zur Verbesserung der Wetterleistung hielt die Kommission schließlich nur bei den Zechen Neu-Düsseldorf, Pluto und Borussia für geboten. Anstelle der bislang gewählten Wettererwärmung mittels Wetteresse gab Neu-Düsseldorf daraufhin den Bau eines Radiallüfters in Auftrag und errichtete bis zu seiner Inbetriebnahme zunächst einen provisorischen Wetterofen über Tage.[133] Auf den Werken Pluto und Borussia blieb es hingegen beim Vorschlag der Kommission. Im Falle von Borussia hatte sie einen Wetterofen ohnehin nur dann vorgesehen, wenn eine Erweiterung des sehr engen Querschnitts im Eingangsbereich des ausziehenden Wettertrums nicht zu bewerkstelligen gewesen wäre. Nachdem diese Maßnahme aber erfolgreich realisiert worden war, hatte sich der Wetterzug angeblich so verstärkt, dass von der „Inbetriebsetzung des Wetterofens in dem Wetterkanal über Tage ganz abgesehen werden konnte."[134]

Gemessen an den hohen Erwartungen, mit denen das vermeintlich unabhängige Instrument der Expertenkommission seitens der Berliner Ministerialbehörde installiert worden war, blieben die tatsächlich erzielten Ergebnisse marginal. Mochte der große Aktionsradius, den die Wetterkommission ohne Zweifel entwickelte, allen Beteiligten ein ernsthaftes und zielbewusstes Bemühen um die Optimierung der wettertechnischen Standards im Ruhrbergbau suggerieren, so kam sie im direkten Kontakt mit den als gegeben interpretierten Zwängen

130 vgl. Huske, Steinkohlenzechen, S. 362.
131 vgl. STAM OBA Dortmund, Nr. 934, Bl. 38: Schreiben des OBA Dortmund an den Repräsentanten der Zeche Germania v. 01.04.1862.
132 vgl. ebd., Bl. 354.
133 vgl. ebd., Bl. 58: Schreiben des OBA Dortmund an den Vertreter des Grubenvorstands der Zeche Neu-Düsseldorf v. 13.04.1862.
134 zit. ebd., Bl. 357.

der Lagerstättensituation kaum über die Akzeptanz der bestehenden Bewetterungsverhältnisse hinaus. Der Glaube an die bessere Vertrautheit mit den örtlichen Verhältnissen ließ gleichzeitig die Berliner Zentralbehörde nicht an den Ergebnissen und Entscheidungen der westfälischen Bergbeamten zweifeln.

Es kann deshalb wenig überraschen, dass auch die am 9. März 1863 für den gesamten Ruhrbergbau in Kraft getretene neue Bergpolizeiverordnung zur Wetterführung, Beleuchtung und Anwendung der Schießarbeit bezüglich der Bewetterungsstrategie nicht die ursprünglich intendierte Tragweite erhielt.[135] Eine Reform des seit 1846 geltenden Anhangs zur Instruktion der Revierbeamten und Steiger wurde bereits seit Ende der 1850er Jahre diskutiert.[136] Der vom Dortmunder Oberbergamt am 18. November 1861 vorgelegte Entwurf zur Neufassung der Bestimmungen gab dem Ministerium jedoch in manchen Punkten Anlass zur Kritik.[137] Es forderte die westfälischen Bergbeamten im März 1862 deshalb zur Einsendung eines überarbeiteten Regelwerkes auf. Da die Wetterkommission inzwischen ihre Arbeiten aufgenommen hatte, wollte das Oberbergamt nun zunächst deren Ergebnisse abwarten und zögerte die Einreichung des neuen Entwurfs länger hinaus, als es die Ministerialabteilung wünschte.[138]

Im Hinblick auf die zentralen Probleme der Bewetterung beschränkten sich die unterschiedlichen Auffassungen von Ministerium und westfälischer Mittelbehörde im Grunde auf Nebensächlichkeiten. Mit Übersendung des Abschlussberichts der Wetterkommission am 27. August 1862 erläuterte das Oberbergamt seine Erwartungen an zentrale Gesichtspunkte der neuen Wetterpolizeiverordnung. Sie konzentrierten sich allein auf eine vermeintliche Stärkung der Beaufsichtigungsmöglichkeiten der Revierbeamten. Sie sollten in den Besitz eines Wetterrisses jeder zu ihrem Verwaltungsbezirk zählenden Grube gebracht werden. Um bei den Befahrungen die Funktionalität der in den Wetterrissen niedergelegten Bewetterungssysteme durch Ermittlung der Wettermengen auch kontrollieren zu können, war ihre Ausstattung mit einem Anemometer sehr erwünscht. Den schlagwetterführenden Zechen selbst die Anschaffung von Anemometern bergpolizeilich anzuordnen, hielt man allerdings „zur Zeit noch nicht für angemessen." Da der Einsatz durch die Revierbeamten „eine reichliche Vertheilung der disponiblen Wettermengen" zweifelsfrei zur Folge haben musste, würden die Zechen von den großen Vorteilen dieser Instrumente schon bald überzeugt werden und sie selbst anschaffen.

Die §§ 2 und 3 der Verordnung von 1863 schrieben indes das Vorhandensein eines Wetterrisses auf jeder Zeche sowie die Beschaffung eines Anemometers zumindest für die Schlagwettergruben zwingend vor. Das Ministerium hatte demnach das Vertrauen in den allmählich wirkenden Vorbildcharakter der Revierbeamten nicht teilen können. Ansonsten enthielten

---

135 vgl. Bergpolizeiverordnung vom 9. März 1863, betreffend die Wetterführung, Beleuchtung und Anwendung der Schiessarbeit auf den Bergwerken im Districte des Königlichen Oberbergamts zu Dortmund, in: ZBHSW 11, 1863, Teil A, S. 60 – 63.

136 vgl. STAM OBA Dortmund, Nr. 275, Bl. 128: Schreiben des Berggeschworenen Bäumler an das Bochumer Bergamt v. 25.07.1859. Auf die Benachrichtigung über eine Schlagwetterexplosion auf der Zeche Dorstfeld ist vom Bochumer Bergamt notiert: „Da der Erlaß eines Polizei-Reglements bereits höheren Orts angeregt und zur Berathung desselben schon in nächster Zeit Anhoerungen stattfinden werden, so geht dieses Stück ad acta".

137 vgl. STAM OBA Dortmund, Nr. 934, Bl. 333 – 336: Schreiben des OBA Dortmund an das Ministerium für Handel, Gewerbe und öffentliche Arbeiten v. 27.08.1862.

138 vgl. ebd., Bl. 328: Schreiben des OBA Dortmund an das Ministerium für Handel, Gewerbe und öffentliche Arbeiten v. 07.07.1862 sowie ebd., Bl. 332: Antwortschreiben des Ministeriums an das OBA Dortmund v. 13.06.1862: „Das Königl. Oberbergamt wird mit Bezug auf die Anzeige vom 7. Juli c. angewiesen, dem Rescripte v. 14ten März c. betreffend den Entwurf einer Polizei-Verordnung über die Wetterführung, Beleuchtung und Schießarbeit in den Bergwerken, Folge zu leisten."

die insgesamt sechs Paragraphen zur Wetterführung allerdings Formulierungen, die unter den gegebenen Verhältnissen so dehnbar auszulegen waren, dass nahezu jedes bestehende Bewetterungssystem als regelkonform sanktioniert werden konnte.[139]

Weder die neu gefasste Bergpolizeiverordnung noch die von der Wetterkommission angeordneten Maßnahmen führten in den folgenden Jahren dazu, dass das Explosionsgeschehen auf den Ruhrzechen stagnierte. Die wachstumsbedingte Ausdehnung der Grubenbaue überforderte weiterhin die bewetterungsstrategischen Schutzkonzepte. Dabei traten Explosionen nicht nur in Bergwerken auf, die von der Bergbehörde wegen ihrer vermeintlichen Ungefährlichkeit nicht befahren worden waren, seit 1863 aber unter die neue Verordnung fielen. Auch auf den untersuchten Gruben zeigten die wenigen angeordneten Verbesserungen so gut wie keine Wirkung. Die Zeche Am Schwaben, die sich durch ihre angeblich besonders gute Bewetterung auszeichnete, sah sich allein im Jahr 1863 mit vier Explosionen konfrontiert. Auf den Werken Germania und Borussia blieben die wettertechnischen Defizite so gravierend, dass zwischen 1863 und 1868 auf beide Anlagen insgesamt 13 Explosionen entfielen. Anders als erwartet, erzeugte die Fortsetzung der Probleme einen hohen Handlungsdruck auf die gesamte preußische Bergbehörde. Die bis dahin nicht gekannten Ausmaße des Neu-Iserlohner Unglücks vom 15. Januar 1868 veranlasste sie deshalb zur erneuten Einsetzung einer Wetterkommission, die während ihres Bestehens von 1869 bis 1871 die schon zuvor untersuchten Grubenbaue visitierte und eine Reihe neuer Zechen in ihre Befahrungen aufnahm. Im Ganzen wurde jetzt die Bewetterungssituation auf 34 Bergwerken überprüft.

Als 1872 die Ergebnisse der zweiten Kommission für eine zusammenfassende Betrachtung vorlagen, offenbarten sie die Verschlechterung der Bewetterungsverhältnisse im Durchschnitt der besuchten Zechen während der 1860er Jahre. Im Vergleich der den Grubenbauen überhaupt zugeführten Wettermengen hatte sich die Situation von 306,7 auf 460 m^3 pro Minute zunächst verbessert.[140] In Relation zu Belegschaft und Fördermenge war jedoch eine Verminderung der Wetterleistung eingetreten. Während 1862/63 jedes Belegschaftsmitglied noch durchschnittlich 2,02 m^3 frische Wetter pro Minute erhalten hatte, war der entsprechende Wert 1869/71 auf 1,712 m^3 abgefallen.[141] Rechnete man die 1868 auf einzelnen Werken zusätzlich durchgeführten Messungen hinzu[142], so reduzierte sich der Wert weiter bis auf 1,66 m^3. Bezüglich der Fördermenge ergab sich die ungünstigste Entwicklung. 1,77 m^3 Frischwetter pro Tonne Förderung in 1862/63 standen 1869/71 nur noch 1,05 m^3 gegenüber. Die Verschlechterung der Bewetterung in letztgenannter Relation war insofern von großer Bedeutung, als die größere Fördermenge nur durch einen verstärkten Aufschluss der Grubenbaue mit zunehmender Ausgasung zu erzielen war.

Die hoch abstrahierten Kennwerte zur Klassifizierung der Bewetterungssysteme beschrieben den realen Rückschritt noch nicht in seiner ganzen Tragweite. Da sich die Messwerte auf

---

139 vgl. Bergpolizeiverordnung vom 9. März 1863, S. 60 f. § 1: „Bei allen Bergwerken müssen zur Versorgung der Grubenräume mit frischen Wettern Vorkehrungen getroffen werden, welche ausreichend sind, um schädliche Gase zu verdünnen und insoweit unschädlich zu machen, dass sämmtliche in Betrieb stehende Arbeitspuncte und die zu befahrenden Strecken unter gewöhnlichen Umständen [sic!] sich beständig in einem zur Arbeit und Befahrung tauglichen Zustande befinden."

140 vgl. Nonne, Die Wetterführung in den Westfälischen Steinkohlengruben, S. 42 – 45. Es darf dabei allerdings nicht übersehen werden, dass der Durchschnitt die bedeutende Spannweite der Extremwerte stark verharmlost. Diese lagen 1862/63 im Vergleich der Zechen Johann Friedrich (59 Mann Belegschaft in der Hauptschicht) und Hibernia (260 Mann Belegschaft in der Hauptschicht) bei 32,0 gegen 1297,8 m^3 pro Minute. 1869/71 schwankten sie zwischen 100,49 m^3 für die Zeche Sandbank mit 40 Mann Belegschaft und 2034,26 m^3 auf der Zeche Erin (270 Mann Belegschaft in der Hauptschicht).

141 vgl. ebd., S. 42 ff.

142 vgl. Bergbau-Verein (u.a.) (Hrsg.), Die Entwickelung, Bd. 6: Wetterwirtschaft, S. 166.

die Durchgangswetterströme insgesamt bezogen, enthielten sie kaum greifbare Anhaltungs-
punkte für die von der Feldesausdehnung sowie den Einrichtungen der Wetterführung ab-
hängenden Wettermengen an den eigentlich kritischen Stellen der Vorrichtungs- und Abbaubereiche. Bergassessor Julius Nonne, der einen zusammenfassenden Bericht über die
Tätigkeit der zweiten Wetterkommission 1873 veröffentlichte, erkannte dieses Problem sehr
genau. Weil 1862/63 eine Angabe über die Feldesausdehnung der befahrenen Zechen unterblieben war, sah er sich außer Stande, die nun in den Hauptquerschlägen der Wettersohlen
gemessenen Werte auch in dieser Richtung zu vergleichen.[143] Allerdings ließen sich die Wetterverluste, die auf die Einrichtungen der Wetterführung zurückzuführen waren, wenigstens
für einige Zechen annäherungsweise bestimmen.

Auf der Zeche Rheinelbe erzeugte der seit 1867 betriebene erste Guibal-Ventilator des Ruhrreviers beispielsweise einen gemessenen Wetterstrom von 582,49 m^3 pro Minute. Bei einer
Belegschaftsstärke von 200 Mann errechnete sich daraus eine theoretische Wettermenge von
2,91 m^3 pro Kopf.[144] Im Vergleich mit anderen Zechen lag dieses Ergebnis im oberen Drittel
und berechtigte auf den ersten Blick zu der Feststellung, das Bewetterungssystem als völlig
genügend zu bezeichnen.[145] Ganz anders sah es allerdings aus, wenn die von der Wetterkommission in den Hauptstrecken ermittelten Messresultate in Rechnung gestellt wurden. Der
Hauptteil des Wetterstroms zog auf Rheinelbe vom Schacht über eine Hauptstrecke größtenteils zunächst in östliche Richtung. Hier verzweigte er sich zur Ventilation des in Abbau stehenden Südfeldes und vereinigte sich anschließend wieder, um dann die nördlichen Abbaubereiche zu versorgen. Zuletzt wurde er erneut zusammengeführt und durch eine der
einziehenden Wetterstrecke parallel verlaufende Ausziehstrecke dem Schacht zugeleitet. Die
Ventilation des derzeit noch nicht weit entwickelten Westfeldes erfolgte in ganz ähnlicher
Weise.

Schon beim Eintritt des gesamten Einziehstromes in die nach Osten gerichtete Wetterstrecke
waren nur noch 306,08 m^3 Frischwetter pro Minute vorhanden. Die Undichtigkeiten des Wetterscheiders im Schacht waren demnach so bedeutend, dass nur etwa die Hälfte des erzeugten Wetterstroms überhaupt in die Grubenbaue gelangte.[146] Beim Eintritt in das Südfeld hatte sich die Wettermenge dann sogar auf einen Wert von 54 m^3 pro Minute reduziert.[147]
Weniger als ein Zehntel des Einziehstromes stand also zur Bewetterung der am stärksten gasenden Abbaufelder letztlich wirklich zur Verfügung.

Die Wetterkommission von 1869/71 erkannte als bestimmende Ursache für die mangelnde
Ausnutzung des Wetterstromes den schlechten Abschluss der beiden parallel verlaufenden

---

143 vgl. Nonne, Die Wetterführung in den Westfälischen Steinkohlengruben, S. 48: „Ein dritter Factor, welcher
vielleicht die beiden vorerwähnten [= die Relationen Wettermenge pro Belegschaftszahl und pro Förderung,
M.F.] noch übertreffen möchte, konnte nicht in Rechnung gezogen werden, weil das dazu benötigte Material
nicht vorhanden war; die Ausdehnung und Verzweigung der Betriebe hat nämlich in dem Zeitraum von 1862
bis 1869 resp. 1871 in noch bei weitem höherem Grade zugenommen, als die Förderung und die Arbeiter-
zahl. [...] Es kann somit keinem Zweifel unterliegen, dass die allerdings in Zahlen nicht anzugebende Ausdehnung der Baufelder ein wesentliches Moment abgibt, um das an und für sich schon ungünstige Urteil
über die Entwicklung der Wetterführung noch mehr herabzudrücken."
144 vgl. ebd., S. 42 sowie STAM OBA Dortmund, Nr. 935, Bl. 289.
145 vgl. ebd., Bl. 289.
146 Die Westfälische Lokalabteilung der Schlagwetterkommission bestimmte den durch den Schachtscheider
hervorgerufenen Wetterverlust für Rheinelbe Anfang der 1880er Jahre nur noch auf 17,8 %. Der Schachtscheider muss folglich im Verlauf der 1870er Jahre so weit abgedichtet worden sein, dass Rheinelbe in dieser Beziehung schon zu den besten Anlagen gehörte. Im Durchschnitt lagen die Wetterverluste durch
Schachtscheider von 28 untersuchten Ein-Schacht-Systemen Anfang der 1880er Jahre bei 31,36 %, wobei
die Extremwerte mit 67,3 % (Carolus Magnus, neuer Schacht) und 5,4 % (Fürst Hardenberg) weit auseinander lagen. Vgl. Haßlacher, Anlagen zum Haupt-Berichte, Bd. 2, S. 74 f.
147 vgl. STAM OBA Dortmund, Nr. 935, Bl. 289.

178

Hauptwetterstrecken. Sie waren im üblichen Parallelbetrieb mit Wetterdurchhieben hergestellt und letztere dann unzureichend abgedichtet oder nur durch eine Wettertür getrennt worden. Sobald eine der Wettertüren geöffnet wurde, ergab sich eine direkte Verbindung von ein- und ausziehendem Wetterstrom, wodurch die Weiterleitung des Einziehstromes in die Abbaufelder vollkommen abriss. Als Verbesserungsmaßnahme schlug die Kommission eine sorgfältigere Verdichtung der Wettertüren vor. Außerdem sollte der Abbau in einzelnen Teilen des Ostfeldes solange eingestellt werden, bis die Bewetterung in diesem Abschnitt nicht mehr ausschließlich von den beiden Parallelstrecken abhing. Das Dortmunder Oberbergamt erhob die Vorschläge im April 1870 zum offiziellen Beschluss und fertigte ihn dem Revierbeamten zur Umsetzung aus.[148]

Auch auf den übrigen untersuchten Zechen waren die Wetterverhältnisse in den kritischen Abbaubereichen häufig wesentlich schlechter, als es die abstrakten Verhältniszahlen von gemessenem Hauptwetterstrom zu Belegschafts- und Fördermenge nahe legten. Während etwa auf den Zechen Neu-Iserlohn sowie Helene & Amalie immerhin noch 70 % des erzeugten Wetterstroms in den Grundstrecken zirkulierten, erreichten Pluto, Sandbank und Prosper ähnlich wie Rheinelbe kaum mehr als 50 %. Zwar konnte Julius Nonne in seinem Bericht über die zweite Wetterkommission das eigentliche Ausmaß der durch die Wetterführung bedingten Wetterverluste nur abschätzen. Sein der Realität sicher weitgehend entsprechendes Urteil war allerdings niederschmetternd: „Auf Grund der [...] Untersuchungen und Wahrnehmungen, welche die mehrere Mal gebildete Befahrungs-Commission innerhalb der Betriebe gemacht hat, so wie mit Berücksichtigung der Art und Weise, in welcher die Verdichtung der Ueberhauen etc., die Führung der Wetter auf den diesseitigen Gruben allgemein üblich erfolgt, dürfte die Annahme hoch gegriffen sein, dass von dem Quantum einziehender frischer Wetter 20 pCt. an die eigentlichen Consumtionspunkte gelangen."[149]

Wenn ein solches Fazit von einem an den Befahrungen beteiligten Kommissionsmitglied geäußert wurde, sollte erwartet werden können, dass die Bergbehörde zumindest seit Beginn der 1870er Jahre zu einer schärferen Verordnungspraxis in wettertechnischen Belangen überging. Aus Gründen, die nochmals den grundsätzlichen Umgang mit der Bewetterungsstrategie in der Phase abnehmender Explosionssicherheit offen legen, war dies jedoch nicht der Fall. Sie lassen sich in folgenden Gesichtspunkten zusammenfassen.

Schon die erste Wetterkommission der Jahre 1862/63 hatte vor dem Hintergrund der noch nicht vollständig abgeschlossenen Ablösung des Direktionsprinzips Schwierigkeiten gehabt, ihre Rolle als weisungsgebendes Gremium zu definieren. Die Diskussion über ihre Zusammensetzung resultierte zu einem großen Teil aus der bergbehördlichen Unsicherheit, wie die von ihr weiterhin geforderte Bergpolizeikompetenz gegenüber der in betriebswirtschaftlichen Fragen autonomisierten Unternehmerseite durchzusetzen war.[150] In der verwaltungstechnischen Praxis führte das zu der kuriosen Situation, dass die von der Kommission getroffenen Vorschläge in einem zweiten Schritt von denselben Beamten für den Verordnungsweg erneut beurteilt und nicht selten deutlich abgeschwächt wurden. Bei der zweiten Wetterkommission der Jahre 1869/71 hatte sich die Gesetzeslage durch das seit 1865 in Kraft getretene Allgemeine Berggesetz endgültig verändert. Einerseits war in dessen neuntem Teil

---

148 vgl. ebd., S. 289.

149 zit. Nonne, Die Wetterführung in den Westfälischen Steinkohlengruben, S. 55.

150 Dem Dortmunder Oberbergamt schien ein Hinzuziehen von Unternehmensvertretern zur Wetterkommission von 1862/63 auch deshalb ausgeschlossen zu sein, weil die Zechen seit 1852 nicht gezwungen werden konnten, anderen „Privat-Beamten" den Zutritt zu ihren Grubenbauen zu gestatten. Vgl. STAM OBA Dortmund, Nr. 934, Bl. 8: Anmerkung des Oberbergrats Lorsbach v. 30.01.1862.

der Aufgabenbereich der Bergpolizei klar umrissen, andererseits die betriebliche Unabhängigkeit der Bergbauunternehmer vollzogen. In diesem Spannungsfeld zog sich die Bergbehörde bei der Umsetzung der Kommissionsvorschläge auf eine moderate Verordnungspraxis zurück. Im Sinne einer wirtschaftsliberalen Grundhaltung vertraute sie vollständig auf die auch in Sicherheitsfragen vermeintlich wirksame Handlungsfreiheit der Bergwerksbetreiber: „Dass [...] die auf Grund des Berichts [der Wetterkommission, M.F.] durch das Königliche Oberbergamt zu treffenden Anordnungen in der Regel nicht specielle Vorschriften in Bezug auf die Ausführung einzelner Maassregeln enthalten, in dieser Beziehung sich vielmehr nur auf Vorschläge beschränken, [...] kann unter den zeitigen Verhältnissen nur als durchaus zweckmässig bezeichnet werden."[151]

Allerdings bleibt die Frage, wodurch die faktisch nicht zu leugnende Verschlechterung der Bewetterungsverhältnisse, deren ursächliche Beteiligung an den zunehmenden Explosionsereignissen offensichtlich war, eine von Unternehmern und Bergbehörde gleichermaßen auch ohne größere Risikokonflikte geteilte Akzeptanz erhielt. Die erst parallel verlaufende, allmähliche Durchdringung der theoretischen Grundlagen des künstlichen Wetterzuges, mithin die fehlende Rationalität in der Beurteilung der realen Wetterverhältnisse, muss in jedem Fall in Rechnung gestellt werden. Dass die Bewetterung aber als gestaltbare Teilstrategie des Explosionsschutzes angesichts der wachstumsdynamischen Faktoren, denen die Bergwerke mit Übergang zum Tiefbau, Ausdehnung und Verzweigung der Grubenbaue, Belegschaftswachstum, etc. seit Mitte des 19. Jahrhunderts ausgesetzt waren, nicht wahrgenommen worden wäre, ist zu bezweifeln.[152] Vielmehr vertrauten beide industriellen Partner zunächst noch auf die aus der Direktionszeit geläufige, räumliche Begrenzung der Schlagwetterproblematik auf einzelne Bergwerke. Das entscheidende Argument lag darüber hinaus in der Tatsache, dass die Bewetterung eben nur eine Teilstrategie zur Vermeidung von Schlagwetterexplosionen überhaupt war. Die zweite Option bestand im Umgang mit den Zündquellen Beleuchtung und Schießarbeit. Im Unterschied zur Bewetterung war ihre Gestaltung auch auf die Ebene der Bergleute bezogen. Dadurch taten sich vollkommen andere Möglichkeiten für die Zuordnung von Verantwortlichkeiten beim Versagen des Explosionsschutzes insgesamt auf.

4.3 Das bergmännische Geleucht als zentrales Element der Zündquellenstrategie

Aus den Erhebungen der preußischen Schlagwetterkommission über die Zündinitiale im Zeitraum der Jahre 1861 bis 1881 ist zu entnehmen, dass 85,9 % der insgesamt 1201 Explosionsunfälle in Preußen durch das Geleucht der Bergleute hervorgerufen worden waren. Mit 58,3 % der Fälle rangierte das offene Geleucht bei weitem an der Spitze, doch immerhin 27,6 %, also mehr als ein Viertel aller Explosionen, hatten die Zündung des Gasgemisches der sog. Sicherheitslampe zu verdanken. Im Vergleich zum Geleucht spielten die Schießarbeit mit

---

151 zit. Nonne, Die Wetterführung in den Westfälischen Steinkohlengruben, S. 79.
152 vgl. Bergbau-Verein (u.a.) (Hrsg.), Die Entwickelung, Bd. 2: Ausrichtung, Vorrichtung, Abbau, Grubenausbau, S. 52: „Die Bewetterungsfrage, welche ehemals eine ganz untergeordnete Rolle bei der Vorrichtung und beim Abbau spielte, ist infolgedessen mehr und mehr in den Vordergrund getreten und derselben musste sich namentlich auch die besondere Aufmerksamkeit der Bergbehörde zuwenden."

12,9 % und die Benutzung eines Feuerzeuges beim Rauchen unter Tage mit 1,1 % kaum eine Rolle (vgl. Tabelle 4).[153]

Zündursache	tödliche Explosionen	nichttödliche Explosionen	Explosionen insgesamt	Prozentanteil insgesamt
Offenes Geleucht	146	554	700	58,3
Benutzung von Feuerzeug zum Rauchen	7	6	13	1,1
Unbefugtes Öffnen der Sicherheitslampe	44	45	89	7,4
Beschädigung der Sicherheitslampe	19	59	78	6,5
Erglühen des Drahtkorbs der Sicherheitslampe	11	14	25	2,1
Durchschlagen der Flamme durch den Drahtkorb der Sicherheitslampe	44	96	140	11,6
Schießarbeit	60	95	155	12,9
Wetterofen	1		1	0,1
Summe	332	869	1201	100,0

Tabelle 4: Zündinitiale der Schlagwetterexplosionen in Preußen (1861 – 1881)

Betrachtet man die Form der statistischen Rubrizierung etwas genauer, so offenbaren sich interessante Details, die auf die zeitgenössische Wahrnehmung der Risikopotentiale des Geleuchts schließen lassen. Während das offene Geleucht schlicht in seiner Gesamtheit als Zündquelle in Rechnung gestellt wurde, beschrieben die identifizierten Fehler des Sicherheitsgeleuchts nicht die Sicherheitslampe an sich. Bei ihnen resultierten die Zündinitiale offenbar erst aus gleichsam nachgeordneten Operationen, welche den eigentlichen Charakter der Sicherheitslampen soweit herabgesetzt hatten, dass sie ihrer zugeordneten Funktion nicht mehr gerecht werden konnten. Im Gegensatz zum offenen Geleucht, das wegen seiner aus sich selbst begründeten Unsicherheit eine weitere Untergliederung obsolet machte, galt die Sicherheitslampe als prinzipiell sicheres technisches Mittel. Ihre Unsicherheit bestand im Grunde nur in einer vermeintlich falschen Handhabung, deren Beschreibung die Grundlage der statistischen Kriterien ausmachte.

Die Benennung einer auf konstruktionstypischen Eigenheiten beruhenden Bauart als Sicherheitslampe war an die Wahrnehmung bestimmter Vorteile gekoppelt, die diese Lampenform im Gegensatz zum offenen Geleucht bei der direkten Konfrontation mit Gasgemischen besaß. Der Glaube an die „absolute Sicherheit", der sich zu Beginn des 19. Jahrhunderts bei ihrer

---

153 vgl. Haßlacher, Die auf den Steinkohlenbergwerken Preussens in den Jahren 1861 bis 1881 durch schlagende Wetter veranlassten Unglücksfälle, S. 377. Eine wünschenswerte Periodisierung der statistischen Zahlen innerhalb des gesamten zwanzigjährigen Zeitraums ist heute leider nicht mehr möglich. Es kann deshalb nur vermutet werden, dass das Verhältnis von offenem zu Sicherheits-Geleucht während der 1860er Jahre noch wesentlich höhere Prozentsätze bei den offenen Grubenlampen ausweisen müsste. Der Abschlussbericht der preußischen Schlagwetterkommission bezog die Statistik der Zündinitiale auf den Zeitraum von 1861 bis 1884. Unter zusätzlicher Berücksichtigung der Jahre 1882 bis 1884 hatte sich das Verhältnis zwischen offenem Geleucht (56,8 %), Sicherheitslampen (27,4 %) und Schießarbeit (14,6 %) kaum verändert. Vgl. Haßlacher, Haupt-Bericht, S. 32 f.

Einführung im englischen Steinkohlenbergbau entwickelte und in der Bezeichnung safety-lamp seinen Ausdruck fand, ist während des 19. Jahrhunderts in allen Steinkohlenrevieren Europas nur sehr allmählich erschüttert worden.[154] Zwar nahmen in England bereits kurz nach Einführung des Sicherheitsgeleuchts die Schlagwetterexplosionen zu, weil man sich mit den frühesten Bauarten sogleich in gasführende und zuvor nicht abbaubare Bereiche begab.[155] Weder in England noch auf dem europäischen Festland, das schon wenig später vorrangig Lampen der Bauart Davy einführte, wurde das Vertrauen in die Sicherheit der Lampe aber grundsätzlich destabilisiert: „Unbesorgt darf der Bergmann jetzt an den Orten, deren Betretung sonst mit dem unausbleiblichen Tode bestraft ward, seinen Berufsgeschäften nachgehen; mit einem einfachen Drahtgeflecht über seiner Lampe wendet er nicht blos jede Gefahr von sich ab, sondern zwingt sogar das Verderben bringende Element, sich zu seinem Vortheil in stiller Wuth zu verzehren und ihm das entbehrte Tageslicht ersetzen zu helfen.“[156] Wenn die Lampe so kurz nach ihrer Erfindung noch Mängel hatte, so würden sich diese durch technische Optimierung schon bald beseitigen lassen.[157] Der entstandene Glaube an die systemtechnische Gefahrlosigkeit der Sicherheitslampe begründete die allgemeine Dominanz der Zündquellenstrategie bei der Etablierung von Explosionsschutzkonzepten in der ersten Hälfte des 19. Jahrhunderts.

Die bereits erwähnte erste Wetterpolizei-Verordnung für den Ruhrbergbau aus dem Jahr 1846 war dementsprechend fast gänzlich eine reine Sicherheitslampen-Verordnung. Formal orientierte sie sich an einem Vorbild, das vom Bonner Oberbergamt schon 1826 für das Saarrevier erlassen worden war.[158] Das Ziel der 26 Einzelvorschriften bestand darin, an allen schlagwettergefährlichen Orten einer Grube den Gebrauch von Sicherheitslampen „nach einer bewährt gefundenen Construction“ vorzuschreiben.[159] Die Festlegung der dafür notwendigen Menge sowie die Kontrolle ihrer fristgerechten Anschaffung war Aufgabe des Revierbeamten. Ihm oblag es auch, diejenigen Arbeitspunkte zu bestimmen, an welchen ausschließlich mit der Sicherheitslampe gearbeitet werden durfte. Die Steiger trugen eine Mitverantwortung, bei auftretenden Gasen kurzfristig Sicherheitslampen zur Anwendung zu bringen.[160]

Eine zweite Gruppe von Paragraphen regelte die an die betriebliche Hierarchie gebundenen arbeitsprozessualen Maßnahmen, nach denen die Feststellung der gefährlichen Orte erfolgen sollte. In bestimmten zeitlichen Abständen waren die Steiger verpflichtet, mit Hilfe der

---

154 Als Zeichen der Wahrnehmungsänderung gilt die seit Ende des 19. Jahrhunderts analog zur Entwicklung alternativer Beleuchtungsarten gewandelte Benennung der ursprünglichen [Flammen-]Sicherheitslampen. Im Zuge ihrer immer stärker eingegrenzten Benutzung als Untersuchungsinstrument in den Händen der Wettersteiger wurde sie später durchweg nur als Wetterlampe angesprochen. Die seit Mitte der 1880er Jahre allmählich durchgesetzte Verwendung des Benzins als Brennstoff führte zu dem ebenso weit verbreiteten Namen Benzinlampe. Vgl. Hubig, Peter: 160 Jahre Wetterlampen. Lampen für die Sicherheit im Kohlenbergbau, Essen 1983, S. 11.

155 vgl. Winkelmann, Heinrich: Die Entwicklung des bergmännischen Geleuchts, in: Hoesch-Werkzeitschrift 17, 1941, Nr. 1 ff., hier Nr. 2, S. 7.

156 zit. Davy's Sicherungslampe bei schlagenden Wettern, in: Karsten, C. J. B. (Hrsg.): Archiv für Bergbau und Hüttenwesen, Bd. 1, Berlin 1818, S. 165 – 179, hier S. 165 f.

157 vgl. Bericht über den Erfolg der Einführung der Davy'schen Sicherheitslampen gegen schlagende Wetter in den Steinkohlengruben des Dürener Bergamts-Reviers, in: Karsten, C. J. B. (Hrsg.): Archiv für Bergbau und Hüttenwesen, Bd. 2, Berlin 1820, S. 159 – 169, hier S. 161: „So sehr sich die Sicherheitslampe durch die Verminderung der Gefahren empfohlen hat, so ist sie doch […] in dieser Hinsicht noch Verbesserungen bedürftig […].“

158 vgl. Menzel, C.: Notizen, auf einer im Jahre 1864 ausgeführten Instructionsreise in die Bergreviere Saarbrückens und Westphalens gesammelt, in: Jahrbuch für den Berg- und Hüttenmann, 1867, S. 191 – 222, hier S. 209.

159 vgl. Huyssen, Die Entzündung schlagender Wetter, S. 154, § 1.

160 vgl. ebd. S. 155, § 6.

Sicherheitslampe das Auftreten von Schlagwettern in den Grubenbauen überhaupt zu kontrollieren. War das Vorhandensein von Grubengas an gewissen Stellen bereits konstatiert worden, hatte der Ortsälteste einer Kameradschaft vor Erreichen der Arbeitsörter mit der Sicherheitslampe vorzufahren und die Prüfung durchzuführen. Als Alternative war die Einteilung von Wetterkontrolleuren zulässig, die vor Schichtbeginn einen größeren Teil der Grube untersuchen und die Belegschaft anschließend über die Notwendigkeit der Sicherheitslampe informieren sollten.[161]

Die weitaus meisten Einzelvorschriften richteten sich auf den Umgang mit der Sicherheitslampe. Detailliert wurden beispielsweise das Reinigen der Lampen, ihre Aufhängung vor Ort, der Verschluss sowie die Art und Weise ihres Anzündens und Verlöschens mit Regeln versehen. Mehrheitlich ließ die Verordnung von 1846 den Eingriff der Bergleute in die für die Sicherheit der Lampen fundamental wichtigen Bereiche noch innerhalb der Grubenbaue zu. Gefordert wurde lediglich, sich beim Hantieren an der Lampe in zuvor untersuchte, schlagwetterfreie Bereiche zu begeben. So sollte das Anzünden nur in Schachtnähe oder in den Hauptwetterstrecken erfolgen und das Reinigen während der Schicht an Stellen geschehen, „woselbst die Farbe und Gestalt der Flamme keine schlagenden Wetter bemerken" ließ.[162]

Gemessen an der Euphorie, mit der die Sicherheitslampe in Preußen kurz nach ihrer Erfindung begrüßt worden war, sah der Verordnungstext Mitte der 1840er Jahre nur eine sehr eingeschränkte Benutzung vor. Abgesehen davon, dass eine Pflicht zur Anwendung erst im Verlauf der revierbeamtlichen Tätigkeit ermittelt werden sollte, schien sie fast ausschließlich in den am schlechtesten zu bewetternden sowie am stärksten zur Ausgasung neigenden Vorrichtungsstrecken und Abbauörtern notwendig zu sein. Warum aber hielt man an der gleichzeitigen Benutzung von offenen und Sicherheits-Lampen – dem sog. gemischten Geleucht – fest und reduzierte die angeblich umfassende sicherheitliche Potenz des Sicherheitsgeleuchts nur auf die am meisten kritischen Bereiche einer Grube? Die Antwort auf diese Frage liegt zunächst einmal in der Sicherheitslampe selbst begründet.

4.3.1 Die Unsicherheiten der ersten Sicherheitslampen im Ruhrbergbau

Die konstruktive Entwicklung der offen brennenden Grubenlampen hatte von Beginn an ihr vorrangiges Ziel in einer möglichst großen Lichtstärke gesehen. Nach zeitlichem Reifegrad und reviertypischer Verbreitung waren seit Jahrtausenden unterschiedliche, jeweils mit einer ungeschützten Flamme brennende Beleuchtungsarten angewandt worden. Gegenüber den einfachen Kienspanfackeln[163] setzte sich im Verlauf der Jahrhunderte sehr langsam die Dochtbeleuchtung durch. Ein geflochtener Docht wurde dabei mit einem, die Verbrennung verlangsamenden und den Docht fortdauernd speisenden Brennmaterial umgeben. Das Prinzip der Dochtverbrennung lag sowohl den Kerzen- als auch den sog. Froschlampen zugrunde.[164] Aufgeschlossene alte Baue der Zeche Hagenbeck förderten Talgkerzenstümpfe zu Tage

161 vgl. ebd, S. 155, §§ 6 – 9.
162 vgl. ebd. S. 155 ff., § 9, § 11, §§ 23 – 26.
163 vgl. Winkelmann, [Heinrich]: Vom ältesten Grubenlicht, in: GBAG, Werkzeitschrift für die Gruppe Hamborn 20, 1946, Nr. 3, S. 7 f. sowie Philippi, Adolf: Vom Leuchtspan bis zur Kopfleuchte, in: Magistrat der Stadt Borken (Hrsg.): Das Geleucht des Bergmanns im Wandel der Zeiten, Borken 1999 (= ms. Faltblatt zur Sonderausstellung im nordhessischen Braunkohle Bergbaumuseum, 21.03. – 30.05.1999), o. S.
164 Zur historischen Entwicklung des offenen Geleuchts, insbesondere der Dochtbeleuchtung vgl. Porezag, Karsten: Des Bergmanns offenes Geleucht. Unschlittlampen, Öllampen, Kerzenlampen, Essen 1980 sowie Repetzki, Kurt: 3000 Jahre Grubengeleuchte. Zur Geschichte der Grubenlampe, Wien 1973 (= Leobener Grüne Hefte, Bd. 148), S. 13 – 32.

und bewiesen somit deren Verwendung im Ruhrbergbau.[165] Bei den im 19. Jahrhundert geläufigen offenen Lampen handelte es sich dann allerdings nur noch um mit Rüböl gespeiste Froschlampen aus Messing oder Eisenblech.[166]

Die von der preußischen Lampen-Unterkommission Mitte der 1880er Jahre durchgeführten photometrischen Untersuchungen bestimmten die Leuchtkraft der offenen westfälischen Froschlampen auf 1,4 Normalkerzen.[167] Da das Rüböl im Laufe seiner Verbrennung stark zur Verkohlung neigte, bildete sich am Docht relativ schnell ein verkohlter Rückstand. Dieser musste mehrmals während einer Schicht mit dem an der Lampe befestigten Stocher abgestoßen werden. Es ließ sich allerdings nicht verhindern, dass die feinen Kapillaröffnungen innerhalb des Dochtes mit dem Rückstand zugesetzt wurden. Dadurch verlor die offene Lampe während einer Schicht relativ rasch ihre anfängliche Leuchtkraft.[168]

Anders als beim offenen Geleucht stellten sich die Anforderungen bei den Sicherheitslampen nicht nur aus einer Richtung. In ihrer eigentlichen Funktion als Lampe musste auch sie natürlich eine möglichst große Leuchtkraft besitzen, andererseits aber auch die Zündung des Gasgemisches verhindern. In der konstruktiven Umsetzung jener Doppelfunktion lag das grundlegende Problem, denn bei allen Flammensicherheitslampen ließ sich dieses Ziel nur als Kompromiss verwirklichen.[169] Stark vereinfacht bedeutete das: Je besser das Sicherheitsgeleucht die Entzündung von Gasgemischen verhinderte, desto weniger Licht gab es bzw. je heller es leuchtete, umso geringer wurde seine Sicherheit. Der den Flammensicherheitslampen innewohnende Widerspruch bestimmte die gesamte konstruktive Entwicklung des Sicherheitsgeleuchts während des 19. Jahrhunderts. Dass die unter diesen Voraussetzungen anfänglich erhoffte, sich aus der technischen Auslegung der Lampen selbst ergebende vollkommene Sicherheit letztlich nie zu erreichen war, setzte allerdings erst einen Erkenntnisprozess voraus. Als am Ende des 19. Jahrhunderts in der berggewerkschaftlichen Versuchsstation umfangreiche Testreihen zur Optimierung der Sicherheitslampen unternommen wurden, zweifelte keiner der Beteiligten mehr daran: „Immer kann es sich bei der Lampenuntersuchung nur um die vergleichende Ermittelung der relativen [sic!] Sicherheit handeln, da es vollkommen ausgeschlossen ist, alle in der Praxis vorkommenden Fälle in die Versuche hineinzuziehen [...]. Niemals wird man aufgrund der Versuche behaupten können, dass diese oder jene Lampe unter allen Verhältnissen auch in der Grube sicher ist."[170]

165 vgl. Husmann: Das Beleuchtungswesen im Steinkohlenbergbau, in: Der Bergbau 14, 1901, Nr. 31 – 35, hier Nr. 31, S. 7.
166 vgl. 75 Jahre Seippels Grubenlampen 1858 – 1933. Eine Denkschrift, Bochum 1933, S. 10. Typische Formen, in der Regel Seippelscher Bauart, auch in: Börkel, Werner/Woeckner, Horst: Des Bergmanns Geleucht, Bd. 4: Bilderatlas vom Kienspanhalter bis zur elektrischen Grubenlampe, Essen 1983, S. 51 – 57.
167 vgl. Haßlacher, Anlagen zum Haupt-Berichte, Bd. 3, S. 110. Als Referenzgröße der Messungen in einem Bunsenschen Photometer galt die englische Normal-Spermaceti-Kerze, deren Leuchtkraft bei 45 mm Flammenhöhe als Norm gesetzt war.
168 vgl. Schwarz, Felix: Entwickelung und gegenwärtiger Stand der Grubenbeleuchtung beim Steinkohlen-Bergbau, Gelsenkirchen 1914, S. 17 sowie: Verbesserung an offenen Grubenlampen, in: Glückauf 34, 1898, S. 498.
169 Die Begründung dieses Gegensatzes resultiert aus den gegenläufigen Erfordernissen der für die Verbrennung der Lampenflamme zugeführten Sauerstoffmenge. Zur Erzielung einer möglichst großen Leuchtkraft war eine möglichst geringe Behinderung der Luftzu- und -abfuhr notwendig. Kam es in der Sicherheitslampe aber zur Verbrennung eines Methangemisches, so hing ihre relative Sicherheit gerade von der möglichst großen Behinderung weiterer Sauerstoffzufuhr ab. Vgl. Fähndrich, [Oskar]: Versuche zur Ermittelung der zweckmässigsten Abmessungen der Sicherheitslampenkörbe, in: Glückauf 36, 1900, S. 1009 – 1015, hier S. 1012.
170 zit. Fähndrich, [Oskar]: Bericht über die auf der berggewerkschaftlichen Versuchsstation bisher ausgeführten Lampenuntersuchungen, in: Glückauf 36, 1900, S. 769 – 777, hier S. 769 f.

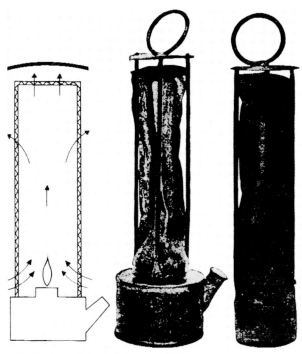

Abb. 13: Davy-Sicherheitslampe, 1816
→ = *Strömungsverlauf der Verbrennungsluft*

Der Grad der relativen Sicherheit des Sicherheitsgeleuchts hat im Verlauf des 19. Jahrhunderts sowohl die Handlungsmuster mit seinem Umgang als auch seine immer stärkere Zentralstellung innerhalb der Zündquellenstrategie des Explosionsschutzes bestimmt. Er hat damit ebenso zentralen Einfluss auf die veränderte Effektivität des vorbeugenden Explosionsschutzes erhalten. Um diese Zusammenhänge zu erhellen, ist eine genauere Kenntnis der gegenläufigen Konstruktionsmerkmale des Sicherheitsgeleuchts unverzichtbar.

Das entscheidende konstruktive Element aller Flammensicherheitslampen war die Umhüllung der im Lampeninneren brennenden, offenen Flamme durch einen zylindrischen bzw. konisch geformten Korb aus Drahtgeflecht. Die Sir Humphrey Davy (1778 – 1829) zugeschriebene

Erfindung datiert aus dem Jahr 1816.[171] Sie war eingebettet in ein allgemeines Streben zur Entwicklung eines Sicherheitsgeleuchts, das seine institutionelle Klammer in der 1813 als Folge größerer Schlagwetterexplosionen in Sunderland gegründeten Society for the Prevention of Accidents in Coal Mines fand.[172] Neben Davy hatten sich auch der ehemalige Schiffsarzt Dr. William Reid Clanny (1776 – 1850) sowie der besonders für seine Dampfmaschinenkonstruktionen berühmt gewordene Robert George Stephenson (1781 – 1848) daran beteiligt.[173] Verbesserte Versionen der ersten Clanny- und Stephenson-Lampen behaupteten sich anfänglich auf den englischen Steinkohlenzechen.[174] Das wichtigste Bauteil dieser Lam-

171 vgl. Niemann, W.: Die ersten Sicherheitslampen, in: Glückauf 45, 1909, S. 369 – 373, hier S. 372. Zur Biographie von Davy, einem der bedeutendsten Chemiker des 19. Jahrhunderts, vgl. Zey, René (Hrsg.): Lexikon der Forscher und Erfinder, Reinbek bei Hamburg 1997, S. 110 f.

172 vgl. Fober, Leonhard: Das Öl- und Benzinsicherheitsgeleucht. Eine systematisch-kritische Betrachtung der Grubenlampen unter dem Aspekt der Sicherheit, in: Der Anschnitt 32, 1980, S. 177 – 186, hier S. 179 sowie Repetzki, 3000 Jahre Grubengeleuchte, S. 47. Hierin auch Ausführungen über die Versuche zur Beleuchtung mit phosphorisierenden Substanzen und der in England nach 1750 angewandten sog. Stahlmühle von Carlisle Spedding.

173 Zu den Details der Konstruktionen sowie zur zeitlichen Abfolge der Erfindungen siehe besonders Niemann, Die ersten Sicherheitslampen, S. 369 ff. sowie Hubig, 160 Jahre Wetterlampen, S. 14 – 19.

174 Über die Urformen der Clanny-Lampe, die anfänglich für die Sauerstoffversorgung der Flamme mit einem Blasebalg verbunden waren, vgl. Fober, Das Öl- und Sicherheitsgeleucht, S. 179 ff. sowie: Explosion in einer Steinkohlengrube durch schlagende Wetter, in: Karsten, C. J. B. (Hrsg.): Archiv für Bergbau und Hüttenwesen, Bd. 2, Berlin 1820, S. 172 f. Bei der mit einigem Erfolg eingesetzten Stephenson-Lampe handelte es sich um die dritte Variante, die unter der Bezeichnung „Geordie" etwa zeitgleich zu Davy 1815 erstmals praktisch erprobt wurde. Vgl. dazu Niemann, Die ersten Sicherheitslampen, S. 371 sowie Heinzerling, Chr.: Schlagwetter und Sicherheitslampen. Entstehung und Erkennung der schlagenden Wetter und Konstruktion der wichtigeren Typen der Sicherheitslampen, Stuttgart 1891, S. 106.

pen, das in späteren Konstruktionen erneut aufgenommen wurde, war der die Flamme umschließende Glaszylinder.

Im Unterschied zu Clanny und Stephenson leitete Davy seine Konstruktion nicht aus praktischen Experimenten sondern durch planmäßige Laborversuche auf naturwissenschaftlicher Basis ab. Sie führten ihn zunächst zu der Erkenntnis, dass Gasgemische in engen Rohren mit einem Durchmesser von weniger als 3,5 mm nicht explodierten, wenn ihre Länge größer als der Durchmesser war. Die ersten Davy-Lampen hatten dementsprechend die Form von Öllaternen, bei denen die Kanäle für die Luftzufuhr durch mehrere konzentrisch angeordnete Metallröhrchen gebildet wurden. Wenig später stellte Davy fest, dass engmaschige Drahtnetze genau dieselbe Funktion wie die Metallröhrchen erfüllten. Er ersetzte deshalb den für Beschädigungen sehr anfälligen Glaskörper der Laternenlampen vollständig durch einen Drahtkorb (vgl. Abb. 13).

Wurde diese Lampe nun unter Tage mit einem Schlagwettergemisch konfrontiert, dann passierte folgendes: Die am unteren Teil des Drahtkorbes einströmende Verbrennungsluft erreichte die Lampenflamme und verlängerte sie in Abhängigkeit ihres Methangehalts. Die sog. Aureolenbildung gab also gleichzeitig Auskunft über die Konzentration und die Explosionsneigung des Schlagwettergemisches. Bei hoher Konzentration füllte sich der gesamte Drahtzylinder mit der Flamme aus und bei hinreichend langem Kontakt zwischen Flamme und Methangemisch erfolgte im Inneren der Lampe eine Schlagwetterexplosion. Die Übertragung der Zündenergie der Lampenflamme auf das umgebende Gasgemisch wurde indes durch Erniedrigung der Zündtemperatur am Drahtnetz verhindert. Zugleich breiteten sich in der Lampe die aus der Verbrennung gebildeten Oxidationsprodukte aus. Sie unterbanden die Zufuhr des für eine weitere Unterhaltung der Flamme notwendigen Sauerstoffs und brachten die Lampe im Extremfall zum Erlöschen.

Die zentrale Funktion des Drahtkorbes bestand also in der Abkühlung der Flammentemperatur unter die Zündgrenze des die Lampe umgebenden Gasgemisches. Um der Funktion gerecht zu werden, musste er unter den in der Praxis sehr verschiedenen Bedingungen des Auftretens der Schlagwettergemische eine Reihe konstruktiver Kriterien erfüllen. Das Problem aber war, diese so optimal zu bestimmen, dass die Bandbreite der unterschiedlichen praktischen Anforderungen möglichst gleichzeitig abgedeckt wurden.

Die Grenzbereiche relativer Sicherheit der Drahtkorblampen ergaben sich von zwei Seiten. Einerseits konnte bei jedem Modell der kritische Fall eintreten, dass die im Inneren der Lampe entstandene Explosion des Methangemisches so schnell und heftig ablief, dass der Drahtkorb nicht mehr im Stande war, die Flammentemperatur ausreichend abzukühlen. Die innere Flamme wurde dabei durch die Öffnungen des Korbes hindurchgepresst, d. h. die Flamme schlug durch den Drahtkorb hindurch und entzündete das äußere Gasgemisch. Die Durchschlagssicherheit einer Lampe hing hauptsächlich vom Prozentgehalt des entzündeten Gasgemisches, vom Ort der Zündung innerhalb des Drahtkorbes sowie von der Stärke des Zündinitials ab.[175] Andererseits führte der direkte Kontakt von Lampenflamme und Drahtkorb zu dessen allmählicher Erwärmung. Wenn sich die Gase in der Lampe auch ohne eine für den Durchschlag ausreichende Explosion entzündet hatten, konnte die Flamme vom Wetterstrom an den glühenden Stellen durchgeblasen werden und gleichfalls das äußere Gemisch entzünden. Die Durchblassicherheit war dementsprechend vorrangig eine Funktion aus Schlagwet-

---

175 vgl. Fähndrich, Bericht, S. 769.

tergehalt und Geschwindigkeit des Wetterstroms.[176] Schließlich wurde der relative Sicherheitsgrad in beiden Richtungen vom Größenverhältnis des Drahtkorbes zum Lampeninhalt beeinflusst.

Die Berechnung der Sicherheitsgrenzwerte setzte eine genaue Kenntnis der Einflussfaktoren und ein wissenschaftliches Instrumentarium der Bestimmung und Ermittlung voraus. Die wissenschaftlichen Grundlagen sind im Verlauf des 19. Jahrhunderts analog zum verstärkten Einsatz des Sicherheitsgeleuchts entweder erst entwickelt oder bedeutend verfeinert worden. Historisch greifbare Einschnitte in diesen Prozess konzentrierten sich häufig um zahlreich eingesetzte Expertenkommissionen in mehreren europäischen Ländern. Sieht man von den ersten englischen Gremien kurz nach 1800 einmal ab, so wurde 1840 zunächst von der belgischen Regierung eine Kommission aus Bergtechnikern zur Bewertung von Sicherheitslampen eingesetzt. Sie bediente sich eines Versuchsapparates, der aus zwei in Wasserbecken getauchten Glocken bestand. Diese waren entweder mit Leuchtgas, Wasserstoffgas oder atmosphärischer Luft gefüllt und über ein Röhrensystem mit einem länglichen Kasten verbunden. Hierin erfolgte die eigentliche Untersuchung der Versuchslampe, indem der Gasstrom variiert und das Verhalten der Lampe beobachtet wurde. Erstreckten sich die Experimente anfänglich allein auf die Davy-Lampe, so nahm die Kommission wenig später auch andere inzwischen konstruierte Bauarten in Augenschein.[177]

Die preußische Bergbehörde beauftragte etwa zur gleichen Zeit einzelne Sachverständige mit der experimentellen Prüfung von Sicherheitslampen. Instruiert vom dortigen Oberbergamt behandelte seit 1839 der Bonner Professor G. Bischof „das Verhalten der Sicherheitslampen in schlagenden Wettern". Anfänglich stützte er sich dabei allein auf die Akten des Oberbergamts, da sie aus seiner Sicht „einen reichen Schatz von Erfahrungen" enthielten, die seit Einführung der Sicherheitslampen in den Steinkohlengruben des rheinischen Bergwerksbezirkes gemacht worden waren. Nach der ersten Veröffentlichung seiner Ergebnisse im Jahr 1840 sah er sich allerdings genötigt, praktische Versuche auf Saarbrücker Gruben folgen zu lassen.[178] Neben Bischof begannen 1840 auch die Bergbeamten Otto Erdmenger (1824 – 1887) und Otto Ludwig Krug von Nidda (1810 – 1885), der spätere Oberberghauptmann, mit entsprechenden Experimenten auf der niederschlesischen Glückhilf-Grube in Waldenburg.[179] Sie verglichen die Davy-Lampe mit jüngeren Modellen in einem Versuchsapparat, der in einer untertägigen Strecke eingerichtet worden war. Die Erfahrungen, die Krug von Nidda dabei im direkten Kontakt mit den Auswirkungen einer unvorhergesehenen Schlagwetterexplosion sammelte, sind sicher von prägendem Einfluss gewesen.[180] Die entschiedene Haltung der preußischen Ministerialabteilung bei Berufung der ersten westfälischen Wetterkommission 1862 mag deshalb wenigstens zum Teil auch auf den Umstand zurückzuführen sein, dass Krug von Nidda 1860 deren Leiter geworden war.

176 vgl. ebd., S. 769 sowie Ders.: Durchblaseversuche mit Sicherheitslampen, in: Glückauf 37, 1901, S. 497 – 508, S. 522 – 527.

177 vgl. Demanet, Der Betrieb der Steinkohlenbergwerke, S. 444.

178 vgl. Bischof, G.: Versuche und Erfahrungen über das Verhalten der Sicherheitslampen in schlagenden Wettern auf Steinkohlengruben, in: Karsten, C. J. B./Dechen, H. v. (Hrsg.): Archiv für Mineralogie, Geognosie, Bergbau und Hüttenkunde, Bd. 14, Berlin 1840, S. 268 – 331. Mit Korrektur einzelner Ansichten aufgrund der praktisch durchgeführten Versuche dann Ders.: Einige Bemerkungen über meine Abhandlung „Versuche und Erfahrungen über das Verhalten der Sicherheitslampen in schlagenden Wettern auf Steinkohlengruben", in: Karsten, C. J. B./Dechen, H. v. (Hrsg.): Archiv für Mineralogie, Geognosie, Bergbau und Hüttenkunde, Bd. 16, Berlin 1842, S. 187 – 204.

179 Biographische Angaben zu Otto Erdmenger finden sich in: Serlo, Die Preußischen Bergassessoren, S. 22 und zu Otto Ludwig Krug von Nidda in: ebd., S. 13 sowie Ders.: Männer des Bergbaus, S. 91 f.

Seit den 1860er Jahren wurden weitere Kommissionen in immer kürzeren Abständen in verschiedenen Ländern tätig.[181] Der sukzessiven Annäherung an eine theoretische Fundierung des künstlichen Wetterzuges vergleichbar, kamen sie erst über eine reine Beschreibung der vorherigen Versuchsergebnisse hinaus. In Preußen waren insbesondere die von Dr. Schondorff im Auftrag der Lampen-Unterkommission Mitte der 1880er Jahre im Wetterlaboratorium der WBK durchgeführten Experimente von einer tieferen theoretischen Durchdringung der Beurteilungskriterien für Sicherheitslampen begleitet.[182] Schondorff entwickelte zur Interpretation seiner Durchschlagsversuche mit der „Zündhöhengrenze" und dem „Sicherheits-Quotienten für Drahtgewebe" zwei mathematisch fundierte Parameter, die einen differenzierten Vergleich der Sicherheitsgrenzen zuließen. Den Begriff der Zündhöhe leitete er aus der Beobachtung ab, dass die Durchschläge einer Lampe davon abhingen, an welcher Stelle die Zündung des Gasgemisches innerhalb des Drahtkorbes erfolgte. Schob man den Zündpunkt innerhalb des Drahtkorbes allmählich nach oben, so wurde bei jeder Lampe ein bestimmter Abstand vom Öltopf erreicht, an dem keine Durchschläge mehr erzielt werden konnten. Dieser als Zündhöhengrenze bezeichnete Abstand ergab für jede Sicherheitslampe einen in Zentimetern zu messenden Vergleichswert.[183]

Die Schondorffsche Zündhöhengrenze hing ferner von der Form und den Abmessungen der Drahtkörbe ab, weil durch diesen die abkühlende Wirkung der Explosionsflamme bewirkt wurde. Die früheren Versuche hatten bereits ergeben, dass die Maschenzahl eines Drahtkorbes ganz entscheidenden Einfluss auf dessen Effektivität besaß. Je kleiner ihr Querschnitt war, desto größer musste zwangsläufig die wirksame Drahtkorbfläche sein. Schondorff setzte diese Gesetzmäßigkeit voraus, erweiterte sie aber um den Gedanken, dass zusätzlich die Drahtdicke Berücksichtigung finden musste. Beide Überlegungen fasste er schließlich in der mathematischen Formel des Sicherheitsquotienten für Drahtgewebe zusammen.[184]

Der disparate Einsatz selbst der frühesten Sicherheitslampen bewog die preußische Schlagwetterkommission, ihr Untersuchungsprogramm auf nahezu alle Bauarten auszudehnen. Anhand der Schondorffschen Kriterien ermittelte sie nun erstmals einigermaßen objektive

---

180 vgl. Erdmenger, [Otto]/Krug [von Nidda], [Otto Ludwig]: Versuche über das Verhalten von verschieden construirten Sicherheitslampen in schlagenden Wettern der Glückhilf-Grube im Waldenburger Revier in Niederschlesien, in: Karsten, C. J. B./Dechen, H. v. (Hrsg.): Archiv für Mineralogie, Geognosie, Bergbau und Hüttenkunde, Bd. 16, Berlin 1842, S. 205 – 224, hier S. 224: „Als nämlich am 10. April [...] der Versuch ausgeführt werden sollte, [...] pflanzte sich plötzlich die Entzündung in Folge eingetretener entgegengesetzter Wettercirculation, durch das Hahn und das Bohrloch der schwebenden Strecke mit, was eine furchtbare Explosion zur Folge hatte, die jedoch für alle Anwesenden ohne Gefahr vorüberging. Interessant war es die Wirkung dieser Explosion zu sehen. Die drei Verschläge unter dem Schacht waren weggerissen und die Bretter zum Theil zerbrochen, ein unter dem Bremsschacht befindlicher Förderwagen ward an den Streckenstoss geschleudert und zerbrochen; [...]."
181 Über die Kommissionstätigkeit auf europäischer Ebene mit Zusammenfassung der zentralen Ergebnisse seit den 1860er Jahren siehe in erster Linie: Haßlacher, Anlagen zum Haupt-Berichte, Bd. 3, S. 38 – 77 sowie Demanet, Der Betrieb der Steinkohlenbergwerke, S. 444 – 454.
182 vgl. Fähndrich, Durchblaseversuche mit Sicherheitslampen, S. 498. Zur Beschreibung der Versuchsanordnung im Wetterlaboratorium der WBK siehe Ders.: Die Versuchsstation für Sicherheitslampen auf der berggewerkschaftlichen Versuchsstrecke bei Bismarck i. W., in: Glückauf 36, 1900, S. 445 – 449, hier S. 446.
183 vgl. Haßlacher, Anlagen zum Haupt-Berichte, Bd. 3, S. 143.
184 vgl. ebd., S. 149. Der Sicherheitsquotient (Q) berechnete sich aus dem Produkt von Drahtdicke (D) und Maschenzahl (M), geteilt durch die Wurzel des freien Querschnitt (F). Siehe auch BBA 120/1890: Schondorff: Bericht an die Sicherheits-Lampen-Untercommission über die aus den im Laboratorium der Schlagwetter-Commission vorgenommenen Durchschlag-Versuche mit electrischer Zündung zu ziehenden Schlüsse, Bochum, 16.01.1885: „Es ist noch zu erwähnen, dass der Ausdruck Q [...] auch noch für die Grenzfälle richtig bleibt. Wird nämlich das Drahtgewebe so dicht, dass es überhaupt keine freie Oberfläche mehr besitzt, so erreicht offenbar die Sicherheit ihren grössten Werth. Für diesen Fall hat man F = 0 zu setzen, und es wird Q = unendlich. Ferner wird die Sicherheit unzweifelhaft = Null, wenn das Drahtnetz überhaupt fehlt, oder, was dasselbe ist, wenn das Drahtnetz eine Drahtdicke D = 0 oder eine Maschenzahl M = 0 besitzt. In beiden Fällen wird aber auch Q = 0."

Ergebnisse über deren systemtechnische Sicherheitsgrenzen. Dieser Umstand ist für die historische Analyse des Sicherheitsgeleuchts in der ersten Hälfte des 19. Jahrhunderts von großer Bedeutung, denn retrospektiv offenbaren sich jetzt neue Einsichten in deren Funktionalitätsgrenzen. Insbesondere ältere historische Arbeiten zur konstruktiven Entwicklung des Sicherheitsgeleuchts, die größtenteils von Bergtechnikern noch unter dem Eindruck einer kaum vorstellbaren alternativen Beleuchtungstechnik um 1900 geschrieben wurden, neigten dazu, das objektivierte Wissen auch für die früheren Zeiten vorauszusetzen und damit überzubewerten. Jene Perspektive schmälerte das Urteil über die grundsätzlichen Unsicherheiten des frühen Sicherheitsgeleuchts einschließlich der Davyschen Erfindung.[185]

Im Hinblick auf die gleichzeitig zu erfüllenden Sicherheitsanforderungen zeichnete sich die Davy-Lampe durch eine Vereinigung der Extreme aus. Da sie die Flamme allein mit einem Drahtzylinder umschloss, gestaltete sich das Verhältnis von Lampeninhalt zur wirksamen Drahtkorboberfläche prinzipiell als sehr günstig. Bei den Durchschlagsversuchen der einzelnen Lampenkommissionen stellte sich deshalb in der Regel eine den übrigen Bauarten überlegene Sicherheit heraus. Schondorff untersuchte die Davy-Form mit Drahtkörben zunehmender Sicherheitsquotienten und kam zu dem Ergebnis, dass Lampen ohne Glaszylinder, d. h. Davyscher Bauart, immer wesentlich durchschlagssicherer als solche mit Glaszylinder waren.[186]

Die hohe Durchschlagssicherheit resultierte weiter aus dem vergleichsweise engen Drahtkorb, über den die Davy-Lampe verfügte. Da die Möglichkeit eines Durchschlags von der Geschwindigkeit beeinflusst wurde, mit welcher die Flammenwelle das Drahtnetz durchströmte, war die im Inneren einer Lampe nach erfolgter Explosion herrschende Spannung von entscheidender Bedeutung. Diese hing wiederum von der Menge des verbrannten Gases bzw. vom Fassungsvermögen des Lampeninnenraums ab. Mathematisch begründet, führte die Erhöhung des Drahtkorbdurchmessers bei allen Sicherheitslampen dazu, dass der Lampeninhalt im quadratischen, die Drahtnetzoberfläche aber nur im einfachen Verhältnis anstieg. Mit anderen Worten: Je größer der Drahtkorbdurchmesser, desto höher war die Durchschlagsgefahr.[187]

Das positive Verhalten, das die Davy-Lampe gegen Durchschläge schützte, begründete zugleich ihre gravierenden Defizite gegenüber der Durchblasgefahr. Gerade weil der Drahtkorb wegen seines geringen Durchmessers der Lampenflamme sehr nahe kam, reichten bereits geringe Wettergeschwindigkeiten aus, ihn zu erwärmen und zum Glühen zu bringen. Dieser Umstand wurde bereits von der belgischen Lampenkommission 1840 insoweit experimentell bestätigt, als man die Davy-Lampe eigentlich nur in ruhenden oder ganz mässig bewegten Schlagwettergemischen als durchblassicher befand. Die späteren Grenzwertbestimmungen errechneten eine Übertragung der Zündung durch den glühenden Drahtkorb bereits für Wettergeschwindigkeiten von 1,5 m pro Sekunde.[188] Selbst die durchweg geringen Wetterleistungen innerhalb der ausgasungskritischen Abbaubereiche Mitte des 19. Jahrhunderts dürften einen derart niedrigen Grenzwert leicht überschritten haben, zumal dann, wenn die Lampe gegen den Wetterstrom während der Fahrt getragen wurde.

185 Exemplarisch hierfür Husmann: Das Beleuchtungswesen im Steinkohlenbergbau, Nr. 32, S. 8 sowie Schwarz, Entwickelung und gegenwärtiger Stand, S. 25. Schwarz erkennt zwar die geringe Durchblassicherheit vor allem der Davy-Lampen an, betont aber in erster Linie das vermeintlich absichtliche Fehlverhalten der Bergleute mit deren Umgang.
186 vgl. Haßlacher, Anlagen zum Haupt-Berichte, Bd. 3, S. 153.
187 vgl. Fähndrich, [Oskar]: Ueber den Einfluss der Drahtkorbform auf die Durchschlagssicherheit der Wetterlampe, in: Glückauf 37, 1901, S. 434 ff.
188 vgl. Schwarz, Entwickelung und gegenwärtiger Stand, S. 27 sowie Hubig, 160 Jahre Wetterlampen, S. 27.

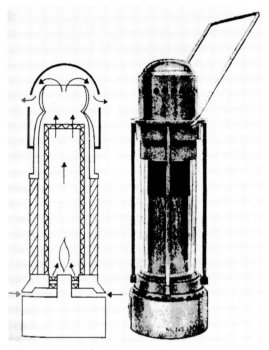

Abb. 14: Upton/Roberts-Lampe, 1827

Gemäß des Schondorffschen Sicherheitsquotienten hätte eine Erhöhung der Durchblassicherheit der Davy-Lampe theoretisch nur durch Verkleinerung der Maschenquerschnitte des Drahtnetzes erfolgen können. Davy selbst hatte nach eingehenden Versuchen eine Dichte von 120 bis 140 Maschen auf 1 cm^2 bei einer Drahtdicke von 0,4 bis 0,6 mm empfohlen. In der Regel besaßen die ersten allgemein eingeführten Davy-Lampen 25 cm hohe und 6 cm breite Drahtkörbe mit entsprechendem Drahtgeflecht.[189] Praktisch war diese Option allerdings vollkommen undurchführbar, weil sich damit die Leuchtkraft noch weiter vermindert hätte. Sie war selbst in der realisierten Form im Vergleich zum alternativen offenen Geleucht geradezu verschwindend gering.

Da der Drahtkorb die gesamte Flamme umschloss, absorbierte er das ausgestrahlte Licht in hohem Maß. Die Lampen-Unterkommission maß die Leuchtkraft von verschiedenen Davy-Lampen auf durchschnittlich 0,15 bis 0,23 Normalkerzen. Das war nicht mehr als etwa ein Zehntel der Lichtstärke der offen brennenden westfälischen Frösche.[190] Durch Verrußen des Korbes nahm sie während der Schicht dann nochmals etwa auf die Hälfte ab. Es kann nicht verwundern, dass die Bergleute angesichts der anfänglichen Unerfahrenheit mit der gesamten Schlagwetterproblematik eine Verlängerung der Flammenaureole aus Gründen der Lichtausbeute sogar begrüßten. Dass selbst unbeschädigte Davy-Lampen dann über kurz oder lang durchbliesen, war eine zwangsläufige Folge ihrer hohen konstruktionsbedingten Unsicherheit in dieser speziellen Richtung.

Angesichts der praktischen Probleme im Umgang mit der Davy-Lampe versuchten die seit den 1820er Jahren vorrangig in England und Belgien entwickelten neuen Konstruktionen sowohl die Lichtstärke als auch die Durchblassicherheit zu optimieren. Im Strahlungsfeld der Flamme das stark lichtabsorbierende Drahtgeflecht durch einen Glaszylinder zu ersetzen, war dabei keineswegs ein vollkommen neuer Gedanke. Schon Davy hatte um 1820 mit Glimmerfenstern experimentiert, sie aber wegen ihrer Zerbrechlichkeit als unzweckmäßig verworfen.[191] Ob im Verlauf der 1820/30er Jahre tatsächlich bedeutende Fortschritte bei der Herstellung härterer Gläser gemacht worden sind, ist bis heute umstritten und kann auch

189 vgl. Cortazar, A Gil y Maestre y D. de: Ueber Grubenbeleuchtung, in: Berg- und Hüttenmännische Zeitung 40, 1881, S. 281 ff., S. 293 f., S. 297 – 300, S. 320 ff., hier S. 298.
190 vgl. Haßlacher, Anlagen zum Haupt-Berichte, Bd. 3, S. 111 ff.
191 vgl. Hubig, 160 Jahre Wetterlampen, S. 31.

hier nicht geklärt werden.[192] Zweifelsohne benutzten alle seit Ende der 1820er Jahre neu eingeführten Sicherheitslampen aber einen Glaszylinder zur Umhüllung der Lampenflamme.

Die 1827 von den Engländern George Upton und John Roberts gebaute Lampe war anscheinend noch von einem erheblichen Misstrauen gegenüber der Haltbarkeit des Glases bestimmt. Sie versahen die ursprüngliche Davy-Lampe mit einem Außenglaszylinder, der den weiterhin bis ganz nach unten reichenden Drahtkorb auf einer Höhe von zwei Dritteln zusätzlich umschloss. Den oberen Abschluss der Lampe bildete ein Messinghut, in den seitliche Öffnungen zur Abführung der Verbrennungsgase eingelassen waren. Der Luftzutritt erfolgte von unten über dem Ölbehälter durch einen Kranz enger Öffnungen in eine Ringkammer, die zur Absicherung gegen Durchschläge mit einfachen oder doppelten Drahtnetzen abgedeckt war. Da sie den Drahtkorb gegen den Wetterstrom abschirmte, erwies sie sich im

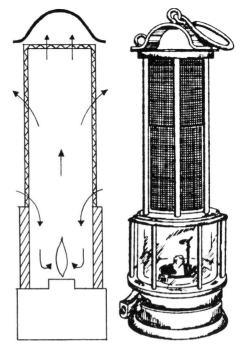

Abb. 15: Clanny-Lampe, ca. 1839

Vergleich zur Davy-Lampe ohne Glaszylinder als wesentlich sicherer gegen die Gefahr des Durchblasens. Insoweit optimaler ausgelegt, verringerte sich jedoch zugleich ihre Leuchtkraft noch weiter. Einerseits brannte die Flamme eben noch immer vollständig innerhalb des Drahtkorbes, andererseits setzten sich die kleinen Öffnungen für die Luftzufuhr schnell zu. Sie reduzierten dadurch den für die Verbrennung notwendigen Sauerstoff (vgl. Abb. 14).[193]

Den für die weitere Entwicklung bestimmenden Schritt zur alleinigen Verwendung des Glaszylinders auf Flammenhöhe vollzogen Ende der 1830er Jahre mehrere Konstrukteure fast gleichzeitig. In England war es erneut Clanny, der sich nun vom Prinzip seiner früheren Bauarten distanzierte und die Davysche Form zur Grundlage nahm. Zwischen den Öltopf und den Drahtkorb mit 144 Maschen pro cm^2 setzte er jetzt allein einen etwa 6 cm hohen Glaszylinder ein. Der größte Vorteil von Clannys sechster Konstruktion lag in der deutlich höheren Lichtausbeute.[194] Die späteren photometrischen Bestimmungen ergaben Werte im Bereich von 0,5

192 vgl. ebd., S. 31. Hubig nimmt dies im Hinblick auf die gestiegene Verwendung von Wasserstandsgläsern bei Dampfmaschinen und die zunehmende Verbreitung von Petroleumlampen an. Es steht allerdings außer Frage, dass die später allgemein an Sicherheitslampen angebrachten Gläser weit von einer völligen Bruchsicherheit entfernt waren. Vgl. dazu insbesondere STAM OBA Dortmund, Nr. 939: Schreiben des OBA Dortmund an die niederländische Glasfabrik Jeeckel & Co. in Leerdam bei Utrecht v. 21.02.1876: „Wenn Sie nun von ihrem unzerbrechlichen [sic!] Glase für den vorbezeichneten Zweck besser haltbare Cylinder von dünnerem reinem Glase herstellen könnten, so würde dies voraussichtlich für die Vermehrung der Sicherheit der Steinkohlengewinnung in schlagenden Wettern sehr nützlich sein [...]."

193 vgl. Schwarz, Entwickelung und gegenwärtiger Stand, S. 28 f. sowie Fober, Das Öl- und Sicherheitsgeleucht, S. 183.

194 vgl. Hubig, 160 Jahre Wetterlampen, S. 30.

bis 0,7 Normalkerzen. Im einwandfreien und unverschmutzten Zustand, der allerdings im Verlaufe einer Schicht durch auslaufendes Lampenöl und Verkrustung mit Kohlenstaub wohl nur selten lange erhalten blieb, war sie also dreimal heller als die Davy-Lampe.[195]

Der zweite Fortschritt bestand in der gestiegenen Durchblassicherheit, weil die Flamme eine größere Distanz zum Drahtkorb erhielt. In der Literatur wird der Grenzwert mit einer Wettergeschwindigkeit von 3 m pro Sekunde angegeben.[196] Einzig hinsichtlich der Durchschlagsgefahr hatte sie zumindest theoretisch durch das verschlechterte Verhältnis von Drahtkorboberfläche zum Lampeninhalt Nachteile. Nach Meinung der preußischen Schlagwetterkommission wurden sie jedoch durch die Art der Luftzuführung teilweise aufgewogen. Wie aus Abb. 15 zu erkennen ist, strömte die Verbrennungsluft am unteren Ende des Drahtkorbes abwärts zur Lampenflamme, während die heißen Verbrennungsgase im Inneren des Drahtkorbes aufstiegen und oben austraten. Ob die sog. obere Luftzufuhr für Sicherheitslampen grundsätzlich sicherer sei, war unter den verschiedenen Schlagwetterkommissionen der 1870/80er Jahre umstritten.

In Preußen setzte sich diese Ansicht schließlich durch, weil man glaubte, dass die bei oberer Luftzuführung stattfindende Vermischung der eintretenden Schlagwetter mit den Verbrennungsgasen die Explosionswirkung in der Lampe verminderte.[197] Die gegenteilige Meinung, also die Präferenz der unteren Luftzufuhr wie bei der Upton/Roberts-Lampe, vertrat hingegen die am 11. Januar 1880 eingesetzte sächsische Kommission zur Revision der bergpolizeilichen Sicherheitsvorschriften.[198] Vom chemischen Standpunkt aus bescheinigte sie der oberen Luftzuführung eine dem Verbrennungsprozess in der Lampe sehr abträgliche Wirkung, weil durch die gegenläufigen Strömungen der Gase die Flamme verwirbelt und so die Intensität der Verbrennung beeinträchtigt wurde.[199] In der beschriebenen Form ist die Clanny-Lampe nur vereinzelt im Ruhrbergbau verwandt worden. In der beschränkten Gesamtzahl war sie vorrangig auf den von englischen Unternehmern betriebenen Zechen anzutreffen. Die wenigen von der Lampen-Unterkommission 1883 auf ihre Leuchtkraft untersuchten Clanny-Lampen stammten dann ausschließlich von den Anlagen Hansa und Zollern sowie vom Kölner Bergwerks-Verein.[200]

Nahezu baugleich mit der Clanny-Lampe war eine Konstruktion, die am 11. Januar 1844 dem Belgier A. Boty aus Wasmes in der Borinage bei Mons patentiert wurde. Hinsichtlich der Sicherheitsgrenzwerte und der Lichtstärke unterschied sie sich deshalb kaum.[201] Die einzig

195 vgl. BBA 120/1890: Nonne, [Julius]: Bericht über die Ergebnisse der Untersuchungen, welche durch die Sicherheitslampen-Sub-Commission in Bezug auf die Leuchtkraft der Sicherheitslampen angestellt worden sind [undatiert]: „Eine Clanny'sche Lampe, welche in gereinigtem Zustande eine Leuchtkraft von 0,58 entwickelt hatte, wurde mit Oel und Kohlenstaub beschmiert, also in einen Zustand versetzt, in welchem die Lampen mitunter aus der Grube kommen [...]. In dieser Verfassung betrug die Leuchtkraft nur 0,05, war also auf 1/12 reducirt."

196 vgl. Schwarz, Entwickelung und gegenwärtiger Stand, S. 28.

197 vgl. Haßlacher, Anlagen zum Haupt-Berichte, Bd. 3, S. 178 f.

198 Die Einberufung der Kommission erfolgte unmittelbar im Anschluss an das schwere Unglück auf den Zwickauer Brückenberg-Schächten vom 01.12.1879. Vgl. Kroker/Farrenkopf, Grubenunglücke, S. 171.

199 vgl. Kreischer, G./Winkler, Cl.: Untersuchungen über Sicherheitslampen. Bericht an die Königlich Sächsische Commission zur Revision der bergpolizeilichen Sicherheitsvorschriften, Freiberg 1883, S. 6.

200 vgl. Bergbau-Verein (u.a.) (Hrsg.), Die Entwickelung, Bd. 7: Berieselung, Grubenbrand, Rettungswesen, Beleuchtung, Sprengstoffwesen, Versuchsstrecke, S. 224 f. sowie BBA 120/1890: Anlage I zum Auszug aus dem Bericht der Lampen-Commission vom 12. April 1882, betreffend die Westfälischen Sicherheits-Lampen, an die Westfälische Local-Abtheilung der Wetter-Commission. Verzeichniss der Sicherheits-Lampen, welche der Prüfung der Lampen-Commission unterworfen worden sind.

201 Die Lichtstärke ermittelte die preußische Lampen-Unterkommission in mehreren Versuchsreihen auf durchschnittlich etwa 0,60 Normalkerzen. Vgl. Haßlacher, Anlagen zum Haupt-Berichte, Bd. 3, S. 111 ff.

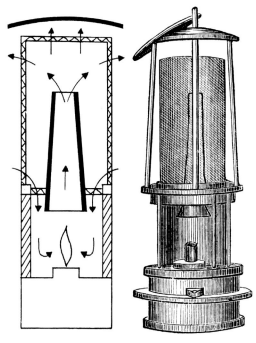

Abb. 16: Müseler-Lampe, 1840

relevante Abweichung bestand darin, dass der Drahtkorb nach oben konisch zulief. Nach den später gewonnenen Überzeugungen lag in dieser Tatsache bei der oberen Luftzuführung, die auch die Boty-Lampe benutzte, ein gewisser Vorteil in der Durchschlagssicherheit. Die Boty-Lampe fand zunächst mit nur ganz unbedeutenden Abweichungen weite Verbreitung im Saarrevier. Unter dem Namen Saarbrücker Lampe wurde sie dann auch im Ruhrbergbau angewandt.[202]

Die für die spätere Verwendung im Ruhrbergbau wichtige dritte Neukonstruktion entwickelte der aus Lüttich stammende Ingenieur L. Müseler. Von der belgischen Lampenkommission 1840 bereits erprobt und am 15. September gleichen Jahres patentiert, bestand der zentrale Unterschied zur Clanny- und Boty-Lampe in der Anbringung eines sog. Blechschornsteins innerhalb des Drahtkorbes.[203] Im Übergang zwischen Glaszylinder und Drahtkorb war ein den Blechschornstein umgebendes horizontales Drahtnetz (Diaphragma) eingelegt, durch das die von oben zugeführte Verbrennungsluft der Flamme zuströmte und zumindest an dieser Stelle deren Fortpflanzung in den Drahtkorb verhinderte. Vor allem die belgischen und französischen Kommissionen werteten ihre Eigenschaft, beim Auftreten von Schlagwettern sehr schnell zu verlöschen, als das entscheidende Argument ihrer vermeintlichen Sicherheit. Dass die Bergleute dann aber völlig im Dunkeln standen und ein natürliches Interesse daran haben mussten, die Lampe wieder anzuzünden, rechnete man der Müseler-Lampe selbst nicht als Unsicherheitsfaktor an.[204]

Zum schnellen Erlöschen neigte sie, weil innerhalb des Glaszylinders das Schlagwettergemisch verbrannte und der enge Schornstein die Oxidationsgase nicht schnell genug abführte. Die bei der Verbrennung gebildeten Oxidationsprodukte kamen so mit der Flamme in Kon-

---

202 vgl. Bergbau-Verein (u.a.) (Hrsg.), Die Entwickelung, Bd. 7: Berieselung, Grubenbrand, Rettungswesen, Beleuchtung, Sprengstoffwesen, Versuchsstrecke, S. 223 f. sowie BBA 120/1890: Anlage I zum Auszug aus dem Bericht der Lampen-Commission vom 12. April 1882. Die zur Untersuchung eingereichten Lampen stammten von 13 Ruhrzechen.

203 Über die Sicherheitsgrenzen der im belgischen Steinkohlenbergbau sehr verbreiteten, mit königlicher Verordnung vom 17.06.1876 fast nur noch ausschließlich zugelassenen Müseler-Lampe vgl. vor allem Dupont, Michel C.: Des lumières dans la nuit. Evolution de la lampe sûreté à flamme dans les houillères, du début du XIXe siècle à nos jours, Palaiseau 1983, S. 99 – 106. Ergänzend Friemann & Wolf GmbH (Hrsg.): Aus der Geschichte der Grubenlampe. Das Grubengeleucht, Zwickau o.J. <1936>, S. 7.

204 vgl. exemplarisch Schwarz, Entwickelung und gegenwärtiger Stand, S. 30: „Der Hauptvorzug der Lampe, der auch ihre allgemeine Einführung rechtfertigt, ist, dass sie einen hohen Grad von Sicherheit besitzt. In gefährlichen Schlagwettergemischen erlischt die Lampe in den meisten Fällen."

takt und schlugen sie aus. Gleiches passierte auch bei geringen Schlagwettermengen, wenn die Lampe nur etwas schräg gehalten wurde und die Flammenspitze nicht mehr direkt in den Blechschornstein ragte (vgl. Abb. 16).[205]

Ist aus heutiger Sicht das zeitgenössische Argument ihrer systemtechnisch hohen Sicherheit fragwürdig, so bewiesen auch die übrigen Grenzwerte einen vergleichsweise geringen relativen Sicherheitsgrad. Die französische Schlagwetterkommission von 1877 ermittelte ihre Durchblasfähigkeit bereits auf eine Wettergeschwindigkeit von 2,6 m pro Sekunde. Die Überschreitung dieses Grenzwertes hielt sie für möglich, wenn die Lampe zur Verhinderung des Erlöschens ruckartig aus Methangemischen herausgezogen wurde. Für den Fall, dass der Wetterstrom die Lampe von unten nach oben streifte, wurde die „stagnierende" Wirkung des Blechschornsteins aufgehoben und auch so ein Durchblasen erreicht. Außerdem hatte schon die belgische Lampenkommission Ende der 1860er Jahre auf die Möglichkeiten eines Durchschlags hingewiesen, diese aber nicht weiter präzisiert. Bei den französischen Versuchen stellte sich schließlich heraus, dass Durchschläge regelmäßig vorkamen, „wenn man einen sehr starken Wetterstrom mehr oder minder in der Richtung der Lampenhöhe von oben nach unten auf sie wirken liess."[206]

Zumindest in der in Belgien verbreiteten Version entwickelte sie ferner eine schlechtere Leuchtkraft als die Clanny- und Boty-Lampen. Dafür war besonders der weit hinunter reichende Blechschornstein verantwortlich, weil er den oberen Teil der Flamme abdeckte.[207] Im Ruhrbergbau scheinen sie etwas heller geleuchtet zu haben, da sie hier in etwas abgewandelter Form hauptsächlich auf in belgischem Besitz befindlichen Zechen eingeführt wurden. Glaszylinder und Drahtkorbweite stimmten zwar annähernd überein, dagegen besaß die westfälische Müseler-Lampe in der Regel einen 18 mm niedrigeren Drahtkorb sowie einen um 47 mm verkürzten Schornstein. Außerdem war er weiter und ragte unterhalb des Diaphragmas weniger tief in den Glaszylinder hinein.[208] Eine größere Verbreitung erhielt sie ähnlich wie die Clanny-Lampe im Ruhrbergbau offensichtlich nicht. Auch wenn sie vermutlich seit den 1850er Jahren auf mehreren Ruhrzechen angeschafft worden war, belief sich ihr Anteil im Jahr 1882 auf gerade 3,31 % aller vorhandenen Sicherheitslampen.[209]

Den bei weitem größten Anteil aller im Ruhrbergbau verwandten Sicherheitslampen gewann seit den 1850er Jahren eine Konstruktion, die aufgrund des hohen Verbreitungsgrades folgerichtig den Namen westfälische Lampe erhielt. Sie verdrängte binnen kurzer Frist eine von Bergmeister Herold Mitte der 1840er Jahre speziell für das Ruhrrevier erdachte Konstruk-

---

205 Von hohem Interesse ist in diesem Zusammenhang erneut das Gutachten von Bergrat Röder über die Schlagwetterexplosion auf der Zeche Ver. Schürbank & Charlottenburg vom 09.08.1852. Vgl. S. 167. Zumindest bei den Rettungsversuchen, wohl aber auch als Arbeitslampe, waren Müseler-Lampen eingesetzt worden, die Röder einer Begutachtung unterzog: „Es folgt daraus und aus der durch ihre Construction bedingte[n] Eigenschaft der Müselerschen Lampe, bei einigermaßen vorwaltendem Stick- oder Kohlensäure-Gase zu erlöschen, daß [...] auch ein erfahrener Bergmann in Zweifel und Irrthum verfallen kann, ob er es mit matten oder schlagenden Wettern zu thun hat." Genau dieser objektiv nicht zu klärenden Risikoentscheidung sahen sich die Bergleute dann aber beim Wiederanzünden der Lampe ausgesetzt.
206 zit. Haßlacher, Der Schlussbericht der Französischen Schlagwetter-Commission, S. 295.
207 Die österreichische Schlagwetterkommission maß 1890 die Lichtstärke der Müseler-Lampe auf 0,45 Normalkerzen. Vgl. Schwarz, Entwickelung und gegenwärtiger Stand, S. 30.
208 vgl. Bergbau-Verein (u.a.) (Hrsg.), Die Entwickelung, Bd. 7: Berieselung, Grubenbrand, Rettungswesen, Beleuchtung, Sprengstoffwesen, Versuchsstrecke, S. 225 f.
209 vgl. STAM OBA Dortmund, Nr. 939, Bl. 105: Systematische Zusammenstellung der anfangs October 1882 auf den Bergwerken des Oberbergamtsbezirks Dortmund benutzten Sicherheitslampen.

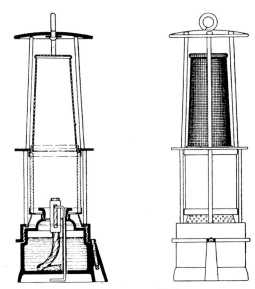

Abb. 17: Westfälische Lampe, ca. 1850

tion, die letztlich eine in Teilen veränderte Clanny-Lampe gewesen war.[210] Vom Vorbild hatte sie sich durch untere Luftzuführung unterschieden, wobei unter dem Glaszylinder 5 mm weite Öffnungen ringförmig ausgespart waren. Zur Sicherung gegen Durchschläge hatte Herold ebenfalls ein horizontales Drahtnetz eingefügt. Bei Berufung der preußischen Schlagwetterkommission spielte sie schon keine Rolle mehr und wurde deshalb auch nicht in die Testreihen aufgenommen. Damit lassen sich keine genaueren Aussagen über die Grenzwerte ihrer relativen Sicherheit treffen.[211]

Die westfälische Lampe (Abb. 17) ähnelte der Herold-Lampe sehr. Die Zufuhr der Verbrennungsluft erfolgte auch bei ihr durch einen unterhalb des Glaszylinders angebrachten sog. Siebring. Er war zu diesem Zweck mit bis zu 140 Löchern von 0,7 bis 1 mm Durchmesser versehen. Die Luft strömte der Flamme relativ direkt zu, was sicher ihre Lichtstärke positiv beeinflusste. Im Unterschied zur Herold-Lampe war jedoch das horizontal eingelegte Drahtnetz nicht mehr vorhanden. Das Fehlen hatte gravierende Auswirkungen auf ihre Durchschlagssicherheit. Als die Schlagwetterkommission die westfälische Lampe mit gelochtem Siebring überprüfte, zeigte sich, dass „die Lampen dieser Construction regelmässig [...] die Flamme durchschlagen liessen".[212] Die bis zur Mitte der 1880er Jahre im Ruhrbergbau am häufigsten eingesetzte Lampe war im Vergleich zu den übrigen Konstruktionen in dieser Richtung also erheblich unsicherer.[213]

Die ablehnende Haltung der preußischen Schlagwetterkommission gegenüber der unteren Luftzufuhr erklärte sich deshalb in erster Linie aus den erkannten Nachteilen der westfälischen Lampe. Erst nachdem diese Anfang der 1880er Jahre auch experimentell nachgewie-

210 Zur Biographie des späteren Oberbergrats Gottfried Heinrich Herold (1804 – 1866) vgl. Oberbergrath Herold (Nekrolog), in: Glückauf 2, 1866, Nr. 50. Herold war der Sohn eines Obersteigers auf der traditionell stark gasenden Mindener Zeche Laura & Bölhorst. Bevor er 1843 in das Kollegium des Bochumer Bergamts berufen wurde, hatte er in den Jahren 1839/40 mehrmonatige Studienreisen nach Belgien und Nordfrankreich unternommen und hier sicherlich die damals neuartigen Sicherheitslampen kennen gelernt. Interessant ist, dass in angeführtem Nekrolog die Entwicklung der Herold-Lampe trotz einer breiten Würdigung seiner sonstigen Verdienste für den Bergbau nicht zur Sprache kommt.
211 vgl. Bergbau-Verein (u.a.) (Hrsg.), Die Entwickelung, Bd. 7: Berieselung, Grubenbrand, Rettungswesen, Beleuchtung, Sprengstoffwesen, Versuchsstrecke, S. 222. Danach soll die Heroldsche Lampe den Erfordernissen der Sicherheit in ausreichendem Maße Rechnung getragen haben.
212 zit. Haßlacher, Anlagen zum Haupt-Berichte, Bd. 3, S. 5.
213 vgl. STAM OBA Dortmund, Nr. 939, Bl. 105: Systematische Zusammenstellung der anfangs October 1882 auf den Bergwerken des Oberbergamtsbezirks Dortmund benutzten Sicherheitslampen. Nach dieser Aufstellung waren von den 41 324 Sicherheitslampen des Ruhrbergbaus insgesamt 26 747 (= 64,72 %) westfälische Lampen mit ungeschütztem Siebring.

sen waren, wurden die Mängel entweder durch Nachrüstung mit horizontalen Drahtnetzen oder durch Anbringung geschlossener Siebringe sukzessive beseitigt. Bezüglich der Durchblassicherheit lag die westfälische Lampe etwa im Bereich der übrigen Konstruktionen und ihre photometrisch bestimmte Leuchtkraft erreichte Durchschnittswerte von etwa 0,6 Normalkerzen.[214]

Wie weit die im Ruhrrevier in der Phase zunehmender Explosionsereignisse eingesetzten Sicherheitslampen von der ihnen strategisch zugeordneten systemtechnischen Sicherheit entfernt waren, wurde der Bergbehörde schließlich im Zuge der berufenen Schlagwetterkommission erst Anfang der 1880er Jahre in vollem Umfang bewusst. Unter Berücksichtigung deren experimentell gewonnener Ergebnisse wies sie nun die Revierbeamten an, die praktisch eingesetzten Lampen an den neu gewonnenen Maßstäben zu messen. In der entsprechenden Rundverfügung vom November 1882 sah sie keinen Grund mehr, den Glauben an die absolute Sicherheit des Sicherheitsgeleuchts aufrecht zu erhalten: „Aus der in der Anlage beigefügten systematischen Zusammenstellung der Anfangs October d. Js. auf den Zechen unsres Bezirks benutzten Sicherheitslampen werden Sie ersehen, eine wie große Anzahl von Lampen gegenwärtig unter dem Namen von Sicherheitslampen noch in Anwendung ist, ohne nach den damit gemachten Erfahrungen und experimentellen Versuchen diesen Namen zu verdienen. Im Hinblick auf die in den Belgischen, Englischen und Französischen Bezirken, sowie auf den Saarbrücker Gruben eingeführten Sicherheitslampen kann das Ergebnis der jetzigen Enquête nicht als ein für unsere Bergwerks-Industrie rühmliches [...] bezeichnet werden.“[215]

4.3.2 Risikostrukturen im Umgang mit dem gemischten Geleucht

Blicken wir mit dem Wissen über die konstruktive Detailproblematik der Sicherheitslampen nochmals zurück auf die erste Wetterpolizei-Verordnung des Jahres 1846. Für die behördlich geforderten Sicherheitslampen „bewährter Construction" kamen Mitte der 1840er Jahre mit der Davy-, Clanny-, Müseler- und der Herold-Lampe lediglich Modelle in Frage, die nicht nur einen relativen Grad an Sicherheit aufwiesen, sondern vor allem weniger Helligkeit entwickelten als das offene Geleucht. Da der Zündquellenstrategie innerhalb des gesamten Explosionsschutzes aber die zentrale Bedeutung zugemessen wurde, stellt sich die Frage, inwieweit der graduelle Helligkeitsunterschied in der betrieblichen Praxis überhaupt von Belang war bzw. inwieweit er den in der Verordnung geforderten, sehr beschränkten Einsatz des Sicherheitsgeleuchts rechtfertigte. Was also begründete das lange Festhalten an den offenen Grubenlampen, auf die bis 1881 knapp 60 % aller Zündursachen entfielen, selbst in schlagwettergefährlichen Zechen?

Bei den Rationalisierungsbemühungen im Ruhrbergbau während der 1920er Jahre rückte das Problem der untertägigen Beleuchtung plötzlich mit erstaunlicher Vehemenz in den Mittelpunkt des Interesses.[216] Mit den erst kurz zuvor entwickelten elektrischen Lampen, so-

214 vgl. Haßlacher, Anlagen zum Haupt-Berichte, Bd. 3, S. 111 ff.
215 zit. STAM OBA Dortmund, Nr. 939, Bl. 104: Schreiben des OBA Dortmund an sämtliche Revierbeamten des Bezirks v. 28.11.1882.
216 vgl. Truhel: Welches ist die günstigste Abbaubeleuchtung?, in: Der Bergbau 42, 1929, S. 661 – 665, S. 675 ff., S. 693 ff.

wohl in der traditionell tragbaren Version[217] als auch in der sog. ortsfesten Beleuchtung[218], stellte sich die Frage im Hintergrund der Suche nach den betriebswirtschaftlichen Vorteilen einer breiten Elektrifizierung der Zechen insgesamt.[219] „Licht vor Ort!" – unter derart programmatischen und für Fachzeitschriften mehr als ungewöhnlichen Titeln machten sich einzelne Experten daran, die Beleuchtung in den Grubenbauen als zentrales Mittel der Rationalisierung zu thematisieren.[220] Das Neue an der nun einsetzenden Diskussion über Sinn und Zweck besserer Beleuchtungsverhältnisse im Bergbau war, dass nicht mehr allein die Lichtstärke einzelner Lampen, sondern auch ihre Wirkung in Bezug auf die Sinnesphysiologie des menschlichen Auges beurteilt wurde. Im Rückgriff auf durchweg jüngere medizinische Erkenntnisse zur Funktion des menschlichen Auges bei wechselnden Lichtverhältnissen wurden erst jetzt wissenschaftlich begründete Aussagen über die betrieblichen Einflüsse gradueller Helligkeitsunterschiede unter Tage möglich. Die um 1920 bekannten und bis heute gültigen Funktionsmuster des Auges lassen sich kurz wie folgt zusammenfassen.

Für das Sehvermögen des Auges sind die auf der Netzhaut verteilten Stäbchen und Zäpfchen (Rezeptoren) verantwortlich. Verbunden mit Nervenzellen fungieren sie als Empfänger der von einer Lichtquelle ausgesandten Lichtwellen. Während im Zentrum der Netzhaut (Fovea) ausschließlich die Zäpfchen angeordnet sind, wächst die Anzahl der Stäbchen in Richtung auf die äußeren Randbereiche beständig an. Da die Zäpfchen im Inneren der Netzhaut jeweils einzeln mit Nervenzellen in Verbindung stehen, erfolgt die Übertragung des Sehreizes zum Gehirn extrem schnell. Darüber hinaus sind die Zäpfchen in erster Linie für das Farb- und Scharfsehen verantwortlich. Um ein Objekt möglichst scharf und genau zu erkennen, fixiert man es, damit die Lichtstrahlen direkt auf die Mitte der Netzhaut fallen. Die Stäbchen sind im Gegensatz dazu immer zu mehreren mit einem Nervenstrang verbunden, wodurch ein detailliertes Scharfsehen bei ihnen nicht möglich ist.[221]

Inwieweit die einzelnen Rezeptoren der Netzhaut beim Sehvorgang beteiligt sind, wird nun entscheidend von der Helligkeit des umgebenden Raumes beeinflusst. Wenngleich das Auge für einen außerordentlich großen Bereich der Lichtintensität sensibel ist, nutzt es diese Sensibilität nicht beständig in vollem Umfang aus. Mit zunehmender Helligkeit verengt sich die Pupille und reduziert den ins Auge einfallenden Lichtstrahl auf die Fovea. Bei abnehmender Lichtintensität öffnet sie sich und setzt damit immer stärker auch die Stäbchen in Funktion. Je nach Helligkeit ist das Auge also hell bzw. dunkel adaptiert. Zugleich nimmt mit geringerer Lichtstärke auch die Fähigkeit ab, die betrachteten Dinge scharf und genau zu erkennen. Die Hell- und Dunkeladaption des Auges verläuft ferner in ganz unterschiedlicher Geschwindigkeit. Während die Anpassung an helle Lichtverhältnisse relativ schnell geschieht, benötigt die Dunkelanpassung eine längerfristige Gewöhnungszeit. Die Zäpfchen erreichen die An-

217 vgl. Neue elektrische Handlampen, in: Glückauf 44, 1908, S. 1606 f.; Sauerbrey, E.: Einrichtung und Ausführungsformen der im deutschen Bergbau gebräuchlichsten tragbaren elektrischen Grubensicherheitslampen, in: Elektrizität im Bergbau 6, 1931, S. 21 – 28, S. 50 – 55 sowie Körfer, C.: Elektrische Kopflampen, in: Glückauf 64, 1928, S. 1456 – 1459.

218 Gaertner, A./Schneider, L.: Die Beleuchtung als Mittel zur Rationalisierung im Steinkohlenbergbau, in: Elektrizität im Bergbau 4, 1929, S. 221 – 227 sowie Bohnhoff, H.: Die an das Starkstromnetz angeschlossene Abbaubeleuchtung, in: Elektrizität im Bergbau 6, 1931, S. 170 – 174.

219 Allgemein zur Elektrifizierung vgl. Burghardt, Die Mechanisierung, S. 298 – 303 und als spezielles Beispiel siehe Bruch, H.: Das Ergebnis des Elektrifizierungsversuches auf der Schachtanlage Minister Stein, in: Glückauf 63, 1927, S. 525 – 533.

220 vgl. Gaertner, A.: Licht vor Ort!, in: Elektrizität im Bergbau 3, 1928, S. 6 – 13.

221 vgl. Hiepe, Hans: Kritische Betrachtung der Beleuchtung unter Tage im Ruhrkohlenbergbau und ihrer Entwicklungsmöglichkeiten, Gelsenkirchen 1932 (= Diss. TH Berlin), S. 7 f. Als sehr verständliche Zusammenfassung des heutigen Wissensstandes besonders: Trotter, Donald A.: The lightning of underground mines, Montreal 1982 (= Series on mining engineering, vol. 2), S. 20 ff.

Abb. 18: Partielle Adaption des menschlichen Auges

passung etwa nach fünf bis zehn Minuten, die Adaption der Stäbchen dauert bis zu einer Stunde.[222]

Bei den Bergleuten vollzog sich die Dunkeladaption des Auges während der Anfahrt zu ihren Arbeitsörtern. Das Auge stellte sich dabei allmählich auf die Lichtverhältnisse ein, die von den untertägigen Lichtquellen gespendet wurden. Helligkeitsschwankungen hatten zwangsläufig einen nachteiligen Effekt, weil das dunkel adaptierte Auge die stärkeren Lichtquellen als Blendfaktoren empfand, sich kurzfristig wieder hell adaptierte und erneut einen längeren Zeitraum benötigte, um sich wieder an die Dunkelheit zu gewöhnen. Schon zu Agricolas Zeiten benutzten die Bergleute offensichtlich einen Trick im Umgang mit hellen Stellen innerhalb des Grubengebäudes. Die aus den zwölf Büchern vom Berg- und Hüttenwesen entnommene Abb. 18 zeigt einen Bergmann mit offen brennender Froschlampe beim Vorbeifahren an einem Feuer, das zur Auflockerung des Erzes entzündet worden war. Während er die hell erleuchtete Feuerstelle passierte, hielt er sich eine Hand vor das linke Auge.

Auch ohne Verständnis der physiologischen Zusammenhänge sorgte der Bergmann dafür, dass sein linkes Auge den dunkeladaptierten Zustand beim Passieren der Feuerstelle behielt. Sobald er wieder in dunklere Grubenbaue gelangte, öffnete er das linke Auge und war mit seiner Hilfe schneller an die erneute Dunkelheit gewöhnt.[223] Der heute als partielle Adaption

---

222 vgl. Körfer, C.: Über die Dunkelanpassung des Auges im untertägigen Bergbau, in: Elektrizität im Bergbau 5, 1930, S. 138 – 141.
223 Abbildung aus: Schiffner, Georg Agricola, S. 90.

beschriebene Vorgang wurde in der zweiten Hälfte des 19. Jahrhunderts in Unkenntnis wissenschaftlicher Erklärungen noch mit höchster Verwunderung beschrieben.[224]

Mit Berücksichtigung der neu gewonnenen Kenntnisse über die Funktionsmuster des menschlichen Auges klärten die Diskussionen der 1920er Jahre nun erstmals die Frage, wie viel Licht einer untertägigen Beleuchtung von den Bergleuten überhaupt wahrgenommen wurde. Die von der preußischen Schlagwetterkommission Mitte der 1880er Jahre photometrisch gemessenen Lichtstärken der Lampen durften dabei keinesfalls mit der Lichtmenge gleichgesetzt werden, die im Auge der Bergleute wirklich ankam. Das reale Empfinden von Helligkeit war vielmehr eine kombinierte Funktion aus Lichtstärke (jetzt gemessen in Hefnerkerzen[225]) und dem Reflexions- bzw. umgekehrt proportionalen Absoptionsvermögen der angeleuchteten Gegenstände, d. h. deren Leuchtdichte.[226] Sie war in den untertägigen Grubenbauen allerdings überaus gering, weil die Kohle den von den Lampen ausgesandten Lichtstrom in einer Größenordnung von bis zu 99 % absorbierte.[227]

Die Verfechter einer weitgehenden Elektrifizierung der Grubenbeleuchtung bezogen ihr zentrales Argument aus dem Vergleich zwischen den lichtstärkeren elektrischen Lampen und dem bislang eingesetzten tragbaren Sicherheitsgeleucht. Die geringe Lichtstärke der Flammensicherheitslampen in den hoch absorbierenden Umgebungsverhältnissen unter Tage konnte nur bedeuten, dass die Bergleute höchstens einen Bruchteil der normalen Sehschärfe entwickelten. Daraus leitete man die Vermutung ab, dass ein rationelles Arbeiten unter Tage unmittelbar an die Bedingungen einer verbesserten Beleuchtung gekoppelt war.[228] Die These ließ sich Ende der 1920er Jahre durch den versuchsweisen Einsatz einer ortsfesten Beleuchtung in ausgewählten Streben der niederschlesischen Wenzeslausgrube verifizieren. Mit der stärkeren Beleuchtung steigerte sich die Förderung um 25 %. Außerdem war ein Rückgang des Bergegehalts in der geförderter Kohle und eine Verminderung der schweren Unfälle zu verzeichnen. Der Leistungsanstieg konnte direkt der verbesserten Beleuchtung

---

224 vgl. Merkwürdige Oekonomie bei der Grubenbeleuchtung, in: Berg- und Hüttenmännische Zeitung 30, 1871, S. 407 f.: „Die Mexikaner dagegen, obgleich sie ihren Grubenbetrieb gut zu führen verstehen, sind höchst erfinderisch in der Verminderung der Ausgaben für denselben; so haben sie in dem Verbrauch der bei ihnen eingeführten dunkelbrennenden Talglichter eine Ersparnis von 50 Proc. einfach dadurch erreicht, dass sie diese den mit der Erzförderung beschäftigten Bergleuten versagen. Diese aber, darauf angewiesen, ihren Lebensunterhalt dennoch zu verdienen, sind nun gezwungen, sich mit der allermangelhaftesten und wohlfeilsten Beleuchtung zu behelfen; und um diese so viel als thunlich zu ersetzen, haben sie sich ein merkwürdiges Ersatzmittel ausgedacht, damit sie ihre Köpfe nicht an den Felsen zerstossen. Sobald sie sich dem Mundloche nähern und noch ehe sie den ersten Schein des Tageslichts gewahren, schliessen sie das Augenlid eines Auges und halten es geschlossen, während sie abladen, bis sie wieder in der Finsternis angelangt sind. Wenn sie dann in der Dunkelheit das bisher geschlossene Auge öffnen, sehen sie damit die Gegenstände weit schärfer, als mit dem anderen Auge, welches vom Tageslicht geblendet wurde, und so sind sie im Stande, ihre Arbeit zu vollführen."
225 Die eigentliche Leistung einer Lichtquelle wurde nun als Lichtstrom in der Maßeinheit Lumen gemessen. Der Lichtstrom einer Leuchtquelle verbreitete sich je nach Konstruktion der Lampe entweder in den vollen Raum oder nur in einen Raumteil. Die Lichtstärke war deshalb die Maßeinheit für den in einer bestimmten Richtung je Raumwinkel ausgestrahlten Lichtstrom. Vgl. Mangyel, Kurt: Das Licht im Untertagebetrieb, in: Elektrizität im Bergbau 6, 1931, S. 231 – 235. Eine Hefnerkerze (1 HK) entsprach dabei 0,833 englischen Normalkerzen. Vgl. Fähndrich, Bericht, S. 777.
226 Weder der Lichtstrom noch die Lichtstärke einer Lichtquelle sind vom menschlichen Auge erkennbar. Erst wenn in den Bereich einer Lichtstrahlung ein Körper kommt, der das Licht zerstreut, reflektiert oder durchlässt, wird das Licht sichtbar. Der Körper selbst scheint dann zu leuchten. Die Berechnung der Leuchtdichte eines angestrahlten Körpers erfolgte in den 1920er Jahren mittels der Einheit Stilb. Sie stellte das Verhältnis von Lichtstärke in einer bestimmten Richtung, geteilt durch den in dieser Richtung gesehenen Flächeninhalt des Körpers in cm² – also HK/cm² dar. Vgl. Mangyel, Das Licht im Untertagebetrieb, S. 232.
227 vgl. Hiepe, Kritische Betrachtung, S. 8 f. sowie Gaertner/Schneider, Die Beleuchtung, S. 222.
228 vgl. Körfer, C.: Güte und Schnelligkeit der Bergeauslesung in Abhängigkeit von der Beleuchtungsstärke, in: Glückauf 66, 1930, S. 508 – 511.

zugeordnet werden, die eine Erhöhung der Leistungsfähigkeit des Auges der Bergleute zur Folge hatte.[229]

Die Helligkeit untertägiger Beleuchtung war somit als ein entscheidendes betriebswirtschaftliches Argument nachgewiesen. Man kann nun voraussetzen, dass die unterschiedliche Lichtstärke von offenem und Sicherheitsgeleucht in der zweiten Hälfte des 19. Jahrhunderts annähernd gleiche Bedeutung hatte. Zwar differierten die Lichtstärken hier nicht in demselben hohen Maß wie zwischen Sicherheits- und elektrischen Lampen in den 1920er Jahren. Andererseits muss gerade unter den stark lichtabsorbierenden untertägigen Verhältnissen die etwa doppelte Lichtstärke des offenen Geleuchts die Arbeit zweifellos erleichtert haben. Dass die verminderte Leuchtkraft der Sicherheitslampen im Vergleich zum offenen Geleucht relevant war, beweist schließlich das Auftreten der bergbauspezifischen Berufskrankheit des Augenzitterns. Aus heutiger Sicht gilt es im Allgemeinen als erwiesen, dass der sog. Nystagmus eine Folge der schlechteren Lichtausbeute der Sicherheitslampen war.[230]

Es ist sicher falsch, zu unterstellen, die westfälische Bergbehörde hätte bei Abfassung der Verordnung von 1846 den Einsatz von Sicherheitslampen aus betriebswirtschaftlichen Gründen bewusst weit eingeschränkt. Das bislang geringe Auftreten von Schlagwettern auf wenigen Ruhrzechen wird sie vielmehr dazu bewogen haben, weder den Bergleuten die Arbeitsverhältnisse prinzipiell zu erschweren, noch den gewerkschaftlichen Gewinn unnötig zu schmälern. Außerdem war das Argument, mit schlechteren Lichtverhältnissen erhöhe sich die Stein- und Kohlenfallgefahr, nicht wirklich von der Hand zu weisen. Insofern war die Verordnung von 1846 der Versuch, Explosionsschutz als Instrument des Interessenausgleichs zu definieren und den Betroffenen möglichst große Handlungsspielräume offen zu lassen. Dass dieser Versuch seit den 1850er Jahren zunehmend scheitern musste, hatte mehrere Gründe.

Zunächst bürdete die Verordnung den Bergleuten mit dem alternativen Gebrauch von offenen und Sicherheitslampen ein Höchstmaß an Risikoentscheidungen auf. Mit wachsender Schlagwettergefahr ließen sie sich aber immer weniger kalkulieren. Außerdem waren die Bergleute gezwungen, die Kalkulationsentscheidung zur Verwendung des helleren aber unsicheren offenen Geleuchts im Zuge liberalisierter Arbeitsverhältnisse aus eigenem Interesse möglichst offensiv zu fällen, um sich selbst die Gewinnchancen nicht zu schmälern. Dabei handelten die Bergleute unter den entwickelten Zwängen zunehmender Gefährdung erheblich rationeller, als Bergbehörde und Unternehmerschaft mit dem generalisierenden Argument mangelnder Erfahrung und angeblich bewusstem Unterlaufen der Sicherheitsvorschriften glauben machen wollten.

Als Beweis kann erneut die bereits erwähnte Schlagwetterexplosion vom August 1852 auf der Zeche Ver. Schürbank & Charlottenburg herangezogen werden. Wir wissen, dass sie in einem schlecht bewetterten, nicht durchschlägigen Überhauen eintrat, in dem zum Unglückszeitpunkt drei Hauer beschäftigt waren. Die Entzündung hatte der Hauer Bürgemeister verursacht, indem er sich vom Schlepper Sütering eine offene Lampe hatte geben lassen und mit ihr in das Überhauen hineinleuchtete (siehe Skizze[231] auf folgender Seite). Im Gutachten des bergbehördlichen Sachverständigen verengte sich die Sicht zur eigentlichen Unglücksursache ausschließlich auf den als Fahrlässigkeit bezeichneten Einsatz der offenen Lampe, weil er den normativen Regeln der Verordnung von 1846 widersprach. Der Fall be-

---

229 vgl. Gaertner/Schneider, Die Beleuchtung, S. 227.
230 vgl. in erster Linie Wild, Ilse: Der Nystagmus der Bergleute. Eine medizinhistorische Studie, in: Der Anschnitt 47, 1995, S. 55 – 67, hier S. 61 ff., S. 65 f.
231 vgl. STAM OBA Dortmund, Nr. 275, Bl. 15: Handzeichnung zum Unglücksprotokoll v. 09.08.1852.

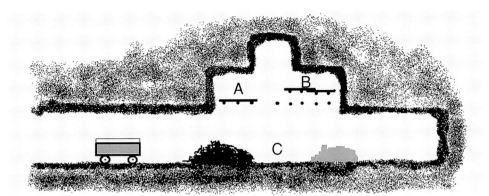

Abb. 19: Schemazeichnung des Unfallortes auf der Zeche Schürbank & Charlottenburg, 1852
A= Arbeitsstelle des Hauers Bürgemeister: Entzündungsort
B= Arbeitsstelle der Hauer Schulte und Oberfeld; ohne Licht mit Verwehen der Wetter beschäftigt
C= Arbeitsstelle des Schleppers Sütering bei Übergabe der offenen Lampe an Bürgemeister

legte für ihn einmal mehr, dass die Bergleute sich eben nur der Sicherheitslampe hätten bedienen müssen, um das Unglück zu verhindern. Unter dem Eindruck des Geschehens blendete er aber vollkommen aus, wie weit das gedachte Regelwerk zuvor seitens der Bergbehörde selbst ausgedehnt worden war. So hatte der Berggeschworene Reiser als zuständiger Revierbeamter bei der betreffenden Streckenauffahrung „in Folge des guten Wetterzuges keine schlagenden Wetter bemerkt". Er hielt es anlässlich seiner Befahrung deshalb für völlig ausreichend, „die Arbeiten auf diesem Flügel des Flötzes [...] bei offenen Grubenlampen zu betreiben". Wohl riet er, Sicherheitslampen anzuschaffen und die Untersuchung der Baue getreu der Verordnung zunächst vorzunehmen. Darüber hinaus hatte „ein Grund mehr nicht speciell vorgelegen [...], den ausschließlichen Gebrauch der Sicherheitslampen anzuordnen."[232]

Die Aussage, der Wetterzug sei grundsätzlich gut gewesen, muss angesichts der ausführlich behandelten realen Wetterverhältnisse stark bezweifelt werden. Am Tage des Unglücks konnte er es jedenfalls nicht gewesen sein. Vor allem aber lassen die Aussagen des später vernommenen Schleppers, der mit der offenen Grubenlampe bis vor Ort gefahren war, auch eine andere Interpretation der von den Bergleuten getroffenen Entscheidungen zu. Da die Explosion bereits morgens um 6.30 Uhr eintrat, mussten die drei vor Ort beschäftigten Hauer ihre Schicht gerade erst begonnen haben. Bürgemeister, der an diesem Ort sicher als Ortsältester fungierte, hatte vermutlich mit der Sicherheitslampe den Ort abgeleuchtet und Spuren von Schlagwettern erkannt. Wohlwissend, dass sie jetzt einer gefährlichen Situation ausgesetzt waren, brachte er die Sicherheitslampe aus der Gefahrenzone hinaus und wies seine beiden Kameraden an, die Schlagwetter mit Hilfe ihrer Kleidungsstücke zu verwirbeln. Währenddessen arbeiteten alle drei Bergleute vollkommenen ohne Licht.[233] Der eigentlich kritischen Entscheidung, nämlich die offene Lampe des angekommenen Schleppers schließlich zur Untersuchung des Arbeitspunktes zu benutzen, waren somit bewusst getroffene Präventivmaßnahmen der Bergleute vorausgegangen. Weil sie nun glaubten, die Schlagwetter weit genug verdünnt zu haben, schien ihnen die heller brennende offene Lampe nicht mehr gefährlich zu sein.

---

232 zit. ebd., Bl. 4: Schreiben des Bochumer Bergamts an das OBA Dortmund v. 24.09.1852.
233 vgl. ebd., Bl. 6 ff.: „Auf wiederholtes Fragen sagte Sütering noch aus, daß die beiden anderen Hauer keinerlei Licht angehabt und auf der höher gelegenen Bühne [...] mit Vertheilung der Wetter durch Wehen bethätigt gewesen seien."

Natürlich finden sich unter den Schlagwetterexplosionen der 1850/60er Jahre auch Ereignisse, bei denen der Versuch, die Nachteile der Sicherheitslampe durch das offene Geleucht zu ersetzen, von einer Selbstüberschätzung der Bergleute begleitet war. Am 20. Dezember 1858 verbrannte sich der Hauer Petring in einem Überhauen der Zeche Constantin der Große durch Entzündung der Wetter an seiner offenen Lampe, obwohl vom Wetterkontrolleur der Gebrauch des offenen Grubengeleuchts verboten worden war. Petring kannte das Verbot. Er entschied sich dennoch für dessen Einsatz, weil er darauf vertraute, bei Eintreten der Gefahr die Lampenflamme mit seiner Mütze schnell genug ausschlagen zu können. Das schien ihm aus der späteren Sicht des Betriebsführers lediglich an diesem „Morgen leider nicht gerathen zu sein".[234] Das Beispiel verweist zugleich auf ein grundsätzlicheres Problem der Verordnungslogik von 1846.

In ihr war die Erzielung von Sicherheit theoretisch an ein weit gestuftes System hierarchischer Entscheidungsfindung und -kontrolle geknüpft, das der in der betrieblichen Praxis herrschenden Handlungsautonomie nicht entsprach.[235] Exemplarisch lässt sich dies an zwei Schlagwetterexplosionen auf der Zeche Hannibal vom 14. August 1857 nachvollziehen. Da man wusste, dass in verschiedenen dortigen Überhauen mit Gasentwicklung zu rechnen war, verfügte die Zeche bereits über eine Anzahl von Sicherheitslampen. Außerdem waren verschiedene Fahrhauer mit der Wetterkontrolle und entsprechender Warnung der anfahrenden Belegschaften beauftragt. Das im Sinne der Verordnung für die Sicherheit entscheidende Element versagte nun auf Hannibal binnen eines Tages gleich zweimal unmittelbar hintereinander, weil es auf betrieblicher Ebene zu missverständlichen Interaktionen führte.

Zur Arbeit im später von den Explosionen betroffenen Überhauen war in der Frühschicht der Lehrhauer Horst eingeteilt. Er hatte zuvor auf den Anlagen Präsident und Flora als Schlepper und Lehrhauer gearbeitet und dort bislang keine Erfahrungen mit Schlagwettern gesammelt.[236] Auf der Zeche Hannibal verfuhr er am Unglückstag erst seine dritte Schicht. Bei der späteren Vernehmung gab er zunächst zu, nicht verlesen worden zu sein, gleichwohl hätte er aber eine Sicherheitslampe in Empfang genommen.[237] Ob es sich hierbei nicht um eine nachträgliche Schutzbehauptung handelte, ist zumindest fraglich.

Bei einer nochmaligen Anhörung offenbarte er nämlich, aus welchen Gründen er an den beiden vorigen Arbeitstagen gar nicht erst in den Besitz einer Sicherheitslampe gelangt war: „Bei der ersten Schichtverfahrung am 12. August habe er vom Steiger Bergmann die Weisung erhalten, vor das genannte Ueberhauen zu fahren und sich dieserhalb von Abendroth [= Lampenkontrolleur, M.F.] eine Sicherheitslampe geben zu lassen. Da Abendroth aber keine mehr zu vergeben gehabt hatte, so hätte dieser ihn an den Schichtmeister verwiesen. Auch dieser wäre nicht mehr im Besitz einer solchen gewesen und so wäre er dann mit dem Hau-

234 vgl. ebd., Bl. 116: Unfallanzeige der Zeche Constantin der Große an den Revierbeamten v. 20.12.1858.

235 Zur These einer weitreichenden Autonomie der Ortskameradschaften hinsichtlich ihrer Aufgabenbereiche und Zuständigkeiten vgl. in erster Linie: Brüggemeier, Leben vor Ort, S. 124 ff.

236 vgl. STAM OBA Dortmund, Nr. 275, Bl. 150 f. Schreiben des Berggeschworenen Lind an das Bochumer Bergamt v. 31.08.1857.

237 Das Verlesen der Namen der anfahrenden Belegschaft war mit dem gemeinsamen Singen und Gebet der Bergleute verknüpft. Mit Auflösung des Direktionsprinzips diente es den Betriebsleitungen zunehmend als Instrument, Unpünktlichkeiten beim Schichtantritt zu verhindern und einen Überblick über die Anzahl der eingefahrenen Arbeiter zu gewinnen. Seit den 1860er Jahren wurde es sukzessive durch die Markenkontrolle abgelöst. Vgl. Zimmermann, Michael: Hauer und Schlepper, Kameradschaft und Steiger. Bergbau und Bergarbeit um 1900, in: Ruhrlandmuseum Essen (Hrsg.): Die Erfindung des Ruhrgebiets. Arbeit und Alltag um 1900, Essen 2000, S. 67 – 85, hier S. 67 f.

er Hagenkämper [...] ohne Sicherheitslampe angefahren.[238] In der ersten Schicht nun hätte Hagenkämper ihn bis zum Ueberhauen [...] mit der Sicherheitslampe begleitet und ihm versichert, es seien keine schlagenden Wetter vorhanden. Darauf habe er am folgenden Tage seine zweite Schicht auch ohne Sicherheitslampe versehen."[239] Man kann sich also leicht vorstellen, dass Horst auch am Unfalltag darauf vertraute, keiner Gefahr ausgesetzt zu sein und deshalb eine Sicherheitslampe nicht nötig zu haben. Dabei wich die Arbeitsweise schon an den beiden vorigen Tagen von der Verordnungslogik ab. Indem sie durch Ausbleiben einer Explosion jedoch nicht als kritisch empfunden werden konnte, schien sie allen Beteiligten durchaus akzeptabel zu sein.

Genau dieser Umstand führte nun dazu, dass auch das Instrument der Kontrolle durch die Wettermänner vollkommen ins Leere lief. Einerseits weil Horst am Morgen nicht verlesen worden war, andererseits in der Überzeugung, das Überhauen an den beiden vorigen Tagen nicht als gefährlich eingestuft zu haben, sah der verantwortliche Fahrhauer Pöller am 14. August morgens davon ab, es überhaupt zu untersuchen. Erst nachdem er von anderen Arbeitern über die bereits erfolgte Verbrennung des Horst informiert worden war, begab er sich dorthin und fand „die Wetter matt, aber wenig schlagend".[240] Durch den Fahrhauer der Morgenschicht und die erfolgte Explosion hinlänglich gewarnt, wurden zu Beginn der Mittagschicht der jetzige Wettermann Börnke sowie der für das Überhauen eingeteilte Hauer Buschmann vom zuständigen Steiger eingewiesen. Nach seiner Aussage erging an Buschmann die ausdrückliche Aufforderung, die Arbeitsstelle erst aufzusuchen, nachdem Börnke vorgefahren war. In für die Bergbehörde später vollkommen unverständlicher Weise übertrat er jedoch das Gebot, so dass sie sich lediglich über dessen Unerfahrenheit und Fahrlässigkeit wundern konnte. Dem Urteil schloss sich auch die Bochumer Staatsanwaltschaft in vollem Umfang an.[241]

Das Urteil kontrastierte jedoch in höchstem Maß zur Einschätzung seiner Belegschaftskameraden. Aus ihrer Sicht konnte Buschmann gerade nicht als unerfahren gelten, weil er schon seit fast einem Jahr auf Hannibal beschäftigt war. Eben das sich selbst zuerkannte Gefühl der Erfahrung hatte ihn dazu bewogen, die Anordnung des Steigers zu unterlaufen. Aus gleichen Gründen sah sich auch der Betriebsführer nicht veranlasst, an dessen Vertrautheit mit den untertägigen Verhältnissen zu zweifeln: „Warum Buschmann ungehorsam gewesen und trotz dem ausdrücklichen Verbote dennoch allein vor seine Arbeit gegangen sei, fände, wie er glaube, seine Erklärung darin, daß Buschmann [...] sich durch eine solche Instruction beleidigt gefühlt hätte, indem er sicher der Meinung gewesen, er wäre selbst hinlänglich im Stande, die Wetter zu beurtheilen. Dies schien auch daraus hervor zu gehen, daß Buschmann bei Empfang jenes Verbotes sich geäußert habe: es sei nicht nöthig, daß der Fahrhauer mit ihm gehe, er könne recht gut allein fertig werden."[242]

---

238 Interessant ist in diesem Zusammenhang die Aussage des Lampenkontrolleurs: „Es gab der Albert Abendroth Bergmann III. Klasse, der mit dem Reinigen und Ausgeben der Sicherheitslampen beauftragt ist, seine Erklärung dahin ab, daß der p. Horst am 14. August von ihm eine Sicherheitslampe eingehändigt erhalten habe; ob dieses auch am 12. u. 13. der Fall gewesen sei, könnte er, da er so viele (ca. 90) auszugeben hätte, nicht mehr genau angeben." Zit. STAM OBA Dortmund, Nr. 275, Bl. 152 – 155: Vernehmungsprotokoll des Berggeschworenen Lind v. 22.09.1857. Auch Abendroths Aussage lässt sich als Schutzbehauptung aus Angst vor Bestrafung deuten.

239 zit. ebd., Bl. 152 – 155.

240 zit. ebd., Bl. 152 – 155.

241 vgl. ebd., Bl. 158 f.: Pro Memoria zur Strafsache betreffend die Unglücksfälle auf der Zeche Hannibal v. 05.12.1857.

242 zit. ebd., Bl. 152 – 155.

Das zentrale Defizit der Verordnung von 1846 bestand darin, dass sie bei der Umsetzung der als Explosionsauslöser dominanten Beleuchtungsfrage zwischen sicherheitsrelevant handelnden Bergleuten und beurteilender Aufsichtsbehörde verschiedene Perspektiven der Risikowahrnehmung erzeugte. Mit Rücksicht auf die unabwendbaren konstruktiven Nachteile des Sicherheitsgeleuchts als idealistischer Ausgleich von Sicherheits- und Wirtschaftlichkeitsinteressen konzipiert, wurde sie der betrieblichen Realität nicht gerecht. Indem sie die Entscheidung über die alternative Anwendung der Lampen auf die betriebliche Ebene zurückverlagerte, öffnete sie den Bergleuten einen großen Entscheidungsspielraum. Mit zunehmender Liberalisierung der Arbeitsverhältnisse sahen sich diese jedoch gezwungen, die Verwendung der offenen und helleren Lampen aus wirtschaftlichen Gesichtspunkten zuungunsten sicherheitlicher Erwägungen weit auszudehnen. Dabei handelten sie allerdings im Rahmen ihrer Möglichkeiten durchaus abwägend und rationell. Insofern rückte die Zündquellenstrategie immer stärker an ihre Funktionalitätsgrenze heran, ohne grundsätzlich und in jedem Fall zu versagen. Trotz wachsender Ineffektivität konnte sie insbesondere von Bergbehörde und Unternehmerschaft deshalb als nicht prinzipiell fragwürdig und akzeptabel wahrgenommen werden. Aus ihrer Perspektive war in der Regel nicht das Konzept des gemischten Geleuchts an sich problematisch, sondern allein die im Versagensfall vermeintlich bewusst falsche Auslegung durch die Bergleute.

Dass die eindimensionale, den ambivalenten Charakter der Zündquellenstrategie verengende Wahrnehmungsebene im Schulterschluss von Bergbehörde und Unternehmerschaft bis in die 1880er Jahre trotz steigender Explosionsereignisse kaum durchbrochen wurde, lag vor allem an der Möglichkeit, sie im Sinne der Verantwortlichkeit allein der Bergarbeiterschaft zuordnen zu können. Der Akt des Entzündens des Grubengasgemisches ließ sich von niemand anderem als den Bergleuten selbst herbeiführen. War ein solcher Fall nun tatsächlich eingetreten, so beurteilte ihn die Bergbehörde ebenso eindimensional hinsichtlich seiner Abweichung vom idealtypisch normierten Sicherheitskonzept.

Auch hier lief die Risikowahrnehmung von Bergleuten und Aufsichtsbehörde auseinander. Mochte die Ortskameradschaft in der direkten Konfrontation mit der kritischen Situation sich auch um ein rationales Abwägen der Risikoentscheidung bemüht haben, so urteilte die Bergbehörde bei der Untersuchung retrospektiv in dem Wissen, dass sie an einer gewissen Stelle falsch gewesen sein musste. Der den Bergleuten überantwortete Handlungsspielraum verkürzte sich damit auf eine detaillierte Fehlersuche, die erst in Kenntnis des Versagens Beweislast erhielt. Dieses Verständnis übertrug sie schließlich zurück auf die Handlungssituation vor dem Unfall und unterstellte den betroffenen Bergleuten das gleiche Wissen um die Disfunktionalität des erst im Nachhinein erkannten Fehlers. Aus der allein retrospektiven Sicht lag es dann natürlich nahe, den Bergleuten eine aus angeblicher Unerfahrenheit resultierende Fahrlässigkeit zu unterstellen.

Für Bergbehörde und Unternehmerschaft gewann eine solche Sichtweise durch den jetzt erst allmählich anwachsenden Zustrom bergfremder Zuwanderer zusätzliche Legitimation. Das Oberbergamt verwandte jenes Argument bereits 1862 in seiner ausweichenden Antwort auf die ministerielle Aufforderung zur Berufung der ersten Wetterkommission: „Nachdem verschuldet die Unerfahrenheit und der Leichtsinn der Arbeiter manches Unglück. Die in der kürzeren Zeit weniger Jahre so rasch gestiegene Produktion zwingt dazu, von allen Seiten Arbeiter heranzuziehen, die früher nie die bergmännischen Arbeiten erlernten. Es giebt Gruben mit Belegschaften von mehreren 100 Arbeitern, von denen mitunter nicht die Hälfte aus eingeschriebenen Bergleuten bestehen. [...] Dazu kommt noch ein großer Leichtsinn, denn mehrfache Untersuchungen bey Explosionen haben ergeben, daß die Nichtbeachtung bestimmter Vorschriften die Veranlassung zu denselben gab."[243]

Die mit bergbaulicher Expansion und gesteigertem Arbeitskräftebedarf seit Mitte des 19. Jahrhunderts gesteigerte Mobilität ist hinlänglich bekannt. Während der 1850/60er Jahre handelte sich es vorrangig um Formen der Nahwanderung mit saisonalen und konjunkturellen Abhängigkeiten.[244] Doch selbst die mit der Gründerzeit einsetzende Zuwanderung aus den preußischen Ostprovinzen begegnete zumindest auf der Ebene des hier relevanten Arbeitsplatzes einer ganzen Reihe integrierender Faktoren.[245] Sie wirkten der sukzessiven Erschütterung des direktionalen Aufstiegsprinzips nach knappschaftlichen Klassen und der daraus folgenden Verkürzung der Anlernzeiten wenigstens teilweise entgegen. Außerdem versuchten die normativen Grundlagen der Zündquellenstrategie bereits seit 1846 den Erfahrungshorizont einzelner Bergleute zweckentsprechend zu instrumentalisieren. Ihnen oblag in weiten Teilen die Entscheidung, welche Lampen zum Einsatz kommen sollten und ob Bereiche als gefährlich oder sicher galten. Schließlich steht dem Argument abnehmender Erfahrung die typische bergbaubetriebliche Gefährdungsstruktur der Grubengasentwicklung entgegen. Die Explosionsorte lagen bis 1880 ganz überwiegend in den am schlechtesten bewetterten und am stärksten ausgasenden Vorrichtungsbauen, in denen in der Regel kaum unerfahrene Lehrhauer allein und schon gar nicht die noch weniger erfahrenen Schlepper tätig waren.

Stichhaltig scheint das bergbehördliche Argument höchstens bei Einzelfällen zu sein. Auf der Zeche Friedrich Wilhelm war am 29. November 1853 die Explosion zweifelsfrei durch einen Schlepper ausgelöst worden. Er hatte sich allerdings bewusst über die Warnung seiner Kameraden hinweggesetzt und war mit offener Lampe in ein mit Schlagwettern behaftetes Ort gefahren, an die übrigen Arbeiter mit der Sicherheitslampe arbeiteten.[246] Eine überproportionale Beteiligung unerfahrener Bergleute an der Auslösung von Schlagwetterexplosionen zwischen 1850 und 1880 lässt sich gleichwohl nicht nachweisen. Eher das Gegenteil bezeichnete die Realität, zumal auch seit langem im Bergbau tätige Steiger den vermeintlich gefahrlosen Einsatz des offenen Geleuchts falsch kalkulierten.

Am 4. Juli 1856 kam auf der Zeche Hannibal der Steiger Buschmann zu Tode, weil er mit einer offenen Lampe in eine abgesperrte Strecke fuhr. Die nachfolgende bergbehördliche Untersuchung hielt erneut an der Praxis fest, Buschmann allein eine fahrlässige Handlungsweise zu attestieren und dementsprechend auch die Schuldfrage zu klären. Die Bochumer Bergbeamten gerieten dabei unter Legitimationsdruck, weil das Dortmunder Oberbergamt wegen der Betroffenheit eines Steigers eine eigene Bewertung der Sachlage vornahm. Sie änderte im Folgenden das Schuldurteil zwar nicht grundsätzlich, schwächte es aber im Hinblick auf die seitens der Zeche ungenügend vorgenommene Bewetterung wenigstens teilweise ab:

243 zit. STAM OBA Dortmund, Nr. 934, Bl. 6 f.

244 vgl. Tenfelde, Sozialgeschichte, S. 230 – 246.

245 vgl. STAM OBA Dortmund, Nr. 1874, Bl. 562 – 566: W[estfälische] W[etter] C[ommission] Drucksache No. 246, Beitrag eines Bergarbeiters [Wilh. Gosekuhl] zu den Arbeiten der Wetter-Commission v. 29.05.1882: „Auf Zeche Karlsglück war ich mit zwei jungen Leuten am Pfeilern. Beide gaben sich für Vollhauer aus und auf mein Befragen, ob sie mit Wetterlampen umzugehen wüßten beim Vorhandensein oder Erscheinen schlagender Wetter, antworteten die ganz dreist weg: Gottv ..., ebenso gut, wie Du! Zur Heranholung der Gezähestücke hatte ich mich in der ersten Schicht auf einige Minuten entfernt und zurückgekehrt präsentirten mir die Kameraden ihre Lampen mit den Worten: Sieh mal, Donnerk ..., hier brennt's gut! Hinzugesprungen, die Lampen ausgemacht, war von mir das Werk eines Augenblicks, weil bei den hochroten Körben die Entzündung der Wetter unmittelbar bevorstehen mußte. Lange, verblüffte Gesichter und derbe Flüche waren der Lohn für mein, Gott sei Dank, rechtzeitiges Eingreifen."

246 vgl. STAM OBA Dortmund, Nr. 275, Bl. 27 f. Unfallanzeige des Berggeschworenen Reiser an das Bochumer Bergamt v. 29.11.1853: „Die Hauer arbeiteten mit der Sicherheitslampe, und die Schuld trifft wohl den Schlepper Wm. Dördelmann, welcher nach Aussage des Bremsers Wm. Goege beim dritten Wagen die brennende Sicherheitslampe an den Bremser hängt und mit der offenen Lampe abgefahren ist. Der Goege hat ihm nachgerufen [und] ist ihm nachgelaufen, hat aber noch einer gemeinen Antwort auf seine Warnung bekommen."

„Der Unglücksfall würde wahrscheinlich nicht zu beklagen sein, wenn rechtzeitig auf die Niederbringung eines Wetterschachtes bedacht genommen wäre, und wir müssen das Königl. Bergamt anweisen, innerhalb 10 Tagen von den Betriebs-Acten der Zeche ver. Hannibal uns anzuzeigen, was zur Erledigung unserer Verfügung [...] bis dahin geschehen sei."[247]

Das an Migrationsphänome geknüpfte Argument abnehmender Erfahrung der Bergleute trug von Beginn an einen taktischen und kompensatorischen Charakter. Von den westfälischen Bergbeamten zunächst gegenüber dem Berliner Ministerium verwandt, wurde es alsbald von der Unternehmerseite ursurpiert und mit einer langen Tradition aufrecht erhalten. Tatsächlich überforderte das Konzept des gemischten Geleuchts jedoch die Bergarbeiterschaft in ihrer Gesamtheit. Die seit 1850 stark zunehmende natürliche Ausgasung und die gleichzeitige Verschlechterung der Bewetterungsverhältnisse führte zu einer ganz neuen, vom Direktionsprinzip fundamental abweichenden Gefährdungssituation.

Getragen von der bergbaulichen Expansion und mit dem Freizügigkeitsgesetz seit 1860 auch vertraglich freigestellt, sahen viele altgediente Bergleute die Chance, auf den um Arbeitskräfte ringenden Tiefbauzechen neue und statusverbesserte Arbeitsverträge einzugehen. Im Zuge der Nordwärts-Mobilität[248] gelangten so ehemals auf Südrandzechen ohne Gasbelastung beschäftigte Hauer in Steigerpositionen auf den neuen Schlagwettergruben. Erst jetzt sahen sie sich trotz ihrer langjährigen Erfahrung im Grubenbetrieb erstmals der Schlagwettergefahr ausgesetzt. Bei ihrer bisherigen Tätigkeit waren sie an die Leuchtkraft der offenen Lampen gewöhnt. Sie auch unter den neuen Risikoverhältnissen möglichst weit reichend einzusetzen, muss für sie selbst durchaus nahe liegend gewesen sein.

4.3.3 Die begrenzte Abkehr vom gemischten Geleucht auf den „Schlagwetterzechen"

Bei der Bergbehörde setzte ein allmähliches Umdenken in der Beleuchtungsfrage erst gegen Ende der 1860er Jahre ein. Die Bergpolizeiverordnung von 1863 hatte die bisherige Gesetzeslage nahezu unverändert gelassen. Deren, die Sicherheitslampe betreffenden Paragraphen fassten allenfalls die ausschweifend formulierten Grundsätze von 1846 in griffigen Kernsätzen zusammen. Damit blieb das Konzept des gemischten Geleuchts aber für alle Ruhrzechen bestehen.[249] Unter dem Eindruck der Neu-Iserlohner Katastrophe von 1868 erhärteten sich die langsam gewachsenen Zweifel, ob die bisherige Praxis der alleinigen Bestrafung „leichtsinniger" Arbeiter überhaupt ein wirksames Mittel sein konnte. Die eigentliche Begründung für den bergbehördlichen Sinneswandel lag in den Arbeiten der zweiten Wetterkommission. Da sie durchweg mangelhafte Wetterverhältnisse auf den Schlagwettergruben attestierte, sich zugleich aber um möglichst moderate Vorschriften zur Verbesserung der kostspieligen Bewetterungseinrichtungen bemühte, avancierte die Anweisung des „obligatorischen" Gebrauchs von Sicherheitslampen zum auch für die Zechen akzeptablen Mittelweg.[250]

---

247 zit. ebd., Bl. 60: Schreiben des OBA Dortmund an das Bochumer Bergamt v. 18.07.1856.
248 vgl. Tenfelde, Sozialgeschichte, S. 255.
249 vgl. Bergpolizeiverordnung vom 9. März 1863, S. 61 f., §§ 7 – 16.
250 vgl. STAM OBA Dortmund, Nr. 941, Bl. 168 f.: Schreiben des OBA Dortmund an den Gelsenkirchener Revierbeamten Harz v. 28.03.1872: „Es dürften sich die in Rede stehenden Verbrennungen aber durch den obligatorischen Gebrauch gehörig verschlossener Sicherheitslampen beim Anfahren und bei der Arbeit in solchen Grubenräumen, in welchen das Auftreten schlagender Wetter zu den gewöhnlichen Erscheinungen gehört, wohl mehr als bisher vermindern lassen [...]."

Bei den Befahrungen auf der Zeche Tremonia kam die Wetterkommission im September 1869 beispielsweise zu dem Ergebnis, dass die Aufrechterhaltung der dortigen Wetterstrecken wegen des starken Gebirgsdrucks sehr schwierig war und sie deshalb nur geringe Querschnitte aufwiesen. Im dem einzig vorhandenen Schacht befand sich ein Wetterofen, der den ausziehenden Wetterstrom einem übertägigen Fabryschen Wetterrad zuführte.[251] Die gemessene mittlere Wetterleistung von 415 m^3 pro Minute hielt sie wegen der großen Ausdehnung der Grubenbaue und der starken Entwicklung schlagender Wetter nicht für ausreichend. Im Anschluss an den Kommissionsbericht beschloss das Dortmunder Oberbergamt deshalb, den Repräsentanten der Zeche über mögliche Schritte zu Verbesserung der Bewetterungseinrichtungen zu vernehmen. Er stellte zwar das Abteufen eines zweiten Wetterschachtes in Aussicht, glaubte aber eine „äusserst verschärfte Aufsicht an allen gefährlichen Punkten und die Ausführung mehrerer Verbesserungen" als probateres Mittel ansehen zu müssen.[252] Im Zuge der Umsetzung besagter „Verbesserungen" trafen sich Bergbehörde und Zechenvertreter dann in der Anordnung einer nahezu ausschließlichen Anwendung der Sicherheitslampen. Die Aufsichtsbehörde hatte damit wenigstens zum Teil die Sicherheitsanforderungen verschärft und die Unternehmerseite die kostenintensive Herstellung eines zweiten Schachtes hinausgeschoben.

Mit nahezu identischer Vorgehensweise erließ das Dortmunder Oberbergamt zwischen 1870 und 1872 insgesamt 27 spezielle Bergpolizeiverordnungen für jeweils einzelne Schlagwetterzechen[253]. Später kamen mit den Zechen Borussia, Unser Fritz, Friedrich der Große, Pluto, Mont Cenis und Lothringen noch weitere Bergwerke hinzu, so dass zu Beginn der 1880er Jahre 33 Bergwerke weitgehend gleich lautenden Spezialverordnungen unterlagen. Ganz überwiegend handelte es sich dabei um diejenigen Gruben, die zum Befahrungsprogramm der zweiten Wetterkommission gehört hatten.[254] Häufig eröffneten erst bereits eingetretene Explosionsereignisse den notwendigen Handlungsspielraum, um sie gegen den jetzt übergreifend formierten Widerstand der Unternehmer durchzusetzen.[255]

Am umfangreichsten wurde das gemischte Geleucht auf der Zeche Neu-Iserlohn eingeschränkt. Offensichtlich hatte die Grubendirektion mit Rücksicht auf das katastrophale Ge-

---

251 vgl. STAM OBA Dortmund, Nr. 935, Bl. 288. Diese Einrichtung, von der man sich zunächst eine Erhöhung der Wetterleistung versprochen hatte, zeigte genau den gegenteiligen Effekt. Durch die Erwärmung des Ausziehstromes wurde die Leistung des Fabryschen Wetterrades reduziert. Von der Wetterkommission kritisiert, nahm man den Wetterofen deshalb außer Betrieb. Dementsprechend erhöhte sich die Wetterleistung sofort. Vgl. Versuche und Verbesserungen bei dem Bergwerksbetriebe in Preussen während der Jahre 1868 bis 1871, in: ZBHSW 20, 1872, Teil B, S. 346 – 394, hier S. 385.

252 zit. STAM OBA Dortmund, Nr. 935, Bl. 288.

253 Als Vorbild dieser Verordnungen galten einzelne Reglements über den Gebrauch der Sicherheitslampen auf den fiskalischen Saargruben Dudweiler-Jägersfreude, Gerhard und Reden, die 1868 vom Bonner Oberbergamt erlassen worden waren. Vgl. STAM OBA Dortmund, Nr. 941, Bl. 8 – 15, Bl. 16 – 24, Bl. 25 – 33.

254 vgl. Bergpolizei-Verordnung des Königl. Oberbergamtes zu Dortmund vom 12. October 1887, betreffend die Wetterversorgung, Wetterführung, Schiessarbeit und Beleuchtung auf Steinkohlen- und Kohlen-Eisenstein-Bergwerken, in: ZBHSW 36, 1888, Teil A, S. 36 – 43, hier S. 42 f.

255 Von der Katastrophe auf Neu-Iserlohn einmal abgesehen, gilt dies beispielsweise erneut für die Zeche Schürbank & Charlottenburg. Bevor hier die Spezialverordnung am 14. Mai 1872 in Kraft trat, hatte sich am 27. Dezember des Vorjahres die bis dahin größte Explosion mit 13 Toten ereignet. Vgl. Kroker/Farrenkopf, Grubenunglücke, S. 149. Darüber hinaus STAM OBA Dortmund, Nr. 941, Bl. 174 – 180 sowie insbesondere Bl. 256 f.: Schreiben des Revierbeamten Offenberg an das OBA Dortmund v. 02.11.1872: „Verletzungen durch schlagende Wetter waren früher auf Zeche Schürbank & Charlottenburg eine ganz unbekannte Erscheinung [sic!] und sind es geblieben bis zum Vorjahre. [...] Im Jahr 1871 ereigneten sich folgende Explosionen: 1) Am 29. Mai zündete der Maurer Wagner auf der 84 Metersohle mit der offenen Lampe die Wetter an und starb am 31. Mai an den erhaltenen Verletzungen. 2) Am 25. October zündete der Bergarbeiter Kortmann mit der offenen Lampe auf der 63 Metersohle im Dicken Flötz [die Wetter] an und zog sich einige leichte Beschädigungen zu. 3) Am 27. December kamen durch Explosion schlagender Wetter 13 Personen ums Leben. Die Verhandlungen über die letztgenannte Explosion gaben dem Königlichen Oberbergamte Veranlassung, für die Betriebe auf der 63 und 84 Metersohle unterm 14. Mai d. J. eine spezielle Polizei-Verordnung zu erlassen."

schen kaum Chancen, dieser Entscheidung Widerstand entgegenzusetzen.[256] § 1 der Verordnung vom 25. November 1870, zugleich der ersten Spezialverordnung überhaupt, bestimmte, dass die dortigen Grubenräume „in der Regel nur mit der verschlossenen Sicherheitslampe" weiterhin befahren werden durften.[257] Das kam noch nicht einem generellen Verbot der offenen Lampen gleich. Beim Schachtabteufen und bei Schachtreparaturen sowie in bestimmten Querschlägen war ihre Benutzung nach ausdrücklicher Erlaubnis des Betriebsführers weiterhin gestattet. Bei der Grubenarbeit, insbesondere „vor allen Betriebspuncten, wo sich schlagende Wetter zeigen" und „in steigenden Strecken" waren sie von nun an jedoch grundsätzlich untersagt. Mit diesen Bestimmungen ging die Verordnung in wichtigen Details über die ursprüngliche Vorstellung der Grubendirektion hinaus. Sie hatte den Gebrauch der offenen Lampen nach erfolgter Genehmigung durch den Betriebsführer auch in „bestimmten Strecken, resp. ganzen Grubenabtheilungen" vorsehen wollen.[258]

Den übrigen Schlagwetterzechen gelang die Abwehr des ursprünglich weitgefassten Plans zur obligatorischen Verwendung der Sicherheitslampen mit größerem Erfolg. Zeitgleich mit Inkraftsetzung der Neu-Iserlohner Spezialverordnung war auch für die im Bergrevier Recklinghausen gelegenen Anlagen Shamrock, von der Heydt, Julia und Pluto ein verschärftes Regelwerk erlassen worden. Mit Bezug auf § 198 des Allgemeinen Berggesetzes beschwerten sich deren Vertreter im Sommer 1871 über das Vorgehen des Oberbergamts, weil mit ihnen zuvor angeblich nicht ausreichend verhandelt worden war. Anlässlich eines neuen Termins am 19. September 1871 richteten sie deshalb zahlreiche Änderungswünsche an die Bergbehörde.[259] Die dreivierteljährige Geltungsdauer hatte sie davon überzeugt, „dass mehrfache Bestimmungen qu. Berg-Polizei-Verordnung die Interessen der Zechen hart schädigen, ohne die Sicherung des Grubenbetriebes und des Lebens der Arbeiter zu erhöhen."[260]

Die gegebene Verordnung gestattete den Gebrauch von offenen Lampen nur noch bei Schachtreparaturen in Trummen mit einfallendem Wetterstrom. Das hielten die Unternehmensvertreter für vollkommen inakzeptabel. Da selbst die Speisung der Wetteröfen mit dem ausziehenden Wetterstrom nicht grundsätzlich verboten war, gab es für sie keinen Grund, in Schachtabteilungen mit ausziehendem Wetterstrom und beim Schachtabteufen Sicherheitslampen ausschließlich vorzuschreiben. Außerdem hätten die Hauptförderstrecken in den Flözen durchgängig ausreichend gute Wetter, um sie auch zukünftig mit der offenen Lampe befahren zu lassen. Der Verweis auf die Wetteröfen war insofern ein taktisch kluges Argument, als die westfälische Bergbehörde in den 1860er Jahren deren Sicherheit gegenüber der Berliner Ministerialabteilung selbst immer mit dem geringen Gasgehalt der ausziehenden Hauptwetterströme verteidigt hatte.[261]

---

256 Die näheren Umstände der Schlagwetterzündung ließen sich bei dem Unglück v. 15.01.1868 im Nachhinein nicht mehr eindeutig rekonstruieren. Vgl. Renesse, Die Explosion schlagender Wetter, S. 165.

257 vgl. Bergpolizei-Verordnung, betreffend die Sicherheitsmaassregeln gegen Entzündung schlagender Wetter in den Bauen der Steinkohlenzeche Neu-Iserlohn bei Langendreer, in: ZBHSW 19, 1871, Teil B, S. 23 ff.

258 vgl. STAM OBA Dortmund, Nr. 941, Bl. 52 ff.: Nachträglich vom OBA Dortmund bearbeiteter Entwurf des Reglements über die Sicherheitsmaßregeln gegen schlagende Wetter auf der Zeche Neu-Iserlohn bei Langendreer v. 15.09.1870.

259 vgl. ebd., Bl. 95 – 99: Verhandlungsprotokoll v. 19.09.1871.

260 zit. ebd., Bl. 100 – 106: Motive behufs Veränderung einiger Bestimmungen der für die Gruben des Reviers Recklinghausen erlassenen Bergpolizei-Verordnung v. 25.11.1870.

261 vgl. STAM OBA Dortmund, Nr. 934, Bl. 333 –336: Schreiben des OBA Dortmund an das Ministerium für Handel, Gewerbe und öffentliche Arbeiten v. 27.08.1862: „Eur. Excell. bitten wir ferner gehorsamst von der [...] anbefohlenen Abänderung [...], der zufolge die Speisung der Wetteröfen durch den ausziehenden Luftstrom unbedingt untersagt werden soll, hochgeneigtest Abstand nehmen zu wollen. Wir glauben diese Bitte mit Rücksicht auf die Wahrnehmungen der Wetter Kommission, die auf keinem der von ihr besuchten Bergwerke, selbst nicht auf denjenigen, deren Flötze eine sehr starke Entwickelung schlagender Wetter zeigen, in den Wetterquerschlägen eine derartige Mischung der Wetter vorgefunden hat, die eine Explosion durch das Feuer der Wetteröfen im Entferntesten befürchten ließe, wagen zu dürfen."

Neben die erhebliche Aufweichung des obligatorischen Gebrauchs der Sicherheitslampen trat der Kampf um die Abschwächung einer behördlich intendierten Stärkung der hierarchischen Kontrollstrukturen. Die Verordnung hatte zur Prüfung der Wetterverhältnisse unter Tage nicht mehr allein die Abteilungssteiger und Wettermänner vorgesehen. Zusätzlich sollten weitere „beauftragte Hauer" innerhalb der Ortskameradschaften auch während des laufenden Betriebes eine fortdauernde stärkere Überwachung vornehmen und wenn nötig bestimmte Arbeitsörter bei drohender Gefahr „sistieren" können. Aus Unternehmenssicht gewann ein solches Konzept wirtschaftliche Relevanz, da die Arbeitseinstellung zwangsläufig die Förderleistung einschränkte.

Sie plädierten im Folgenden deshalb für die Beibehaltung des alten Systems, indem sie den zusätzlich beauftragten Hauern die Eignung für verantwortungsvolle Entscheidungen absprachen: „Die Bestimmung [...] involvirt unseres Erachtens eine große Gefahr für die Sicherheit des Lebens der Arbeiter. Sie stellt neben die wenigen, aber intelligenten und zuverlässigen Wettercontroleure [...] wohl 100 Superrevisoren hin [...], über deren Zuverläßigkeit bei dem steten Arbeiterwechsel in hiesiger Gegend der verantwortliche Abtheilungssteiger oder Betriebsführer schwerlich eine so genügende Ueberzeugung gewinnen können, um sie mit dem wichtigen Geschäfte einer Revision der Grubenbaue auf das Vorhandensein schlagender Wetter beauftragen zu dürfen."[262] Dass die wenigen Wettermänner trotz einer noch so hoch veranschlagten Intelligenz immer weniger in der Lage waren, die gesteigerte Anzahl der Abbau- und Vorrichtungsörter verantwortlich zu untersuchen, verschleierte die Argumention bewusst.

Die weitgehend identischen Textfassungen der Spezialverordnungen zwischen 1870 und 1872 zeigen, dass die Zielkonflikte zwischen Bergbehörde und Unternehmern zu Kompromissformeln in den Streitfragen führten. In dem am 25. Juni 1872 erlassenen Regelwerk für die Zeche Holland war das gemischte Geleucht in allen Grubenräumen verboten, „wo schlagende Wetter aufgetreten sind oder erfahrungsmäßig sich vermuthen lassen". An diesen Örtern, die am Schacht auf einer sichtbaren Tafel angegeben werden mussten, durfte allein die Sicherheitslampe sowohl bei der Anfahrt als auch bei der Arbeit zum Einsatz gelangen.[263] Die Bestimmung ließ großen Spielraum für die fortgesetzte Verwendung des offenen Geleuchts.[264] Hinsichtlich der Wetterkontrolle sah sie das bisherige Verfahren über Wettermänner und Steiger vor. Nur sie waren weiterhin verantwortlich, bestimmte Grubenräume bei Schlagwetterbelastung entweder ganz abzusperren oder mit sog. Feuertafeln zu versehen. Begegnete eine Ortskameradschaft bei ihrer Anfahrt dann einer solchen Warntafel, so fiel die Untersuchung der Arbeitsstelle mit der Sicherheitslampe dann doch einem „vom Abtheilungssteiger damit beauftragten zuverlässigen Hauer (Feuermann) der Kameradschaft" zu. Letztlich entsprach diese Bestimmung jedoch nur der schon vorher geübten Praxis, den Ortsältesten genau dieselbe Aufgabe zugewiesen zu haben.

Schließlich versuchten einzelne Zechen, den nur teilweise verschärften Einsatz der Sicherheitslampe durch den Hinweis auf vorgenommene wettertechnische Verbesserungen prinzipiell wieder aufheben zu lassen. Mitunter wurden sie dabei auch von den Revierbeamten argumentativ unterstützt. Die Spezialverordnung für die Grube Schürbank & Charlottenburg

---

262 zit. STAM OBA Dortmund, Nr. 941, Bl. 101.
263 vgl. BBA 41/137, Bl. 26: Aushangexemplar der Berg-Polizei-Verordnung betreffend die Sicherheitsmaßregeln gegen Entzündung schlagender Wetter in den Bauen der Steinkohlenzeche Holland v. 25.06.1872.
264 vgl. ebd., § 2: „Sämmtliche übrigen Grubenräume dürfen in der Regel mit der offenen Lampe befahren und darf vor den Betriebspunkten, zu denen sie führen, in der Regel mit offenen Grubenlampen gearbeitet werden, falls nicht das Vorhandensein schlagender Wetter die Anwendung der verschlossenen Sicherheitslampe gebietet."

vom 14. Mai 1872 war in erster Linie die Reaktion auf die dortige große Schlagwetterexplosion vom 27. Dezember des Vorjahres gewesen. Das Oberbergamt hatte im Voraus erhebliche Mängel im Bewetterungssystem der bei 63 und 84 m Teufe befindlichen Bausohlen gesehen. Im November 1872 wandte sich der Repräsentant von Schürbank & Charlottenburg an den zuständigen Revierbeamten, um die Aufhebung der Spezialverordnung zu erwirken. Dessen Bericht an die vorgesetzte Dortmunder Behörde pflichtete im Wesentlichen der Unternehmenssicht bei. Da der Querschlag auf der 63-m-Sohle inzwischen mit dem Wetterschacht verbunden worden sei, auf demselben auch ein Wetterkamin von 17 m Höhe fertig gestellt worden wäre, hätte sich die Bewetterungssituation so nachhaltig verbessert, „daß schlagende Wetter auf den beiden genannten Sohlen nicht mehr in Gefahr drohender Weise" aufgetreten seien. Der Revierbeamte sah sich deshalb in der Lage, „den Antrag des Repräsentanten auf Aufhebung der Verordnung vom 14. Mai d. J. [...] nachdrücklich zu befürworten."[265]

Zu einer derart alternativen Handhabung der Bewetterungs- auf Kosten der Zündquellenstrategie konnte sich das Oberbergamt seit Beginn der 1870er Jahre jedoch nicht mehr verständigen. Es wies den Revierbeamten folglich an, dem Repräsentanten mitzuteilen, dass eine Aufhebung der Spezialverordnung trotz der wettertechnischen Verbesserungen nicht vollzogen werden könne. In Dortmund ging der Vorgang mit der Bemerkung zu den Akten, „daß bei der [...] vom Referenten vorgenommenen Befahrung schlagende Wetter in mehreren schwebenden Aufhieben und in der etwa aufsteigenden Muldenstrecke gefunden wurden. Alle Abbaustrecken waren vollständig frei und die Ventilation vortrefflich. Bei dem immer noch constatirten Vorkommen schlagender Wetter schien es bedenklich, die Specialverordnung aufzuheben, zumal dieselbe [...] keine wesentliche Belästigung der Arbeiter veranlaßt."[266]

4.4 Gesellschaftliche Kompensationsmuster zur Bewältigung verschärfter Explosionsunsicherheit

Die Analyse der dem Explosionsschutz zugrunde liegenden strategischen Handlungsmuster hat gezeigt, aus welchen Gründen die erstrebte Sicherheit gegenüber Explosionsereignissen in der wirtschaftsliberalen Phase an Effektivität verlor. Sie fordert eine perspektivische Neubewertung der ursächlichen Zusammenhänge von bergbaubetrieblicher Unsicherheit und Veränderung der Handlungsspielräume der industriellen Partner im Übergang vom Direktions- zum Inspektionsprinzip zumindest für das Explosionsgeschehen. In erster Linie muss das Rollenverständnis der auf die bergpolizeiliche Aufsicht eingeschränkten Bergbehörde korrigiert werden. Die These vom Kompetenzverlust der staatlichen Aufsichtsorgane impliziert, dass eine Vermeidung erhöhter Unfallraten seit 1850 unter Beibehaltung der direktiven Kontrolle des gesamten Bergbaubetriebes erzielt worden wäre. Bezüglich der Explosionsproblematik geht sie von der irrigen Voraussetzung aus, dass die faktisch begrenzte Anzahl von Explosionsunglücken vor 1850 die Konsequenz eines engmaschigen Kontrollnetzes und detaillierten Verordnungswesens gewesen sei.

Vielmehr war schon in Zeiten des Direktionsprinzips das Konzept zur Etablierung betrieblicher Sicherheit über bürokratische Maßregelung und Kontrolle auf den bis dahin wenigen

265 zit. STAM OBA Dortmund, Nr. 941, Bl. 256 f.: Schreiben des Revierbeamten Offenberg an das OBA Dortmund v. 02.11.1872.
266 zit. ebd., Bl. 257: Konzept des Antwortschreibens vom OBA Dortmund an den Revierbeamten Offenberg v. 12.12.1872.

Schlagwetterzechen alles andere als effektiv. Seine Beschränkung auf die lokal eingegrenzten Gruben mit natürlich gegebener Gasführung ließ es lediglich in Relation zu den mehrheitlich ungefährdeten Zechen kaum ins Gewicht fallen. Als die Schachtanlagen Mitte des 19. Jahrhunderts überwiegend gasführende Lagerstätten aufschlossen, entstand plötzlich eine erheblich verschärfte Gefährdungssituation, die alle industriellen Partner vor neue Aufgaben stellte. Dieser Situation versuchte die Bergbehörde nun gerade mit den vorhandenen und unzureichenden Sicherungskonzepten des Direktionsprinzips zu begegnen.

Die dafür charakteristische einseitige Dominanz der Zündquellen- gegenüber der Bewetterungsstrategie, die insbesondere der ersten Wetterpolizei-Verordnung von 1846 eigen war, übertrug die defizitäre strategische Ausrichtung des Explosionsschutzes in die spätere Phase fundamental verschärfter Gefährdung. Erst der allmählich destabilisierte Glaube an das systemtechnisch allumfassende Potential des Sicherheitsgeleuchts bedingte die Erkenntnis, dass der Explosionsschutz in der verschärften Gefährdungssituation viel stärker über beide Teilstrategien gleichzeitig beeinflusst werden musste. Die Gründe für das Versagen des bergbehördlichen Schutzauftrages liegen somit nicht in einer bewussten Abkehr von den im Direktionsprinzip vermeintlich wirksamen Konzepten betrieblicher Explosionssicherheit, sondern in ihrer gezielten Verlängerung in die wirtschaftsliberale Phase.

Eine effektive Bekämpfung der Explosionsgefahr hätte seit Mitte des 19. Jahrhunderts im Vergleich zum Direktionsprinzip wesentlich tiefer gehende Eingriffe in die betrieblichen Strukturen notwendig gemacht. Diese Forderung stand allerdings jetzt erst recht im Widerspruch zur wirtschaftsliberalen Grundtendenz der Bergrechtsreform. Die Bergbehörde versuchte deshalb, den Explosionsschutz mit den Maßnahmen der Direktionszeit als Konsens zwischen Wirtschafts- und Sicherheitsinteressen auszulegen und ihn im Rahmen ihrer Möglichkeiten auf den Zechen auch durchzusetzen. Die Bergbeamten bemühten sich dabei durchaus um eine eigenständige Position gegenüber den Bergbau-Unternehmern, nur taten sie es mit Mitteln, die der neuen Gefährdungsstruktur nicht mehr gerecht wurden. Anfänglich vertrauten sie darauf, dass die Unternehmerseite von sich aus den erwarteten Ausgleich zwischen ökonomischen und Sicherheitsinteressen bewerkstelligte. Erst seit Ende der 1860er Jahren entwickelten sie langsam das Bewusstsein für die Notwendigkeit einer stärkeren Einflussnahme, die nun aber auf den formierten Widerstand des Unternehmerlagers traf.

Den Prozess des zwangsläufigen Scheiterns empfanden die Behördenvertreter zunehmend selbst als Dilemma. Angesichts der mehrjährig arbeitenden Untersuchungskommissionen vermittelte sich ihnen der Eindruck eines hohen und zielgerichteten Aktionismus. Der Diskrepanz zwischen erhoffter Risikokontrolle und tatsächlich zunehmender Explosionsunsicherheit begegneten sie mit Unverständnis und dem Unvermögen, die Wirkungslosigkeit der eigenen Handlungsstrategien anzuerkennen. Nicht ihre Handlungskonzepte hielten sie für fragwürdig, sondern deren vermeintlich fehlerhafte oder unzureichende Umsetzung. Gesellschaftlich vertretbar war eine derartige Kompensation des eigenen Handlungsdefizits nur unter der Voraussetzung, dass die dem Risikoverständnis innewohnende Verantwortbarkeit plausibel und akzeptabel anders zugerechnet werden konnte.

4.4.1 Die Rechtsprechung als Bewältigungsmittel des Explosionsrisikos

„Von den tödtlichen Explosionen ist hiernach der überwiegende Theil nachgewiesener Maassen dem Verschulden irgend eines beim Grubenbetriebe Betheiligten, und zwar bei Weitem in erster Linie eines der Verunglückten selbst zur Last zu legen. Wenn bei den nichttödlichen Explosionen das Verhältnis ein weniger scharf hervortretendes ist, so hat dies nur in der mangelhafteren Aufklärung – namentlich der weiter zurückliegenden Fälle – seinen Grund. Ueberhaupt bilden die Fälle, bei welchen mit Bestimmtheit ausgesprochen werden kann, dass die Explosion lediglich einem unglücklichen Zufalle zuzuschreiben ist und Niemanden dabei eine Schuld trifft, nur einen verhältnissmässig geringen Bruchtheil (12 bis 13 pCt.) der Gesammtzahl".[267]

Die zusammenfassende Beurteilung der Schuldfrage an den Explosionen zwischen 1861 und 1881 traf die preußische Schlagwetterkommission durch die Auswertung der eigenen Untersuchungsprotokolle sowie der Gerichtsakten in den Fällen, in denen eine strafrechtliche Verfolgung der Verursacher erfolgt war. Immerhin 46 tödliche und 155 nichttödliche Explosionen waren strafrechtlich verhandelt worden. Etwa die Hälfte dieser Gerichtstermine hatte durchweg zur Verurteilung von Bergleuten geführt, wobei das Strafmaß mehrheitlich in Gefängnisstrafen von acht Tagen bis drei Monaten bestand. In einzelnen Fällen belief sich die Haftstrafe sogar auf ein bis zwei Jahre.[268] Hinter der nüchternen Auflistung statistischer Rechtsurteile verbarg sich eine jahrzehntelange Rechtsprechungspraxis, die nahezu ausschließlich zu Lasten der von Unglücken im eigentlichen Sinne betroffenen Bergleute ging. Sie war eines der gesellschaftlichen Kompensationsmuster zur Bewältigung des wachsenden Explosionsrisikos, bei dem die Zuordnung von Schuld zur unabdingbaren Voraussetzung für die Legitimation der bestehenden Unsicherheit wurde.

Im Akt der gerichtlichen Urteilsfindung vollzog sich die Synthese der in Bezug auf den Unglücksauslöser unterschiedlichen Wahrnehmungen der direkt oder mittelbar Beteiligten. Durch Abwägung der Zeugenaussagen schälte das Gericht den als Wahrheit interpretierten Verlauf des Unglückshergangs heraus, an dessen Ende ein in der öffentlichen Rezeption objektiviertes Verursacherurteil stand. Dabei war allerdings von entscheidender Bedeutung, in welcher Weise die unterschiedlichen Perspektiven der Beteiligten gewertet wurden. Der juristische Prozess unterlag einer Reihe sozialer Konventionen, die etwa im Hinblick auf Expertenwissen und Artikulation des jeweiligen Standpunkts Glaubwürdigkeiten bestimmten und das Urteil beeinflussten.[269] Es stellt sich deshalb die Frage, ob und inwieweit die Bergleute im Rahmen der Gerichtsverhandlungen durch die Auswahl der berücksichtigten Gesichtspunkte des Unfallgeschehens überhaupt in der Lage waren, etwas anderes als ihre eigene Verurteilung zu erwarten. Zur Beantwortung der gestellten Frage soll zunächst ein typischer Gerichtsfall etwas ausführlicher dargestellt werden.

Am 25. Juli 1857 übersandte das Essener Bergamt pflichtgemäß die Anzeige über eine Schlagwetterexplosion auf der Essener Steinkohlenzeche Helene & Amalie an das Dortmunder Oberbergamt als vorgesetzter Behörde.[270] Mehr als eine Woche zuvor, am 16. desselben

267 zit. Haßlacher, Haupt-Bericht, S. 35.
268 vgl. ebd., S. 36.
269 Gemeint ist hier die klassenspezifische Verschiebung von Interpretationsmöglichkeiten im juristischen Prozess, die für die zweite Hälfte des 19. Jahrhunderts zunächst von Karl Liebknecht 1907 unter dem Begriff der Klassenjustiz beschrieben worden sind. Vgl. Liebknecht, Karl: Rechtsstaat und Klassenjustiz. Bericht über einen Vortrag in einer Massenversammlung in Stuttgart, 23. August 1907, in: Ders.: Gesammelte Reden und Schriften, 7 Bde., Berlin (Ost) 1960, hier Bd. 2, S. 17 – 42. In soziostruktureller Hinsicht bezeichnet er eine Rechtsanwendung, die durch die Einbindung der Richterschaft in die staatstragende Klasse von einem verzerrten Vorverständnis geleitet und von einer Reihe formeller und informeller Mechanismen bewirkt wird. Vgl. dazu in erster Linie: Lautmann, Rüdiger: Klassenjustiz, in: Görlitz, Axel (Hrsg.): Handlexikon zur Rechtswissenschaft, München 1972, S. 248 – 252 und Raiser, Thomas: Zum Problem der Klassenjustiz, in: Friedmann, Lawrence M./Rehbinder, Manfred (Hrsg.): Jahrbuch für Rechtssoziologie und Rechtstheorie, Bd. 4: Zur Soziologie des Gerichtsverfahrens, 1976, S. 123 – 136. Speziell zur Klassenjustiz bezüglich des Ruhrbergbaus siehe Przigoda, Stefan: Klassenjustiz im Kaiserreich? Zur Rechtsprechungspraxis der Gerichte in Arbeitskämpfen. Das Beispiel des Bergarbeiterstreiks im Ruhrgebiet 1912, Berlin 1994 (= ms. Magisterarbeit).
270 vgl. STAM OBA DO, Nr. 274, Bl. 21 f.: Schreiben des Essener Bergamts an das OBA Dortmund v. 25.07.1857.

Monats, hatten sich dort sechs Bergleute „mehr oder weniger" starke „Brandverletzungen" in der „108 Lachtersohle auf dem Flötze Wiehagen" zugezogen. Während nun die Bergleute Dietrich Oberhagemann, Heinrich Böhler, Johann Haskenteufel, Heinrich Weske und Theodor Schlieper laut Bericht inzwischen zum „Theil schon wieder hergestellt" worden wären, sei der ortsansässige 16-jährige Bergtagelöhner Peter Müller dagegen an den Folgen der erhaltenen Verletzungen verstorben. Unverzüglich nach dem traurigen Ereignis hatte der zuständige Revierbeamte, Berggeschworener Robert Menzel, nach erfolgter Anzeige des Unfalls durch den Betriebsführer der Zeche mit den Untersuchungen des Vorfalls begonnen. Aus Menzels aufgenommenen Protokollen, die nun dem Schreiben an das Oberbergamt anlagen, ergab sich für das Essener Bergamt der Schluss, dass „keiner der bei dem Unglücksfalle betheiligten Personen der Vorwurf der Fahrlässigkeit gemacht werden" konnte. Dennoch hatte das Essener Bergamt Zweifel, ob das Ereignis wirklich der schon mehrfach beschworenen höheren Gewalt zuzuschreiben war.

Dieses Unbehagen bezog sich in erster Linie auf die aus den Zeugenaussagen zu folgernde Explosionsursache: „Es ist uns jedoch unwahrscheinlich, daß die Entzündung der Wetter in der angegebenen Weise durch eine gut verschlossene Sicherheitslampe erfolgt sein soll". Um diese Frage einer weiteren Klärung zuzuführen, hatte man eine erneute Vernehmung des Bergmanns Heinrich Böhler, dessen Sicherheitslampe von allen Unfallbeteiligten als Kern des Übels bestimmt worden war und mit vorliegendem Schreiben ebenfalls zur Untersuchung nach Dortmund geschickt wurde, in Aussicht genommen. Sobald sich hierdurch neue Erkenntnisse für die Essener Beamten ergeben sollten, werde man seine Pflicht, „seiner Zeit anzuzeigen nicht verfehlen." Ziemlich genau einen Monat später sandte das Oberbergamt die eingereichte Sicherheitslampe nach Essen zurück und teilte gleichzeitig mit, „daß wir uns durch einen Commissar an Ort und Stelle unterrichten werden". Die Untersuchungsprotokolle behalte man deshalb vorerst in Dortmund.[271] In den folgenden Wochen wurden die Bergleute dann mehrmals durch Vertreter der Bergbehörde vernommen. Beharrlich und übereinstimmend erklärten sie weiterhin, dass die Explosion durch Böhlers Lampe verursacht worden sei. Doch die inzwischen erfolgte eingehende Untersuchung erhärtete die Zweifel der Bergbeamten.

Am 4. November 1857 wurde Heinrich Böhler endlich allein in die Diensträume des Königlichen Berggeschworenen Menzel beordert. Letzterer wies Böhler nachdrücklich darauf hin, „daß er seine Aussagen zu beschwören habe", ferner „wurde ihm zugleich die Wichtigkeit des Eides vorgehalten."[272] Offensichtlich blieb diese direkte und alleinige Konfrontation mit dem behördlichen Vorgesetzten nicht ohne Wirkung, denn jetzt präsentierte Böhler eine vollkommen neue Version über den Verlauf des Unglücksfalles: „Wie ich an dem Morgen, wo sich der Unglücksfall zugetragen, mit meinen Kameraden in die Grube kam, stand Oberhagemann im Querschlage in der 108 Lachter Sohle. Er forderte mich auf, in das Ueberhauen zu fahren, um die Wetter zu untersuchen. Dies that ich auch und fuhr in das östliche Ueberhauen, wo dann die Flamme sich in der Lampe schon bald in die Höhe zog, und auf und nieder schlagend den Cylinder verfüllte. Ich fuhr darauf zurück und sagte Oberhagemann, daß die Wetter sehr stark sein. Dieser erklärte: wir wollen sie anzünden, worauf er sich schon von dem Hauer Schlieper einen mit Pulver gefüllten Halmen geben ließ, an welchen er den von dem Hauer Haskenteufel gelieferten Schwamm steckte. Nachdem nun der Schwamm angezündet worden war, brachte Haskenteufel den Halmen in das östliche Ueberhauen, worauf dieser wieder herunter kam. Bald darauf zündete der Halmen und die Explosion der Wetter

271 vgl. ebd., Bl. 23: Schreiben des OBA Dortmund an das Essener Bergamt v. 21.08.1857.
272 vgl. ebd., Bl. 52: Vernehmungsprotokoll des Bergarbeiters Heinrich Böhler v. 04.11.1857.

erfolgte so stark, daß wir alle mehr oder weniger verbrannten. Das ist alles was ich über den Hergang der Sache zu berichten weiß."

Die Bergbeamten hatten damit bereits seit Beginn der Untersuchungen richtig vermutet, dass die intakte Sicherheitslampe für die Explosionsursache keine Rolle spielte. Böhler gestand, dass sich die Bergleute einer Methode zur Beseitigung von Schlagwetteransammlungen bedient hatten, die sie offensichtlich kannten und unter den gegebenen Bedingungen gefahrlos anwenden zu können glaubten. Als dieses Verfahren am 16. Juli jedoch versagt hatte, mussten sie aus verschiedenen Gründen davon überzeugt gewesen sein, den wahren Verlauf der Ereignisse besser geheim zu halten. Böhler beschloss die Vernehmung am 4. November mit dem Hinweis: „Ich bereue sehr, über den Hergang der Sache bei der ersten Vernehmung die Unwahrheit gesagt zu haben, und habe dies, um die Familie des Oberhagemann nicht unglücklich zu machen, aus eigenem Antrieb gethan."

Was es mit den Motiven Böhlers auf sich hatte, wurde am 27. Januar 1858 klar. An diesem Tag wurden im Königlichen Kreisgericht zu Essen in öffentlicher Sitzung der 33-jährige Familienvater von 4 Kindern Dietrich Oberhagemann sowie der Bergmann Johann Haskenteufel wegen „Tödtung aus Fahrlässigkeit" angeklagt.[273] Es lohnt sich, dem Verlauf der Verhandlung etwas genauer zu folgen, weil die unterschiedlichen Beurteilungen des gleichen Geschehens aus der Sicht der Betroffenen deutlich werden.

Nachdem der Gerichtsschreiber die Anklage verlesen hatte, gab der den Verhandlungsvorsitz führende Kreisgerichtsdirektor Kersten den beiden Angeklagten die Möglichkeit, sich zur Sache zu äußern. Dietrich Oberhagemann zeigte sich im Folgenden sehr bemüht, als möglichst unbeteiligt an den Vorbereitungen zum Anzünden der Schlagwetter zu erscheinen: „Ich habe nicht gesagt, man solle die Wetter anstecken. Wer den Halm herbeigeholt weiß ich nicht, er wurde mit Pulver gefüllt, durch Schwamm gezündet und von Haskenteufel in das Ueberhauen getragen." Die Warnung der Bergleute vor der bestehenden Gefahr hatte zur Kernaufgabe seiner Funktion als Wetterkontrolleur gehört und dieser sei er auch nachgekommen. Zur weiteren Entlastung seiner eigenen Person gab er an, dass einige Tage zuvor von anderen Bergleuten Schlagwetter bereits angezündet worden seien. Schließlich hätte auch der Steiger Brandenbusch gesagt, „man solle die Wetter mal anstecken."

Oberhagemanns Bemühungen, möglichst unbeteiligt zu wirken, relativierte bereits die Aussage des zweiten Beschuldigten Johann Haskenteufel. Zur Sache sagte dieser aus, Oberhagemann hätte ihm den mit Pulver gefüllten Halm übergeben und ihm aufgetragen, diesen in das Überhauen zu bringen. Er sei diesem Auftrag gefolgt, weil er glaubte, er „müsse Oberhagemanns Befehlen Folge leisten." Interessant ist auch eine kleine Bemerkung, die er anschloss: „Ich wurde wegen meiner Aengstlichkeit als ich zuerst nicht wollte, ausgelacht." Im weiteren Verlauf der Verhandlung kamen dann die am Unfall beteiligten Bergleute Schlieper und Weske als Zeugen zu Wort. Ihre knappen Aussagen bestätigten die Angaben Haskenteufels. Dabei war ihnen das Bemühen anzumerken, sich nicht selbst zu belasten. Einzig Heinrich Weske ließ sich zu der Bemerkung hinreißen: „Wir überlegten alle, ob wir die Wetter nicht anstecken sollten."

Nachdem dann zunächst der 49-jährige Fahrhauer Heinrich Lange sein Unwissen darüber bekundet hatte, ob Dietrich Oberhagemann einen Auftrag zum Anzünden der Wetter erhal-

---

273 vgl. ebd., Bl. 30 ff.: Protokoll der öffentlichen Sitzung des Essener Kreisgerichts v. 27.01.1858.

ten hatte, kam der Aussage des ebenfalls geladenen Steigers Friedrich Brandenbusch besondere Bedeutung zu – schließlich wollte Oberhagemann doch von ihm quasi beauftragt worden sein. Dies bestritt Brandenbusch zunächst ausdrücklich, bemerkte dann allerdings: „Vor dem [...] Vorfall äußerte ich, auf anderen Zechen zünde man die Wetter an." Außerdem gab auch er zu, dass wenige Tage zuvor „die Wetter ohne üblen Erfolg angezündet" worden seien. Schließlich äußerte er sich zu den Pflichten des Oberhagemanns in seiner Funktion als Wetterkontrolleur und entlastete damit zugleich Johann Haskenteufel: „Oberhagemann mußte die Betriebspunkte befahren und die Leute warnen, wenn schlagende Wetter vorhanden. Haskenteufel mußte den Anordnungen des Oberhagemann Folge leisten."

Als letzter Zeuge wurde schließlich der Berggeschworene Robert Menzel aufgerufen. Seine Aussagen waren in erster Linie darauf ausgerichtet, nachzuweisen, dass aus bergbehördlicher Sicht keine grundsätzlichen Verfehlungen hinsichtlich der Schlagwettergefährdung auf der Zeche Helene & Amalie vorlagen. So hob er hervor, dass in den Überhauen mit Sicherheitslampen gearbeitet worden sei. Außerdem setzte er voraus, dass der Grubenverwalter den Oberhagemann angewiesen hatte, „die Wetter zu beachten und die Bergleute zu warnen." Die Beschäftigung derartiger Wetterkontrolleure an sich war doch schon ein Argument für die Einhaltung zeitgenössischer Sicherheitsstandards zur Verhütung von Schlagwetterexplosionen. In letzter Konsequenz waren deshalb die Bergleute selbst für ihr Unheil verantwortlich gewesen: „Ich glaube sämmtliche Leute haben die Qualität der Wetter nicht gekannt, was ich daraus schließe, daß die Angeklagten selbst verbrannt sind."

In den abschließenden Plädoyers beantragte zunächst der Staatsanwalt die Bestrafung Oberhagemanns mit drei Monaten Gefängnishaft und im Falle Haskenteufels stellte er die Entscheidung dem Gericht anheim. Der für die beiden Angeklagten zuständige Rechtsanwalt plädierte auf Freispruch in beiden Fällen. Letzterem gab das Kreisgericht in seinem Urteil für Haskenteufel statt, Bergmann Dietrich Oberhagemann wurde hingegen „mit einer Gefängnißstrafe von zwei Monaten" belegt. Ferner beschloss man, „ihm die Kosten der Untersuchung zur Last zu legen."

Bei der Interpretation der geschilderten Gerichtsverhandlung muss zunächst berücksichtigt werden, dass sich die Bergleute mit dem gezielten Entzünden der Schlagwetter einer höchst gefahrvollen und alten Präventionspraxis bedienten. In vorindustrieller Zeit waren in Ermangelung alternativer Möglichkeiten zur Verteilung auftretender Schlagwetter sog. Feuerleute bzw. Büßer bestimmt worden, die an die kritischen Örter fuhren und das Schlagwettergemisch mit einem an langen Stangen befestigten Licht zur Explosion brachten. Zum Schutz vor Verbrennungen waren sie in nasse Kleidungsstücke gehüllt (vgl. Abb. 20).[274] Die bisher in der montanhistorischen Literatur vorliegenden Beschreibungen der Feuerleute sind im Hinblick auf Auswahl und Aufgabenzuteilung wenig eindeutig. Der Begriff des Büßers stammt offensichtlich aus dem belgischen Sprachraum und scheint auf die Verwendung von Straftätern schließen zu lassen, die durch Los bestimmt wurden.[275] Andere Autoren vertreten die wahrscheinlichere Ansicht, dass die gefahrvolle Tätigkeit von erfahrenen Bergleuten übernommen wurde, deren Schutzkleidung lediglich den Eindruck eines Büßergewandes vermittelte.[276]

---

274 vgl. Simonin, L.: La vie souterraine ou les mines et les mineurs, Paris 1867, S. 181.

275 vgl. Friemann & Wolf, Aus der Geschichte der Grubenlampe, S. 4 sowie Schwarz, Entwickelung und gegenwärtiger Stand, S. 20.

276 vgl. Hubig, 160 Jahre Wetterlampen, S. 12.

Abb. 20: Feuermann beim Entzünden schlagender Wetter

Auch im Ruhrbergbau wurden in der ersten Hälfte des 19. Jahrhunderts Feuerleute eingesetzt.[277] Wir haben am Beispiel der Zechen St. Peter und Friedrich Wilhelm bereits darauf
hingewiesen. Die den Bergleuten dabei drohenden Gefahren bewogen das Dortmunder Oberbergamt schon 1824, ein unkontrolliertes Ausgreifen dieser Praxis zu verbieten. Huyssen betonte Anfang der 1850er Jahre jenes Verbot in seiner Veröffentlichung der ersten Wetterpolizei-Verordnung von 1846 ausdrücklich. Daraus lässt sich schließen, dass das Verfahren
auch weiterhin auf den schlagwetterführenden Ruhrzechen zum Einsatz kam.[278] Der hier geschilderte Fall steht insoweit in der Tradition des älteren Präventionsmusters, das erst in den
1850er Jahren endgültig an Bedeutung verlor.

Typisch am Verlauf der geschilderten Gerichtsverhandlung war nun, dass bei der Urteilsfindung der Unfallhergang am theoretischen Konzept der Verordnung von 1824 gemessen wurde. Die wegen des mehrfachen Auftretens von Schlagwettern völlig unzureichende Wetterversorgung auf Helene & Amalie spielte gar keine Rolle. Eine Mitverantwortung von
Unternehmerseite oder Bergbehörde im weiteren Sinne war also von vornherein ausgeschlossen. Um die Schuld eindeutig auf der Ebene der Bergleute zu verorten, musste nur
noch nachgewiesen werden, an welcher Stelle die Bergleute vom ideellen Verordnungstext
abgewichen waren. Genau dies tat der zugleich als Zeuge und Gutachter auftretende Berggeschworene Menzel, indem er die betriebliche Realität unzutreffend als mit der Verordnungslage übereinstimmend darstellte. In seinem Gutachten kam er zu dem Schluss, „daß es
wohl vorkomme, daß das Anzünden für zweckdienlich erachtet werde, in einem solchen Fal-

---

277 vgl. Raub, Julius: Feuerleute im Ruhrgebiet, in: Der Anschnitt 12, 1960, Heft 4, S. 33 f.
278 vgl. Huyssen, Die Entzündung schlagender Wetter, S. 157: „Noch ist die Verordnung des Dortmunder Oberbergamts vom 29. März 1824 zu erwähnen, durch welche das Anzünden der schlagenden Wetter, das sonst
vielfach als Mittel zu deren Beseitigung gilt, so lange sie noch in geringer Masse vorhanden sind, allgemein
verboten wird."

le aber unter Leitung von erfahrenen Grubenverwaltern und unter Anwendung gehoeriger Vorsichtsmaaßregeln [...]". Dazu gehörte angeblich immer, „daß alle Räume in der Nähe der mit schlagenden Wettern angefüllten Stelle von Menschen geräumt würden und diejenigen, welche das Anzünden vornähmen, sich aus dem Wetterzuge entfernen [...]". Wenn die Bergleute von Helene & Amalie sich aber „gerade in den Wetterzug gestellt und in Folge dessen beschädigt" worden seien und sich „überhaupt so dumm benommen und jegliche Vorsicht so sehr außer Acht gelassen hätten", konnte darin lediglich „eine bedeutende Fahrlässigkeit zu finden" sein.[279]

Die Bergleute waren damit weit in die Defensive gedrängt. Um sich aus ihr zu befreien, hätten sie gegenüber dem Gericht glaubhaft nachweisen müssen, dass die betriebliche Realität keinesfalls den normativen Regeln entsprach. Ob den Bergleuten auf Helene & Amalie die Verordnung von 1824 überhaupt bekannt war, ist zweifelhaft. Ihr Bemühen zur Verschleierung des eigentlichen Unfallhergangs scheint zunächst dafür zu sprechen. Die Tatsache aber, dass innerhalb der Belegschaft selbst auf Steigerebene das Anzünden der Schlagwetter offen diskutiert wurde, spricht eher für eine allgemeine Unkenntnis. Viel stärker wiegt außerdem das von Oberhagemann angeführte Argument, man hätte auf der Zeche kurz vor dem Unfall mehrmals dasselbe Mittel gefahrlos angewandt. Betriebliche Realität war deshalb nicht die vom Berggeschworenen Menzel dargestellte idealtypische Auslegung der bergbehördlichen Verordnungslage, sondern eine von ihr abweichende, allgemein akzeptierte Vorgehensweise zur Beseitigung der Schlagwetter. Sie zwang die Bergleute beständig, am Rande der erst im Rahmen des Gerichtsverfahrens zu Tage tretenden Illegalität zu operieren. Solange nichts passierte, gab es keinen Grund, die gleichwohl fragwürdigen Operationen in Frage zu stellen. Im Falle des Versagens hatten die betroffenen Bergleute jedoch so gut wie keine Chance, der gerichtlichen Schuldzuweisung zu entgehen.

Die innere Logik der beispielhaft dargestellten Verhandlung des Unglücks von Helene & Amalie bestimmte die gesamte Rechtsprechungspraxis zum explosionsbedingten Unfallgeschehen in der zweiten Hälfte des 19. Jahrhunderts. Innerhalb der Bergarbeiterschaft erzeugte sie eine solidarisch geprägte Taktik zur Verschleierung der realen Tatbestände bei Unfallereignissen. Nur wenn es den bergbehördlichen Untersuchungen im Nachhinein nicht gelang, den Unfallhergang zu rekonstruieren, hatten die Bergleute die Möglichkeit, die zwangsläufige Schuldzuweisung abzuwenden. Je genauer sich nämlich das Unfallereignis erklären ließ, um so detaillierter konnte es in Relation zu den normierten Vorschriften bewertet werden. War die Rekonstruktion der Verhältnisse unmöglich, dann war das Schuldurteil kaum zu begründen. Die Verantwortung für die Katastrophe war damit nicht mehr personifizierbar, sondern nur durch höhere Gewalt und Schicksal zu erklären. Die unter dem Zwang der Verhältnisse entwickelte Verschleierungstaktik nutzten die Bergleute, um das Unfallereignis aus der Risiko- in die Gefahrenwahrnehmung zu transponieren.

Der am meisten Erfolg versprechende Weg bestand in dem Versuch, die Ursache der Schlagwetterzündung auf das systemtechnische Versagen der Sicherheitslampe zu schieben. Insoweit ist das Reaktionsmuster der Bergleute von Helene & Amalie ebenfalls typisch. Oft wurde es zur Kaschierung von Explosionsauslösern durch das offene Geleucht eingesetzt. Ob die Sicherheits- oder die offene Lampe zur Entzündung geführt hatte, ließ sich im Nachhinein nur sehr schwer nachweisen. Bedingt durch die Praxis des gemischten Geleuchts waren am Entzündungsort in der Regel beide Lampen vorhanden. Außerdem wiesen die Sicherheitslam-

---

279 zit. STAM OBA Dortmund, Nr. 274, Bl. 33 – 36: Protokoll der öffentlichen Sitzung des Appelationsgerichts Hamm v. 25.06.1858.

pen bei Unfällen durch offenes Geleucht selten Beschädigungen auf, da man sie ja gerade nicht in direkten Kontakt mit dem Gasgemisch gebracht hatte. Die Bergleute versuchten deshalb, die intakten Sicherheitslampen als Explosionsauslöser darzustellen. Die Bergbeamten bezweifelten den Wahrheitsgehalt derartiger Aussagen häufig zu Recht; sie waren aber nicht in der Lage, ein mögliches Durchschlagen oder Durchblasen selbst der intakten Lampen vollkommen auszuschließen. In der Aufrechterhaltung dieses Zweifels lag für die Bergleute die einzige Chance, der Bestrafung zu entgehen. Im Sinne des Strafrechts war es unter dieser Voraussetzung unmöglich, ihnen die juristisch relevante Fahrlässigkeit zuzuerkennen.

Bei den Versuchen, die Verschleierungstaktik gegenüber der Gehorsam fordernden und Allmacht demonstrierenden Aufsichtsbehörde durchzuhalten, standen die Kameradschaften in einer außerordentlichen Binnensolidarität zusammen. Sie trotzte selbst gemeinschaftlich erlittenen Unfallfolgen. Nachdem sich Ende November 1853 zwei Bergleute auf der Zeche Am Schwaben durch eine Schlagwetterexplosion verbrannt hatten, schilderte der weniger schwer verletzte Hauer Christian Pöhling den Vorfall in der bergbehördlichen Vernehmung bewusst unwissend. Obgleich selbst verletzt, bemühte er sich, die Handlungsweise seines Kameraden so zweideutig wie möglich darzustellen: „Demnächst fuhren wir mit den brennenden offenen Grubenlampen bis an den Wetterschacht und zündeten hier die Sicherheitslampen an. Ich löschte mein Grubenlicht aus, nahm dasselbe so wie die brennende Sicherheitslampe in die linke Hand [...]. Ich habe gesehen, daß mein verunglückter Kammerad die Sicherheitslampe an dem Wetterschacht ebenfalls angezündet hat. Er folgte mir gleich nach [...]. In welcher Hand er das Licht trug, kann ich nicht angeben, ebenso wenig vermag ich zu bekunden, ob er auch die brennende Sicherheitslampe oder diese und gleichzeitig das brennende offene Grubenlicht mit sich führte."[280] Das Fehlen von Hinweisen auf eine polizeiliche oder strafrechtliche Verfolgung des Vorfalls in den Akten spricht dafür, dass die Taktik in diesem Fall von Erfolg gekrönt war.

Neben der nur begrenzt wirksamen Verschleierungstaktik entwickelte die Bergarbeiterschaft seit den 1860er Jahren ein zweites Ventil zur Abwehr der ihr allein zugewiesenen Verursacherschuld. Mit zunehmender Skepsis gegenüber dem seit der Bergrechtsreform ins Leere laufenden Petitionsweg begann sie die kritische Haltung der Öffentlichkeit unter dem Eindruck von Explosionskatastrophen zu nutzen. Das Ziel dieser Vorgehensweise lag zunächst noch ausschließlich in der Abwehr ihrer alleinigen Verurteilung und nicht in der Instrumentalisierung der Sicherheitsproblematik zugunsten einer allgemeineren Interessenvertretung. Argumentativ richtete sie sich auf eine Erweiterung der Gesichtspunkte, die innerhalb der Untersuchungsverhandlungen erwogen werden sollten und damit auch die Rolle der Bergbehörde und der Unternehmerschaft hinterfragten. Aber auch diese zweite Alternative unterlag strukturellen Begrenzungen in der Wirksamkeit.

Die am 7. August 1861 erfolgte Schlagwetterexplosion auf der Mindener Zeche Laura & Bölhorst hatte acht Bergleuten das Leben gekostet und weitere fünf schwer verletzt. Da es im Verlauf der bis dahin vergangenen zehn Jahre schon mehrfach zu größeren Explosionen gekommen war, wurde das jetzige Ereignis in der Öffentlichkeit mit „lebhafter Antheilnahme" diskutiert.[281] Die unverzüglich vom zuständigen Berggeschworenen von Dücker vorgenommene Unfalluntersuchung führte zu dem nicht überraschenden Ergebnis, „daß die Wetter-

280 zit. STAM OBA Dortmund, Nr. 275, Bl. 32 – 39: Verhandlungsprotokoll über die Verunglückung des Bergmanns Wilhelm Sommer auf der Steinkohlenzeche am Schwaben v. 01.12.1853.

281 vgl. STAM OBA Dortmund, Nr. 276, Bl. 84: Schreiben des Regierungspräsidiums an das OBA Dortmund v. 14.09.1861. Zu den vorherigen Explosionen vom 13.03.1848, 22.08.1850, 19.08.1853 und 29.11. 1857 vgl. Kroker/Farrenkopf, Grubenunglücke, S. 99 ff., S. 107.

führung vor den betreffenden Abbauorten so gut im Stande gewesen sei, als dies bei der ganzen Einrichtung der Grube möglich gewesen sei."[282] Das Handelsministerium, das sich wegen der Schwere des Unglücks und der öffentlichen Erregung veranlasst sah, die Untersuchung des Revierbeamten einer eigenen Bewertung zu unterziehen, äußerte allerdings Zweifel: „Aus den Aussagen der vernommenen Zeugen aber geht hervor, daß sich vor diesen Orten nicht selten Wettermangel gezeigt habe, und daß daher die Wetterversorgung sich keineswegs in dem Zustande befunden hat, wie bei einer mit schlagenden Wettern behafteten Grube verlangt werden muß."[283] Sie forderte das Dortmunder Oberbergamt deshalb auf, von Dücker zu einer neuerlichen Untersuchung zu veranlassen und „bei der Berichterstattung seine eigenen Ansichten über die Zweckmäßigkeit des Wetterversorgungs-Planes, sowie darüber abzugeben, ob bei der Ausführung oder Beaufsichtigung desselben Jemandem ein schuldbares Versehen oder Nachlässigkeit zur Last zu legen ist."[284]

Das Dortmunder Oberbergamt kam der Aufforderung Ende Oktober 1861 nach.[285] Zunächst bestätigte es von Dückers Urteil über die Unglücksursache, die in der beschädigten Sicherheitslampe des betroffenen Ortsältesten zu sehen war. Ein „schuldbares Versehen" bei Einrichtung der Wetterführung hätte sich bisher indes nicht nachweisen lassen. Die „Ursache des Unglücksfalles in einer Unzulänglichkeit des Wetterwechsels" zu suchen, wäre höchst unwahrscheinlich, weil der „Revierbeamte selbst ungeachtet der zu allen Zeiten gleich starken Entwickelung schlagender Wetter vor den östlichen Streborten eine verdächtige Ansammlung niemals bemerkt" habe.[286] In Übereinstimmung mit der gängigen Untersuchungspraxis war aus bergbehördlicher Expertensicht ein Mitverschulden von Grubendirektion und Aufsichtsbehörde auch für das fragliche Unglück ausgeschlossen.

Weil sie das einseitige Urteil der Bergbehörde vorausahnten, versuchten die Bergleute von Laura & Bölhorst nun erstmals ihre abweichende Sicht der Verhältnisse durch Hinwendung an die Regierungsbehörden zu vertreten. Unterstützung erhielten sie dabei vom ansässigen Kreisphysikus Dr. Schreiber.[287] Er nahm ihre Argumente über die Vernachlässigung der Wetterversorgung auf der Grube zur Kenntnis und übermittelte sie an das Regierungspräsidium. Von diesem wurde daraufhin der zuständige Landrat mit einer eigenen Vernehmung der Bergleute beauftragt.[288] Es stellte sich zunächst heraus, dass die Beschwerde von Bergarbeitern geführt wurde, die zwar lange Jahre auf der Zeche tätig gewesen waren, zum Zeitpunkt des Unglücksfalls jedoch nicht mehr zur Belegschaft gehörten. Im Gegensatz zur Bergbehörde, die deshalb grundlegende Zweifel an deren Glaubwürdigkeit äußerte, waren die Regierungsbeamten mehr geneigt, ihren Angaben zu trauen: „Wir verkennen nicht, daß die Aussage von Bergarbeitern, welche gegen ihren Wunsch erst vor kurzem aus der Arbeit entlassen sind, Bedenken unterliegt. Die gehörten Arbeiter sind indeß als zuverlässige und wahrheitsliebende Persönlichkeiten bekannt, und ihre Angaben deshalb der Berathung werth."[289]

---

282 zit. STAM OBA Dortmund, Nr. 276, Bl. 98 f.: Schreiben des Ministeriums für Handel, Gewerbe und öffentliche Arbeiten an das OBA Dortmund v. 19.09.1861.
283 zit. ebd., Bl. 98.
284 zit. ebd., Bl. 98.
285 vgl. ebd., Bl. 129 f.: Schreiben des OBA Dortmund an das Ministerium für Handel, Gewerbe und öffentliche Arbeiten v. 28.10.1861.
286 zit. ebd., Bl. 129.
287 Dem jeweils zuständigen Kreisphysikus oblag die Aufgabe der Leichenobduktion. Ihre Tätigkeit entsprach der heutigen gerichtsmedizinischen Feststellung der Todesursachen.
288 vgl. STAM OBA Dortmund, Nr. 276, Bl. 131 ff.: Schreiben des Landrats an das Dortmunder Oberbergamt v. 29.08.1861: „Eine Vernehmung resp. Ermittelung ist, wie hier ausdrücklich vermerkt wird, von mehreren Bergarbeitern dringend gewünscht, weil die von der Königlichen Bergbehörde eingeleitete Untersuchung wohl nicht dasjenige Resultat ergeben würde, wie eine solche seitens der Verwaltungsbehörde."
289 zit. ebd., Bl. 84: Schreiben des Regierungspräsidiums an das OBA Dortmund v. 14.09.1861.

Die geäußerte Kritik der Bergleute Endlich, Schoppe und Held war zu substantiell begründet, als dass sie aus heutiger Sicht unter dem Motiv der Rache für die Entlassung aus dem Arbeitsverhältnis abgetan werden könnte. Offensichtlich nutzten sie nur das nicht mehr bestehende Vertragsverhältnis, um gegenüber den Zechen- und Behördenvertretern jene Kritik zu artikulieren, die ihre noch auf der Grube tätigen Kameraden nicht offen auszusprechen wagten. Im Kern richteten sich ihre Anklagen auf vier Punkte. Dafür benannten sie verschiedene Bergleute als Zeugen, die „am Tage des Unglücks mit eingefahren" waren.[290] Erstens bestritten sie, dass das verordnungsmäßig vorgeschriebene Verfahren der Wetterkontrolle auf Laura & Bölhorst tatsächlich angewendet worden sei. Zweitens wäre der für die Wetterversorgung unbedingt notwendige Wetterofen nur während des Tages geheizt worden. Drittens seien die Vorkehrungen der Wetterführung unzureichend, worauf sie bereits im März 1861 – also unmittelbar vor ihrer Entlassung – mittels einer Eingabe an die Zechendirektion aufmerksam gemacht hätten. Schließlich kritisierten sie den Umstand, dass die Sicherheitslampen in jüngster Zeit von den Arbeitern mit nach Hause genommen würden und sie notwendige Reparaturen selbst bewerkstelligen und bezahlen müssten: „Daß diese möglichst lange damit warten, liegt auf der Hand und ist es unserer Ansicht nach dringend nothwendig, daß die Reparatur wieder von der Zeche besorgt wird, auch wenn den Arbeitern die Kosten zur Last fallen sollen."[291]

Eine weitere erfolgreiche Vertretung der geäußerten Kritik hätte nun ein ebenso entschiedenes Auftreten der benannten Zeugen in den weiteren Gerichtsterminen erfordert. Aus mehreren Gründen, die zugleich die Grenzen bergarbeiterlicher Interessenwahrnehmung in Risikokonflikten während der wirtschaftsliberalen Phase verdeutlichen, war dies aber nicht der Fall. Die als Zeugen benannten Arbeiter erschienen vor Gericht unter anderen Voraussetzungen. Zu der für sie ebenso ungewohnten und sicher unbehaglichen Vorladungssituation trat die Angst vor dem Verlust des bei ihnen noch bestehenden Arbeitsverhältnisses. Einerseits wagten sie es nicht, gegenüber der gerichtlichen Autorität die Unwahrheit zu sagen. Andererseits scheuten sie die offene und unmissverständliche Artikulation der eigenen, den Interessen der Arbeitgeber widersprechenden Position. In ihren Aussagen zogen sie sich deshalb bewusst auf einen Standpunkt des Nicht-Wissens bzw. Nicht-Erinnerns zurück. Damit machten sie sich weder der juristischen Falschaussage schuldig, noch lieferten sie sich möglichen Repressalien der Bergbau-Unternehmer aus. Auf der Strecke blieb dabei allerdings die Wahrung ihres eigenen Interessenstandpunkts.

Die Frage nach der Praxis der Wetterkontrolle beantwortete der 33-jährige Bergmann Friedrich Schlomann, der selbst die Funktion des Fahrhauers bereits bekleidet hatte, bei seiner gerichtlichen Vernehmung beispielsweise wie folgt: „Ich habe etwa 9 bis 10 Jahre vor dem August d. Js. auf der Steinkohlenzeche Bölhorst stattgehabten Unglücke in den Bergwerken Bölhorst und Laura gearbeitet. [...] Der Regel nach ist einer der ältesten Hauer [...] mit der Sicherheitslampe vorher eingefahren, um zu untersuchen, ob ohne Gefährdung gearbeitet werden konnte. Ob diese Sicherheitsmaßregel ein oder andermal unterlassen und ob die gewöhnlichen Bergarbeiter eher eingefahren sind, als die ältesten Hauer, darüber kann ich keine Auskunft geben, denn ich erinnere mich nicht mehr, daß ich ein oder das andere Mal der Erste gewesen, der in das Bergwerk eingefahren, ebenso, daß ich etwa der Zweite gewesen. Es kann aber wohl ein oder ein ander Mal der Fall gewesen sein."[292] Auch der als zweiter Zeuge geladene Schlepper Carl Vogt wollte nicht gewusst haben, ob am Explosionsort „schon lange vor dem Unglücke die Anwesenheit schlagender Wetter bemerkt worden ist und ob

290 vgl. ebd., Bl. 132 f.
291 zit. ebd., Bl. 133.
292 zit. ebd., Bl. 181 ff.: Vernehmungsprotokoll der Bergleute Schlomann und Vogt v. 12.11.1861.

vorschriftsmäßig zuerst ein Hauer mit der Sicherheitslampe eingefahren ist, um das Wetter zu untersuchen."[293]

Machten die Bergleute mit derartigen Aussagen den Wahrheitsgehalt der defizitären Sicherheitskontrolle zunichte, so gab es andere Bereiche, zu denen sie sich wegen tatsächlicher Unkenntnis wirklich nicht äußern konnten. Im hier vorliegenden Fall betraf das insbesondere die Frage nach der Heizung des Wetterofens. Offenbar war weder Schlomann noch Vogt die Existenz und die eigentliche Funktion des Wetterofens auf der Zeche hinlänglich bekannt.[294] Diese Unkenntnis resultierte daraus, dass ein Wissen um dessen Funktion bei ihrer Arbeit nicht vorausgesetzt wurde. Die Einrichtung, Aufrechterhaltung und Kontrolle der ausreichenden Wetterführung war eine Aufgabe, die ausschließlich auf der Ebene der Grubendirektion und der technischen Angestellten beeinflusst wurde. Darin lag ein weiteres strukturelles Defizit für die Interessenwahrnehmung der Bergleute in Sicherheitsfragen. Sobald die übergeordneten Gesichtspunkte gerichtlich untersucht und bewertet wurden, breiteten die Bergbeamten ein detailliertes Fachwissen um die gesamten technischen Zusammenhänge des Bergbaubetriebs aus. Für die mit dem Bergbau nicht vertrauten Richter war diese Expertensicht eine unabdingbare Voraussetzung für das Verständnis der spezifischen Situation, in der sie Recht sprechen sollten. Damit erhielten die bergbehördlichen Argumente einen immensen Vorsprung an Plausibilität, der mit dem technischen Laienverstand der Bergleute nicht wettzumachen war.[295]

Der Versuch, durch Mobilisierung der Öffentlichkeit einer einseitigen Schuldzuweisung bei Unglücksfällen zu entgehen, war folgerichtig auch bei der Explosionskatastrophe auf Laura & Bölhorst für die Bergleute aussichtslos. Am Ende der Gerichtsverhandlung stand das Urteil, „daß die Vernehmung der Bergarbeiter [...] nichts ergab, was die Annahme rechtfertigen könnte, daß die Explosion schlagender Wetter in der Steinkohlen-Zeche Bölhorst und der Tod von 8 Grubenarbeitern durch Verletzung bergpolizeilicher Vorschriften und Anordnungen herbeigeführt sei."[296]

4.4.2 Der Trauerkult als Bewältigungsmuster der Explosionsgefahr

In der Rechtsprechungspraxis vollzog sich die einseitige Umverteilung der Verursacherverantwortlichkeit auf Kosten der betroffenen Bergarbeiter. Auf diesem Wege nahmen alle Beteiligten die Explosionsunsicherheit als Risikophänomen wahr. Die Existenz normativer Sicherheitsregeln suggerierte seine harmonische Kalkulierbarkeit, die aus Sicht von Unternehmern und Aufsichtsbehörde lediglich durch Fahrlässigkeit und Unvermögen der Bergleute außer Kraft gesetzt wurde. In der Öffentlichkeit über den angeblich unabhängigen Rechtsweg kompensatorisch nachgewiesen, konnten sowohl Unternehmer als auch Bergbehörde ihre Verantwortlichkeit für die zunehmende Unsicherheit erfolgreich „hinweggeskamotieren".[297] Funktionell war dieses Verfahren für mehrere Jahrzehnte vor allem, weil es selbst

---

293 zit. ebd., Bl. 182.

294 vgl. ebd., Bl. 181. Schlomann sagte aus: „Einen Wetterofen habe ich vor dem stattgehabten Unglück im Bergwerke nicht gesehen, ebenso wenig oben im Bergwerk; deshalb kann ich auch nichts darüber bekunden, ob ein solcher Ofen nur am Tage geheizt worden."

295 Zum Problem der Risikowahrnehmung aus Experten- und Laiensicht vgl. insbesondere: Kemp, Ray: Risikowahrnehmung: Die Bewertung von Risiken durch Experten und Laien – ein zweckmäßiger Vergleich?, in: Bayerische Rückversicherung (Hrsg.): Risiko ist ein Konstrukt. Wahrnehmungen zur Risikowahrnehmung, München 1993, S. 109 – 127.

296 zit. STAM OBA Dortmund, Nr. 276, Bl. 179: Konzept eines Schreiben des OBA Dortmund an den Oberstaatsanwalt von Beughem in Paderborn v. 04.12.1861.

297 vgl. Trischler, Arbeitsunfälle, S. 116.

unter den betroffenen Bergleuten zunächst noch nicht prinzipiell unglaubwürdig war. Die in den 1850/60er Jahren erst allmählich anwachsenden Explosionsereignisse zogen selten mehr als ein oder zwei Bergleute gleichzeitig in Mitleidenschaft. Nur vereinzelt weiteten sich die Unfallfolgen auf eine gesamte Ortskameradschaft aus. Die Konsequenzen des falsch kalkulierten Explosionsrisikos blieben überwiegend auf denjenigen beschränkt, der die Kalkulationsentscheidung selbst getroffen hatte. Die übrigen Bergleute gaben sich einstweilen der Illusion hin, dass sie sich nur selbst dem Risiko aussetzten.

Innerhalb der Bergarbeiterschaft wurde das von außen vermittelte Risikoverständnis in dem Moment fragwürdig, als die Explosionen an Schwere zunahmen. Die vom Entzündungsort entfernt arbeitenden Hauer und Schlepper wurden hierbei getötet oder verletzt, ohne das kritische Ereignis durch eigenes Handeln überhaupt beeinflusst zu haben. Sofern sie Massenexplosionen überlebten, waren für sie die dem Risikoverständnis zugrunde liegenden Determinanten Handlungsbezug, Kalkulierbarkeit und Verantwortung hinsichtlich ihrer eigenen Person vollkommen inakzeptabel. Sie erfuhren die Explosionsunsicherheit als Gefahr, die ihnen schicksalhaft gegenübertrat. Die Gegensätzlichkeit der Unsicherheitswahrnehmung bei schweren Explosionen liefert die eigentliche Begründung für die jeweils verstärkte Artikulation des Protests der Bergleute. Das von Unternehmern und Bergbehörde vertretene Risikoverständnis verwandelte sich in diesen schweren Fällen in eine unverantwortbare Gefahr, die von den Bergleuten nicht kalkuliert und ihnen deshalb auch nicht zugemutet werden konnte. Die Bewältigung der Explosionsunsicherheit bei Massenunglücken war insoweit über das Risikoverständnis allein nicht zu leisten. Zur Kanalisierung des sozialen Konfliktpotentials griff man deshalb zusätzlich auf die im Bergbau seit Jahrhunderten existenten Kompensationsmuster der Gefahrenbewältigung zurück.

Zwei Tage nach dem Neu-Iserlohner Unglück stand am Nachmittag des 17. Januar 1868 das Begräbnis der bis dahin 76 verstorbenen Bergleute an. Schon um 6 Uhr morgens war Oberberghauptmann Krug von Nidda eigens aus Berlin angereist. Er begab sich „sofort mittels einer auf telegraphischem Wege bestellten Locomotive nach der Zeche Neu-Iserlohn, um die Unglücksstätte in Augenschein zu nehmen.“[298] Begleitet wurde er vom Leiter des Dortmunder Oberbergamts, Berghauptmann Prinz August zu Schönaich-Carolath (1822 – 1899) sowie einer Reihe weiterer höherer Berg- und Verwaltungsbeamten. Nach Befahrung der Unglückszeche kehrte die Gruppe gegen 11 Uhr vermutlich zur Besprechung zunächst nach Dortmund zurück. Am Nachmittag verteilte sie sich dann auf die Begräbnisfeierlichkeiten, die vorrangig in den Kirchengemeinden Langendreer und Lütgendortmund stattfanden.

In Langendreer verkündeten um 15 Uhr die Glocken den „Abgang des Trauerzuges von der Zeche, welchem sich neben einer großen Menge der Anverwandten auch die Beamten der benachbarten Zechen sowie der Landrath des Kreises Bochum, Herr Pilgrim, angeschlossen hatten. Der Zug bestand aus 29 Leichenwagen, deren jeder einen Sarg trug. Eine Abtheilung der Neu-Iserlohner Capelle spielte Trauermärsche. Im Dorfe Langendreer angekommen, wurde manches Auge mit Tränen gefüllt bei dem Anblicke, wie die Angehörigen auf die mit dem Namen des betreffenden Todten beschriebenen Särge losstürzten mit dem Ausrufe ,dieses ist er!‘; und unter lautem Weinen hinter dem betreffenden Sarge sich Platz machten. Das Leichengefolge und die auf dem Kirchhofe harrenden Personen betrugen mehrere Tausende. Die Leichen wurden in zwei Reihen auf beiden Seiten des den Kirchhof durchschneidenden Pfades bestattet, wobei Herr Pfarrer Frey an die Anwesenden eine ergreifende Rede hielt.“[299]

---

298 vgl. Märkischer Sprecher v. 21.01.1868, zit. nach Brämer, Der Knappen letzte Fahrt, S. 29.
299 vgl. ebd., S. 30.

Das hier vom Märkischen Sprecher, dem vormals amtlichen Wochenblatt für den Kreis Bochum[300], geschilderte Begräbniszeremoniell entspricht den rituellen Mustern aller Grabfeierlichkeiten größerer Grubenunglücke auch über die zweite Hälfte des 19. Jahrhunderts hinaus. In ihm drückt sich ein vielschichtiges bergmännisches Grabbrauchtum aus, dessen tiefere Symbolik bereits im frühneuzeitlichen Erzbergbau ausgeprägt worden ist. Zweifellos können dabei die ursprünglichen Bedeutungsgehalte nicht geradlinig aus der ständischen Tradition des Erzbergbaus auf die industrielle Arbeitswelt der Steinkohlengewinnung übertragen werden. Am Beispiel des Schichtgebets und seiner umstrittenen Handhabung bereits zu Zeiten des Direktionsprinzips zeigt sich, dass die allumfassende Frömmigkeit und Religiosität der Bergleute nicht ungebrochen auf den Ruhrbergbau übergegangen ist.[301] Dementsprechend muss auch für das Grabbrauchtum eine gewisse Profanierung vorausgesetzt werden. Gleichwohl glich es mit der weit reichenden Beteiligung der bergbaulichen Funktionsträger, dem musikalisch umrahmten Trauerzug sowie der interpretierenden Ausgestaltung der Grabreden wenigstens teilweise der ständischen Kompensation bergbaubetrieblicher Unsicherheit im Sinne schicksalhafter, gottgewollter Fügung.

Wenn im frühneuzeitlichen Erzbergbau ein Bergmann seine „letzte Schicht" verfahren hatte, vollzog sich die menschliche Anteilnahme und Mittrauer durch die institutionelle Beteiligung der gesamten Knappschaft. Das galt nicht nur für Unfallopfer. Im Grabgeleit manifestierte sich die solidarische Teilung des beruflichen Schicksals: „Das gebotene Stillschweigen auf dem Wege zum Grabe lenkte die Gedanken nach innen und war einer Besinnlichkeit förderlich, die im traurigen Anlass des schmerzlichen Geschehens die Schicksalsverbundenheit im Bergwesen fühlbar machte. [...] Auch dem Außenstehenden prägte unausweichlich sich der Eindruck einer geschlossenen, treu miteinander verbundenen Gemeinschaft ein."[302] Im Erzgebirge war anscheinend bis weit ins 19. Jahrhundert die Teilnahme am Begräbnis eines verstorbenen Bergmanns zumindest für den abkömmlichen Teil der Belegschaft einschließlich des Steigers obligatorisch. Beim Unfalltod erweiterte sich der Kreis erheblich. In Abhängigkeit von der Position des Toten nahmen Unternehmensvertreter und ein Geschworener als Repräsentant der Bergbehörde teil.[303] Solange die betriebliche Unsicherheit, die den Tod des zu Grabe getragenen Bergmanns verursacht hatte, allein aus schicksalhafter Fügung zu erklären war, konnte darin kein Widerspruch liegen. Im Gegenteil: Sie war ja nicht durch menschliches Handeln beeinflussbar und deshalb auch über die hierarchischen Standesgrenzen hinweg solidarisch zu tragen.

300 Der in Bochum herausgegebene Märkische Sprecher war am 10. Januar 1829 als Wochenblatt für den Kreis Bochum erstmals erschienen. Vom August 1842 bis zum 1. Juli 1848 trug er den Namen Bochumer Kreisblatt. Vgl. Koszyk, Kurt (Hrsg.): Verzeichnis und Bestände westfälischer Zeitungen, München 1976 (= Dortmunder Beiträge zur Zeitungsforschung, Bd. 21), S. 21.

301 vgl. Das Schichtgebet im Ruhrbergbau, in: Der Anschnitt 7, 1955, Heft 5, S. 23; ferner Heilfurth, Gerhard: Gottesdienstliche Formen im beruflichen und betrieblichen Leben des Bergbaus, in: Karrenberg, Friedrich/Beckmann, Joachim (Hrsg.): Verantwortung für den Menschen. Beiträge zur gesellschaftlichen Problematik der Gegenwart, Stuttgart 1957, S. 264 – 276, hier S. 271 f. und Schreiber, Georg: Der Bergbau in Geschichte, Ethos und Sakralkultur, Köln/Opladen 1962 (= Wissenschaftliche Abhandlungen der Arbeitsgemeinschaft für Forschung des Landes Nordrhein-Westfalen, Bd. 21), S. 459. Zur kritischen Einordnung der auf die ständische Zeit bezogenen volkskundlichen Arbeiten Heilfurths und Schreibers bis zur Mitte der 1960er Jahre siehe Tenfelde, Klaus: Bergarbeiterkultur in Deutschland. Ein Überblick, in: Geschichte und Gesellschaft 5, 1979, S. 12 – 53, hier S. 15 f. Zur sukzessiven Verdrängung der Religiosität zugunsten des Bildes eines braven und pflichtgetreuen Bergmanns in der Tradition des Bergbauliedes während des 19. Jahrhunderts vgl. Wittkowski, Joachim: Heinrich Kämpchen und die Tradition des Bergbauliedes, in: Der Deutsche Unterricht 3, 1994, S. 5 – 24, hier S. 11 ff.

302 zit. Wilsdorf, Helmut/Brock, Steffen: Die letzte Schicht. Bergmännische Grabgebräuche, Chemnitz 1994, S. 11.

303 vgl. ebd., S. 14.

Die sich bei jedem größeren Explosionsunglück nach 1850 wiederholende Präsenz höchster bergbehördlicher Funktionsträger und breiter Unternehmerkreise in den Trauerfeierlichkeiten übertrug das ständische Kompensationsmuster der Gefahrenbewältigung mindestens formal. Krug von Niddas eigene Befahrung der Zeche Neu-Iserlohn förderte keinesfalls Einsichten über die Unglücksursache zu Tage, die von den Erklärungsversuchen der zuständigen Lokalbehörden entscheidend abwichen. Viel wichtiger war die Symbolkraft seiner Anwesenheit am Unfallort während des Begräbnistages. Sie suggerierte den Umstand, dass das Unglück auch vom höchsten „Ritter des Fäustels und der Feder"[304] weder erklärt, noch hätte vorhergesehen werden können. Was sich hier ereignet hatte, schien auch weiterhin die Konsequenz höherer Fügung zu sein.

Den Sinngehalt göttlicher Schicksalhaftigkeit interpretierten die gehaltenen Grabreden weiter aus. Beim Begräbnis der 14 Bergleute, die am 27. November 1889 auf der Bochumer Zeche Constantin der Große durch eine Schlagwetterexplosion gestorben waren, hielten die Pfarrer Berg und Pönsgen „ergreifende Ansprachen", in denen sie „die Zuhörer mahnten, daß an einen jeden von uns der Tod unverhofft herantreten könne."[305] Bei der Beisetzung der Toten des Unglücks auf der Zeche Prinz von Preußen vom 25. Juli 1895 legte Pfarrer Pönsgen seiner Grabrede die Worte des 90. Psalms „Lehre uns bedenken, daß wir sterben müssen" zugrunde.[306] Inhaltlich kreisten die Grabreden um das Bewusstsein, in besonderer Weise an die elementaren Mächte in der Tiefe ausgeliefert zu sein. In der seit Jahrhunderten entwickelten und geläufigen realitätsnahen Deutung des Christentums durch die bergbaulichen Verhältnisse löste sich die Nüchternheit eines mit den Kräften der Ratio arbeitenden technischen Berufes endgültig auf.[307]

Die eskapistische Umwidmung der Explosionsunsicherheit auf die Ebene schicksalsbegründeter Heimsuchung war trotz des ansonsten verbreiteten Risikoverständnisses auch innerhalb der bürgerlichen Unternehmerkreise in der zweiten Hälfte des 19. Jahrhunderts nicht ein taktisches Moment zur Kompensation des sozialen Konfliktpotentials allein. Sie stabilisierte zugleich die mentalen Bedürfnisse zur Erklärung des in Bezug auf die eigene Zeche in sozialer wie ökonomischer Beziehung fatalen Geschehens. Im zeittypischen Kondolenzschriftverkehr, der in der Regel an den Zechendirektor als patriarchalischem Oberhaupt der Belegschaft gerichtet war, äußerte sich dies sehr anschaulich. Um sich über das Unfassbare hinwegzutrösten, entwarf man das Bild einer treu sorgenden Gemeinschaft, die der höheren Gewalt ausgeliefert war.

Zwei Tage nach dem schweren Unglück auf der Zeche Pluto in Wanne-Eickel vom 10. Mai 1882 sandte der Aktionär, Ingenieur Heinrich Hagen aus Hannover, dem Grubendirektor,

---

304 vgl. BBA 50/38: Serlo, Walter: Zum 70. Geburtstag. 12 Lebensbilder. Es handelt sich hierbei um einen handschriftlichen Gedichtband, den der spätere Bonner Oberbergamtsdirektor Walter Serlo seinem Vater, Oberberghauptmann Dr. Albert Ludwig Serlo, im Februar 1894 zu dessen 70. Geburtstag widmete.

305 vgl. Märkischer Sprecher v. 02.12.1889, zit. nach Brämer, Der Knappen letzte Fahrt, S. 45.

306 vgl. Märkischer Sprecher v. 29.07.1895, zit. nach ebd., S. 60.

307 vgl. Heilfurth, Gottesdienstliche Formen, S. 269. Zur Auslegung bergmännischer Unsicherheit auf biblischer Grundlage um die Mitte des 19. Jahrhunderts siehe auch Gericke: Die Bewährung des christlichen Bergmanns in den Zeiten der Anfechtung. Predigt, gehalten zu Clausthal am ersten Bergfeste nach dem großen Brande daselbst, Fastnacht 1845, Hannover 1845, hier S. 6 f.: „Und diesen geduldigen, freudigen, Gott vertrauenden Sinn habt ihr denn auch bei der großen Anfechtung bewährt, welche nach dem Willen der Vorsehung in vorigem Jahre uns widerfahren ist. Habt ihr da etwa verzweiflungsvoll die Hände gerungen? Nein ihr habt euch gedemüthigt unter die gewaltige Hand Gottes, habt ihm die Ehre gegeben und gesprochen: der Herr hat's gegeben, der Herr hat's genommen, der Name des Herrn sei gelobet!"

308 zit. BBA 41/1564: Schreiben des Ingenieurs Heinrich Hagen aus Hannover an den Grubendirektor der Zeche Pluto, Bergrat Karl Barth, v. 12.05.1882. Vgl. auch Vereinigte Stahlwerke AG (VST): Die Schachtanlage Pluto in Wanne-Eickel, o.O. <Essen> o.J. <1932>, S. 13. Zur betreffenden Schlagwetterexplosion auf der Zeche Pluto v. 10.05.1882 siehe Kroker/Farrenkopf, Grubenunglücke, S. 180.

Bergrat Karl Barth, sein Beleidsschreiben. Er brachte darin den „allerinnigsten Antheil" an dem ihm „gütigst mitgetheilten entsetzlichen Unglück" zum Ausdruck, „welches unsere schon so viel und schwer geprüfte Zeche Pluto auf's Neue getroffen hat."[308] Wenngleich selbst in einem technischen Beruf beschäftigt, blendete er rationelle Gründe für das Ereignis trotz des wiederholten Auftretens vollkommen aus. Seine Trauer richtete sich gleichermaßen auf die Führungsetage des Bergwerks wie auf die betroffenen Bergleute: „Schrecklich mag Ihre [= Bergrat Barth, M.F.] augenblickliche Lage sein, noch schrecklicher diejenige [der] unglücklichen Hinterbliebenen." Angesichts der schicksalhaften Begründung des Vorfalls war gleichzeitig klar, wer sich weiterhin um die Hinterbliebenen zu kümmern hatte: „Möge der Himmel ihnen helfend zur Seite stehen!"

Wiederholt hoben die Beileidsbekundungen mit Nachdruck hervor, wie sehr sich die Zechendirektion bislang zum Wohle der Bergleute um Sicherheitsbelange gekümmert habe.[309] Als Beweis wurde darauf hingewiesen, dass die zum Zeitpunkt des Unglücks bereits bestehende Schlagwetterkommission die Zeche kurz zuvor befahren und das Bewetterungssystem als völlig genügend erachtet hatte: „Was hat es sich doch gut getroffen, daß die staatliche Commission vor dieser fürchterlichen Katastrophe die Wetterführung der Zeche so eingehend untersucht und ein so gutes Zeugniß darüber ausgestellt hat."[310] Das musste in den Augen der Aktionäre und Kollegen doch auch für den Grubendirektor Barth „eine große Beruhigung" sein.[311]

Schließlich lässt sich an zwei Gesichtspunkten nachweisen, wie die Umdeutung der Explosionsunsicherheit zugunsten der Gefahrenwahrnehmung in der Öffentlichkeit durch die Bergbau-Unternehmer gezielt vorangetrieben worden ist. Das betrifft zum einen die Einflussnahme auf die liberale und gewerkenfreundliche Presse und zum anderen den zeitgenössischen Denkmalkult.[312]

Bergrat Barth befand sich nach der Explosion auf Pluto 1882 in der für ihn glücklichen Situation, mit der Essener Verlegerfamilie Baedeker verwandtschaftlich verbunden zu sein. Sie gab die Essener Zeitung heraus, als deren Beilage die noch heute existente Fachzeitschrift „Glückauf" Mitte der 1860er Jahre erstmals erschien. Die informellen Absprachen über die Tendenz der Unfallberichterstattung in der Essener Zeitung dürfen vor diesem Hintergrund sicher nicht unkritisch verallgemeinert werden. Mit welchem Grundverständnis der Verleger das Explosionsproblem aber insgesamt zu behandeln dachte, schrieb er Barth am 14. Mai 1882: „Welch' schwere Tage hast Du erlebt! [...] Trotz der größten Vorsichtsmaßregeln, die Du angewandt hattest, dennoch solche Kal[a]mität! Vorgestern sagte mir noch der Bergrath Schrader, Mitglied der Wetterkommission, daß diese die Ventilation auf ‚Pluto' in musterhaf-

309 vgl. BBA 41/1564: Schreiben L. Henzte an Bergrat Karl Barth v. 12.05.1882: „Von dem harten Schlage welcher Ihre Belegschaft getroffen tief bewegt, fühle ich mich fast zu schwach Worte des Trostes an Sie zu richten. – Gewiß aber sind Sie von meiner Theilnahme an Ihrem Schmerze überzeugt, den ich um so mehr ehren muß, als ich weiß, mit welcher Liebe Sie an Ihren Untergebenen, wie an Ihrem Werke hängen. Lassen Sie, verehrtester Herr Bergrath, sich nur nicht zu weit fortreißen durch diesen Schmerz, bekämpfen Sie ihn muthig und denken Sie daran, daß Sie sich zu erhalten haben für Ihre werthe Familie, welche Sie, nebst sämmtlichen mir bekannten Herren Zechen-Beamten gütig herzlichst grüßen wollen [...]."
310 zit. ebd., Schreiben Hagen an Barth v. 12.05.1882. Im Rahmen der nachträglichen Untersuchung des Unglücks mehrten sich allerdings in der Berliner Ministerialabteilung die Zweifel, ob die Beurteilung nicht von falschen Voraussetzungen ausgegangen war. Vgl. STAM OBA Dortmund, Nr. 939, Bl. 109: Schreiben des Ministeriums für öffentliche Arbeiten an das OBA Dortmund v. 25.05.1882.
311 zit. BBA 41/1564: Schreiben Hagen an Barth v. 12.05.1882.
312 Zur These, dass die Medienberichterstattung einen machtvollen und direkten Einfluss auf die Risikourteile und die Einstellungen der Öffentlichkeit besitzt vgl. Dunwoody, Sharon/Peters, Hans Peter: Massenmedien und Risikowahrnehmung, in: Bayerische Rückversicherung (Hrsg.): Risiko ist ein Konstrukt. Wahrnehmungen zur Risikowahrnehmung, München 1993, S. 317 – 341.

ter Ordnung vorgefunden habe. Aber gegen den bösen Feind des Bergbau's, wohl den schlimmsten den es gibt, ist keine Schutzwehr ausreichend. Beruhigend kann bei dem großen Unglück für Dich nur das Bewußtsein der Pflichterfüllung sein."[313]

Zur Berichterstattung hatte die Essener Zeitung einen Korrespondenten an die Unglücksstätte gesandt. Die veröffentlichten Artikel gaben diesen durchweg als Verfasser der „Spezialberichte" an.[314] Gegenüber der Öffentlichkeit wurde so der falsche Eindruck einer unabhängigen Pressearbeit erweckt, denn dahinter verbarg sich im Wesentlichen eine vorzensierte Unternehmenssicht. Das lässt sich in dem bereits zitierten Brief vom 14. Mai 1882 deutlich erkennen: „Für die Berichte, die Du die Güte hattest an die ‚Ess. Ztg.' zu schicken oder senden zu lassen, danke ich Dir bestens. Es war eine schwere Aufgabe für Dich, in all dem Wirrwarr auch damit Dich noch zu befassen. Unser Korrespondent ist zu sehr Laie, um ein ausreichendes Referat über ein Grubenunglück abzufassen [...]."[315] Inhaltlich transportierte die besagte Spezialberichterstattung das Unglück denn auch im Lichte eines höheren Schicksals, dem das Unternehmen hilflos ausgeliefert worden war: „Wie schon oben bemerkt wurde, ist bis jetzt die Ursache des Unfalles nicht aufgeklärt, nur so viel sei hier erwähnt, daß sich die Schuld irgend eines Beamten der Zeche bis jetzt in keiner Weise ergeben hat [...]."[316]

Unter zum Teil absichtlicher Verdrehung der Tatsachen[317] publizierte die Essener Zeitung sog. authentische Informationen, die von Bergrat Barth für die Veröffentlichung mit dem Ziel vorbereitet waren, die öffentliche Wahrnehmung bewusst auf die Ebene der Schicksalsdeutung zu überführen: „Nicht unerwähnt will ich lassen, die zahlreichen Beweise eines heroischen Opfermuthes seitens vieler unserer Beamten und Arbeiter bei den Rettungsarbeiten, so wie ferner die große Ruhe unter unsern Arbeitern und den Tausenden von Neugierigen, welche herbeigeströmt waren. Daß unter jenen nicht die leiseste Äußerung der Unzufriedenheit laut wurde, beweist am besten, daß sie alle überzeugt sind, daß der traurige Unfall nicht den Einrichtungen der Grube [...] zur Last zu setzen, sondern auf den oft vergeblichen Kampf mit den Elementen zurückzuführen ist."[318] Die Umdeutung der Explosionsunsicherheit auf die Ebene des unausweichlichen Schicksals vollzog sich in der wirtschaftsliberalen Presse damit auf breiter Front.

Die massive Einflussnahme auf die wirtschaftsliberale Presse beim Pluto-Unglück ist auch darauf zurückzuführen, dass sich das öffentliche Klima gegenüber einer unkritischen Akzeptanz der Gefahrenwahrnehmung bereits gewandelt hatte. Der Märkische Sprecher hatte zur Beschreibung der Neu-Iserlohner Katastrophe von 1868 noch ganz selbstverständlich mit den Bildern ständischer Religiosität und Aberglaubens operiert. Dabei waren die Bergarbeiter nach Vorschrift der Bergpolizei-Verordnung mit einer Sicherheitslampe „gegen das Dun-

---

313 zit. ebd.: Schreiben Julius Baedeker an Bergrat Karl Barth v. 14.05.1882.
314 vgl. Zum Grubenunglück auf Zeche „Pluto" bei Wanne, in: Essener Zeitung v. 12.05.1882: „In einem zweiten Extrablatt (dasselbe wurde nach dem Bochumer, Gelsenkirchener und Dortmunder Bezirk bereits heute Morgen versandt) bringen wir heute den Spezialbericht unseres zur Unglücksstätte entsandten Berichterstatters." Siehe auch Kroker/Farrenkopf, Grubenunglücke, S. 568.
315 zit. BBA 41/1564: Schreiben Julius Baedeker an Bergrat Karl Barth v. 14.05.1882.
316 vgl. Das Grubenunglück auf der Zeche „Pluto", in: Essener Zeitung v. 13.05.1882.
317 vgl. ebd.: „Es ist zufällig [sic!], daß auch die Zeche Pluto zu den Gruben gehört, welche auf Veranlassung des Ministers durch die für diesen Zweck gebildete, und aus den bewährtesten Technikern des Landes bestehende Kommission vor kurzem in bezug auf die Wetterführung einer eingehenden Untersuchung unterworfen ist."
318 vgl. BBA 41/1564: Bemerkung zum Wochenrapport v. 15. – 20.05.1882.

Abb. 21: Denkmal zum Unglück auf der Zeche Neu-Iserlohn, 1868

kel und die Geister der Unterwelt angefahren."[319] 1882 zeichnete sich der Sprachschatz in der Berichterstattung hingegen durch eine weit größere Nüchternheit aus. Eine glaubhafte Darstellung schicksalsmäßiger Fügung erforderte nun eine detaillierte und quasi sachliche Auseinandersetzung mit der Schuldfrage. Die Herauslösung der Unsicherheit aus dem menschlichen Handlungs- und Verantwortungsbereich geriet immer stärker zur aktiven und meinungsbildenden Überzeugungsarbeit.

Neben der Presse mit ihrem Aktualitätscharakter wurden zunehmend auch andere mediale Formen herangezogen. Als Sinnstifter für längerfristige Zeiträume entwickelte sich seit der zweiten Hälfte des 19. Jahrhunderts beispielsweise eine eigene Gattung der Arbeiterdenkmäler heraus. In sie war eine spezielle Form von Denkmälern für die Opfer von Grubenunglücken eingebettet, die sich nicht nur im Ruhrgebiet mehrheitlich bis heute erhalten haben.[320] Sie führen uns am Ende der Betrachtung über die Gefahrenwahrnehmung an den Ort des Friedhofes zurück. Der Umstand, dass sie nahezu ausschließlich über den Gräbern der Verstorbenen errichtet wurden, muss hervorgehoben werden. Im Unterschied etwa zu Kriegerdenkmälern schränkte sich damit nämlich ihr öffentlicher Charakter stärker ein. Durch die Errichtung auf Platzanlagen, Wegekreuzungen oder als Fluchtpunkt langer Sichtschneisen nahmen sie auf den Friedhöfen andererseits häufig prominente Orte ein.[321] In der Wahl der Inschriften, der bildlichen Darstellung und in der formalen Gestaltung wiesen die Denkmäler für Grubenunglücksopfer eine Reihe von Unterschieden auf. Gemeinsam war ihnen jedoch ein weitgehend identischer Bedeutungsgehalt bezüglich der implizierten Aussage.

Das Denkmal, das zur Erinnerung an die Toten der Zeche Neu-Iserlohn auf dem Langendreerer Friedhof errichtet wurde, besteht im unteren Teil aus einem Würfel (vgl. Abb. 21). An seinen vier Seiten sind schwarz-weiß geflammte Marmortafeln angebracht, auf denen die in gotischer Schrift eingemeißelten Namen der Verstorbenen stehen. Die Stirnseite trägt die In-

319 vgl. Märkischer Sprecher v. 17.01.1868, zit. nach Brämer, Der Knappen letzte Fahrt, S. 28. Brämer weist in diesem Zusammenhang auf die Bedeutung des Wortreichtums der Sprache in der Presseberichterstattung hin. Er betont zurecht die Zielrichtung des Emotionalen, deutet diesen Umstand jedoch nicht im Sinne seiner zeitgenössischen Zweckhaftigkeit. Die „Notwendigkeit einer vermittelnden, gepflegten Sprache, die selbst ‚Bild' ist und nicht durch Verstümmelungen vor der optischen Darstellung – sprich Bildschirm – kapituliert", sollte nach seiner Auffassung „auch heute noch Gültigkeit haben." Eine solche Sicht verkürzt den zeitgenössischen Zweck der Wortwahl, der in der bewussten Umdeutung der risikostrukturierten Unsicherheit als unbeeinflussbarer Gefahr liegt. Eine derartige Berichterstattung würde in der heutigen Zeit zurecht nicht mehr verstanden werden.
320 vgl. Kroker/Farrenkopf, Grubenunglücke, S. 565 – 613.
321 vgl. Zänker, Jürgen: Denkmäler für die „Opfer der Arbeit". Gedenkstätten für Bergleute in Dortmund, in: Der Anschnitt 44, 1992, S. 198 – 207.

schrift: „Zum Gedächtnis der in ihrem Berufe am 15. Jan. 1868 auf der Zeche Neu-Iserlohn durch schlagende Wetter verunglückten Bergleute". Über dem Würfel ist ein Deckgesimse aufgelegt, das von oben durch ein Lorbeergebinde bekrönt wird. Darüber erhebt sich schließlich ein 2 m hoher Obelisk, an dessen Vorderseite das Emblem Schlägel und Eisen angebracht ist. Darunter hat man den Bibelspruch Math. 24,42: „Wachet, denn ihr wisset nicht, welche Stunde euer Herr kommen wird" eingehauen.[322]

Formal glich das Neu-Iserlohner Denkmal stark den zeitgenössischen Kriegerdenkmälern. Schon seit den Befreiungskriegen waren für sie häufig Obelisken verwandt worden. Im Grunde hatte man hier nur das emblematische Eichenlaub mit Schwertern durch das bergmännische Symbol Schlägel und Eisen ersetzt. In der Diktion rückte das Mahnmal für die Opfer der Grubenkatastrophe deren Tod somit in die Sphäre eines heldenhaften, soldatischen Opfertodes. So wie die Soldaten im Krieg ihr Leben zugunsten des vaterländischen Schicksals einsetzten, hatten die Bergleute von Neu-Iserlohn ihr Leben auf dem Altar der nationalen Wertschöpfung geopfert.[323]

Auf die Obeliskenform wurde im weiteren Verlauf der zweiten Hälfte des 19. Jahrhunderts mehrfach zurückgegriffen.[324] Zwar ohne Lorbeerkranz und mit etwas kürzerem Obelisken versehen, glich das Mahnmal für die Opfer auf der Dortmunder Zeche Fürst Hardenberg vom 21. Dezember 1882 dem Neu-Iserlohner Beispiel dennoch sehr. 25 Bergarbeiter waren hier durch den Korbabsturz infolge eines Seilrisses verstorben.[325] Die Inschrift erinnerte an die „braven Bergleute", die ihr Leben gelassen hatten. Das Motiv des braven Bergmanns, der in „treuer Pflichterfüllung" sein Schicksal angenommen hatte, findet sich in nahezu allen Denkmälern jener Jahre wieder.[326] Die in Risikokonflikten allmählich neue Protestformen entwickelnde Bergarbeiterschaft wurde so an die ständische Gehorsamspflicht gegenüber einer bergbaulichen Obrigkeit erinnert, die die Lasten einer fundamental verschärften Explosionsunsicherheit einseitig auf die Bergleute übertrug und sie öffentlichkeitswirksam in die Sphäre höherer Fügung umwidmete.

---

322 vgl. Danz, Herbert: Denkschrift zur Restaurierung des Totenmales der Schlagwetter-Explosion am 15. Januar 1868 auf der Zeche Neu-Iserlohn, Bochum-Langendreer 1986 (= Schriftenreihe Ortsteil Langendreer, Nr. 1); ferner Ders.: Denkmal für die Opfer der Zeche Neu-Iserlohn restauriert, in: Der Anschnitt 38, 1986, S. 101. Abb. 21 stammt von Thomas Becker, München.

323 Das Bild des „Soldaten an der Arbeitsfront" war im Übrigen auch in der Kondolenzpost zum Pluto-Unglück von 1882 sehr verbreitet. Vgl. BBA 41/1564: Schreiben des Maschinendirektors Heinrich Kirchweger aus Hannover an Karl Barth v. 12.05.1882: „Ich [...] denke mir, daß der Verwaltungsrath in den nächsten Tagen wohl Veranlassung haben wird, möglichst in pleno zu berathen, was zu geschehen hat, namentlich dann wenn zunächst die gefallenen Opfer zur Ruhe gebracht sein werden. Gott habe Sie seelig!"

324 So beispielsweise für die Unglücke auf Constantin der Große (27.11.1889), Prinz von Preußen (25.07. 1895), Zollern (22.05.1898) und Gneisenau (11.12.1902). Vgl. Kroker/Farrenkopf, Grubenunglücke, S. 569 f. sowie Zänker, Denkmäler, S. 201.

325 vgl. Kroker/Farrenkopf, Grubenunglücke, S. 183, S. 569, hier Abb. 40.

326 Siehe die identischen Inschriften auf den Ehrenmalen für die Unglücksopfer auf der Zeche Kaiserstuhl vom 19.08.1893 und 22.12.1897: „Den in treuer Pflichterfüllung [...] auf Schacht Kaiserstuhl [...] verunglückten Bergleuten gewidmet von der Gewerkschaft ver. Westphalia". Vgl. ebd., S. 569.

5. Die preußische Schlagwetterkommission und der Übergang vom reaktiven zum präventiven Explosionsschutz

Die in den vorangegangenen Jahrzehnten ungebrochen fortschreitende Explosionsunsicherheit erreichte im Ruhrbergbau zu Beginn der 1880er ihren endgültigen Höhepunkt. Niemals zuvor, aber auch niemals wieder ereigneten sich pro Jahr so viele explosionsbedingte Unglücke. Damit fällt in den besagten Zeitraum auch die entscheidende Trendwende in Bezug auf die Wirksamkeit des bergbaulichen Explosionsschutzes. Zugleich umfassen diese Jahre die Tätigkeit der schon mehrfach angesprochenen preußischen Schlagwetterkommission.

Laut Franz Anton Haßlacher, dem Berichterstatter der Kommission[1], hatte der damalige Oberberghauptmann und Ministerialdirektor, Albert Ludwig Serlo, dem Minister für öffentliche Arbeiten am 6. Oktober 1880 den Antrag unterbreitet, „eine Commission aus Staats- und Privat-Technikern, welche mit der Behandlung schlagender Wetter vertraut sind, zu bilden."[2] Sie sollte die Aufgabe haben, „die Frage einer eingehenden Prüfung zu unterziehen, wie den aus der Explosion schlagender Wetter für den Steinkohlenbergbau und das Leben der Arbeiter herrührenden Gefahren wirksam begegnet werden" konnte.[3] Vom Minister Maybach war dieser Antrag am 18. Oktober genehmigt und Serlo mit der Aufnahme der erforderlichen Vorarbeiten beauftragt worden.[4] Nachdem dann die eigentliche Berufung der Schlagwetterkommission am 20. April 1881 erfolgt war, trafen sich die 25 ausgewählten Mitglieder zur konstituierenden Sitzung am 9. Juni 1881 erstmals in den Räumen der Berliner Bergakademie.[5]

Die Motive zur Berufung der Kommission hatten aus Haßlachers Sicht darin bestanden, dass „die schlagenden Wetter ein immer gefährlicherer Feind des Steinkohlenbergmanns geworden" waren. Allerdings hätten die „Bergbautreibenden und Bergbehörden aller Länder" dies bereits seit langem erkannt und zur Bekämpfung des Problems es „weder an Verständniss, noch an Ausdauer und Eifer" fehlen lassen. In Preußen gab es demnach eine lange Tradition, „die Natur der schlagenden Wetter näher zu erforschen, die Mittel zu ihrer Unschädlichmachung zu vervollkommnen und Sicherungsmassregeln aller Art gegen die aus ihnen entspringenden Gefahren zu treffen". Haßlacher konnte gleichwohl nicht verkennen, dass diese Maßnahmen bislang nicht den gewünschten Erfolg gehabt hatten. Vielmehr würden Katastrophen „in immer häufiger Wiederkehr" auftreten, und zwar in einer Art, „wie sie in den meisten Steinkohlenbecken kaum jemals für möglich gehalten wurden und wie sie mit Recht ganze Länder in Schrecken und Trauer" versetzten. Angesichts „dieser Thatsache" schien es ihm erklärlich zu sein, wenn sich „eine umfassende Prüfung der Schlagwetter-Frage" nun „in

---

1 vgl. S. 35 f.
2 zit. Haßlacher, Haupt-Bericht, S. 2.
3 zit. ebd., S. 2.
4 vgl. STAM OBA Dortmund, Nr. 935, Bl. 39: Schreiben des Ministeriums für öffentliche Arbeiten an das OBA Dortmund v. 18.10.1882.
5 vgl. Haßlacher, Anlagen zum Haupt-Berichte, Bd. 1, S. 1 ff.
6 zit. Haßlacher, Haupt-Bericht, S. 1.

allen grösseren Bergbaustaaten nicht nur zu einer For-derung der öffentlichen Meinung, sondern auch zu ei-ner zwingenden Nothwendigkeit vom Standpunkte der Bergbautechnik aus gestaltet" habe.[6]

Die aus der Einleitung des Abschlussberichts zitierten Passagen erhellen die bergbehördliche Sicht zur Ent-stehungsgeschichte der preußischen Schlagwetter-kommission. Ihre Einsetzung wurde nicht als ein für die Gestaltung des bergbaulichen Explosionsschutzes tief greifend neues Verfahren verstanden. Im Bewusst-sein, sich auch zuvor mit höchstem Engagement um die Bekämpfung von Schlagwetterexplosionen bemüht zu haben, war sie allenfalls die Fortsetzung dieser Traditi-on. Aufgrund der schon zuvor mehrfach gebildeten Ex-pertengremien war diese Sichtweise auch durchaus be-rechtigt. Das Neue an der jetzigen Kommission bestand allenfalls in ihrer Ausdehnung auf den gesamten preußischen Bergbau. Hatte man bislang das Problem innerhalb der Reviergrenzen zu lösen gesucht, so schien es jetzt eine Behandlung auf nationaler Ebene zu erfor-dern.

Abb. 22: Wilhelm Runge

Anders als bei den vorherigen Kommissionen hielt man es nun für geboten, den Kreis der Mitglieder nicht mehr auf das Behördenpersonal einzugrenzen. Organisatorisch formierte sich das Gremium als Gemeinschaft aus Behörden- und Unternehmensvertretern unter Lei-tung der Berliner Ministerialabteilung. Den Vorsitz der gesamten Kommission übernahm Oberberghauptmann Serlo, außerdem wurden der Geheime Oberbergrat Theodor Freund (1830 – 1916), der Geheime Bergrat Wilhelm Hauchecorne (1828 – 1900) sowie Bergrat Franz Anton Haßlacher aus der Berliner Zentralinstanz mit der Teilnahme beauftragt.[7] Die übrigen Mitglieder entstammten den fünf preußischen Oberbergamtsbezirken. Da das Schlagwetterproblem wegen des unbedeutenden Anteils des Steinkohlenbergbaus in den Be-zirken Halle und Clausthal kaum eine Rolle spielte, waren diese insgesamt nur durch drei höhere Bergbeamte vertreten.[8] Analog zur Höhe des Explosionsaufkommens rekrutierten sich die meisten Teilnehmer aus den Oberbergamtsbezirken Dortmund und Bonn, wobei ge-rade in der für den Ruhrbergbau gebildeten „Westfälischen Wetter Commission"[9] eine fast gleichgewichtige Verteilung von Bergbehörden- und Unternehmensvertretern zustande kam.[10]

---

7 Zur Biographie von Theodor Freund, Serlos Stellvertreter in der Kommission, sowie dem Leiter der geologi-schen Landesanstalt und der Bergakademie in Berlin, Wilhelm Hauchecorne, vgl. Serlo, Die Preußischen Bergassessoren, S. 25 f.

8 Aus dem Oberbergamtsbezirk Halle nahm lediglich Oberbergrat Eduard Hoernecke (1837 – 1884) an den Un-tersuchungen teil. Er verstarb noch vor der Auflösung der Kommission, ohne durch einen neuen Vertreter des Oberbergamts Halle ersetzt zu werden. Vgl. Haßlacher, Haupt-Bericht, S. 3 f. sowie Serlo, Die Preußischen Bergassessoren, S. 29 f. Aus Clausthal stammten der Geheime Bergrat Georg Alfred Siemens (1829 – 1897) so-wie der Bergrat, Bergwerksdirektor und Direktor des Gesamtbergamtes zu Obernkirchen, Oswald Degen-hardt (1830 – 1890). Vgl. ebd., S. 19, S. 24.

9 Im Abschlussbericht der preußischen Schlagwetterkommission wurden die drei speziell zur Befahrung der entsprechenden Gruben gebildeten Gremien ausschließlich als „Lokal-Abtheilungen" bezeichnet. Während für die Oberbergamtsbezirke Breslau, Halle und Clausthal eine gemeinsame Abteilung zuständig war, nah-men im Herbst 1881 im Dortmunder und Bonner Verwaltungsbezirk jeweils eigenständige Kommissionen die Befahrungen auf. Die Lokalabteilung Dortmund bezeichnete sich dabei selbst als „Westfälische Wetter Com-mission".

10 Zur personellen Zusammensetzung der beiden übrigen Lokal-Abteilungen vgl. Haßlacher, Haupt-Bericht, S. 2 f.

Abb. 23: Richard Broja

Als Mitglieder der westfälischen Bergbehörde wurden hierin der Geheime Bergrat Dr. Wilhelm Runge (1825 – 1897), Oberbergrat Richard Broja (1835 – 1913) sowie die Bergräte Eduard von Renesse und Wilhelm Schrader tätig.[11] Während Runge und Broja zum Kollegium des Dortmunder Oberbergamts zählten, bekleideten von Renesse und Schrader die Bergrevierbeamtenstellen in Osnabrück und Essen. Runges Auswahl aus dem Kreis des Oberbergamtskollegiums und seine Wahl zum Vorsitzenden der westfälischen Kommission muss vermutlich durch seine langjährige Zugehörigkeit zur Bergverwaltung erklärt werden. Er hatte bereits 1857 das Bergassessorenexamen abgelegt. Im gleichen Jahr wurde er nach einer kurzfristigen Mitgliedschaft im Bergamt Tarnowitz als Hilfsarbeiter in die Ministerialabteilung berufen. Seine weitere berufliche Karriere führte ihn dann über Eisleben zunächst an das Oberbergamt in Breslau, wo er 1864 zum Oberbergrat ernannt wurde. 1872 war er schließlich in das Dortmunder Kollegium gewechselt und drei Jahre später mit dem Ehrentitel Geheimer Bergrat ausgezeichnet worden. Die aus den Reihen der Revierbeamten ausgewählten Personen blickten ebenfalls auf eine lange berufliche Laufbahn zurück. Für von Renesse sprach sicherlich der Umstand, dass er vor seiner jetzigen Beschäftigung in Osnabrück lange Jahre gleiche Funktionen im Ruhrbergbau innegehabt und u. a. für die Zeche Neu-Iserlohn zuständig gewesen war.[12]

Die fünf sog. Privat-Techniker, die neben den Bergbeamten in die Dortmunder Lokalabteilung berufen wurden, hatten den für die Montanindustriellen typischen staatlichen Ausbildungsweg durchlaufen. Vor dem Übergang in die Privatindustrie waren einzelne auch für mehrere Jahre innerhalb der Bergverwaltung beschäftigt worden. Das galt zunächst für den späteren Geheimen Bergrat Hugo Schultz (1838 – 1904).[13] Aus einer mit dem Ruhrbergbau eng verbundenen Familie stammend, hatte er in den 1860er Jahren seine Referendar- und Assessorenzeit vorrangig am Dortmunder Oberbergamt absolviert. Nach einer kurzen Tätigkeit als Bergrevierbeamter in Goslar war er 1868 ins Ruhrgebiet zurückgekehrt, um die Stelle des Direktors der Bochumer Bergschule sowie des Geschäftsführers der WBK zu übernehmen. Schultz erwarb sich nicht nur durch seine Reform des Bergschulwesens früh eine große Reputation innerhalb des Ruhrbergbaus. Seit 1873 war er Mitglied im Bergbau-Verein und in dieser Funktion in zahlreichen Ausschüssen tätig.[14] 1880 wurde er erstmals als Vertreter des Bochumer Wahlkreises in das preußische Abgeordnetenhaus gewählt und gehörte hier der nationalliberalen Fraktion an.[15] Mitentscheidend für seine Berufung in die Kommission dürf-

---

11 Zu Runge und Broja vgl. Serlo, Die Preußischen Bergassessoren, S. 17, S. 29.
12 vgl. Renesse, Die Explosion schlagender Wetter, S. 156 – 166.
13 vgl. Serlo, Die Preußischen Bergassessoren, S. 32.
14 vgl. Hugo Schultz [Nekrolog], in: Glückauf 40, 1904, S. 881 f. sowie Bacmeister, Walter: Hugo Schultz. Das Lebensbild eines großen Ruhrbergmanns, Essen 1938, S. 181 – 187. Über seine Rolle bei der Organisation der Teilnahme des Ruhrbergbaus an den großen internationalen Ausstellungen in der zweiten Hälfte des 19. Jahrhunderts – u. a. der Berliner Ausstellung für Hygiene und Rettungswesen 1883 – vgl. ebd., S. 182 sowie Kroker, Evelyn: Der Ruhrbergbau auf der Düsseldorfer Industrie- und Gewerbeausstellung von 1902. Eine „Erfolgsgeschichte", in: Der Anschnitt 36, 1983, S. 146 – 165, hier S. 153.
15 vgl. Bacmeister, Hugo Schultz, S. 83 – 86 sowie Schunder, Lehre und Forschung, S. 23.

Abb. 24: Hugo Schultz

te vor allem seine leitende Stellung innerhalb der WBK gewesen sein, da die experimentellen Untersuchungen im Folgenden vorrangig von ihr durchgeführt wurden.

Zu den eigentlichen Bergbau-Unternehmern zählten schließlich die Bergwerksdirektoren Julius Nonne (1842 – 1891), Robert Menzel (1826 – 1889), Alexander Hilbck (1841 – 1908) und Emil Krabler (1839 – 1909). Von Nonne und Menzel haben wir in dieser Arbeit bereits gesprochen und insofern deren frühere Auseinandersetzung mit der Schlagwetterproblematik gezeigt, die sie vermutlich für die Beteiligung an der Kommission favorisierte. Julius Nonne hatte seine Assessorenzeit gerade während des Bestehens der zweiten Wetterkommission von 1869/71 am Dortmunder Oberbergamt abgeleistet. Wann genau er den Staatsdienst verließ ist unklar. Ende der 1870er Jahre arbeitete er als technischer Direktor beim 1877 entstandenen Westfälischen Grubenverein. Dieser war eigens dafür gegründet worden, den Bergwerksbetrieb der Zechen Zollern, Hansa und Erin fortzusetzen, die vorher zur in Konkurs gegangenen Preußischen Bergwerks- und Hütten-AG gehört hatten.[16] Nonne war von 1877 bis zu seinem Tod Mitglied im Vorstand des Bergbau-Vereins und seit Mitte der 1880er Jahre der Vorsitzende dessen neu gebildeter Technischen Kommission.

Robert Menzel war 1865 aus einer längerfristigen Bergverwaltungstätigkeit ausgeschieden. Seine berufliche Karriere hatte 1852 nach Bestehen der Bergelevenprüfung am niederschlesischen Bergamt in Waldenburg begonnen. Im Alter von 28 Jahren war ihm die Betriebsleitung der Steinkohlengruben des südlichen Gleiwitzer Reviers übertragen worden. Diese Aufgabe verließ er nach nur wenigen Monaten im Jahr 1854, um im Ruhrbergbau die Stelle des Geschworenen im Bergrevier Essen anzutreten. In dieser Funktion war er bekanntermaßen u. a. für die Zeche Helene & Amalie verantwortlich gewesen. Am 1. März 1865 trat er dann als Grubendirektor in deren Dienste ein.[17] 1873 wechselte er schließlich als Bergwerksdirektor und stellvertretender Repräsentant zum Bochumer Verein für Bergbau und Gußstahlfabrikation und war hier insbesondere für den Grubenbetrieb der Zeche Maria Anna & Steinbank verantwortlich.[18] Außerdem war er Mitglied des Grubenvorstands der Hertener Zeche Schlägel & Eisen sowie Vorstandsmitglied und stellvertretender Vorsitzender der WBK.

Alexander Hilbck stand bei seiner Berufung in die Kommission als Bergwerksdirektor an der Spitze der Dortmunder Zeche Westphalia, die derzeit zu den vier am stärksten gasenden Zechen im Ruhrbergbau gehörte. Auch er hatte die staatliche Bergbeamtenlaufbahn anvisiert und war 1866 zum Bergreferendar ernannt worden. Noch vor Ableistung des Assessorexa-

---

16 vgl. Gebhardt, Ruhrbergbau, S. 203 f.

17 vgl. Robert Menzel [Nekrolog], in: Glückauf 25, 1889, S. 222, S. 236.

18 vgl. Däbritz, Walther: Bochumer Verein für Bergbau und Gußstahlfabrikation in Bochum. Neun Jahrzehnte seiner Geschichte im Rahmen der Wirtschaft des Ruhrbezirks, Düsseldorf 1934, S. 120 f., S. 168; ferner Claes, Fritz: Der Bochumer Verein und Marianne, seine erste Zeche, Bochum 1996, S. 7 sowie Pierenkemper, Toni: Die westfälischen Schwerindustriellen 1852 – 1913. Soziale Struktur und wirtschaftlicher Erfolg, Göttingen 1979 (= Kritische Studien zur Geschichtswissenschaft, Bd. 36), S. 236.

Abb. 25: Alexander Hilbck

Abb. 26: Emil Krabler

mens verließ er den Staatsdienst, um zunächst die Leitung der Zeche Borussia zu übernehmen. Von 1876 bis 1899, dem Zeitpunkt des Eintritts in den Ruhestand, währte dann seine ununterbrochene Tätigkeit für die Zeche Westphalia. Hilbck bekleidete eine ganze Reihe weiterer Ämter auf verbandspolitischem Sektor. Dazu zählten jeweils die Mitgliedschaft im Vorstand des Bergbau-Vereins, der WBK und der Sektion 2 der Knappschaft-Berufsgenossenschaft. Etwa mit Ausscheiden aus dem Beruf begann er dann seine politische Karriere, in der er für die Nationalliberalen zwischen 1898 und 1903 im Reichstag und zwischen 1903 und 1908 im preußischen Abgeordnetenhaus vertreten war.[19]

Emil Krabler schließlich hatte 1867 am Oberbergamt in Bonn seinen Bergassessorentitel erworben und war im darauf folgenden Jahr als Grubendirektor in die Dienste des Kölner Bergwerksvereins in Altenessen eingetreten.[20] Bis zu seinem Ausscheiden 1908 war er in diesem Unternehmen, seit 1886 als Generaldirektor, in führender Stellung tätig. Unter Ausnutzung der günstigen Lagerungsverhältnisse expandierte die Gesellschaft in der zweiten Hälfte des 19. Jahrhunderts im Wesentlichen durch Ausnutzung von Rücklagen ertragreicher Geschäftsjahre und ohne nennenswerte Erhöhung des Grundkapitals. Krabler ermöglichte den Erfolg sowohl durch ein beträchtliches technisches wie ökonomisches Können, das sich zugleich aber auch mit einer teilweise rigiden Haltung gegenüber der Bergarbeiterschaft – insbesondere während der Bergarbeiterstreiks von 1872, 1889 und 1905 – verband. Sein Aufstieg zu einer der bedeutendsten Persönlichkeiten des Ruhrbergbaus im letzten Drittel des 19. Jahrhunderts ergab sich nicht zuletzt durch seine Mitgliedschaft in nahezu allen verbandspolitischen und technischen Gremien. So gehörte er dem Bergbau-Verein als Mitglied des Vorstandes seit 1871 an, von 1902 bis 1905 fungierte er als dessen Vorsitzender. An der Gründung des Rheinisch-Westfälischen Kohlen-Syndikats 1893 war er maßgeblich beteiligt. Bedeutsam war darüber hinaus sein Einfluss bei der Schaffung des Unfallversicherungsgesetzes und mithin seine Tätigkeit im Rahmen der Knappschafts-Berufsgenossenschaft. 1885 übernahm er zunächst den Vorsitz der Sektion 2, von 1888 bis zu seinem Tod dann deren Gesamtvorsitz.

Die biographische Skizze der westfälischen Kommissionsmitglieder zeigt, dass im Sommer 1881 zweifelsohne ein Gremium mit höchster Fachkompetenz zusammentrat. Für eine wei-

19 vgl. Alexander Hilbck [Nekrolog], in: Glückauf 44, 1908, S. 1349.
20 vgl. Kroker, Evelyn: Krabler, Emil, in: Neue Deutsche Biographie 12, 1980, S. 630 sowie Serlo, Männer des Bergbaus, S. 89 f.

233

tere technisch-wissenschaftliche Durchdringung des Problemfeldes waren die ausgewählten Persönlichkeiten besonders geeignet. Der übereinstimmende Ausbildungsweg sicherte nicht nur das Verständnis für die naturgesetzlichen Bedingungen des Explosionsphänomens. Seine Exklusivität stiftete ferner das Bewusstsein eines gemeinschaftlichen Expertentums, das auf der Ebene wissenschaftlicher Ratio mögliche Interessenkonflikte zwischen Bergbehörden- und Unternehmensvertretern überbrücken konnte. In Anbetracht der Trendwende beim Explosionsschutz allein deshalb der preußischen Schlagwetterkommission ein erfolgreiches Wirken zuzuschreiben, wäre gleichwohl wenig plausibel. Auch wenn die früheren Kommissionen vor allem in den Bewetterungsfragen an theoretische Grenzen bei der Analyse der Untersuchungen gestoßen waren, so hatten doch auch sie die technischen Defizite auf den jeweiligen Gruben hinlänglich nachgewiesen. Nicht der teilweise fortbestehende Mangel an wissenschaftlicher Durchdringung hatte ihren Misserfolg bei der Regulierung der wachsenden Explosionsunsicherheit ausgemacht, sondern die konsensuale Entwertung der Ergebnisse auf dem anschließenden Verordnungsweg. Ein wirklicher Erfolg der preußischen Schlagwetterkommission konnte folglich nur unter der Voraussetzung erreicht werden, dass sich insbesondere die Rolle der in ihr vertretenen Bergbeamten nun anders gestaltete.

5.1 Die neue Definition bergbehördlicher Aufsicht im Zuge der bismarckschen Sozialpolitik

Das Wirken der Schlagwetterkommission Anfang der 1880er Jahre muss im Zusammenhang mit den größeren politischen Zusammenhängen zur Gestaltung der sozialen Frage im Kaiserreich beurteilt werden. Die zunehmende Verelendung der arbeitenden Klasse, ihr „moralisch"-psychischer Zustand und ihr Herausfallen aus der traditionellen sowie bürgerlichen Welt wurden bereits seit den 1840er Jahren als Kernprobleme der bürgerlichen Gesellschaft empfunden.[21] Bis zum Ende der 1860er Jahre konkurrierten je nach den politischen Lagern alternative Grundkonzepte zu seiner Lösung. Während der konservative und kirchlich zugespitzte Traditionalismus es auf die Entfesselung individualistischer Egoismen im Kapitalismus zurückführte, sahen die liberalen Kräfte in Deutschland die soziale Frage in erster Linie als eine individuelle Angelegenheit der Betroffenen. Die Lösung schien für die einen im Wiedererstarken einer ständisch-korporatistischen Ordnung, für die anderen in der vollen Entfaltung des Marktes zu liegen. Dieser würde mit seiner möglichst ohne staatliche Eingriffe erzielten Dynamik sozialen Aufstieg und eine allgemeine Verbesserung der Arbeitsbedingungen bewirken.

Das bergbauliche Unfallgeschehen war ein Teil der sozialen Frage, weil es in seiner Konsequenz für die Betroffenen die ohnehin bestehenden Bedingungen von Armut und sozialem Elend noch weiter zuspitzte. Bei Grubenunglücken verloren die kinderreichen Bergarbeiterfamilien ihren Ernährer – ein Verlust, der von den Bergarbeiterwitwen in den monoindustriell geprägten Bergbauregionen durch nichts aufzufangen war.[22] Nach dem einschneidenden Unglück auf Neu-Iserlohn reagierten die bürgerlichen Gesellschaftskreise zur Bewältigung

---

21 vgl. Nipperdey, Thomas: Deutsche Geschichte 1866 – 1918, Bd. 1: Arbeitswelt und Bürgergeist, München, 2. Aufl., 1991, S. 335.
22 Über die Abhängigkeiten zwischen der Arbeit von Bergarbeiterfrauen und den Bedingungen der männlichen Erwerbsarbeitswelt vgl. Jong, Jutta de: Bergarbeiterfrauen – oder die andere Arbeit für den Bergbau, in: Kroker, Evelyn/Kroker, Werner (Bearb.): Frauen und Bergbau. Zeugnisse aus fünf Jahrhunderten, Bochum 1989 (= Veröffentlichungen aus dem Deutschen Bergbau-Museum, Nr. 45), S. 70 – 75. Speziell zu den familiar-ökonomischen Folgen des Unfallgeschehens siehe Schiller-Mertens, Anke: Frauen vor Ort. Lebenserfahrungen von Bergarbeiterfrauen, Essen 1990, S. 44 ff.

der sozialen Folgen mit den klassischen Mustern karitativer und paternalistischer Fürsorge. Die herzergreifenden Schilderungen des Unglücksszenarios im Märkischen Sprecher verfolgten den Zweck, eine möglichst große Beteiligung der Öffentlichkeit an der eingeleiteten Spendenaktion für die Hinterbliebenen zu erwecken.[23] Unter dem Eindruck des bislang ungekannten Ausmaßes ließ sich die gesellschaftlich übergreifende Teilnahme im Sinne finanzieller Hilfeleistung noch mit großer Wirksamkeit bewerkstelligen. Nach dem Pluto-Unglück von 1882 war dieses Mittel schon weit weniger erfolgreich.[24]

Unter dem Eindruck der Gründerkrise in den 1870er Jahren verlor der Glaube an die Selbstregulierung des Marktes und seine Fähigkeiten zur Stiftung sozialen Friedens seine Berechtigung. Mit dem einsetzenden Aufstieg und der wachsenden Organisierung der Sozialisten wurden die bis dahin verfolgten politischen Konzepte zur Behandlung der sozialen Frage immer stärker hinterfragt und kritisiert.[25] Die Zuspitzung der sozialen Lage führte zur bekannten bismarckschen Politik der Doppeloption: Auf der einen Seite stand der offene Kampf gegen die drohende Revolution durch Unterdrückung der sozialistischen Bewegung mit Verabschiedung des Sozialistengesetzes im Herbst 1878. Daneben trat auf der anderen Seite die Strategie einer neuen Sozialpolitik, die durch bestimmte staatliche Maßnahmen, Wohltaten und Leistungen die Arbeiterschaft von den sozialistischen Führern trennen und zu einem loyalen Verhalten gegenüber dem preußischen Staat veranlassen sollte.[26]

Das entscheidende Mittel der neuen Sozialpolitik war die Einführung der Sozialversicherung, die sich auf die gesetzliche Verabschiedung der Kranken-, Unfall- sowie Alters- und Invalidenversicherung in den Jahren 1883, 1884 und 1889 verteilte. Bismarck hatte das Konzept dieses „Arbeiterschutzes" schon in den 1870er Jahren erwogen, es unter den Bedingungen der wirtschaftlichen Krise als Ziel jedoch nicht ausdrücklich verfolgt.[27] Der Kulturkampf und die Zusammenarbeit mit den Liberalen bestimmten seine Innenpolitik, die den unternehmerischen Argumenten zur Erhöhung der Konkurrenzfähigkeit weitgehend verpflichtet war. Offiziell verkünden ließ er das neue sozialpolitische Programm erst am 17. November 1881, indem er es als kaiserliche Botschaft im Reichstag verlas. Danach sollte die „Heilung der sozialen Schäden nicht ausschließlich im Wege der Repression sozial-demokratischer Ausschreitungen, sondern gleichmäßig auf dem der positiven Förderung des Wohles der Arbeiter zu suchen sein [...]".[28]

Ein halbes Jahr vorher, am 2. April 1881, war das Unfallversicherungsgesetz erstmals in den Reichstag eingebracht und von Bismarck hinsichtlich seiner Intentionen begründet worden.

23 vgl. Märkischer Sprecher v. 17.01.1868, zit. nach Brämer, Der Knappen letzte Fahrt, S. 28 f.: „Höre weit hinten aus dem Haus das Schreien und Jammern der Kinder, die jetzt über 100 an der Zahl zum letzten Male den süßen Namen – Vater, Vater! rufen, keine Antwort erhalten und – ach! als trauernde hungernde Waisen von dannen gehen und – weinen! ‚Wem viel gegeben ist, von dem wird viel gefordert werden.' Wer von seiner Tagesarbeit lebt, dessen Opfer ist ein um so höheres, es ist in Wahrheit ein Opfer [...], darum ruhet auf der Gabe ein doppelter Segen, denn diese Gabe veredelt nicht nur den Geber selbst, sondern auch seinen reichen Mitbruder; das Herz des Gebers erhebt sich dabei zu dem beglückenden Bewußtsein, Etwas mitzuwirken zum großen Ganzen, und die schwielige Hand des Arbeiters faßt im Geiste die seines reichen Mitbürgers und es schließt sich eine feste Kette reinen Brudersinns."
24 vgl. BBA 41/1564: Schreiben Julius Baedeker an Bergrat Karl Barth v. 14.05.1882: „Was die Hinterbliebenen betrifft, so würden durch einen Aufruf in der Zeitung viele Gelder eingehen, wenn auch nicht in dem Maße wie vor 14 Jahren nach dem Unglück auf Neu-Iserlohn; aber es scheint, daß ein solcher Appell an die Mildthätigkeit in derartigen Fällen nicht mehr gewünscht wird."
25 vgl. Limmer, Hans: Die deutsche Gewerkschaftsbewegung, München, 12. Aufl., 1988 (= Geschichte und Staat, Bd. 279), S. 8 – 28.
26 vgl. Nipperdey, Deutsche Geschichte, Bd. 1, S. 337.
27 vgl. Gall, Lothar: Bismarck. Der weiße Revolutionär, Frankfurt a. M./Berlin/Wien 1980, S. 605 – 618.
28 zit. Görtemaker, Manfred: Deutschland im 19. Jahrhundert. Entwicklungslinien, Opladen, 3. Aufl., 1989, S. 294.

An die Stelle wirtschaftsliberaler Selbstheilung setzte er jetzt ausdrücklich die Rolle des Staates: „Nun, meine Herren, ich habe das Gefühl, daß der Staat auch für seine Unterlassungen verantwortlich werden kann. Ich bin nicht der Meinung, daß das ‚laisser faire, laisser aller‘, ‚das reine Manchestertum in der Politik‘, ‚Jeder sehe, wie er's treibe, jeder sehe, wo er bleibe‘, [...] daß das im Staat, namentlich im monarchischen, landesväterlich regierten Staat Anwendung finden könne, im Gegenteil, ich glaube, daß diejenigen, die auf diese Weise die Einwirkungen des Staates zum Schutz der Schwächeren perhorreszieren, ihrerseits sich dem Verdacht aussetzen, daß sie die Stärke, die ihnen, sei es kapitalistisch, sei es rhetorisch, sei es sonstwie, beiwohnt, zum Gewinn eines Anhangs, zur Unterdrückung der anderen, zur Anbahnung einer Parteiherrschaft ausbeuten wollen und verdrießlich werden, sobald ihnen dieses Beginnen durch irgendeinen Einfluß der Regierung gestört wird."[29]

Die Berufung der preußischen Schlagwetterkommission erfolgte somit genau zum Zeitpunkt einer politischen Neuorientierung bei der Behandlung der sozialen Frage, die auf eine Stärkung des etatistischen Einflusses zielte. Die Bergbehördenvertreter im Ministerium reagierten unter der Voraussetzung, dass in den übrigen europäischen Ländern entsprechende nationale Gremien bereits seit den 1870er Jahren tätig waren, mit ihrem Antrag auf einen zunehmenden politischen Druck. Er führte gleichzeitig dazu, dass sich die Bewertungskriterien für die bergbehördliche Explosionskontrolle in der konkreten Arbeit der Schlagwetterkommission von den früheren Expertengremien erheblich unterschied.

In der Phase, als sich die Kommission gerade erst mit den Fragen der Organisation ihrer Arbeiten beschäftigte, kam es im Sommer 1881 im Ruhrbergbau zu zwei schweren Explosionsunglücken. Am 24. Juni und am 15. September starben auf den Dortmunder Zechen Louise Tiefbau und Zollern jeweils mehr als zehn Bergleute. Die Untersuchung der Unglücksursachen oblag zunächst dem für beide Gruben zuständigen Revierbeamten Rudolf Brüning.[30] Bei der Katastrophe von Louise Tiefbau lief sie darauf hinaus, dass die Explosion durch das vorschriftswidrige Öffnen einer Sicherheitslampe durch den Ortsältesten Joseph Hassel erfolgt war. Weil in unmittelbarer Nähe zum Entzündungsort Wettermühlen gestanden hatten, schloss Brüning, dass der betroffenen Ortskameradschaft die Existenz der schlagenden Wetter bewusst gewesen sein musste. Nach den übereinstimmenden Zeugenaussagen konnte Hassel nur als erfahrener Bergmann gelten, der schon mehr als 13 Jahre allein auf der Unglückszeche beschäftigt worden war.[31] Außerdem galt er sowohl bei seinen Kameraden als auch den Vorgesetzten als „nüchterner und vorsichtiger Mann".[32] Nach der Sachlage nahm der Revierbeamte deshalb an, „daß Hassel durch den täglichen Umgang mit der Gefahr dieselbe zu wenig beachtet" habe. Dieser „Vorgang" ließe sich im übrigen „häufig auch bei den anscheinend zuverlässigsten Leuten" konstatieren.

Ausführlich bewertete Brüning auch die Bewetterungssituation auf Louise Tiefbau. Nach seiner Meinung war sie „vollauf genügend", zumal die Schlagwetterentwicklung in den fraglichen Bereichen „nur eine sehr mäßige gewesen sein" konnte. Welch insgesamt kritische Grenzbelastung er dabei bereits als ausreichend sichere Arbeitssituation erkannte, ergibt sich aus seiner Begründung: „Daß bei längerem Stillstand der Wettermühlen diese Ueberhaupt sich mit explosiblen Gasen ganz gefüllt gezeigt haben, ändert an dieser Beurtheilung des Grades der Gasentwicklung nichts."

---

29 zit. ebd., S. 294.
30 vgl. S. 91 ff.
31 vgl. STAM OBA Dortmund, Nr. 1874, Bl. 109 – 112: Verhandlungsprotokoll v. 07.09.1881.
32 zit. ebd., Bl. 113 – 118: Nachtragsverhandlung v. 15.09.1881.

Bei der Untersuchung des Zollern-Unglücks konzentrierte sich Brünings Ursachenanalyse letztlich auf die verbotswidrige Schießarbeit der Bergleute.[33] Die Bewetterung schien ihm auch hier vollständig ausreichend eingerichtet worden zu sein. Die Querschläge und Grundstrecken waren demnach in „ausgezeichnetem Zustand" gewesen und auch hier „fand eine Entwicklung schlagender Wetter, welche von Erheblichkeit hätte sein können, nicht statt." Dafür sprächen nicht nur die Zeugenaussagen der vernommenen Bergleute, sondern auch die Ergebnisse seiner eigenen Befahrung unmittelbar nach der Katastrophe. Die hervorragende Ventilation entschuldigte im Grunde auch, dass die beiden in einer Störung stehenden Streckenörter, in denen sich die Explosion schließlich ausbreitete, bereits auf Längen von 27 und 37 m ohne Wetterdurchhieb aufgefahren worden waren. Solange die Bergleute das bestehende Schießverbot befolgten, war seines „Erachtens hier jede Gefahr ausgeschlossen."

Brünings Untersuchungsergebnisse lagen im Trend der in den vorigen Jahrzehnten entwickelten Struktur der Unglücksbewertung durch die westfälische Bergbehörde. Offensichtliche und gravierende Defizite im Bewertungssystem der Zechen wurden nicht als solche erkannt und die Schuldfrage ausschließlich auf die von den Bergleuten zwangsläufig hervorgerufene Entzündung des Gasgemisches eingeengt. Allerdings blieb angesichts der zum Zeitpunkt des Unglücksgeschehens gerade berufenen Schlagwetterkommission eine eigene Bewertung der Sachlage durch die Ministerialabteilung in Berlin nicht aus. Im Oktober wandte sich Oberberghauptmann Serlo persönlich an das Dortmunder Oberbergamt. Seine fundamentale Kritik an der Durchführung und den Rückschlüssen des Untersuchungsverfahrens durch die westfälischen Behördenvertreter offenbaren den grundlegenden Perspektivenwechsel, der sich im Berliner Ministerium unter dem Druck der gewandelten politischen Verhältnisse vollzogen hatte.

Bezüglich des Unglücks auf Louise Tiefbau eröffnete Serlo dem Oberbergamt, dass er die Überzeugung von der Richtigkeit der Umstände, unter welchen die Grubenlampe des verunglückten Ortsältesten Hassel aufgefunden worden war, nicht hatte gewinnen können.[34] Diese Rüge betraf zunächst nur die Form der Untersuchung des Unfallhergangs, da die Lampe bereits am Unglückstag von verschiedenen an der Rettungsaktion beteiligten Bergleuten in Augenschein genommen, von den Bergbeamten jedoch erst später zur Ursachenermittlung herangezogen worden war.[35] Unmissverständlich brandmarkte Serlo vor allem die Einschätzung der vermeintlich vollauf genügenden Bewetterungsverhältnisse: „Wenn ferner die nachträglich geschehene Zeugenvernehmung und die bezüglichen berichtlichen Ausführungen des Revierbeamten augenscheinlich darauf gerichtet sind, den Nachweis zu führen, daß vor den Betriebspunkten der in Rede stehenden Bauabtheilung gar keine oder doch nur eine geringe Entwickelung schlagender Wetter stattgefunden habe und daß die Wetterführung daselbst eine den Verhältnissen nach ausreichende gewesen, so vermag ich gleichfalls nicht anzuerkennen, daß der Nachweis hierfür wirklich erbracht worden" ist.

33 vgl. STAM OBA Dortmund, Nr. 1874, Bl. 72 – 91.

34 vgl. ebd., Bl. 107 f.: Schreiben des Ministeriums für öffentliche Arbeiten an das OBA Dortmund v. 04. 10.1881.

35 vgl. ebd., Bl. 107: „Den gemachten Angaben gegenüber bleibt es immerhin auffällig, daß die geöffnete Lampe des Hassel erst am Tage nach dem Unglücksfalle von dem Steiger Besker aufgefunden wurde und der Hauer Schäfer, der sie [...] am Abend des Unglückstages unter dem Genick des Hassel liegend sah, sich nicht veranlaßt fand, ein so wichtiges Beweisstück für die Ermittelung der Ursache der Wetterexplosion aufzuheben und abzuliefern. Schäfer ist nicht darüber vernommen, ob er die Lampe dort, wo er sie fand, liegen ließ oder ob er sie dorthin schaffte, wo Besker sie demnächst auffand. Nur eine eidliche Vernehmung Beskers und Schäfers würde voraussichtlich zu weiteren genügenden Aufklärungen über diesen Punkt geführt haben."

Konsequenterweise scheute der Oberberghauptmann nun nicht mehr davor zurück, die Schuldfrage bei Berücksichtigung der Bewetterungsstrategie auch auf die Ebene des Betriebsführers auszudehnen: „In einem eigenthümlichen Lichte erscheint danach insbesondere die Aussage des Betriebsführers König. Obwohl schon nach früheren Zeugenaussagen zweifellos feststeht, daß sich vor den Ueberhauen bei Stillständen im Betriebe stets sehr schnell schlagende Wetter ansammelten, [...] erklärt der Betriebsführer König doch, daß ihm eine bemerkbare Entwickelung schlagender Wetter niemals aufgefallen sei. Nach dieser Aussage bleibt nur übrig, an der Wahrhaftigkeit oder an der Befähigung dieses Zeugen zu zweifeln." Serlo brach zur Begründung seines Vorwurfs der unzureichenden Bewetterung mit der bisherigen Logik, die theoretischen Messwerte der Wetterleistung pro Kopf der Belegschaft auch für die entlegenen Auffahrungsbetriebe anzunehmen. Ausdrücklich wies er darauf hin, „beim Vorhandensein schlagender Wetter darf die Menge der einer Bauabtheilung zuzuführenden frischen Wetter niemals allein nach der Zahl der Belegschaft bemessen oder beurtheilt werden [...]." Ganz im Gegensatz zum auch vom Dortmunder Oberbergamt gestützten Urteil des Revierbeamten kam Serlo zu dem Schluss, dass die „Grubenverwaltung im vorliegenden Fall" ihren Verpflichtungen zur Sicherung des Lebens der Arbeiter „unstreitig nicht gebührend nachgekommen" war.[36]

In der wenige Wochen später nach Dortmund übersandten Stellungnahme zu den Untersuchungsergebnissen über das Zollern-Unglück stand erneut die Analyse der Bewetterung zur Diskussion. Noch stärker als bei Louise Tiefbau forderte Serlo jetzt eine grundsätzliche Neuorientierung der Untersuchungspraxis im Verhältnis von westfälischer Bergbehörde und den dortigen Bergbau-Unternehmern. Brüning hatte das Entstehen der Gefährdungssituation ja nur in dem Akt des verbotswidrigen Schießens der Bergleute gesehen. Serlo setzte dieser Sichtweise entgegen, dass jenes Verbot „für sich allein keinen hinlänglichen Schutz gegen die in Folge der Ansammlungen schlagender Wetter drohende Explosionsgefahr gewähren" konnte. Der Oberberghauptmann forderte nun erstmals die Behandlung des Explosionsschutzes explizit als kombinierte Doppelstrategie von Bewetterung und Zündkontrolle. Insofern hatte der Erlass des Schießverbots weder den Revierbeamten noch insbesondere den Betriebsführer von der Verpflichtung enthoben, „für selbständige Abführung der schlagenden Wetter zu sorgen."[37]

Die konkrete Kritik an der Behandlung des Zollern-Unglücks fußte bei Serlo auf einer neuen Sichtweise zur Handhabung des Bergpolizeiauftrages. Dem Oberbergamt warf er vor, „mit Befremden" gesehen zu haben, dass es die Grubenverwaltung nur für Mängel in der Betriebseinrichtung bzw. für unterlassene Sicherheitsvorkehrungen verantwortlich machte, für die explizite bergbehördliche Anordnungen getroffen waren. So sei der Charakter der Bergpolizei keinesfalls zu interpretieren und er sei nicht bereit, diese Auffassung „wegen des lähmenden, beziehungsweise geradezu nachtheiligen Einflusses, welchen sie auf die Handhabung der Bergpolizei ausüben" musste, weiterhin zu billigen. Bei der Ermittlung von Versäumnissen durch die Betriebsleitung sollten die westfälischen Bergbeamten sich den § 74 des Allgemeinen Berggesetzes stärker zu Herzen nehmen.[38] Danach war das technische Angestelltenpersonal von der Steiger- bis zur Betriebsführerebene verpflichtet, die Befähigung zu den ihnen übertragenen Aufgaben auf Erfordern der Bergbehörde nachzuweisen. Daraus sei zu folgern, dass „die technischen Beamten [...] genaue Kenntniß von den Regeln der Bergtechnik" besitzen müssten. Damit hätten sie auch zu wissen, „welche Vorkehrungen

---

36 zit. ebd., Bl. 108.
37 zit. ebd., Bl. 68 – 71: Schreiben des Ministeriums für öffentliche Arbeiten an das OBA Dortmund v. 18.10.1881.
38 vgl. Allgemeines Berggesetz für die Preußischen Staaten. Vom 24.6.1865 (Urtext), S. 15.

und Hülfsmittel im Falle des Auftretens schlagender Wetter anzuwenden sind, um sämmtliche in Betrieb stehenden Arbeitspunkte zur Abwendung einer durch Ansammlung [...] schädlicher Gase drohenden Gefahr mit frischen Wettern zu versorgen."

Serlo forderte ein Verständnis des Bergpolizeiauftrages, das die Bergbau-Unternehmer hinsichtlich ihrer Verantwortlichkeit für den Explosionsschutz viel grundsätzlicher in die Pflicht nahm. Es sei falsch, dass die westfälischen Bergbeamten ihnen ein Mitverschulden nur dann attestierten, wenn zusätzlich zur allgemein geltenden Wetterverordnung von 1863 besondere bergpolizeiliche Anordnungen bestanden. Vielmehr seien „besondere polizeiliche Vorschriften über die zum Zwecke der Wetterführung herzustellenden Einrichtungen nicht unbedingt geboten", sondern für die Beurteilung des Mitverschuldens genüge es, „wenn in dieser Beziehung nur eine allgemeine Vorschrift ergangen ist, welche die Grubenverwaltung verpflichtet, Vorkehrungen zur Vorsorge der Grubenräume mit frischen Wettern zu treffen."

Serlos Vorwürfe an das Dortmunder Oberbergamt gipfelten in einer zutreffenden Einschätzung der tieferen Gründe, warum die Bewetterungsstrategie in den vergangenen Jahrzehnten ihre Wirksamkeit weitestgehend verfehlt hatte: „Nach der ausdrücklichen Billigung, welche auch im vorliegenden Falle zweifellos ungenügende Einrichtungen wiederum erfahren haben, muß vermuthet werden, daß die bestehende allgemeine Bergpolizei-Vorschrift über die Wetterführung [= die Verordnung von 1863, M.F.] die der Wichtigkeit des Gegenstandes gebührende strenge Auslegung bisher nicht gefunden hat und daß in Folge dessen bezüglich der Vorkehrungen zur Wetterversorgung des Streckensystems einzelner Bauabtheilungen, besonders beim Vorrichtungsbetriebe den anerkannten technischen Regeln zuwider ein sehr laxes Verfahren üblich geworden ist [...]." Um dies endlich zu ändern, erwartete der Oberberghauptmann für die Zukunft, dass sich sowohl die Revierbeamten als auch das Oberbergamt an die neuen Grundsätze hielten, „nach welchen die Untersuchungen von Unglücksfällen zu führen und daran Ursachen zu prüfen sind [...]." Außerdem hätten sie stärker als zuvor die Untersuchungen „ohne jeden Zeitverlust und in der kürzesten Frist" auszuführen und zum Abschluss zu bringen. Nur so ließen sich „Verdunkelungen des Thatbestandes" vermeiden.[39]

Gemessen an der bisherigen Praxis bergbehördlicher Explosionskontrolle war die vom Berliner Ministerium eingeforderte Neuinterpretation des staatlichen Handlungsauftrages eine gewaltige Zäsur. Sie ging in besonderer Weise vom Leiter der preußischen Bergbehörde selbst aus. Serlos Beförderung zum Ministerialdirektor und Leiter der gesamten preußischen Bergverwaltung lag während seiner Antragstellung zur Berufung der Schlagwetterkommission erst gute zwei Jahre zurück. Bei seiner Ernennung am 14. Juni 1878 hatte sich nicht zuletzt seine uneingeschränkte Unterstützung der von Bismarck eingeschlagenen Schutzzollpolitik positiv ausgewirkt.[40] Auch wenn sich aus Serlos Amtszeit in Berlin keine weiteren einschlägigen Hinweise darauf erhalten haben, wird man sicher vermuten dürfen, dass er bei der neuen Sozialpolitik ebenso zu den Anhängern Bismarcks gehörte. Sein entschiedenes Vorgehen in der Schlagwetterfrage kann kaum anders erklärt werden.

Die westfälischen Bergbeamten begannen seit Herbst 1881 die ministeriellen Anforderungen zur Behandlung des Schlagwetterproblems im direkten Kontakt mit den Montanindustriellen

---

39 zit. STAM OBA Dortmund, Nr. 1874, Bl. 71.
40 Zur Schutzzollpolitik im Allgemeinen vgl. Nipperdey, Thomas: Deutsche Geschichte 1866 – 1918, Bd. 2: Machtstaat vor der Demokratie, München, 2. Aufl., 1993, S. 389 – 395. Über Serlos politische Auseinandersetzung mit Eugen Richter, einem der entschiedensten Gegner der bismarckschen Schutzzollpolitik, siehe Kroker, Der Aufstieg eines preußischen Bergbeamten, S. 274.

des Ruhrbergbaus umzusetzen. Da dies nur durch eine gewisse Aufgabe des bislang auf größtmöglichen Konsens ausgerichteten Handelns möglich war, kam es zwangsläufig zu einer Reihe von Konflikten zwischen beiden Gruppen. Sie äußerten sich auch innerhalb der westfälischen Wetterkommission. Im Verwaltungshandeln vollzog sich die Umorientierung der westfälischen Behördenvertreter sukzessive als Mittelweg zwischen den an alten Bewertungskriterien festhaltenden Unternehmern und Serlos Maximalforderungen.

In der Dortmunder Lokalabteilung spielten die genannten Explosionsunglücke naturgemäß eine wichtige Rolle. In der zweiten Generalversammlung am 28. Dezember 1881 stand u. a. das Geschehen von Louise Tiefbau zur Diskussion. Dabei wurde ein ausführliches Referat über den Vorfall gehalten und in einer anschließenden Diskussion das Kommissionsurteil gefällt. Die Vertreter des Oberbergamts tendierten bei der sachlichen Beurteilung der Wetterverhältnisse dazu, die Defizite offen zu legen. Als Monita bemerkten sie, dass die Querschnitte der für die Bauabteilung entscheidenden Wetterwege zu gering bemessen und dadurch eine Stauung des Wetterstroms hervorgerufen worden war. Außerdem sei die zugeführte Gesamtwettermenge unzureichend gewesen.[41] Die Unternehmensvertreter versuchten diese Argumente mit dem Hinweis zu entkräften, unmittelbar nach der Explosion habe sich ein regelmäßiger Wetterzug sehr schnell wieder eingestellt und auch die Nachschwaden binnen kurzer Frist abgeführt. Da das trotz der eingetretenen Streckenbrüche der Fall gewesen sei, hätte die Wetterversorgung auch vor der Katastrophe ausreichend gewesen sein müssen.[42]

Im abschließenden Kommissionsurteil setzte sich in erster Linie die Argumentation der Unternehmensvertreter durch. Der Grubenverwaltung von Louise Tiefbau machte man zwar den Vorwurf, einen Fehler insofern begangen zu haben, als die unzweifelhaft stark gasenden Streckenörter nicht ununterbrochen belegt worden waren. Durch die Arbeitspausen während der Schichtwechsel sei die kritische Konzentration des Grubengases in den der Diffussion überlassenen Streckenteilen erst möglich geworden.[43] Von Serlos Bewertung deutlich abweichend, trugen die vier bergbehördlichen Kommissionsmitglieder einstweilen aber das definitive Ergebnis weiterhin mit. Danach ließ sich „gegen die Wetterführung von Louise im Allgemeinen [...] nichts einwenden [...].“[44]

Die wachsende Spannung im Verhältnis von Bergbehörde und Unternehmern offenbarte sich endgültig im Frühjahr 1882, als die Kommission ihre Befahrungen auf den Zechen vornahm. Die Gründe lagen darin, dass die bergbehördlichen Messungen der Wetterströme mit einer großen Akribie und Genauigkeit durchgeführt wurden. Die Unternehmer betrachteten diesen Vorgang mit zunehmender Dauer als ungerechtfertigte Einmischung in ihre eigenen Angelegenheiten. Schließlich war durch die detaillierten Messergebnisse am ehesten eine Verschärfung der wetterpolizeilichen Anordnungen zu erwarten. Bei den Schachtanlagen Minister Stein und Fürst Hardenberg hielt es die Kommission nach ihrer ersten Befahrung beispielsweise für notwendig, Anfang April weitere Nachmessungen durchzuführen.

---

41 vgl. STAM OBA Dortmund, Nr. 1874, Bl. 157 – 171: Referat, betreffend die Explosion schlagender Wetter auf der Steinkohlenzeche Louise & Erbstolln bei Barop.

42 vgl. ebd., Bl. 164 f.

43 vgl. ebd., Bl. 138 f.: WWC, Drucksache Nr. 41. Zweites Sitzungsprotokoll der westfälischen Lokalabteilung der Wetterkommission.

44 zit. ebd., Bl. 139.

Wilhelm Runge beauftragte die damaligen Bergreferendare Felix und Eduard Pöppinghaus[45] mit dieser Aufgabe, ohne sie allerdings dem Bergrevierbeamten und der Grubendirektion anzuzeigen.[46] Die Referendare kündigten ihr Erscheinen deshalb dem Betriebsführer postalisch selbst an. Der besagte Termin führte zu einer offenen Konfrontation zwischen den Behördenvertretern und dem Betriebsführer Butz der Zeche Fürst Hardenberg. Vordergründig ging es lediglich um die Frage, wie die Referendare als Abgesandte der Wetterkommission bei der Wahrnehmung des Termins behandelt worden waren. Die Tragweite der Auseinandersetzung, die sich im Folgenden zwischen dem Vorsitzenden der westfälischen Kommission und der Grubendirektion abspielte, erhellt jedoch die tieferen Meinungsverschiedenheiten über die bislang ungewohnte Vorgehensweise der Bergbeamten.

Der eigentliche Anlass des Streits lag darin, dass Butz bei der Ankunft der Brüder Pöppinghaus auf der Schachtanlage bereits eingefahren war. Der Betriebsführer rechtfertigte sich später mit dem Hinweis, nicht genau über die Uhrzeit der Ankunft informiert worden zu sein.[47] Außerdem habe er lange genug gewartet und anschließend einem Bediensteten des Zechenbetriebs aufgetragen, die Kommissionsmitglieder zu empfangen. Aus der Sicht von Felix Pöppinghaus war dies aber nicht geschehen. Sie wären vielmehr überhaupt nicht erwartet worden und hätten sich deshalb nach einer längeren Wartezeit dazu entschieden, ohne Begleitung eines Zechenbeamten einzufahren.[48] Darüber offensichtlich verärgert, nahmen sie unter Tage ihre Messungen vor und trafen dabei sehr bald mit dem inzwischen informierten Betriebsführer zusammen. In dieser Situation kam es zu einer verbalen Auseinandersetzung über die vermeintlichen Pflichten und Unterlassungen des Betriebsführers, die im Folgenden zu grundsätzlich verschiedenen Standpunkten zwischen Runge und der Betriebsdirektion führten.

Nachdem sich der Bergwerksdirektor Hoffmann am 21. April in einem persönlichen Beschwerdebrief an Runge gewandt hatte, antwortete dieser drei Tage später mit einem offiziellen Schreiben an die Grubendirektion.[49] Darin gab er zu, dass der offizielle Charakter des Auftrags besser deutlich geworden wäre, wenn er den Betriebsführer selbst informiert und vor allem den zuständigen Revierbeamten dazu verpflichtet hätte. Die „Omission" rechtfertige aber weder das Verhalten des Betriebsführers noch die Haltung des Bergwerksdirektors. Sie zeuge im Gegenteil von dem mangelnden Verständnis der Zeche Fürst Hardenberg für die Arbeiten der westfälischen Wetterkommission. Zu Recht vermutete Runge hinter dem Vorgehen des Betriebsführers den Versuch, die gerade erst in der Ausbildung befindlichen Referendare an der Durchführung ihres Auftrags zu hindern. Ein Aufsuchen der Messpunkte in der Grube war für sie ohne die Führung eines Zechenbeamten nur schwer möglich. Dieser Umstand hätte auch dem Betriebsführer bekannt sein müssen und er bewies nach Runges

---

45 vgl. Serlo, Die Preußischen Bergassessoren, S. 65 f., S. 71. Felix Pöppinghaus (1851 – 1919) nahm nach seiner Bergassessorenprüfung 1882 kurzfristig die Stelle des Berginspektors bei der Berginspektion in Zabrze ein. Von 1885 bis 1897 war er als Revierbeamter in Arnsberg tätig. Anschließend gehörte er als Oberbergrat, seit 1904 als Geheimer Bergrat, dem Kollegium des Dortmunder Oberbergamts an. Sein Bruder Eduard Pöppinghaus (1851 – 1928) war von 1886 bis 1890 zunächst Berginspektor bei der Berginspektion in Clausthal, von 1890 bis 1895 Revierbeamter in Euskirchen und von 1895 bis 1898 Revierbeamter in Goslar. Von 1898 bis zu seiner Pensionierung 1919 gehörte er zum Kollegium des Oberbergamts in Clausthal, seit 1911 fungierte er als Vertreter des Berghauptmanns. 1905 wurde ihm ebenfalls der Ehrentitel Geheimer Bergrat verliehen.
46 vgl. STAM OBA Dortmund, Nr. 936, Bl. 296: Schreiben Wilhelm Runge an den Bergwerksdirektor der Zeche Fürst Hardenberg, Bergassessor Hoffmann, v. 24.04.1882.
47 vgl. STAM OBA Dortmund, Nr. 1874, Bl. 330 – 333: Schreiben des Grubenvorstands der Zeche Fürst Hardenberg an den Vorsitzenden der westfälischen Wetterkommission v. 18.05.1882.
48 vgl. ebd., Bl. 334 – 337: Schriftliche Stellungnahme von Felix Pöppinghaus gegenüber dem Vorsitzenden der westfälischen Wetterkommission v. 30.05.1882.
49 vgl. STAM OBA Dortmund, Nr. 936, Bl. 296.

Meinung einmal mehr, „daß derselbe, welcher mir auch sonst schon Veranlassung zur Unzufriedenheit gegeben, nich[t] das genügende Verständniß und die genügende Bildung besitzt, welche ich von dem Betriebsführer einer durch schlagende Wetter geführten Grube verlangen muss."[50]

Ein derart bestimmtes Vorgehen des Vorsitzenden belastete auch das Verhältnis zwischen den westfälischen Kommissionsmitgliedern. Im Zusammenhang mit dem Pluto-Unglück vom 10. Mai brach in ihr der Konflikt schließlich offen aus. Unmittelbar nach dem Ereignis hatte Julius Nonne die Initiative ergriffen und alle Mitglieder von einer geplanten Befahrung am 15. Mai unterrichtet. Offensichtlich war zuvor eine Absprache mit Runge erfolgt, aus der beide unterschiedliche Schlüsse zogen. Runge hatte am 12. Mai dem für die Untersuchung zuständigen Revierbeamten Ernst Bögehold mitgeteilt, dass lediglich die Herren Nonne und Hilbck um einen Besuch gebeten hätten.[51] Am 15. Mai fanden sich gemäß Nonnes Einladung aber sämtliche Kommissionsmitglieder außer den Oberbergamtsvertretern Runge und Broja auf der Zeche ein. Der Revierbeamte war am selben Morgen bereits mit dem aus Berlin angereisten Geheimen Oberbergrat Theodor Freund zur Beurteilung der Situation durch die Grube gefahren. Als nun am Nachmittag nicht nur Nonne und Hilbck eine erneute Befahrung der Zeche wünschten, verweigerte sich Bögehold mit dem Hinweis, eine solche Grubenfahrt „en masse" nicht gestatten zu können.

Noch am gleichen Tag nahmen die Unternehmensvertreter in der westfälischen Kommission die Weigerung zum Anlass, ein gemeinsames Protestschreiben an das Ministerium in Berlin zu richten und mit ihrem Austritt zu drohen. Zur Begründung gaben sie an, durch Bögehold beleidigt worden zu sein, weil dieser seine Ablehnung mit der Äußerung verbunden habe, er befürchte „Verdunkelung des Thatbestandes".[52] Die Worte entsprachen nun exakt der Formulierung Serlos vom Herbst 1881, allerdings wurden sie so ungeschickt gegen die Mitglieder der Kommission gewandt, dass jene sie als Affront auffassen mussten. Letztlich resultierten sie aus Bögeholds Anstrengungen, den ministeriellen Forderungen gerecht zu werden.

Sowohl Bögeholds Verhalten gegenüber den Unternehmensvertretern als auch die weitere Behandlung des Protests beweisen, dass die neue Definition bergpolizeilicher Aufsicht in Schlagwetterfragen seit 1882 auch auf der Ebene der westfälischen Bergbeamten angekommen war. Bevor Serlo auf das Beschwerdeschreiben antwortete, holte er die Stellungnahmen der ihm untergebenen Bergbeamten ein. Am 23. Mai beschwerte sich zunächst Runge über Nonnes eigenmächtige und unzulässige Einberufung der westfälischen Kommission.[53] Vier Tage später begründete der Revierbeamte seine Handlungsmotivation dem Dortmunder Oberbergamt als vorgesetzter Behörde. Bögehold brachte klar zum Ausdruck, dass seine Weigerung das Ziel verfolgte, die bergbehördlichen Untersuchungen nicht von Beginn an einer Kritik der Unternehmerseite auszusetzen: „Ich war mir vollständig klar darüber, daß eine Grubenfahrt die Herren Besucher auf Vermuthungen über Anlaß und Verlauf des Unfalls führen und so meine Untersuchung bereits einer Kritik ausgesetzt sein würde, bevor ich sie nur begonnen hatte. Gegen die Verbreitung unliebsamer Gerüchte und jedenfalls einigermaßen vorschneller Urtheile war ich in keiner Weise gesichert."[54]

---

51 vgl. ebd., Bl. 273 ff.: Schreiben des Revierbeamten Bögehold an das OBA Dortmund v. 27.05.1882.
52 zit. ebd., Bl. 275.
53 vgl. ebd., Bl. 264 – 267: Stellungnahme von Wilhelm Runge „zur Beschwerde der Herren Krabler, Menzel, Hilbck und Nonne" v. 23.05.1882.
54 zit. ebd., Bl. 275.

Nachdem der am fraglichen Tag auf Pluto anwesende Geheime Oberbergrat Freund Bögeholds Entscheidung gegenüber den Unternehmensvertretern bereits verteidigt hatte[55], rechtfertigte Serlo schließlich dessen Verhalten in einem Schreiben vom 12. Juni 1882 an Julius Nonne als Beschwerdeführer. Danach hatten die Revierbeamten grundsätzlich die Befugnis, darüber zu bestimmen, welchen Personen nach Unglücksfällen der Zutritt zu den Grubenbauen gestattet werden könne. Bögeholds Weigerung, „vor Abschluß seiner Untersuchungs-Arbeiten einer größeren Anzahl von Personen, welchen ein officieller Auftrag hierzu nicht erteilt worden, die Befahrung der Grubenbaue zu gestatten", war deshalb „durch das dienstliche und bergpolizeiliche Interesse" in diesem Fall geboten gewesen.[56] Außerdem rügte er ausdrücklich Nonnes Berufung der Kommission „gegen den Willen des Vorsitzenden und des stellvertretenden Vorsitzenden der westfälischen Local-Abtheilung". Um einer weiteren Eskalation vorzubeugen, forderte er Nonne, Menzel, Hilbck und Krabler dazu auf, ihr „Mandat als Mitglieder der Wetter-Commission, an deren Arbeiten Sie [...] seither so regen Antheil genommen" hatten, weiter wahrzunehmen.

Den Unternehmensvertretern blieb angesichts der ablehnenden Haltung des Ministeriums nichts anderes übrig, als die gestärkte Position der westfälischen Bergbeamten anzuerkennen. Ende Juni wandten sie sich nochmals nach Berlin, um nachzuweisen, dass Nonnes Verhalten allein auf Missverständnissen beruhe.[57] Ihre Initiative rechtfertigten sie bezeichnenderweise durch die vermeintliche Übereinstimmung mit der öffentlichen Meinung, „welche gelegentlich der beiden, dem Unglücksfalle von Pluto vorausgegangenen Katastrophen von Louise Tiefbau und Zollern bereits das Eingreifen der Commission verlangt" habe. Es blieb ihnen deshalb nur zu erklären, „daß wir, zwar schweren Herzens, aber im Hinblick auf die von Eur. Excellenz an uns gestellte große und noble Aufgabe, deren Erwartung, daß wir uns an den Arbeiten der staatlichen Wetter-Commission ferner betheiligen werden, mit voller Hingabe bereit sind zu entsprechen." Diese Entscheidung war sicher von der Überlegung bestimmt, den eingeschränkten Einfluss in der Kommission nicht gänzlich aufzugeben. Das Ministerium für öffentliche Arbeiten betrachtete die Angelegenheit seit Juli 1882 durchaus mit Genugtuung als endgültig abgeschlossen.[58]

5.2 Der Streit um die Neufassung normierter Sicherheitsregeln

In der Umwertung des Kräfteverhältnisses zwischen Bergbehörde und Unternehmerschaft lag die Chance, den Erkenntnissen der Schlagwetterkommission auf dem Verordnungsweg eine größere Wirksamkeit zu verleihen. Wie schon bei der ersten westfälischen Wetterkommission folgte auch der preußischen Schlagwetterkommission die Verabschiedung einer neuen, für den gesamten Ruhrbergbau verbindlichen Bergpolizeiverordnung. Ihre Inkraftsetzung am 12. Oktober 1887 war das Ergebnis einer längerfristigen Initiative, die bereits Mitte der 1870er Jahre vom Dortmunder Oberbergamt ergriffen worden war.

---

55 vgl. ebd., Bl. 275: „Nachdem alle diese Gründe wiederholt vorgeführt waren, auch Herr Geheimer Oberbergrath Freund die Güte hatte, meine Weigerung in längerer Ausführung als ganz motivirt zu erklären, [...]."

56 zit. ebd., Bl. 286 f.: Schreiben des Ministeriums für öffentliche Arbeiten an Bergassessor Julius Nonne v. 12.06.1882 (Abschrift).

57 vgl. STAM OBA Dortmund, Nr. 1874, Bl. 367: Schreiben von Menzel, Krabler, Hilbck und Nonne an das Ministerium für öffentliche Arbeiten v. 23.06.1882 (Abschrift).

58 vgl. STAM OBA Dortmund, Nr. 937, Bl. 19: Schreiben des Ministeriums für öffentliche Arbeiten an Bergassessor Julius Nonne v. 22.07.1882.

5.2.1 Das Scheitern einer allgemein gültigen Verordnung in den 1870er Jahren

Das schließlich im Konsens von Bergbehörde und Unternehmern zu Beginn der 1870er Jahre eingeschlagene Verfahren hatte darin bestanden, die für alle Zechen des Ruhrbergbaus geltende Verordnung von 1863 nur auf den am stärksten gasenden Zechen durch Spezialbestimmungen zu verschärfen. Aufgrund des zunehmend defizitären Charakters der 1863er Verordnung entwickelte sich diese Strategie immer stärker zu einer allein reaktiven Konzeption. Durchweg bedurfte es erst der Katastrophe, um die betreffende Zeche in den Kreis derjenigen Gruben aufzunehmen, für die der Erlass eines speziellen Regelwerks notwendig schien. Dieser Erkenntnis konnte sich insbesondere das Dortmunder Oberbergamt Mitte der 1870er Jahre nicht mehr verschließen. Weil die „generellen Bestimmungen" des 1863er Regelwerks „sich unter den gegenwärtigen Verhältnissen des Bergwerksbetriebes unsers Bezirks und nach den inzwischen gemachten Erfahrungen nicht mehr als zur möglichsten Sicherung des Lebens und der Gesundheit der [...] Arbeiter" erwiesen hatten, beschloss es, eine neue allgemein gültige Bergpolizeiverordnung „betr. die Wetterführung und die Sicherheitsmaßregeln gegen Entzündung schlagender Wetter" für seinen Verwaltungsbezirk auf den Weg zu bringen.[59]

1876 entwarf es einen neuen Verordnungstext, dessen Bestimmungen in drei große Komplexe zerfielen.[60] Damit sollte gewährleistet werden, dass die Allgemeingültigkeit des Regelwerks den unterschiedlichen Gefahrenklassen der Ruhrzechen Rechnung trug. Das Gliederungsprinzip der Paragraphen bezog sich entsprechend der traditionellen Betonung der Zündquellenstrategie auf die Verwendung des Sicherheitsgeleuchts. Während die ersten zwölf Bestimmungen für alle Grubenbaue gelten sollten, sahen die Paragraphen 13 bis 23 verschärfte Anordnungen für jene Zechen vor, in denen schlagende Wetter in so geringem Maße auftraten, dass zwar überall bei offener Lampe gearbeitet werden durfte, eine regelmäßige Untersuchung mit der Sicherheitslampe vor dem Anfahren der Belegschaft aber stattfand. Die restlichen Bestimmungen 24 bis 35 bezogen sich auf die Grubenbaue, in denen ausschließlich mit der Sicherheitslampe zu arbeiten war.

Um die dreifache Gliederung des Entwurfs im Verwaltungswege auf den Zechen durchzusetzen, intendierte der Text eine stärkere Verantwortlichkeit der Revierbeamten bei der Entscheidung, zu welcher Gruppe die jeweilige Zeche gehörte. Hierin lag ein deutlicher Unterschied zur Spezialverordnungspraxis. Sie war immer erst nach einem Diskussionsprozess zwischen den jeweiligen Unternehmensvertretern und dem Oberbergamt zustande gekommen. Den reaktiven Charakter gedachte das Oberbergamt nun durch einen stärkeren Einfluss der Revierbeamten aufzubrechen. Der Entwurf beschrieb keine grundsätzlich neuen strategischen Maßnahmen des Explosionsschutzes, sondern nur einen schnelleren und bindenden Einfluss der Revierbeamten bei der Inkraftsetzung der alten Strategien. Insofern war er weiterhin am Modell der ständischen Regelungskompetenz der unteren Behördenvertreter orientiert.

Die Revierbeamten begrüßten in der anschließenden Diskussion der Vorlage die ihnen zugedachte Position der Stärke.[61] Gleichzeitig warnten sie vor dem voraussichtlichen Wider-

---

59 zit. STAM OBA Dortmund, Nr. 939, Bl. 9: Schreiben des OBA Dortmund an den Vorstand des Bergbau-Vereins v. 16.09.1876.

60 vgl. ebd., Bl. 10 – 14: „Entwurf einer Allgemeinen Berg-Polizeiverordnung, betreffend die Wetterführung und Sicherheitsmaßregeln gegen Entzündung schlagender Wetter auf den Zechen des Oberbergamtsbezirks Dortmund <1876>".

61 vgl. ebd., Bl. 41 f.: Schreiben des Bergmeisters Karl Selbach, Revierbeamter in Oberhausen, an das OBA Dortmund v. 16.10.1876: „Namentlich ist es zu begrüßen, daß dem Revierbeamten darin eine weitergehende Competenz [...] eingeräumt worden ist."

spruch der Unternehmer, sich darauf verständigen zu wollen.[62] Einzelne Beamte plädierten außerdem für eine noch weitergehende Vorschrift des ausschließlichen Gebrauchs der Sicherheitslampe. Bergrat Schmid des Bergreviers Hamm etwa wies darauf hin, dass ein großer Teil der stattgefundenen Unglücke auf die „gleichzeitige Gestattung von offenen und Sicherheitslampen" zurückzuführen war. Für Gruben, in denen sich schlagende Wetter gezeigt hätten, sollten besser grundsätzlich Sicherheitslampen angeordnet werden.[63]

Der Bergbau-Verein, dem der Entwurf Mitte September 1876 zur Begutachtung übersandt worden war, nahm am 12. November zur bergbehördlichen Initiative Stellung.[64] Sein ausführliches Gutachten bestand in einer Grundsatzkritik des gesamten Vorhabens. Bevor er zur Einzelbesprechung der angedachten Bestimmungen überging, bestritt er den Zweck einer allgemein gültigen Bergpolizeiverordnung, die über das Maß des 1863er Regelwerks hinausging. Angeblich erkannte er zwar die Vorzüge möglichst einheitlicher Regeln insbesondere zur Wetterführung auf den Ruhrzechen an. In der Praxis seien generelle Vorschriften „vom polizeilichen Standpunkte aus" aber höchst bedenklich und in „wirtschaftlicher Beziehung" sogar schädlich. Zur Begründung rekapitulierte er zunächst sämtliche entsprechenden Verordnungen für die übrigen Oberbergamtsbezirke aus den 1860/70er Jahren. Vor allem die Fassung des Bonner Oberbergamts vom 8. November 1867 schien ihm zu beweisen, dass dort das Konzept der Spezialverordnungen erfolgreich umgesetzt worden war. Wenn das Dortmunder Oberbergamt nun diesen Weg verlassen wollte, so verkannte es nach seiner Meinung, dass gerade im Ruhrbergbau die lagerstättenbedingten Unterschiede noch weit größer seien als in den übrigen Revieren, in denen man dennoch von allgemein gültigen Maßregeln abgesehen hatte.[65] Die Folge konnte demnach nur darin bestehen, dass eine „conforme" Verordnung für die wenig schlagwetterbelasteten Zechen „unnöthige Erschwerungen des Betriebes" nach sich zog.

Aus der grundsätzlichen Abwehrhaltung heraus unterzog der Bergbau-Verein die Einzelbestimmungen einer vermeintlich „vorurteilsfreie[n] Prüfung". Keiner der vorgeschlagenen Paragraphen blieb dabei unwidersprochen. Die Methode der Kritik lag in dem Versuch, die gegenüber der 1863er Verordnung verschärften Bestimmungen auf die ursprüngliche Fassung zurückzuführen und neu aufgenommene Regelungen als in der Praxis nicht durchführbar erscheinen zu lassen. Die Argumentation richtete sich vorrangig auf die Gruppe der ersten zwölf Paragraphen, die für alle Zechen gültig sein sollten und mehrheitlich die Bewetterung betrafen.

Der Entwurf formulierte in der ersten Bestimmung die grundlegenden Anforderungen an das Bewetterungssystem jeder Ruhrzeche mit den Worten: „Auf jedem Bergwerk müssen Einrichtungen getroffen sein, welche ausreichend sind, um nicht nur jeden einzelnen Arbeits-

---

62 vgl. ebd., Bl. 37 ff.: Schreiben des Dahlhausener Revierbeamten an das OBA Dortmund v. 15.10.1876: „Es erscheint dies, wenn auch sachgemäß, doch im Vergleich zu dem seitherigen Modus, nach welchem diese Entscheidung durch Beschluß des Königlichen Ober-Bergamts gemäß § 198 des Berggesetzes erfolgte, in der Erweiterung der Competenzen des Einzelbeamten weitgehend, so daß man in dieser Beziehung vielleicht auf heftigen Widerspruch seitens der interessirten Kreise stoßen dürfte."

63 vgl. ebd., Bl. 45: Schreiben des Bergrats Schmid, Revierbeamter in Hamm, an das OBA Dortmund v. 23.10.1876.

64 vgl. ebd., Bl. 64 – 81: Bemerkungen des Vereins für die bergbaulichen Interessen im Oberbergamtsbezirk Dortmund zu dem Entwurf einer Allgemeinen Berg-Polizei-Verordnung betreffend die Wetterführung und Sicherheitsmaßregeln gegen Entzündung schlagender Wetter auf den Zechen des Oberbergamtsbezirks Dortmund v. 12.11.1876.

65 vgl. ebd., Bl. 66: „Wir glauben mit Recht behaupten zu können, daß in keinem Steinkohlen-Becken der Welt die localen Vorkommniße auf den einzelnen Gruben so untereinander differiren, wie in dem Ruhrdistrict, und gerade die Wetterführung dürfte dasjenige Feld der bergmännischen Thätigkeit sein, dessen Eintheilung und Pflegung am meisten von den natürlichen Umständen in jedem einzelnen Fall abhängig ist."

punkt dauernd mit einer genügenden Menge frischer gesunder Luft zu versorgen, sondern auch den Wetterstrom bei eintretendem außerordentlichen Bedürfniß jederzeit schnell und wirksam zu verstärken."[66] Gegenüber der 1863er Fassung hatte sich der sehr allgemeine Passus nur dadurch verändert, dass die bislang vorhandene Einschränkung „unter gewöhnlichen Umständen" entfallen war. Der Bergbau-Verein reagierte auf die anscheinend marginale Veränderung mit ausschweifendem Protest. Aus seiner Sicht wurde den „Bergbaubetreibenden" hiermit eine Verpflichtung auferlegt, „welche praktisch unausführbar" war. Erneut griff er auf die bestehenden Verordnungen in den übrigen Oberbergamtsbezirken zurück und führte an, dass hier die wichtige Einschränkung bis auf den Oberbergamtsbezirk Breslau überall existierte. Insofern wäre annähernd der gesamte preußische Bergbau von der „Unmöglichkeit" überzeugt, „einen Betriebspunkt dauernd genügend zu ventiliren".[67]

Aus Sicht der Unternehmer führte die gewählte Formulierung des ersten Paragraphen den gesamten Entwurf ad absurdum. Indem er den hypothetischen Fall konstruiere, eine Zeche sei unter allen Umständen so zu bewettern, dass keine kritischen Gaskonzentrationen entstünden, wären doch alle folgenden Bestimmungen zur Kontrolle der Zündinitiale überflüssig. Der Bergbau-Verein verstand den Explosionsschutz also ausdrücklich nicht als kombinierte Strategie von Bewetterung und Zündkontrolle, die gleichmäßig zu optimieren war. Für ihn lieferte die am ehesten zu akzeptierende Verschärfung des Sicherheitslampengebrauchs ausreichende Rechtfertigung, die kostenintensiven Bewetterungsmaßnahmen nach den lagerstättenbedingten Bedürfnissen jeder einzelnen Zeche zu regeln. Individuelle Kontrolle über Spezialverordnungen hieß im Verständnis der Unternehmer auch weiterhin individueller Ausgleich von Sicherheits- und Produktionsinteressen, insbesondere in Fragen der Bewetterung. Dass das Oberbergamt die seit Jahrzehnten übliche Praxis nun gerade in der Phase der Gründerkrise verlassen wollte, war dem Bergbau-Verein vollkommen unverständlich.

Den Erwartungen der Revierbeamten entsprechend, wehrten sich die Unternehmer außerdem gegen deren intendierten Verantwortungszuwachs. Nach Paragraph 13 des Entwurfs sollte es ihre Aufgabe sein, für alle Bergwerke, in denen sich schlagende Wetter nur „in geringem Maaße" zeigten, die Stellen zur Verwendung von offenem und Sicherheitsgeleucht genau zu bestimmen. Bislang hatte diese Entscheidung beim Betriebsführer gelegen und war gegebenenfalls vom Revierbeamten überprüft worden. Außerdem sollten mit dem ersten Auftreten von Schlagwettern auf der Zeche unmittelbar die verschärften Bestimmungen des zweiten Teils der Verordnung in Kraft treten. Für den Bergbau-Verein war der den Revierbeamten zugedachte Handlungsspielraum inakzeptabel, weil er nach seiner Überzeugung dem Allgemeinen Berggesetz widersprach. Die Umsetzung der den Revierbeamten zuerkannten Entscheidungsvollmacht erforderte nach seiner Meinung ein weites Eingreifen in die unternehmerische Betriebsautonomie. Insofern schaffte der Entwurf „eine neue Bevormundung der Bergwerksbesitzer durch die Bergbehörde [...], welche nicht im Sinne des Berggesetzes" lag und zudem den beabsichtigten Zweck verfehlte.[68]

Tatsächlich bildete das dem Entwurf zugrunde liegende Festhalten an der Praxis des gemischten Geleuchts seinen unbestreitbaren Schwachpunkt. Der Bergbau-Verein bezweifelte durchaus zurecht, dass es den Revierbeamten überhaupt gelingen konnte, die im Verordnungsentwurf vorgesehene Kontrolle der zahlreichen Betriebspunkte zu leisten: „Es ändern sich auch die Verhältnisse in dieser Hinsicht so häufig, daß der Revierbeamte unmöglich über die speciellen Bedürfnisse genügend informirt sein kann, um in allen Fällen das Richtige zu

---

66 zit. ebd., Bl. 10.
67 vgl. STAM OBA Dortmund, Nr. 939, Bl. 67.
68 vgl. ebd., Bl. 75.

246

treffen. Bei großen Tiefbauzechen mit etwa 20 in Betrieb stehenden Bauabtheilungen muß es vorkommen, daß der Revierbeamte oft Jahrelang eine Bauabtheilung nicht befährt, ja viele Bauabtheilungen er überhaupt nicht zu Gesichte bekommt. Wie sollte er da beurtheilen können, ob die Bestimmungen der Polizei-Verordnung sub a, sub b oder sub c zweckmäßiger Weise auf die einzelnen Bauabtheilungen Anwendung finden?"[69]

5.2.2 Die Durchsetzung der Bergpolizeiverordnung von 1887/88

Ob bereits der 1876er Entwurf mit seinen vagen Bestimmungen zur Bewetterung und zur wenig praktikablen Kontrolle des weiterhin vorgesehenen gemischten Geleuchts eine Trendwende im Explosionsgeschehen des Ruhrbergbaus bewirkt hätte ist zweifelhaft. Bedingt durch die massive Kritik des Bergbau-Vereins[70] in der wirtschaftlichen Krise verschwand er ohnehin vorerst in den Schubladen des Oberbergamts. Die Dortmunder Bergbeamten sahen im Folgenden vom Erlass einer allgemein gültigen neuen Bergpolizeiverordnung ab.[71] Dieser Zustand währte bis zur Pluto-Katastrophe vom Mai 1882. Der Berliner Ministerialabteilung lieferte das Unglück den endgültigen Beweis, dass auf den Ruhrzechen Mängel in der Wetterführung vorhanden waren, die zwar nicht ausdrücklich gegen die Verordnung von 1863 verstießen, gleichwohl aber den jetzt zu fordernden „Bedingungen einer rationellen Wetterführung" nicht mehr gerecht wurden.[72] Das Dortmunder Oberbergamt wurde deshalb von Berlin aus angewiesen, die Untersuchung nach den beschriebenen neuen Grundsätzen zu führen und mit den gewonnenen Erkenntnissen eine Überarbeitung des offensichtlich veralteten Regelwerks vorzunehmen. Wegen der Unglücke auf Louise Tiefbau, Zollern und Pluto schien es außerdem geboten, die Neufassung einer allgemeinen Bergpolizeiverordnung „unabhängig von dem Ergebniß der Arbeiten der Wetterkommission eventuell sofort" vorzunehmen.[73]

Für die Ausarbeitung des neuen Entwurfs nahm sich das Dortmunder Oberbergamt Zeit. Das Pluto-Unglück war schon länger als ein Jahr vergangen, als er am 28. Juli 1883 im dortigen Kollegium abschließend beraten und zwei Tage darauf an die Revierbeamten und den Bergbau-Verein zur Stellungnahme versandt wurde.[74] Unter dem Eindruck der ministeriellen Erwartungen an eine Verschärfung der wettertechnischen Anforderungen für alle Ruhrzechen unterschied er sich deutlich von der 1876er Fassung. Erstmals wurden jetzt konkrete Richtwerte für die Wettermengen festgesetzt, die jedem Betriebspunkt zugeführt werden sollten. Danach war eine Wetterleistung zu erbringen, die rechnerisch für jeden vor Ort beschäftigten Arbeiter wenigstens zwei und für jedes Pferd mindestens 10 m^3 Frischwetter pro Minute ergab.[75] Im zweiten Paragraphen wurden genaue Angaben über die geforderten Querschnitte der Wetterwege auf allen Ruhrzechen gemacht. Wetterschächte, Wettertrümmer sowie

---

69 zit. ebd., Bl. 74.
70 vgl. ebd., Bl. 82 – 85: Schreiben des OBA Dortmund an den Bergbau-Verein v. 08.12.1876 (Konzept): „Während ich [= Berghauptmann Schönaich-Carolath, M.F.] meine Befriedigung über die eingehende und sorgfältige sachliche Prüfung des Entwurfs durch die Commission nicht verhelen kann, bedaure ich außerordentlich den erregten und schroffen Ton der geübten Kritik, von dem ich nur annehmen kann, daß er auf einem Mißverständniß beruht."
71 vgl. ebd., Bl. 95: Schreiben des Bergmeisters Karl Selbach an das OBA Dortmund v. 24.08.1879. Darauf als Konzept der Antwort notiert: „Von dem Erlaß einer Bergpolizei-Verordnung haben wir Abstand genommen. Dortmund, 3.9.[18]79."
72 vgl. ebd., Bl. 109: Schreiben des Ministeriums für öffentliche Arbeiten an das OBA Dortmund v. 25.05.1882.
73 zit. ebd., Bl. 109.
74 vgl. ebd., Bl. 121: Interne Anweisung des OBA Dortmund v. 30.07.1883.
75 vgl. ebd., Bl. 122 ff.: „Bergpolizeiverordnung betreffend die Verhütung von Wetterexplosionen in Bergwerken oder betreffend den Betrieb wettergefährlicher Bergwerke!" [undatiert <30.07.1883>], § 1.

Haupt- und Abteilungsquerschläge sollten danach einen freien Mindestquerschnitt von 3 m^2 haben. Die Wetterüberhauen sowie die Grund- und Wetterstrecken in den Flözen durften zukünftig nicht weniger als 2 m^2 freien Querschnitt aufweisen und schließlich hätten die Wetterdurchhiebe zwischen den Abbaustrecken einen solchen von mindestens 1,5 m^2 zu erhalten.[76]

Außerdem waren eine Reihe weiterer Bestimmungen vorgesehen, die sicherstellen sollten, dass die bislang mangelhafte Bewetterung der am stärksten ausgasenden Vor- und Ausrichtungsbaue beseitigt wurde. Alle Bremsberge und Überhauen zwischen den einzelnen Bausohlen sollten von nun an ausschließlich im Parallelbetrieb aufgefahren werden.[77] Bei den noch nicht durchschlägigen und der Diffusion überlassenen Auffahrungsstrecken waren bei einer weiteren Entfernung als 15 m vom zirkulierenden Wetterstrom grundsätzlich Wetterscheider einzubauen bzw. Maßnahmen der Sonderbewetterung einzurichten. Um die in der Vergangenheit häufig eingetretene Auslängung der Parallelstrecken ohne Wetterverbindung zu vermeiden, sollten Wetterdurchhiebe jetzt nur noch einen Abstand von 15 m besitzen.[78] Schließlich durften Handventilatoren nur noch vor dem letzten Wetterdurchhieb im frischen Wetterzug aufgestellt werden und ausschließlich saugend wirken.[79]

Bezüglich der Beleuchtung hielt auch der jetzige Entwurf am kombinierten Einsatz von offenen und Sicherheitslampen fest. Das sich daraus ergebende Konzept der Wetterkontrolle über Wetterleute war allerdings hinsichtlich seiner Verantwortlichkeit wieder stärker auf die Ebene der Betriebsführer zurückverlagert. Die Bergbehörde hatte also eingesehen, dass die vorher angedachte weitgehende Kontrolle durch die Revierbeamten in der Praxis aussichtslos war. Die Wetterkontrolleure sollten von nun an nicht länger als drei Stunden vor der Anfahrt der Belegschaft sämtliche „wetterverdächtigen Grubenbaue" mittels der Sicherheitslampe untersuchen. Vom Betriebsführer waren anschließend die entsprechenden Anordnungen über den Gebrauch der fraglichen Lampen zu treffen und per Anschlag der Belegschaft vor deren Arbeitsbeginn zur Kenntnis zu bringen.[80] Gleichfalls war damit auch die Frage zu klären, an welchen Orten unter Tage geschossen werden durfte. Schließlich umfasste der Entwurf zahlreiche Detailvorschriften über die Form der Sicherheitslampen, die zukünftig auf den Zechen erlaubt sein sollten. Teilweise fußten die konstruktiven Richtlinien bereits auf Ergebnissen, die von der Lampenunterkommission der Schlagwetterkommission noch vor Abschluss ihrer Arbeiten gewonnen worden waren.[81]

Gemessen an den bisherigen bergpolizeilichen Vorschriften besaßen die vorgesehenen Bestimmungen über die Bewetterungssysteme der Ruhrzechen eine große Tragweite. Sie gingen weit über die Konzeption des 1876er Verordnungsentwurfs hinaus. Es überrascht deshalb nicht, dass sie sowohl bei den Revierbeamten als auch beim Bergbau-Verein Diskussionen hervorriefen. Aufseiten der Revierbeamten mischten sich bei Begutachtung der Einzelparagraphen wohlwollende und mahnende Stimmen in Form einer sachlich-kritischen Auseinandersetzung. Ihr unterschiedliches Meinungsbild war stark von dem Umstand beeinflusst, inwieweit die Zechen ihres Bergreviers bereits von Schlagwetterexplosionen heimgesucht worden waren.

---

76 vgl. ebd., § 2.
77 vgl. ebd., § 5.
78 vgl. ebd., § 6.
79 vgl. ebd., § 7.
80 vgl. ebd., § 10.
81 vgl. ebd., § 19: „Die auf den Bergwerken verwendeten Sicherheitslampen müssen mit einem Drahtcylinder versehn sein, dessen Netz mindestens 144 gleich große Oeffnungen auf ein Quadratcentimeter besitzt."

So hielt der Revierbeamte des südlichen Bergreviers Witten, Georg Meydam (1837 – 1895), die Polizeiverordnung in der gewählten Form für seinen Verantwortungsbereich für „nicht nothwendig". Ihm schien es besser zu sein, die entworfenen Anforderungen den Revierbeamten insgesamt als „Grundsätze" vorzuschreiben. Sie würden dann im Rahmen der turnusmäßigen Betriebsplanprüfungen für die praktische Umsetzung auf den Zechen sorgen.[82] Ein derart traditionelles Problembewusstsein wäre der Zielsetzung des Regelwerks keinesfalls gerecht geworden und war nur durch Meydams Beschäftigung am Südrand des Ruhrreviers zu erklären, in dem die Schlagwetterfrage keine große Relevanz hatte.[83]

Die gegensätzliche Position vertraten die Revierbeamten Wilhelm Schrader und Bruno von Sobbe (1835 – 1912).[84] Schrader als Mitglied der westfälischen Wetterkommission plädierte dafür, den Titel in „Bergpolizeiverordnung, betreffend die Wetterversorgung der Bergwerke" zu ändern. Damit käme besser zum Ausdruck, dass sie für alle Zechen und nicht nur für die sog. „wettergefährlichen Bergwerke" gelten sollte. Überhaupt sei jene Formulierung missverständlich, weil sie „bei der Verfolgung der Uebertretungen zu Weiterungen Veranlassung" gebe. Auch von Sobbe sprach sich dafür aus, die Verordnung auf alle Steinkohlengruben des Ruhrreviers auszudehnen und nur am Ende des Textes die Möglichkeit einer zeitlich befristeten Ausnahmeregelung vorzusehen.

In Bezug auf die geforderten Mindestwettermengen und die vorgeschriebenen Mindestquerschnitte der Wetterwege hatten die Revierbeamten zahlreiche Bedenken, weil sie erheblich von den real existierenden Verhältnissen abwichen. Im Bewusstsein, dass es in der Praxis ihre unmittelbare Aufgabe war, die Bestimmungen gegen den erwarteten Widerstand der Bergwerksbetreiber durchzusetzen, argumentierten sie mehrheitlich zugunsten einer teilweisen Reduzierung der Richtwerte. Dabei waren insbesondere die Bedenken Eduard von Renesses ob seiner genauen Kenntnis der betrieblichen Praxis berechtigt. Er wies darauf hin, dass die Verordnung weiterhin in Auffahrungsstrecken bis zu einer Entfernung von 15 m vom letzten Durchhieb die Bewetterung durch Diffusion gestattete. Wenn nun aber jeder Betriebspunkt mindestens 2 m^3 Frischwetter pro Minute erhalten sollte, dann wäre das bei den bislang vorhandenen Querschnitten nur durch eine massive Steigerung der Wettergeschwindigkeit in den Vorrichtungsbauen zu erreichen. Wegen der damit steigenden Durchblasgefahr der Sicherheitslampen sei diese Konsequenz kontraproduktiv. Übereinstimmend mit den Anregungen des Gelsenkirchener Revierbeamten Gustav Neumann (1834 – 1913) wollte er deshalb die den Arbeitern an jedem Betriebspunkt zuzuführende Mindestwettermenge auf 1 m^3 reduziert wissen.

Noch größeres Unbehagen bereiteten ihnen die Anforderungen an die Mindestquerschnitte der in den Flözen gelegenen Wetterstrecken. Schrader monierte, dass der für Grund- und Wetterstrecken sowie Überhauen verlangte Querschnitt von 2 m^2 die Bauwürdigkeit vieler Flöze wegen deren geringerer Mächtigkeit in Frage stelle. Auch die 1,5 m^2 für Wetterdurchhiebe seien aus gleichen Gründen „zu hoch gegriffen resp. nicht erforderlich". Einheitlich mahnten alle Revierbeamten, letztere Bestimmung auf 1 m^2 herabzusetzen. Schließlich plä-

82 vgl. ebd., Bl. 235 – 245: Zusammenstellung der Änderungsvorschläge zum Entwurf der Bergpolizeiverordnung v. 30.07.1883.
83 Zu Georg Meydam vgl. Serlo, Die Preußischen Bergassessoren, S. 41. Für Meydams Haltung war sicher auch ausschlaggebend, dass seine bisherige berufliche Karriere vorrangig außerhalb des Ruhrreviers verlaufen war. Zwar hatte er 1868 unmittelbar nach seiner Assessorenprüfung kurzfristig im Dortmunder Oberbergamtsbezirk gearbeitet. Zum Revierbeamten in Witten war er allerdings erst 1883 ernannt worden, nachdem er zuvor als Betriebsleiter des Steinkohlenbergwerks Piesberg bei Osnabrück und als Berginspektor bei der Berginspektion Königshütte fungiert hatte.
84 vgl. ebd., S. 38 f. Bruno von Sobbe hatte 1883 die Revierbeamtenstelle im Bergrevier Hamm übernommen. Zuvor war er für die Dauer von fünf Jahren der Vorgänger von Meydam im Bergrevier Witten gewesen.

dierten sie dafür, die im Entwurf vorgesehene Verkürzung des zulässigen Abstands der Wetterdurchhiebe auf 15 m zu entschärfen. Eine sich aus der Bestimmung zwangsläufig ergebende vergrößerte Anzahl der Wetterdurchhiebe erhöhe den Gebirgsdruck auf die abzubauenden Kohlenpfeiler und damit auch das Stein- und Kohlenfallrisiko. Außerdem sei ein absolut wetterdichter Abschluss nicht mehr benötigter Durchhiebe praktisch unerreichbar und deshalb dem eigentlichen Zweck der Verordnung widersprechend.

Letztlich machten sich die Revierbeamten bei ihrer Kritik wenigstens zum Teil die Sichtweise der Unternehmer zu eigen. Die Vergrößerung der Wetterquerschnitte war keinesfalls in technischer Hinsicht prinzipiell unmöglich oder widersinnig. Sie bedeutete nur für die Bergwerksbetreiber eine potentielle Erhöhung der Selbstkosten und folglich ein größeres finanzielles Engagement in Sicherheitsbelangen. Der Bergbau-Verein lehnte denn auch den neuen Entwurf abermals grundsätzlich ab. In seinem Gutachten vom 13. Oktober 1883 wiederholte er im Wesentlichen die Argumente, die er schon gegen den 1876er Vorschlag mit Erfolg erhoben hatte.[85] Erneut versuchte er die Spezialverordnungspraxis gegen die vermeintlich nicht sinnvolle Verabschiedung einer allgemein gültigen Regelung zu verteidigen. Als Dreh- und Angelpunkt seiner Verweigerung verwandte er das Argument, dass eine bergpolizeiliche Neuregelung vor dem Abschluss der Arbeiten der Schlagwetterkommission wohl auch gegen die Interessen des Ministeriums gerichtet sein müsse.[86] Anscheinend war ihm der ministerielle Auftrag an das Dortmunder Oberbergamt vom Mai 1882 nicht bekannt. In jedem Fall schätzte er mit dieser Haltung den aus Berlin dorthin vermittelten Druck zum Festhalten an den Bestimmungen des jetzigen Verordnungsentwurfs falsch ein.

Im Frühjahr 1884 unterzogen die Dortmunder Bergbeamten den Entwurf anhand der eingereichten Stellungnahmen einer Revision. Die revidierte Fassung, die dann am 13. Oktober gleichen Jahres der Ministerialabteilung zur Genehmigung eingereicht wurde, war gegenüber der ursprünglichen Fassung kaum verändert worden.[87] Im Zeichen der neuen Perspektive zur Behandlung bergbehördlicher Explosionskontrolle hatte das Aufbegehren des Bergbau-Vereins anders als noch 1876 keinen Erfolg mehr. Die westfälische Mittelbehörde war nicht mehr bereit, das Konzept einer allgemeinen Verschärfung der wettertechnischen Anforderungen zugunsten individueller Regelungen aufzugeben.

Dabei hatte sie auch die Bedenken der Revierbeamten nur in geringem Maß teilen können. Bezüglich der geforderten Wettermengen hielt sie an den ursprünglichen Richtwerten fest. Allerdings ersetzte sie den Begriff „Betriebspunkt" durch „Bauabtheilung". Im Sinne der Revierbeamten kam diese Veränderung tatsächlich einer Entschärfung gleich, weil die Wetterströme beim Eintritt in ganze Bauabteilungen ja noch nicht den eigentlich kritischen Verzweigungen innerhalb der Baufelder unterlagen. Erst hier traten doch die Wetterverluste durch zu geringe Querschnitte und ungenügend abgedichtete Durchhiebe auf. Auch bei dem Maximalabstand der Wetterdurchhiebe von 15 m gab das Oberbergamt nach. Einer „Erhöhung derselben auf 20 m" glaubte es „unbedenklich Rechnung" tragen zu können, „zumal ja die Fassung für einzelne Fälle die ausnahmsweise Verminderung dieser Entfernung vor-

85 vgl. STAM OBA Dortmund, Nr. 939, Bl. 187 – 201: „Gutachtliche Bemerkungen des Vorstandes des Vereins für die bergbaulichen Interessen im Oberbergamtsbezirk Dortmund zu dem Entwurf einer Berg-Polizei-Verordnung, betr. den Betrieb wettergefährlicher Bergwerke" v. 13.10.1883.

86 vgl. ebd., Bl. 188: „Es will uns nun nicht ganz opportun erscheinen, wenn vor diesem Abschlusse und ohne die jedenfalls mit größter Sachkenntniß gezogenen Resultate derselben, die ganze Materie einer bergpolizeilichen Neuordnung unterzogen und so gleichsam der Schein erweckt wird, als sei jene vom Herrn Minister berufene Comission gar nicht vorhanden."

87 vgl. ebd., Bl. 253 – 257: „Neuer Entwurf. Bergpolizeiverordnung, betreffend die Verhütung von Wetterexplosionen in Bergwerken" <undatiert>.

behält." Bei den Richtwerten der Querschnitte selbst nahm das Oberbergamt hingegen keine Veränderungen vor. Zur Begründung hieß es: „Die von mehreren Seiten beantragte Verringerung des Minimalquerschnittes der Wetterdurchhiebe von 1½ qm erscheint mit Rücksicht darauf nicht zulässig, daß durch jeden Wetterdurchhieb nicht nur die Wetter für die nächstliegende obere Abbaustrecke, sondern für sämmtliche Abbaustrecken und [den] Abbau des betreffenden Abbaufeldes strömen sollen."[88]

Der Bergabteilung im Ministerium für öffentliche Arbeiten lag damit Ende 1884 ein Verordnungsentwurf vor, der seinen ursprünglichen Vorstellungen über die Anforderungen einer geregelten Wetterführung auf den Ruhrzechen Rechnung trug. Dass er gleichwohl nicht kurzfristig in der vorliegenden Fassung genehmigt wurde, hatte seine Gründe im erwarteten Abschluss der Arbeiten der Schlagwetterkommission. Kurz bevor Serlo am 1. Dezember 1884 aus Krankheitsgründen in den Ruhestand ging und durch den bisherigen Berghauptmann in Halle, August Huyssen (1824 – 1903)[89], ersetzt wurde, unterrichtete das Ministerium die Dortmunder Beamten von der Absicht, den Entwurf einer eingehenden Prüfung zu unterziehen.[90] Bis zu den abschließenden Verhandlungen der Kommission vom 24. bis 26. Juni 1885 ließ es die Angelegenheit deshalb gänzlich ruhen. Erst Ende Juli erging dann ein erneutes Schreiben nach Dortmund. Es enthielt die Aufforderung, den Entwurf nochmals zu überarbeiten und dabei die im Abschlussbericht der Kommission festgelegten „Grundsätze für den Betrieb von Schlagwetter-Gruben" zu berücksichtigen.[91]

Die angewiesene Umarbeitung verzögerte sich nun, weil zwischen Ministerium und allen preußischen Oberbergämtern eine Diskussion über die Art und Weise der „bergpolizeilichen Verwerthung" jener Grundsätze anhob. Abermals ging es dabei um die Frage, in welcher Reichweite sie für die Zechen der einzelnen Bergreviere Anwendung finden sollten. Der Klärungsprozess zog sich bis Ende des Jahres 1886 hin. Nach Anhörung der einzelnen Positionen erarbeitete die Ministerialabteilung eine verbindliche „Anleitung für die bergpolizeiliche Verwertung der von der Schlagwetter-Kommission für den Betrieb von Schlagwetter-Gruben aufgestellten Grundsätze".[92] Diese hatte das Oberbergamt in Dortmund für seine Neufassung der Bergpolizeiverordnung zu berücksichtigen.[93] Aus der Anleitung sprach endgültig die tief greifende Neubewertung der für den Explosionsschutz notwendigen Maßnahmen.

Im Artikel 1 der Grundsätze hatte die Kommission den zukünftigen Begriff der Schlagwettergrube definiert, auf den sich die Gesamtheit der neuen bergpolizeilichen Bestimmungen beziehen sollte. Als solche wollte sie jene Zechen verstanden wissen, „in welchen während des letzten zweijährigen Zeitraumes Schlagwetter vorgekommen" waren. Die zeitliche Fixierung war der Versuch, der von Unternehmerseite geforderten Berücksichtigung unterschiedlicher Gasbelastung auf den Zechen gerecht zu werden. Im Ruhrbergbau hätte sich bei Übernahme des Passus der Kreis der bislang mit Spezialverordnungen belegten Gruben erheblich vergrößert. Dem Ministerium ging dieser Ansatz dennoch nicht weit genug. Aus der Formulie-

---

88 vgl. ebd., Bl. 253.
89 vgl. Serlo, Männer des Bergbaus, S. 73 f.
90 vgl. STAM OBA Dortmund, Nr. 939, Bl. 288: Schreiben des Ministeriums für öffentliche Arbeiten an das OBA Dortmund v. 27.10.1884.
91 vgl. ebd., Bl. 315: Schreiben des Ministeriums für öffentliche Arbeiten an das OBA Dortmund v. 29.07.1885. Zu den Grundsätzen siehe Haßlacher, Haupt-Bericht, S. 228 – 234.
92 vgl. STAM OBA Dortmund, Nr. 940, Bl. 12 – 24.
93 vgl. ebd., Bl. 2: Schreiben des Ministeriums für öffentliche Arbeiten an das OBA Dortmund v. 23.12.1886: „Der bereits vorgelegte Entwurf einer allgemeinen Bergpolizei-Verordnung zur Verhütung von Wetterexplosionen in Bergwerken entspricht hiernach den Anforderungen, welche an eine nach Maßgabe der Grundsätze zuzulassende Verordnung zu stellen sind, nicht. Derselbe bedarf deshalb [...] der Ueberarbeitung."

rung der Kommission folgte nach seiner Auffassung nicht, dass eine allgemeine Bergpolizei-verordnung nur für die so bezeichneten Schlagwettergruben Anwendung finden könne. Viel-mehr sei maßgeblich, „daß für alle Gruben des Bergbaus trotz der Verschiedenheit, welche bei denselben im Einzelnen durch die Natur und Beschaffenheit der Lagerstätten [...] bedingt werden, im Grunde doch die gleichen technischen Regeln gelten, auf deren sachgemäßer An-wendung die Sicherheit und der Erfolg des Betriebes hauptsächlich beruhen [...]“.[94]

Dem Ministerium war die temporäre Festlegung des Auftretens von Schlagwettern kein aus-reichendes Kriterium für die weitere gestufte Zuordnung bergpolizeilicher Vorschriften: „Daß beim Steinkohlenbergbau bei der sehr verschiedenartigen und meist unberechenbaren Entwicklung des Grubengases aus der Kohle und dem Nebengestein mit dem Vorhandensein schlagender Wetter immer gerechnet werden muß, unterliegt nach den über das unerwartet und wiederholt vorgekommene Auftreten derselben in Gruben, welche davon lange Zeit frei scheinen, gemachten Erfahrungen keinem Zweifel. Aufgabe der Bergpolizei ist es nun aber, der Entstehung von Gefahr beim Bergwerksbetriebe durch vorherige Anordnung der geeig-neten Sicherheitsmaßregeln soweit als thunlich vorzubeugen und dies nicht etwa erst von dem Eintritte unglücklicher Ereignisse abhängig zu machen. Aus diesen Gründen darf dem-nach bei Erlaß einer allgemeinen Bergpolizeiverordnung [...] nicht versäumt werden, in Be-zug auf die [...] zu behandelnden Gegenstände für alle Bergwerke, mindestens aber für alle Steinkohlenbergwerke verbindliche Anordnungen zu treffen, damit dieselben gehalten sind, sich im Voraus mit Einrichtungen zu versehen, welche es gestatten, eintretenden Falles auch die nach den Grundsätzen der Schlagwetter-Kommission für die Schlagwettergruben anzu-ordnenden besonderen Vorschriften ihrem ganzen Umfange nach befolgen zu können.“[95]

Damit war der Verständniswandel von der reaktiven zur präventiven Strategie des Explosi-onsschutzes innerhalb der Ministerialbürokratie in letzter Konsequenz vollzogen. Weil unter den zeitgenössischen Bedingungen nicht prognostiziert werden konnte, wann sich wenig gasführende Zechen in Schlagwettergruben verwandelten, war eine Beschränkung der ver-schärften Maßnahmen grundsätzlich abzulehnen. Insofern hatten auch die aktuell unkriti-schen Zechen die gleiche Vorsorge wie die derzeitigen Schlagwettergruben zu treffen – selbst wenn dadurch „mehr oder weniger große Schwierigkeiten beim Betriebe“, d. h. betriebswirt-schaftliche Aufwendungen notwendig wurden.

Das ministerielle Verständnis von Prävention ließ für die unternehmerische Taktik zur Aus-spielung der Bewetterungs- durch die Zündquellenstrategie keinen Raum mehr. Es unterlag seitens der Berliner Beamten keinem Zweifel, „daß Unfälle, bei welchen Wettermangel die alleinige oder mitwirkende Ursache gewesen“ war, vermieden worden wären. Die „Entste-hung eines solchen Zustandes“ hatte ihre Ursache jedoch „fast ausnahmslos nur in der nicht geschehenen oder ungenügenden oder fehlerhaften Ausführung der zu dessen Verhütung nöthigen Vorkehrungen“. Im Sinne der Verantwortlichkeit ging sie „also in der Regel auf ein Versehen oder eine Unterlassung der den Betrieb führenden Personen“ zurück. Bei der Ge-staltung der neuen Bergpolizeiverordnung war es folglich „von größter Wichtigkeit [...], dies in den beteiligten Kreisen auch zum Bewußtsein zu bringen“.[96]

Das Dortmunder Oberbergamt formulierte im Frühjahr 1887 den seit 1884 auf Eis liegenden Verordnungsentwurf unter Berücksichtigung der betreffenden Grundsätze nochmals um.

---

94 zit. ebd., Bl. 12.
95 zit. ebd., Bl. 13.
96 zit. ebd., Bl. 16.

Dabei blieben die im Vorfeld höchst umstrittenen Grundsätze über die Mindestwettermengen und die Mindestquerschnitte der Wetterwege bestehen. Zusätzlich kamen weitere Anforderungen an die Bewetterungssysteme hinzu. Als Schlagwettergruben galten von nun an „alle Gruben, in deren Bauen schlagende Wetter aufgetreten sind".[97] Die zeitliche Einschränkung war gemäß der ministeriellen Anleitung also weggefallen. Die Betriebsführer zeichneten dafür verantwortlich, dem Bergrevierbeamten jedes Auftreten von Schlagwettern unverzüglich anzuzeigen, zugleich traten damit alle zusätzlichen Anforderungen für Schlagwettergruben in Kraft. Bezüglich der seit 1881 bestehenden Vorschrift über die Aufschließung der Grubengebäude mit zwei Schächten[98] hatten diese zum Zwecke einer geregelten Wetterführung jeweils ausschließlich zum Ein- bzw. Ausziehen des Wetterstroms zu dienen.[99] Ausnahmen konnte das Oberbergamt in begründeten Fällen allerdings gestatten. Schließlich war die Wetterführung in Schlagwettergruben so anzuordnen, dass jeder Bausohle frische und nicht bereits zur Ventilation einer tieferen Sohle verwendete Wetter zugeführt wurden sowie innerhalb der Bauabteilungen der Wetterstrom in aufsteigender Richtung zog.[100]

Die gegenüber den bisherigen Entwürfen einschneidendste Veränderung bezog sich auf die Beleuchtung in Schlagwettergruben. Die Kommission hatte in Artikel 20 ihrer Grundsätze den Gebrauch von offenen Lampen für gasführende Zechen endgültig als „unstatthaft" erklärt.[101] Die westfälischen Beamten brachen deshalb jetzt mit der bislang aufrechterhaltenen Gestattung des gemischten Geleuchts. Mit Ausnahme der im einziehenden frischen Wetterstrom liegenden Schächte, Schachttrümmer und Füllörter waren offene Grubenlampen zukünftig verboten.[102]

Mit der vorliegenden Fassung des Entwurfs erklärte sich die Berliner Ministerialabteilung im Sommer 1887 weitgehend einverstanden. Sie vermisste nur die in ihrer Anleitung vom Dezember 1886 angeordnete Verpflichtung der Betriebsführer zur vorsorgenden Kontrolle der Wetterführung auch auf den Nicht-Schlagwettergruben. Selbst wenn sich in „Steinkohlen- und Kohleneisenstein-Bergwerken" noch keine schlagenden Wetter gezeigt hatten, war der verantwortliche Betriebsführer anzuweisen, „die Grubenbaue in Beziehung auf die Entwickelung von Grubengas unter Anwendung der zu dessen sicherer Erkennung geeigneten Mittel aufmerksam zu beobachten."[103] Nach Aufnahme dieser Änderung trat am 12. Oktober 1887 die neue Bergpolizeiverordnung für den Oberbergamtsbezirk Dortmund endlich in Kraft.[104]

---

97 vgl. ebd. Bl. 25 – 39: „Entwurf zu einer Bergpolizei-Verordnung, betreffend die Wetterversorgung, Wetterführung, Schießarbeit und Beleuchtung auf Steinkohlen- und Kohlen-Eisenstein-Bergwerken" [undatiert; vermutlich April 1887], hier Bl. 28, § 13.

98 vgl. Bergpolizei-Verordnung des Königl. Oberbergamtes zu Dortmund vom 1. October 1881, betreffend die Herstellung von zwei fahrbaren Verbindungen von dem Grubengebäude eines Bergwerks zur Erdoberfläche, in: ZBHSW 29, 1881, Teil A, S. 85.

99 Diese Bestimmung ging auf den Artikel 2 der Grundsätze der Schlagwetterkommission zurück. Zur zeitgenössischen Diskussion des Zwei-Schacht-Systems aus sicherheitlicher Perspektive vgl. auch Mulvany, W. T./Mulvany, T. R.: Amalgamation von Kohlen-Bergwerken in einem östlichen Theile des Oberbergamts-Bezirks Dortmund, Düsseldorf 1882, S. 11.

100 vgl. STAM OBA Dortmund, Nr. 940, Bl. 30, § 18.

101 vgl. Haßlacher, Haupt-Bericht, S. 232.

102 vgl. STAM OBA Dortmund, Nr. 940, Bl. 34, § 26.

103 vgl. ebd., Bl. 49 – 52: Schreiben des Ministeriums für öffentliche Arbeiten an das OBA Dortmund v. 11.06.1887 sowie ebd., Bl. 53 – 58: „Aenderungen des Entwurfs einer Bergpolizeiverordnung betreffend die Wetterversorgung pp. auf den Steinkohlen- und Kohlen-Eisenstein-Bergwerken im Oberbergamtsbezirk Dortmund".

104 vgl. Bergpolizei-Verordnung des Königl. Oberbergamtes zu Dortmund vom 12. October 1887, in: ZBHSW 36, 1888, Teil A, S. 36 – 43.

Der Bergbau-Verein hatte noch wenige Tage zuvor einen letzten, fast verzweifelten Versuch unternommen, die Verabschiedung zu verhindern. Angeblich „tief durchdrungen von der großen Tragweite, welche eine neue Wetterpolizei-Verordnung für die Sicherheit der Arbeiter und für die gesammte Entwickelung des niederrheinisch-westfälischen Bergbaus haben würde", verwies der Vorstand letztlich nur auf sein Gutachten vom Jahr 1883 und wiederholte damit nochmals seine prinzipiellen Bedenken gegen eine allgemeine Regelung der Sachlage.[105] Daran änderte auch die ostentative Beschwörung eines vermeintlich geläuterten Standpunkts nichts.[106] Als taktisches Argument führte der Bergbau-Verein wiederholt seine Übereinstimmung mit den gutachterlichen Beschlüssen der Sektion 2 der Knappschaft-Berufsgenossenschaft vom August 1887 an.[107] Schließlich wären daran auch die Knappschaftsältesten als „Vertreter der Arbeiter" beteiligt gewesen. Da die Beschlüsse aber nach dem Majoritätsprinzip gefällt worden waren und damit in erster Linie doch die alleinige Unternehmerperspektive repräsentierten, hatte weder das berufsgenossenschaftliche Gutachten noch die letzte Initiative des Bergbau-Vereins die Behördenverteter umstimmen können.

Den Bergbau-Unternehmern wurde erst im Herbst 1887 vollends bewusst, dass mit der offiziellen Bekanntmachung der Bergpolizeiverordnung die über mehr als zehn Jahre erfolgreiche Politik der Verhinderung letztlich versagt hatte. Gegen Ende des Jahres formierte sich der Widerstand mit einer geänderten Zielrichtung. Anlässlich der 29. ordentlichen Generalversammlung des Vereins am 17. Dezember 1887 brachte dessen Geschäftsführer, Dr. Gustav Natorp (1824 – 1891)[108], das Thema zur Sprache. Auch wenn das aus den Untersuchungen der Schlagwetterkommission hervorgegangene neue Regelwerk im Allgemeinen zu begrüßen sei, so konnte er sein Bedauern darüber nicht unterdrücken, „dass die Bestimmungen der neuen Verordnungen[109] vielfach so weitgehend, so schwierig und nach technischem Gutachten sogar in einzelnen Fällen [...] wenig ausführbar" wären. Unter lebhafter Zustimmung des Auditoriums stellte er fest, „dass diese Verordnungen vielfach einen wahrhaften Schrecken hervorgerufen" hatten.[110]

Im Kern der Kritik stand nun zum einen der Vergleich des Dortmunder Regelwerks mit den entsprechenden Bestimmungen des Bonner Oberbergamts vom 1. August 1887.[111] Nach Meinung des Bergbau-Vereins befand sich jene Fassung wesentlich stärker im Einklang mit den

105 vgl. STAM OBA Dortmund, Nr. 940, Bl. 120 – 161: „Bemerkungen zu dem Entwurf zu einer Bergpolizei-Verordnung betreffend die Wetterversorgung, Wetterführung, Schießarbeit und Beleuchtung auf Steinkohlen- und Kohlen-Eisenstein-Bergwerken im Bezirke des Königlichen Oberbergamts zu Dortmund" v. 03.10.1887.

106 vgl. ebd., Bl. 121 f.: „Indem wir auch dieses Mal unsere dem praktischen Bergwerks-Betriebe und der sorgfältigen Beobachtung aller Unglücksfälle entnommenen Erfahrungen gerne zur Verfügung stellen, halten wir es kaum für erforderlich, die gewissenhafte Versicherung in den Vordergrund zu stellen, daß wir bei der Beurtheilung aller die Sicherheit des Lebens und der Arbeiter betreffenden Fragen ganz ausschließlich und zwar nicht nur aus humanem Mitgefühl, sondern auch aus eigenem persönlichen und materiellen Interesse nur diejenigen Rücksichten gelten lassen, welche nach dem jeweiligen Standpunkte der Wissenschaft und der Erfahrung auf die Beseitigung der dem bergmännischen Berufe eigenen Gefahren hinweisen. Mit dankender Anerkennung sind wir den Arbeiten der Wetter-Commission gefolgt und wir haben vielfach unsere Ansichten auf mannigfachen Gebieten vor der Macht der Thatsachen gebeugt und berichtigt."

107 vgl. ebd., Bl. 79 – 91: Verhandlungsprotokoll der Knappschafts-Berufsgenossenschaft, Sektion 2, zum Entwurf der Bergpolizeiverordnung v. 18./22.08.1887.

108 Zur Biographie von Gustav Natorp vgl. Mann, Bernhard: Biographisches Handbuch für das Preussische Abgeordnetenhaus 1867 – 1918, Düsseldorf 1988, Nr. 1597 sowie Przigoda, Unternehmensverbände im Ruhrbergbau mit Auflistung auch der älteren Literatur.

109 Natorps Kritik bezog sich neben der Wetterverordnung auch auf die Bergpolizeiverordnung zum Schutz der in Schächten, Bremsbergen, Abhauen, etc. beschäftigten Personen v. 06.10.1887.

110 vgl. BBA 16/71: XXIX ordentliche Generalversammlung des Vereins für die bergbaulichen Interessen im Oberbergamtsbezirk Dortmund am 17. December 1887 im Römischen Kaiser zu Dortmund, S. 14 f.

111 vgl. Bergpolizei-Verordnung für den Betrieb von Schlagwetter-Gruben im Bezirke des Königl. Oberbergamtes zu Bonn vom 1. August 1887, in: ZBHSW 35, 1887, Teil A, S. 49 – 53.

Vorschlägen der Schlagwetterkommission. Außerdem schien sie ihm in zahlreichen Punkten den Gedanken der Spezialverordnungspraxis weiterhin berücksichtigt zu haben. Tatsächlich war dort eine spezielle Bestimmung unter der Überschrift „Special-Vorschriften" enthalten, die jeder Bergwerksbesitzer, Repräsentant oder Betriebsdirektor für Schlagwettergruben zu erlassen hatte. Allerdings bedeutete dies nicht, dass weit reichende allgemein gültige Vorschriften fehlten. Natorp überhöhte die unterschiedlichen Textfassungen zugunsten einer angeblich zielgerichteten Benachteiligung der Ruhrindustriellen gegenüber den fiskalischen Saarzechen. Für ihn war nicht einzusehen, warum die Bergbehörde versäumt hatte, „einheitliche Verordnungen [...] für den ganzen preussischen Staat zu erlassen und alsdann in den einzelnen Oberbergamtsbezirken und für die einzelnen Zechen je nach den concreten Verhältnissen besondere polizeiliche Bestimmungen festzusetzen".[112]

Zum anderen bemühte sich der Bergbau-Verein, die Bergpolizeiverordnung über die vorgesehene Fristenregelung zur Durchführung der wettertechnischen Anforderungen aus den Angeln zu heben. Die Umstellung des Zwei-Schacht-Systems auf jeweils allein ein- und ausziehende Tagesöffnungen, die Einrichtung sohlengebundener Wetterabteilungen sowie die Erweiterung der Wetterquerschnitte sollte innerhalb eines Jahres bewerkstelligt werden. Die Zuführung der geforderten Mindestwettermengen hatte innerhalb eines halben Jahres zu erfolgen. Der Bergbau-Verein wandte sich deshalb mit der Bitte an das Dortmunder Oberbergamt, eine Fristverlängerung möglichst bis zum 1. Januar 1889 zu gewähren.[113] Die Dortmunder Beamten kamen diesem Antrag jedoch nur soweit entgegen, als sie den Grubenverwaltungen freistellten, bis zum 1. April 1888 derartige Anträge bei den Revierbeamten einzureichen.[114] Mit dieser Reaktion war nicht gesichert, dass die Anträge auch wirklich genehmigt wurden.

In der für die Unternehmer höchst unbefriedigenden Situation gelang es dem Bergbau-Verein Anfang 1888, den Widerstand nochmals auf breiter Front zu mobilisieren. Am 21. Januar fand eine Versammlung statt, an der sich 92 % aller Zechenvertreter des Ruhrbergbaus beteiligten. Auf ihr wurde eine Eingabe an Minister Maybach einstimmig beschlossen. Sie bündelte die seit Jahren vertretenen Argumente und endete mit der dringenden Bitte, „die beiden Bergpolizei-Verordnungen [...] bis auf weiteres ausser Kraft setzen zu lassen". Ferner sollte Maybach bestimmen, „dass unter Anhörung der Königlichen Bergrevier-Beamten und der Bergwerks-Eigenthümer erneute Berathungen über die gesammten Materien stattfinden und dass die bergpolizeilichen Anordnungen auch für den Oberbergamts-Bezirk Dortmund in thunlichste Uebereinstimmung mit den für das übrige Staatsgebiet geltenden [...] treten, sowie dass dieselben sich nur auf die allgemeinen Grundsätze zu beschränken haben, während die für besondere Verhältnisse auf den einzelnen Bergwerken erforderlichen Anordnungen durch Specialvorschriften zu regeln bleiben."[115]

Zusätzlich zum Protestschreiben aller Unternehmer wandte sich Mitte März eine kleine Gruppe von Zechenvertretern nach Berlin, deren Gruben im südlichen Ruhrrevier lagen. Ihr Ziel war es, wegen der natürlich bedingten geringeren Gasbelastung „noch weitergehende Milderungen" der Bestimmungen zu erreichen.[116] Dass sie nach der neuen Verordnung auch

112 zit. BBA 16/71, Generalversammlung v. 17.12.1887, S. 14.
113 vgl. STAM OBA Dortmund, Nr. 940, Bl. 255 f.: Schreiben des Bergbau-Vereins an das OBA Dortmund v. 05.12.1887: „Es würde eine solche starre Handhabung der neuen Verordnungen für die Betriebsbeamten eine Härte in sich bergen, die unseres Erachtens nicht durch die Umstände gerechtfertigt wäre."
114 vgl. BBA 16/73: Jahresbericht des Vereins für die bergbaulichen Interessen im Oberbergamtsbezirk Dortmund für 1887, Essen 1888, S. 37 f.
115 vgl. BBA 4/655: Eingabe des Bergbau-Vereins an das Ministerium für öffentliche Arbeiten v. 21.01.1888.

zu den Schlagwettergruben gezählt wurden, betrachteten sie als vollkommen ungerechtfertigt. Zwar ließ sich das wiederholte Vorkommen von Explosionen auch bei ihnen nicht gänzlich verschweigen. Die vorrangig abgebauten Magerkohlen in den seit Jahrzehnten aufgeschlossenen Grubengebäuden lieferten nach eigener Anschauung aber so wenig Grubengas, dass die beträchtlichen Kosten zur Umsetzung der Bewetterungsmaßnahmen den Aufwand nicht rechtfertigten. Im Gegensatz zu den übrigen Unternehmern forderten sie auch ausdrücklich ein Festhalten am gemischten Geleucht, weil sich beim Gebrauch der Sicherheitslampe nur die Unfälle durch Stein- und Kohlenfall häuften.

Die nach Berlin gerichteten Eingaben flankierte Mitte Februar eine Bittschrift des Verbands der Vereine technischer Grubenbeamten im Oberbergamtsbezirk Dortmund an das Oberbergamt.[117] Darin wehrten sich die Betriebsführer gegen die ihnen zugedachte stärkere Verantwortlichkeit zur Umsetzung der Sicherheitsanforderungen. Während im übrigen preußischen Steinkohlenbergbau Verfehlungen weiterhin nur „im Verwaltungswege gerügt" würden, sahen sie sich möglichen Strafen ausgesetzt, die sie „um Brod und Ehre" brachten. Am Ende wurde versucht, die Verantwortung auf die Steiger abzuwälzen.[118] Innerhalb des erst 1886 gegründeten Zentralverbands der Angestellten hatte sich damit einmal mehr dessen Instrumentalisierung zugunsten der Unternehmerinteressen vollzogen.[119] Die nicht im Verband organisierten Steiger wehrten sich denn auch gegen diesen Versuch. Dem Oberbergamt übermittelten sie neben der Darstellung über die Entscheidungsfindung innerhalb des Verbands ihre uneingeschränkte Begrüßung der neuen Verordnung.[120]

Im Ministerium zeigte die groß angelegte Initiative Wirkung. Minister Maybach beauftragte Oberberghauptmann Huyssen, eine Gesandtschaft des Vorstands des Bergbau-Vereins zu empfangen und mit ihr eine Beratung der Beschwerdepunkte durchzuführen. Zu den nach Berlin reisenden Unternehmervertretern gehörten Krabler, Schultz und Hilbck als Mitglieder der Schlagwetterkommission. Außerdem reiste Bergrat Wilhelm von Velsen (1828 – 1894) als Repräsentant der Zechen Hamburg und Crone mit.[121] Er war der Wortführer des Protests der Südrandzechen gewesen.[122] Gemessen an den formulierten Änderungswünschen erreichten die Abgesandten schließlich nicht mehr als einen Teilerfolg. Immerhin wurde das Dortmun-

116 vgl. STAM OBA Dortmund, Nr. 940, Bl. 374 – 383: Schreiben der Zechenvertreter der Gruben Hamburg, Crone, Franziska Tiefbau, Ringeltaube, Wallfisch, Gottessegen, Bickefeld Tiefbau, Humboldt, Pörtingssiepen, Heisinger Mulde, Richradt, Kaiserin Augusta, Deimelsberg, Johann, Langenbrahm und Charlotte an das Ministerium für öffentliche Arbeiten v. 17.03.1888 (Abschrift).

117 vgl. ebd., Bl. 331 – 336: Schreiben des Verbands der Vereine technischer Grubenbeamten an das OBA Dortmund v. 18.02.1888. Mit allerdings großer Überschätzung der Wirksamkeit der betreffenden Eingabe auch Spethmann, Hans: Der Verband technischer Grubenbeamten 1886 – 1936, Gelsenkirchen 1936, S. 74.

118 vgl. STAM OBA Dortmund, Nr. 940, Bl. 336: „Die [...] dem Betriebsführer aufgebürdete Verantwortung würde zweckentsprechender von dem ihm unterstellten Aufsichtsbeamten übernommen werden."

119 vgl. Trischler, Steiger im deutschen Bergbau, S. 129.

120 vgl. STAM OBA Dortmund, Nr. 940, Bl. 371 f.: Schreiben der „sämmtlichen Steiger des Oberbergamtsbezirk[s] Dortmund, die leider ihren Namen nicht zeichnen dürfen", an das OBA Dortmund v. Februar 1888: „[...] die Eingabe ist von den Steigern gewissermaßen zwangsweise unterzeichnet; denn keiner darf es wagen, dagegen ein Wort zu sagen, wenn er seine Stelle behalten will, sonst hätte sicher kein Steiger mit unterzeichnet, denn es ist nur eine Stimme unter diese[n:] Nie ist eine Verordnung erlassen, die eine Berücksichtigung der Gerechtigkeit in sich faßt wie die vom 6. u. 12. Octbr. 1887 und der einstimmige Wunsch das Königl. Oberbergamt werde sich durch Petitionen nicht Abwegen lassen."

121 Zur Biographie Wilhelm von Velsens, dem wesentlich älteren Bruder des späteren Oberberghauptmanns Gustav von Velsen (1847 – 1923) vgl. Velsen, Wilhelm von: Beiträge zur Geschichte des niederrheinisch-westfälischen Bergbaues. Zusammengefaßt und neu herausgegeben von Walter Serlo, Essen 1940 (= Schriften zur Kulturgeschichte des deutschen Bergbaues, Bd. 3), S. XI f.

122 vgl. STAM OBA Dortmund, Nr. 940, Bl. 373: Schreiben Wilhelm von Velsens an das OBA Dortmund v. 21.03.1888.

der Oberbergamt angewiesen, die seit 12. Oktober 1887 bestehende Verordnung in einzelnen Paragraphen doch abzuändern.[123]

Die Änderungen traten am 4. Juli 1888 in Kraft.[124] Bezüglich der Mindestquerschnitte wurde lediglich das Maß für die Wetterdurchhiebe von 1,5 auf 1 m² reduziert. Bei der sohlenbezogenen Einrichtung eigener Wetterabteilungen waren erweiterte Möglichkeiten der Ausnahmeregelung vorgesehen. Darüber hinaus wurden marginale Erleichterungen an den Bestimmungen zur Sonderbewetterung durchgeführt.[125] Im Vergleich zur ursprünglichen Intention der Unternehmer hatten die neuen Formulierungen allerdings kaum Relevanz. Seit Sommer 1888 war die reaktive Behandlung des Explosionsproblems über Spezialverordnungen endgültig durch ein präventives Regelwerk sicherheitstechnischer Anforderungen für einen Großteil der Ruhrzechen ersetzt worden.

---

123 vgl. Schreiben des Ministeriums für öffentliche Arbeiten an den Bergbau-Verein v. 25.06.1888, abgedruckt in: BBA 16/73: Jahresbericht des Vereins für die bergbaulichen Interessen im Oberbergamtsbezirk Dortmund für 1887, Essen 1888, S. 38.
124 vgl. Bergpolizei-Verordnung des Königl. Oberbergamtes zu Dortmund vom 4. Juli 1888, betreffend Abänderung der Bergpolizei-Verordnung vom 12. October 1887, in: ZBHSW 36, 1888, Teil A, S. 79 ff.
125 Im § 23 war jetzt das bisherige Verbot der Selbstzuglutten wieder aufgegeben worden.

6. Verdeckte Erfolge im Explosionsschutz und die Schlagwetterfrage als Instrument der Interessenvertretung (1890 – 1914)

6.1 Fortschritte in der Bewetterung der Ruhrzechen

Die Umsetzung der wettertechnischen Anforderungen von 1887/88 bedeutete für eine Vielzahl der Ruhrzechen einen tief greifenden Einschnitt in die bisherige betrieblich-strategische Planung. Von großer Relevanz war zunächst die Bestimmung über zwei fahrbare Schächte, die nun jeweils ausschließlich als ein- und ausziehende Wetterwege dienen sollten. Sie traf vor allem jene Bergwerke mit Ein-Schacht-System, die bislang nicht als Schlagwettergruben angesehen worden waren und beim Oberbergamt die Ausnahme von der 1881er Bestimmung über zwei Tagesverbindungen mit Erfolg durchgesetzt hatten. Zu diesen Zechen gehörte beispielsweise die in der Emscherzone bei Herten gelegene Schachtanlage Ewald.

Ihre Anfänge standen im Zeichen der Euphorie der Gründerjahre. Im März 1872 war mit dem Abteufen des Schachtes begonnen worden, das sich bald durch steigende Wasserzuflüsse immer schwieriger gestaltete. Das erste 1,3 m mächtige Flöz wurde im Dezember 1873 in einer Teufe von 362 m angetroffen. Schnell stellte sich heraus, dass es zu unrein war, um selbst für die Deckung des Selbstverbrauchs zu dienen. Nach Durchfahrung weiterer unbauwürdiger Flöze kamen die Teufarbeiten am 24. Dezember 1873 durch starke Wasserzuflüsse ganz zum Erliegen.[1] Die schlechte Lagerstättensituation und die Mitte der 1870er Jahre einsetzende Krise führten das Bergwerk im ersten Jahrzehnt seines Bestehens an die Grenze des finanziellen Ruins.

Ewald sah sich von Beginn an mit auftretendem Grubengas konfrontiert. Im Stadium der ersten Vorrichtungsarbeiten ereignete sich 1876 bereits eine Schlagwetterexplosion, der in den Jahren 1879 und 1880 zwei weitere folgten.[2] Die problematische Bewetterung der Zeche rückte gleichwohl erst im August 1880 stärker ins Interesse von Ernst Bögehold, dem auch für Ewald zuständigen Revierbeamten. Noch im April hatte er Vertreter des Grubenvorstands lediglich befragt, welche Maßnahmen sie zugunsten einer Belebung des Wetterzuges unternehmen wollten. Seit längerem sollte insbesondere der Wetterscheider im Schacht verdichtet werden. Der Grubenvorstand rechtfertigte die Unterlassung mit Arbeiten an der Wasserhaltung und Bögehold erklärte sich „mit Rücksicht auf die obwaltenden Verhältnisse" der Zeche – gemeint war die schwierige wirtschaftliche Lage – zunächst noch damit einverstanden.[3] Erst im Spätsommer schien ihm unter dem Eindruck des sich wandelnden Handlungsverständnisses eine härtere Gangart notwendig zu sein. Er rief den Grubenvorstand erneut zusammen und machte deutlich, dass er unverzügliche Vorkehrungen zur Verbesserung der Bewetterung erwartete. Als Kehrtwende zu seiner bisherigen Vorgehensweise verlangte er jetzt die Erzielung von mindestens 2 m^3 Frischwettern pro Mann und Minute, wozu Ewald

---

1 vgl. 50 Jahre Gewerkschaft des Steinkohlenbergwerks Ewald, S. 17 f.
2 vgl. Anhang. Zum Unglück v. 24.02.1880 mit zwei Toten siehe Kroker/Farrenkopf, Grubenunglücke, S. 172.
3 zit. BBA 4/2, Bl. 216: Protokoll der Grubenvorstandssitzung v. 22.04.1880.

mindestens einen neuen Wetterofen anzulegen hatte. Ansonsten drohte er mit Sistierung weiter Teile des Grubengebäudes.[4]

Aus Sicht des Unternehmens waren die Forderungen mit Rücksicht auf seine Finanzlage nicht zu erfüllen. Es verfolgte seinen Widerspruch als Rekurssache bis auf die ministerielle Ebene, nachdem das Oberbergamt Bögeholds Anordnung bestätigt hatte. Im Oktober 1880 fand sich deshalb wiederum der Geheime Oberbergrat Theodor Freund aus Berlin auf Ewald ein, um die Sache an Ort und Stelle zu prüfen. Der abschließende Rekursbescheid des Ministeriums hielt an der Forderung nach Verdichtung des Wetterscheiders fest, erkannte ansonsten aber die betrieblichen Schwierigkeiten als ausreichende Gründe für ein moderateres Vorgehen in Wetterfragen für die Zeche an.[5] Damit war dem Oberbergamt zugleich die Marschrute vorgezeichnet, mit der es im weiteren die Verordnung über zwei fahrbare Schächte vom Oktober 1881 zu behandeln hatte.

Ewald Hilger als Vorsitzender des Grubenvorstands lehnte erwartungsgemäß schon vor Zustellung der Verordnung im November 1881 die Anlage eines zweiten Schachtes grundsätzlich ab. Sollte die Bergbehörde für Ewald die Ausnahmeregelung nicht gewähren, so drohte angesichts des den Gewerken unzumutbaren finanziellen Aufwands die Aufgabe der Grube. Damit würden die Bergleute arbeitslos und drängten auf den Arbeitsmarkt. In der allgemeinen Krisensituation der Branche drückten sie dann vermutlich das Lohnniveau auf anderen Zechen noch weiter hinab und die Bergbehörde sollte doch anerkennen, dass damit „der gesamte Bergarbeiterstand in der empfindlichsten Weise in Mitleidenschaft gezogen würde."[6]

Die Bergbehörde teilte die Bedenken und gewährte im Juli 1882 den Weiterbetrieb auch ohne sofortige Anlegung eines zweiten Schachtes. In der Folgezeit beschränkte sie ihre Richtlinien zur Verbesserung der Wetterverhältnisse auf Abdichtungen am Schachtwetterscheider und die Errichtung eines Ventilators. Auch dessen Beschaffung konnte das Unternehmen erfolgreich bis 1885 hinauszögern.[7] Eine Neubewertung in der Frage des zweiten Schachtes vollzogen die Bergbeamten erst im Zuge der Veröffentlichung der Bergpolizeiverordnung 1887. Nachdem 1886 ein letztes Mal die Ausnahmeregelung bis auf den 15. Januar 1889 befristet worden war[8], forderten sie im Januar 1888 auf der Grundlage des neuen Regelwerks dessen Anlegung unverzüglich ein.[9]

Die Aufnahme der Teufarbeiten für den zweiten Schacht wurde im November 1888 durch die seit 1887 allgemein steigende Nachfrage auf dem Kohlenmarkt begünstigt. Der seit Jahren erste branchenübergreifende Aufschwung 1889/90 und der von 1895 bis 1900 währende Boom in der gesamten deutschen Wirtschaft erleichterten zweifelsohne die Abkehr vom Ein-Schacht-System auf den Ruhrzechen.[10] Bis Ende 1889 schlossen 15 und in den 1890er Jahren über 50 Bergwerke ihr Grubenfeld durch einen zweiten Schacht auf. Das Mehr-Schacht-System etablierte sich exklusive der gerade im Abteufen begriffenen Anlagen bis Anfang des 20. Jahrhunderts vollständig.[11]

---

4 vgl. ebd., Bl. 234 f.: Protokoll der Grubenvorstandssitzung v. 24.08.1880.
5 vgl. ebd., Bl. 244 ff., Bl. 252: Protokolle der Grubenvorstandssitzungen v. 29.10. und 06.12.1880.
6 zit. 50 Jahre Gewerkschaft des Steinkohlenbergwerks Ewald, S. 22.
7 vgl. Geschichtskreis Zeche Ewald (Hrsg.): Beiträge zur Geschichte des Steinkohlenbergwerks Ewald in Herten, Teil 1: 1871 bis 1900, Herten 1989, S. 21.
8 vgl. BBA 4/3, Bl. 111: Protokoll der Grubenvorstandssitzung v. 21.10.1886.
9 vgl. ebd., Bl. 149 f.: Protokoll der Grubenvorstandssitzung v. 19.01.1888.
10 vgl. Bleidick, Die Hibernia-Affäre, S. 76.
11 vgl. Bergbau-Verein (u.a.) (Hrsg.), Die Entwickelung, Bd. 6: Wetterwirtschaft, S. 368.

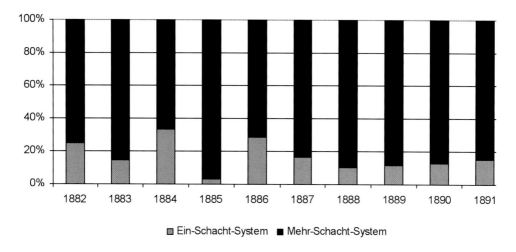

□ Ein-Schacht-System ■ Mehr-Schacht-System

Allerdings darf die Vermehrung der Schächte auf den Ruhrzechen als Argument für eine Verbesserung der Bewetterungssituation und ein deshalb rückläufiges Explosionsaufkommen allein nicht überbewertet werden. Schon während der 1880er Jahre waren die meisten Explosionen in Gruben aufgetreten, die über mehr als einen Schacht verfügten (vgl. Schaubild 32). Entscheidender war, dass die neu angelegten Schächte in der Regel nun größere Querschnitte erhielten. Sofern es sich dabei um Förderschächte handelte, ließen die erweiterten Abmessungen größere Dimensionierungen der Schachttrümmer und eine rationellere Förderung zu. Sukzessive veränderte sich damit das noch in den 1880er Jahren vorherrschende ungünstige Verhältnis zwischen ein- und ausziehenden Wetterwegen auch auf den Werken mit mindestens zwei Tagesöffnungen.

Julius Nonne berechnete 1886 im Rahmen seiner Tätigkeit für die Technische Kommission des Bergbau-Vereins die betreffende Relation bei den insgesamt 136 im Ruhrbergbau vorhandenen getrennten Wettersystemen auf 3 : 1. Während die einziehenden Schächte einen freien Querschnitt von durchschnittlich 13,43 m^2 erreichten, entfielen auf die ausziehenden Schächte lediglich 4,43 m^2. Unter Berücksichtigung der Volumenvermehrung des untertägigen Wetterstroms produzierten deshalb auch die Mehr-Schacht-Systeme in den 1880er Jahren hohe Reibungswiderstände. Infolge der bis 1898 im größeren Querschnitt neu abgeteuften Schächte, mit deren Hilfe zugleich die geforderte Trennung in ein- und ausziehende Wetterwege verwirklicht wurde, verbesserte sich das Verhältnis bis zur Jahrhundertwende auf 2 : 1.[13]

Erst die kombinierte Umstellung der Wettersysteme auf vollkommen getrennte Wetterführung in unterschiedlichen Schächten mit größeren Querschnitten lieferte eine grundlegende Voraussetzung für den erheblichen Zuwachs der den Grubenbauen zugeführten Wettermengen. Ein anschauliches Beispiel gibt die in Recklinghausen-Hochlarmark gelegene

---

12 Berechnet nach den statistischen Angaben in: ZBHSW 31, 1883 – 40, 1892.
13 vgl. Bergbau-Verein (u.a.) (Hrsg.), Die Entwickelung, Bd. 6: Wetterwirtschaft, S. 363.

Zeche Recklinghausen I. Das ursprünglich Clerget[14] genannte Bergwerk war 1889 in den Besitz der Harpener Bergbau-AG übergegangen.[15] Clerget hatte 1882 mit dem Abteufen eines zweiten Schachtes begonnen, der ähnlich wie der schon bestehende erste Schacht zum Zwecke der Wetterführung mit einer markscheidenden Zeche durchschlägig wurde. Harpen betrieb beide Schächte in den 1890er Jahren als getrennte Schachtanlagen Recklinghausen I und II und leitete gegen Ende des 19. Jahrhunderts auf beiden Zechen das Abteufen eines zweiten Schachtes ein. Die wettertechnische Umstellung von Recklinghausen I vollzog sich 1905, als der zweite Schacht bis auf eine Teufe von 566 m abgesenkt worden war und die Förderung aufgenommen werden konnte.[16]

Bis dahin hatte der erste Schacht zwangsläufig für das Ein- und Ausziehen der Wetter gesorgt. Das einziehende Trumm verfügte über einen Querschnitt von 6,98 und das ausziehende über einen solchen von 4,5 m^2. Bei einer Depression von 200 mm Wassersäule führte der vorhandene Rateau-Ventilator der Grube eine Wettermenge von 4680 m^3 in der Minute zu.[17] Im Zuge der Umstellung brachte man den bisherigen Schacht 1 nun mit seinem gesamten Querschnitt von 10,5 m^2 zum Ausziehen, während der neue Schacht mit dem vollen Querschnitt von 17,33 m^2 dem Einzug diente. Der Einfluss der Querschnittsveränderungen war so bedeutend, dass bei der bislang eingestellten Umdrehungszahl des Ventilators die zugeführte Wettermenge die Grenzwerte zur Wettergeschwindigkeit in der 1900 erneut reformierten Bergpolizeiverordnung überschritt.[18] Um diesen gerecht zu werden, wurde die Tourenzahl von 72 auf 60 Umdrehungen verringert, wodurch gleichzeitig die Depression von 200 auf 160 mm sank. Selbst unter Herabsetzung des Leistungspotentials des Hauptgrubenlüfters erhöhte sich die den Grubenbauen zugeführte Wettermenge auf 6700 m^3 pro Minute.

Das gegebene Beispiel verweist auf einen zweiten Faktor, der für das beständige Wachstum der zugeführten Wettermengen nach 1890 mitverantwortlich war. Bei den maschinellen Einrichtungen zur Erzeugung des künstlichen Wetterstromes setzten sich immer leistungsfähigere Ventilatoren endgültig gegenüber den Wetteröfen und Wetteressen durch. Nach Erhebungen der Ventilator-Unterkommission belief sich der Anteil der mittels Hauptgrubenlüfter versorgten Wettersysteme 1883 im Ruhrbergbau auf 46,5 %.[19] Damit überwogen die traditionellen Formen zur Erzeugung des Wetterstromes bei annähernd gleicher Beteiligung von Wetteröfen und Wetteressen noch leicht. Bis zur Jahrhundertwende hatte sich die Relation mit 9 : 1 fast vollständig zugunsten der Ventilatoren verschoben. Auf diejenigen Gruben, die weiterhin mit den alten Einrichtungen bewettert wurden, entfielen 1900 nicht mehr als 1 % der Förderung und 1,2 % der Belegschaft des gesamten Ruhrreviers.[20]

---

14 vgl. Huske, Steinkohlenzechen, S. 189. Im Volksmund wurde sie auch Klärchen genannt.

15 vgl. Heinrichsbauer, Harpener Bergbau-Aktien-Gesellschaft, S. 91, S. 109; Mariaux, Franz: Gedenkwort zum hundertjährigen Bestehen der Harpener Bergbau-Aktien-Gesellschaft, Dortmund 1956, S. 174.

16 vgl. Huske, Steinkohlenzechen, S. 801.

17 vgl. STAM Bergämter, Nr. 6889: Übersicht über die Wetterwirtschaft auf den Steinkohlenbergwerken im Oberbergamtsbezirke Dortmund. Aufgestellt im 2. Halbjahr 1902, S. 16 sowie Kortenhaus: Über den Einfluß von Schächten und Wetterkanälen auf die Wetterwirtschaft einer Grube, in: Glückauf 43, 1907, S. 461 – 464, hier S. 461.

18 vgl. Bergpolizei-Verordnung des Königlichen Oberbergamtes zu Dortmund, betreffend die Bewetterung der Steinkohlenbergwerke und die Sicherung derselben gegen Schlagwetter- und Kohlenstaubexplosionen, in: ZBHSW 49, 1901, Teil A, S. 29 – 38, hier S. 30, § 7: „Eine Wettergeschwindigkeit von 6 m in der Sekunde darf nur in den Wetterschächten, Wetterkanälen, sowie in denjenigen Hauptquerschlägen und Hauptwetterstrecken des Ausziehstromes überschritten werden, welche zur regelmäßigen Förderung oder Ein- und Ausfahrt der Belegschaft nicht dienen."

19 vgl. Haßlacher, Anlagen zum Haupt-Berichte, Bd. 2, S. 133.

20 vgl. Bergbau-Verein (u.a.) (Hrsg.), Die Entwickelung, Bd. 6: Wetterwirtschaft, S. 247.

Unter Beibehaltung und Optimierung der Schnellläufer-Konstruktionen[21] steigerte sich parallel zur vermehrten Anzahl das Leistungsvermögen der Grubenlüfter. Etwa seit 1890 wurden die bislang am weitesten verbreiteten Guibal-Ventilatoren durch Bauweisen von Pelzer, Winter, Wagner, Moritz und anderen Patentinhabern überflügelt.[22] Um die Jahrhundertwende hatte dann der sog. Capell-Ventilator die größte Verbreitung gefunden und er behielt diesen Vorsprung in den folgenden Jahren gegenüber der ebenfalls bevorzugten Form von Rateau.[23] 1893 ersetzte man auf den Zechen Rheinelbe in Gelsenkirchen und Bonifacius in Essen-Kray den Dampfantrieb der Grubenlüfter erstmals durch elektrische Antriebsaggregate. Der Strom für den auf Bonifacius errichteten Capell-Ventilator wurde in 1,3 km Entfernung mittels einer Dynamomaschine am Förderschacht erzeugt und über eine auf 10 m hohen Eisenständern ruhende Drahtleitung bis zum Wetterschacht geführt.[24] Die Elektrifizierung der Ventilatoren unterstützte deren Leistungszuwachs und entband die Zechen zugleich von der Notwendigkeit, an jedem Lüfterstandort ein eigenes Kesselhaus zu betreiben.[25]

Eine genaue Kennzeichnung der wachsenden Effektivität der Grubenlüfter ist schwer zu leisten, weil die vorliegenden Daten über steigende Wettermengen und vermehrte Depression jeweils eine Funktion von Grubenweite und eigentlicher Ventilatorleistung beschreiben. An Schaubild 33 kann aber zumindest die bedeutende Steigerung der den Ruhrzechen seit Mitte

Schaubild 33: Steigerung der zugeführten Gesamtwettermengen im Ruhrbergbau zwischen 1883 und 1908 (Prozentuale Verteilung der Zechen)[26]

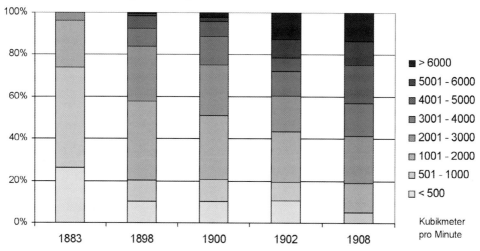

21 vgl. Ventilatoruntersuchung auf Zeche Friedrich der Große, Schacht III/IV, bei Herne, in: Glückauf 43, 1907, S. 1755 ff. Mit steigender Tourenzahl erhöhten sich die Anforderungen an eine möglichst optimale Lagerung der Flügelräder, um deren Heißlaufen zu verhindern.
22 vgl. Bergbau-Verein (u.a.) (Hrsg.), Die Entwickelung, Bd. 6: Wetterwirtschaft, Tafel IX.
23 vgl. Die Verbreitung der einzelnen Ventilatorsysteme im rheinisch-westfälischen Kohlenbezirk, in: Glückauf 43, 1907, S. 15 f.
24 vgl. Versuche und Verbesserungen beim Bergwerksbetriebe in Preussen während des Jahres 1892, in: ZBHSW 41, 1893, Teil B, S. 185 – 216, hier S. 203 f. sowie Versuche und Verbesserungen beim Bergwerksbetriebe in Preussen während des Jahres 1893, in: ZBHSW 42, 1894, Teil B, S. 196 – 242, hier S. 224.
25 vgl. Wiel, Paul: Wirtschaftsgeschichte des Ruhrgebietes. Tatsachen und Zahlen, Essen 1970, S. 154.
26 Berechnet nach Bergbau-Verein (u.a.) (Hrsg.), Die Entwickelung, Bd. 6: Wetterwirtschaft, S. 169 (für 1883, 1898 und 1900); STAM Bergämter, Nr. 6889: Übersicht über die Wetterwirtschaft auf den Steinkohlenbergwerken im Oberbergamtsbezirke Dortmund. Aufgestellt im 2. Halbjahr 1902 (für 1902) und Forstmann: Untersuchungen über die Austrocknung der Grubenbaue und die Bekämpfung des Kohlenstaubes, in: Glückauf 46, 1910, S. 37 – 46, S. 77 – 90, S. 117 – 127, S. 153 – 160, S. 193 – 203, hier S. 44 (für 1908).

der 1880er Jahre zugeführten Gesamtwettermengen nachvollzogen werden. 1883 hatte nur die Zeche Neu-Iserlohn ihren Grubenbauen mehr als 2000 m^3 Frischwetter pro Minute zugeführt. Alle übrigen von der Schlagwetterkommission untersuchten Zechen erhielten weniger als 1500 m^3, 75 % von ihnen sogar weniger als 1000 m^3 pro Minute. Berücksichtigt man weiterhin, dass die Kommission vorrangig die bereits größeren Ruhrzechen mit Schlagwetterbelastung begutachtet hatte, so dürfte das relative Bild unter Einschluss der kleineren Zechen noch deutlich schlechter ausgefallen sein.

Zur Jahrhundertwende lag der Durchschnitt nahezu aller derzeit in die Berechnung aufgenommenen Bergwerke bereits bei über 2000 m^3 pro Minute. Eine ganze Reihe von Zechen, die über eine relativ große Feldesausdehnung verfügten, überschritten nun die Grenze von 5000 m^3 pro Minute. Eine Gesamtwettermenge von weniger als 2000 m^3 pro Minute – der Normalzustand Mitte der 1880er Jahre – führten 1908 schließlich weniger als 20 % der Ruhrzechen nach unter Tage.

Abgesehen von der absoluten Steigerung der zugeführten Wettermengen stellt sich die Frage, ob dieser Zuwachs auch unter Berücksichtigung des anhaltenden Größenwachstums der Zechen als Fortschritt gewertet werden kann. Damit verbindet sich ferner die Frage nach strukturellen Verbesserungen im Bereich der Wetterführung. Zur Beantwortung sei zunächst etwas genauer auf die Zeche Hibernia während der 1890er Jahre eingegangen. Dabei muss die besonders starke natürliche Gasbelastung ihres Grubenfeldes berücksichtigt werden, die sie unter den Bedingungen der 1887/88er Verordnung und aufgrund zweier schwerer Explosionskatastrophen in den Jahren 1887 und 1891 zu einschneidenden Maßnahmen zwang. Hibernias Vorgehen in der Bewetterungsfrage repräsentiert insofern nicht die Allgemeinheit der Ruhrzechen. Wegen des Erfolgs der gewählten Maßnahmen stieg Hibernia gegen Ende des 19. Jahrhunderts jedoch zur am besten bewetterten Zeche des Ruhrreviers auf und fungierte nicht zuletzt wegen der öffentlichkeitswirksamen Darstellung der Erfolge als Vorbild auch für andere Zechen.[27]

Die außerordentlich starke Ausgasung hatte sich auf Hibernia im Verlauf der 1880er Jahre mit Aufschluss der im südlichen Feldesteil liegenden Fettkohlenflöze eingestellt. Sowohl die Explosion vom 8. Juni 1887 als auch die Katastrophe vom 23. Januar 1891 mit jeweils über 50 Toten waren im dazugehörigen Flöz 13 initialisiert worden.[28] Dieses Flöz wurde über der achten Sohle (430 m Teufe)[29] in einem flachen, vielfach von Sprüngen gestörten Stück und in einem nördlich gelegenen, durch eine Verwerfung ins Liegende abgetrennten steilen Abschnitt abgebaut. Für die Bewetterungssituation der Grube waren bis zum Sommer 1891 folgende Parameter charakteristisch. Der im zeitgenössischen Vergleich starke Wetterstrom von etwa 2450 m^3 pro Minute wurde durch einen unterirdisch aufgestellten Geisler-Ventila-

---

27 vgl. Behrens, [Karl]: Beiträge zur Schlagwetterfrage, in: Glückauf 32, 1896, S. 517 – 523, S. 553 – 568, S. 577 – 584, hier S. 517: „Die im nachstehenden beginnende, ihres Umfanges wegen in 3 Teilen wiedergegebene Arbeit wendet sich an das Interesse weitester Fachkreise. [...] Der erste Teil der Arbeit, die Beschreibung der Wetterführung auf Hibernia, ist von mehr als lokaler Bedeutung, da hier durch weitreichende Maßnahmen eine Wetterzufuhr von 6200 cbm pro Minute auf 1000 – 1200 t Förderung erreicht und damit eine nicht gewöhnliche Schlagwettergefahr wirksam bekämpft wird." Karl Behrens (1854 – 1906) hatte die staatliche Bergbeamtenlaufbahn bis zur Ernennung als Bergrat durchlaufen, bevor er 1889 als Generaldirektor und alleiniger Vorstand zur Hibernia wechselte. Vgl. Bleidick, Die Hibernia-Affäre, S. 192.

28 vgl. BBA 32/2973, Bl. 26 f.: Bericht des Revierbeamten Georg Meydam an das OBA Dortmund [undatiert] und BBA 32/2974, Bl. 22 ff.: Schreiben des Generaldirektors Karl Behrens an den Aufsichtsrat der Hibernia v. 25.01.1891. Zu beiden Explosionen ansonsten Kroker/Farrenkopf, Grubenunglücke, S. 200, S. 213.

29 In der Oberflächenproduktion stellte das Grubenfeld von Hibernia einen schiefen Rhombus mit ca. 1300 m streichender und 1500 m querschläggier Ausdehnung dar. Wegen der vergleichsweise geringen Feldesausdehnung waren die Grubenbaue im Vergleich zu den markscheidenden Zechen bereits weit in die Teufe fortgeschritten.

tor erzielt. Bei einer gemessenen Depression von 60 mm Wassersäule errechnete sich die Grubenweite von Hibernia damit auf 1,9 m².[30] Auch dieser Wert lag vergleichsweise hoch und er war sicherlich durch die relativ bedeutenden Querschnitte der ausziehenden Wetterquerschläge von 4,25 m² mit bedingt. Im Rahmen der Untersuchungen des 1891er Unglücks errechnete man für den Explosionsherd eine Wettermenge von 8 m² pro Mann und Minute.[31] Insofern übertraf Hibernia die seit 1887/88 geforderten Mindestwettermengen zwar bei weitem, doch reichten sie aufgrund der weit stärkeren Ausgasung als auf allen anderen Ruhrzechen für eine genügende Verdünnung des Schlagwettergemisches nicht aus.

Die Bergbehörde erließ aufgrund der katastrophalen Erfahrung vom Januar 1891 für Hibernia am 4. Juni 1891 eine spezielle Bergpolizeiverordnung, die insbesondere die allgemein gültigen Maßgaben zur Wetterführung noch weiter verschärfte. Den kritischen Fettkohlenflözen musste jetzt ein hinreichend frischer Wetterstrom derart zugeführt werden, dass er nach erfolgter Zirkulation durch die jeweilige Bausohle auf direktem Wege aus der Grube zog. Damit sollte in erster Linie die bei den genannten Explosionen erfolgte Ausdehnung der Explosionsflamme über mehrere Flöze verhindert werden.

In Erwartung, dass sich die Ausgasung mit der geplanten Intensivierung des Abbaus in den kritischen Fettkohlenflözen noch verstärken würde, entschloss sich Hibernia allerdings zu einer grundsätzlichen Neukonzeption des gesamten Bewetterungssystems. Für deren seit Mitte der 1890er Jahre greifenden Erfolg war eine neue strategische Vorausplanung der wettertechnischen Belange auf der Basis der erst seit kurzem voll entwickelten theoretischen Kenntnisse des künstlichen Wetterzuges verantwortlich. Hibernia formulierte zunächst die Erreichung eines Schlagwettergehalts von maximal 0,5 % in den ausziehenden Wetterströmen als grundlegendes Ziel der gesamten Planung. Nach überschlägigen Berechnungen erforderte die Erreichung des gesetzten Grenzwertes eine Steigerung des Gesamtwetterstroms auf 5000 m³ pro Minute.[32] Unter Beibehaltung der bisher eingerichteten Wetterstrecken hätte sich die Wettermenge allein durch einen leistungsstärkeren Hauptgrubenlüfter mit wesentlich größerer Depression erreichen lassen. Damit wäre aber die Wettergeschwindigkeit in der Grube bedeutend angestiegen und zugleich die Durchblasgefahr für die Sicherheitslampen gewachsen.

Hibernia setzte deshalb die maximale Depression des Ventilators auf 100 mm Wassersäule fest und legte diesen Wert gemeinsam mit der geforderten Gesamtwettermenge einer Berechnung der äquivalenten Grubenweite zugrunde. Die entsprechende Rechnung ergab, dass die Grubenweite von bislang 1,9 auf 3,2 m² gesteigert werden musste. Als konkrete Maßnahmen beschloss die Zeche daraufhin folgende Schritte: Erstens sollte ein stärkerer Ventilator angeschafft und im Unterschied zur bisherigen Situation über Tage aufgestellt werden. Damit war die Erwartung verbunden, dass bei einer dennoch eintretenden Explosion seine Beschädigung verhindert wurde und er so für die dringend notwendige Abförderung der Nachschwaden im Explosionsfall sorgte. Zur Erzielung der größeren Grubenweite plante man zweitens das Abteufen eines neuen Wetterschachtes von 5 m Durchmesser bis zur tiefsten Sohle sowie eine Erweiterung des Wetterstreckenquerschnitts. Um schließlich den bergpolizeilichen Anordnungen zu entsprechen, wurde eine Vermehrung der ausziehenden Wetterwege ins Auge gefasst.

---

30 vgl. Behrens, Beiträge zur Schlagwetterfrage, S. 517.
31 vgl. BBA 32/2974, Bl. 22 ff.: Schreiben des Generaldirektors Karl Behrens an den Aufsichtsrat der Hibernia v. 25.01.1891.
32 vgl. Behrens, Beiträge zur Schlagwetterfrage, S. 518.

Bis 1893 waren die wichtigsten Planziele praktisch umgesetzt. Der neu abgeteufte Schacht 3 wurde im vollen Querschnitt zum Ausziehen gebracht und der zuvor ausziehende Schacht 2 gemeinsam mit Schacht 1 zum Einziehen des Wetterstroms verwandt. Für dessen Erzeugung diente nun ein neuer Geisler-Ventilator von 4,5 m Flügelrad-Durchmesser, der mit 160 Umdrehungen pro Minute die geforderte Depression von 100 mm Wassersäule erreichte.[33] Noch nicht ganz abgeschlossen waren die Arbeiten zur Erweiterung der Streckenquerschnitte sowie zur Vermehrung der ausziehenden Wetterwege. Im Bereich der neunten und zehnten Bausohle innerhalb der Fettkohlenpartie wurden eigene Wetterquerschläge mit zusammen 8,5 m² Querschnitt getrieben, die jeweils 10 m unterhalb des einziehenden Förderquerschlags der nächsthöheren Sohle lagen. Sie sollten nach erfolgtem Durchschlag mit dem neuen Wetterschacht die verbrauchten Wetter diesem direkt zuführen. Daneben vollzog sich die Erweiterung der Grund- und Abbaustrecken.[34]

Schon die Wettermessungen vom November 1893 zeigten die wettertechnischen Fortschritte, die bis zu diesem Zeitpunkt allein durch den neuen Ventilator und den neuen Wetterschacht bewirkt wurden. Als wenig später der Wetterquerschlag auf der neunten Sohle durchschlägig wurde, war die Gesamtwettermenge auf über 6000 m³ Frischwetter pro Minute und die Grubenweite auf 3,8 m² gewachsen. Damit wurden die gesteckten Ziele bereits übertroffen. Mit weiterer Vervollkommnung der Streckenerweiterung stieg die Grubenweite bis zum Frühjahr 1896 auf den im Ruhrbergbau derzeit kaum vorstellbaren Wert von 6,02 m² an. Er ermöglichte es, bei Beibehaltung des Gesamtwetterstroms von etwa 6300 m³ sowohl die Tourenzahl als auch die Depression des Ventilators bedeutend abzusenken. Dies führte einerseits zu einem Energie sparenden Ventilatorbetrieb und andererseits zu einer sehr geringen Wettergeschwindigkeit in den Grubenbauen.[35]

Wie erfolgreich die 1896 vollzogene wettertechnische Umstellung von Hibernia war, lässt sich durch das Explosionsaufkommen im Zeitverlauf eindeutig zeigen. Etwa zeitgleich mit dem Anfahren der extrem gasenden Fettkohlenflöze um die Mitte der 1880er Jahre setzte eine bis dahin ungekannte Zunahme der Explosionen ein. Zwischen 1882 und 1894 war die Zeche von nicht weniger als 25 explosionsbedingten Unfällen betroffen. Trotz anhaltender Gasbelastung riss diese Ereigniskette dann im Jahr 1895 abrupt ab. Bis 1914 kam es nur noch in den Jahren 1899 und 1901 zu jeweils einem Explosionsunfall von allerdings geringer Tragweite.[36]

Hibernia repräsentiert den Extremfall einer konsequenten Umsetzung systemtechnischer Sicherungspotentiale der Bewetterungsstrategie gegen Ende des 19. Jahrhunderts. In der Regel vollzog sich eher die sukzessive Anwendung der seit 1887/88 festgelegten Standards. Die Zeche Holland in Wattenscheid wurde beispielsweise im August 1892 vom zuständigen Revierbeamten informiert, dass er bei seiner letzten Befahrung der Schachtanlage I/II eine ungenügende Bewetterung der Betriebspunkte im Flöz Carl festgestellt hatte. In diesem Bereich war die Zeche gerade mit den Ausrichtungsarbeiten beschäftigt, wobei mehrere Strecken im Parallelbetrieb aufgefahren wurden. Der Revierbeamte ordnete eine genauere Beachtung des § 20 entsprechender Verordnung an. Danach war der Streckenvortrieb weiterhin nur ge-

---

33 Konstruktiv handelte es sich bei der Ventilatorbauweise um eine weiterentwickelte Form des Mitte der 1880er Jahre auf der Zeche Shamrock erstmals unterirdisch aufgestellten Geisler-Systems. Vgl. Gräff, L.: Anlage eines unterirdischen Ventilators auf der Zeche Shamrock bei Herne in Westfalen, in: ZBHSW 24, 1886, Teil B, S. 234 – 240.

34 vgl. ebd., S. 520 sowie Bergbau-Verein (u.a.) (Hrsg.), Die Entwickelung, Bd. 6: Wetterwirtschaft, S. 222.

35 vgl. Behrens, Beiträge zur Schlagwetterfrage, S. 521 ff.

36 vgl. Anhang.

stattet, wenn entweder vom letzten Durchhieb aus ein Wetterscheider mitgeführt wurde oder geeignete Sonderbewetterungsmittel zur Anwendung kamen.[37]

Betriebsintern war die Anordnung wegen der dadurch verursachten größeren finanziellen Aufwendungen zunächst umstritten. Gegenüber der Grubendirektion plädierte der Betriebsführer im Folgenden jedoch dafür, sich daran zu halten. Einerseits war nämlich „nicht zu leugnen, daß, wenn der Ortsstoß sich 12 bis 15 m vom letzten Durchhieb entfernt hat, Spuren von Schlagwetter sich in der Firste ansammeln". Das eigentliche Motiv lag allerdings woanders: „Vor allen Dingen müssen wir bestrebt sein, eine Explosion zu verhüten, da eine solche sofort die Berieselung der Flötze Carl, Emil und Gustav im Gefolge haben würde."[38] Mit der in den 1890er Jahren zunehmenden Anordnung von Berieselungseinrichtungen zur Befeuchtung des Kohlenstaubs avancierte eine möglichst weitgehende Erfüllung wettertechnischer Sonderauflagen für die Zechen zur rationelleren Alternative.

Eine Verbesserung der Bewetterung auf den Ruhrzechen resultierte ferner aus dem gegen Ende der 1890er Jahre allgemein vollzogenen Wandel der angewandten Abbauverfahren. Der zuvor vorherrschende Pfeilerbau war in der Regel sog. Bruchbau gewesen, bei dem man die Kohlenpfeiler von der äußeren Grenze des vorgerichteten Abbaufeldes hereingewann und das Hangende anschließend zu Bruch gehen ließ. Der Pfeilerbau wurde nun durch eine Reihe unterschiedlicher Abbauformen ersetzt, deren gemeinsames Kennzeichnen in der Einbringung von Bergeversatz in die Grubenhohlräume bestand. Für den Verfahrenswechsel war ein Bündel unterschiedlicher Motive verantwortlich, unter denen die Verbesserung der Wetterführung eher als Begleiterscheinung zu kennzeichnen ist.[39]

Als Folge des Bruchbaus machten sich in weiten Teilen des Ruhrreviers Absenkungen an der Tagesoberfläche bemerkbar. Die Bergschäden verursachten etwa im Vorflutgebiet der Emscher eine Reihe von Mulden, die sich bei Überschwemmungen in Sümpfe und Krankheitsherde verwandelten. In der Verfüllung der untertägigen Hohlräume sah man jetzt eine wirksame Methode, um den Bergschäden entgegenzuwirken.[40] Daneben spielten eine Reihe betriebswirtschaftlicher Fragen eine Rolle. Die Einbringung der unter Tage anfallenden Berge in die ausgekohlten Hohlräume entlastete die Strecken- und Schachtförderung. Im Verbund mit ersten Ansätzen zur Mechanisierung der Abbauförderung ergaben sich mit den neuen Abbauformen Möglichkeiten zur Betriebskonzentration und zur Einsparung von Schlepperlöhnen.[41] Schließlich erwartete insbesondere die Bergbehörde vom Übergang auf Versatzbauarten eine wirksame Bekämpfung der Stein- und Kohlenfallgefahr.

Während der 1890er Jahre gingen verschiedene Ruhrzechen zunächst zum Stoß- bzw. Firstenbau über. Abgesehen von der Einbringung des Bergeversatzes handelte es sich hierbei letztlich um Variationen des Pfeilerbaus als Grundform. Beim Stoßbau, der zumeist in halbsteiler Lagerung angewandt wurde, erfolgte eine Teilung des Flözes durch streichende Sohlenstrecken und Versatzgut- bzw. Förderbremsberge. Anschließend wurde das entstandene

---

37 vgl. BBA 41/137, Bl. 197: Schreiben des Revierbeamten Karl Meißner an die Zeche Holland v. 04.08.1892.

38 vgl. ebd., Bl. 197 f.: Bericht des Betriebsführers Böttcher an die Grubendirektion v. 08.08.1892.

39 vgl. BBA 41/139: Schreiben der Zeche Holland an den zuständigen Revierbeamten v. 13.12.1897 als Antwort auf die geforderte Mitteilung von Betriebsverbesserungen im laufenden Jahr: „Mehr und mehr sind wir im laufenden Jahre zum Abbau mit Bergeversatz übergegangen, einerseits um die Einwirkungen des Bergbaues auf die Erdoberfläche zu vermindern, andererseits um das Herausfördern von Bergen aus der Grube zu vermindern, weiter, um mittelst Strebbaues die Kohle reiner zu gewinnen & die Abbauverluste verringern zu können & endlich auch zur Herbeiführung einer besseren Bewetterung der Arbeitspunkte vor der Kohle."

40 vgl. Kroker, Evelyn: Bruchbau kontra Vollversatz. Mechanisierung, Wirtschaftlichkeit und Umweltverträglichkeit im Ruhrbergbau zwischen 1930 und 1950, in: Der Anschnitt 42, 1990, S. 191 – 203, hier S. 192 f.

41 vgl. Tenfelde, Der bergmännische Arbeitsplatz, S. 313.

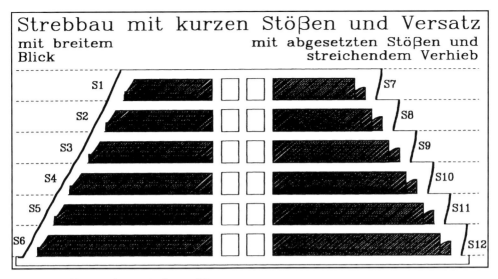

Abb. 27: Strebbau mit kurzen Stößen und Versatz

Flözrechteck in Streifen unterteilt, die nacheinander abgebaut wurden.[42] Die Experimentierphase, in der der Pfeilerbau noch immer einen beachtlichen Anteil behauptete, war erst Anfang des 20. Jahrhunderts durch den jetzt in größerem Stil vollzogenen Übergang zum streichenden Strebbau abgeschlossen.[43]

Der streichende Strebbau mit Bergeversatz brachte eine deutliche Vereinfachung der Streckenführung. Von einem zuerst aufgefahrenen Abteilungsquerschlag wurden etwa rechtwinklig Abbaustrecken bis zur Baugrenze angesetzt. Um eine ungestörte Auffahrung zu ermöglichen, schritten die Abbaustrecken der Gewinnung im Streb zumeist einige Meter voraus. Der eigentliche Abbau der Kohle vollzog sich von dem mittig liegenden Auf- bzw. Abhauen zweiflügelig in west- und östlicher Richtung zur Feldesgrenze hin. Die zwischen den Abbaustrecken befindlichen Kohlenstöße (vgl. S1 – S12 in Abb. 26) standen somit in etwa auf gleicher Höhe; der jeweils ausgekohlte Strebraum wurde schließlich mit dem Bergematerial zugesetzt (vgl. die dunkel schraffierten Flächen).

Gegenüber dem Pfeilerbau hatte der streichende Strebbau wesentliche wettertechnische Vorteile, weil in erster Linie die Aufsplitterung der Wetterwege beseitigt wurde. Damit fiel die komplizierte Ortsstromführung fort, die den Depressionsverlust innerhalb des Baufeldes bewirkt hatte. Bei der jetzt vorherrschenden Abbauform wurde der Wetterstrom über die Fußstrecke bis zur Strebfront und anschließend an ihr entlang bis zur ausziehenden Kopfstrecke geführt. Dabei unterlag er geringeren Reibungswiderständen als beim Pfeilerbau.

An der positiven Wirkung der Versatzbauarten für die Wetterführung kann nicht gezweifelt werden. Komplizierter ist allerdings die Frage zu beantworten, inwieweit der Übergang vom Bruch- zum Versatzbau positive oder negative Folgen für die natürliche Ausgasung innerhalb

---

42 vgl. Burghardt, Die Mechanisierung, S. 78 f.

43 Als Beispiel für die Zeche Dahlbusch, bei der bis 1898 der Pfeilerrückbau vorherrschte und 1900 nahezu ausschließlich im zweiflügeligen Strebbau abgebaut wurde, vgl. Kesten, Wilhelm: Geschichte der Bergwerksgesellschaft Dahlbusch, Essen 1952, S. 90 ff.

der Baufelder hatte. Da zunächst beim Strebbau keine Sicherheitspfeiler in der Kohle stehen blieben, die unter abbaubedingtem Gebirgsdruck ausgasten, war zweifellos ein gewichtiges Problem des Pfeilerbaus beseitigt.[44] Mit den Bohrlochuntersuchungen zur Gaswanderung im durch Abbau destabilisierten Gebirge wies Richard Forstmann um 1940 aber nach, dass in Streben mit Bruchbau die Ausgasung am Strebstoß geringer war als beim Versatzbau.[45] Er erklärte diese Beobachtung durch eine geringere Rissbildung im Strebraum, weil sich das hangende Gebirge beim Zubruchgehen homogener absenkte und infolgedessen der Abbaudruck auf den Kohlenstoß niedriger war als beim Versatzbau.[46] Gewinnungstechnisch war die höhere Druckbelastung auf den Strebstoß gerade ein Vorteil, weil sie die Abbauleistung positiv beeinflusste.[47]

Man kann in dieser Beziehung im Übergang vom Bruch- zum Versatzbau ein kontraproduktives Element sehen, das bei einer funktionierenden Wetterführung im Abbau zwar aufgehoben wurde, bei einer Störung allerdings risikoverschärfend wirken konnte. Im Hinblick auf das Explosionsgeschehen ist diese Feststellung insofern relevant, als sich auch die betriebliche Arbeitsorganisation im Strebbau wandelte. Während im Pfeilerbau zahlenmäßig kleine Ortskameradschaften in räumlicher Entfernung die Kohle gewannen, wuchs die Belegungsstärke in den Streben auf breiterer Front deutlich an.[48] Bei den auch nach 1900 anteilsmäßig weit dominierenden Explosionen geringerer Intensität konnten sie damit – zumindest wenn sie innerhalb des Strebraumes initialisiert wurden – leichter eine größere Personenzahl in Mitleidenschaft ziehen. Die statistisch nachweisbare leichte Zunahme der Explosionsschwere im ersten Jahrzehnt des 20. Jahrhunderts dürfte im Wesentlichen auf diesen Grund zurückzuführen sein.

Im Zusammenhang mit der am 12. Dezember 1900 veröffentlichten und am 1. Januar 1902 in Kraft getretenen Reform der 1887/88er Bergpolizeiverordnung hat die Durchsetzung des Strebbaus nach der Jahrhundertwende eine weitere Verbesserung der Bewetterungsverhältnisse auf den Ruhrzechen zweifelsohne nach sich gezogen. Die neue Verordnung gliederte die für die Bewetterung relevanten Vorschriften erstmals nach den Oberbegriffen Wetterversorgung und Wetterführung.[49] Sie basierte damit auf den theoretisch fundierten Kernbereichen des künstlichen Wetterzuges. Neben nochmals erweiterten Bestimmungen über die Mindestwettermengen (3 m^3 pro Mann und Minute) sowie Mindestquerschnitten (4 m^2 für die Hauptwetterströme) vollzog sie mit den Anforderungen nach Einrichtung selbstständiger Wetterabteilungen auch die Prinzipien einer geregelten Wetterführung.

Mit der Formulierung von Grenzwerten für die maximale Gasbelastung ausziehender Teilströme (1 % CH$_4$) und die maximale Wettergeschwindigkeit (6 m pro Sekunde) verband sich eine steigende Rationalität im Überwachungskonzept, für die erst seit den 1890er Jahren zuverlässige messtechnische Einrichtungen geschaffen worden waren.[50] Durch die Allgemein-

---

44 vgl. Tenfelde, Der bergmännische Arbeitsplatz, S. 300.
45 vgl. Forstmann, Zur Schlagwetterfrage, S. 600.
46 vgl. Forstmann/Schulz, Das Auftreten von Grubengas, S. 132 f.
47 vgl. Tenfelde, Der bergmännische Arbeitsplatz, S. 317.
48 vgl. Ders.: Eine kleine Geschichte der Bergarbeit, in: Borsdorf, Ulrich/Eskildsen, Ute (Hrsg.): Untertage – Übertage. Bergarbeiterleben heute, München 1985, S. 8 – 19, hier S. 13 f.
49 vgl. Bergpolizei-Verordnung des Königlichen Oberbergamtes zu Dortmund, betreffend die Bewetterung der Steinkohlenbergwerke und die Sicherung derselben gegen Schlagwetter- und Kohlenstaubexplosionen, in: ZBHSW 49, 1901, Teil A, S. 29 – 38.
50 vgl. beispielsweise BBA 41/137, Bl. 120 f.: Schreiben des Revierbeamten Karl Meißner an die Zeche Holland v. 01.07.1891 mit der Anordnung zur Durchführung regelmäßiger Wettermessungen an festgelegten Punkten im Grubengebäude sowie deren Eintrag in ein Wetterjournal. Ferner ebd., Bl. 137 f.: Schreiben desselben Revierbeamten an die Zeche Holland v. 16.10.1891 über die Durchführung vierteljährlicher Gasanalysen der ausziehenden Wetterströme auf Kosten der Zeche.

gültigkeit wurden auch jene weniger schlagwetterbelasteten Zechen zu einer Umstrukturierung ihres Bewetterungssystems gezwungen, die bislang versucht hatten, den Anforderungen von 1887/88 im dauernden Konflikt mit der Bergbehörde durch eine Taktik der kleinen Schritte gerecht zu werden.[51] Im Durchschnitt aller Ruhrzechen vollzog sich seit 1900 eine nochmalige qualitative Verbesserung der Bewetterungsverhältnisse, die abschließend anhand der Schaubilder 34 und 35 ablesbar ist.

Schaubild 34: Wachstum der Grubenweite auf den Ruhrzechen zwischen 1883 und 1908 (Prozentuale Verteilung der Zechen)[52]

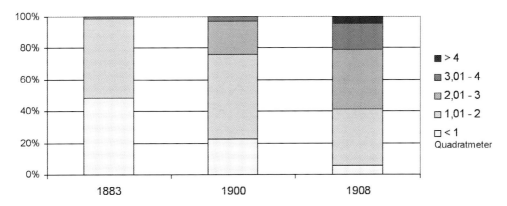

Schaubild 35: Entwicklung der durchschnittlichen Wettermengen pro Förderung und Belegschaft auf den Ruhrzechen zwischen 1861/63 und 1902[53]

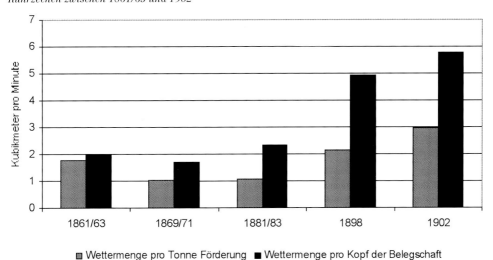

---

51 vgl. BBA 41/140. Im Auftrag der Direktion erstellte Betriebsführer Hußmann der Zeche Holland III/IV in den Monaten April bis Juni ein Verzeichnis über die bergbehördlichen Befahrungen, die aus Zechensicht als unangemessene Beschwerung ihrer Selbstständigkeit empfunden wurden. Nach Hußmanns Aufzeichnungen fielen in die besagten drei Monate 26 bergbehördliche Termine, so dass durchschnittlich fast jeden dritten Tag ein Befahrungstermin stattfand.

52 Berechnet nach Bergbau-Verein (u.a.) (Hrsg.), Die Entwickelung, Bd. 6: Wetterwirtschaft, S. 217 ff. und Forstmann: Untersuchungen über die Austrocknung, S. 44.

53 Berechnet nach Bergbau-Verein (u.a.) (Hrsg.), Die Entwickelung, Bd. 6: Wetterwirtschaft, S. 175 und STAM Bergämter, Nr. 6889: Übersicht über die Wetterwirtschaft auf den Steinkohlenbergwerken im Oberbergamtsbezirke Dortmund. Aufgestellt im 2. Halbjahr 1902.

6.2 Systemtechnische Optimierungsgrenzen der Flammensicherheits-lampen

Für die Wirksamkeit des bergbaulichen Explosionsschutzes bedeuteten die seit etwa 1890 sukzessive greifenden Fortschritte in der Bewetterung eine zunehmend systemtechnische Entlastung der Zündquellenstrategie. Die seit diesen Jahren erstmals deutlich steigenden Wettermengen pro Förderung und Belegschaft (vgl. Schaubild 35) erhöhten die Wahrscheinlichkeit, dass auftretende Schlagwetter unter die kritische Zündgrenze verdünnt wurden. Damit stiegen zugleich die Chancen, Fehler in der weiterhin durch betriebliche Anordnungen dominierten Regelung der Zündinitiale aufzufangen. Aber auch im Bereich der potentiellen Zündquellen verstärkten sich allmählich diejenigen Sicherungsfaktoren, die durch eine Eigenkontrolle der technischen Mittel bestimmt waren. Wir wollen diese Entwicklung am Beispiel des als Zündinitial nunmehr vorherrschenden Sicherheitsgeleuchts untersuchen.

Die Statistik der Zündinitiale von tödlichen Explosionen im preußischen Steinkohlenbergbau zeigt seit Beginn der 1880er Jahre zunächst eine signifikante Verlagerung der Auslöser gegenüber der Zeitspanne von 1861 bis 1881. Parallel zum Rückgang des offenen Geleuchts verlagerten sich die Initiale wesentlich stärker auf das Sicherheitsgeleucht und die Schießarbeit. Ein vollständiges statistisches Material liegt erneut leider nur für den gesamtpreußischen Maßstab vor. Danach ereigneten sich zwischen 1882 und 1914 insgesamt 499 tödliche Explosionen, von denen 413 bzw. 82,76 % auf den Ruhrbergbau entfielen.[54] Die hohe Dominanz des Ruhrbergbaus innerhalb des Zahlenmaterials lässt deshalb abermals berechtigte Rückschlüsse auf die spezielle Entwicklung im Ruhrrevier zu.

Zwischen 1861 und 1882 hatte das offene Geleucht mit annähernd 60 % den bestimmenden Auslöser von Explosionen dargestellt. In den folgenden sechs Jahren bis zum weitgehenden Verbot der offenen Lampen auf Schlagwetterzechen war dieser Anteil bereits auf 25,1 % zurückgegangen. Offensichtlich wirkte sich schon im Höhepunkt des Explosionsaufkommens die punktuelle Einschränkung des gemischten Geleuchts beteiligungshemmend aus. Von 1888 bis 1914 reduzierte sich der Anteil dann auf 5,1 %, wobei die Initiale sämtlich in der Zeit bis 1902 lagen. Seit In-Kraft-Treten der reformierten Bergpolizeiverordnung von 1900/1902, die die Anwendung offenen Lichts in allen Grubenräumen bis auf ganz wenige Ausnahmen untersagte, kamen schließlich durch offenes Geleucht hervorgerufene Explosionen nicht mehr vor (vgl. Schaubild 36).

Wie stark die Verlagerung der Auslöser auf das Sicherheitsgeleucht und die Schießarbeit bereits während der Jahre 1882 bis 1887 war, beweist die annähernd gleichgewichtige Relation zwischen Sicherheitslampen, Schießarbeit und den summarisch als andere Auslöser bezeichneten Initialen. Gegenüber der vorherigen zwanzigjährigen Epoche steigerte die Schießarbeit ihren Anteil von 12,9 auf 30,7 % relativ am stärksten. Mit einer Zunahme von 27,6 auf 37,3 % war das Wachstum der Sicherheitslampen zwar weniger bedeutend, doch bildeten sie im internen Vergleich auf dem Höhepunkt des Explosionsaufkommens damit schon das häufigste Explosionsinitial. In der Zeit von 1888 bis 1914 wurde weiterhin etwa ein Drittel aller tödlichen Explosionen durch Schießarbeit hervorgerufen. Der jetzt in der Rubrik andere Auslöser wirksame Rückgang des offenen Geleuchts wurde fast ausschließlich durch das Sicherheitsgeleucht ersetzt. In der Phase von 1888 bis 1914 verteilten sich die Explosionsinitiale damit zu 53,75 % auf das Sicherheitsgeleucht, zu 32,43 % auf die Schießarbeit und schließlich zu 13,81 % auf die Summe aller anderen Auslöser (vgl. Schaubild 37).

---

54 Berechnet nach den statistischen Angaben in: ZBHSW 31, 1883 – ZBHSW 63, 1915.

Schaubild 36: Offenes Geleucht als Initial von tödlichen Explosionen im preußischen Steinkohlenbergbau (1882 – 1914)[55]

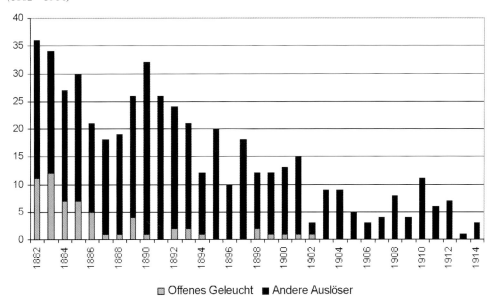

Schaubild 37: Verteilung der Auslöser tödlicher Explosionen im preußischen Steinkohlenbergbau (1882 – 1914)[56]

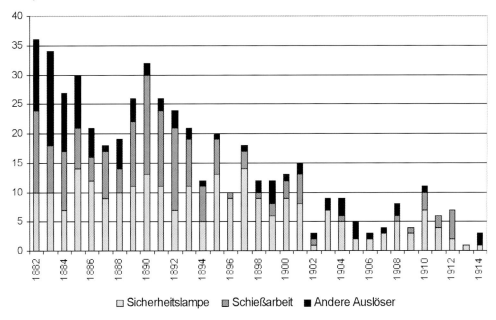

55 Berechnet nach ebd.
56 Berechnet nach ebd.

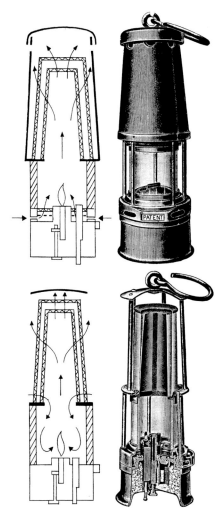
Abb. 28: Die Wolfsche Benzinlampe, 1883

Bezogen auf die insgesamt erheblich abnehmenden Explosionsereignisse reduzierten sich die Auslöser durch das Sicherheitsgeleucht relativ am wenigsten. Dieses Ergebnis kann nur bedeuten, dass der Sicherheitsfortschritt in dieser Kategorie größeren Begrenzungen als in allen anderen Bereichen unterlag. Worin bestanden aber die Optimierungspotentiale der Sicherheitslampen und durch welche Faktoren kamen sie nicht stärker zum Tragen?

6.2.1 Vom Öl- zum Benzinbrand

Ein bis in die 1880er Jahre bestehendes Defizit der Sicherheitslampen war ihre mangelhafte Lichtstärke gewesen. Die den Schlagwetterschutz hervorrufenden und gleichzeitig die Leuchtkraft vermindernden konstruktiven Details wirkten nicht zuletzt deshalb so nachteilig, weil in den Sicherheitslampen der gleiche Brennstoff wie in den offenen Froschlampen eingesetzt wurde. Bei der Verbrennung des Rüböls ohne Zusatz von mineralischen Ölen erfolgte wegen der geringen Flüchtigkeit keine vollständige Vergasung, sondern eher eine trockene Destillation, die durch die eigene Verbrennungswärme hervorgerufen wurde. Die leichter vergasbaren Bestandteile des Öls wurden zuerst verbrannt, wobei die dafür notwendige Vergasungstemperatur die Flamme auf die Nähe des Dochtes konzentrierte. Durch die unmittelbare Einwirkung der Flammenhitze auf den Docht und die gleichzeitig entstehenden Verbrennungsreste bildete sich die Inkrustierung des Dochtes, die letztlich die rasch abnehmende Lichtstärke bei Ölbrand bewirkte.[57]

Wesentlich günstigere Verbrennungsbedingungen lieferte dagegen das Benzin, das von C. Wolf, dem Begründer der später bedeutenden Zwickauer Lampenbaufirma Friemann & Wolf, zu Beginn der 1880er Jahre erstmals in einer Sicherheitslampe eingesetzt wurde.[58] Als Gemisch verschiedener Kohlenwasserstoffe mit unterschiedlichen Siedepunkten und Flüchtigkeiten vergaste es vollkommen und es bildeten sich keine kohligen Verbrennungsrückstände. Wegen der im Vergleich zum Rüböl geringeren Entzündungstemperatur seiner Gase brannte die Flamme in einem größeren Abstand vom Docht, wodurch auch dessen leuchtkrafthemmende Inkrustierung erheblich herabgesetzt wurde. Mit der Verwendung von Benzin als Brennstoff ergab sich die Möglichkeit, den konstruktiv unabwendbaren Kompromiss zwischen Sicherheitsanforderung und akzeptabler Lichtstärke neu zu definieren.

---

57 vgl. Bergbau-Verein (u.a.) (Hrsg.), Die Entwickelung, Bd. 7: Berieselung, Grubenbrand, Rettungswesen, Beleuchtung, Sprengstoffwesen, Versuchsstrecke, S. 329.
58 vgl. Friemann & Wolf GmbH, Aus der Geschichte der Grubenlampe, S. 7 f.

Gegen die Verwendung des Benzins als Brennstoff und gegen die Einführung der Wolfschen Benzin-Sicherheitslampe auf Schlagwettergruben richteten sich zunächst eine Reihe von Vorbehalten. Da Benzindämpfe mit der Luft ein leicht entzündliches Gemisch bilden, befürchtete man bei einer ausreichenden Erhitzung der Lampentöpfe, dass vermutlich aus der Lampe austretende Gase durch sie entzündet werden könnten. Damit sah man die Möglichkeit von Explosionen der Lampentöpfe gegeben.[59] Außerdem wurde kritisiert, dass die Ausdünstung der Benzinlampen den Arbeitern Kopfschmerzen bereite.[60]

Eingebettet in die Arbeiten der sächsischen Kommission zur Revision der bergpolizeilichen Sicherheitsvorschriften wurden deshalb 1882 erste Tests mit Wolfschen Benzin-Sicherheitslampen unternommen. Der Zwickauer Berginspektor Menzel prüfte im Beisein des Lampenherstellers und weiterer Sachverständiger ihr Verhalten beim Erhitzen außer- und innerhalb eines Schlagwettergemisches.[61] Die Ergebnisse zeigten, dass die Befürchtungen wenigstens bei ordentlich gefertigten Lampen nicht gerechtfertigt waren. Der Lampentopf einer mit Benzin brennenden Lampe war in ein auf 83 °C erhitztes Wasserbad getaucht worden. Damit hatte man den Lampentopf über den Siedepunkt des am leichtesten siedenden Benzinbestandteils erwärmt. Trotz Simulation optimaler Ausdünstungsbedingungen blieben Explosionen aus. Auch plötzlich herbeigeführte Temperaturschwankungen brachten keine Veränderungen an der Lampenflamme hervor und selbst das Begießen brennender Lampen mit Benzin erzeugte keine Explosionserscheinungen.

1885 führte dann Karl Broockmann im Auftrag der Lampen-Unterkommission der preußischen Schlagwetterkommission eingehende Versuche mit Benzinlampen durch. Er klärte die grundlegenden Verbrennungsprozesse des Benzins und deren Auswirkungen auf die Leuchtkraft der Lampe im Zeitverlauf. Danach verringerten schwer- und leichtsiedende Benzinmischungen die Lichtstärke. Schwersiedende Kohlenwasserstoffe verschmierten die im Lampentopf befindliche Watte als Füllstoff und verminderten so die Saugfähigkeit des Dochtes. Leichtsiedende Benzinanteile ließen sich dagegen schwer entzünden. Broockmann fasste die Voraussetzungen für ein möglichst optimales Benzingemisch in der Forderung zusammen, seine Bestandteile sollten in der Regel einen ähnlichen Siedepunkt besitzen. Damit wurde nicht nur die beste Lichtausbeute erzielt, sondern auch eine weitgehende Verbrennung austretender Benzindämpfe erreicht.[62]

Die Erprobung der Wolfschen Benzin-Sicherheitslampe im praktischen Bergwerksbetrieb vollzog sich in Preußen zunächst auf verschiedenen fiskalischen Saarzechen. 1883 schaffte die Grube Dudweiler bei Saarbrücken 50 Lampen für den täglichen Einsatz an und lobte wenig später deren bessere Leuchtkraft. Nach eigenen photometrischen Messungen übertraf sie die bislang auf der Zeche verwandten Müseler-Lampen um 60 %. Ferner errechnete man zunächst eine nicht unerhebliche Ersparnis im Brennstoffverbrauch. Pro Lampe und zwölfstündiger Schicht beliefen sich die Kosten auf 3,61 Pfennig gegenüber 5,40 bis 5,95 Pfennig beim Rübölbrand.[63] Allerdings lag der Anschaffungspreis der Wolfschen Lampe mit 9 Mark gegenüber 3,50 Mark bei den bisherigen Lampen deutlich höher. Im weiteren Verlauf der Dudweiler Versuche relativierten sich die anfangs günstigen finanziellen Ergebnisse durch

---

59 vgl. Schwarz, Entwickelung und gegenwärtiger Stand, S. 57.
60 vgl. Broockmann, [Karl]: Ueber Benzin und Benzin-Sicherheitslampen, in: ZBHSW 34, 1886, Teil B, S. 320 – 324, hier S. 320 sowie Die Wolf'sche Benzinsicherheitslampe, in: Österreichische Zeitschrift für Berg- und Hüttenwesen 35, 1887, S. 454 – 458, S. 464 – 469.
61 vgl. Kreischer/Winkler, Untersuchungen über Sicherheitslampen, S. 39 ff.
62 vgl. Broockmann, Ueber Benzin und Benzin-Sicherheitslampen, S. 323.
63 vgl. Versuche und Verbesserungen bei dem Bergwerksbetriebe in Preussen während des Jahres 1883, in: ZBHSW 32, 1884, Teil B, S. 272 – 318, hier S. 305 ff.

Einbeziehung der Lohnkosten für aufwendigeres Reinigen und Füllen sowie durch die stärkere Beanspruchung von Ersatzteilen. Letztlich standen bei der Wolfschen Lampe Gesamtkosten von 12 Pfennig pro Schicht gegenüber 9 Pfennig bei der bislang eingesetzten Lampenart zu Buche.[64]

Wegen zunächst relativ hoher finanzieller Anforderungen und den erst allmählich entkräfteten Sicherheitsvorbehalten beschränkten auch die Ruhrzechen in den 1880er Jahren die Anschaffung der Wolfschen Lampe auf kleine Versuchskontingente.[65] Erst während der 1890er Jahre, in denen der Patentschutz für die Firma Friemann & Wolf ablief und deshalb auch andere Lampenbauer Benzinlampen auf den Markt brachten, gewann das Argument der höheren Leuchtkraft im Verbund mit konstruktiven Detailverbesserungen die Oberhand.[66] Durch Beschaffung und Einsatz größerer Stückzahlen stellten sich zudem die Gesamtkosten für den Benzinbrand wieder günstiger.[67] Bis zum Ende des Jahrhunderts hatten sich Benzinlampen im Ruhrbergbau schließlich weitgehend gegenüber Öllampen durchgesetzt. 1899 waren im Verwaltungsbezirk des Dortmunder Oberbergamts insgesamt 184 000 Sicherheitslampen und nur noch 3500 offene Lampen vorhanden. Unter den Sicherheitslampen waren 146 000 für Benzin- und 38 000 für Ölbrand eingerichtet. Die Benzinlampen benutzten 141 und die Öllampen 58 Ruhrzechen.[68]

6.2.2 Vom einfachen zum doppelten Drahtkorb

Die durch Benzinbrand erzielte höhere Leuchtkraft eröffnete in den 1890er Jahren neue Möglichkeiten für die Auslegung der eigentlich sicherheitsrelevanten Konstruktionsmerkmale der Sicherheitslampen. In erster Linie betraf dies die Frage nach der Gestaltung der Drahtkörbe. Die Schlagwetterkommission hatte sich bei ihren gründlichen experimentellen Versuchsreihen von dem Grundsatz leiten lassen, dass die Hauptaufgabe einer Sicherheitslampe in der Erzielung einer ausreichenden Leuchtkraft über die ganze Dauer einer Schicht bestand. Davon ausgehend hatte sie dann die bezüglich der Drahtkorbform gegenläufigen Kriterien der Sicherheit bestimmt. Im Unterschied etwa zu Belgien plädierte sie nicht für die Einführung eines speziellen Lampentyps, sondern sie erarbeitete einen Richtlinienkatalog für eine „Normallampe". Damit ließ sich aus ihrer Sicht der Kompromiss zwischen ausreichender Lichtstärke und größtmöglicher Sicherheit am besten leisten.[69]

Die für den Drahtkorb unmittelbar relevanten Richtlinien betrafen das Drahtgewebe und die Abmessungen des Drahtkorbes. Das Gewebe sollte aus gleich starken Drähten von 0,37 bis 0,42 mm hergestellt sein und der Maschenquerschnitt nicht über 0,25 mm^2 betragen. Die optimale Höhe des Korbes lag im Grenzbereich zwischen 95 und 105 mm, außerdem durfte sein unterer Durchmesser nicht kleiner als der lichte Durchmesser des Glaszylinders sein.

64 vgl. Versuche und Verbesserungen bei dem Bergwerksbetriebe in Preussen während des Jahres 1884, in: ZBHSW 33, 1885, Teil B, S. 215 – 252, hier S. 242 f.
65 vgl. ebd., S. 243.
66 vgl. Schwarz, Entwickelung und gegenwärtiger Stand, S. 62 sowie Versuche und Verbesserungen bei dem Bergwerksbetriebe in Preussen während des Jahres 1889, in: ZBHSW 38, 1890, Teil B, S. 260 – 286, hier S. 277 f.
67 vgl. Versuche und Verbesserungen bei dem Bergwerksbetriebe in Preussen während des Jahres 1890, in: ZBHSW 39, 1891, Teil B, S. 93 – 120, hier S. 111 f.
68 vgl. Bergbau-Verein (u.a.) (Hrsg.), Die Entwickelung, Bd. 7: Berieselung, Grubenbrand, Rettungswesen, Beleuchtung, Sprengstoffwesen, Versuchsstrecke, S. 228, S. 236.
69 vgl. Haßlacher, Anlagen zum Haupt-Berichte, Bd. 3, S. 188 f.

Schließlich sollte die konische Verjüngung des Korbes nach oben nicht über den Wert von 10 mm hinausgehen.[70]

In die Bergpolizeiverordnung von 1887 gingen die Richtlinien nur zum Teil und in etwas abgewandelter Form ein. Übernommen wurde lediglich die Bestimmung über die Drahtdicke im Grenzbereich von 0,3 bis 0,4 mm, wobei das Netz mindestens 144 gleich große Öffnungen auf 1 cm^2 besitzen musste. Eine genaue Bezeichnung der Korbabmessungen fehlte in der Verordnung, weil die theoretischen Annahmen über die Auswirkungen von Lampeninhalt und effektiver Drahtnetzfläche auf die Durchschlags- und Durchblassicherheit noch nicht allgemein akzeptiert waren.[71] Als Konsequenz der behördlich abgeschwächten Normallampen-Kriterien erfüllten die Drahtkörbe in den 1890er Jahren in der Regel nur die Bestimmungen über die Maschenzahl und Drahtdicke. Damit erhöhte sich die Durchschlags- und Durchblassicherheit gegenüber den Verhältnissen von vor 1880 nur begrenzt. Nach Ermittlungen des Bergbau-Vereins schwankten die Korbabmessungen bei den im Ruhrbergbau um die Jahrhundertwende eingesetzten einfachen Drahtkorblampen zwischen 80 und 110 mm Höhe, 40 bis 52 mm unterem und 30 bis 46 mm oberem Durchmesser. Daraus resultierten sehr große Differenzen im Drahtkorbinhalt von 86 bis 190 cm^3 und in der Drahtkorboberfläche von 102 bis 174 cm^2.

Im Bereich des für die systemtechnische Sicherheit entscheidend wichtigen Drahtkorbes waren die Sicherheitslampen also auch während der 1890er Jahre noch weit von den theoretischen Kriterien der „Normallampe" entfernt. Zudem wurden sie jetzt durch die allmählich steigenden Wettergeschwindigkeiten im Hinblick auf die Durchblasgefahr stärker belastet. Schaubild 38 zeigt, dass die Zündinitiale, die auf das Durchblasen von Sicherheitslampen zurückgingen, von 1882 bis 1897 leicht anstiegen.

Schaubild 38: Durchblasen der Sicherheitslampe als Initial tödlicher Explosionen im preußischen Steinkohlenbergbau (1882 – 1914)[72]

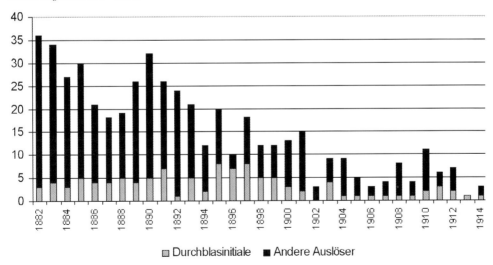

□ Durchblasinitiale   ■ Andere Auslöser

70 vgl. insbesondere Nonne, J[ulius]: Über Sicherheitslampen, in: Glückauf 21, 1888, Nr. 88 mit Abbildung der Normalmaße in Originalgröße.
71 vgl. Bergpolizei-Verordnung des Königl. Oberbergamtes zu Dortmund vom 12. October 1887, in: ZBHSW 36, 1888, Teil A, S. 36 – 43, hier S. 40 f., § 29.
72 Berechnet nach den statistischen Angaben in: ZBHSW 31, 1883 – 63, 1915.

Die Erfahrung kontraproduktiver Konsequenzen der bewetterungsstrategischen Erfolge für die Sicherheitslampen führte im Ruhrbergbau 1897 zu der Entscheidung, die Lampenfrage einer nochmals grundsätzlichen Prüfung zu unterziehen. Auf Betreiben der Bergbehörde beschloss der Vorstand der WBK Ende des Jahres, eine neue Lampenversuchsstation aufzubauen. Als Standort wurde die erst drei Jahre zuvor auf der Halde der Gelsenkirchener Zeche Consolidation I errichtete berggewerkschaftliche Versuchsstrecke gewählt.[73]

Vor Aufnahme der Experimente formulierte das Dortmunder Oberbergamt die dringlichsten Fragen, die im Rahmen der Versuche erforscht werden sollten: „Auf einigen Gruben unseres Verwaltungsbezirkes ist das Auftreten der Kohlenwasserstoffgase derart, daß Lampen mit einfachem Drahtkorb [...] als genügend sicher nicht angesehen werden können und deshalb, so lange wie in einer brauchbaren electrischen Lampe ein genügender Ersatz noch nicht gefunden ist, durch Lampen mit Doppelkörben ersetzt werden müssen. Es ist deshalb von größter praktischer Bedeutung zu erproben, welche Abmessungen jeder der beiden Körbe haben muß, um mit möglichst großer Leuchtkraft möglichst große Sicherheit gegen Durchschlag und Durchblasgefahr zu verbinden [...].“[74] Die Bergbehörde knüpfte an die bevorstehenden Experimente vor allem die Erwartung, einen größeren argumentativen Spielraum zugunsten der Einführung von Doppelkörben zu erhalten.

1899 lag die Gesamtzahl der im Ruhrbergbau eingesetzten Lampen mit doppeltem Drahtkorb erst bei etwa 20 000 gegenüber 164 000 mit einfachem Drahtkorb. Sie verteilte sich auf 45 Zechen, von denen lediglich die Schachtanlagen General Blumenthal I/II und III/IV, Shamrock I/II, Consolidation II, Hibernia sowie Pluto I und II die Doppelkörbe ausschließlich verwandten. 20 weitere Zechen hatten die Doppelkorblampen nur an bestimmten Betriebspunkten in Gebrauch. Die restlichen 18 Werke verfügten nur über sehr kleine Kontingente, die allein zu Versuchszwecken dienten.[75] In Unternehmerkreisen wurde zwar nicht daran gezweifelt, dass ein zweiter Drahtkorb die Durchblassicherheit der Lampen erhöhte. Aufgrund bislang fehlender objektiver Versuchsergebnisse neigten sie jedoch dazu, die mit der Umrüstung verbundenen Nachteile hervorzuheben und sie als der Lampensicherheit abträgliche Begleiterscheinungen höher zu bewerten.

So wandte sich im Vorfeld der Versuche erneut Alexander Hilbck an das Oberbergamt, um diesem seine Vorbehalte gegen Doppelkörbe auseinander zu setzen. Da der Zeche Westphalia deren Anschaffung für bestimmte Grubenbaue vom Revierbeamten vorgeschrieben worden war, lagen ihm Erfahrungswerte über den Nutzen vor, die aus seiner Sicht kein positives Urteil zuließen. Auch er betonte ausdrücklich den Vorzug der Doppelkörbe, „der darin liegt, daß diese bei sehr großer Geschwindigkeit der Wetterströme – zwischen 6 und 10 Meter je Sekunde – noch nicht durchschlagen“.[76] Allerdings sei dieser Vorteil für den Ruhrbergbau irrelevant, weil „bei solchen Geschwindigkeiten [...] in Westfalen entzündbare Gemische von Grubengas und Luft wohl nirgends“ vorkämen. Deshalb seien die damit einhergehenden Nachteile um so gravierender. Beim Versuchseinsatz auf Westphalia hätte sich nämlich herausgestellt, dass die inneren Körbe leichter erglühten, als wenn sie nicht durch einen zweiten Korb umschlossen worden wären. Beim Eindringen von Kohlenstaub durch den äußeren Drahtkorb – ein Vorgang, „der sich bei der Arbeit niemals vermeiden läßt, selbst wenn man

---

73 vgl. BBA 200/510-5 (Altsign.): Schreiben des OBA Dortmund an Bergassessor Fritz Heise v. 06.05.1898 sowie Schunder, Lehre und Forschung, S. 204.

74 zit. ebd.: Schreiben (Abschrift) des OBA Dortmund an den Vorstand der WBK, undatiert <1898>.

75 vgl. Bergbau-Verein (u.a.) (Hrsg.), Die Entwickelung, Bd. 7: Berieselung, Grubenbrand, Rettungswesen, Beleuchtung, Sprengstoffwesen, Versuchsstrecke, S. 257.

76 zit. BBA 200/510-5 (Altsign.): Schreiben (Abschrift) Alexander Hilbcks an das OBA Dortmund v. 02.07.1898.

die Betriebe ausgiebig berieselt" – erhöhe sich also nur die Gefahr einer Funkenbildung, „die sehr leicht zum Durchschlagen der Lampe Veranlassung geben" könnte.

In Bezug auf die teilweise emotional vorgetragenen Bedenken führten die 1899 in der Lampenstation aufgenommenen Versuchsreihen zu einer Versachlichung der Diskussion. Auf wissenschaftlicher Grundlage ermöglichten sie es, die mit dem Doppelkorb verbundenen Einflüsse auf die relative Sicherheit der Lampen zu objektivieren. Hinsichtlich der Durchschlags- und Durchblassicherheit waren sie danach den Lampen mit einfachem Drahtkorb überlegen. Im Versuchsapparat wurde die Flamme bei doppelkörbigen Lampen erst bei Wettergeschwindigkeiten von 10 bis 11 m pro Sekunde durchgeblasen, während einfache Körbe diese Sicherheitsgrenze bereits bei 4 m pro Sekunde überschritten.[77] Die Lichtabsorption des zweiten Korbes und die kompliziertere Führung der Verbrennungsluft hatten in jedem Fall eine Verminderung der Leuchtkraft zur Folge. Dieser Nachteil ließ sich aber durch eine möglichst optimale Gestaltung der Korbform bis auf 3 % reduzieren.[78] Als Kriterien, die in dieser Richtung für die Drahtkörbe maßgeblich waren, ermittelte die Versuchsstation mehrere Grundsätze. Danach wuchs die Leuchtkraft mit zunehmender Größe der wirksamen Drahtnetzoberfläche des Außenkorbes sowie mit steigendem Abstand zwischen den Korbmänteln. Für beide Relationen galten wiederum Grenzwerte, bei deren Überschreiten eine Vergrößerung der Lichtstärke nicht mehr möglich war.[79] Die Versuche wiesen nach, dass das Argument abnehmender Leuchtkraft in Relation zur gesteigerten Durchschlags- und Durchblassicherheit kaum ins Gewicht fiel. Damit war ein zentrales Argument gegen die Verwendung von Doppelkörben entkräftet.

6.2.3 Innere Zündung und Magnetverschluss

Weniger eindeutig ließen sich hingegen Vorbehalte relativieren, die sich auf den Zusammenhang von Doppelkorb und innerer Zündvorrichtung konzentrierten. Die erste in der Praxis eingesetzte Lampe, die über eine eingebaute Vorrichtung zum Wiederanzünden ohne Öffnung des Gehäuses verfügte, war die Wolfsche Benzinlampe gewesen.[80] Da ihre Flamme in größerer Entfernung vom Docht brannte, neigte sie zum leichteren Verlöschen als die Rüböl-flamme. Für eine erfolgreiche praktische Einführung war die Ausstattung der Benzinlampe mit innerer Zündvorrichtung vom Lampenhersteller deshalb als notwendige Voraussetzung erkannt worden.[81] Zuvor hatte die Lampe zum Wiederanzünden grundsätzlich geöffnet werden müssen. Die bergpolizeilichen Vorschriften untersagten den Bergleuten zwar seit langem, diese Handlungen in der Grube selbstständig durchzuführen. Das Auswechseln der erloschenen durch eine brennende Lampe bedeutete jedoch immer Zeitverlust und drohende Gewinneinbuße. Die Entscheidung des Wiederanzündens fällten die Bergleute häufig entgegen den Anordnungen vor Ort, indem sie die wenig leistungsfähigen Verschlüsse außer Kraft setzten. Die innere Zündvorrichtung schaffte insofern einen deutlichen Sicherheitsfortschritt. Allerdings produzierte sie gleichzeitig neue Risikofaktoren.

Die erste von Wolf in den Handel gebrachte Konstruktion arbeitete nach dem Prinzip der Schlag- bzw. Perkussionszündung mit Explosivpillen. Dabei wurde ein Streifen aus Karton- oder Pergamentpapier an einem Schlagmechanismus auf der Höhe des Dochtes vorbei ge-

77 vgl. Bergbau-Verein (u.a.) (Hrsg.), Die Entwickelung, Bd. 7: Berieselung, Grubenbrand, Rettungswesen, Beleuchtung, Sprengstoffwesen, Versuchsstrecke, S. 267.
78 vgl. Fähndrich, Versuche zur Ermittelung, S. 1012.
79 vgl. ebd., S. 1013 f.
80 vgl. Friemann & Wolf GmbH, Aus der Geschichte der Grubenlampe, S. 8.
81 vgl. Schwarz, Entwickelung und gegenwärtiger Stand, S. 84.

führt. Auf dem Papierstreifen waren kleine Zündpillen angebracht, die zumeist aus einem Gemisch von chlorsaurem Kali und rotem amorphen Phosphor bestanden. Zur Zündung wurde der Schlagmechanismus betätigt, wodurch die Zündpille explodierte und die am Lampendocht ausdünstenden Benzingase entflammten.[82] Wenn dieser Vorgang innerhalb eines Schlagwettergemisches erfolgte, so bestand jetzt die Gefahr, dass durch die heftige Verpuffung Teilchen der Zündmasse und des Papierstreifens durch den Drahtkorb geschleudert wurden. Im brennenden Zustand konnten sie das umgebende Gasgemisch zur Explosion bringen. Aber auch wenn sie sich unverbrannt im Drahtkorb festsetzten, war die Gefahr gegeben, dass sie mit Erglühen des Drahtkorbes in Brand gerieten und die Flamme nach außen übertrugen.[83]

Ein Teil dieser systembedingten Risiken wurde durch die Entwicklung eines alternativen Zündmaterials in den 1890er Jahren behoben. Anstelle der explosiven Pillen verwandte man zunehmend reine Phosphorpillen, die auf einem paraffinierten Leinwandstreifen angeordnet waren. Die Zündung der Lampe erfolgte hierbei nicht durch die Explosion der Pillen, sondern durch das Entflammen des Leinwandstreifens, der vollkommen mitverbrannte.[84] Andererseits ergaben sich wiederum Nachteile, die bei den Phosphor- stärker als bei den Explosivzündungen zum Tragen kamen. Durch die von den Paraffinstreifen gebildeten Gase beschlugen die Glaszylinder, je öfter die Zündung betätigt wurde. Die Folge war erneut ein Herabsetzen der Leuchtkraft. Nach den in der Versuchsstation durchgeführten Experimenten bemaß sich die Abnahme der Lichtstärke bei Phosphorzündungen auf 9 % und bei Explosivzündungen auf 6 %. Schließlich waren die Bedenken der verminderten Zuverlässigkeit bei Verwendung doppelter Drahtkörbe nicht unberechtigt. Schon bei den einkörbigen Lampen entwichen die durch das Entflammen des Paraffinstreifens gebildeten Brandgase nur schwer aus dem Innenraum. Bei doppelten Drahtkörben versagten die Zündvorrichtungen noch häufiger.[85]

Ein in jedem Fall erfolgreiches Wiederanzünden war mit der inneren Zündvorrichtung folglich nicht gegeben. Dieser Nachteil und die neu geschaffenen Risikofaktoren fielen aber gemessen an dem eigentlichen Fortschritt weniger ins Gewicht. Er bestand darin, dass die Zündung einer geschlossenen Lampe innerhalb eines Schlagwettergemisches überhaupt erst möglich wurde und dann nicht mehr zwangsläufig dessen Explosion nach sich zog. Im Ruhrbergbau wurde die innere Zündvorrichtung deshalb mit der Bergpolizeiverordnung von 1900/1902 für alle Sicherheitslampen vorgeschrieben. Da die Lampen außerdem mit immer schwerer zu öffnenden Magnetverschlüssen ausgerüstet wurden, reduzierten sich nach 1900 die durch das Öffnen der Sicherheitslampe hervorgerufenen Zündinitiale tödlicher Explosionen in Preußen erheblich (vgl. Schaubild 39). Darüber hinaus waren die Nachteile bezüglich des doppelten Drahtkorbes nicht so gravierend, als dass sie dessen sukzessive Durchsetzung auf den Ruhrzechen verhindern konnten. Zwingend vorgeschrieben wurden Doppelkörbe für Sicherheitslampen im Ruhrbergbau zwar erst im Zuge einer nochmaligen Grundsatzreform der bergpolizeilichen Sicherheitsvorschriften im Jahr 1911.[86] Die seit etwa 1900 verringerten Auslöser des Durchblasens der Sicherheitslampen (vgl. Schaubild 38) sind aber unzweifelhaft auf die wachsende Anzahl der Doppelkörbe zurückzuführen.

82 vgl. Bergbau-Verein (u.a.) (Hrsg.), Die Entwickelung, Bd. 7: Berieselung, Grubenbrand, Rettungswesen, Beleuchtung, Sprengstoffwesen, Versuchsstrecke, S. 278.
83 vgl. Schondorff, [A.]: Percussions-Zündung und Benzin-Lampe, in: ZBHSW 35, 1887, Teil B, S. 331 – 336.
84 vgl. Fähndrich, Bericht, S. 771.
85 vgl. Schwarz, Entwickelung und gegenwärtiger Stand, S. 92.
86 vgl. Bergpolizeiverordnung für die Steinkohlenbergwerke im Verwaltungsbezirke des Königlichen Oberbergamts in Dortmund. Vom 1. Januar 1911, in: ZBHSW 59, 1911, Teil A, S. 37 – 91, hier S. 62 f., § 166. Zur Bewertung dieser Verordnungsreform vgl. Trischler, Arbeitsunfälle, S. 120.

Schaubild 39: Öffnen der Sicherheitslampe als Initial tödlicher Explosionen im preußischen Steinkohlenbergbau (1882 – 1914)[87]

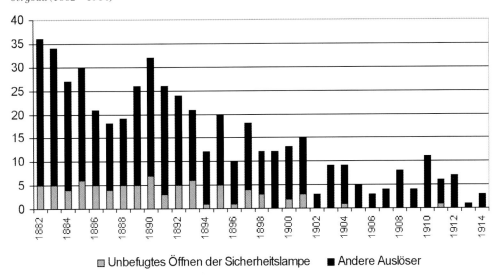

☐ Unbefugtes Öffnen der Sicherheitslampe　■ Andere Auslöser

6.3 Die Perzeption des Explosionsrisikos bis zum Ersten Weltkrieg

Im Ruhrbergbau nahm seit etwa 1890 die Effektivität des die Initialisierung verhindernden vorbeugenden Explosionsschutzes eindeutig zu. Die Fortschritte in dieser für den Untersuchungszeitraum einzig beeinflussbaren Strategie waren in erster Linie durch eine Zunahme der systembedingten selbstsichernden technischen Faktoren begründet. Natürlich blieben die Fortschritte an die einsetzbaren technischen Mittel gekoppelt, die etwa im Bereich der Flammensicherheitslampen engen Grenzen unterlagen. Angesichts des noch über Jahrzehnte fortbestehenden Mangels an einer eindeutigen Gefahrenprognose blieb der bergbauliche Explosionsschutz deshalb auch weiterhin höchst labil. Ein Teil der für die systemtechnischen Sicherheitspotentiale relevanten theoretischen Grundlagen war seit der preußischen Schlagwetterkommission durch eine beginnende Gemeinschaftsforschung zwischen Bergbehörde und Bergbau-Unternehmern entscheidend vertieft worden. Trotz Differenzen in Fragen ihrer praktischen Umsetzung, die auf der Unternehmerseite nicht zuletzt aufgrund betriebswirtschaftlicher Vorbehalte häufig umstritten war, wurden sie von der Bergbehörde nun für den praktischen Bergbaubetrieb sukzessive durchgesetzt.

Das Ergebnis widerspricht sowohl der zeitgenössischen Wahrnehmung der Explosionsunsicherheit als auch einem Teil der historischen Unfallforschung der jüngeren Zeit. Damit stellt sich die Frage, wie die Divergenz zwischen faktischer Entwicklung und Wahrnehmung der Explosionsunsicherheit in den letzten zwanzig Jahren des wilhelminischen Kaiserreiches zu erklären ist.

6.3.1 Das Explosionsproblem im Hintergrund pauschaler Schuldmuster

Auf dem Höhepunkt des Explosionsaufkommens in den 1880er Jahren verlor die von Unternehmerschaft und Bergbehörde verfolgte Taktik der offensiven Umdeutung des Explosionsri-

---

87 Berechnet nach den statistischen Angaben in: ZBHSW 31, 1883 – 63, 1915.

sikos im Sinne höherer Schicksalhaftigkeit zunehmend an Plausibilität. Mit Formierung trag-
fähiger Organisationen entlarvten die Bergleute das eskapistische Verhalten zugunsten der
Risikowahrnehmung. Dabei opponierten sie nicht nur gegen die ihnen pauschal zugeordnete
Verursacherlogik, sondern sie entwickelten allmählich eine eigene Abwehrsicht, die auf das
bergbauliche Unfallproblem insgesamt bezogen war.

Der Bergarbeiterschaft gelang erst im Anschluss an den großen Streik von 1889 eine in den
folgenden Jahren von manchen Problemen durchzogene gewerkschaftliche Organisation.[88]
Nachdem zunächst am 18. August 1889 der Verband zur Wahrung und Förderung der bergmännischen Interessen in Rheinland und Westfalen – der sog. Alte Verband – gegründet worden war, kam es im September 1890 anlässlich des ersten Deutschen Bergarbeitertages in
Halle an der Saale zur Gründung des Verbands deutscher Bergleute.[89] Er fußte im Wesentlichen auf dem Statut des Alten Verbandes und trug nicht allein durch die Verlegung des Ver-
bandssitzes nach Bochum der dominierenden Stellung des Steinkohlenbergbaus an der Ruhr
innerhalb der deutschen Bergbauindustrie Rechnung. „Von der schrankenlosen Ausbeutung
durch die Kapitalisten, Bergwerks-Unternehmer wie durch den Fiskus gezwungen", verabschiedete der neu gegründete Verband eine Petition, „um sich der [...] sclavisch-entwürdi-
genden Abhängigkeit auf socialem Gebiete zu entziehen [...] und ein menschenwürdiges Da-
sein für sich und die Nachkommen zu erringen."[90]

Parallel zu den im Vordergrund stehenden Forderungen nach Einhaltung der Schichtzeiten
sowie Belangen der Lohnfrage und des Arbeitsrechts thematisierte die Petition auch die
schlechte Gesundheitssituation der Bergarbeiter. In diesem Bereich forderte sie die seit langem verfochtenen Ziele nach Freizügigkeit innerhalb der Knappschaftsbezirke, freier Arzt-
wahl und Selbstverwaltung der Knappschaftskassen ein. Im Hintergrund der konkreten Peti-
tionswünsche stand eine veränderte Perspektive der Unfallproblematik bezüglich der
Verursacher- und Schuldfrage. Das auf Leistungsoptimierung ausgelegte Betriebssystem
führte im Verständnis der organisierten Bergarbeiter nicht nur zur Ausbeutung der Arbeits-
kraft. Es wurde von der sozialdemokratisch beherrschten Kritik grundsätzlich für die den
Bergarbeitern aufgezwungene Unterlassung von Sicherheitsvorkehrungen im täglichen Arbeitsprozess verantwortlich gemacht. Vor allem das Problem des Stein- und Kohlenfalls lieferte eine Fülle plausibler und berechtigter Gründe. Nur zu oft blieb den Ortskameradschaften auf Druck der weisungsabhängigen Steiger nichts anderes übrig, als die Baue
ungenügend abzusichern.[91] Weil das von Unternehmern und Bergbehörde gemeinschaftlich
getragene System über den entwerteten Weg der Petitionseingaben nicht aufzubrechen war,

88 Zum Streik insgesamt vgl. Köllmann, Wolfgang/Gladen, Albin: Der Bergarbeiterstreik von 1889 und die Grün-
    dung des „Alten Verbandes" in ausgewählten Dokumenten der Zeit, Bochum 1969; Gladen, Albin: Die Streiks
    der Bergarbeiter im Ruhrgebiet in den Jahren 1889, 1905 und 1912, in: Reulecke, Jürgen (Hrsg.): Arbeiter-
    bewegung an Rhein und Ruhr. Beiträge zur Geschichte der Arbeiterbewegung in Rheinland-Westfalen, Wup-
    pertal 1974, S. 111 – 148 sowie Ditt, Karl/Kift, Dagmar (Hrsg.): 1889. Bergarbeiterstreik und wilhelminische
    Gesellschaft, Hagen 1989 (= Westfälisches Industriemuseum, Schriften Bd. 6). Zu weiteren Details siehe Brüg-
    gemeier, Leben vor Ort, S. 182 – 185; Farrenkopf, Michael: Gruppenmentalität und Verwaltungspraxis. Die
    preußischen Bergbeamten und die Ruhrstreiks von 1889 und 1905, in: Der Anschnitt 48, 1996, S. 126 – 135.
89 Zur Entwicklungsgeschichte der organisierten Bergarbeiterbewegung im Kaiserreich vgl. Koch, Max Jürgen:
    Die Bergarbeiterbewegung im Ruhrgebiet zur Zeit Wilhelms II. (1889 – 1914), Düsseldorf 1954, hier S. 48 –
    134; Kirchhoff, Hans Georg: Die staatliche Sozialpolitik im Ruhrbergbau 1871 – 1914, Köln/Opladen 1954 (=
    Wissenschaftliche Abhandlungen der Arbeitsgemeinschaft für Forschung des Landes Nordrhein-Westfalen,
    Bd. 4), S. 48 – 176 sowie Jäger, Wolfgang (Bearb.): Bildgeschichte der deutschen Bergarbeiterbewegung,
    München 1989, hier S. 27 – 84.
90 zit. STAM OBA Dortmund, Nr. 1803, Bl. 27 – 72: „Verhandlungen des 1. Deutschen Berg-Arbeiter-Tages in
    Halle a/S., abgehalten vom 15. bis 19. September 1890 [...] – Stenographischer Bericht.", hier Bl. 71.
91 vgl. beispielhaft Tenfelde/Trischler, Bis vor die Stufen des Throns, S. 284 ff., S. 332 f.

konnte das Ziel einer erhöhten Sicherheit aus Sicht der Bergarbeiter nur durch ihre Beteiligung an einer staatlichen Grubenkontrolle erreicht werden.[92]

Im Zeichen des mit den kaiserlichen Februarerlassen 1890 eingeleiteten sozialpolitischen Programms des „Neuen Kurses"[93] erhielt die Unfallproblematik eine neue machtpolitische Dimension. Wie erbittert dabei die Fronten von Unternehmern und Bergarbeitern aufeinander stießen, zeigen die Begräbnisfeierlichkeiten für die Opfer des bereits genannten Hibernia-Unglücks vom 23. Januar 1891. Der Alte Verband hatte im Vorfeld wie die Knappschaftsvereine um Mitteilung über den Termin der Bestattungszeremonie bei der Grubendirektion nachgesucht und entsprechende schriftliche Mitteilung erhalten.[94] Ein Teil des Vorstands versuchte deshalb am fraglichen Tag mit zwei großen Lorbeerkränzen und einem Schild mit der Aufschritt „Verband der Bergleute" auf den Zechenplatz zu gelangen. Auf ihm nahm der Trauerzug seine Aufstellung. Um dem Verband keine Möglichkeit zur Darstellung vor den Augen einer breiten und sensibilisierten Öffentlichkeit zu bieten, ging die Zechendirektion sofort mit Hilfe von Polizeikräften repressiv gegen dessen Vertreter vor. Ihnen wurde der Zutritt zum Zechenplatz unter Gewaltandrohung untersagt und die Entfernung des Schildes gefordert. Die Abordnung zog sich deshalb zunächst in eine Seitenstraße zurück, um sich anschließend doch am Ende des Trauerzuges einzureihen. Im Schutze einer eigens engagierten Musikkapelle trauten sich die den Zug begleitenden Polizeikräfte aus Angst vor Protesten der übrigen Teilnehmer letztlich nicht mehr, die Verbandsmitglieder am Mitmarschieren zu hindern.

Das Vorgehen von Zechendirektion und staatlicher Ordnungsmacht glich dem repressiven Verhalten gegenüber der Bergarbeiterschaft in Streiktagen und hatte damit grundlegende Konsequenzen für die Wahrnehmung der Explosionsunsicherheit. Sowohl die organisierte Bergarbeiterschaft als auch die nach dem Streik von 1889 mit ihr sympathisierende Öffentlichkeit sahen im Ablauf der Begräbnisfeier den besten Beweis dafür, dass das Verursacherprinzip gerade bei Explosionskatastrophen auf die Überforderung der Bergleute durch Leistungsdruck zurückzuführen war. Wenn nur der das generalisierende Argument in aller Deutlichkeit vertretende Alte Verband augeschlossen werden sollte, so konnte das nur bedeuten, dass die Unternehmer gerade diesen Umstand im konkreten Fall verschleiern wollten.

Die Unternehmer entzogen die Wahrnehmung des Explosionsrisikos letztlich selbst rationalen Beurteilungskriterien. Die jahrzehntelange Praxis einer einseitigen Abwälzung der Schuldfrage war mit Formierung der Bergarbeiterbewegung in einer sensibilisierten Öffentlichkeit bei Massenunglücken weitgehend außer Kraft gesetzt. Eingebettet in die Klassengegensätze der wilhelminischen Gesellschaft standen sich in den letzten beiden Jahrzehnten des Kaiserreiches pauschalierende Schuldzuweisungsmuster gegenüber. Aufgrund mangelnder Rationalität wurden beide den explosionsrelevanten Risikostrukturen nicht gerecht. Die Unternehmer hielten weiterhin an den einseitigen Argumenten der Fahrlässigkeit und des zuwanderungsbedingten Unvermögens der Bergleute fest. Die Bergarbeiterverbände konterten mit einer für andere Unfallkategorien eher zutreffenden Auslieferung an das sie insgesamt benachteiligende Leistungssystem. Am Beispiel der Explosionskatastrophe auf der Bochumer Zeche Carolinenglück vom 17. Februar 1898 lassen sich die Defizite beider Argumentationsmuster zeigen.

92 vgl. Trischler, Arbeitsunfälle, S. 116 f.
93 vgl. Berlepsch, Hans-Jörg von: „Neuer Kurs" im Kaiserreich? Die Arbeiterpolitik des Freiherrn von Berlepsch 1890 bis 1896, Bonn 1987, S. 24 – 35, S. 396 – 430.
94 vgl. BBA 32/2974, Bl. 223: Vorwärts v. 30.01.1891.

Morgens um 6.45 Uhr ereignete sich dort kurz nach Anfahrt der Belegschaft das bis dahin folgenschwerste Grubenunglück in der Geschichte des Ruhrbergbaus. Mindestens 115 getötete Bergleute waren am Ende zu beklagen. Eingeleitet durch die Entzündung einer örtlich begrenzten Schlagwetteransammlung pflanzte sich die Explosion unter Einwirkung des abgelagerten Kohlenstaubs über zwei Steigerreviere auf der fünften Sohle des Nordfeldes fort.[95] Seit Aufnahme der Kohlenförderung um 1850 hatte Carolinenglück ausschließlich Fettkohlenflöze aufgeschlossen.[96] Das Steinkohlengebirge war im Grubenfeld von einer durchschnittlich 70 m starken Kreidemergelschicht überlagert. Innerhalb des Grubenfeldes lag eine Überschiebung, die die Flöze um 80 m verwarf und sie zugleich in ein Nord- und Südfeld trennte. Innerhalb der beiden Nord- und Südfelder trat jeweils eine Sattelbildung auf.

1898 war das Grubenfeld von Carolinenglück bereits durch drei Schächte aufgeschlossen. Der im Südfeld gelegene, bis zur vierten Sohle reichende Schacht I war seit 1891 für die Kohlenförderung abgeworfen und diente zum Zeitpunkt des Unglücks ausschließlich als ausziehender Wetterschacht für das Südfeld. 850 m weiter nördlich lag der zum Unglückszeitpunkt bis auf die derzeit tiefste, fünfte Sohle reichende Schacht II. Er diente als Wettereinzieh- und Förderschacht. 35 m neben Schacht II war 1870 ein dritter Wetterschacht angesetzt worden, der 1898 ebenfalls bis zur vierten Sohle abgeteuft war und als ausziehender Schacht für das Nordfeld fungierte.[97] Hinsichtlich der für die Wetterversorgung der Grube einflussreichen Schachtzahl stand Carolinenglück nicht hinter den geltenden bergpolizeilichen Anforderungen zurück.

Die Wetterführung im für die Explosion relevanten Nordfeld entsprach diesen ebenso. Der Nordstrom gelangte durch den Einziehschacht zunächst zur tiefsten Sohle und stieg anschließend in ausschließlich aufsteigender Richtung bis zur dritten Sohle. Sie diente als Wettersohle, da die Flöze von erster bis einschließlich dritter Sohle bereits verhauen waren. Durch den in ihr liegenden Hauptquerschlag gelangte der ausziehende Wetterstrom zum Wetterschacht, auf dem ein Pelzer-Ventilator für den Auszug sorgte. Nach noch vor der Explosion angestellten Wettermessungen berechnete sich die dem Nordfeld bei einer Gesamtbelegung von 400 Mann zugeführte Wettermenge auf 4,12 m^3 pro Mann und Minute.[98] Sie lag somit eindeutig über den seit 1887/88 bergpolizeilich festgeschriebenen Mindestwettermengen.

Innerhalb der einzelnen Bauabteilungen, in denen die traditionelle Abbaumethode des streichenden Pfeilerbaus ohne Bergeversatz noch bei weitem vorherrschte, erfolgte die Wetterführung nach der gängigen Praxis. In den Fettkohlenflözen Helene, Präsident, Holstein und Schleswig waren zunächst Wetterdurchschläge nach der oberen Sohle aufgefahren worden.[99] Anschließend hatte man die weitere Vorrichtung im Flöz vorgenommen und die Pfeiler eingerichtet. Lediglich in der ersten östlichen Abteilung des Flözes Alsen[100] war das durchgehende Wetterüberhauen bis zur vierten Sohle nicht zum Bremsberg ausgebaut worden. Dieses Flöz wurde durch Hilfsquerschläge vom Flöz Schleswig aus aufgeschlossen (vgl. Abb. 29).

---

95 vgl. Die Explosion auf der Steinkohlengrube Ver. Carolinenglück bei Bochum am 17. Februar 1898, in: ZBHSW 47, 1899, Teil B, S. 45 – 68, hier S. 52 sowie Brämer, Der Knappen letzte Fahrt, S. 76.

96 vgl. Vereinigte Stahlwerke AG (VST): Die Schachtanlage Carolinenglück in Bochum-Hamme, o.O. <Essen> o.J. <1930>, S. 15.

97 vgl. Die Explosion auf der Steinkohlengrube Ver. Carolinenglück, S. 45 sowie Huske, Steinkohlenzechen, S. 170.

98 vgl. Die Explosion auf der Steinkohlengrube Ver. Carolinenglück, S. 50.

99 Nach der Einheitsbezeichnung handelte es bei den Flözen Holstein und Schleswig um die Fettkohlenflöze Wilhelm und Röttgersbank. Vgl. VST: Die Schachtanlage Carolinenglück, Anlage 7.

100 vgl. ebd., Anlage 7. Bei Alsen handelte es um das Fettkohlenflöz Ernestine.

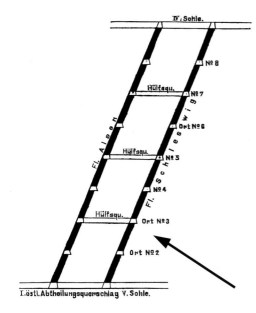

Abb. 29: Explosionsort auf der Zeche Carolinen-glück am 17. Februar 1898

Nach den späteren Untersuchungen war mit größter Wahrscheinlichkeit an einem dieser Hilfsquerschläge die Entzündung der Schlagwetter initialisiert worden. Offensichtlich hatte es sich um den 18 m langen und 1,5 m breiten Abbauquerschlag an Ort 3 zwischen Flöz Schleswig und Flöz Alsen gehandelt. Nach der Rekonstruktion des Geschehens waren folgende Gesichtspunkte maßgeblich gewesen.

Als die Explosion eintrat, hatten sich die beiden Bergleute Maßmann und Sawatzky im Bereich des Querschlages aufgehalten. Ihre stark verbrannten Leichen wurden in unmittelbarer Nähe des Eingangs gefunden. Etwas westlich davon lagen in der Streckensohle Teile einer Zinkwetterlutte, die sowohl an den Lötstellen als auch an den Blechen geschmolzen und zertrümmert waren. Außerdem befand sich in unmittelbarer Nähe des Eingangs ein Handventilator. Er stand mit durch den Querschlag nach Flöz Alsen geführten Sauglutten in Verbindung und diente so zur Abführung potentiell auftretender Schlagwetter in einem dort im Auffahren begriffenen Überhauen. Direkt unterhalb des Ventilators lag neben der Leiche des Sawatzky dessen verschlossene Sicherheitslampe mit einfachem Drahtkorb und innerer Zündvorrichtung.[101] An der Lampe war der Deckel verbogen, der Drahtkorb verbeult und der Glaszylinder zerbrochen. Die ebenfalls verschlossene Sicherheitslampe Maßmanns hing weitgehend unversehrt an einem leeren Förderwagen, der gleichfalls am Eingang des Querschlages stehen geblieben war.

Aus dem Lokalbefund ließ sich mit einiger Sicherheit auf den eigentlichen Auslöser der Explosion schließen. Offensichtlich hatte Sawatzky bei Ingangsetzen des Ventilators schlagende Wetter aus dem Überhauen des Flözes Alsen abgesaugt. Vermutlich war dabei der aus dem Ventilator austretende Luftstrom auf seine Sicherheitslampe getroffen und hatte sie aufgrund der Geschwindigkeit zum Durchblasen gebracht.[102] Dass die Explosion in dem Überhauen des Flözes Alsen selbst initialisiert worden war, galt aufgrund des dortigen Fehlens von Verbrennungsspuren als unwahrscheinlich. Außerdem waren im Überhauen die Lutte und die Lampe des dort arbeitenden Hauers Heiderich unversehrt geblieben.

Wie schon in den vorhergehenden Jahrzehnten entzogen sich die explosionsrelevanten Risikofaktoren den seitens der Unternehmer pauschal vorgetragenen Argumenten nach Fahrlässigkeit und Unvermögen der Bergleute. Auch wenn der den Handventilator bedienende Bergarbeiter Sawatzky vermutlich zu den zugewanderten und deshalb vielleicht weniger erfahrenen Bergleuten zählte, lässt sich sein Vorgehen nicht als fahrlässig bezeichnen. Es ist kaum vorstellbar, dass er seine Sicherheitslampe bei Betätigung des Ventilators vorsätzlich

---

101 vgl. Die Explosion auf der Steinkohlengrube Ver. Carolinenglück, S. 52.
102 vgl. ebd., S. 64.

in den ausblasenden Luftstrom gehalten hat. Die auch im Anschluss an die preußische Schlagwetterkommission fortbestehende Unsicherheit der Sicherheitslampen mit einfachem Drahtkorb gegen die Gefahr des Durchblasens führte eher zu einer falschen Kalkulation über deren selbstsicherndes Potential. Sawatzkys Handeln entsprach vermutlich durchaus einer auf das Risikopotential bezogenen Kalkulationsentscheidung, die durch die Grenzen der selbstsichernden Funktionen der Sicherheitslampe die Konsequenz des Scheiterns weiterhin ihm selbst aufbürdete.

Die kritische Zuspitzung der Gefährdungsmomente war jedoch ebenso wenig erst durch eine gezielte Unterlassung sicherheitsrelevanter Reserven entstanden, die den Bergleuten durch Leistungsdruck aufgezwungen worden war. So fehlte es mit den in das Überhauen verlegten Lutten und dem vorhandenen Ventilator gerade nicht an denjenigen Einrichtungen zur Sonderbewetterung, deren Einbau zu Lasten einer allein auf Produktionsinteressen ausgerichteten Arbeitsorganisation ging. Eher im Gegenteil führten die im zeitgenössischen Vergleich keinesfalls rückständigen Einrichtungen der Sonderbewetterung zu einer Verlagerung des Risikos an die Grenzen der noch immer höchst labilen Sicherheitslampe.

Unter dem Eindruck des bislang unbekannten Ausmaßes gewann die Auseinandersetzung über die Gründe bergbaubetrieblicher Unsicherheit im Anschluss an das Unglück eine neue Schärfe. Aufgrund der grundsätzlichen Abwehrhaltung gegen jeden bergarbeiterlichen Einfluss in der Sicherheitskontrolle sahen sich sowohl die Unternehmer als auch die westfälische Bergbehörde von Beginn an in die Defensive gedrängt. Eine Woche nach dem Unglück forderte Handelsminister Ludwig Brefeld anlässlich der zweiten Lesung des Etats der Bergverwaltung im preußischen Haus der Abgeordneten, „die Gesamtheit der bergpolizeilichen Vorschriften, die Gesamtheit der Einrichtungen für die Beaufsichtigung des Grubenbetriebes und insbesondere für die Bewetterung einer Revision zu unterziehen".[103] Unverzüglich richtete er in der Ministerialabteilung eine Kommission ein, die in England, Frankreich und Belgien Erfahrungen über die Beaufsichtigung von Zechen durch Arbeitervertreter einholen sollte.[104]

6.3.2 Die Kohlenstaubberieselung als versagende Strategie zur Eingrenzung entstandener Explosionen

Beeinflusst durch den vom Ministerium ausgeübten Druck erließ das Dortmunder Oberbergamt am 12. Juli 1898 zunächst eine neue Bergpolizeiverordnung, die die Maßregeln für die Einführung der Kohlenstaubberieselung auf den schlagwetterführenden Ruhrzechen neu definierte.[105] Ausgehend von der noch im Rahmen der Schlagwetterkommission sehr umstrittenen Frage, inwieweit eine Berieselung des Kohlenstaubs überhaupt dessen Explosionsneigung verminderte, waren seit Beginn der 1890er Jahre nur für einzelne Zechen Spezialvorschriften über die Einrichtung von Spritzwasserleitungen erlassen worden. Die Schlagwetterkommission hatte nach den in der Versuchsstrecke auf der Grube König Mitte der 1880er Jahre durchgeführten Experimenten die Empfehlung formuliert, eine Bespren-

---

103 zit. Protokoll der Vorstandssitzung des Vereins für die bergbaulichen Interessen im Oberbergamtsbezirk Dortmund vom 12. August 1898, in: Glückauf 34, 1898, S. 637 – 640, hier S. 637.
104 vgl. Trischler, Arbeitsunfälle, S. 117.
105 vgl. Bergpolizei-Verordnung des Königlichen Oberbergamtes zu Dortmund, betreffend die Befeuchtung des Kohlenstaubes in Schlagwettergruben, in: ZBHSW 46, 1898, Teil A, S. 66 ff.

gung des Kohlenstaubs in allen trockenen und staubbildenden Steinkohlengruben mittels fahrbarer Vorrichtungen einzuführen.[106]

Im Verlauf der 1880er Jahre begannen einzelne Ruhrzechen deshalb mit der Einrichtung stationärer Wasserbehälter, aus denen Wasser nach Bedarf entnommen und mit Handspritzen an den als besonders staubgefährlich betrachteten Stellen ausgebracht werden sollte. Das Verfahren blieb wegen der geringen disponiblen Wassermengen und der weiträumigen Verteilung des Kohlenstaubs in den Grubenbauen ergebnislos. Etwa zeitgleich mit Bekanntwerden der Versuchsergebnisse ereignete sich am 17. März 1885 dann auf der Saargrube Camphausen eine verheerende Explosionskatastrophe.[107] Sie war die erste in Preußen, bei der man die bedeutende Ausdehnung in der Grube – es starben mindestens 172 Bergleute – vorrangig auf die Einwirkung des abgelagerten Kohlenstaubs zurückführte.[108] Auf Camphausen vollzogen sich daraufhin die ersten Versuchseinbauten eines ausgedehnten und fest installierten Wasserleitungsnetzes, das Ende 1888 bereits eine Gesamtlänge von 12 000 m umfaßte.[109] Außerdem entwickelte der spätere Geheime Oberbergrat Karl Meißner (1858 – 1911) in seiner Funktion als Berginspektor in der Berginspektion Dudweiler hier das sog. Stoßtränkverfahren, bei dem Wasser unter hohem Druck in den Kohlenstoß gepresst wurde.[110] Das Ziel sollte neben einer Lockerung des Kohlenstoßes zur leichteren Gewinnung vor allem in der Staubbindung bereits während des Abbauvorgangs bestehen.[111]

Im Unterschied zum fiskalischen Saarbergbau, in dem die Berieselungseinrichtungen seit Beginn der 1890er Jahre auf einer ganzen Reihe schlagwetterbelasteter Zechen eingeführt wurden[112], beschränkte sich deren Einbau im Ruhrbergbau zunächst nur auf wenige Bergwerke. Angesichts fortbestehender Zweifel über die Wirksamkeit des Verfahrens gelang es der Bergbehörde hier weniger leicht, die kostspieligen technischen Einrichtungen gegen die Abwehrtaktik der Unternehmer durchzusetzen. Zu den ersten Anlagen, die sich zum Einbau fester Wasserleitungen in einzelnen Bauabteilungen entschlossen, gehörten die Zechen Wilhelmine Victoria, Pluto und Hibernia in den Jahren 1890 und 1891. Bei Hibernia hatte erneut erst die Explosion von 1891 die Aufsichtsbehörde zum Erlass einer speziellen Verordnung gedrängt, in deren Folge die Berieselung in allen Flözen der Ess- und Fettkohlenpartie zur Anwendung kam.[113]

---

106 Die Zechen Heinrich Gustav und Germania experimentierten beispielsweise im Jahr 1895 mit der Einführung von sog. Sprengwagen, bei denen Wasserbehälter auf Förderwagengestelle montiert waren. Zur Besprengung von Förderstrecken, in denen eine feste Verlegung von Spritzwasserleitungen nicht möglich schien, wurde der Sprengwagen an die Kohlenzüge angehängt und während des Transports ein Auslassventil geöffnet. Vgl. Versuche und Verbesserungen beim Bergwerksbetriebe in Preussen während des Jahres 1895, in: ZBHSW 44, 1896, Teil B, S. 162 – 206, hier S. 194.

107 vgl. Kroker/Farrenkopf, Grubenunglücke, S. 192 f.

108 vgl. Ruth, Karl Heinz: Das Stoßtränken. Ein Verfahren zur Verhinderung der Kohlenstaubbildung, in: Der Anschnitt 26, 1974, Heft 1, S. 20 – 26, hier S. 20 f.

109 vgl. Versuche und Verbesserungen bei dem Bergwerksbetriebe in Preussen während des Jahres 1888, in: ZBHSW 37, 1889, Teil B, S. 121 – 150, hier S. 138 f.

110 Zur Biographie von Meißner vgl. Serlo, Die Preußischen Bergassessoren, S. 79 sowie Ruth, Das Stoßtränken, S. 20 f.

111 vgl. Meißner, [Karl]: Ein Beitrag zur Verhütung von Kohlenstaub-Explosionen, in: ZBHSW 38, 1890, Teil B, S. 358 – 362, hier S. 362.

112 vgl. Zörner: Die zur Bekämpfung des gefährlichen Kohlenstaubes auf den staatlichen Steinkohlengruben im Saarrevier getroffene Einrichtung, ihre Bewährung und ihre Kosten, in: Glückauf 31, 1895, S. 1207 f. sowie Dröge, A.: Die Einrichtungen zur Unschädlichmachung des Kohlenstaubes und zur gefahrlosen Ausübung oder Ersetzung der Schießarbeit auf den fiskalischen Steinkohlengruben im Saarreviere, in: ZBHSW 45, 1897, Teil B, S. 165 – 202, hier S. 166.

113 vgl. Bergbau-Verein (u.a.) (Hrsg.), Die Entwickelung, Bd. 7: Berieselung, Grubenbrand, Rettungswesen, Beleuchtung, Sprengstoffwesen, Versuchsstrecke, S. 5; Versuche und Verbesserungen bei dem Bergwerksbetriebe in Preussen während des Jahres 1890, in: ZBHSW 39, 1891, Teil B, S. 93 – 120, hier S. 110 sowie Versuche und Verbesserungen bei dem Bergwerksbetriebe in Preussen während des Jahres 1891, in: ZBHSW 40, 1892, Teil B, S. 423 – 458, hier S. 443.

Das seit 1890 zurückhaltende bergbehördliche Vorgehen beim Erlass von Berieselungsvorschriften ähnelte der nur auf einzelne Zechen bezogenen Verabschiedung spezieller Wetterverordnungen während der 1870er Jahre. Wie in jener Zeit glaubte man jetzt in Bezug auf den Kohlenstaub mit einem lokal eingegrenzten Problem konfrontiert zu sein. Die Spezialverordnungen der Berieselung konzentrierten sich in der Regel nur auf einzelne Bereiche in wenigen Gruben, in denen sowohl feiner und trockener Kohlenstaub auftrat als auch die Ausgasung stark war. In Gruben mit geringerer Schlagwetterentwicklung hielt man die Berieselung dagegen selbst dann nicht für nötig, wenn der Kohlenstaub in großen Mengen vorhanden war. Häufig ließ sich die Bergbehörde in diesen Fällen von der Vorstellung leiten, die Anordnung von Sicherheitssprengstoffen bzw. das Verbot der Schießarbeit als potentieller Auslöser von reinen Kohlenstaubexplosionen reiche aus.[114]

In Verfolgung dieser Grundsätze waren bis 1895 Rohrleitungsnetze nur auf 14 Fettkohlenzechen annähernd vollständig und auf weiteren neun Werken teilweise verlegt.[115] Bei den meisten Zechen bestand die Möglichkeit der Schlagwetterexplosion als Initial für eine unkontrolliert ablaufende Kohlenstaubexplosion also weiterhin. Auf Carolinenglück trat eben dieser Fall 1898 in katastrophaler Weise ein, weil zuvor die gemessene Ausgasung für das eingetretene Szenario als zu gering angesehen worden und deshalb die Einrichtung eines Berieselungsnetzes unterblieben war.[116]

Die vom Oberbergamt im März 1898 entworfene und im Juli endgültig verabschiedete Verordnung formulierte den Standpunkt der Berieselungsnotwendigkeit um. Sie ging jetzt davon aus, dass in allen trockenen Grubengebäuden grundsätzlich genügend Kohlenstaub vorhanden sei, um für die Ausdehnung einer lokal begrenzten Schlagwetterexplosion ausreichende Nahrung zu geben. Um das daraus entstehende Gefahrenpotential zu regeln, sollten die Kohlenstöße, das Haufwerk vor den Betriebspunkten und der durch den Wetterzug in die Strecken verteilte Kohlenstaub immer gründlich befeuchtet werden.[117] Das Ziel war nach neuer Überzeugung allein durch die Verlegung eines Wasserleitungsnetzes zu erreichen. Im Unterschied zur vorherigen Praxis wurde dessen Anlegung für alle Zechen zur Pflicht, die nur noch durch einen bestimmte Kriterien erfüllenden Ausnahmeantrag von der Bergbehörde außer Kraft gesetzt werden konnte.[118]

Auch wenn nach 1898 wesentlich mehr Ruhrzechen zum Einbau von Berieselungseinrichtungen übergingen, blieb die Wirksamkeit sowohl hinsichtlich der Vorbeugung als auch in Bezug auf die Eingrenzung entstandener Explosionen gering. Die Zechen zögerten auch wei-

---

114 Diese Vorstellung wurde erst mit Reform der allgemein gültigen Bergpolizeiverordnung von 1900/1902 durchbrochen. Vgl. STAM Bergämter, Nr. 6889: Schreiben des OBA Dortmund an den Revierbeamten in Witten v. 14.08.1901: „Für selbstverständlich halten wir auch, daß auch für die Betriebsführer eine Verpflichtung zur Anzeige an sie vorliegt, sobald sich Kohlenstaub in den von der Berieselungspflicht ausgenommenen Betrieben einstellt. [...] Bei der Ihnen [...] zugesprochenen Befugniß, in einzelnen Fällen mit Ausnahme des Schwarzpulvers die Verwendung anderer Sprengstoffe als Sicherheitssprengstoffe zu genehmigen, ist Ihrerseits besondere Vorsicht zu beobachten. Insbesondere wird eine derartige Genehmigung von der Grubengasentwicklung und dem Vorkommen von Kohlenstaub abhängig zu machen [...] sein."

115 vgl. Bergbau-Verein (u.a.) (Hrsg.), Die Entwickelung, Bd. 7: Berieselung, Grubenbrand, Rettungswesen, Beleuchtung, Sprengstoffwesen, Versuchsstrecke, S. 5.

116 vgl. Die Explosion auf der Steinkohlengrube Ver. Carolinenglück, S. 49. Nach den vierteljährlich aus dem ausziehenden Wetterstrom ermittelten Gasproben ergab dessen Anreicherung mit CH_4 maximal 0,27 % und lag damit tatsächlich relativ niedrig.

117 vgl. Bergpolizei-Verordnung des Königlichen Oberbergamtes zu Dortmund, betreffend die Befeuchtung des Kohlenstaubes in Schlagwettergruben, S. 66, § 2.

118 vgl. ebd., S. 66 ff. Die Kriterien für die Ausnahmegenehmigung bestanden in einer genügenden natürlich gegebenen Feuchtigkeit der Grubenbaue und in einer nachgewiesenen Lockerung des Nebengesteins durch den Wassereinfluss. Letzteres erhöhte die Gefahr des Stein- und Kohlenfalls.

terhin die Installation mit einer Flut von Ausnahmeanträgen hinaus.[119] Bedingt durch die betrieblichen Probleme einer festen Verlegung von Rohrleitungen in sich ständig verändernden Grubenbauen öffneten sich den Unternehmern weite argumentative Spielräume, die auch die Bergbehörde als berechtigt ansah.[120] Darüber hinaus wurde das erstrebte Ziel der Bindung des Kohlenstaubs auch bei bestehenden Vorrichtungen häufig durch die untertägige Wärme und den Wetterzug zunichte gemacht.[121]

In Preußen war dieser Umstand mit der Grubenexplosion auf der Saargrube Reden vom 28. Januar 1907 endgültig belegt.[122] In Fachkreisen erhob sich daraufhin eine breite Diskussion über die zeitlichen Grenzen, in denen das Berieselungswasser in Abhängigkeit von Grubenfeuchte, Grubentemperatur und Geschwindigkeit des Wetterzuges so weit verdunstete, dass seine Bindungsfähigkeit aufgehoben wurde.[123] Im Zusammenhang mit den in Frankreich nach der Katastrophe von Courrières[124] eingeleiteten Experimenten über wirksamere Methoden der Kohlenstaubbehandlung erhärteten sich die Zweifel an der Funktionalität des Berieselungskonzepts an sich. Erst jetzt wurde mit der Entwicklung von Gesteinsstaub- und Wassertrogsperren der Weg eines konstruktiven Schutzes zur Begrenzung der Explosionswirkungen beschritten.[125]

6.3.3 Das Explosionsproblem und die verhinderte Beteiligung der Bergarbeiter an einer staatlichen Grubenkontrolle

Mit Ausdehnung der Berieselungsvorschriften im Sommer 1898 sahen Unternehmer und westfälische Bergbeamten die von Brefeld infolge des Carolinenglücker Unglücks geforderte Revision der bergpolizeilichen Sicherheitsmaßregeln als hinreichend vollzogen an. Die ebenfalls zur Diskussion stehende Beteiligung der Arbeiterschaft an der staatlichen Grubenkontrolle lehnten beide Seiten mit unterschiedlich vehement vertretenen Argumenten weiterhin ab. Die vom Handelsminister eingesetzte und aus den Bergbeamten Karl Leybold (1855 – 1902), Karl Meißner sowie dem Bergwerkdirektor der Gewerkschaft Constantin der Große, Bergrat Hermann Pieper (1839 – 1904), bestehende Kommission legte im August 1898 ihren um Sachlichkeit bemühten Untersuchungsbericht vor.[126] Von April bis Mai hatten sie sich jeweils mehrere Tage in England, Frankreich und Belgien aufgehalten und die Meinungen dortiger Behördenvertreter, Bergwerksbesitzer und Arbeiterdelegierter über die Arbeiterbeteiligung an der Grubenkontrolle eingeholt. Nach ihrem Bericht war in England das Urteil

119 vgl. exemplarisch STAM Bergämter, Nr. 6889: Schreiben des OBA Dortmund an den Revierbeamten des Bergreviers Witten v. 11.09.1905. Darauf Aufstellung über die Ausnahmegenehmigungen für die Zechen Siebenplaneten, Neu-Iserlohn, Mansfeld, Hamburg und Bruchstraße.
120 vgl. BBA 41/150 zum Umgang und zur begrenzten Durchsetzung der Berieselungsvorschriften auf der Zeche Holland im Zeitraum 1898 bis 1908.
121 vgl. Hickey, S. H. F.: Workers in Imperial Germany. The Miners of the Ruhr, Oxford 1985, S. 118.
122 vgl. Einer: Die Explosion auf der Königlichen Steinkohlengrube Reden bei Saarbrücken am 28. Januar 1907, in: ZBHSW 55, 1907, Teil B, S. 167 – 190 sowie Stassart, S./Bolle, J.: Notes sur un voyage de mission dans la Bassin de Sarrebruck a propos de l'accident survenue, le 28 janvier 1907, aux mines de Reden, Brüssel 1907.
123 vgl. Forstmann: Untersuchungen über die Austrocknung, S. 38, S. 198 – 203.
124 vgl. Sieburg, Heinz-Otto: Die Grubenkatastrophe von Courrières 1906. Ein Beitrag zur Sozialgeschichte der Dritten Republik und zum deutsch-französischen Verhältnis um die Jahrhundertwende, Wiesbaden 1967.
125 vgl. Giga, Helmut: Zur Entwicklung der Sicherheit im Ruhrbergbau zwischen 1865 und 1900, in: Der Anschnitt 31, 1979, S. 177 – 186, hier S. 182 f.
126 Zur Biographie von Karl Leybold, damals Oberbergrat und Mitglied im Kollegium des OBA Dortmund vgl. Serlo, Die Preußischen Bergassessoren, S. 64 f. Karl Meißner, der bereits genannte Entwickler des Stoßtränkverfahrens, fungierte während seiner Kommissionstätigkeit als Oberbergrat in der Berliner Ministerialabteilung. Zu Hermann Pieper, der 1868 kurz nach seiner Assessorenprüfung in den Privatbergbau an der Ruhr übergewechselt war, siehe ebenfalls Serlo, Die Preußischen Bergassessoren, S. 42.

weitgehend positiv, in Frankreich dagegen negativ ausgefallen.[127] Unabhängig von der unterschiedlichen Bewertung war allen Ländern gemeinsam, dass Schlagwetterprobleme von den Arbeiterdelegierten kaum thematisiert wurden.[128]

Brefelds Initiative scheiterte letztlich nicht nur am Widerstand der Unternehmer, sondern auch an dem der Länderregierungen und der preußischen Oberbergämter.[129] Für den Bergbau-Verein drohte bei einer Beteiligung der Arbeiter an einer Grubensicherheitskontrolle nichts anderes, als „eine Unterstützung der sozialdemokratischen Agitation und Organisation".[130] Aus Sicht des Behördenpersonals fehlte es den Bergleuten an der notwendigen Fachkenntnis, die zur Beurteilung von Sicherheitsdefiziten notwendig war. 1899 wurden deshalb lediglich 50 Stellen für sog. Einfahrer geschaffen. Als staatlich besoldete Hilfsbeamte rekrutierten sie sich aus dem Kreis qualifizierter Steiger.[131]

Die erfolgreiche Verteidigung betrieblicher Unternehmerautonomie in der Sicherheitskontrolle, deren öffentlichkeitswirksame Diskussion gerade im Anschluss an eine Explosionskatastrophe verlaufen war, verhinderte eine rationale Beurteilung der Explosionsrisiken zusätzlich. Der Ausschluss der Arbeiter von jeglicher Einflussnahme ließ von vornherein keinen Raum für Erfahrungen, inwieweit die Bergarbeiterschaft wirklich in der Lage war, betriebliche Strukturen zur Verminderung des Explosionsrisikos mit zu entwickeln. Der von Bergbehörde und Unternehmern postulierte Mangel an Verständnis für die komplexen explosionsrelevanten Zusammenhänge unter den Bergarbeitern konnte so nur als Versuch der Machterhaltung und als vorgeschobenes Argument interpretiert werden. Es stellt sich deshalb die Frage, welchen Einfluss die Bergleute bei einer Beteiligung an der Kontrolle aber hätten nehmen können.

Abseits der ideologisch und politisch motivierten zeitgenössischen Standpunkte lässt sich das Problem anhand der seit 1905 obligatorisch eingeführten Arbeiterausschüsse auf Schachtanlagen mit mehr als 100 Beschäftigten untersuchen. Deren konkrete institutionelle Ausgestaltung im Anschluss an den Streik von 1905 rief innerhalb der Bergarbeiterverbände große Kritik hervor.[132] Im Gegensatz zur Berggesetznovelle von 1892, die das Recht zur Bildung fakultativer Ausschüsse beinhaltete, wuchsen den Bergarbeitern auf sozialem und personellem Sektor des Arbeitsverhältnisses nun wichtige Machtbefugnisse zu. Doch insbesondere der Alte Verband sah mit den Einschränkungen in der Lohnfrage, dem eigentlichen betrieblichen Konfliktfeld, die Einflussmöglichkeiten als sehr gering an.[133] Je nach Berücksichtigung der zeitgenössischen Kritik durch die Bergarbeiterverbände ist auch in der sozialhistorischen Forschung zum Ruhrbergbau der konfliktregelnde Einfluss der Arbeiterausschüsse umstritten geblieben.[134]

---

127 vgl. Meißner, Karl: Beaufsichtigung der Gruben durch Arbeitervertreter in Großbritannien, Frankreich und Belgien, in: ZBHSW 47, 1899, Teil B, S. 1 – 43, hier S. 33.

128 vgl. ebd., S. 9, S. 23, S. 35.

129 vgl. Teuteberg, Hans Jürgen: Geschichte der industriellen Mitbestimmung in Deutschland. Ursprung und Entwicklung ihrer Vorläufer im Denken und in der Wirklichkeit des 19. Jahrhunderts, Tübingen 1961 (= Soziale Forschung und Praxis, Bd. 15), S. 455 f.

130 zit. Protokoll der Vorstandssitzung des Vereins für die bergbaulichen Interessen im Oberbergamtsbezirk Dortmund vom 12. August 1898, S. 640.

131 vgl. Trischler, Arbeitsunfälle, S. 117.

132 vgl. Fricke, Dieter: Der Ruhrbergarbeiterstreik von 1905, Berlin (Ost) 1955 sowie Bodenstein, Bernhard: Arbeiterausschüsse, Arbeitsordnungen, Unterstützungskassen im Bergbau. Erläuterungen zur Berggesetznovelle von 1905, Essen 1905.

133 vgl. Teuteberg, Geschichte der industriellen Mitbestimmung, S. 438 – 453.

134 vgl. mit positiver Tendenz etwa Adelmann, Gerhard: Die Beziehungen zwischen Arbeitgeber und Arbeitnehmer in der Ruhrindustrie vor 1914, in: Jahrbücher für Nationalökonomie und Statistik 175, 1963, S. 414 – 427, hier S. 426 f. Kritisch dagegen Brüggemeier, Leben vor Ort, S. 217 ff. Gegensätzlich in Bezug auf die Unfallproblematik beispielsweise Völkening, Unfallentwicklung, S. 108 – 113 und Trischler, Arbeitsunfälle, S. 118.

Abgesehen von der Kontroverse über die generelle Wirksamkeit lässt sich indes nicht bestreiten, dass die Arbeiterausschüsse von den Belegschaften zugunsten einer Interessenartikulation gegenüber den Betriebsleitungen genutzt wurden. Evelyn Kroker hat dies mit Hilfe einer umfangreichen Quellenanalyse gezeigt. Sie unterzog 246 Sitzungsprotokolle von Ausschüssen, die von 14 Ruhrzechen zwischen 1906 und 1914 stammten, einer Inhaltsanalyse.[135] Danach gruppierten sich die verhandelten Themen in vier allgemeine Komplexe, zu denen Arbeitsbedingungen, soziale Versorgung und Fürsorge, Lohnverhältnisse sowie überbetriebliche Forderungen zählten. Anteilig rangierten die Verhandlungen über Arbeitsbedingungen weit an der Spitze, wobei innerhalb dieser Kategorie Beschwerden über betriebsorganisatorische Mängel dominierten. Schließlich ergab die Inhaltsanalyse, dass Fragen der Unfallverhütung in den Arbeiterausschüssen eine Rolle spielten.

Eine genauere Kennzeichnung, welche speziellen Belange der Unfallproblematik angesprochen wurden, unternahm Kroker nicht, da sie abseits des von ihr verfolgten Erkenntnisinteresses lagen. Um dieser Frage nachzugehen, musste eine zusätzliche Analyse von Protokollen einer Zeche durchgeführt werden, die in den Jahren vor 1914 durch eine hohe Gasbelastung und ein vergleichsweise häufiges Auftreten von Schlagwetterexplosionen bestimmt war. Hierzu wurde die im Bergrevier Wattenscheid gelegene Zeche Holland ausgewählt, auf die beide Voraussetzungen zutrafen.[136] So konnte davon ausgegangen werden, dass die Belegschaft das Explosionsrisiko als hoch eingeschätzt haben dürfte.

Auf den Schachtanlagen Holland I/II und III/IV fanden zwischen 1906 und 1914 insgesamt 67 Sitzungen der Arbeiterausschüsse statt.[137] Die Anzahl liegt über den Sitzungen, die auf den gleichfalls zum Zechenkomplex Phoenix, Aktiengesellschaft für Bergbau und Hüttenbetrieb, zählenden Anlagen Nordstern I/II und III abgehalten wurden. Die Arbeiterausschüsse der Zeche Nordstern hatten in Krokers Vergleich deutlich an der Spitze gelegen und sich deshalb als ausgesprochen aktive Belegschaftsvertretungen gezeigt.[138] Gleiches gilt dementsprechend für die Arbeiterausschüsse der Zeche Holland. Bezüglich der über den gesamten Zeitraum behandelten Themen standen auch hier Beschwerden über die Arbeitsbedingungen an erster Stelle. Mit erheblichem Abstand folgten Klagen über die soziale Versorgung und die Lohnverhältnisse. Kaum eine Rolle spielten hingegen Fragen der überbetrieblichen Interessenvertretung.[139]

Im Rahmen der Ausschusssitzungen trugen die Belegschaftsvertreter auch Beschwerden vor, die sich auf eine mangelhafte Sicherheit im Grubenbetrieb bezogen. Gemessen an den übrigen Forderungen waren sie allerdings selten. Angesichts der auf Holland herrschenden Schlagwettergefahr blieben sie zudem auf Gesichtspunkte beschränkt, die weit außerhalb der Kategorien lagen, die für eine effektive Risikokontrolle relevant gewesen wären. So fand

---

135 vgl. Kroker, Evelyn: Arbeiterausschüsse im Ruhrbergbau zwischen 1906 und 1914, in: Der Anschnitt 30, 1978, S. 204 – 215.
136 vgl. BBA 41/138, Bl. 111: Schreiben des Revierbeamten de Gallois an die Zeche Holland v. 12.10.1894. Im Bergrevier Wattenscheid sollte Holland aufgrund seines Gefährdungsniveaus die erste Zeche sein, die durch eine neu zu schaffende behördliche Befahrungskommission zur Überprüfung getroffener Schutzmaßnahmen befahren werden sollte. Zwischen 1890 und 1914 ereigneten sich auf Holland nicht weniger als 36 Explosionen. Vgl. Anhang.
137 vgl. BBA 41/186 und 41/187.
138 vgl. Kroker, Arbeiterausschüsse, S. 209.
139 In den 67 Sitzungen wurden insgesamt 207 Tagesordnungspunkte verhandelt. Bezogen auf das von Kroker entwickelte Verteilungsschema gliederten sie sich in 126 Nennungen zu Arbeitsbedingungen, 48 Nennungen zur sozialen Versorgung/Fürsorge, 29 Nennungen zu Lohnverhältnissen und vier Nennungen zu überbetrieblichen Forderungen.

beispielsweise eine Diskussion über Fragen der Kohlenstaubberieselung überhaupt nicht statt. Jeweils nur ein einziges Mal wurden Belange der Schießarbeit und der Bewetterung thematisiert. Konkret ging es dabei um die Qualität eines bestimmten, in der Erprobung befindlichen Sicherheitssprengstoffes und eines für die Verblendung von Wetterscheidern gelieferten Wettertuches.[140] Einzig greifbare Proteste rankten sich um die auf Holland eingesetzten Sicherheitslampen.

In diesem Bereich konzentrierten sich die Klagen mehrheitlich auf die betriebliche Organisation der Lampenausgabe. Im Vordergrund standen Beschwerden über bauliche Mängel in der Lampenstube, in der die Tresen für den Empfang der Lampen bei Schichtbeginn zu klein waren.[141] Mehrmals mahnten die Belegschaftsvertreter schließlich eine Vermehrung der in Reserve gehaltenen Sicherheitslampen an.[142] Bezeichnend ist gleichwohl, dass die für die Sicherheit der Lampen an sich relevanten Fragen nach Leuchtkraft, Verlöschen oder Erglühen des Drahtkorbes keinen Niederschlag fanden. Das ist insofern bemerkenswert, als in den Jahren 1907 und 1908 die behördlich geforderte Ausstattung der Lampen mit doppelten Drahtkörben zu erheblichen Spannungen zwischen den Bergbeamten und der Grubendirektion führte.

Für Holland war die Umrüstung der Sicherheitslampen auf doppelte Drahtkörbe bereits mit Vorbereitung der Lampenversuche in der Versuchsstation der WBK durch die Bergbehörde erstmals angeregt worden. Ende Oktober 1897 hatte sich der Revierbeamte Hubert de Gallois (1857 – 1909) mit Rücksicht auf den hohen gemessenen CH_4-Gehalt im ausziehenden Wetterstrom der Zeche für den Einsatz stark gemacht.[143] Die Grubendirektion beantwortete die vom Revierbeamten erlassene Anordnung mit heftigem Widerstand. An das Oberbergamt richtete sie eine Rekursbeschwerde, in der sie die Nachteile in den Vordergrund stellte, die mit der erzielten höheren Durchblassicherheit einhergingen. Die Tatsache, dass die Doppelkorblampen leichter verstaubten, eine geringere Leuchtkraft besäßen und schneller verlöschten, sei auch im Kreise „erfahrener Staats- und Privatbeamten" bekannt. Durch das häufige Versagen der inneren Zündvorrichtung erhöhe sich deshalb nur die Gefahr, dass die Lampen trotz der sicheren Verschlüsse von den Arbeitern vorschriftswidrig zum Wiederanzünden geöffnet würden: „Man bringt also mit den doppelkörbigen Lampen eine neue Quelle von Explosionsgefahren in die Grube hinein, ganz abgesehen davon, daß durch ihre verminderte Leuchtkraft auch die Verletzungsgefahr durch Steinfall [...] gesteigert wird."[144]

Da die in Fachkreisen bestehenden Zweifel erst mit den Experimenten in der Lampenversuchsstation um 1900 sukzessive relativiert wurden, hatte der Einspruch zunächst Erfolg.[145] Die Kontingente der mit Doppelkorb versehen Lampen blieben auf Holland solange zahlenmäßig klein, bis am 19. November 1906 eine Schlagwetterexplosion auf der Schachtanlage III/IV erneut Bewegung in die Sache brachte.[146] Der Generaldirektor des Phoenix, Bergassessor Christian Dütting (1862 – 1921), informierte die Bergbehörde mit Rücksicht auf den Vor-

140 vgl. BBA 41/187: Protokolle der Arbeiterausschusssitzungen v. 26.06. und 28.09.1906 sowie 12.05.1911. Zur Sprengstoffangelegenheit siehe auch BBA 41/186: Interner Bericht des Betriebsführers Hußmann an den Generaldirektor des Phoenix, Christian Dütting, v. 29.06.1906.
141 vgl. BBA 41/187: Protokolle der Arbeiterausschusssitzungen v. 32.01., 03.05., 26.06. und 28.09.1906 sowie 21.11.1910.
142 vgl. BBA 41/186: Protokoll der Arbeiterausschusssitzung v. 30.12.1909 sowie BBA 41/187: Protokoll der Arbeiterausschusssitzung v. 21.11.1910.
143 vgl. BBA 41/139: Schreiben des Revierbeamten an die Zeche Holland v. 31.10.1897.
144 vgl. ebd.: Antwort (Konzept) auf das Schreiben des Revierbeamten an die Zeche Holland v. 19.03.1898.
145 vgl. ebd.: Aufhebung der revierbeamtlichen Verfügung v. 12.04.1898.
146 vgl. Kroker/Farrenkopf, S. 275 f.

fall von seiner Absicht, Doppelkorblampen von jetzt an nicht nur in den Aus- und Vorrichtungsbetrieben vorzusehen. Vielmehr sollte „die ausschliessliche Verwendung von Sicherheitslampen mit doppelten Drahtkörben in allen unterirdischen Betrieben [...] in die Wege geleitet und zu diesem Zwecke bei Beschaffung neuer Lampen schon auf diese Einrichtung Rücksicht genommen werden."[147]

Entgegen der Absichtserklärung zögerte sich die Einführung auf den Schachtanlagen noch länger hinaus. Als Ende 1907 die gewährte Frist für die Umrüstung abgelaufen war, gab Dütting gegenüber der Bergbehörde bekannt, dass auf Holland III/IV sämtliche Lampen mit Doppelkörben versehen seien und auf der Anlage I/II lediglich noch 60 einkörbige Lampen allein an Pferdeführer und Schachtschlepper ausgegeben würden.[148] Dabei handelte es sich offensichtlich um eine falsche Information, denn anlässlich der im Sommer 1908 durchgeführten Lampenrevision stellte der Revierbeamte fest, dass auf Holland III/IV sogar noch vier Fünftel der eingesetzten Sicherheitslampen nur über einen Korb verfügten.[149] Unternehmensintern führte diese Feststellung zu Maßregelungen des Betriebsführers und der zuständigen Aufsichtsbeamten durch den Generaldirektor. Erst im Anschluss daran wurde die Umrüstung tatsächlich vollzogen.[150]

Gemessen an den für die Sicherheit der Lampen eigentlich wichtigen Fragen beschränkten sich die in den Arbeiterausschusssitzungen vorgebrachten Beschwerden auf Marginalien. Das Problem wurde innerhalb dieser Gremien, in denen eine Einflussnahme der Bergarbeiterschaft möglich war und eine Interessenartikulation in der speziellen Frage auch stattfand, mit einem für die Explosionsproblematik unzureichenden Risikoverständnis wahrgenommen. Insofern fehlten der Bergarbeiterschaft zumindest im Hinblick auf die komplexen systemtechnischen Zusammenhänge explosionsrelevanter Risikostrukturen hinreichend rationale Beurteilungskriterien. Dieser Mangel machte sich schließlich auch in der Tätigkeit der Sicherheitsmänner geltend. Sie wurden im Anschluss an die verheerende Explosion auf der bei Hamm gelegenen Zeche Radbod[151] im Zuge einer erneuten Berggesetznovelle 1909 eingeführt.

Mit dem zugebilligten Recht, die Grube zweimal pro Monat nur in Begleitung eines Steigers zu befahren, Protokollbücher zu führen und allein Verbesserungsvorschläge anstelle von verbindlichen Anordnungen zu formulieren, blieben ihre Handlungsmöglichkeiten ohne Zweifel beschränkt.[152] Dennoch sollte in Rechnung gestellt werden, dass sie innerhalb dieser Grenzen durchaus Versuche unternahmen, nach ihrem Verständnis risikorelevante Defizite offen zu legen.[153] Innerhalb dieser Beschwerden spielten Schlagwetterfragen erneut nur eine

147 vgl. BBA 41/142: Schreiben des Generaldirektors des Phoenix, Christian Dütting, an den Revierbeamten v. 04.01.1907.
148 vgl. ebd.: Schreiben Düttings an den Revierbeamten Kuno Reimann v. 04.01.1907.
149 vgl. ebd.: Schreiben des Revierbeamten an Generaldirektor Dütting v. 23.07.1908.
150 vgl. ebd.: Schreiben (Konzept) Düttings an den Betriebsinspektor Bonnermann v. 27.07.1908: „Ich bin im höchsten Grade empört, dass der Revierbeamte an dem Zustande unserer Sicherheitslampen wieder etwas zu bemängeln findet. Es scheint doch, dass der Betriebsführer auf Schacht III/IV seine Pflicht und Schuldigkeit nicht thut und von Ihnen nicht entsprechend angehalten wird. Ich gebe dem Revierbeamten ganz Recht, dass die schuldigen Beamten zu bestrafen sind. Noch schlimmer ist, dass mir berichtet wird, sämmtliche Lampen seien mit doppelten Drahtkörben versehen und dass dies nach den Feststellungen durch den Revierbeamten doch nicht der Fall ist. Ihrem Berichte hierüber sehe ich entgegen und behalte mir noch weiteres Vorgehen gegen den Beamten vor, der mit der Ueberwachung der Lampen betraut ist. Wer ist dies?"
151 vgl. insbesondere Menneking, Friedrich: Radbod 1908. Rückblick auf die große Explosion und andere Explosionen im Steinkohlenbergbau, Dortmund 1984. Auf breiter Quellenanalyse fußend, in der Interpretation allerdings sehr einseitig auch Pabst, Wolfgang: 350 Männer starben, nun laßt uns tanzen. Die Katastrophe in der Steinkohlen-Zeche Radbod/Hamm im November 1908, Herne 1982.
152 vgl. Brüggemeier, Leben vor Ort, S. 219 f.
153 vgl. STAM OBA Dortmund, Nr. 1851, Bl. 28 ff.: Schreiben der Bergwerksgesellschaft Glückaufsegen mbH an den Revierbeamten des Bergreviers Dortmund I v. 19.12.1910.

äußerst geringe Rolle. Außerdem wurden sie mit Blick auf die vermeintlich erkannten Fehler und der dazu notwendigen Abänderungen nicht selten falsch interpretiert. Auf der Zeche Dorstfeld überschritt ein Sicherheitsmann bewusst seine Befugnisse, als er von Kameraden über die mangelhafte Bewetterung an Ort 8 der dritten Mittelsohle im Flöz Präsident unterrichtet wurde. Im Bremsberg sperrte er daraufhin die einziehende Strecke mit einer Wettertuchblende so weit ab, dass nur eine Öffnung für eine 30 cm messende Wetterlutte offen blieb. Mit Hilfe der Selbstzuglutte ergab sich zwar eine bessere Bewetterung des Ortes 8, doch führte die Maßnahme auch zur Unterbrechung des Wetterstroms für den gesamten östlichen Bremsbergflügel. Infolgedessen sammelten sich an unterschiedlichen Stellen in diesem Bereich die Schlagwetter viel stärker als zuvor an.[154]

Abschließend lässt sich feststellen, dass das von Unternehmern und Bergbehörde vertretene Argument einer mangelnden fachlichen Qualifikation der Bergarbeiter zur Beurteilung von Risikostrukturen zumindest in der Schlagwetterfrage nicht unberechtigt war. Viel weniger stichhaltig war es für andere Unfallkategorien wie etwa Stein- und Kohlenfall, die bis zum Ende des Kaiserreichs denn auch stagnierten oder sogar weiter zunahmen. Aus machtpolitischem Kalkül trugen es insbesondere die Unternehmer in einer generalisierenden Art und Weise vor, die zunehmend unglaubwürdig wurde und den organisierten Protest der Bergarbeiterverbände erzwang. Von einer Beteiligung an der staatlichen Grubenkontrolle bis zum Ersten Weltkrieg fast gänzlich ausgeschlossen, stellten es die Bergarbeiterverbände deshalb grundsätzlich in Frage.

Unternehmer und Bergbehörde beschnitten die Wahrnehmungsebene für die seit den 1880er Jahren erzielten Erfolge im vorbeugenden Explosionsschutz selbst. Wenigstens die Auslöser für Explosionen lagen weitgehend außerhalb der von den Bergarbeiterverbänden ebenso aus machtpolitischem Kalkül vorgetragenen Kriterien Leistungsdruck und erzwungenem Unterlaufen vermeintlich existenter Sicherheitsalternativen. Für die Öffentlichkeit wären diese Zusammenhänge erst dann nachprüfbar geworden, wenn die Bergarbeiter nicht von vornherein von einer Mitwirkung an der Grubenkontrolle ausgeschlossen worden wären. Erst unter dieser Voraussetzung wäre eine rationale Auseinandersetzung mit den eigentlich explosionsrelevanten Risikostrukturen möglich geworden. Sie hätte auch die bereits erzielten Fortschritte evident werden lassen.

Schließlich wurden die Erfolge im Rahmen der machtpolitischen Umwidmung der gesamten Unfallproblematik durch das gesteigerte Schwerepotential der Explosionswirkungen konterkariert. Die mit den Unglücken auf Carolinenglück und insbesondere Radbod verbundenen Opferzahlen suggerierten fälschlich ein ständig ausuferndes Explosionsgeschehen – sowohl was die Zahl der Explosionsereignisse als auch ihr Ausmaß im konkreten Fall anging. Dass eine unkontrolliert ablaufende Explosion im schlimmsten Fall wesentlich mehr Opfer forderte als um die Mitte des 19. Jahrhunderts, war eine zwangsläufige Folge der Großbetriebe mit ständig steigender Flächenausdehnung und wachsenden Belegschaftsgrößen sowie vor allem des Mangels an einer effektiven Strategie der Eingrenzung. Im Hinblick auf das katastrophale Geschehen war deshalb das Unglück von Neu-Iserlohn 1868 nicht weniger verheerend als die Massenunglücke in den letzten Jahren des Kaiserreiches – auch wenn dabei zahlenmäßig wesentlich mehr Opfer zu beklagen waren.

---

154 vgl. ebd., Bl. 42 f.: Berichterstattung des Revierbeamten des Bergreviers Dortmund III an das OBA Dortmund über Beobachtungen und Erfahrungen mit der Einrichtung der Sicherheitsmänner v. 10.12.1910 sowie ebd., Bl. 48 – 59: Bericht der Zeche Dorstfeld v. 28.11.1910.

Solange eine strategische Ausrichtung des Explosionsschutzes nur auf die Verhinderung des Initials bezogen war, ließ sich eine Begrenzung des katastrophalen Ausmaßes nicht leisten. An dieser Situation hätte auch eine wesentlich konsequentere Einführung der Berieselungseinrichtungen wohl kaum etwas geändert. Das allzu offensichtliche Taktieren der Unternehmer, sie aus wirtschaftlichen Gründen überhaupt nicht erst zu errichten, förderte jedoch den Eindruck einer vorsätzlichen Inkaufnahme des Explosionsrisiko sowie einer bewussten Auslieferung der Sicherheits- an Produktionsinteressen.

7. Zusammenfassung

Der Bergbau auf Steinkohlen unterliegt einer Reihe prozessbedingter Risikofaktoren. Dazu gehört das Auftreten von Methangas, das im Verlauf der Lagerstättengenese in unterschiedlicher Menge entstanden ist und durch den Aufschluss von Grubenbauen die Möglichkeit erhält, aus dem Gebirge zu entweichen. Reichert es sich in einem bestimmten Verhältnis der Grubenluft an, entsteht ein explosives Medium, das mit Hilfe einer Zündquelle zu einer Schlagwetterexplosion führen kann. Darüber hinaus fallen bei der Kohlengewinnung je nach Zustand des Abbauproduktes und des gewählten Gewinnungsverfahrens unterschiedliche Mengen von Kohlenstaub an. Über den zur Frischluftversorgung der Grubenbaue notwendigen Wetterzug lagert er sich nicht nur im eigentlichen Abbaubereich sondern auch in den zur Infrastruktur des Betriebes dienenden Strecken ab. Bei ausreichender Verwirbelung kann er ebenfalls als Explosionsmedium fungieren, wenn eine ausreichend hohe Wärmeeinwirkung zur Entgasung der Staubpartikel führt. Die für Kohlenstaubexplosionen notwendigen Voraussetzungen können mitunter durch eine bereits eingetretene Schlagwetterexplosion heraufbeschworen werden. Bei ausreichend vorhandenem Kohlenstaub sorgt dabei die Druckwelle der Schlagwetterexplosion für dessen Verwirbelung. Die hohe Temperatur der Explosionsflamme bewirkt anschließend die Entgasung der Staubpartikel und führt zur Entzündung des aus dem Kohlenstaub freigesetzten Gases. Ein derartiges Explosionsereignis äußert sich als kombinierte Schlagwetter- und Kohlenstaubexplosion, die in heutiger Terminologie als Hybridexplosion bezeichnet wird.

Mit den beschriebenen Explosionsereignissen sah sich der Ruhrbergbau bereits vor 1850 konfrontiert. Bis dahin waren sie allerdings selten und in wenigen Zechen aufgetreten. Die Situation änderte sich seit der Jahrhundertmitte grundlegend. Die von nun an deutlich steigenden Unfallraten im Ruhrbergbau resultierten in erster Linie aus einer beträchtlichen Steigerung der Explosionsopfer. In keiner anderen Unfallkategorie war die jährliche Zunahme annähernd gleich stark. Der Zuwachs war weniger durch ein größeres Ausmaß der Betroffenheit bei einzelnen Unglücken bestimmt, auch wenn mit dem nun einsetzenden Übergang zum Großbetrieb die Flächenausdehnung und die Belegschaftsgröße stiegen. Das bestimmende Kriterium des Wachstums war die drastische Zunahme der Explosionsereignisse an sich, in deren Folge ganz überwiegend ein oder maximal zwei Bergleute in Mitleidenschaft gezogen wurden. Außerdem traten die Explosionsereignisse immer häufiger in verschiedenen Ruhrzechen auf.

Die Verschärfung des Explosionsgeschehens hielt bis in die 1880er Jahre an. Von da an vollzog sich eine Trendwende, deren Ausmaß ebenso nachhaltig wirkte wie der vorherige Zuwachs. Mit einer deutlichen Abnahme der Explosionsereignisse reduzierte sich bis 1914 die Anzahl der Explosionsopfer so stark, dass sich die Mortalitätsrate im Ruhrbergbau insgesamt trotz konstanter oder sogar steigender Trends in anderen Unfallkategorien leicht verringerte. Im ersten Jahrzehnt des 20. Jahrhunderts lag die Anzahl der Explosionsereignisse pro Jahr bereits wieder auf dem Niveau der 1860er Jahre. Die Zahl der Explosionstoten bemaß sich in Relation zur Gesamtbelegschaft des Reviers sogar niedriger.

Der hier erstmals speziell ermittelte statistische Befund weist nach, dass der Ruhrbergbau in der zweiten Hälfte des 19. Jahrhunderts bezüglich der explosionsbedingten Unfallentwicklung in zwei charakteristische Phasen zerfällt. Einem zwischen 1850 und 1880 wachsenden Unvermögen zur Regelung des Explosionsrisikos steht eine von 1890 bis 1914 währende Phase der Risikoentschärfung gegenüber. Mit den bislang vorgelegten Ergebnissen der wenig differenzierten, vorrangig aus sozialgeschichtlicher Perspektive geschriebenen Unfallgeschichte des Ruhrbergbaus ist der Befund schwer vereinbar. Ausgehend von der tödlichen Unfallstatistik insgesamt sieht sie lediglich um die Jahrhundertwende eine bestimmende Zäsur. Durch das Zusammenfallen mit der Bergrechtsreform wird die bis in die 1880er Jahre signifikant steigende Mortalitätsrate grundsätzlich als das Ergebnis einer Liberalisierung der Arbeits- und Aufsichtsverhältnisse mit negativem Ausgang bis 1914 interpretiert. Die dazu kontrastierenden Erfolge im Explosionsschutz seit 1890 legen den Schluss nahe, dass die ursächlichen Zusammenhänge für Explosionsunglücke nur unter Einschluss des natürlich gegebenen Gefährdungspotentials und dem Verständnis für die zeitgenössisch entwickelten technischen Schutzverfahren schlüssig erklärt werden können.

Ein naturwissenschaftlich fundiertes Wissen über die relevanten Faktoren des Explosionsrisikos war im Steinkohlenbergbau des gesamten 19. Jahrhunderts nur unzureichend vorhanden. Als sich das Explosionsproblem um 1850 im Ruhrbergbau auszubreiten begann, existierten zunächst nur relativ präzise Erklärungsmuster zu den Bedingungen von Schlagwetterexplosionen. Das gefährliche Grubengas definierte man hinsichtlich seiner chemischen Zusammensetzung zutreffend als Methangas. Relativ genaue Vorstellungen bestanden zu den Grenzwerten des Mischungsverhältnisses mit der Grubenluft, innerhalb derer das Gas-Luft-Gemisch explosibel war. Auch die chemisch-physikalischen Reaktionen im Verlauf einer Schlagwetterexplosion waren weitgehend bekannt.

Kein Verständnis bestand dagegen für die mögliche Beteiligung des Kohlenstaubs an den Explosionen. Der Umstand, dass eine eingetretene Schlagwetterexplosion hierdurch eine weite Verbreitung in den Grubenbauen erzielen konnte, blieb im preußischen Steinkohlenbergbau insgesamt bis weit in die 1880er Jahre hinein sehr umstritten. Derartige Zusammenhänge wurden seit der Jahrhundertmitte vorrangig in England und Frankreich vermutet und mit ersten Experimenten naturwissenschaftlich zu begründen versucht. Die preußische Schlagwetterkommission lieferte dann mit einem eigenen umfangreichen Versuchsprogramm unzweifelhafte Beweise für die Explosionsfähigkeit des Kohlenstaubs. Sie führten schließlich zu einem Verständniswandel in Bezug auf die strategische Ausrichtung relevanter Explosionsschutzmaßnahmen im Ruhrbergbau.

Im Gegensatz zu den entwickelten Erklärungsmustern über die Bedingungen des Ablaufs von Schlagwetterexplosionen stand das Wissen um die Kriterien des Auftretens von Methangas in den Grubenbauen. Der erst um die Mitte des 20. Jahrhunderts beseitigte Mangel hatte sowohl strukturelle Konsequenzen für die Ausrichtung der Schutzstrategien als auch für die Wahrnehmung des Explosionsrisikos im Verlauf des 19. Jahrhunderts. Eine Prognose, unter welchen Voraussetzungen die Konfrontation mit dem gefährlichen Methangas in den Grubenbauen zu erwarten stand, ließ sich so gut wie überhaupt nicht leisten. Wissenschaftliche Deutungen erforderten hierfür eine Berücksichtigung verschiedener montanwissenschaftlicher Disziplinen, die im Untersuchungszeitraum in Bezug auf das Entgasungsproblem unzureichend entwickelt waren. Die Versuche des 19. Jahrhunderts zur wissenschaftlichen Annäherung konzentrierten sich deshalb auf eine empirische Zählung verschiedener Indikatoren, die beim Eintritt einer Explosion kennzeichnend gewesen waren. Ein genaues Bild vermeintlich typischer Faktoren war mit Hilfe dieser Methodik jedoch nicht zu gewinnen. Noch zu Beginn des 20. Jahrhunderts hatte man deshalb keine schlüssigen Erklärungen für das Phänomen, wonach die Ausgasung zwar besonders in der Fettkohle auftrat, diese Regel in gleichen Flözen auf unterschiedlichen Zechen aber bereits keine Allgemeingültigkeit beanspruchte.

Wissenschaftliche Methoden zur relativ verlässlichen Prognose der natürlichen Gasbelastung eines Grubenfeldes sind im Ruhrbergbau erst seit wenigen Jahrzehnten vorhanden. Ihre Entwicklung fußte auf einer Kombination von in der ersten Hälfte des 20. Jahrhunderts erforschten Grundlagen zur Geologie und Petrographie des Ruhrkarbons. Ausgangspunkt war dabei der im 19. Jahrhundert lediglich vermutete Zusammenhang von Methanentstehung und erdgeschichtlichem Kohlenbildungsprozess – der sog. Inkohlung. Seit den 1920er Jahren galt als allgemein akzeptiert, dass die den Inkohlungsprozess bestimmende Anreicherung des Kohlenstoffs in der mineralischen Steinkohle durch eine gasförmige Abspaltung der in der organischen Ausgangssubstanz vorhandenen Elemente Wasserstoff und Sauerstoff erfolgt sein musste. Um 1930 lieferten kohlenpetrographische Untersuchungen dann erste begründete Erkenntnisse über eine besonders starke Gasabspaltung beim Inkohlungsfortschritt von der Gas- zur Fettkohle. Anhand von Flözprofiluntersuchungen des Ruhrkarbons konnte nachgewiesen werden, dass bei diesem Übergang eine sprunghafte Abnahme des duritischen Mattkohlenanteils vonstatten gegangen war, bei dem die besonders wasserstoffhaltigen Bitumenanteile zerfallen waren. Mit der Erkenntnis bot sich erstmals eine allgemein gültige Erklärung für das häufig empirisch beobachtete Anschwellen der Ausgasung beim Aufschluss von Fettkohlenflözen.

Fraglich blieb gleichwohl, warum die hohe Gasführung bestimmter Fettkohlenflöze im Grubenfeld einer Zeche mitunter schon bei einem markscheidenden Bergwerk nicht auftrat. Nachvollziehbar wurde dieser Zusammenhang in den 1950er Jahren, als die kohlenpetrographischen Deutungsansätze mit den Lehren zur Geologie und Tektonik des Ruhrkarbons verbunden wurden. Institutionell vollzog sich der entscheidende Wissensfortschritt vor allem innerhalb der nach dem Zweiten Weltkrieg bei der WBK neu gegründeten Forschungsstelle für Gebirgsdruck und Schlagwetterbildung. Auf der Grundlage zahlreicher Elementaranalysen von Steinkohlen verschiedenen Inkohlungsfortschritts ermittelte man zunächst anhand mathematischer Operationen charakteristische Gasbildungsphasen im Verlauf der Inkohlung. Sie traten insbesondere beim Übergang von der Gas- zur Fettkohle und von der Magerkohle zum Anthrazit auf. Wie bei allen Steinkohlenlagerstätten auf der Welt hatte sich dieser Vorgang auch im Ruhrkarbon innerhalb einer sog. Hauptinkohlungsphase vollzogen, deren Abschluss bereits am Ende des Karbonzeitalters erreicht war.

Durch die bis dahin nicht vorhandene Abdeckung der Steinkohlenschichten war das in der Hauptinkohlungsphase nach den Regeln gebildete Methangas im Ruhrrevier bereits weitgehend aus dem Gebirge ausgetreten. Unter dieser Voraussetzung ließ sich erklären, weshalb die im Süden des Ruhrreviers zu Tage tretenden Magerkohlenschichten entgegen der Regel kaum Methan enthielten. Das Grubengas, mit dem sich der Ruhrbergbau seit dem 19. Jahrhundert konfrontiert sah, war nicht das Ergebnis der Hauptinkohlungsphase, sondern das Produkt der erdgeschichtlich späteren tektonischen Umformung der Lagerstätte. Dabei war die Gebirgsscholle des Ruhrkarbons nach Norden gekippt worden, wobei die heute ausgebeuteten nördlichen Steinkohlenschichten in die Tiefe absanken und von später gebildeten Gesteinsschichten überlagert wurden. Im Süden des Ruhrreviers waren hingegen die jüngeren Steinkohlenschichten abgetragen worden, so dass hier die älteren Schichten im Ruhrtal an die Tagesoberfläche stießen. Gleichzeitig war die gesamte Steinkohlenlagerstätte durch Gebirgsbildungsprozesse in etwa süd-nördlicher Richtung zusammengeschoben worden. Dies hatte zu einer Auffaltung und zu einer Überschiebung der Steinkohlenschichten geführt. In etwa west-östlicher Richtung hatten wiederum Dehnungskräfte gewirkt, in deren Folge die gesamte Lagerstätte entlang charakteristischer Sprunglinien in einzelne Schollen zerfallen war. Im Verlauf der tektonischen Genese hatte sich die Bewegungsenergie in Druckkräfte umgewandelt, die schließlich eine Nachinkohlung der Flöze mit entsprechend regelgerechter Methanbildung nach sich gezogen hatten.

Mit dem geologisch basierten Theoriegebäude der Nachinkohlung ließ sich seit Mitte der 1950er Jahre erstmals schlüssig erklären, warum dieselben Flözgruppen in unterschiedlichen Grubenfeldern verschieden stark gasführend waren. Die Gasabspaltung im Übergang von der Gas- zur Fettkohle war innerhalb derjenigen Grubenfelder, die stärker tektonisch umgeformt worden waren, entsprechend hoch gewesen. Bei den Magerkohlenflözen war die Nachinkohlung aufgrund nicht ausreichender tektonischer Grenzdrücke kaum abgelaufen. Außerdem hatte die im Süden des Ruhrreviers fehlende Mergelüberdeckung der Karbonschichten auch weiterhin ein Entweichen des Methans zugelassen.

Unter Einsatz technischer Innovationen im Schachtbau begann der Bergbau erst um die Mitte des 19. Jahrhunderts aus dem bis dahin begrenzten Gebiet an der Ruhr sukzessive auf die nördlichen Lagerstättenteile auszugreifen. Zuvor war er folglich innerhalb der Magerkohlenschichten umgegangen, die mit Ausnahme einiger weniger Grubenfelder kaum gasbelastet waren. Darin liegt der wesentliche Grund für das im Gesamtmaßstab aller Zechen geringe Auftreten von Schlagwetterexplosionen bis zur Jahrhundertmitte. Dort nämlich, wo ein Auftreten des Grubengases bereits existierte, blieb auch die im Direktionsprinzip gegebene Kompetenz der Bergbehörde zur bürokratischen Sicherheitsmaßregelung ineffektiv. Die bezüglich des Explosionsrisikos vorhandenen technischen Sicherungsreserven waren derart gering, dass sie selbst über betriebliche Kontrolle nicht aufgefangen werden konnten.

Als der Ruhrbergbau nach 1850 mehrheitlich gasführende Grubenfelder aufzuschließen begann, trafen die schon im Direktionsprinzip wenig leistungsfähigen Strategien des Explosionsschutzes auf ein sich erheblich verschärfendes natürliches Gefährdungspotential. Erschwerend kamen die dynamischen Faktoren der Größenzunahme der Bergwerksbetriebe hinzu. Die Beibehaltung der bereits defizitären Schutzkonzepte der Direktionszeit hätte zwangsläufig auch eine bedeutende Zunahme der Explosionsereignisse nach sich gezogen. Das zugespitzte Risiko zwang die Bergbautreibenden deshalb zu einer Neugestaltung der prophylaktischen Strategien. Ihre Gestaltung unterlag den mit der Bergrechtsreform gewandelten Handlungsspielräumen der industriellen Partner.

Das primäre Ziel der Handlungsmuster bestand in einer Optimierung der technischen Verfahren der Explosionskontrolle. Da die Initialisierung einer Explosion immer das Zusammentreffen eines Brennstoffs und einer Zündquelle voraussetzt, waren zur Vermeidung von Schlagwetterexplosionen die Systematik der Bewetterung eines Bergwerks und die Regelung potentieller Zündfaktoren im untertägigen Betriebsgeschehen entscheidend. Das bei weitem häufigste Zündinitial wurde in der zweiten Hälfte des 19. Jahrhunderts durch die zur Beleuchtung der Grubenbaue unverzichtbaren Lampen der Bergleute geleistet. Die technischen Verfahren des Explosionsschutzes trugen dabei einen ambivalenten Charakter. Zur Vermeidung einer Explosion reichte es aus, wenn entweder allein die Bewetterung für eine ausreichende Verdünnung des austretenden Grubengases sorgte oder eine Zündkontrolle so effektiv funktionierte, dass sie beim Kontakt mit einem explosiblen Gasgemisch die Zündung verhinderte. Angesichts dieser Ambivalenz öffneten sich Spielräume für die Beurteilung vermeintlich relevanter Explosionsauslöser. Sie ermöglichten zugleich unterschiedliche Bewertungen der zur Optimierung des Explosionsschutzes erforderlichen prophylaktischen Maßnahmen.

Als Folge des lokal begrenzten Auftretens von Schlagwettern waren bergpolizeiliche Verordnungen zum Explosionsschutz in der Zeit des Direktionsprinzips wenig differenziert geblieben. In der Regel hatte man sie in allgemein gefasste Instruktionen zum Tätigkeits- und Verantwortungsbereich der Reviergeschworenen und des technischen Angestelltenpersonals eingebettet. Erst das Anschwellen der Explosionsunglücke führte 1846 zur Abfassung einer eigenen „Wetterverordnung". In ihr wurde nahezu ausschließlich die Kontrolle der Lampen als Zündquelle thematisiert, während Richtlinien zur Bewetterung nur in einem Paragraphen Berücksichtigung fanden. Damit übertrug sich die in der ersten Hälfte des 19. Jahrhunderts entwickelte einseitige Betonung der Zündquellenstrategie in die Phase des erheblich verschärften Risikos. Begründet war sie durch die anfänglich überschwänglichen Erwartungen an die Davysche Sicherheitslampe. Der erst allmählich destabilisierte Glaube an ihre absolute Sicherheit bei der Konfrontation mit explosiblen Gasgemischen führte zu einer eingeengten Wahrnehmung der Explosionsschutzverfahren auf Kosten der Bewetterung.

Die verkürzte Perspektive bestimmte die Beurteilungskriterien über die Funktionalität der mit dem Übergang zu Tiefbaugruben immer schwieriger zu gestaltenden Bewetterungsverhältnisse. In ihnen war die Frischluftversorgung über den natürlichen Wetterzug, der bei den oberflächennahen Grubenbauen im Süden des Reviers ausgereicht hatte, nicht mehr zu leisten. An seine Stelle trat die Erzeugung des Wetterstroms unter Zuhilfenahme maschineller Einrichtungen, deren Bau und Unterhaltung den Bergwerksunternehmen finanzielle Belastungen in bislang nicht vorhandener Höhe aufbürdete. Der Entscheidungsprozess, welche Standards für eine ausreichende Bewetterung notwendig waren, vollzog sich dabei innerhalb des für die Bergbehörde mit der Bergrechtsreform zugunsten der Unternehmer eingeschränkten Handlungsspielraums. Außerdem war er durch fehlende objektive Kriterien zur Beschreibung und Beurteilung des künstlichen Wetterzuges gekennzeichnet.

Beide Faktoren begründeten die unzureichenden Ergebnisse der seit 1860 für den Ruhrbergbau eingesetzten behördlichen Wetterkommissionen. Aus einer wirtschaftsliberalen Grundhaltung heraus tendierten die Bergbeamten dazu, die von den Unternehmen vorgesehenen wettertechnischen Maßnahmen von vornherein als ausreichend anzuerkennen. Dabei stellten sie grundsätzlich die mit dem Tiefbau einhergehenden Schwierigkeiten als entscheidendes Kriterium in Rechnung. Konkrete Forderungen nach Verbesserung erkannter Defizite beschränkten sich auf Marginalien in der untertägigen Wetterverteilung. Weiter reichende Maßnahmen bezüglich der Gesamtkonzeption der Bewetterung von Schlagwetterzechen – so die kostenintensive Anlage neuer Schächte oder Wettererzeugungsmaschinen – vermied man bewusst. Eine Durchsetzung entsprechender Forderungen lag aus Sicht der Bergbeamten außerhalb ihres mit der Bergrechtsreform gewandelten Bergpolizeiauftrages.

Als Konsequenz begegnete der Ruhrbergbau bis in die 1880er Jahre der gesteigerten natürlichen Gasbelastung mit einer zusätzlich verschlechterten Bewetterung der Grubenbaue. Weder die Behördenvertreter noch die Bergbau-Unternehmer interpretierten den für das Anschwellen der Explosionsereignisse wesentlich mitverantwortlichen Umstand aber als Ergebnis einer eigenen defizitären Handlungsweise. Strategisch hielten sie an der für die Zeit des Direktionsprinzips typischen Betonung der Zündquellenstrategie fest. Dabei übertrugen sie deren defizitären Charakter in die Phase des verschärften Explosionsrisikos und entzogen ihn zugleich dem eigenen Verantwortungsbereich.

Auch im Ruhrbergbau hatte man kurz nach Einführung der Davyschen Sicherheitslampe die Erfahrung gemacht, dass sie bei der Konfrontation mit Schlagwettern keinesfalls deren Zündung immer verhinderte. Alle bis in die 1920er Jahre mangels technischer Alternativen ausschließlich eingesetzten Flammensicherheitslampen boten höchstens eine relative Sicherheit. Sie war das Ergebnis eines unabwendbaren konstruktiven Kompromisses zwischen Sicherheitsanforderung und möglichst großer Lichtstärke als eigentlichem Zweck der Beleuchtung. Bei den bis zur Mitte des 19. Jahrhunderts im Ruhrbergbau vorhandenen Bauarten war der Sicherungsfaktor mit einer drastischen Verringerung der Leuchtkraft gegenüber den alternativen offenen Lampen verbunden. Die Frage nach der Notwendigkeit eines schlagwettersicheren Geleuchts ließ sich deshalb in der zweiten Hälfte des 19. Jahrhunderts nur als Abwägung mit nachteiligen Begleiterscheinungen für den Arbeitsprozess klären.

Die erste Wetterverordnung von 1846 hatte deshalb den Einsatz der Sicherheitslampe nur für diejenigen Grubenbaue vorgesehen, in denen nach einem betrieblich organisierten System der Vorerkundung das Auftreten von Grubengas konstatiert worden war. Sie koppelte das bereits im Direktionsprinzip etablierte Prinzip des gemischten Geleuchts an ein normatives Modell kalkulierender Risikoabschätzung. Ideell sollte es gewährleisten, dass die offenen und helleren Lampen an den Stellen ohne Ausgasung auch weiterhin die Gefahren des Stein- und Kohlenfalls verringerten und gleichzeitig ein effektives Arbeiten der Bergleute zuließen. Die eingeschränkte Leuchtkraft der Sicherheitslampen sollte demnach nur an den vermeintlich schlagwettergefährlichen Orten in der Grube in Kauf genommen werden, hier aber für die Explosionssicherheit sorgen.

Angesichts der mit der Bergrechtsreform liberalisierten Arbeitsstruktur war die ideelle Konzeption zum Scheitern verurteilt. Eine sichere Kennzeichnung gefährlicher Stellen ließ sich mit den mangelhaften Kriterien der Prognose kaum leisten. In die den Bergleuten überantwortete Entscheidung, ob das Arbeiten mit der helleren offenen Lampe in Kauf genommen werden konnte, flossen eine Vielzahl widersprüchlicher Motive ein. Die mit der Helligkeit verbundene höhere Arbeitsleistung war in jedem Fall ein Grund, die Risikoentscheidung offensiv zu fällen. Doch auch Gewohnheitsmuster und Selbstüberschätzung waren mitbestimmend. Unter den herrschenden Verhältnissen waren die Bergleute letztlich überfordert, die Kalkulationsentscheidung nach rationalen Kriterien zu fällen.

Die einseitige Orientierung des Explosionsschutzes auf die Zündquellenstrategie operierte mit Kriterien, die dem tatsächlichen Betriebsablauf und den verschärften Explosionsrisiken nach 1850 nicht mehr gerecht wurden. Ein Auffangen der in Kauf genommenen Verschlechterung der Bewetterungsverhältnisse bei gleichzeitiger Zunahme der Gasbelastung war mit der ideellen Konzeption einer in der betrieblichen Praxis nicht umzusetzenden Zündkontrolle aussichtslos. Darin liegen nicht nur die strukturellen Ursachen für die immense Verschärfung des Explosionsproblems zwischen 1850 und 1880. Die einseitige Ausrichtung auf die Zündkontrolle erklärt auch, warum es sowohl den Unternehmern als auch der Bergbehörde in dieser Zeit gelang, das Explosionsproblem als ein Geschehen außerhalb ihres Einflussbereichs zu werten.

Der Akt des Entzündens eines Schlagwettergemisches konnte nie anders als im Verlauf des Arbeitsprozesses erfolgen. Indem sich die Unternehmen und die Aufsichtsbehörde gegenseitig zuerkannten, für die Verdünnung von Gasgemischen prinzipiell ausreichend vorgesorgt zu haben, rückten die von der Katastrophe betroffenen Bergleute ins Zentrum einer spezifischen Verursacherlogik. Die Perzeption des Unsicherheitsphänomens erfolgte dabei im Rahmen des Risikoverständnisses, das das Verhalten der Bergleute als selbstbestimmt ansah und deshalb auch deren Verantwortung einforderte. Die bergbehördlichen Unfalluntersuchungen bewerteten den Unfallhergang im Vergleich zur normativen Verordnungslage, die einseitig auf die Zündkontrolle ausgerichtet war. Die Mehrheit der Fälle, die eine Rekonstruktion des Hergangs zuließ, engte das Verständnis für die Schuldfrage von vornherein auf die Ebene der Bergleute ein.

Diese Perspektive bestimmte dann auch den gegebenenfalls eingeleiteten strafrechtlichen Prozess. Für die mit den speziellen Verhältnissen des Bergbaubetriebes nicht vertrauten

Richter erschloss sich der Gegenstand der Rechtsprechung erst durch die fachlichen Erläuterungen aus Expertensicht. Die Unfallsicht der als Sachverständige geladenen Behördenvertreter erhielt dabei gegenüber den Argumenten der beklagten Bergleute einen großen Plausibilitätsvorsprung. Die Folge war eine einseitige Rechtsprechungspraxis, die die Schuld für Explosionsunglücke im Sinne menschlichen Versagens allein den Bergleuten auflud. Die juristische Urteilsfindung symbolisierte eine wertfreie und objektivierte Unfallwahrheit und kompensierte so die wachsende Explosionsunsicherheit sowohl für die im Bergbau Tätigen als auch gegenüber einer zunehmend sensibilisierten Öffentlichkeit. In den Fällen, in denen die Bewältigung über das handlungsbezogene Risikoverständnis nicht zu leisten war, widmete man das Unfallereignis schließlich nach traditionellen Mustern auf die Ebene höheren Schicksals und göttlicher Fügung um.

Fragwürdig wurde die Form der Bewältigung erst mit dem Auftreten eigentlicher Explosionskatastrophen. Für die Überlebenden des Unglücks auf der Zeche Neu-Iserlohn im Januar 1868 war die Zuordnung der Verursacherschuld höchst fragwürdig. Sie waren in weiter Entfernung vom Explosionsherd verletzt worden, ohne dass ihr eigenes Handeln überhaupt Einfluss auf die Initialisierung der Explosion gehabt hatte. Das Unsicherheitsphänomen vermittelte sich ihnen als unbeeinflussbare Gefahr, für deren Begründung sie allerdings rationale Kriterien einforderten. So wie sie allmählich ein Bewusstsein für die Gründe ihres sozialen Abstiegs entwickelten, entlarvten sie auch die Deutung des Explosionsgeschehens im Sinne höherer Gewalt als eskapistische Taktik von Unternehmern und Bergbehörde. Dabei bildeten sie langsam ein eigenes Risikoverständnis als Teil ihres Klassenbewusstseins heraus. Die Unsicherheitserfahrung betteten sie in die Erklärungsmuster ihres sozialen Abstiegs ein. Daraus entstand der gesellschaftliche Druck, der seit den 1870er Jahren vor allem die Bergbehörde zu einem Umdenken ihrer bisherigen Handlungsweise zwang und zugleich die Begründung für die Berufung der preußischen Schlagwetterkommission Anfang der 1880er Jahre lieferte.

Dass deren Ergebnisse zu einer wirklichen Trendwende im Explosionsgeschehen des Ruhrbergbaus führten, hatte mehrere Gründe. Bereits ihre Berufung stand im Zeichen einer politischen Neuorientierung zur Lösung der sozialen Frage im Kaiserreich. Sie war damit in Bismarcks Konzept eines neuen Arbeiterschutzes eingebunden, das nicht nur im Hinblick auf die Gesetzgebung der Sozialversicherung eine Stärkung des staatlichen Einflusses verlangte. Der politische Druck vermittelte sich auf die gesamte preußische Bergbehörde und zog eine Neuorientierung im Verständnis des bergpolizeilichen Auftrags zur Explosionskontrolle nach sich. Die bislang im Schulterschluss von Unternehmern und westfälischer Bergbehörde etablierten Bewertungsmuster von Explosionsauslösern fanden zunächst auf der Ebene der Oberberghauptmannschaft im Berliner Handelsministerium keine Billigung mehr. Die Tendenz, den Stand der Bewetterung der Zechen grundsätzlich als ausreichend anzuerkennen und den relevanten Auslöser nur in der Zündung des Gasgemisches zu erkennen, wurde den westfälischen Bergbeamten jetzt als Versäumnis ihres Handlungsauftrages vorgehalten. Die Folgen dieser neuen Sichtweise waren gravierend. Erstmals liefen sie auf ein Verständnis des Explosionsschutzes hinaus, das Prävention als Ziel einer gleichwertigen Optimierung der Teilstrategien Bewetterung und Zündkontrolle definierte.

Der Perspektivenwechsel vollzog sich zu Beginn der 1880er Jahre bis auf die untersten Ebenen der westfälischen Bergbehörde. Die Folge war zumindest in der Explosionsfrage ein Aufbrechen der Interessenkongruenz von Unternehmerschaft und Bergbeamten trotz ihrer mentalen Verbindungslinien. Dabei standen nicht nur die Arbeiten der Kommission im Zeichen neuer Interessenkonflikte. Vehement brachen sie vor allem in der Frage über die Neufassung einer allgemein gültigen Bergpolizeiverordnung auf, die in den 1870er Jahren noch am Widerstand der Unternehmer gescheitert war. Jener Entwurf hatte bereits versucht, den

Schwerpunkt wesentlich stärker auf wettertechnische Anforderungen zu legen. Unter Berücksichtigung der Kommissionsergebnisse nochmals erheblich verschärft, wurde er 1887 erst infolge des neuen Kräfteverhältnisses zwischen Unternehmern und Bergbehörde endgültig in Kraft gesetzt.

Die Verordnung von 1887/88 beschloss den tief greifenden Verständniswandel zum Explosionsschutz. Ihre normativen Anforderungen waren die entscheidende Grundlage für die Trendwende im Explosionsgeschehen des Ruhrbergbaus, die sich seit den 1890er Jahren in einer Abnahme der Explosionsereignisse niederschlug. Maßgeblich war zum einen, dass ihre Bestimmungen grundsätzlich auf die Mehrzahl der Ruhrzechen ausgedehnt wurden. Insofern brach sie mit der vorherigen defizitären Verordnungspraxis. Dabei waren die vagen Bestimmungen der 1860er Jahre nur im Einzelfall für bestimmte Zechen als Reaktion auf bereits eingetretene Katastrophen verschärft worden. Im Gegensatz dazu wurden die Bestimmungen jetzt von vornherein für alle Zechen, in denen Schlagwetter überhaupt aufgetreten waren, bindend und sie konnten nur in begründeten Ausnahmefällen teilweise durch die Bergbehörde außer Kraft gesetzt werden. Auf diesen Wechsel in der Verordnungslogik hatte sich der letztlich erfolglose Widerstand der Unternehmer vor allem gerichtet.

Zum zweiten verband sie die reformierten Vorschriften zur Zündquellenstrategie mit einer Vielzahl bewetterungstechnischer Anforderungen. Orientiert an den seit den 1870er Jahren neu gewonnenen theoretischen Kenntnissen des künstlichen Wetterzuges definierte sie diese zugleich nach rationalen Kriterien. Anstelle der zuvor kaum besser zu fassenden Formulierungen nach einem ausreichenden Wetterwechsel traten nun messtechnisch überprüfbare Richtwerte über Mindestwettermengen. Darüber hinaus griffen die Bestimmungen weit in die betriebliche Planung der Ruhrzechen ein. Die konkrete Umsetzung der Anforderungen im Handlungsfeld zwischen Unternehmern und Aufsichtsbehörde ließ Ermessensspielräume offen, in denen Entscheidungen auch weiterhin zugunsten von Produktionsinteressen getroffen wurden. Im Rahmen der um 1900 nochmals verschärften bergpolizeilichen Bestimmungen waren die Unternehmen jedoch gezwungen, für eine tatsächlich vollzogene Verbesserung der Bewetterungsverhältnisse zu sorgen.

Seit 1890 gelang es somit immer besser, die Ansammlung kritischer Schlagwettergemische von vornherein zu verhindern. Dieser Fortschritt entlastete sukzessive die prophylaktischen Maßnahmen der Zündkontrolle. Mit dem 1887/88 durchgesetzten Verbot der offenen Lampen auf Schlagwetterzechen wurde zudem der bis dahin am meisten kritische Risikofaktor für die Initialisierung von Schlagwetterexplosionen beseitigt. Von nun an kamen auf den meisten Ruhrzechen nur noch Flammensicherheitslampen zum Einsatz, für deren Konstruktionsmerkmale die Schlagwetterkommission ebenfalls eine Reihe von Kriterien bestimmt hatte. Durch die Umstellung der Lampen auf Benzinbrand erhöhte sich ihre Leuchtkraft. Daraus ergaben sich neue Spielräume zur Umsetzung der für die systemtechnische Sicherheit der Lampe verantwortlichen konstruktiven Details. Dass sie auf den Zechen in der Regel erst mit einem gewissen Zeitverzug zur Anwendung kamen, lag weniger an Motiven wirtschaftlicher Ersparnis, als an differenten Beurteilungen ihres wirklichen Nutzens.

Mit der um die Jahrhundertwende bei der WBK geschaffenen Lampenversuchsstation gelang es, die Vorbehalte aufgrund wissenschaftlicher Testreihen weitgehend zu entkräften. Die Ausrüstung der Sicherheitslampen mit doppeltem Drahtkorb, innerer Zündvorrichtung und magnetischen Verschlüssen setzte sich im Ruhrbergbau nach 1900 denn auch mehrheitlich durch. Zu Beginn des 20. Jahrhunderts war damit das Optimierungspotential für Flammensicherheitslampen, die sich bis dahin nicht durch funktionelle elektrische Lampen ersetzen ließen, bereits ausgeschöpft.

Die in den letzten beiden Jahrzehnten des Kaiserreichs erzielten Erfolge im vorbeugenden Explosionsschutz blieben der zeitgenössischen Wahrnehmung des Explosionsrisikos vollends verborgen. Dafür waren Bergbau-Unternehmer und Bergbehörde schließlich selbst verantwortlich. Mit dem bis 1909 erfolgreichen Ausschluss der Bergarbeiter von einer staatlichen Grubenkontrolle betteten sie das Explosionsproblem in die unter machtpolitischen Gesichtspunkten geführte Debatte zum gesamten bergbaulichen Unfallgeschehen ein. In der öffentlichen Diskussion operierten alle Beteiligten dabei mit pauschalen Schuldzuweisungen, die eine rationale Auseinandersetzung mit den Bedingungen des Explosionsrisikos verhinderten. Die spektakulären Katastrophen auf den Zechen Radbod und Lothringen in den letzten Jahren vor Ausbruch des Ersten Weltkriegs wurden so zwangsläufig – und doch fälschlich – zu Symbolen eines seit Mitte des 19. Jahrhunderts nur vermeintlich unkontrolliert ausufernden Explosionsgeschehens.

Anhang

Abkürzungsverzeichnis

Abb.	Abbildung
Abs.	Absatz
DKBL	Deutsche Kohlenbergbau-Leitung
GBAG	Gelsenkirchener Bergwerks-Aktiengesellschaft
GfK	Gesellschaft für Kohlentechnik
ICE	Intercity-Express
Ltr.	Lachter [= 2,0924 Meter]
OBA	Oberbergamt
OBAB	Oberbergamtsbezirk
RWKS	Rheinisch-Westfälisches Kohlen-Syndikat
t	Tonne
T	Tote[r]
UVG	Unfallversicherungsgesetz
V	Verletzte[r]
Ver.	Vereinigte
WBK	Westfälische Berggewerkschaftskasse
ZBHSW	Zeitschrift für das Berg-, Hütten- und Salinenwesen in dem preussischen Staate

Verzeichnis der Schaubilder und Tabellen

Schaubilder

Schaubild 1:   Gliederung der Arbeitsunfälle durch die
Knappschafts-Berufsgenossenschaft   30

Schaubild 2:   Entwicklung der meldepflichtigen Unfälle je 1000 Versicherte im
Gesamtbereich der Knappschafts-Berufsgenossenschaft (1886-1914)   33

Schaubild 3:   Entwicklung der entschädigungspflichtigen Unfälle je 1000 Versicherte
im Gesamtbereich der Knappschafts-Berufsgenossenschaft (1886-1914)   34

Schaubild 4:   Entwicklung der tödlichen Unfälle je 1000 Versicherte im
Gesamtbereich der Knappschafts-Berufsgenossenschaft (1886-1914)   34

Schaubild 5:   Absolute Entwicklung der tödlichen Unfälle im Steinkohlenbergbau
Preußens und im Ruhrbergbau (1841-1914)   40

Schaubild 6:   Prozentualer Anteil der tödlichen Arbeitsunfälle (absolut) im
Ruhrbergbau an der Gesamtzahl im preußischen Steinkohlenbergbau
(1852-1914)   41

Schaubild 7:   Entwicklung der tödlichen Unfälle pro 1000 Beschäftigte im Steinkohlenbergbau Preußens und im Ruhrbergbau (1841-1914)   42

Schaubild 8:   Prozentuale Entwicklung aller Todesfälle durch Stein- und Kohlenfall
im Steinkohlenbergbau Preußens (1867-1914)   47

Schaubild 9:   Entwicklung der tödlichen Unfälle durch Stein- und Kohlenfall
pro 1000 Beschäftigte (1867-1914)   48

Schaubild 10:   Verteilung der Schachtteufen auf den Ruhrzechen im Jahr 1912   51

Schaubild 11:   Prozentuale Entwicklung aller Todesfälle in Schächten im Steinkohlenbergbau Preußens (1867-1914)   54

Schaubild 12:   Entwicklung der tödlichen Unfälle in Schächten pro 1000
Beschäftigte (1867-1914)   55

Schaubild 13:   Prozentuale Entwicklung aller Todesfälle bei der Streckenförderung
im Steinkohlenbergbau Preußens (1867-1914)   58

Schaubild 14:   Entwicklung der tödlichen Unfälle bei der Streckenförderung pro
1000 Beschäftigte (1867-1914)   58

Schaubild 15:   Prozentuale Entwicklung aller Todesfälle in Bremsbergen im
Steinkohlenbergbau Preußens (1867-1914)   60

Schaubild 16:   Entwicklung der Todesfälle in Bremsbergen pro 1000 Beschäftigte
(1867-1914)   61

Schaubild 17:   Prozentuale Entwicklung aller Todesfälle durch Schlagwetterexplosionen im Steinkohlenbergbau Preußens (1867-1914)   63

Schaubild 18:   Entwicklung der Todesfälle durch Schlagwetterexplosionen pro
1000 Beschäftigte (1867-1914)   63

Schaubild 19:   Verteilung der tödlichen Explosionen auf die preußischen Oberbergamtsbezirke (1861-1914)   67

Schaubild 20:   Entwicklung der Explosionen im Oberbergamtsbezirk Dortmund
(1861-1914)   68

Schaubild 21:   Entwicklung der Unglücksschwere bei tödlichen Explosionen im
Ruhrbergbau (1861-1882)   69

Schaubild 22:   Entwicklung der Unglücksschwere bei tödlichen Explosionen im
Ruhrbergbau (1893-1914)   69

Schaubild 23:   Entwicklung der Unglücksschwere bei nichttödlichen Explosionen
im Ruhrbergbau (1861-1882)   70

Schaubild 24:   Entwicklung der Unglücksschwere bei nichttödlichen Explosionen
im Ruhrbergbau (1893-1914)   71

Schaubild 25:   Prozentuale Verteilung der Unglücksschwere im Vergleich der
Zeiträume 1861-1882 und 1893-1914   72

Schaubild 26: Schlagwetterunglücke im deutschen Steinkohlenbergbau seit 1950   98

Schaubild 27: Stratigraphische Gliederung des Ruhrkarbons   115

Schaubild 28: Etappen der Nordwanderung im Ruhrbergbau nach fördernden Zechen   123

Schaubild 29: Räumliche Ausdehnung der Schlagwetterexplosionen in Preußen
(1861-1890)   134

Schaubild 30: Prozentuale Verteilung der tödlichen Explosionen auf die Zechen
unterschiedlich starker Ausgasung (1861-1914)   141

Schaubild 31: Äquivalente Grubenöffnung (= Grubenweite in m^2) der Ruhrzechen
im Jahr 1883   158

Schaubild 32: Verteilung der Explosionen auf die Schachtsysteme der Ruhrzechen
(1882-1891)   260

Schaubild 33: Steigerung der zugeführten Gesamtwettermengen im Ruhrbergbau
zwischen 1883 und 1908 (Prozentuale Verteilung der Zechen)   262

Schaubild 34: Wachstum der Grubenweite auf den Ruhrzechen zwischen 1883
und 1908 (Prozentuale Verteilung der Zechen)   269

Schaubild 35: Entwicklung der durchschnittlichen Wettermengen pro Förderung und
Belegschaft auf den Ruhrzechen zwischen 1861/63 und 1902   269

Schaubild 36: Offenes Geleucht als Initial von tödlichen Explosionen im preußischen
Steinkohlenbergbau (1882-1914)   271

Schaubild 37: Verteilung der Auslöser tödlicher Explosionen im preußischen
Steinkohlenbergbau (1882-1914)   271

Schaubild 38: Durchblasen der Sicherheitslampe als Initial tödlicher Explosionen
im preußischen Steinkohlenbergbau (1882-1914)   275

Schaubild 39: Öffnen der Sicherheitslampe als Initial tödlicher Explosionen im preußischen
Steinkohlenbergbau (1882-1914)   279

Tabellen

Tabelle 1: Gehalt an Flüchtigen Bestandteilen und Elementarzusammensetzung
von Braun- und Steinkohlen nach Kohlenarten   105

Tabelle 2: Ausgasung der Ruhrzechen im Jahr 1898 (in m^3 CH$_4$/t Förderung)   139

Tabelle 3: Anordnungen zur Verbesserung der Wetterführung (1862)   175

Tabelle 4: Zündinitiale der Schlagwetterexplosionen in Preußen (1861-1881)   181

Quellen und Literatur

Unveröffentlichte Quellen (Archive)

Bergbau-Archiv beim Deutschen Bergbau-Museum Bochum (BBA)

Bestand 4:   Ewald-Kohle AG, Recklinghausen
- 4/2: Gewerkschaft Ewald: Protokollbuch der Grubenvorstandssitzungen, 1871-1884
- 4/3: Gewerkschaft Ewald: Protokollbuch der Grubenvorstandssitzungen, 1884-1897
- 4/200: Gewerkschaft Ewald: Geschäfts- und Betriebsberichte für die Jahresversammlungen, 1877-1898
- 4/655: Schriftwechsel mit dem königlichen Bergrevier Recklinghausen und dem königlichen Oberbergamt Dortmund über Betriebsfragen, Rundverfügungen, 1880-1892

Bestand 12: Deutsche Kohlenbergbau-Leitung (DKBL), Essen
- 12/50: Wichtige Verträge, 1937-1953

Bestand 16:   Bergbau-Verein/Steinkohlenbergbauverein, Essen
- 16/71: Generalversammlungen, 1886-1890, 1899-1902
- 16/73: Jahresberichte, 1887, 1889-1891
- 16/412: Niederschrift über die Gemeinschaftssitzung der Hauptausschüsse A und B am 2.2.1939
- 16/891: Wettermessungen – Beobachtungen der Grubengasentwicklung, 1932-1944
- 16/1422: Schlagwetter-Ausschuss, 1953-1958
- 16/1423: Schlagwetter-Ausschuss, 1958-1959
- 16/1537: Westfälische Berggewerkschaftskasse, Bochum, 1951-1963

Bestand 32:   Bergwerksgesellschaft Hibernia AG, Herne
- 32/2973: Schriftwechsel zu Grubenunglücken mit Todesfällen vom 08.06.1887 und 05.01.1894
- 32/2974: Schriftwechsel zum Grubenunglück vom 23.01.1891
- 32/4405: Pilz, Alfred: Geschichte der Bergwerksgesellschaft Hibernia, Bd. 1, o.O. o.J. <ca. 1946> (= ms. Manuskript)

Bestand 36:   Markscheider Professor Dr. phil. Karl Oberste-Brink, Essen
- 36/3: Entwurf des Textes für die Zechenbeschreibung Hamburg-Franziska der Gelsenkirchener Bergwerks-Aktiengesellschaft, 1720 – 1936

Bestand 41:   Rheinelbe Bergbau AG, Gelsenkirchen
- 41/137: Schriftwechsel mit der Bergbehörde, 1870-1893
- 41/138: Schriftwechsel mit der Bergbehörde, 1893-1896
- 41/139: Schriftwechsel mit der Bergbehörde, 1896-1900
- 41/140: Schriftwechsel mit der Bergbehörde, 1900-1902
- 41/142: Schriftwechsel mit der Bergbehörde, 1906-1909
- 41/150: Schriftwechsel mit der Bergbehörde zur Frage der Berieselung zur Bindung von Kohlenstaub, 1898-1908
- 41/186: Niederschriften von Sitzungen des Arbeiterausschusses unter Vorsitz von Bergwerksdirektor Bergassessor Dütting (Zeche Holland), 1906-1910
- 41/187: Niederschriften von Sitzungen des Arbeiterausschusses unter Vorsitz von Bergwerksdirektor Bergassessor Dütting (Zeche Holland), 1910-1919
- 41/1564: Unterlagen über das Grubenunglück auf Pluto am 10.05.1882, 1882-1884

Bestand 50:   Berghauptmann Albert Ludwig Serlo, Bonn
- 50/38: 70. Geburtstag am 14.02.1894. Gedichte seines Sohnes, 1894

Bestand 68:   Bergwerksdirektor Bergassessor a. D. Dr.-Ing. Friedrich Benthaus sen., Essen
- 68/1: Persönliche Unterlagen, Schriftwechsel und Unterlagen, 1917-1946

Bestand 112:   Deutsches Bergbau-Museum Bochum
- 112/1340: Geschichte des Ruhrbergbaus, 1960
- 112/1346: Geschichte des Ruhrbergbaus, 1960
- 112/1349: Geschichte des Ruhrbergbaus, 1960
- 112/1357: Geschichte des Ruhrbergbaus, 1960

Bestand 120:   Westfälische Berggewerkschaftskasse, Bochum
- 120/80-120/88: Verein für die bergbaulichen Interessen, Essen (Hrsg.): Generalberichte des Bochumer und des Essen-Werdenschen Bergamts vom Jahre 1827 an, kontophotiert nach den Originalen im Oberbergamt Dortmund, Essen 1939-1943

- 120/1100: Organisation der WBK, 1931-1977
- 120/1101: Organisation der WBK, 1936-1937
- 120/1886: Wissenschaftlich-technische Abteilung der Schlagwetter-Kommission, 1882-1885
- 120/1890: Sub-Kommission zur Prüfung von Sicherheitslampen, 1883-1885
- 120/1930: Unstimmigkeiten zwischen der WBK und dem Bergbau-Verein, 1936-1941
- 120/1931: Unstimmigkeiten zwischen der WBK und dem Bergbau-Verein, 1938-1939
- 120/1934: Unstimmigkeiten zwischen der WBK und dem Bergbau-Verein, 1939-1955
- 120/1937: Unstimmigkeiten zwischen der WBK und dem Bergbau-Verein, 1940
- 120/2075: Materialsammlung für den Beitrag zur WBK-Festschrift, Dr. Spethmann
- 120/2088: Bericht über die Entwicklung des Maschinen-Laboratoriums, 1922-1958
- 120/3705: Personalakten Dr. Muck, 1870-1921

Bestand 187:   Professor Dr. Paul Kukuk, Bochum
                - Personalakten

Bestand 200:   Berggewerkschaftliche Versuchsstrecke, Dortmund-Derne
                - 200/510-5 (Altsign.): Lampenfrage, 1898-1902

Sammlung U: Unfallverhütung und Grubenunglücke
                Saarbergwerke AG (Hrsg.): Zweiter vorläufiger Bericht über das Unglück im Alsbach-
                feld der Grube Luisenthal am 7. Februar 1962, o.O. o.J. <1962>

Nordrhein-Westfälisches Hauptstaatsarchiv Düsseldorf (HSTAD)

Bestand   Oberbergamt Bonn
                - Nr. 725
                - Nr. 1143

Nordrhein-Westfälisches Staatsarchiv Münster (STAM)

Bestand   Bergämter
                - Nr. 6889: Bewetterung der Steinkohlenbergwerke, Sicherung gegen Schlagwetter und
                  Kohlenstaubexplosionen, Bd. 1

Bestand   Oberbergamt Dortmund
                - Nr. 274: Durch Explosionen u.a. Gründe verursachte Unglücksfälle in den Bergamts-
                  bezirken (Essen)
                - Nr. 275: Durch Explosionen u.a. Gründe verursachte Unglücksfälle in den Bergamts-
                  bezirken (Bochum)
                - Nr. 276: Durch Explosionen u.a. Gründe verursachte Unglücksfälle in den Bergamts-
                  bezirken (Bochum)
                - Nr. 934: Sicherheitsvorkehrungen bei Explosionsgefahr durch entsprechende Wetter-
                  einwirkung
                - Nr. 935: Einsetzung einer Kommission zur Untersuchung von Explosionen durch
                  schlagende Wetter u. Treffen von Sicherheitsvorkehrungen im Ministerium für öffent-
                  liche Arbeiten, Bergwerksabteilung

- Nr. 936: Einsetzung einer Kommission zur Untersuchung von Explosionen durch schlagende Wetter u. Treffen von Sicherheitsvorkehrungen im Ministerium für öffentliche Arbeiten, Bergwerksabteilung
- Nr. 939: Polizeiverordnung zum Gebrauch von Grubenlampen und Sicherheitsvorkehrungen; Explosionen schlagender Wetter
- Nr. 940: Polizeiverordnung zum Gebrauch von Grubenlampen und Sicherheitsvorkehrungen; Explosionen schlagender Wetter
- Nr. 941: Polizeiverordnung zum Gebrauch von Grubenlampen und Sicherheitsvorkehrungen; Explosionen schlagender Wetter
- Nr. 945: Einsendung von Zählkarten über vorgekommene Wetterexplosionen und dadurch verursachte Unfälle durch die Bergämter zur Erstellung einer Gesamtübersicht
- Nr. 1803: Agitation der Bergarbeiter
- Nr. 1851: Berichte der Revierbeamten über Erfahrungen mit Sicherheitsmännern
- Nr. 1874: Die Westfälische Wetterkommission

Gedruckte Quellen

Gesetze und Verordnungen

Gesetze

Allgemeines Berggesetz für die Preußischen Staaten. Vom 24.6.1865 (Urtext), in: Zeitschrift für Bergrecht 106, 1965, S. 3-41.

Höinghaus, R. (Hrsg.): Unfallversicherungsgesetz für das Deutsche Reich. Mit der amtlichen Begründung der Reichsregierung, den Erklärungen der Bundes-Kommissare und den wichtigsten Verhandlungen des Reichstages, Berlin 1884.

Verordnungen (chronologisch)

Bergpolizeiverordnung vom 9. März 1863, betreffend die Wetterführung, Beleuchtung und Anwendung der Schiessarbeit auf den Bergwerken im Districte des Königlichen Oberbergamts zu Dortmund, in: ZBHSW 11, 1863, Teil A, S. 60-63.

Bergpolizei-Verordnung, betreffend die Sicherheitsmaassregeln gegen Entzündung schlagender Wetter in den Bauen der Steinkohlenzeche Neu-Iserlohn bei Langendreer, in: ZBHSW 19, 1871, Teil B, S. 23 ff.

Bergpolizei-Verordnung des Königl. Oberbergamtes zu Dortmund vom 1. October 1881, betreffend die Herstellung von zwei fahrbaren Verbindungen von dem Grubengebäude eines Bergwerks zur Erdoberfläche, in: ZBHSW 29, 1881, Teil A, S. 85.

Bergpolizei-Verordnung für den Betrieb von Schlagwetter-Gruben im Bezirke des Königl. Oberbergamtes zu Bonn vom 1. August 1887, in: ZBHSW 35, 1887, Teil A, S. 49-53.

Bergpolizei-Verordnung des Königl. Oberbergamtes zu Dortmund vom 6. October 1887, betreffend den Schutz der in Schächten, Bremsbergen, Abhauen, an Rollöchern, in Förderstrecken und in der Nähe bewegter Maschinenteile, bei Pumpen und Dampfkesseln beschäftigten Personen, Anlage B, in: ZBHSW 36, 1888, Teil A, S. 30-34.

Bergpolizei-Verordnung des Königl. Oberbergamtes zu Dortmund vom 12. October 1887, betreffend die Wetterversorgung, Wetterführung, Schiessarbeit und Beleuchtung auf Steinkohlen- und Kohlen-Eisenstein-Bergwerken, in: ZBHSW 36, 1888, Teil A, S. 36-43.

Bergpolizei-Verordnung des Königl. Oberbergamtes zu Dortmund vom 4. Juli 1888, betreffend Abänderung der Bergpolizei-Verordnung vom 12. October 1887, in: ZBHSW 36, 1888, Teil A, S. 79 ff.

Bergpolizei-Verordnung des Königlichen Oberbergamtes zu Dortmund, betreffend die Befeuchtung des

Kohlenstaubes in Schlagwettergruben, in: ZBHSW 46, 1898, Teil A, S. 66 ff.

Bergpolizei-Verordnung des Königlichen Oberbergamtes zu Dortmund, betreffend die Bewetterung der Steinkohlenbergwerke und die Sicherung derselben gegen Schlagwetter- und Kohlenstaubexplosionen, in: ZBHSW 49, 1901, Teil A, S. 29-38.

Bergpolizeiverordnung für die Steinkohlenbergwerke im Verwaltungsbezirke des Königlichen Oberbergamts in Dortmund. Vom 1. Januar 1911, in: ZBHSW 59, 1911, Teil A, S. 37-91.

Unfallberichte/Unfallstatistik

Unfallberichte (chronologisch)

Verunglückungen bei dem Bergwerksbetriebe in Preussen im Jahre 1853, in chronologischer Reihenfolge, in: ZBHSW 1, 1854, Teil A, S. 226 ff. und 254 ff.

Verunglückungen bei dem Bergwerksbetriebe in Preussen im Jahre 1853, in: ZBHSW 1, 1854, Teil A, S. 254 ff.

Verunglückungen bei dem Bergwerksbetriebe im Jahre 1853, in: ZBHSW 2, 1855, Teil A, S. 259 ff.

Die Verunglückungen bei dem Bergwerksbetriebe Preussens im Jahre 1867, in: ZBHSW 16, 1868, Statistischer Teil, S. 136-143.

Die auf den Steinkohlenbergwerken Preussens im Jahre 1886 durch schlagende Wetter veranlassten Unglücksfälle, in: ZBHSW 35, 1887, Teil ST, S. 59-76.

Die auf den Steinkohlen-Bergwerken Preussens im Jahre 1890 durch schlagende Wetter veranlassten Unglücksfälle, in: ZBHSW 39, 1891, Teil ST, S. 43-62.

Die im Jahre 1898 auf den Steinkohlen-Bergwerken Preussens vorgekommenen Schlagwetter-Explosionen und Erstickungen in Schlagwettern, in: ZBHSW 47, 1899, Teil ST, S. 61-94.

Der Unfall bei der Seilfahrt auf Zeche General Blumenthal bei Recklinghausen am 28. September 1898, in: ZBHSW 47, 1899, Teil B, S. 387-392.

Unglücksfälle durch Schlagwetter und Kohlenstaub auf den Steinkohlenbergwerken Preußens im Jahre 1914, in: ZBHSW 63, 1915, Teil ST, S. 60-68.

Unfallstatistik (chronologisch)

Nachweisungen der in der Zeit vom 1. Januar 1861 bezw. 1. Januar 1888 bis Ende des Jahres 1903 vorgekommenen Schlagwetterexplosionen, in: ZBHSW 52, 1904, Teil ST, S. 65-80.

Nachweisungen der in der Zeit vom 1. Januar 1861 bezw. 1. Januar 1888 bis Ende des Jahres 1908 vorgekommenen Schlagwetterexplosionen, in: ZBHSW 57, 1909, Teil ST, S. 72-84.

Nachweisungen der in der Zeit vom 1. Januar 1861 bezw. 1. Januar 1888 bis Ende des Jahres 1913 vorgekommenen Schlagwetterexplosionen, in: ZBHSW 62, 1914, Teil ST, S. 70-82.

Sonstige

Die Königl. Preussischen Bergbehörden und die Verwaltungen der Staatswerke, in: ZBHSW 1, 1854, Teil A, S. 1-12.

Hauchecorne, W[ilhelm]: Versuche und Verbesserungen bei dem Bergwerksbetriebe in Preussen während der Jahre 1863 bis 1867, Teil 2, in: ZBHSW 17, 1869, Teil B, S. 57-93.

Versuche und Verbesserungen bei dem Bergwerksbetriebe in Preussen, in dem Zeitraume vom Jahre 1854 bis Schluss 1859, in: ZBHSW 8, 1860, Teil ST, S. 174-210.

Versuche und Verbesserungen bei dem Bergwerksbetriebe in Preussen während des Jahres 1861, in:

ZBHSW 10, 1862, Teil ST, S. 203-218.

Versuche und Verbesserungen bei dem Bergwerksbetriebe in Preussen während des Jahres 1862, in: ZBHSW 11, 1863, Teil ST, S. 251-270.

Versuche und Verbesserungen bei dem Bergwerksbetriebe in Preussen während der Jahre 1868 bis 1871, in: ZBHSW 20, 1872, Teil B, S. 346-394.

Versuche und Verbesserungen bei dem Bergwerksbetriebe in Preussen während des Jahres 1875, in: ZBHSW 24, 1876, Teil B, S. 146-192.

Versuche und Verbesserungen bei dem Bergwerksbetriebe in Preussen während des Jahres 1879, in: ZBHSW 28, 1880, Teil B, S. 237-261.

Versuche und Verbesserungen bei dem Bergwerksbetriebe in Preussen während des Jahres 1880, in: ZBHSW 29, 1881, Teil B, S. 238-276.

Versuche und Verbesserungen bei dem Bergwerksbetriebe in Preussen während des Jahres 1883, in: ZBHSW 32, 1884, Teil B, S. 272-318.

Versuche und Verbesserungen bei dem Bergwerksbetriebe in Preussen während des Jahres 1884, in: ZBHSW 33, 1885, Teil B, S. 215-252.

Versuche und Verbesserungen bei dem Bergwerksbetriebe in Preussen während des Jahres 1888, in: ZBHSW 37, 1889, Teil B, S. 121-150.

Versuche und Verbesserungen bei dem Bergwerksbetriebe in Preussen während des Jahres 1889, in: ZBHSW 38, 1890, Teil B, S. 260-286.

Versuche und Verbesserungen bei dem Bergwerksbetriebe in Preussen während des Jahres 1890, in: ZBHSW 39, 1891, Teil B, S. 93-120.

Versuche und Verbesserungen bei dem Bergwerksbetriebe in Preussen während des Jahres 1891, in: ZBHSW 40, 1892, Teil B, S. 423-458.

Versuche und Verbesserungen beim Bergwerksbetriebe in Preussen während des Jahres 1892, in: ZBHSW 41, 1893, Teil B, S. 185-216.

Versuche und Verbesserungen beim Bergwerksbetriebe in Preussen während des Jahres 1893, in: ZBHSW 42, 1894, Teil B, S. 196-242.

Versuche und Verbesserungen beim Bergwerksbetriebe in Preussen während des Jahres 1895, in: ZBHSW 44, 1896, Teil B, S. 162-206.

Periodika (Zeitungen/Zeitschriften)

Bergbau-Archiv

Bergbau-Rundschau

Bergbautechnik

Bergbau und Energiewirtschaft

Bergfreiheit

Bergtechnik

Berg- und Hüttenmännische Monatshefte

Berg- und Hüttenmännische Zeitung

Brennstoff-Chemie

Das Gas- und Wasserfach

Der Anschnitt

Der Bergbau

Die Naturwissenschaften

Dinglers Polytechnisches Journal

Elektrizität im Bergbau

Essener Zeitung

GBAG-Werkzeitschrift für die Gruppe Hamborn

Glückauf

Hoesch-Werkzeitschrift

Jahrbuch für das Berg- und Hüttenwesen im Königreich Sachsen

Jahrbücher für Nationalökonomie und Statistik

Kohle und Erz

Märkischer Sprecher

Österreichische Zeitschrift für Berg- und Hüttenwesen

Schlägel und Eisen

Stahl und Eisen

Vorwärts

Zeitschrift für Bergrecht

Zeitschrift für das Berg-, Hütten- und Salinenwesen in dem preussischen Staate (ZBHSW)

Literatur vor 1945

Achenbach, Heinrich: Das gemeine deutsche Bergrecht in Verbindung mit dem preußischen Bergrechte, Bonn 1871.

Achenbach, Heinrich: Geschichte der Cleve-Märkischen Berggesetzgebung und Bergverwaltung bis zum Jahre 1815, in: Zeitschrift für Bergrecht 28, 1887, S. 154-253.

Albert: Die Anfertigung von Treibseilen aus geflochtenem Eisendrath, in: Karsten, C. J. B. (Hrsg.): Archiv für Mineralogie, Geognosie, Bergbau und Hüttenkunde, Bd. 8, Berlin 1835, S. 418-428.

Alexander Hilbck [Nekrolog], in: Glückauf 44, 1908, S. 1349.

Arndt, Adolf: Zur Geschichte und Theorie des Bergregals und der Bergbaufreiheit. Ein Beitrag zur Wirtschaftsgeschichte, Freiburg, 2. Auflage, 1916.

Bacmeister, Walter: Hugo Schultz. Das Lebensbild eines großen Ruhrbergmanns, Essen 1938.

Behrens, [Karl]: Beiträge zur Schlagwetterfrage, in: Glückauf 32, 1896, S. 517-523, S. 553-568, S. 577-584.

Bergius, Friedrich: Die Anwendung hoher Drucke bei chemischen Vorgängen und eine Nachbildung des Entstehungsprozesses der Steinkohle, Halle 1913.

Bericht über den Erfolg der Einführung der Davy'schen Sicherheitslampen gegen schlagende Wetter in den Steinkohlengruben des Dürener Bergamts-Reviers, in: Karsten, C. J. B. (Hrsg.): Archiv für Bergbau und Hüttenwesen, Bd. 2, Berlin 1820, S. 159-169.

Beyling, C[arl]: Versuche mit Gesteinstaub zur Bekämpfung von Grubenexplosionen, ausgeführt in der Versuchsstrecke der Knappschafts-Berufsgenossenschaft in Derne, in: Glückauf 55, 1919, S. 373-379, S. 397-405, S. 417-422, S. 437-443, S. 457-466.

Bischof, G.: Einige Bemerkungen über meine Abhandlung „Versuche und Erfahrungen über das Verhalten der Sicherheitslampen in schlagenden Wettern auf Steinkohlengruben", in: Karsten, C. J. B./Dechen, H. v. (Hrsg.): Archiv für Mineralogie, Geognosie, Bergbau und Hüttenkunde, Bd. 16, Berlin 1842, S. 187-204.

Bischof, G.: Versuche und Erfahrungen über das Verhalten der Sicherheitslampen in schlagenden Wettern auf Steinkohlengruben, in: Karsten, C. J. B./Dechen, H. v. (Hrsg.): Archiv für Mineralogie, Geognosie, Bergbau und Hüttenkunde, Bd. 14, Berlin 1840, S. 268-331.

Bluhme: Bericht über einige neuere, namentlich in Belgien übliche Wettermaschinen, in: ZBHSW 13, 1865, Teil B, S. 181-191.

Bode, H.: Der Inkohlungsvorgang und die Entstehung des Grubengases, in: Glückauf 75, 1939, S. 401-409.

Bode, H.: Die Mazerationsmethode in der Kohlenpetrographie, in: Bergtechnik 21, 1928, S. 200-207, hier S. 205.

Bode, H.: Zur Nomenklatur in der Kohlenpetrographie, in: Kohle und Erz 25, 1928, Sp. 699-710.

Bodenstein, Bernhard: Arbeiterausschüsse, Arbeitsordnungen, Unterstützungskassen im Bergbau. Erläuterungen zur Berggesetznovelle von 1905, Essen 1905.

Böttcher, Heinrich: Die Tektonik der Bochumer Mulde zwischen Dortmund und Bochum und das Problem der westfälischen Karbonfaltung, in: Glückauf 61, 1925, S. 1145-1153, S. 1189-1194.

Bohnhoff, H.: Die an das Starkstromnetz angeschlossene Abbaubeleuchtung, in: Elektrizität im Bergbau 6, 1931, S. 170-174.

Brenner: Versuche, betreffend das Absaugen des Grubengases auf der Königsgrube im Wurm-Reviere, in: ZBHSW 37, 1889, Teil B, S. 70-75.

Broockmann, [Karl]: Ueber Benzin und Benzin-Sicherheitslampen, in: ZBHSW 34, 1886, Teil B, S. 320-324.

Bruch, H.: Das Ergebnis des Elektrifizierungsversuches auf der Schachtanlage Minister Stein, in: Glückauf 63, 1927, S. 525-533.

Busse: Notizen über den Steinkohlenbergbau Englands, in: ZBHSW 6, 1858, Teil B, S. 79-120.

Cortazar, A Gil y Maestre y D. de: Ueber Grubenbeleuchtung, in: Berg- und Hüttenmännische Zeitung 40, 1881, S. 281 ff., S. 293 f., S. 297-300, S. 320 ff.

Däbritz, Walther: Bochumer Verein für Bergbau und Gußstahlfabrikation in Bochum. Neun Jahrzehnte seiner Geschichte im Rahmen der Wirtschaft des Ruhrbezirks, Düsseldorf 1934.

Dannenberg: Ueber Förderung auf annähernd horizontaler und auf geneigter Bahn abwärts, in: ZBHSW 37, 1889, Teil B, S. 61-69.

Das Seilfahren, Teil 2, in: Glückauf 1865, Nr. 16.

Davy's Sicherungslampe bei schlagenden Wettern, in: Karsten, C. J. B. (Hrsg.): Archiv für Bergbau und Hüttenwesen, Bd. 1, Berlin 1818, S. 165-179.

Demanet, Ch.: Der Betrieb der Steinkohlenbergwerke. Übersetzt und mit einzelnen Anmerkungen versehen von C. Leybold, Braunschweig 1885.

Die Explosion auf der Steinkohlengrube Ver. Carolinenglück bei Bochum am 17. Februar 1898, in: ZBHSW 47, 1899, Teil B, S. 45-68.

Die Verbreitung der einzelnen Ventilatorsysteme im rheinisch-westfälischen Kohlenbezirk, in: Glückauf 43, 1907, S. 15 f.

Die Wolf'sche Benzinsicherheitslampe, in: Österreichische Zeitschrift für Berg- und Hüttenwesen 35, 1887, S. 454-458, S. 464-469.

Dolgner: Über die petrographische Herkunft des bei der Benzolextraktion von Kohlen gewonnenen Bitumens, in: Arbeiten der Preußischen Geologischen Landesanstalt, 1932, S. 250-265.

Dröge, A.: Die Einrichtungen zur Unschädlichmachung des Kohlenstaubes und zur gefahrlosen Ausübung oder Ersetzung der Schießarbeit auf den fiscalischen Steinkohlengruben im Saarreviere, in: ZBHSW 45, 1897, Teil B, S. 165-202.

Dupierry, Ernst: Die Aufbereitung der Steinkohle, Dortmund o.J. <1941>.

Eckardt: Die Anwendung eines doppeltwirkenden Ventilators zur Entfernung schlagender Wetter, in: ZBHSW 5, 1858, Teil B, S. 79-83.

Einer: Die Explosion auf der Königlichen Steinkohlengrube Reden bei Saarbrücken am 28. Januar 1907, in: ZBHSW 55, 1907, Teil B, S. 167-190.

Erdmann, E.: Der genetische Zusammenhang von Braunkohle und Steinkohle auf Grund neuer Versuche, in: Brennstoff-Chemie 5, 1924, S. 177-186.

Erdmenger, [Otto]/Krug [von Nidda], [Otto Ludwig]: Versuche über das Verhalten von verschieden construirten Sicherheitslampen in schlagenden Wettern der Glückhilf-Grube im Waldenburger Revier in Niederschlesien, in: Karsten, C. J. B./Dechen, H. v. (Hrsg.): Archiv für Mineralogie, Geognosie, Bergbau und Hüttenkunde, Bd. 16, Berlin 1842, S. 205-224.

Explosion in einer Steinkohlengrube durch schlagende Wetter, in: Karsten, C. J. B. (Hrsg.): Archiv für Bergbau und Hüttenwesen, Bd. 2, Berlin 1820, S. 172 f.

Fähndrich, [Oskar]: Bericht über die auf der berggewerkschaftlichen Versuchsstation bisher ausgeführten Lampenuntersuchungen, in: Glückauf 36, 1900, S. 769-777.

Fähndrich, [Oskar]: Die Versuchsstation für Sicherheitslampen auf der berggewerkschaftlichen Versuchsstrecke bei Bismarck i. W., in: Glückauf 36, 1900, S. 445-449.

Fähndrich, [Oskar]: Durchblaseversuche mit Sicherheitslampen, in: Glückauf 37, 1901, S. 497-508, S.

522-527.

Fähndrich, [Oskar]: Ueber den Einfluss der Drahtkorbform auf die Durchschlagssicherheit der Wetterlampe, in: Glückauf 37, 1901, S. 434 ff.

Fähndrich, [Oskar]: Versuche zur Ermittelung der zweckmässigsten Abmessungen der Sicherheitslampenkörbe, in: Glückauf 36, 1900, S. 1009-1015.

Fischer, Franz/Schrader, Hans: Entstehung und chemische Struktur der Kohle, Essen, 2. Auflage, 1922.

Fischer, Wolfram: Das wirtschafts- und sozialpolitische Ordnungsbild der preußischen Bergrechtsreform
1851-1865, in: Zeitschrift für Bergrecht 102, 1961, S. 181-189.

Fischer, Wolfram: Die Bedeutung der preußischen Bergrechtsreform (1851-1865) für den industriellen
Aufbau des Ruhrgebiets, Dortmund 1961 (= Vortragsreihe der Gesellschaft für Westfälische Wirtschaftsgeschichte e.V., Dortmund, Heft 9).

Forstmann: Untersuchungen über die Austrocknung der Grubenbaue und die Bekämpfung des Kohlenstaubes, in: Glückauf 46, 1910, S. 37-46, S. 77-90, S. 117-127, S. 153-160, S. 193-203.

Forstmann, R[ichard]: Zur Schlagwetterfrage, in: Glückauf 76, 1940, S. 595-608.

Forstmann, Richard/Schulz, Paul: Das Auftreten von Grubengas und seine Bekämpfung, in: Glückauf 80,
1944, S. 131-138.

Forstmann, Richard/Schulz, Paul: Grubengasgewinnung untertage, in: Glückauf 80, 1944, S. 175-179.

Friemann & Wolf GmbH (Hrsg.): Aus der Geschichte der Grubenlampe. Das Grubengeleucht, Zwickau o.
J. <1936>.

75 Jahre Seippels Grubenlampen 1858-1933. Eine Denkschrift, Bochum 1933.

50 Jahre Gewerkschaft des Steinkohlenbergwerks Ewald, Herten in Westfalen, 1871-1921, Gelsenkirchen 1921.

Gaertner, A.: Licht vor Ort!, in: Elektrizität im Bergbau 3, 1928, S. 6-13.

Gaertner, A./Schneider, L.: Die Beleuchtung als Mittel zur Rationalisierung im Steinkohlenbergbau, in:
Elektrizität im Bergbau 4, 1929, S. 221-227.

Gassmann, W./Mommertz, W.: Schlagwetter im Abbau, in: Glückauf 75, 1939, S. 511-530.

Gericke: Die Bewährung des christlichen Bergmanns in den Zeiten der Anfechtung. Predigt, gehalten zu
Clausthal am ersten Bergfeste nach dem großen Brande daselbst, Fastnacht 1845, Hannover 1845.

Gluud, Wilhelm (Hrsg.): Handbuch der Kokerei, Bd. 1, Halle 1927.

Gothan, W.: Schlagwetter und Kohle, in: Kohle und Erz 27, 1930, Sp. 703-708.

Goupillière, Haton de la: Bericht der Französischen Commission zur Prüfung der Mittel gegen die Explosionen schlagender Wetter in den Steinkohlenbergwerken, in: ZBHSW 29, 1881, Teil B, S. 281-394.

Gräff, L.: Anlage eines unterirdischen Ventilators auf der Zeche Shamrock bei Herne in Westfalen, in:
ZBHSW 24, 1886, Teil B, S. 234-240.

Gurlt, Adolf: Die Bergbau- und Hüttenkunde, eine gedrängte Darstellung der geschichtlichen und kunstmäßigen Entwickelung des Bergbaues und Hüttenwesens, Essen 1877.

Haarmann, Karl (u.a.): Der Bergmannsfreund. Ein Ratgeber zur Bekämpfung der Unfallgefahren im
Steinkohlenbergbau, Bochum 1927.

Hartmann, Carl (Hrsg.): Conversations-Lexikon der Berg-, Hütten- & Salzwerkskunde und ihrer Hilfswissenschaften, 4 Bde., Stuttgart 1841.

Hartmann, Carl (Bearb.): Das Material des Steinkohlenbergbaues. Beschreibung der Tagegebäude, der
Apparate und Maschinen, welche zur Gewinnung und Förderung der Steinkohlen angewendet werden. Von Amadée Burat, Brüssel/Leipzig 1861.

Hartmann, Carl (Bearb.): Grundriß der Bergbaukunde von C. P. Brard, Berlin 1830.

Hartmann, Carl: Handbuch der Bergbau- und Hüttenkunde oder die Aufsuchung, Gewinnung und Zugutemachung der Erze, der Stein- und Braunkohlen und anderer nutzbarer Mineralien. Eine Encyklopädie der Bergwerkskunde, Weimar 1858.

Hartmann, Carl (Bearb.): Handbuch des Steinkohlen-Bergbaues oder Darstellung des in den bedeutend-
sten Steinkohlen-Bergwerken Europa's zur Aufsuchung, Gewinnung und Förderung der brennbaren
Mineralien angewendeten Verfahrens. Nach dem Werke des belgischen Bergingenieurs A. T. Ponson,
Weimar 1856.

Hartmann, Carl: Handwörterbuch der Mineralogie-, Berg-, Hütten- und Salzwerkskunde, 2 Bde., Ilmenau 1825.

Haßlacher, A[nton]: Der Schlussbericht der Französischen Schlagwetter-Commission, in: ZBHSW 30, 1882, Teil B, S. 285-298.

Haßlacher, A[nton]: Die auf den Steinkohlenbergwerken Preussens in den Jahren 1861 bis 1881 durch schlagende Wetter veranlassten Unglücksfälle, in: ZBHSW 30, 1882, Teil B, S. 339-382.

Haßlacher, A[nton]: Die Steinkohlenbergwerke Preussens nach der verschiedenen Art ihrer Wetterführung, in: ZBHSW 30, 1882, Teil B, S. 181-192.

Haßlacher, A[nton]: Haupt-Bericht der preussischen Schlagwetter-Commission, nebst 5 Bänden Anlagen und einem Atlas, Bd. 1, Berlin 1887.

Haßlacher, A[nton]: Anlagen zum Haupt-Berichte der preussischen Schlagwetter-Commission, Bd. 2: Schluß-Bericht der Lokal-Abtheilung Dortmund, Berlin 1885.

Hatzfeld, K.: Die Neuregelung der bergpolizeilichen Vorschriften für den Steinkohlenbergbau, in: Glückauf 71, 1935, S. 773-784.

Heinrichsbauer, A.: Harpener Bergbau-Aktien-Gesellschaft 1856-1936. Achtzig Jahre Ruhrkohlen-Bergbau, Essen 1936.

Heinzerling, Chr.: Schlagwetter und Sicherheitslampen. Entstehung und Erkennung der schlagenden Wetter und Konstruktion der wichtigeren Typen der Sicherheitslampen, Stuttgart 1891.

Heise, F./Herbst, F.: Lehrbuch der Bergbaukunde mit besonderer Berücksichtigung des Steinkohlenbergbaues, 2 Bde., 5. vermehrte und verbesserte Auflage, Berlin 1932.

Herold: Der Bergbau in dem Steinkohlengebirge Englands und Schottlands. Bericht über eine im Jahre 1852 ausgeführte Reise, in: ZBHSW 3, 1856, Teil B, S. 10-80.

Heymann, Bruno/Freudenberg, Karl: Morbidität und Mortalität der Bergleute im Ruhrgebiet, Essen 1925.

Hiepe, Hans: Kritische Betrachtung der Beleuchtung unter Tage im Ruhrkohlenbergbau und ihrer Entwicklungsmöglichkeiten, Gelsenkirchen 1932 (= Diss. TH Berlin).

Hilt, C[arl]: Schluss-Bericht über die in der Versuchsstrecke auf der fiskalischen Steinkohlengrube König bei Neunkirchen (Saarbrücken) bezüglich der Zündung von Kohlenstaub und Grubengas angestellten Versuche, in: Haßlacher, A[nton]: Anlagen zum Haupt-Berichte der preussischen Schlagwetter-Commission, Bd. 4, Berlin 1886, S. 1-88.

Hoernecke, [Eduard]: Ueber die Sicherungsmassregeln gegen schlagende Wetter beim Steinkohlenbergbau, mit besonderer Rücksicht auf die Aus- und Vorrichtung und die Wetterführung in den Steinkohlengruben Deutschlands, in: ZBHSW 31, 1883, Teil B, S. 279-330.

H[offmann], C[arl] R[obert]: Der belehrende Bergmann. Ein fassliches Lese- und Bildungsbuch, Pirna 1830 (Reprint Essen 1981).

Hoffmann, E.: Abhängigkeit der Ausgasung von petrographischer Gefügezusammensetzung und Inkohlungsgrad bei Ruhrkohlen, in: Glückauf 71, 1935, S. 997-1005.

Hoppe, O.: Alberts Versuche und Erfindungen, in: Stahl und Eisen 16, 1896, S. 437-441, S. 496-500.

Hue, Otto: Die Bergarbeiter. Historische Darstellung der Bergarbeiter-Verhältnisse von der ältesten bis in die neueste Zeit, 2 Bde., Stuttgart 1910-1913.

Hugo Schultz [Nekrolog], in: Glückauf 40, 1904, S. 881 f.

Husmann: Das Beleuchtungswesen im Steinkohlenbergbau, in: Der Bergbau 14, 1901, Nr. 31-35.

Huyssen, [August]: Die Entzündung schlagender Wetter auf der Steinkohlengrube Laura am 19. August 1853, in: ZBHSW 1, 1854, Teil B, S. 146-164.

Imbusch, Heinrich: Arbeitsverhältnis und Arbeiterorganisationen im deutschen Bergbau. Eine geschichtliche Darstellung, Essen o.J. <1908>.

Jicínsky, Jaroslav: Katechismus der Grubenwetterführung mit besonderer Berücksichtigung der Schlagwettergruben, Leipzig/Mährisch-Ostrau/Wien, 3. Auflage, 1901.

Jüngst: Das niederrheinisch-westfälische Revier, in: Borchardt, Karl (Hrsg.): Handbuch der Kohlenwirtschaft. Ein Nachschlagewerk für Kohlenerzeuger, Kohlenhändler und Kohlenverbraucher, Berlin 1926.

Kirst, Ernst: Die Explosionsgrenzen der Schlagwetter, in: Glückauf 67, 1930, S. 50-57.

Kirst, Ernst: Ueber den Einfluß der Aenderung der Luftzusammensetzung auf die Explosionsgrenzen der Schlagwetter, in: Kohle und Erz 27, 1930, Sp. 707-710, Sp. 733-736.

Körfer, C.: Elektrische Kopflampen, in: Glückauf 64, 1928, S. 1456-1459.

Körfer, C.: Güte und Schnelligkeit der Bergeauslesung in Abhängigkeit von der Beleuchtungsstärke, in: Glückauf 66, 1930, S. 508-511.

Körfer, C.: Über die Dunkelanpassung des Auges im untertägigen Bergbau, in: Elektrizität im Bergbau 5, 1930, S. 138-141.

Kongreß zur Erörterung der stratigraphischen Verhältnisse des Steinkohlengebirges in den europäischen Kohlengebieten, in: Glückauf 63, 1927, S. 809.

Kortenhaus: Über den Einfluß von Schächten und Wetterkanälen auf die Wetterwirtschaft einer Grube, in: Glückauf 43, 1907, S. 461-464.

Kreischer, C. G.: Vorläufiger Bericht der englischen Grubenunfallcommission, in: Jahrbuch für das Berg- und Hüttenwesen im Königreiche Sachsen, 1882, Teil 1, S. 179-225.

Kreischer, G./Winkler, Cl.: Untersuchungen über Sicherheitslampen. Bericht an die Königlich Sächsische Commission zur Revision der bergpolizeilichen Sicherheitsvorschriften, Freiberg 1883.

Kukuk, Paul: Die neue stratigraphische Gliederung des rechtsrheinischen Karbons, in: Glückauf 64, 1928, S. 685-695.

Kukuk, Paul: Geologie des Niederrheinisch-Westfälischen Steinkohlengebietes, 2 Bde., Berlin 1938.

Kukuk, P[aul]: Kongreß zur Klärung der stratigraphischen Verhältnisse des Karbons in den europäischen Steinkohlenbezirken, in: Glückauf 63, 1927, S 1133 ff.

Kukuk, Paul: Unsere Kohlen. Eine Einführung in die Geologie der Kohlen unter Berücksichtigung ihrer Gewinnung, Verwendung und wirtschaftlichen Bedeutung, Leipzig/Berlin, 3. Auflage, 1924 (= Aus Natur und Geisteswelt, Bd. 396).

Lameck, Paul Gerhard: Dr. Fritz Muck. Der Begründer der Steinkohlen-Chemie im Ruhrgebiet, Witten 1937.

Lankhorst: Die unterirdische maschinelle Streckenförderung auf Zeche Nordstern bei Gelsenkirchen, in: Der Bergbau 4, 1890/91, Heft 15, S. 1 ff.

Lehmann, K./Stach, E.: Die praktische Bedeutung der Ruhrkohlenpetrographie, in: Glückauf 66, 1930, S. 289-299.

Leo, Wilh[elm]: Lehrbuch der Bergbaukunde. Für Bergschulen und zum Selbstunterricht, insbesondere für angehende Bergbeamte, Bergbau-Unternehmer, Grubenbesitzer, etc., Quedlinburg 1861.

Liebknecht, Karl: Rechtsstaat und Klassenjustiz. Bericht über einen Vortrag in einer Massenversammlung in Stuttgart, 23. August 1907, in: Ders.: Gesammelte Reden und Schriften, 7 Bde., Berlin (Ost) 1960, Bd. 2, S. 17-42.

Lottner: Die Fahrkunst auf der Steinkohlengrube Gewalt, in: ZBHSW 1, 1854, Teil B, S. 120-144.

Lottner, Heinrich: Geognostische Skizze des Westfälischen Steinkohlen-Gebirges, o.O. 1859.

Manygel, Kurt: Das Licht im Untertagebetrieb, in: Elektrizität im Bergbau 6, 1931, S. 231-235.

Mayer, Friedrich: Versuche zur Bekämpfung von Kohlenstaubexplosionen mit Wasser und Gesteinstaub, in: Glückauf 77, 1941, S. 393-399.

Meis, Hans: Der Ruhrbergbau im Wechsel der Zeiten, Essen 1933.

Meißner, Karl: Beaufsichtigung der Gruben durch Arbeitervertreter in Großbritannien, Frankreich und Belgien, in: ZBHSW 47, 1899, Teil B, S. 1-43.

Meißner, [Karl]: Ein Beitrag zur Verhütung von Kohlenstaub-Explosionen, in: ZBHSW 38, 1890, Teil B, S. 358-362.

Menzel, C.: Notizen, auf einer im Jahre 1864 ausgeführten Instructionsreise in die Bergreviere Saarbrückens und Westphalens gesammelt, in: Jahrbuch für den Berg- und Hüttenmann, 1867, S. 191-222.

Merkwürdige Oekonomie bei der Grubenbeleuchtung, in: Berg- und Hüttenmännische Zeitung 30, 1871, S. 407 f.

Muck, F[ritz]: Elementarbuch der Steinkohlen-Chemie für Praktiker, Essen, 2. Auflage, 1887.

Muck, F[ritz]: Grundzüge und Ziele der Steinkohlen-Chemie, Bonn 1881.

Mulvany, W. T./Mulvany, T. R.: Amalgamation von Kohlen-Bergwerken in einem östlichen Theile des Ober-bergamts-Bezirks Dortmund, Düsseldorf 1882.

Murgue, D[aniel]: Über Grubenventilatoren. Mit einigen Zusätzen deutsch bearbeitet von J. v. Hauer, Leipzig 1884.

Nasse, R[udolph]: Die Ursachen der bedeutenderen Explosionen schlagender Wetter auf den Englischen Kohlengruben im Jahre 1880 und die Untersuchungen von F. A. Abel über den Einfluss von Staub auf Explosionen in Kohlengruben, in: ZBHSW 30, 1882, Teil B, S. 144-170.

Neue elektrische Handlampen, Glückauf 44, 1908, S. 1606 f.

Neuordnung des Forschungswesens beim Bergbau-Verein, in: Glückauf 75, 1939, S. 133 ff., S. 305 f.

Niemann, W.: Die ersten Sicherheitslampen, in: Glückauf 45, 1909, S. 369-373.

Nonne, J[ulius].: Die Wetterführung in den Westfälischen Steinkohlengruben unter specieller Berücksichtigung der Arbeiten der Wetter-Untersuchungscommission, in: ZBHSW 21, 1873, Teil B, S. 37-84.

Nonne, J[ulius]: Über Sicherheitslampen, in: Glückauf 21, 1888, Nr. 88.

Oberbergrath Herold [Nekrolog], in: Glückauf 2, 1866, Nr. 50.

Oberste-Brink, Karl: Der Mechanismus der tektonischen Bewegungsvorgänge im Ruhrbezirk, in: Kukuk, Paul: Geologie des Niederrheinisch-Westfälischen Steinkohlengebietes, Berlin 1938, Bd. 1, S. 315-347.

Oberste-Brink, K[arl]/Bärtling, R[ichard]: Die Gliederung des Karbonprofils und die einheitliche Flözbenennung im Ruhrkohlenbecken, in: Glückauf 66, 1930, S. 889-893, S. 921-933.

Oberste-Brink, Karl/Heine, Friedrich: Stratigraphie und Tektonik der einzelnen in Abbau befindlichen Gebiete und Vorkommen. Das niederrheinisch-westfälische Gebiet, in: Bergbau-Verein (Hrsg.): Der deutsche Steinkohlenbergbau. Technisches Sammelwerk, Bd. 1: Geologie, Geophysik, Berechtsamswesen, Essen 1942, S. 9-98.

Osthold, Paul: Die Geschichte des Zechenverbandes 1908-1933. Ein Beitrag zur deutschen Sozialgeschichte, Berlin 1934.

Padour, A.: Beitrag zur Erforschung und Abwendung von Kohlenstaub-Explosionen, Teplitz-Schönau 1910/11.

Patteisky, K[arl]: Die Geologie der im Steinkohlengebirge auftretenden Gase, in: Glückauf 62, 1926, S. 1609-1621, S. 1641-1651.

Pöller, Richard: Die Gefahren des Bergbaues und die Grubenkontrolle im Ruhrrevier, München/Leipzig 1914.

Potonié, H.: Die Entstehung der Steinkohle und der Kaustobiolithe überhaupt, Berlin 1910.

Potonié, H.: Wesen und Klassifikation der Kaustobiolithe, in: Glückauf 45, 1909, S. 773-780.

Potonié, R.: Diagenese, Metamorphose und Urmaterial der Kohlen, in: Kohle und Erz 26, 1929, Sp. 1035-1038.

Protokoll der Vorstandssitzung des Vereins für die bergbaulichen Interessen im Oberbergamtsbezirk Dortmund vom 12. August 1898, in: Glückauf 34, 1898, S. 637-640.

Renesse, von: Die Explosion schlagender Wetter auf Zeche Neu-Iserlohn bei Langendreer am 15. Januar 1868, in: ZBHSW 16, 1868, Teil B, S. 156-166.

Renesse, von: Die Explosionen schlagender Wetter auf der Zeche Neu-Iserlohn bei Langendreer, in: ZBHSW 19, 1871, Teil B, S. 11-25.

Reuleaux: Ueber die Kapselräder, in: Dingler, Emil Maximilian (Hrsg.): Polytechnisches Journal, 1868, Bd. 189, S. 434 - 446.

Reuss, M[ax]: Mittheilungen aus der Geschichte des Königlichen Oberbergamtes zu Dortmund und des Niederrheinisch-Westfälischen Bergbaues, in: ZBHSW 40, 1892, Teil B, S. 309-422.

Robert Menzel [Nekrolog], in: Glückauf 25, 1889, S. 222, S. 236.

Rumscheid, Ewald: Der Schlebuscher Erbstollen, in: Jahrbuch des Vereins für Orts- und Heimatkunde in der Grafschaft Mark 43, 1930, S. 84-103.

Ryba, Gustav: Handbuch des Grubenrettungswesens, 2 Bde., Leipzig 1929/30.

Rziha, Franz Ritter von: Schlagende Wetter. Eine populäre Darstellung dieser bergmännischen Tagesfrage, Wien 1886.

Sauerbrey, E.: Einrichtung und Ausführungsformen der im deutschen Bergbau gebräuchlichsten tragbaren elektrischen Grubensicherheitslampen, in: Elektrizität im Bergbau 6, 1931, S. 21-28, S. 50-55.

Schlüter, Richard: Die preußische Bergverwaltung einst und jetzt. Zum fünfundsiebzigjährigen Bestehen des Preußischen Berggesetzes, Essen 1940, S. 48-60.

Schnabel, Franz: Deutsche Geschichte im neunzehnten Jahrhundert, Bd. 3: Erfahrungswissenschaften und Technik, Freiburg 1934 (Nachdruck: München 1987).

Schondorff, [A.]: Chemische Untersuchung von Grubenwettern in Preussischen Steinkohlenbergwerken, Teil 1, in: ZBHSW 31, 1883, Teil B, S. 435-445; Teil 2, in: ZBHSW 32, 1884, Teil B, S. 509-519.

Schondorff, A.: Coaksausbeute und Backfähigkeit der Steinkohlen des Saarbeckens, in: ZBHSW 23, 1875, Teil B, S. 135-162.

Schondorff, A.: Die Apparate des Laboratoriums der Preussischen Schlagwetter-Commission, in: ZBHSW 35, 1887, Teil B, S. 59-96.

Schondorff, [A.]: Percussions-Zündung und Benzin-Lampe, in: ZBHSW 35, 1887, Teil B, S. 331-336.

Schwarz, Felix: Entwickelung und gegenwärtiger Stand der Grubenbeleuchtung beim Steinkohlen-Bergbau, Gelsenkirchen 1914.

Seidl, E[rich]: Erklärungen der Gesamttektonik des Ruhr-Lippe-Gebietes durch Hohlformdruck, in: Der Bergbau 46, 1933, S. 135-141.

Serlo, Albert: Leitfaden zur Bergbaukunde, 2 Bde., Berlin, 4. Auflage, 1884.

Serlo/von Rohr/Engelhardt: Der Steinkohlenbergbau in England und Schottland. Bericht über eine im Jahre 1860 ausgeführte Instructionsreise, in: ZBHSW 10, 1862, Teil B, S. 12-140.

Serlo, Walter: Bergmannsfamilien in Rheinland und Westfalen, Münster 1936.

Serlo, Walter: Die Preußischen Bergassessoren, Essen, 5. Auflage, 1938.

Serlo, Walter: Männer des Bergbaus, Berlin 1937.

Siebrecht, Fritz: Der Köln-Neuessener Bergwerksverein. Ein Rückblick über 75 Jahre, Essen o.J. <1924>.

Simmersbach, F.: Darlegung und Beurtheilung der beim Steinkohlenbergbau Deutschlands gebräuchlichen Arten der Aus- und Vorrichtung und der Wetterführung, sowie der für diese getroffenen Vorkehrungen in Beziehung auf ihre Zweckmässigkeit und die Gewähr ausreichender Sicherheit beim Vorhandensein schlagender Wetter, in: ZBHSW 31, 1883, Teil B, S. 332-348.

Simonin, L.: La vie souterraine ou les mines et les mineurs, Paris 1867.

Spethmann, Hans: Der Verband technischer Grubenbeamten 1886-1936, Gelsenkirchen 1936.

Spethmann, Hans: Die geschichtliche Entwicklung des Ruhrbergbaus um Witten und Langendreer. Ein Beitrag zur Heimatkunde des Ruhrgebiets, Gelsenkirchen 1937.

Stassart, S./Bolle, J.: Notes sur un voyage de mission dans la Bassin de Sarrebruck a propos de l'accident survenue, le 28 janvier 1907, aux mines de Reden, Brüssel 1907.

Taffanel, J.: Les Expériences de Commentry sur les Inflammations de Poussièrre, Paris 1913.

Truhel: Welches ist die günstigste Abbaubeleuchtung?, in: Der Bergbau 42, 1929, S. 661-665, S. 675 ff., S. 693 ff.

Tübben, L[udwig]: Die Gefahren des Bergbaues und ihre Bekämpfung, Berlin 1913.

Ueber Neuerungen bei der Wetterlosung, in: Glückauf 5, 1869, Nr. 33.

Uthemann: Neuere Erfolge auf Saarbrücker Gruben mit der Separatventilation der Aus- und Vorrichtungsarbeiten, in: Glückauf 31, 1895, S. 1209-1213.

Velsen, Wilhelm von: Beiträge zur Geschichte des niederrheinisch-westfälischen Bergbaues. Zusammengefaßt und neu herausgegeben von Walter Serlo, Essen 1940 (= Schriften zur Kulturgeschichte des deutschen Bergbaues, Bd. 3).

Ventilatoruntersuchung auf Zeche Friedrich der Große, Schacht III/IV, bei Herne, in: Glückauf 43, 1907, S. 1755 ff.

Verbesserung an offenen Grubenlampen, in: Glückauf 34, 1898, S. 498.

Verein für die bergbaulichen Interessen (Bergbau-Verein), in: Jahrbuch für den Ruhrkohlenbezirk 40, 1942, S. 189-192.

Verein für die bergbaulichen Interessen im Oberbergamtsbezirk Dortmund/Westfälische Berggewerkschaftskasse/Rheinisch-Westfälisches Kohlen-Syndikat (Hrsg.): Die Entwickelung des Niederrheinisch-Westfälischen Steinkohlen-Bergbaues in der zweiten Hälfte des 19. Jahrhunderts, 12 Bde., Berlin 1902-1905.

Vereinigte Stahlwerke AG: Die Schachtanlage Bruchstraße in Bochum-Langendreer, o.O. <Essen> o.J. <1931>.

Vereinigte Stahlwerke AG: Die Schachtanlage Carolinenglück in Bochum-Hamme, o.O. <Essen> o.J. <1930>.

Vereinigte Stahlwerke AG: Die Schachtanlage Hansa in Dortmund-Huckarde, o.O. <Essen> o.J. <1932>.

Vereinigte Stahlwerke AG: Die Schachtanlage Pluto in Wanne-Eickel, o.O. <Essen> o.J. <1932>.

Vereinigte Stahlwerke AG: Die Schachtanlage Tremonia in Dortmund, o.O. <Essen> o.J. <1931>.

Vereinigte Stahlwerke AG: Die Schachtanlagen Zollern-Germania in Dortmund, Bd. 1, o.O. <Essen> o.J. <1931>.

Vereinigte Stahlwerke AG: Ver. Stein und Hardenberg. Die Schachtanlage Fürst Hardenberg in Dortmund-Lindenhorst, o.O. <Essen> o.J. <1936>.

Vogel, H.: Ueber den Ersatz der Pferde bei der unterirdischen Streckenförderung ausgedehnter Bergwerke, in: ZBHSW 31, 1883, Teil B, S. 399-420.

Voß: Wetterführung in den Gruben, in: Glückauf 10, 1874, Nr. 26.

Wagner, Hermann: Beschreibung des Bergreviers Aachen, Bonn 1881.

Walther, Th.: Die Kohlenstaubfrage bei Schlagwetter-Explosionen, Berlin 1887.

Weddige, Alfred/Bosten, Josef: Künstliche Ausgasung eines Abbaufeldes und Nutzbarmachen des Methans für die Gasversorgung, in: Glückauf 80, 1944, S. 241-250, S. 414 f.

Wenderoth: Ueber Schacht-Förderseile und Seil-Kosten, in: ZBHSW 34, 1886, Teil B, S. 308-314.

Werner, G[eorg]: Unfälle und Erkrankungen im Ruhr-Bergbau, Essen, 2. Auflage, o.J. <1911>.

Winkelmann, Heinrich: Die Entwicklung des bergmännischen Geleuchts, in: Hoesch-Werkzeitschrift 17, 1941, Nr. 1 ff.

Winkler, Cl.: Die chemische Untersuchung der bei verschiedenen Steinkohlengruben Sachsens ausziehenden Wetterströme und ihre Ergebnisse, in: Jahrbuch für das Berg- und Hüttenwesen im Königreich Sachsen, 1882, S. 65-84.

Winnacker, Erich: Beiträge zur Kenntnis des Britischen Steinkohlenbergbaues, 2 Bde., Essen 1936.

Winter, Heinrich: Die mikroskopische Untersuchung der Kohle im auffallenden Licht, in: Glückauf 49, 1913, S. 1406-1413.

Zix: Die Ausbildung der höheren Staatsbergbeamten in Preußen (1778-1897), in: ZBHSW 59, 1911, Teil B, S. 1-61.

Zörner: Die zur Bekämpfung des gefährlichen Kohlenstaubes auf den staatlichen Steinkohlengruben im Saarrevier getroffene Einrichtung, ihre Bewährung und ihre Kosten, in: Glückauf 31, 1895, S. 1207 f.

Literatur nach 1945

Abelshauser, Werner: Der Ruhrkohlenbergbau seit 1945. Wiederaufbau, Krise, Anpassung, München 1984.

Adelmann, Gerhard: Die Beziehungen zwischen Arbeitgeber und Arbeitnehmer in der Ruhrindustrie vor 1914, in: Jahrbücher für Nationalökonomie und Statistik 175, 1963, S. 414-427.

Alemann, Ulrich von: Grundbegriffe und Entwicklungsstufen der Technikgesellschaft, in: Ders./Schatz, Heribert/Simonis, Georg (Hrsg.): Gesellschaft-Technik-Politik. Perspektiven der Technikgesellschaft, Opladen 1989, S. 11-33.

Auffahren bei völliger Dunkelheit, in: Der Anschnitt 10, 1958, Heft 1, S. 7.

Banse, Gerhard/Bechmann, Gotthard: Interdisziplinäre Risikoforschung. Eine Bibliographie, Wiesbaden 1998.

Bartels, Christoph: Vom frühneuzeitlichen Montangewerbe zur Bergbauindustrie. Erzbergbau im Oberharz 1635-1866, Bochum 1992 (= Veröffentlichungen aus dem Deutschen Bergbau-Museum, Nr. 54).

Batzel, Siegfried: Aus der Geschichte der Grubenbewetterung, in: Bergbau-Archiv 19, 1958, Nr. 1/2, S. 1-

15.

Bechmann, Gotthard: Risiko – ein neues Forschungsfeld?, in: Ders. (Hrsg.): Risiko und Gesellschaft. Grundlagen und Ergebnisse interdisziplinärer Risikoforschung, Opladen 1993, S. VII-XXIX.

Beck, Ulrich: Risikogesellschaft. Auf dem Weg in eine andere Moderne, Frankfurt a. M. 1986.

Beck, Ulrich: Risikogesellschaft und Vorsorgestaat – Zwischenbilanz einer Diskussion, in: Ewald, François: Der Vorsorgestaat, Frankfurt a. M. 1993, S. 535-558.

Beck, Werner: Die Bedeutung Julius Weisbachs auf dem Gebiete der Hydraulik, in: Ders. (Bearb.): Julius Weisbach. Gedenkschrift zu seinem 150. Geburtstag, Berlin 1956 (= Freiberger Forschungshefte, Reihe D, Bd. 16), S. 91-110.

Begemann, Christian: Furcht und Angst im Prozeß der Aufklärung. Zu Literatur und Bewußtseinsgeschichte des 18. Jahrhunderts, Frankfurt a. M. 1987.

Beißner, Kurt: Die landesherrschaftliche Bergverwaltung im Oberharz und ihr Einfluß auf die Lebensumstände der Bevölkerung, in: Der Anschnitt 26, 1974, Heft 1, S. 3-11.

Berlepsch, Hans-Jörg von: „Neuer Kurs" im Kaiserreich? Die Arbeiterpolitik des Freiherrn von Berlepsch 1890 bis 1896, Bonn 1987.

Birkhofer, Adolf/Lindackers, Karl-Heinz: Technik und Risiko, in: Lukes, Rudolf/Birkhofer, Adolf (Hrsg.): Rechtliche Ordnung der Technik als Aufgabe der Industriegesellschaft. Vorträge und Diskussionen, Köln (u.a.) 1980 (= Recht-Technik-Wirtschaft, Bd. 22), S. 97-114.

Bleidick, Dietmar: Die Hibernia-Affäre. Der Streit um den preußischen Staatsbergbau im Ruhrgebiet zu Beginn des 20. Jahrhunderts, Bochum 1999 (= Veröffentlichungen aus dem Deutschen Bergbau-Museum Bochum, Nr. 83; = Schriften des Bergbau-Archivs, Nr. 9).

Bloemers, Kurt: William Thomas Mulvany (1806-1885). Ein Beitrag zur Geschichte der rheinisch-westfälischen Großindustrie und der deutsch-englischen Wirtschaftsbeziehungen im 19. Jahrhundert, Essen 1922 (= Veröffentlichungen des Archivs für Rheinisch-Westfälische Wirtschaftsgeschichte, Bd. 8).

Blümer, Gerd-Peter (u.a.): Rütgers VFT. 100 Jahre Werk Castrop-Rauxel, Castrop-Rauxel 1997.

Bóday, Gábor: „Anleitung zu der Bergbaukunst". Christoph Traugott Delius veröffentlichte 1773 die erste moderne Bergbaukunde, in: Der Anschnitt 19, 1967, Heft 4, S. 10-20.

Börkel, Werner/Woeckner, Horst: Des Bergmanns Geleucht, Bd. 4: Bilderatlas vom Kienspanhalter bis zur elektrischen Grubenlampe, Essen 1983, S. 51-57.

Böttcher, Heinrich: Die Tektonik der Bochumer Mulde zwischen Dortmund und Bochum und das Problem der westfälischen Karbonfaltung, in: Glückauf 61, 1925, S. 1145-1153, S. 1189-1194.

Böttcher, Heinrich/Teichmüller, Marlies u. Rolf: Zur Hiltschen Regel in der Bochumer Mulde des Ruhrkarbon, in: Glückauf 85, 1949, S. 81-92.

Boie, Bernhard: Erinnerung an das letzte Grubenpferd Tobias, in: Der Anschnitt 21, 1969, Heft 3, S. 28 f.

Boldt, Hermann: Meilensteine der Bergtechnik im Spiegel der Zeitschrift Glückauf, in: Glückauf 125, 1989, S. 23-52, S. 1417-1438; 126, 1990, S. 63-75, S. 155-173.

Bonß, Wolfgang: Heulen und Zähneklappern. Risiken und andere Unsicherheiten, in: Kultur und Technik, 1999, Heft 4, S. 18-25.

Bonß, Wolfgang: Vom Risiko. Unsicherheit und Ungewißheit in der Moderne, Hamburg 1995.

Bordonne, G.: Fortschritte bei der Gasabsaugung im lothringischen Steinkohlenbergbau, in: Europäische Gemeinschaft für Kohle und Stahl, Zentralstelle für Information und Dokumentation (ZID) (Hrsg.): Beherrschung der Ausgasung in Grubenbetrieben, Verbesserung des Grubenklimas. Informationstagung Luxemburg, 24.-25. Februar 1971, Luxemburg 1971, S. 283-303.

Boyer, Josef: Unfallversicherung und Unternehmer im Bergbau. Die Knappschafts-Berufsgenossenschaft 1885-1945, München 1995.

Brämer, Helmut: Der Knappen letzte Fahrt. Eine Dokumentation über Grubenkatastrophen und die dazugehörigen Friedhofs-Gedenkstätten in Bochum, Bochum 1992.

Brandstetter, H.: Gasabsaugung auf Zeche Hansa, Dortmund-Huckarde, in: Berg- und Hüttenmännische Monatshefte 99, 1954, S. 161-166.

Bronny, Horst M./Dege, Wilfried: Raumpotential und Raumstruktur an der Schwelle der Industrialisierung, in: Köllmann, Wolfgang (u.a.) (Hrsg.): Das Ruhrgebiet im Industriezeitalter. Geschichte und Entwicklung, Bd. 1, S. 81-110.

Brüggemeier, Franz-Josef: Leben vor Ort. Ruhrbergleute und Ruhrbergbau 1889-1919, München, 2., durchgesehene Auflage, 1984.

Buchheim, Gisela/Sonnemann, Rolf (Hrsg.): Geschichte der Technikwissenschaften, Leipzig 1990.

Bucksteeg, Mathias: Unfallaufsicht im Ruhrbergbau. Staatliche Bergaufsicht und Arbeitnehmerbeteiligung am Beispiel der Schlagwetterkatastrophe auf „Minister Stein" am 11. Februar 1925, Bochum 1993 (= ms. Magisterarbeit an der Ruhr-Universität Bochum).

Bulmer, M. I. A.: Sociological Models of the Mining Community, in: Sociological Review 23, 1975, S. 61-91.

Burghardt, Uwe: Der Steinkohlenbergbau in Deutschland, in: Wengenroth, Ulrich: Technik und Wirtschaft, Düsseldorf 1993 (= Hermann, Armin/Dettmering, Wilhelm (Hrsg.): Technik und Kultur, Bd. 8), S. 41-96.

Burghardt, Uwe: Die Mechanisierung des Ruhrbergbaus 1890-1930, München 1995.

Claes, Fritz: Der Bochumer Verein und Marianne, seine erste Zeche, Bochum 1996.

Cooter, Roger/Luckin, Bill: Accidents in History: An Introduction, in: Dies. (Hrsg.): Accidents in History: Injuries, Fatalities and Social Relations, Amsterdam/Atlanta 1997, S. 1-16.

Danz, Herbert: Denkmal für die Opfer der Zeche Neu-Iserlohn restauriert, in: Der Anschnitt 38, 1986, S. 101.

Danz, Herbert: Denkschrift zur Restaurierung des Totenmales der Schlagwetter-Explosion am 15. Januar 1868 auf der Zeche Neu-Iserlohn, Bochum-Langendreer 1986 (= Schriftenreihe Ortsteil Langendreer, Nr. 1).

Das Schichtgebet im Ruhrbergbau, in: Der Anschnitt 7, 1955, Heft 5, S. 23.

Dege, Wilhelm: Großraum Ruhr. Wirtschaft, Kultur und Politik im Ruhrgebiet, Düsseldorf/Braunschweig 1973.

Dennert, Herbert: Kleine Chronik der Oberharzer Bergstädte und ihres Erzbergbaus. Vierte erweiterte Auflage der Chronik der Bergstadt Clausthal-Zellerfeld von H. Morich, Clausthal-Zellerfeld 1974.

Der Brockhaus in drei Bänden, Mannheim/Leipzig 1992.

Deutsche Kohlenbergbau-Leitung/Amt für Bodenforschung (Hrsg.): Atlas für angewandte Steinkohlenpetrographie, Essen 1951.

Dienel, Hans-Liudger: Herrschaft über die Natur? Naturvorstellungen deutscher Ingenieure 1871-1914, Stuttgart 1992.

Dietz, Burkhard: Hochschulpolitik in Nordrhein-Westfalen und die Gründung der Ruhr-Universität Bochum, in: Ders./Schulze, Winfried/Weber, Wolfhard (Hrsg.): Universität und Politik. Festschrift zum 25jährigen Bestehen der Ruhr-Universität Bochum, Bd. 1, Bochum 1990, S. 55-130.

Dilly, Reinhard: Engelsburg. Gestern und heute, Bochum-Engelsburg 1992.

Direktion „Kohle" der Kommission der Europäischen Gemeinschaften (Hrsg.): Grubengasabsaugung. Handbuch für den Steinkohlenbergbau der Europäischen Gemeinschaft, Essen 1980.

Ditt, Karl/Kift, Dagmar (Hrsg.): 1889. Bergarbeiterstreik und wilhelminische Gesellschaft, Hagen 1989 (= Westfälisches Industriemuseum, Schriften Bd. 6).

Dixon, Dougal/Bernor, Raymond L.: Geologie für Amateure. Einführung in die Wissenschaft von der Erde, Köln 1998.

Drekopf, Karl/Braukmann, B.: Physik und Chemie für Bergschulen, Essen 1955.

Düpre, Günter: 25 Jahre Grubengasabsaugung im Saarrevier, in: Glückauf 111, 1975, S. 1162-1167.

Dürr, Reinhard: Verfahren und Einrichtungen zur Grubengasabsaugung, in: Das Gas- und Wasserfach 109, 1968, S. 165-171.

Düsterloh, Diethelm: Bergbau, Bergwerkswüstung und Siedlungsentwicklung im Gebiet von Witten-Silschede-Volmarstein, in: Der Anschnitt 30, 1978, S. 32-42.

Dunwoody, Sharon/Peters, Hans Peter: Massenmedien und Risikowahrnehmung, in: Bayerische Rückversicherung (Hrsg.): Risiko ist ein Konstrukt. Wahrnehmungen zur Risikowahrnehmung, München 1993, S. 317-341.

Dupont, Michel C.: Des lumières dans la nuit. Evolution de la lampe sûreté à flamme dans les houillères, du début du XIXe siècle à nos jours, Palaiseau 1983.

Dwyers, Tom: Life and Death at Work. Industrial Accidents as a Case of Socially Produced Error, New York/London 1991.

Elmer, Wilhelm/Schlickau, Stephan/Stube, Bernhard: Glückauf Ruhrrevier. Sozialgeschichte, technische Entwicklung und Sprache im Ruhrbergbau, Essen 1993.

Erlinghagen, Karl: Die Ausgasung von Steinkohlenflözen im Zusammenhang mit den Abbauverhältnissen und die Möglichkeiten des Absaugens von Grubengas, in: Bergbau-Archiv, Bd. 5/6, 1947, S. 71- 81.

Evers, Adalbert: Umgang mit Unsicherheit. Zur sozialwissenschaftlichen Problematisierung einer sozialen Herausforderung, in: Bechmann, Gotthard (Hrsg.): Risiko und Gesellschaft. Grundlagen und Ergebnisse interdisziplinärer Risikoforschung, Opladen 1993, S. 339-374.

Farrenkopf, Michael: „Dein Kopf ist nicht aus Gummi" – Arbeitssicherheit, Unfallverhütung und Gesundheitsvorsorge, in: Kroker, Evelyn (Hrsg.): „Wer zahlt die Zeche?" – Plakate und Flugblätter aus dem Bergbau-Archiv Bochum, Bochum 1995 (= Veröffentlichungen aus dem Deutschen Bergbau-Museum Bochum, Nr. 58; = Schriften des Bergbau-Archivs, Nr. 6), S. 86-91.

Farrenkopf, Michael: Die Überlieferung des Bergbaus im Zeitraum „Stunde Null" am Beispiel ausgewählter Bestände des Bergbau-Archivs Bochum, in: Archiv und Wirtschaft 29, 1996, S. 62-69.

Farrenkopf, Michael: Grubenunglücke als Katastrophen des Bergbaus – Zur Methodik der Untersuchung aus technik- und sozialhistorischer Warte, in: Ferrum – Nachrichten aus der Eisenbibliothek 69, 1997, S. 24-35.

Farrenkopf, Michael: Grubenunglücke in der historischen Forschung: Ansätze, Fragestellungen, Perspektiven, in: Kroker, Evelyn/Farrenkopf, Michael: Grubenunglücke im deutschsprachigen Raum. Katalog der Bergwerke, Opfer, Ursachen und Quellen, Bochum, 2., überarbeitete und erweiterte Auflage, 1999 (= Veröffentlichungen aus dem Deutschen Bergbau-Museum Bochum, Nr. 79; = Schriften des Bergbau-Archivs, Nr. 8), S. 17-39.

Farrenkopf, Michael: Gruppenmentalität und Verwaltungspraxis. Die preußischen Bergbeamten und die Ruhrstreiks von 1889 und 1905, in: Der Anschnitt 48, 1996, S. 126-135.

Farrenkopf, Michael (Hrsg.): Koks. Die Geschichte eines Wertstoffes, 2 Bde., Bochum 2003 (= Veröffentlichungen aus dem Deutschen Bergbau-Museum Bochum, Nr. 117; = Schriften des Bergbau-Archivs, Nr. 12).

Farrenkopf, Michael: Zwischen Bürgerlichkeit, Beamtenstatus und berufsständischer Orientierung. Die höheren preußischen Bergbeamten in der zweiten Hälfte des 19. Jahrhunderts, in: Der Anschnitt 47, 1995, S. 2-25.

Farrenkopf, Michael/Przigoda, Stefan: Schwarzes Silber. Die Geschichte des Steinkohlenbergwerks Sophia-Jacoba, Essen, 2. Auflage, 1997.

Faulenbach, Bernd: Die Preußischen Bergassessoren im Ruhrbergbau. Unternehmermentalität zwischen Obrigkeitsstaat und Privatindustrie, in: Mentalitäten und Lebensverhältnisse. Beispiele aus der Sozialgeschichte der Neuzeit. Rudolf Vierhaus zum 60. Geburtstag, Göttingen 1982, S. 225-242.

Fauser, Hermann: Entwicklung und Stand der Fördermaschinentechnik, in: Glückauf 100, 1964, S. 1077-1092.

Fedorow, A. S.: M. W. Lomonossow in Deutschland, in: Michail Wassiljewitsch Lomonossow (1711 bis 1765). Vorträge des Gedenkkolloquiums der Akademie der Wissenschaften der DDR und der Bergakademie Freiberg anläßlich des 270. Geburtstages von M. W. Lomonossow 1981 in Freiberg, Leipzig 1983 (= Freiberger Forschungshefte, Reihe D, Bd. 157), S. 7-17.

Fessner, Michael: Der märkische Steinkohlenbergbau vor der Industrialisierung: 1600-1806/07. Ein Forschungsproblem, Teil 1, in: Der Anschnitt 44, 1992, S. 150-161.

Fessner, Michael: Der märkische Steinkohlenbergbau zur Zeit Carl Arnold Kortums. Staatliche Bergverwaltung und Knappschaftsgründung, in: Seebold, Gustav (Red.): Carl Arnold Kortum 1745-1824. Arzt, Forscher, Literat, Essen 1995, S. 58-69.

Fessner, Michael: Steinkohle und Salz. Der lange Weg zum industriellen Ruhrrevier, Bochum 1998 (= Veröffentlichungen aus dem Deutschen Bergbau-Museum Bochum, Nr. 73).

Fettweis, Günter B. L./Wagner, Horst: Bergbausicherheit und Mineralrohstoffgesetz, in: Berg- und Hüttenmännische Monatshefte 144, 1999, S. 217-244, S. 321-328, S. 395-406.

Feyferlik, H.: Die Grubengasabsaugung beim Strebrückbau in Fohnsdorf, in: Berg- und Hüttenmännische Monatshefte 103, 1958, S. 41-51.

Fischer, Hugo/Weiher, Siegfried von: Die Anfänge des Dampfmaschinen-Betriebes im Ruhrbergbau, in: Bergfreiheit 16, 1951, Heft 6, S. 33-36.

Fober, Leonhard: Das Öl- und Benzinsicherheitsgeleucht. Eine systematisch-kritische Betrachtung der Grubenlampen unter dem Aspekt der Sicherheit, in: Der Anschnitt 32, 1980, S. 177-186.

Forstmann, Richard, in: Pudor, Fritz (Bearb.): Nekrologe aus dem rheinisch-westfälischen Industriegebiet, Jahrgang 1939-1951, Düsseldorf 1955 (= Schriften der volks- und betriebswirtschaftlichen Vereinigung im rheinisch-westfälischen Industriegebiet, Neue Folge, Hauptreihe, Heft 16), S. 208 f.

Forstmann, Richard/Schulz, Paul: Die heutigen Erkenntnisse über das Auftreten von Grubengas und seine Bekämpfung, in: Bergbau-Archiv, Bd. 1, 1946, S. 81-142.

Franck, H[einz]-G[erhard]/Collin, G.: Steinkohlenteer. Chemie, Technologie und Verwendung, Berlin/Heidelberg/New York 1968.

Franck, Heinz-Gerhard/Knop, André: Kohleveredlung. Chemie und Technologie, Berlin (u.a.) 1979.

Fricke, Dieter: Der Ruhrbergarbeiterstreik von 1905, Berlin (Ost) 1955.

Friedrich Wilhelm Graf von Reden, in: Der Anschnitt 5, 1953, Heft 3, S. 10.

Fritzsche, Carl Hellmut: Lehrbuch der Bergbaukunde mit besonderer Berücksichtigung des Steinkohlenbergbaus, 2 Bde. Zehnte, völlig neubearbeitete Auflage des von Dr.-Ing. eh. F. Heise und Dr.-Ing. eh. F. Herbst begründeten Werkes, Berlin/Göttingen/Heidelberg 1961.

Fröhlich-Broszat, Elke: Göring, Hermann, in: Weiß, Hermann (Hrsg.): Biographisches Lexikon zum Dritten Reich, Frankfurt a. M. 1998, S. 156 ff.

Frotscher, Günther: Dreißig Monate Grubengasabsaugung auf der Zeche Victoria, Lünen, in: Glückauf 89, 1953, S. 562-568.

75 Jahre Berggewerkschaftliche Versuchsstrecke in Dortmund-Derne der Westfälischen Berggewerkschaftskasse, 1894-1969, Herne 1969.

Gall, Lothar: Bismarck. Der weiße Revolutionär, Frankfurt a.M./Berlin/Wien 1980.

Gappa, Konrad: Das Unfallgeschehen im Steinkohlenbergbau untertage der Bundesrepublik Deutschland 1950-1985. Kosten der Unfälle, Möglichkeiten zur Verbesserung der Unfallsituation, 2 Bde., Diss. Wuppertal 1989.

Gebhardt, Gerhard: Ruhrbergbau. Geschichte, Aufbau und Verflechtung seiner Gesellschaften und Organisationen, Essen 1957.

Geschichtskreis Zeche Ewald (Hrsg.): Beiträge zur Geschichte des Steinkohlenbergwerks Ewald in Herten, Teil 1: 1871 bis 1900, Herten 1989.

Giga, Helmut: Zur Entwicklung der Sicherheit im Ruhrbergbau zwischen 1865 und 1900, in: Der Anschnitt 31, 1979, S. 177-186.

Gladen, Albin: Die Streiks der Bergarbeiter im Ruhrgebiet in den Jahren 1889, 1905 und 1912, in: Reulecke, Jürgen (Hrsg.): Arbeiterbewegung an Rhein und Ruhr. Beiträge zur Geschichte der Arbeiterbewegung in Rheinland-Westfalen, Wuppertal 1974, S. 111-148.

Görtemaker, Manfred: Deutschland im 19. Jahrhundert. Entwicklungslinien, Opladen, 3. Auflage, 1989.

Hagenkötter, M[anfred]: Soziale Einflüsse und Häufigkeit der Arbeitsunfälle im Ruhrbergbau, Dortmund 1974 (= Schriftenreihe Arbeitsschutz, Nr. 4).

Hahne, Carl/Schmidt, Rolf: Die Geologie des Niederrheinisch-Westfälischen Steinkohlengebietes. Einführung in das Steinkohlengebirge und seine Montangeologie, Essen 1982.

Hanel, H.: Die Schlagwettergefahr im sächsischen Steinkohlenbergbau in Vergangenheit und Gegenwart, in: Bergbautechnik 3, 1953, S. 257-262.

Hauptverwaltung der Bergbau-Berufsgenossenschaft Bochum (Hrsg.): Die berufsgenossenschaftliche Unfallversicherung des Bergmanns, Bochum o.J.

Hausen, Karin/Rürup, Reinhard (Hrsg.): Moderne Technikgeschichte, Köln 1975.

Heilfurth, Gerhard: Bergbau und Bergmann in der deutschsprachigen Sagenüberlieferung Mitteleuropas, Marburg 1967.

Heilfurth, Gerhard: Der Bergbau und seine Kultur. Eine Welt zwischen Dunkel und Licht, Zürich/Freiburg

1981.

Heilfurth, Gerhard: Gottesdienstliche Formen im beruflichen und betrieblichen Leben des Bergbaus, in: Karrenberg, Friedrich/Beckmann, Joachim (Hrsg.): Verantwortung für den Menschen. Beiträge zur gesellschaftlichen Problematik der Gegenwart, Stuttgart 1957, S. 264-276.

Heinrich: [Nachruf auf] Richard Forstmann, in: Glückauf 87, 1951, S. 1220.

Heithoff, Ursula: Zur Geschichte des Steinkohlenbergbaus im Raum Silschede, in: Jahrbuch des Vereins für Orts- und Heimatkunde in der Grafschaft Mark 64, 1964, S. 3-78.

Hentrich, Werner: Das Denkmal des Grafen von Reden, in: Der Anschnitt 6, 1954, Heft 4, S. 7-11.

Herbst, Hermann: 50 Jahre Seilprüfstelle der Westfälischen Berggewerkschaftskasse, in: Mitteilungen der Westfälischen Berggewerkschaftskasse, Heft 5, 1953.

Heymann, Gerd/Rothhämel, Alexander: 700 Jahre Bergbau in Dortmund, o.O. <Dortmund> o.J. <1986>.

Hickey, S. H. F.: Workers in Imperial Germany. The Miners of the Ruhr, Oxford 1985.

Hoffmann, C.: Lehrbuch der Bergwerksmaschinen (Kraft- und Arbeitsmaschinen), Berlin/Göttingen/Heidelberg, 5., erweiterte und verbesserte Auflage, 1956.

Holtfrerich, Carl-Ludwig: Quantitative Wirtschaftsgeschichte des Ruhrkohlenbergbaus im 19. Jahrhundert. Eine Führungssektoranalyse, Dortmund 1973 (= Untersuchungen zur Wirtschafts-, Sozial- und Technikgeschichte, Bd. 1).

Horstmann, Theo: Früher Bergbau im Raum Dortmund zwischen 1766-1865. Historische Strukturen, wirtschaftliche Entwicklung und materielle Überreste, in: Beiträge zur Geschichte Dortmunds und der Grafschaft Mark 83/84, 1992/93, S. 109-140.

Hubig, Peter: 160 Jahre Wetterlampen. Lampen für die Sicherheit im Kohlenbergbau, Essen 1983.

Huske, Joachim: Die Steinkohlenzechen im Ruhrrevier. Daten und Fakten von den Anfängen bis 1997, Bochum, 2., überarbeitete und erweiterte Auflage, 1998 (= Veröffentlichungen aus dem Deutschen Bergbau-Museum Bochum, Nr. 74).

Jäger, Wolfgang (Bearb.): Bildgeschichte der deutschen Bergarbeiterbewegung, München 1989.

Japp, Klaus-Peter: Soziologische Risikotheorie. Funktionale Differenzierung, Politisierung und Reflexion, Weinheim/München 1996 (= Grundlagentexte Soziologie).

Joerges, Bernward/Braun, Ingo: Große technische Systeme – erzählt, gedeutet, modelliert, in: Dies. (Hrsg.): Technik ohne Grenzen, Frankfurt a. M. 1994, S. 7-49.

Jong, Jutta de: Bergarbeiterfrauen – oder die andere Arbeit für den Bergbau, in: Kroker, Evelyn/Kroker, Werner (Bearb.): Frauen und Bergbau. Zeugnisse aus fünf Jahrhunderten, Bochum 1989 (= Veröffentlichungen aus dem Deutschen Bergbau-Museum Bochum, Nr. 45), S. 70-75.

Kaniss, Fritz: Der Neubau der Seilprüfstelle der Westfälischen Berggewerkschaftskasse, in: Glückauf 98, 1962, S. 285-291.

Karrer, Paul: Lehrbuch der organischen Chemie, Leipzig, 11., verbesserte Auflage, 1950.

Kegel, K.: Die Einwirkung des Abbaudruckes auf die Schlagwetterentwicklung, in: Bergbau und Energiewirtschaft 1, 1948, Heft 2, S. 44-49.

Kegel, Karl-Heinz: Probleme der Ausgasung, in: Glückauf 99, 1963, S. 512-522.

Kemp, Ray: Risikowahrnehmung: Die Bewertung von Risiken durch Experten und Laien – ein zweckmäßiger Vergleich?, in: Bayerische Rückversicherung (Hrsg.): Risiko ist ein Konstrukt. Wahrnehmungen zur Risikowahrnehmung, München 1993, S. 109-127.

Kesten, Wilhelm: Geschichte der Bergwerksgesellschaft Dahlbusch, Essen 1952.

Kirchhoff, Hans Georg: Die staatliche Sozialpolitik im Ruhrbergbau 1871-1914, Köln/Opladen 1954 (= Wissenschaftliche Abhandlungen der Arbeitsgemeinschaft für Forschung des Landes Nordrhein-Westfalen, Bd. 4).

Kirnbauer, Franz: Die Quellen und Grundlagen der Bergmannssagen, in: Der Anschnitt 6, 1954, Heft 6, S. 16-19.

Koch, Manfred: Geschichte und Entwicklung des bergmännischen Schrifttums, Goslar 1963 (= Schriftenreihe Bergbau-Aufbereitung, Bd. 1).

Koch, Max Jürgen: Die Bergarbeiterbewegung im Ruhrgebiet zur Zeit Wilhelms II. (1889-1914), Düsseldorf 1954.

Koch, V.: Entgasung von Steinkohlen bei hohen Aufheizgeschwindigkeiten und ihre Bedeutung für den Verbrennungsverlauf, Diss., Aachen 1968.

Kocka, Jürgen: Lohnarbeit und Klassenbildung. Arbeiter und Arbeiterbewegung in Deutschland 1800-1875, Berlin/Bonn 1983.

Kocka, Jürgen (u.a.) (Hrsg.): Theoriedebatte in der Geschichtswissenschaft. Sozialgeschichte, Paradigmenwechsel und Geschichtsdidaktik in der aktuellen Diskussion, Paderborn 1982.

Köllmann, Wolfgang: Vom Knappen zum Bergarbeiter: Die Entstehung der Bergarbeiterschaft an der Ruhr, in: Mommsen, Hans/Borsdorf, Ulrich (Hrsg.): Glück auf, Kameraden! Die Bergarbeiter und ihre Organisationen in Deutschland, Köln 1979, S. 23-48.

Köllmann, Wolfgang/Gladen, Albin: Der Bergarbeiterstreik von 1889 und die Gründung des „Alten Verbandes" in ausgewählten Dokumenten der Zeit, Bochum 1969.

König, Wolfgang: Massenproduktion und Technikkonsum. Entwicklungslinien und Triebkräfte der Technik zwischen 1880 und 1914, in: Ders./Weber, Wolfhard: Netzwerke, Stahl und Strom 1840 bis 1914, Berlin 1997 (= König, Wolfgang (Hrsg.): Propyläen Technikgeschichte, Bd. 4), S. 263-552.

König, Wolfgang (Hrsg.): Propyläen Technikgeschichte, 5 Bde, Berlin, unveränderte Neuausgabe, 1997.

Körting, Johannes: Geschichte der deutschen Gasindustrie. Mit Vorgeschichte und bestimmenden Einflüssen des Auslandes, Essen 1963.

Kolligs, Rainer: Begrüßung und Einführung [der Vortragsveranstaltung des Fachausschusses Betriebssicherheit des Steinkohlenbergbauvereins am 7. Juni 1989 in Bochum unter dem Thema „Explosionsschutz im deutschen Steinkohlenbergbau unter Tage"], in: Glückauf 125, 1989, S. 1297 f.

Koszyk, Kurt (Hrsg.): Verzeichnis und Bestände westfälischer Zeitungen, München 1976 (= Dortmunder Beiträge zur Zeitungsforschung, Bd. 21).

Krampe, Hans Dieter: Der Staatseinfluß auf den Ruhrkohlenbergbau in der Zeit von 1800 bis 1865, Köln 1961 (= Schriften zur rheinisch-westfälischen Wirtschaftsgeschichte).

Krohn, Wolfgang/Krücken, Georg: Risiko als Konstruktion und Wirklichkeit. Eine Einführung in die sozialwissenschaftliche Risikoforschung, in: Dies. (Hrsg.): Riskante Technologien: Reflexion und Regulation, Frankfurt a. M. 1993, S. 9-44.

Kroker, Evelyn: Arbeiterausschüsse im Ruhrbergbau zwischen 1906 und 1914, in: Der Anschnitt 30, 1978, S. 204-215.

Kroker, Evelyn: Bergverwaltung, in: Jeserich, Kurt G.A./Pohl, Hans/Unruh, Georg-Christoph von (Hrsg.): Deutsche Verwaltungsgeschichte, Bd. 3: Das Deutsche Reich bis zum Ende der Monarchie, Stuttgart 1985, S. 514-526.

Kroker, Evelyn: Bruchbau kontra Vollversatz. Mechanisierung, Wirtschaftlichkeit und Umweltverträglichkeit im Ruhrbergbau zwischen 1930 und 1950, in: Der Anschnitt 42, 1990, S. 191-203.

Kroker, Evelyn: Das Bergbau-Archiv Bochum. Kurzführer, Bochum, 2., überarbeitete Auflage, 1994.

Kroker, Evelyn: Das Bergbau-Archiv und seine Bestände, Bochum 1977 (= Veröffentlichungen aus dem Deutschen Bergbau-Museum Bochum, Nr. 11; = Schriften des Bergbau-Archivs, Nr. 1).

Kroker, Evelyn: Das Rheinisch-Westfälische Kohlen-Syndikat. Gründung, Organisation, Strukturprobleme, in: Der Anschnitt 32, 1980, S. 165-176.

Kroker, Evelyn: Der Aufstieg eines preußischen Bergbeamten im 19. Jahrhundert: Oberberghauptmann Albert Ludwig Serlo, in: Der Anschnitt 32, 1980, S. 258-277.

Kroker, Evelyn: „Der Bergmann vor Ort und nach der Schicht" – Zu den Ergebnissen einer historischen Dokumentation über die Arbeits- und Lebensumstände der Bergleute im Ruhrrevier, in: Der Anschnitt 30, 1978, S. 180 ff.

Kroker, Evelyn: Der Grubenunglück-Katalog des Bergbau-Archivs: Motivationen – Methoden – Ziele, in: Kroker, Evelyn/Farrenkopf, Michael: Grubenunglücke im deutschsprachigen Raum. Katalog der Bergwerke, Opfer, Ursachen und Quellen, Bochum, 2., überarbeitete und erweiterte Auflage, 1999 (= Veröffentlichungen aus dem Deutschen Bergbau-Museum Bochum, Nr. 79; = Schriften des Bergbau-Archivs, Nr. 8), S. 10-16.

Kroker, Evelyn: Der Ruhrbergbau auf der Düsseldorfer Industrie- und Gewerbeausstellung von 1902. Eine „Erfolgsgeschichte", in: Der Anschnitt 36, 1983, S. 146-165.

Kroker, Evelyn: Heinrich Kost. Rationalisierung und Sozialbeziehungen im Bergbau, in: Erker, Paul/Pierenkemper, Toni (Hrsg.): Deutsche Unternehmer zwischen Kriegswirtschaft und Wiederaufbau. Studien zur Erfahrungsbildung von Industrie-Eliten, München 1999, S. 291-316.

Kroker, Evelyn: Heinrich Kost und die DKBL. Die neue Führungsspitze des Ruhrbergbaus nach 1945, in: Der Anschnitt 50, 1998, S. 228-239.

Kroker, Evelyn: Karl Oberste-Brink (1885-1966), in: Weber, Wolfhard (Hrsg.): Ingenieure im Ruhrgebiet, Münster 1999 (= Rheinisch-Westfälische Wirtschaftsbiographien, Bd. 17), S. 373-389.

Kroker, Evelyn: Krabler, Emil, in: Neue Deutsche Biographie 12, 1980, S. 630.

Kroker, Evelyn: Kukuk, Paul, in: Neue Deutsche Biographie 13, 1982, S. 272.

Kroker, Evelyn: Zur Entwicklung des Steinkohlenbergbaus in Nordrhein-Westfalen zwischen 1945 und 1995, in: Glückauf 132, 1996, S. 457-485.

Kroker, Evelyn/Farrenkopf, Michael: Grubenunglücke im deutschsprachigen Raum. Katalog der Bergwerke, Opfer, Ursachen und Quellen, Bochum, 2., überarbeitete und erweiterte Auflage, 1999 (= Veröffentlichungen aus dem Deutschen Bergbau-Museum Bochum, Nr. 79; = Schriften des Bergbau-Archivs, Nr. 8).

Kroker, Evelyn/Huske, Joachim: Daten zur Geschichte des Ruhrbergbaus, in: Huske, Joachim: Die Steinkohlenzechen im Ruhrrevier. Daten und Fakten von den Anfängen bis 1997, Bochum, 2., überarbeitete und erweiterte Auflage, 1998 (= Veröffentlichungen aus dem Deutschen Bergbau-Museum Bochum, Nr. 74), S. 11-19.

Kroker, Evelyn/Ragenfeld, Norma v. (Bearb.): Rheinisch-Westfälisches Kohlen-Syndikat 1893-1945. Findbuch zum Bestand 33, Bochum 1980 (= Veröffentlichungen aus dem Deutschen Bergbau-Museum Bochum, Nr. 19; = Schriften des Bergbau-Archivs, Nr. 9).

Kroker, Werner: Frühe Eisenbahnen und das Montanwesen, in: Reininghaus, Wilfried/Teppe, Karl (Hrsg.): Verkehr und Region im 19. und 20. Jahrhundert. Westfälische Beispiele, Paderborn 1999, S. 57-70.

Kroker, Werner: Ruhrbergbau und Verkehr vor der Industrialisierung. Entwicklungen im Süden Wittens, in: Der Anschnitt 47, 1995, S. 26-43.

Lackner, Helmut: Technische Katastrophen und ihre Bedeutung für die technische Entwicklung. Ein Überblick, in: Ferrum – Nachrichten aus der Eisenbibliothek 69, 1997, S. 4-15.

Langer, Wolfhart: Zur Erforschung der Geologie und Paläontologie Westfalens. Von den Anfängen bis 1900, in: Bartels, Christoph/Feldmann, Reinhard/Oekentorp, Klemens: Geologie und Bergbau im rheinisch-westfälischen Raum. Bücher aus der historischen Bibliothek des Landesoberbergamtes Nordrhein-Westfalen in Dortmund, Münster 1994 (= Schriften der Universitäts- und Landesbibliothek Münster, Bd. 11), S. 13-33.

Laub, Gerhard: Zwergkönig Hübich. Eine Sagengestalt des Westharzes, in: Der Anschnitt 22, 1970, Heft 5, S. 3-10.

Lautmann, Rüdiger: Klassenjustiz, in: Görlitz, Axel (Hrsg.): Handlexikon zur Rechtswissenschaft, München 1972, S. 248-252.

Levin, Günter: 100 Jahre Unfallverhütung. Beständigkeit im Wandel, in: Kompaß. Zeitschrift für Sozialversicherung im Bergbau 95, 1985, S. 429-435.

Limmer, Hans: Die deutsche Gewerkschaftsbewegung, München, 12. Auflage, 1988 (= Geschichte und Staat, Bd. 279).

Lockemann, G.: Robert Wilhelm Bunsen. Lebensbild eines deutschen Naturforschers, Stuttgart 1949.

Ludwig, Gerhard (Red.): 20 Jahre Gemeinschaftsforschung des Steinkohlenbergbaus, Essen 1978.

Luhmann, Niklas: Risiko und Gefahr, in: Krohn, Wolfgang/Krücken, Georg (Hrsg.): Riskante Technologie: Reflexion und Regulation, Frankfurt a. M. 1993, S. 138-185.

Luhmann, Niklas: Soziologie des Risikos, Berlin/New York 1991.

Mackowsky, Marie-Therese: Inkohlung und Kohlenpetrographie, in: Bartholomé, Ernst (u.a.) (Hrsg.): Ullmanns Encyklopädie der technischen Chemie, Bd. 14: Keramische Farben bis Kork, Weinheim/New York, 4. Auflage, 1977, S. 288-292.

Mämpel, Arthur: Bergbau in Dortmund. Von Pingen und Stollen bis zu den Anfängen des Tiefbaus, Dortmund 1963.

Mann, Bernhard: Biographisches Handbuch für das Preussische Abgeordnetenhaus 1867-1918, Düsseldorf 1988.

Mariaux, Franz: Gedenkwort zum hundertjährigen Bestehen der Harpener Bergbau-Aktien-Gesellschaft, Dortmund 1956.

Martiny, Martin: Die Durchsetzung der Mitbestimmung im deutschen Bergbau, in: Mommsen, Hans/Borsdorf, Ulrich (Hrsg.): Glück auf, Kameraden! Die Bergarbeiter und ihre Organisationen in Deutschland, Köln 1979, S. 389-414.

Mende, Hermann/Trösken, Kurt: Einrichtung einer Methanabsaugeanlage auf der Zeche Hansa unter Tage, in: Glückauf 86, 1950, S. 1-11.

Menneking, Friedrich: Radbod 1908. Rückblick auf die große Explosion und andere Explosionen im Steinkohlenbergbau, Dortmund 1984.

Mertens, Alfred: Der Arbeitsschutz und seine Entwicklung, Dortmund 1978 (= Schriftenreihe Arbeitsschutz, Nr. 15).

Metzelder, Hans-Alwin: Der Wittener Steinkohlenbergbau im Umbruch zur Großindustrie 1830-1860, Essen 1964.

Meyer, Torsten: Natur, Technik und Wirtschaftswachstum im 18. Jahrhundert. Risikoperzeption und Sicherheitsversprechen, Münster [u.a.] 1999 (= Cottbuser Studien zur Geschichte von Technik, Arbeit und Umwelt, Bd. 12), S. 10-24.

Michelis, Jürgen: Explosionsschutz im Bergbau unter Tage. Die Bekämpfung von Methan- und Kohlenstaub-Explosionen, Essen 1998 (= Glückauf-Betriebsbücher, Bd. 18).

Mommsen, Hans (u.a.): Bergarbeiter. (Katalog der) Ausstellung zur Geschichte der organisierten Bergarbeiterbewegung in Deutschland, Bochum 1969 (= Veröffentlichungen aus dem Deutschen Bergbau-Museum Bochum, Nr. 2).

1910-1960. 50 Jahre Hauptstelle für das Grubenrettungswesen Essen, Essen 1960.

Neuloh, Otto: Der Arbeitsunfall und seine Ursachen, Stuttgart/Düsseldorf 1957.

Nipperdey, Thomas: Deutsche Geschichte 1866-1918, 2 Bde., München, 2. Auflage, 1991/1993.

Oberste-Brink, K[arl]: Der heutige Stand der geologischen Erforschung des Ruhrkohlenbezirks, in: Die Naturwissenschaften 40, 1953, S. 113-119.

Pabst, Wolfgang: 350 Männer starben, nun laßt uns tanzen. Die Katastrophe in der Steinkohlen-Zeche Radbod/Hamm im November 1908, Herne 1982.

Parent, Thomas: Industriemuseum, Industriedenkmal, Industrielandschaft. Zur Zeche Zollern II/IV in Dortmund-Bövinghausen, in: Geschichte lernen, 1990, Heft 14, o.S.

Patteisky, Karl: Das Auftreten und die Abwehr des Grubengases beim Steinkohlenbergbau, in: Glückauf 91, 1955, Beiheft: Beiträge deutscher Verfasser zum Jahrhundertkongreß der Société de l'Industrie Minérale, S. 5-18.

Patteisky, Karl: Der verschiedene Grad der Grubengasführung einzelner Gebirgsschollen, in: Bergbau-Rundschau 4, 1952, S. 561-567.

Patteisky, Karl: Die Art des Vorhandenseins des Grubengases im Gebirge und seines Austretens, in: Bergbau-Archiv 12, [Bd. 15], 1951, Heft 2, S. 29-61.

Patteisky, Karl: Die Entstehung des Grubengases, in: Bergbau-Archiv, Bd. 11/12, 1950, S. 5-24.

Patteisky, Karl: Die Veränderungen der Steinkohlen beim Ablauf der Inkohlung, in: Brennstoff-Chemie 34, 1953, S. 75-82.

Patteisky, Karl: Erläuterungen zur Grubengas- und Inkohlungskarte, in: Westfälische Berggewerkschaftskasse, Heft 1, 1952, Heft 2, 1955, Heft 3, 1959.

Patteisky, Karl: Grubengas- und Schlagwetterkunde. Ein Handbuch für den praktischen Bergbaubetrieb, Herne o.J. <1964>.

Patteisky, Karl: Schlagwetter im Kohlenbergbau, Ursachen ihrer Bildung und Abwehr der Gefahren, in: Mitteilungen der Westfälischen Berggewerkschaftskasse, Heft 6, 1953, S. 1-40.

Patteisky, K[arl]/Teichmüller, M[arlies]: Inkohlungs-Verlauf, Inkohlungs-Maßstäbe und Klassifikation der Kohlen auf Grund von Vitrit-Analysen, Teil 1, in: Brennstoff-Chemie 41, 1960, S. 79-84.

Perrow, Charles: Normale Katastrophen. Die unvermeidbaren Risiken der Großtechnik, Frankfurt

a. M./New York, 2. Auflage, 1992.

Pfläging, Kurt: Die Wiege des Ruhrkohlenbergbaus. Die Geschichte der Zechen im südlichen Ruhrgebiet, Essen 1978.

Pfläging, Kurt: Steins Reise durch den Kohlenbergbau an der Ruhr. Der junge Freiherr vom Stein als Bergdirektor in der Grafschaft Mark, Horb am Neckar 1999.

Philippi, Adolf: Vom Leuchtspan bis zur Kopfleuchte, in: Magistrat der Stadt Borken (Hrsg.): Das Geleucht des Bergmanns im Wandel der Zeiten, Borken 1999 (= ms. Faltblatt zur Sonderausstellung im nordhessischen Braunkohle Bergbaumuseum, 21.03.-30.05.1999).

Pierenkemper, Toni: Die westfälischen Schwerindustriellen 1852-1913. Soziale Struktur und wirtschaftlicher Erfolg, Göttingen 1979 (= Kritische Studien zur Geschichtswissenschaft, Bd. 36).

Pilger, A.: Der tektonische Bau des Ruhrkarbons, in: Bergbau-Rundschau 8, 1956, S. 400-405.

Porezag, Karsten: Des Bergmanns offenes Geleucht. Unschlittlampen, Öllampen, Kerzenlampen, Essen 1980.

Przigoda, Stefan: Klassenjustiz im Kaiserreich? Zur Rechtsprechungspraxis der Gerichte in Arbeitskämpfen. Das Beispiel des Bergarbeiterstreiks im Ruhrgebiet 1912, Berlin 1994 (= ms. Magisterarbeit).

Przigoda, Stefan: Unternehmensverbände im Ruhrbergbau. Zur Geschichte von Bergbau-Verein und Zechenverband 1858-1933, Bochum 2002 (= Veröffentlichungen aus dem Deutschen Bergbau-Museum Bochum, Nr. 102; = Schriften des Bergbau-Archivs, Nr. 11).

Quiring, Heinrich: Bärtling, Theodor Carl Wilhelm Richard, in: Neue Deutsche Biographie 1, 1953, S. 529.

Radkau, Joachim: Technik in Deutschland. Vom 18. Jahrhundert bis zur Gegenwart, Frankfurt a. M. 1989.

Raiser, Thomas: Zum Problem der Klassenjustiz, in: Friedmann, Lawrence M./Rehbinder, Manfred (Hrsg.): Jahrbuch für Rechtssoziologie und Rechtstheorie, Bd. 4: Zur Soziologie des Gerichtsverfahrens, 1976, S. 123-136.

Ramlu, Madisetti Anant: Mine Disasters and Mine Rescue, Balkema/Rotterdam 1991.

Rasch, Manfred: Baugeschichte des Kaiser-Wilhelm-Instituts für Kohlenforschung 1912-1945, in: Zeitschrift des Geschichtsvereins Mülheim a. d. Ruhr 65, 1993, S. 7-128.

Rasch, Manfred: Friedrich Bergius und die Kohleverflüssigung. Stationen einer Entwicklung, Bochum 1985 (= Veröffentlichungen aus dem Deutschen Bergbau-Museum Bochum, Nr. 35).

Rasch, Manfred: Geschichte des Kaiser-Wilhelm-Instituts für Kohlenforschung 1913-1943, Weinheim 1989.

Raub, Julius: Feuerleute im Ruhrgebiet, in: Der Anschnitt 12, 1960, Heft 4, S. 33 f.

Reerink, Wilhelm: Forschung und Entwicklung als Gemeinschaftsaufgabe im deutschen Steinkohlenbergbau, in: Ludwig, Gerhard (Red.): 20 Jahre Gemeinschaftsforschung des Steinkohlenbergbaus, Essen 1978 (hrsg. von der Bergbau-Forschung GmbH), S. 6-9.

Reif, Heinz: „Das wilde Feuer". Schlagwetterexplosionen im deutschen Bergbau während des 18. und 19. Jahrhunderts (= unveröffentlichtes Vortragsmanuskript, Essen, 10.04.1986).

Reininghaus, Wilfried: Der märkische Steinkohlenbergbau und Brandenburg-Preußen. Ein Überblick über die Entwicklung bis 1770, in: Huske, Joachim/Reininghaus, Wilfried/Schilp, Thomas: Das Muth-, Verleih- und Bestätigungsbuch 1770-1773. Eine Quelle zur Frühgeschichte des Ruhrbergbaus (= Veröffentlichungen des Stadtarchivs Dortmund, Bd. 9), S. 13-50.

Reininghaus, Wilfried: Eisenbahnen zwischen Rhein und Weser 1825-1995, in: Ellerbrock, Karl-Peter/Schuster, Marina (Hrsg.): 150 Jahre Köln-Mindener Eisenbahn, Essen, 2. Auflage, 1997.

Reininghaus, Wilfried: Gewerken und Steinkohlengruben im Dortmunder Süden im späten 18. Jahrhundert, in: Der Anschnitt 44, 1992, S. 162-167.

Repetzki, Kurt: 3000 Jahre Grubengeleuchte. Zur Geschichte der Grubenlampe, Wien 1973 (= Leobener Grüne Hefte, Bd. 148).

Ress, Franz Michael: Geschichte der Kokereitechnik, Essen 1957.

Rimmele, Eva: Funk, Walther, in: Weiß, Hermann (Hrsg.): Biographisches Lexikon zum Dritten Reich, Frankfurt a. M. 1998, S. 136 f.

Ruhr & Saar-Kohle AG, Basel (Hrsg.): Kohle und Koks. Wissenswertes über die Ruhrbrennstoffe von der

Förderung bis zur Verbrennung, Basel 1954.

Ruhrkohlen-Handbuch. Anhaltszahlen, Erfahrungswerte und praktische Hinweise für industrielle Verbraucher, Essen, 7. Auflage, 1987.

Ruth, Karl Heinz: Das Stoßtränken. Ein Verfahren zur Verhinderung der Kohlenstaubbildung, in: Der Anschnitt 26, 1974, Heft 1, S. 20-26.

Ruth, Karl Heinz: Explosionsunglücke im Steinkohlenbergbau an der Saar, Dudweiler 1999 (= unveröffentlichtes Aufsatzmanuskript).

Schäfer, Michael: Heinrich Imbusch. Christlicher Gewerkschaftsführer und Widerstandskämpfer, München 1990.

Schelter, Helmut: Die Bedeutung des Explosionsschutzes aus der Sicht der Bergbehörde, in: Glückauf 125, 1989, S. 1298-1302.

Schenk, Georg W.: Das große Grubenunglück in den Príbramer Silbererzgruben im Jahre 1892, in: Der Anschnitt 24, 1972, Heft 2, S. 22-32.

Schiffner, Carl (u.a.) (Bearb.): Georg Agricola. Zwölf Bücher vom Berg- und Hüttenwesen. Vollständige Ausgabe nach dem lateinischen Original von 1556, Nördlingen 1977.

Schiller-Mertens, Anke: Frauen vor Ort. Lebenserfahrungen von Bergarbeiterfrauen, Essen 1990.

Schmidt, Andreas: „Wolken krachen, Berge zittern, und die ganze Erde weint ...". Zur kulturellen Vermittlung von Naturkatastrophen in Deutschland 1755 bis 1855, Münster (u.a.) 1999.

Schreiber, Georg: Der Bergbau in Geschichte, Ethos und Sakralkultur, Köln/Opladen 1962 (= Wissenschaftliche Abhandlungen der Arbeitsgemeinschaft für Forschung des Landes Nordrhein-Westfalen, Bd. 21).

Schultze-Rhonhof, H./Fischer, K./Meerbach, H.: Untersuchungen über den Verlauf und die Bekämpfung von Schlagwetter- und Kohlenstaubexplosionen, Essen 1963 (= Berichte der Versuchsgrubengesellschaft, Heft 11).

Schulz, Paul: Das Entwicklungsbild der Grubengasabsaugung, in: Bergfreiheit 23, 1958, S. 51-57.

Schulz, Paul: Der neueste Stand der Grubengasabsaugung in Westeuropa, in: Glückauf 88, 1952, S. 426-434.

Schulz, Paul: Die Bedeutung der Grubengasabsaugung in belgischer und englischer Betrachtung, in: Glückauf 88, 1952, S. 449-452.

Schulz, Paul: Die Entwicklung der Grubengasabsaugung im Jahre 1952, in: Glückauf 89, 1953, S. 421 ff.

Schunder, Friedrich: Geschichte des Aachener Steinkohlenbergbaus, Essen 1968.

Schunder, Friedrich: Lehre und Forschung im Dienste des Ruhrbergbaus. Westfälische Berggewerkschaftskasse 1864-1964, Herne 1964.

Schunder, Friedrich: Tradition und Fortschritt. Hundert Jahre Gemeinschaftsarbeit im Ruhrbergbau, Stuttgart 1959.

Sieburg, Heinz-Otto: Die Grubenkatastrophe von Courrières 1906. Ein Beitrag zur Sozialgeschichte der Dritten Republik und zum deutsch-französischen Verhältnis um die Jahrhundertwende, Wiesbaden 1967.

Slotta, Rainer: Bergbau in Kultur und Kunst, in: Wirtschaftsvereinigung Bergbau e.V., Bonn (Hrsg.): Das Bergbau-Handbuch, Essen, 5. Auflage, 1994, S. 127-140.

Slotta, Rainer: Meisterwerke bergbaulicher Kunst und Kultur, Nr. 20: Handstein, Slowakei/Ungarn (?), um 1730, in: Der Anschnitt 35, 1983, Heft 1.

Sonnenberg, Gerhard S.: Hundert Jahre Sicherheit. Beiträge zur technischen und administrativen Entwicklung des Dampfkesselwesens in Deutschland 1810-1910, Düsseldorf 1968.

Spethmann, Hans: Die ersten Mergelzechen im Ruhrgebiet, Essen/Lübeck, vorläufige Ausgabe, 1947.

Spethmann, Hans: Franz Haniel. Sein Leben und Werk, Duisburg-Ruhrort 1956.

Spree, Reinhard: Soziale Ungleichheit vor Krankheit und Tod. Zur Sozialgeschichte des Gesundheitsbereichs im Deutschen Kaiserreich, Göttingen 1981.

Steffenhagen, Alfred/Meerbach, Hans: Wassersperren – ein wesentlicher Fortschritt in der Grubensicherheit?, in: Glückauf 100, 1964, S. 1013-1022.

Steinbach, Jörg: Chemische Sicherheitstechnik, Weinheim (u.a.) 1995.

Steinberg, Christa: Der Unfallgefährdete und die Unfallverhütung im Ruhrbergbau, Berlin 1957.

Suhling, Lothar: Aufschließen, Gewinnen, Fördern. Geschichte des Bergbaus, Reinbek bei Hamburg 1983.

Tasch, Karl-Heinz: Flözprofil und Flözgenese. Geologisch-petrologische Untersuchungen an Flözen der Sprockhöveler-, Wittener-, Bochumer-, Essener- und Horster-Schichten im Raume Bottrop, Bochum und Wattenscheid, (= ms. Diss. RWTH Aachen) o.J. <1956>.

Telsemeyer, Ingrid/Tempel, Norbert: Die Schachtfördereinrichtungen der Zeche Zollern II/IV, in: Dies. (Hrsg.): Die Fördergerüste der Zeche Zollern II/IV, Dortmund 1988 (= Kleine Reihe/Landschaftsverband Westfalen-Lippe, Westfälisches Industriemuseum, Heft 1).

Tenfelde, Klaus: Bergarbeiterkultur in Deutschland. Ein Überblick, in: Geschichte und Gesellschaft 5, 1979, S. 12-53.

Tenfelde, Klaus: Bergbaugeschichte im Ruhrgebiet, in: Der Anschnitt 50, 1998, S. 215-227.

Tenfelde, Klaus: Das Ruhrgebiet und Nordrhein-Westfalen. Das Land und die Industrieregion im Strukturwandel der Nachkriegszeit, in: Barbian, Jan-Pieter/Heid, Ludger (Hrsg.): Die Entdeckung des Ruhrgebiets. Das Ruhrgebiet in Nordrhein-Westfalen 1946-1996, Essen 1997, S. 24-40.

Tenfelde, Klaus: Der bergmännische Arbeitsplatz während der Hochindustrialisierung (1890 bis 1914), in: Conze, Werner/Engelhardt, Ulrich (Hrsg.): Arbeiter im Industrialisierungsprozeß. Herkunft, Lage und Verhalten, Stuttgart 1979 (= Industrielle Welt, Bd. 28), S. 283-335.

Tenfelde, Klaus: Eine kleine Geschichte der Bergarbeit, in: Borsdorf, Ulrich/Eskildsen, Ute (Hrsg.): Untertage-Übertage. Bergarbeiterleben heute, München 1985, S. 8-19.

Tenfelde, Klaus: Gewalt und Konfliktregelung in den Arbeitskämpfen der Ruhrbergleute bis 1918, in: Engel-Janosi, Friedrich/Klingenstein, Grete/Lutz, Heinrich (Hrsg.): Gewalt und Gewaltlosigkeit. Probleme des 20. Jahrhunderts, Wien 1977 (= Wiener Beiträge zur Geschichte der Neuzeit, Bd. 4), S. 185-236.

Tenfelde, Klaus: „Klassische" und „moderne" Themen in der Bergbaugeschichte, in: Kastner, Dieter (Red.): Landwirtschaft und Bergbau. Zur Überlieferung der Quellen in rheinischen Archiven, Köln 1996 (= Landschaftsverband Rheinland, Archivberatungsstelle, Archivhefte 29), S. 127-142.

Tenfelde, Klaus: Probleme der Organisation von Arbeitern und Unternehmern im Ruhrbergbau 1890 bis 1918, in: Mommsen, Hans (Hrsg.): Arbeiterbewegung und industrieller Wandel. Studien zu gewerkschaftlichen Organisationsproblemen im Reich und an der Ruhr, Wuppertal 1980, S. 38-61.

Tenfelde, Klaus: Protest, Organisation, Emanzipation. Die Arbeitswelt und ihre Konflikte im Ruhrgebiet, in: Ruhrlandmuseum Essen (Hrsg.): Die Erfindung des Ruhrgebiets. Arbeit und Alltag um 1900, Essen 2000, S. 105-119.

Tenfelde, Klaus: Sozialgeschichte der Bergarbeiterschaft an der Ruhr im 19. Jahrhundert, Bonn, 2. durchgesehene Auflage, 1981.

Tenfelde, Klaus: Zur Geschichte der Industriellen Beziehungen im Bergbau, in: Feldman, Gerald D./Tenfelde, Klaus (Hrsg.): Arbeiter, Unternehmer und Staat im Bergbau. Industrielle Beziehungen im internationalen Vergleich, München 1989, S. 7-14.

Tenfelde, Klaus/Trischler, Helmuth (Hrsg.): Bis vor die Stufen des Throns. Bittschriften und Beschwerden von Bergarbeitern, München 1986.

Tenner, Edward: Die Tücken der Technik. Wenn Fortschritt sich rächt, Frankfurt a. M. 1997.

Teuteberg, Hans Jürgen: Geschichte der industriellen Mitbestimmung in Deutschland. Ursprung und Entwicklung ihrer Vorläufer im Denken und in der Wirklichkeit des 19. Jahrhunderts, Tübingen 1961 (= Soziale Forschung und Praxis, Bd. 15).

Theimer, Walter: Öl und Gas aus Kohle, München 1980.

Treskow, Alexander von: Die Zusammenhänge zwischen dem Gasinhalt und der Geologie im Ruhrrevier, in: Glückauf 121, 1985, S. 1747-1755.

Trischler, Helmuth: Arbeitsunfälle und Berufskrankheiten im Bergbau 1851 bis 1945. Bergbehördliche Sozialpolitik im Spannungsfeld von Sicherheit und Produktionsinteressen, in: Archiv für Sozialgeschichte 28, 1988, S. 111-151.

Trischler, Helmuth: Steiger im deutschen Bergbau. Zur Sozialgeschichte der technischen Angestellten

1815-1945, München 1988.

Troitzsch, Ulrich: Technikgeschichte, in: Goertz, Hans-Jürgen (Hrsg.): Geschichte. Ein Grundkurs, Reinbek bei Hamburg 1998.

Troitzsch, Ulrich/Wohlauf, Gabriele (Hrsg.): Technik-Geschichte. Historische Beiträge und neuere Ansätze, Frankfurt a. M. 1980.

Trotter, Donald A.: The lightning of underground mines, Montreal 1982 (= Series on mining engineering, vol. 2).

Vidal, E.: Vier Jahre Grubengasabsaugung auf den Saargruben, in: Schlägel und Eisen, 1952, S. 420-424, S. 470 ff.

Völkening, Ulrich: Unfallentwicklung und -verhütung im Bergbau des Deutschen Kaiserreiches, Dortmund 1980 (= Schriftenreihe Arbeitsschutz, Nr. 23).

Volkert, Ralf: Geschichte des märkischen Steinkohlenbergbaus. Von den Anfängen bis zur Bergrechtsreform 1865, Witten 1986.

Wagenbreth, Otfried: Lomonossow und die Herausbildung der Grubenwetterlehre als Spezialdisziplin der Montanwissenschaften, in: Michail Wassiljewitsch Lomonossow (1711 bis 1765). Vorträge des Gedenkkolloquiums der Akademie der Wissenschaften der DDR und der Bergakademie Freiberg anläßlich des 270. Geburtstages von M. W. Lomonossow 1981 in Freiberg, Leipzig 1983 (= Freiberger Forschungshefte, Reihe D, Bd. 157), S. 69-110.

Weber, Wolfhard: Arbeitssicherheit. Historische Beispiele – aktuelle Analysen, Reinbek bei Hamburg 1988.

Weber, Wolfhard: Grundzüge der Entwicklung der Technikhistoriographie in Deutschland nach 1945, in: Blätter für Technikgeschichte 57/58, 1995/96, S. 25-38.

Weindling, Paul (Hrsg.): The Social History of Occupational Health, London (u.a.) 1985.

Weisbrod, Bernd: Arbeitgeberpolitik und Arbeitsbeziehungen im Ruhrbergbau. Vom „Herr-im-Haus" zur Mitbestimmung, in: Feldman, Gerald D./Tenfelde, Klaus (Hrsg.): Arbeiter, Unternehmer und Staat im Bergbau. Industrielle Beziehungen im internationalen Vergleich, München 1989, S. 107-162.

Werner, Georg: Meine Rechnung geht in Ordnung, Berlin 1958.

Wiedemann, Peter M.: Tabu, Sünde, Risiko: Veränderungen der gesellschaftlichen Wahrnehmung von Gefährdungen, in: Bayerische Rückversicherung (Hrsg.): Risiko ist ein Konstrukt. Wahrnehmungen zur Risikowahrnehmung, München 1993, S. 43-67.

Wiel, Paul: Wirtschaftsgeschichte des Ruhrgebietes. Tatsachen und Zahlen, Essen 1970.

Wild, Ilse: Der Nystagmus der Bergleute. Eine medizinhistorische Studie, in: Der Anschnitt 47, 1995, S. 55-67.

Wilsdorf, Helmut/Brock, Steffen: Die letzte Schicht. Bergmännische Grabgebräuche, Chemnitz 1994.

Winkelmann, Heinrich: Die Ruhrzechen in dem Generalbefahrungsprotokoll des Reichsfreiherrn vom und zum Stein, in: Der Anschnitt 9, 1957, Heft 5, S. 3-10.

Winkelmann, [Heinrich]: Vom ältesten Grubenlicht, in: GBAG, Werkzeitschrift für die Gruppe Hamborn 20, 1946, Nr. 3.

Wirtschaftsvereinigung Bergbau e.V., Bonn (Hrsg.): Das Bergbau-Handbuch, Essen, 5. Auflage, 1994.

Wittkowski, Joachim: Heinrich Kämpchen und die Tradition des Bergbauliedes, in: Der Deutsche Unterricht 3, 1994, S. 5-24.

Wolansky, Dora: Paul Kukuk zum Gedächtnis, in: Glückauf 103, 1967, S. 1218 f.

Zänker, Jürgen: Denkmäler für die „Opfer der Arbeit". Gedenkstätten für Bergleute in Dortmund, in: Der Anschnitt 44, 1992, S. 198-207.

Zey, René (Hrsg.): Lexikon der Forscher und Erfinder, Reinbek bei Hamburg 1997.

Zimmermann, Michael: Hauer und Schlepper, Kameradschaft und Steiger. Bergbau und Bergarbeit um 1900, in: Ruhrlandmuseum Essen (Hrsg.): Die Erfindung des Ruhrgebiets. Arbeit und Alltag um 1900, Essen 2000, S. 67-85.

Zimmermann, Michael: „Parole heißt Sieg oder Todt". Der Bergarbeiterstreik von 1889 im Raume Recklinghausen, in: Ditt, Karl/Kift, Dagmar (Hrsg.): 1889. Bergarbeiterstreik und wilhelminische Gesellschaft, Hagen 1989 (= Westfälisches Industriemuseum, Schriften Bd. 6), S. 53-68.

Zöllner, Georg: Lebensbild Julius Weisbachs, in: Beck, Werner (Bearb.): Julius Weisbach. Gedenkschrift zu seinem 150. Geburtstag, Berlin 1956 (= Freiberger Forschungshefte, Reihe D, Bd. 16), S. 11-61.

Register

Personen

Kursiv gesetzte Zahlen verweisen auf Abbildungen

Abendroth, Albert   202 f.

Agricola, Georg   76 f., 154 f., 198

Albert (Oberbergrat)   52

Baedeker, Julius   225

Bärtling, Theodor Carl Wilhelm Richard   114

Baeumler, Ernst Emil Wilhelm   173

Barth, Karl   225

Behrens, Karl   263

Benthaus sen., Friedrich   90 f.

Berg (Pfarrer)   224

Berger (Geschworener)   172, 174

Bergius, Friedrich   106, 109

Bergmann (Steiger)   202

Bischof, G.   187

Bismarck, Otto Fürst von   235, 300

Bögehold, Ernst   242 f., 258 f.

Böhler, Heinrich   213 f.

Börnke (Wettermann)   203

Boty, A.   192

Boyle, Robert   154

Brandenbusch, Friedrich   214 f.

Brard, C. P.   77

Brassert (Revierbeamter)   173

Brefeld, Ludwig   284, 288

Broja, Richard   *231*, 242

Broockmann, Karl   112, 273

Brüning, Rudolf   84 f., 236 ff.

Bürgemeister (Bergmann)   168

Bürgemeister (Hauer)   200 f.

Bunsen, Robert Wilhelm   138

Burat, Amadée   78

Buschmann (Hauer)   203

Buschmann (Steiger)   205

Butz (Betriebsführer)   241

Clanny, William Reid   185 f., 191

Crone (Geschworener)   126

da Vinci, Leonardo   154

Davy, Sir Humphrey   185 f., 190

Dechen, Heinrich von   114

Degenhardt, Oswald   230

Dinnendahl, Franz   128

Dördelmann, Wilhelm   205

Dörell, Otto   50, 52

Du Souich (frz. Ober-Bergingenieur)   80

Dücker, von (Geschworener)   218 f.

Dütting, Christian   290 f.

Eckardt (Fahrsteiger)   168

Eichler, Hans   92

Endlich (Hauer)   220

Erdmann (Revierbeamter)   173

Erdmenger, Otto   187

Faraday   80

Fischer, Franz   86

Forstmann, Richard   91-96, 268

Frey (Pfarrer)   222

Fritzsche, Carl Hellmut   155

Freund, Theodor   230, 242 f., 259

Funk, Walther   90

Gallois, Hubert de   290

Galloway, W.   81 f.

Goege, Wilhelm   205

Göring, Hermann   89 f.

Goupillière, Haton de la   159

Guibal, Theophile   163

Haarmann, Otto   90

Hagen, Heinrich   224

Hagenkötter, Manfred   26, 28, 30 f.

Haniel, Franz   49

Hartmann, Carl Friedrich Alexander   77 f.

Haskenteufel, Johann   213 f.

Hassel, Joseph   236 f.

Haßlacher, Franz Anton   37 f., 105, 229 f.

Hauchecorne, Wilhelm   230

Heiderich (Hauer)   283

Heise, Fritz   155

Held (Hauer)   220

Herbst, Friedrich   155

Herold, Gottfried Heinrich   194 f.

Heydt, August Freiherr von der   172

Hilbck, Alexander   232, *233*, 242 f., 256, 276

Hilgenstock (Obersteiger)   167

Hilgenstock (Revierbeamter)   173

Hilger, Ewald   259

Hilt, Carl Joseph   113

Hoernecke, Eduard   230

Hoffmann (Bergwerksdirektor)   241

Honigmann, Friedrich   114

Horst (Lehrhauer)   202 f.

Hue, Otto   16 f.

Huyssen, August   170, 216, 251, 256

Imbusch, Heinrich   16 f.

Kant, Immanuel   149

Kersten (Kreisgerichtsdirektor)   214

Kette, Hermann   124, 130 f.

Keyser, Theobald   94

Kleine (Bergexpektant)   174

Knepper, Gustav   91
König (Betriebsführer)   238
Krabler, Emil   85, 232, *233*, 243, 256
Kroker, Evelyn   289
Küper, Carl Daniel   173
Kukuk, Paul   93 f., 99, 115
Kummer, von (Oberbergrat)   169
Lange, Heinrich   214
Le Chatelier   81
Leo, Wilhelm   76, 156
Leurechon, Jean   168
Leybold, Karl   287
Liebig, Justus   100
Liebknecht, Karl   212
Linsel, Eberhard   88
Lomonossow, Michail Wassiljewitsch   154 ff.
Lorsbach, Heinrich Wilhelm   173
Lottner, Heinrich   114
Lyell   80
Mallard   81
Mariotte, Edme   154
Maßmann (Hauer)   283
Maybach, Albert von   229, 255 f.
Meißner, Karl   285, 287
Menzel (Berginspektor)   273
Menzel, Robert   213, 215 ff., 232, 243
Meydam, Georg   249
Muck, Fritz   136
Müller, Peter   213
Müseler, L.   193
Mulvany, William Thomas   161
Murgue, Daniel   157 ff.
Natorp, Gustav   254 f.
Nasse, Rudolph   81
Nebelung, Wilhelm   91, 93
Neumann, Gustav   249
Nidda, Otto Ludwig Krug von   187, 222, 224
Nierhaus, Hermann   94
Nonne, Julius   178 f., 232, 242 f., 260
Oberhagemann, Dietrich   213 ff., 217
Oberste-Brink, Karl   115, 117
Oeynhausen, Karl Freiherr von   172
Pascal, Blaise   154
Patteisky, Karl   99, 110, 119, 121, 126
Perrow, Charles   98
Petring (Hauer)   202
Pieper, Hermann   287
Pilgrim (Landrat)   222
Pöhling, Christian   218
Pöller (Fahrhauer)   203
Pönsgen (Pfarrer)   224

Pöppinghaus, Eduard   241
Pöppinghaus, Felix   241
Ponson, A. T.   78
Reden, Friedrich Wilhelm Graf von   125
Reiser (Berggeschworener)   168
Renesse, Eduard von   231, 249
Richter, Eugen   239
Rittinger (k.k. Sections- und Oberbergrat)   162
Roberts, John   191
Röder (Bergrat)   169, 194
Rohr, Ernst von   173
Roots, Francis M.   168
Roots, Philander   168
Runge, Wilhelm   *230*, 231, 241 f.
Sawatzky (Hauer)   283
Schlieper, Theodor   213 f.
Schlomann, Friedrich   220 f.
Schmid (Revierbeamter, Bergrat)   173, 244
Schönaich-Carolath, Prinz August zu   222
Schondorff (Chemiker)   136 ff., 188 f.
Schoppe (Hauer)   220
Schrader, Wilhelm   225, 231, 249
Schrader, Hans   86
Schreiber (Dr. Kreisphysikus)   219
Schultz, Hugo   231, *232*, 256
Schultze-Rhonhof, Herbert   94
Schulz, Paul   96 f.
Serlo, Albert Ludwig   37, 81, 84 f., 224, 229 f., 237-240, 242 f., 251
Serlo, Walter   224
Siemens, Georg Alfred   230
Sobbe, Bruno von   249
Stein, Reichsfreiherr Karl vom und zum   124 f.
Stephenson, Robert George   185 f.
Stevin, Simon   154
Sütering (Schlepper)   200
Taffanel, J.   65
Tenfelde, Klaus   16-19, 43
Trischler, Helmuth   18 ff.
Upton, George   191
Velsen, Wilhelm von   256
Völkening, Ulrich   18, 43
Vogt, Carl   220 f.
Wassermann (Hauer)   132
Weber (Hauer)   133
Weisbach, Julius   156 f.
Werner, Georg   17
Weske, Heinrich   213 f.
Winkler (Professor)   137
Winter (Obersteiger)   129
Wolf, Carl   272

Unternehmen und Institutionen

Kursiv gesetzte Zahlen verweisen auf Abbildungen

Akademie der Wissenschaften, Petersburg 154
Alter Verband 280 f., 288
Arbeitsgemeinschaft für Schlagwetterfragen 94
Baroper Maschinenbau AG 158
Bergakademie 74
  - Berlin 229
  - Freiberg 156
Bergamt
  - Bochum 168, 172, 195
  - Essen 53, 212 f.
  - Märkisches 126
  - Tarnowitz 231
  - Waldenburg 232
Bergbauforschung GmbH 99
  - Abteilung Grubenbewetterung und Klima-
    technik 99
Bergbau-Verein 89-95, 124, 139, 151, 172 f., 231 ff.,
    245-248, 250, 254 ff., 275, 288
  - Fachausschuss für Bergtechnik 90 f.
  - Fachausschuss für Grubensicherheit 90
  - Hauptausschuss A 90
  - Hauptausschuss B 90
  - Hauptausschuss für Forschungswesen 89
  - Hauptstelle für das Grubenrettungswesen 91
  - Schlagwetter-Arbeitskreis 91
  - Schlagwetterausschuss 91-94, 96
  - Sicherheitsausschuss 91
  - Technische Kommission 260
  - Unfallausschuss 90
Bergbehörde 16, 19, 23, 27 f., 37, 47, 53 f., 62, 89 f.,
    124, 127, 132 f., 136, 151 f., 168, 170 ff., 177,
    179 f., 187, 200 f., 203 f., 206-211, 213, 218 f.,
    223, 229, 237 f., 243, 248, 255, 259, 264, 266,
    276, 279 f., 284-288, 290 ff., 297 f., 300 ff.
Berggewerkschaftliche Versuchsstrecke 72, 83,
    94, 276
Bergschule, Bochum 114, 231
Bergwerk s.a. Zeche
  - Argus 53
  - Gneisenau 140
  - Hörder Kohlenwerk 53, 160, 163, 167
  - Martha 132
  - Monopol 99, 140
  - Präsident 132, 202
Bergwerks- und Hüttendepartement, Berlin 125
Betriebsrat 23
Bezirksgruppe Ruhr 89 f., 95

s.a. Fachgruppe Steinkohlenbergbau
s.a. Wirtschaftsgruppe Bergbau
Bochumer Verein für Bergbau und Gußstahlfabri-
    kation 232
Bundesanstalt für Arbeitsschutz und Unfallfor-
    schung, Dortmund 17, 26
Dampfkesselverein 89
Deutsche Bahn AG 150
Deutsche Kohlenbergbau-Leitung (DKBL) 93, 95
  - Methanforschungsstelle 95
  - Schlagwetterausschuss 95
Deutscher Ausschuss für Grubenrettungswesen 91
École des mines, Paris 159
Fachgruppe Steinkohlenbergbau 89, 95
  s.a. Bezirksgruppe Ruhr
  s.a. Wirtschaftsgruppe Bergbau
Gelsenkirchener Bergwerks-AG (GBAG) 92
German Mines Supplies Agency 95
Gesamtbergamt Obernkirchen 230
Gesellschaft für Kohlentechnik (GfK) 89, 99
Gewerbeschule, Bochum 132
Gewerkschaft 16, 23
Großherzoglich mineralogische Societät, Jena 76
Grube
  - Camphausen 285
  - Dudweiler-Jägersfreude 207, 273
  - Gerhard 207
  - Glückhilf 187
  - König 284
  - Reden 207, 287
  - Wenzeslaus 199
Gutehoffnungshütte AG (GHH) 91
Harpener Bergbau-AG 124, 261
Jeeckel & Co., Leerdam bei Utrecht 191
Kaiser-Wilhelm-Institut für Kohlenforschung 86,
    89
Knappschaft 28, 223
Knappschafts-Berufsgenossenschaft 27-34, 36,
    233
  - Sektion II 35
Kölner Bergwerks-Verein 192, 233
Kohlengrube Gutmann & Wondracek, Poremba
    148, 150
Kommission, Stein- und Kohlenfall 47
Kreisgericht, Essen 214 f.
Lampenkommission, belgische 189, 193 f.
Maschinenfabrik
  - C. Schiele & Co. 163
  - Humboldt 163
  - R. W. Dinnendahl 162
  - Union 163

Ministerium der öffentlichen Arbeiten, Berlin 37 f., 136, 243, 251, 259, 300

Ministerium für Handel, Gewerbe und öffentliche Arbeiten, Berlin 172

Oberbergamt
- Breslau 231
- Bonn 182, 187, 207, 233, 245, 254
- Clausthal 66
- Dortmund 52 f., 81, 84, 91, 94, 115, 124, 132, 139, 169 f., 172 f., 175 f., 179, 204 f., 207, 210, 212, 216, 218, 222, 231 f., 237 ff., 243-247, 250 ff., 255, 258 f., 274, 276, 284, 286, 290
- Halle 66, 230

Phoenix, Aktiengesellschaft für Bergbau und Hüttenbetrieb 162 f., 289 f.

Preußische Bergwerks- und Hütten-AG 232

Preußische Geologische Landesanstalt, Berlin 107, 114

Preußisches Abgeordnetenhaus 231, 233, 284

Regierung
- belgische 187
- preußische 47

Reichsamt für Bodenforschung 116

Reichstag 233, 235

Rheinisch-Westfälisches Kohlen-Syndikat (RWKS) 89, 233

Sächsische Kommission zur Revision der bergpolizeilichen Sicherheitsvorschriften 192, 273

Schlagwetterkommission
- französische 79, 85, 194
- Lampen-Unterkommission 184, 188, 192, 248, 273
- preußische 38, 66, 81 f., 84, 105 f., 134-137, 163, 168, 180 f., 188, 192, 195 f., 199, 212, 225, 229 f., 234, 236, 243, 250 f., 255 ff., 263, 274, 279, 284, 295, 300 f.
- Ventilator-Unterkommission 157, 261
- westfälische 85, 160

Schlesische Aktiengesellschaft für Bergbau und Zinkhüttenbetrieb 124

Société des mines et fonderies du Rhin Détillieux et Cie. 162

Society for the Prevention of Accidents in Coal Mines 185

Staatsanwaltschaft, Bochum 203

Steinkohlenbergbauverein, Essen 87, 93, 95

Verband der Vereine technischer Grubenbeamten im Oberbergamtsbezirk Dortmund 256

Verband deutscher Bergleute 280 f.

Verband zur Wahrung und Förderung der bergmännischen Interessen in Rheinland und Westfalen s. Alter Verband

Verein für die bergbaulichen Interessen im Oberbergamtsbezirk Dortmund s. Bergbau-Verein

Verein zur Überwachung der Kraftwirtschaft der Ruhrzechen s. Dampfkesselverein

Vereinigung der deutschen Arbeitgeberverbände 89

Vereinigungsgesellschaft 113

Versorgungszentrale s. German Mines Supplies Agency

Versuchsgrube Tremonia 146

Versuchsgrubengesellschaft mbH 79, 94, 146

Versuchsstrecke, s. Berggewerkschaftliche Versuchsstrecke

Westfälische Berggewerkschaftskasse (WBK) 54, 87, 89, 91-94, 99, 136, 231 f., 276, 290
- Anemometerprüfstation 88
- Chemisches Laboratorium 100, 112, 135 f.
- Forschungsstelle für angewandte Kohlenpetrographie 92, 108
- Geologische Abteilung 94, 99
- Lampenstation 277, 301
- Prüfstelle für Gebirgsdruck und Schlagwetterbildung 99, 108, 110, 296
- Wetterlaboratorium 188
- Wetterwirtschaftsstelle 88, 99

Westfälischer Grubenverein 232

Wiener Hofkammer 148

Wirtschaftsgruppe Bergbau 89
 s.a. Bezirksgruppe Ruhr
 s.a. Fachgruppe Steinkohlenbergbau

Zeche s.a. Bergwerk
- Adolf von Hansemann 140
- Ambusch 128
- Am Schwaben 132, 174, 177, 218
- Anna 162
- Asseln 132, 167, 172
 s.a. Courl
- Bonifacius 262
- Borussia 132, 160, 175, 177, 207, 233
- Bruchstrasse 121, 135, 140, 158
- Carlsglück 132, 174, 205
- Carolinenglück 43, 72, 132, 281 f., 286, 292
- Carolus Magnus 162, 178
- Centrum 173
- Clerget 261
- Colonia 135
- Constantin der Große 132, 202, 224, 287
- Consolidation 276
- Courl 132, 167

s.a. Asseln
- Crone   132, 256
- Dachs   127
- Dahlbusch   140, 267
- Dorstfeld   158, 167 f., 174, 176, 292
- Erin   177, 232
- Ewald   51, 140, 258 f.
- Flora   202
- Franziska Tiefbau   53
- Freie Vogel und Unverhofft   132
- Friedrich der Große   207, 262
- Friedrich Wilhelm   127, 129-132, 173, 205, 216
- Fürst Hardenberg   55, 158, 178, 228, 240 f.
- Geitling   126
- General Blumenthal   56, 140, 276
- Germania   84, 132, 140, 158, 163, 174 f., 177, 285
- Gewalt   51 ff.
- Glückauf   53, 127
- Glückauf Tiefbau   52
- Graf Beust   53, 131 f., 162
- Grevesloch   127
- Grimberg   99
- Hagenbeck   183
- Hamburg   256
- Hannibal   132, 162, 202 f., 205 f.
- Hannover   163
- Hansa   51, 97, 140, 192, 232
- Heinitz   136
- Heinrich Gustav   162, 167, 173, 285
- Helene & Amalie   132, 168, 179, 212, 215 ff., 232
- Hercules   132
- Hibernia   53, 79, 119 ff., 132, 139, 160 f., 173, 177, 263 ff., 276, 281, 285
- Holland   121, 132, 139 f., 167, 209, 265, 289, 291
- Johann Friedrich   177
- Julia   208
- Julius Philipp   158
- Kaiserstuhl   140
s.a. Westphalia
- König   82
- Königsgrube   173
- Laura & Bölhorst   170, 172, 195, 218-221
- Lothringen   43, 72, 207, 302
- Louise Tiefbau   84, 236-239, 243, 247
- Luisenthal   146
- Mansfeld   96, 135
- Margaretha   172

- Maria Anna & Steinbank   232
- Massen II   132
- Maxwell   80
- Minister Stein   240
- Mont Cenis   207
- Neu-Cöln   162
- Neu-Düsseldorf   132, 162, 175
- Neu-Iserlohn   42, 62, 82 f., 121, 135, 158, 179, 207, 222, 224, *227*, 228, 231, 234, 263, 292, 300
- Nordstern   57, 95, 289
- Oberhausen   52
- Pluto   83, 162, 175, 179, 207 f., 224 f., 235, 242 f., 247, 276, 285
- Portbänker Erbstollen   127
- Portbank   127
- Prinz von Preußen   167, 173, 224
- Prinz Wilhelm   133
- Prosper   46, 52, 160, 179
- Radbod   43, 72, 291 f., 302
- Recklinghausen   261
- Rheinelbe   121, 163, 178 f., 262
- Sandbank   177, 179
- Schlägel & Eisen   232
- Schürbank & Charlottenburg   132, 164, 168, 170 f., 194, 200, 207, 209 f.
- Sellerbeck   167
- Shamrock   53, 160 f., 208, 265, 276
- Sophia-Jacoba   114, 116
- St. Peter   125 ff., 129, 131, 216,
- St. Paul   127
- Trappe   127
- Tremonia   79, 132, 207
- Unser Fritz   207
- Urbanus   135
- Victoria   97
- Victoria Mathias   132
- Vollmond   162
- von der Heydt   208
- Westphalia   82, 132, 135, 140, 158, 232 f., 276
s.a. Kaiserstuhl
- Wiendahlsbank   132
- Wiesche   133
- Wilhelmine   173
- Wilhelmine Victoria   285
- Wolfsbank   160
- Zollern II/IV   50, 83 ff., 192, 232, 236 ff., 243, 247
- Zollverein   52
Zechenverband   89
Zentralverband der Angestellten   256

Verteilung der Schlagwetter- und Kohlenstaubexplosionen auf die Ruhrzechen im Zeitraum 1861 bis 1914 (Anzahl Explosionen pro Jahr)

Jahr	Adler	Adolf von Hansemann	Alstaden	Alte Haase	Altendorf	Alter Hellweg	Am Schwaben	Amalia	Baaker Mulde	Bergmann	Berneck	Bickefeld Tiefbau	Blankenburg	Bommerbänker Tiefbau	Bonifacius	Borussia	Bruchstraße	Carl Friedrichs Erbstollen	Carl Wilhelm	Carlsglück	Caroline (Bochum-Kornharpen)	Caroline (Holzwickede)	Carolinenglück	Carolus Magnus	Centrum	Charlotte	Cölner Bergwerks-Verein	Concordia	Consolidation	Constantin der Große	Court	Crone
1889			1			1			1									1												3	1	
1888						1		1	1	1	1	2						1										2	2	2		1
1887						1		1	1				1		1	1		1	2					1					1			
1886			1		1	1		1	1				1		1	1		1	1	2		1	3		1		2		1	2		1
1885		2	1		1			2					1		1	3		1	1				1	1						5		1
1884		3	1	1		1								3	1	3	1	1	2				1	4	2					2		
1883		3		1		1		1	1	1			3	1	2	2		1	1				3	7	1	1	1	1	4	3		1
1882						1		1	1				3	1	3	1		1	1				1	5	1		1	1	2	1		1
1881						1							4	1	1			1	1				1	6	2		2			1		
1880													6	3									1	6	1					1		
1879		1	1		1								2	1				1	1				4	1	1		1			2		
1878		2											2	1					1				4									
1877													2	1					1				2	2	1							
1876													2	1		1			1				2	1								
1875														1					1				4	1		2						
1874													2		1	1		1	1				2			1			1			
1873								1							1	1		1	2				1	1			1			2		
1872																		1	6				3									
1871						1		1							1				3				3									
1870													1		1			1	1						1							
1869														1				3					1		1							
1868			1										2			2							2	2								
1867				2			3						3		1	4		6	2													
1866						1		1					1		1				1									1				1
1865				1									3		2			1														
1864					1	1																										
1863				4		1							1					1						1						1		
1862	1				1	1	2		2																							
1861	1															1				2		1										

Zeche	1861	1862	1863	1864	1865	1866	1867	1868	1869	1870	1871	1872	1873	1874	1875	1876	1877	1878	1879	1880	1881	1882	1883	1884	1885	1886	1887	1888	1889
Dahlbusch	2													1								1	3	1	1	2			
Dahlhauser Tiefbau																		1					1	1		1			
Dannenbaum					1		1	2	2						1					1	2	3	4		1	3	3	2	
de Wendel								2	2																				
Deutscher Kaiser																								1					
Deutschland																													
Dorstfeld	2	5		3		5	5	3	1		2		3	1	2			1	1						1			2	1
Eintracht Tiefbau									1	1		1	1				2	1	1				1	1	1			2	
Engelsburg								1	1																				1
Erin								1	1	1	1	1	2					1	1	1									
Ewald																1							2				1		
Flora																					1								
Franziska Tiefbau														2	1							2	2		1	2	1		
Freiberg & Augustenshoffnung	1										1		1						1										
Freie Vogel & Unverhofft											1		1										1						
Friederica																									1	1			
Friedlicher Nachbar																							1		2	1			
Friedrich der Große														1	1		1				2	1	1	1	2	2			
Friedrich Ernestine																1													
Friedrich Wilhelm	2			4	2		4						2					1	1	2		1	1	2		1			2
Friedrich-Wilhelms-Glück																								1					
Frischauf						1																							
Fröhliche Morgensonne																			1		1	1	2	1	1	1	1	1	
General Blumenthal																					1	2	2	1	1		2		3
General & Erbstollen																		1			2	2	1	1		2	2		
Germania	2	2	1	1	1	1	3				2		3	2	1	3	1				1	2	2	2				1	
Glückauf														1	3				1		1				1		1		
Glückauf Erbstolln																			2			1				2	2	2	
Glückauf Tiefbau																										2	1		
Glückswinkelburg																											1		
Gneisenau																									1			1	
Gottessegen (Kirchhörde)																						1			1			1	1

337

Zeche	1861	1862	1863	1864	1865	1866	1867	1868	1869	1870	1871	1872	1873	1874	1875	1876	1877	1878	1879	1880	1881	1882	1883	1884	1885	1886	1887	1888	1889
Graf Beust (& Ernestine)						1					2	2	2		1	2		5	1	1	2		3	1			2		1
Graf Bismarck													1						1					1	2		1	2	
Graf Moltke																			1	2			1	3			1		
Graf Schwerin														1								1			1	1			1
Hagenbeck							1			1	1	1		1	1	2			1	1	4	1	2			1			
Hamburg									1					2	1	2	3					4		3		1			
Hannibal							1			1	1	1	4	1								1				1			1
Hannover					1						1		1						1		2	2				2	2	1	
Hansa											1	2			1			2				1							
Hasenwinkel									2										1	1	2	2		1	1	3			
Heinrich (Essen-Überruhr)						1	1			1			1								1	1		1	1				1
Heinrich Gustav	2		1	1	1									1									1			4	2		
Heisinger Mulde				1																		4	2						
Helene & Amalie			1			1	1							1	2	1	2	2	2	1	1	1		1			1		1
Helene-Nachtigall (S. Helene)																					1		1	1	1				
Helene-Nachtigall (S. Hercules)																							1		1	2			
Helene Tiefbau		1							1									2	1	1	1	1							
Henriette						3	1	2				1	2								1								
Hercules					1	1	1						1						1	1	2	2			1		1		
Hermann													3	3		1													
Herminenglück-Liborius	1		1	1	1	1	1	2	7	5	1									1	1	2	2	4	3	1			
Hibernia				1		1		1	1	2							1				2	2	2	3	3	3	3	1	
Hilterberg																													
Hoffnung & Secretarius Aak																1	1	2	2	2	3	3	3	3		2			
Hoffnungsthal												1																	
Holland		1		1			2			2			2	1		1	1		1	1	1	1	1	2	1		1	3	4
Hörder Kohlenwerk		2			1		2																1	2	2	3	1	1	
Hugo																			1	1			2	2	2	6	2	3	5
Humboldt													1				3												1
Hummelbank															1														
Ickern																													
Im Vest Recklinghausen																													

Zeche	1861	1862	1863	1864	1865	1866	1867	1868	1869	1870	1871	1872	1873	1874	1875	1876	1877	1878	1879	1880	1881	1882	1883	1884	1885	1886	1887	1888	1889
Jacob (Eiberg)																	1								1		1	3	1
Johann Deimelsberg			1						1														1	1	1	3	3		
Johannes Erbstollen											1	1																	
Julia											1						1		1	1			1		1				
Julius Philipp																						4		1	1				
Kaiser Friedrich																													
Kaiserin Augusta							1																1	1		1			
Köln-Neuessener Bergwerksverein																													
König Ludwig																							2	2	1	1	1	1	
König Wilhelm				2				2					3		6	4					2		3	2		3	1	1	
Königin Elisabeth											1					1	2	3			1		1	4	1	1	2	1	
Königsborn																											1		
Königsgrube				2	1	1			1					1	2	1		1				1			2				1
Langenbrahm																					2					4			
Laura & Bölhorst	1				1				1			1	1																
Leveringsbank				1		1																							
Lothringen								1															2	1				1	
Louise & Erbstolln				1			1		2					3		2	1	3	1	1	1	1			1				
Louisenglück																				1				1					
Lucas										1																			
Ludwig										1																			1
Mansfeld								4	2	2				2	1	1		4	1	3	3	3							
Margaretha			1		1						2				4	2			1		1	1		1	2			1	1
Maria Anna & Steinbank											1				1	1							1	1		1			
Massener Tiefbau	6						2			2			2									1	3			2			
Mathias Stinnes																							2	1					
Maximilian																													
Minister Achenbach																													
Monopol																						1	1		2				
Mont Cenis																	1		3	1		4	1	3	2	1		1	1
Nachtigall Tiefbau																			1							2			
Neu-Düsseldorf		1			1																								

339

Zeche	1889	1888	1887	1886	1885	1884	1883	1882	1881	1880	1879	1878	1877	1876	1875	1874	1873	1872	1871	1870	1869	1868	1867	1866	1865	1864	1863	1862	1861
Neu-Essen							1	1																					
Neu-Iserlohn				1						1	2			1					1	3		2	2			2	1		
Neumühl						1															1								
Neuschölerpad																													
Neu-Wesel		1																											
Nordstern	1																	1											
Nottekampsbank I											1														1				
Oberhausen	1	1	1	1	5		2	2	2	6	2	2	1	1		3	1	1	1		2		1		1				
Paul									1																				
Pauline			1																										
Pluto	1			1	2		1	3	1	1	2		1	1		2	2	1		1	3	4	2			1			
Pörtingssiepen			1		1				1																				
Präsident				2		1	3	1	1						1														
Preuss. Klus										1																			
Preußen																													
Prinz Regent		1	1	1	1			2									1												
Prinz von Preußen				2				1													3							1	
Prinz Wilhelm	1				1	1						1				1		1					1				1		
Prosper	1				1			2		1	2																		
Radbod																													
Recklinghausen	3	3	1	2	1			2	1	2	2	1																	
Rheinelbe & Alma	1		1	1	1							1	2		1		4		2	1	1	1	1		2	1	1		
Rheinische Anthracit-Kohlenwerke																													
Richradt	1		1		1	1	1					1		1	1														
Ringeltaube			1		1	1	1	1				1																	
Roland	1	1	1																										
Rosenblumendelle																													
Salzer u. Neuack		1	1	1		5	2		1			2																	
Sandbank																								1					
Scharnhorst																													
Schlägel & Eisen			1	2	1		2	1	2	2	2																		
Schnabel ins Osten		3																											

Jahr	Schürbank & Charlottenburg	Sellerbeck	Shamrock	Sibylla, Kranich u. Hasenberg	Siebenplaneten	Sieper & Mühler Gruben	St. Mathias Erbstollen	St. Peter	Stein & Hardenberg	Steingatt	Stock & Scherenberg	Teutoburgia	Trappe	Tremonia	Unser Fritz	Victor	Victoria Mathias	Vollmond	Von der Heydt	Wallfisch	Werne	Westende	Westphalia	Westhausen	Wiendahlsbank	Wiesche	Wilhelmine Victoria	Wittwe & Barop	Wolfsbank	Zollern	Zollverein
1889		3			3									3	3					1			1		3		4		1		
1888					1	1								5	3		3						1		2		3				
1887		1									1			5						2			1		1	1				1	
1886			1		1		1		1	1				3	1					1		3			1	1	1			1	
1885		2	1						1	3				1	4			1		1				1	3		5		3		
1884		2	1		1	2			1					1	2	2		1		4		1	2		3		3		3		
1883		1			1			1						1	3					1					1		3		3		
1882		1	1		3			2	1		1			2	1							1	2				4		4		
1881		1							2					1		2		2		1					1				4	1	
1880	1									1				1	3	1				1			3	1	3		3				
1879		1	1						1					2	6	1	1			1							6				
1878			1		2									1	1	1	1	1		1					1			1			
1877					1				2						3					1			4	3							
1876														1	2				1	1			4			1					
1875	1	1			1	2								1	2			1		1											
1874	2															1	1														
1873	1													1				1		1											
1872	1	1														2		1	1		1						1				
1871	4		1													1					1					1		1			
1870						1								1		1			2				1					2			
1869														1		1			1						3	1					
1868			1											3		2		6							1			1			
1867										1				2		1		1	2												
1866			1											3		1		1							1						
1865																1		2							4	1					
1864											1					2		1													
1863						1										1									2						
1862														1				1							1	1					
1861			3											2									2		2						

Zeche	1890	1891	1892	1893	1894	1895	1896	1897	1898	1899	1900	1901	1902	1903	1904	1905	1906	1907	1908	1909	1910	1911	1912	1913	1914
Adler																					1		1		
Adolf von Hansemann												1				1		1	1				1		
Alstaden	1			1																					
Alte Haase	1			1												1									
Altendorf	1	2				1																			
Alter Hellweg																									
Am Schwaben																									
Amalia	2	4			3		1																		
Baaker Mulde					1		1	1	1																
Bergmann																					1				
Berneck														1											
Bickefeld Tiefbau	1	1			1	1		1							2										
Blankenburg		1									1														
Bommerbänker Tiefbau										1							1								
Bonifacius		1			1																				
Borussia					1			2	1		1														
Bruchstraße	3	1	2	1									1		2	2	1	4	3	2	2	4	1		1
Carl Friedrichs Erbstollen				1			1			1			1		1	1	1	1					1		
Carl Wilhelm																									
Carlsglück																									
Caroline (Bochum-Kornharpen)	1							1																	
Caroline (Holzwickede)									1			1													
Carolinenglück				3	3	1	1	2	1			1							1						
Carolus Magnus	3	1	1	1	1	2			1	1					1										
Centrum			1			1			1				1					1			1				
Charlotte		1														1			1						
Cöiner Bergwerks-Verein	1																								
Concordia			2		1		1	2	1	1	1	1		1			1		2		2				
Consolidation			2	1	1	2	1	2	1	1	1	1		1						1			1		
Constantin der Große				1					2		1		1	1											1
Courl					1							1													
Crone					1																1				

Zeche	1890	1891	1892	1893	1894	1895	1896	1897	1898	1899	1900	1901	1902	1903	1904	1905	1906	1907	1908	1909	1910	1911	1912	1913	1914
Dahlbusch					1		1	1	1							1	1	1		1	1	1			
Dahlhauser Tiefbau				1																	1	1			
Dannenbaum	1			5		3	1	2	1		1				1					1		1		1	
de Wendel								2								1									
Deutscher Kaiser						1		1	1	1	2								1	1		1		2	1
Deutschland									1										1		1				
Dorstfeld		2					1			1		1	1										1		
Eintracht Tiefbau						1	1	1		3			1	1											
Engelsburg					1									1	1		1								
Erin	1			1																					
Ewald				1	1	2		1	1	2															
Flora																									
Franziska Tiefbau		1	1								2						1								
Freiberg & Augustenshoffnung		1				1																			
Freie Vogel & Unverhofft																									
Friederica							1																		
Friedlicher Nachbar	1									2				2		1		2	1		2				
Friedrich der Große						1			1	1			1						1						
Friedrich Ernestine											1		1	1					1		2				
Friedrich Wilhelm			1	1				1	1																
Friedrich-Wilhelms-Glück																									
Frischauf																									
Fröhliche Morgensonne	1					1		1			2														
General Blumenthal	1			1			2							1	1										
General & Erbstollen														1	1										
Germania		2		1																		1			
Glückauf																									
Glückauf Erbstolln																									
Glückauf Tiefbau	1			1													1		1						
Glückswinkelburg							1																		
Gneisenau					2											1	1								
Gottessegen (Kirchhörde)		1								1						1	1								

343

Zeche	1890	1891	1892	1893	1894	1895	1896	1897	1898	1899	1900	1901	1902	1903	1904	1905	1906	1907	1908	1909	1910	1911	1912	1913	1914
Graf Beust (& Ernestine)																							1		
Graf Bismarck	3	4	1		2	1	2	3		1	1	1	1	1	1		1								
Graf Moltke	1	1		3	1				1		1			1			1		1						
Graf Schwerin																						1			
Hagenbeck	1																					1			
Hamburg																									
Hannibal																				1	1				
Hannover					2	1	1	1	1		1		1	1			1			1	1		1		
Hansa	2	2	1			1																			
Hasenwinkel			2	2	2		1											1							
Heinrich (Essen-Überruhr)																	1	1							
Heinrich Gustav	3			3																					
Heisinger Mulde																									
Helene & Amalie						1	1											1		1					1
Helene-Nachtigall (S. Helene)		1				1																			
Helene-Nachtigall (S. Hercules)																									
Helene Tiefbau																									
Henriette																									
Hercules							1									1					1	1	1		
Hermann																					1	1	1		
Herminenglück-Liborius	2	2	2																						
Hibernia	1	2		1						1		1													
Hilterberg											1														
Hoffnung & Secretarius Aak	2																	2							
Hoffnungsthal										1	2		2		1										
Holland	1	2	2		3	1	3	4	3	1	2	2	2		1	1	2		1	1	3				
Hörder Kohlenwerk	2	2	1		3		1						1			1			1					1	
Hugo	5	3			3															1		2			
Humboldt																									
Hummelbank																									
Ickern																								1	
Im Vest Recklinghausen																									1

Zeche	1890	1891	1892	1893	1894	1895	1896	1897	1898	1899	1900	1901	1902	1903	1904	1905	1906	1907	1908	1909	1910	1911	1912	1913	1914
Jacob (Eiberg)																									
Johann Deimelsberg	2	2	1														1								
Johannes Erbstollen									1																
Julia																									
Julius Philipp																									
Kaiser Friedrich									1			1													
Kaiserin Augusta																									
Köln-Neuessener Bergwerksverein																									1
König Ludwig	2	4		2	1		2	1	1	1	2	1									2				
König Wilhelm		1			2	1				1			1		1										
Königin Elisabeth	1	1													1										
Königsborn							1	2		1		1			1										
Königsgrube											1									1					
Langenbrahm			1	1			1											1							
Laura & Bölhorst																									
Leveringsbank																									
Lothringen	2			2	1			3					1									1	1		
Louise & Erbstolln	1		1						1			1													
Louisenglück																			1						
Lucas																			1						
Ludwig			1	1							1														
Mansfeld		2	2	2	2		1		1			1			1	1				3		1			
Margaretha							1	1	2																
Maria Anna & Steinbank								1	1																
Massener Tiefbau	1				1		1	2										1	1			1			
Mathias Stinnes											1						1		1				1		1
Maximilian																			1						
Minister Achenbach													1				1				3	2	1		1
Monopol	1	2	1		1			2				1													
Mont Cenis	3	4		1		2			1	1								1							
Nachtigall Tiefbau																									
Neu-Düsseldorf																									

Zeche	1890	1891	1892	1893	1894	1895	1896	1897	1898	1899	1900	1901	1902	1903	1904	1905	1906	1907	1908	1909	1910	1911	1912	1913	1914
Neu-Essen	1				1					1							1								
Neu-Iserlohn		1						1															1		
Neumühl											1			3	1				1				1		1
Neuschölerpad																									
Neu-Wesel																									
Nordstern	1	1				1																			
Nottekampsbank I																									
Oberhausen	2	1		3	2	2	2	4	2		3			1	1		1					1	1	1	
Paul											1														
Pauline			1								1										1				
Pluto	1	1		1						1															
Pörtingssiepen								2		1															
Präsident	1						1	2	1										2		1		1		
Preuss. Klus																									
Preußen							1		1	1	1														
Prinz Regent			1			1								1	1	1		1	1	1		1		1	
Prinz von Preußen				1		1																			
Prinz Wilhelm		2			1	1																			
Prosper																				1	2	1			
Radbod																			2	2					
Recklinghausen	1	3	8	3							1								1			1	1		
Rheinelbe & Alma	1	2							1	1	1	1		1	3	1			1	1		1	1		
Rheinische Anthracit-Kohlenwerke	1	1		3				1	1			1				1				1					
Richradt																									
Ringeltaube				1																					
Roland		1		1							1			1											
Rosenblumendelle		1																			1				
Sälzer & Neuack		1																				1	1		
Sandbank																									
Scharnhorst										1								1							
Schlägel & Eisen	1	2	4	1	1					1	1							1		1					
Schnabel ins Osten					1						1							1		1					

346

Zeche	1890	1891	1892	1893	1894	1895	1896	1897	1898	1899	1900	1901	1902	1903	1904	1905	1906	1907	1908	1909	1910	1911	1912	1913	1914
Schürbank & Charlottenburg																									
Sellerbeck	1		1	1	2	1		1			1											1	1		
Shamrock	1		1	1	1	1						1						1	1						
Sibylla, Kranich u. Hasenberg																									
Siebenplaneten	2	1		1	1	2		1														1			
Sieper & Mühler Gruben					1	1			1																
St. Mathias Erbstollen																									
St. Peter																									
Stein & Hardenberg				1				1			1														
Steingatt	1	1										1													
Stock & Scherenberg								1			1	1													
Teutoburgia																						2			
Trappe	1					1				1															
Tremonia											1					1						1			
Unser Fritz	4	1	1	1	1					1							1		1			1			
Victor	2	4	3	2																	1				
Victoria Mathias	2		5	1									1		1						2	1			
Vollmond	1			1	2	1	1									1									
Von der Heydt																									
Wallfisch		1																							
Werne														1	2	1									
Westende	1						1	1						2			1					1	1		
Westphalia	2	2	1	4				2		1				1									1		
Westhausen		1																							
Wiendahlsbank	1		2															1				1			
Wiesche	1					1	2	2		1	2	1								1	1	1			1
Wilhelmine Victoria		1		1			1			1									1						
Wittwe & Barop																									
Wolfsbank	1			1		2																			
Zollern		1		1		1				1															
Zollverein	1				1	1		2				1													

Abbildungsnachweis

Umschlag	Simonin, L.: La vie souterraine ou les mines et les mineurs, Paris 1867, S. 173.
S. 12	Simonin, L.: La vie souterraine ou les mines et les mineurs, Paris 1867, S. 173.
S. 82	75 Jahre Berggewerkschaftliche Versuchsstrecke in Dortmund-Derne der Westfälischen Berggewerkschaftskasse, 1894-1969, Herne 1969, S. 12.
S. 102	Hahne, Carl/Schmidt, Rolf: Die Geologie des Niederrheinisch-Westfälischen Steinkohlengebietes. Einführung in das Steinkohlengebirge und seine Montangeologie, Essen 1982, S. 13.
S. 109, S. 111	Patteisky, Karl: Grubengas- und Schlagwetterkunde. Ein Handbuch für den praktischen Bergbaubetrieb, Herne o.J. <1964>, S. 5.
S. 116	Dixon, Dougal/Bernor, Raymond L.: Geologie für Amateure. Einführung in die Wissenschaft von der Erde, Köln 1998, S. 50.
S. 117	Bergbau-Archiv Bochum (fortan: BBA)
S. 118 (oben)	BBA
S. 118 (mitte)	Hahne, Carl/Schmidt, Rolf: Die Geologie des Niederrheinisch-Westfälischen Steinkohlengebietes. Einführung in das Steinkohlengebirge und seine Montangeologie, Essen 1982, S. 52.
S. 120	Hahne, Carl/Schmidt, Rolf: Die Geologie des Niederrheinisch-Westfälischen Steinkohlengebietes. Einführung in das Steinkohlengebirge und seine Montangeologie, Essen 1982, S. 66.
S. 128	Vereinigte Stahlwerke AG: Die Schachtanlage Tremonia in Dortmund, o.O. <Essen> o.J. <1931>, Anlage 5a.
S. 155	Buchheim, Gisela/Sonnemann, Rolf (Hrsg.): Geschichte der Technikwissenschaften, Leipzig 1990, S. 85.
S. 166	Verein für die bergbaulichen Interessen im Oberbergamtsbezirk Dortmund/Westfälische Berggewerkschaftskasse/Rheinisch-Westfälisches Kohlen-Syndikat (Hrsg.): Die Entwickelung des Niederrheinisch-Westfälischen Steinkohlen-Bergbaues in der zweiten Hälfte des 19. Jahrhunderts, Bd. 2, Berlin 1902, S. 79.
S. 185	DER ANSCHNITT 32, 1980, S. 183.
S. 190	DER ANSCHNITT 32, 1980, S. 183.
S. 191	DER ANSCHNITT 32, 1980, S. 184.
S. 193	DER ANSCHNITT 32, 1980, S. 184.
S. 195	Verein für die bergbaulichen Interessen im Oberbergamtsbezirk Dortmund/Westfälische Berggewerkschaftskasse/Rheinisch-Westfälisches Kohlen-Syndikat (Hrsg.): Die Entwickelung des Niederrheinisch-Westfälischen Steinkohlen-Bergbaues in der zweiten Hälfte des 19. Jahrhunderts, Bd. 7, Berlin 1904, S. 222.
S. 198	Schiffner, Carl (u.a.) (Bearb.): Georg Agricola. Zwölf Bücher vom Berg- und Hüttenwesen. Vollständige Ausgabe nach dem lateinischen Original von 1556, Nördlingen 1977, S. 90.
S. 201	Michael Farrenkopf
S. 216	DER ANSCHNITT 32, 1980, S. 178.
S. 227	BBA
S. 230	BBA 50/33.
S. 231	BBA 50/33.
S. 232	BBA 120.
S. 233 (oben)	BBA 16/1657.
S. 233 (mitte)	Montanhistorisches Dokumentationszentrum – Fotothek, Sign. 7200106
S. 267	Burghardt, Uwe: Die Mechanisierung des Ruhrbergbaus 1890 – 1930, München 1995, S. 82.
S. 272	DER ANSCHNITT 32, 1980, S. 185.
S. 283	Zeitschrift für das Berg-, Hütten- und Salinenwesen im Preußischen Staate 47, 1899, Teil B, S. 47.

Publikationen des Deutschen Bergbau-Museums Bochum

Nr. 1: Ausstellungskatalog „Ausbeutemünzen und -medaillen als wirtschafts- und technikgeschichtliche Quellen" (1969) (vergriffen)

Nr. 2: Ausstellungskatalog „Bergarbeiter – Zur Geschichte der organisierten Bergarbeiterbewegung in Deutschland" (1969) (vergriffen)

Nr. 3: Ausstellungskatalog „Constantin Meunier" (1970) (vergriffen)

Nr. 4: Ausstellungskatalog „Wolfgang Fräger" (1971) (vergriffen)

Nr. 5: Ausstellungskatalog „Timna – Tal des biblischen Kupfers" (1973) (vergriffen)

Nr. 6: Fritz Spruth: Die Bergbauprägungen der Territorien an Eder, Lahn und Sieg (1974) (vergriffen)

Nr. 7: Rainer Slotta: Technische Denkmäler in der Bundesrepublik Deutschland, Bd. 1 (1975) (vergriffen)

Nr. 8: Ausstellungskatalog „Friedrich Gräsel – Identifikationen" (1975) (vergriffen)

Nr. 9: Ausstellungskatalog „Tisa – Menschen vor Ort" (1977) (vergriffen)

Nr. 10: Rainer Slotta: Technische Denkmäler in der Bundesrepublik Deutschland, Bd. 2: Elektrizitäts-, Gas- und Wasserversorgung, Entsorgung (1977) (vergriffen)

Nr. 11: Evelyn Kroker: Das Bergbau-Archiv und seine Bestände (1977) (vergriffen) (s. Nr. 94)

Nr. 12: Fritz Spruth: Die Bergbauprägungen der rhein-pfälzischen Silbergruben (1977) (vergriffen)

Nr. 13: Werner Kroker (Bearb.): SICCIM (Second International Congress on the Conservation of Industrial Monuments), Verhandlungen/Transactions (1978)

Nr. 14: Ausstellungskatalog „Eisen + Archäologie – Eisenerzbergbau und -verhüttung vor 2000 Jahren in der VR Polen" (1978) (vergriffen)

Nr. 15: Gabriele Unverferth/Evelyn Kroker: Der Arbeitsplatz des Bergmanns in historischen Bildern und Dokumenten, 1979, 5. Aufl. (2003)

Nr. 16: Friedrich Gräsel/Jürgen Morschel: Identifikationsprozesse. Beispiel: Maschinenhalle Zollern II (1979)

Nr. 17: Rainer Slotta: Förderturm und Bergmannshaus – Vom Bergbau an der Saar (1979) (vergriffen)

Nr. 18: Rainer Slotta: Technische Denkmäler in der Bundesrepublik Deutschland, Bd. 3: Die Kali- und Steinsalzindustrie (1980)

Nr. 19: Evelyn Kroker/Norma von Ragenfeld (Bearb.): Findbuch zum Bestand 33: Rheinisch-Westfälisches Kohlen-Syndikat 1893-1945 (1980) (vergriffen)

Nr. 20: Hans Günter Conrad/Beno Rothenberg (Bearb.): Antikes Kupfer im Timna-Tal. 4000 Jahre Bergbau und Verhüttung in der Arabah (Israel) (DER ANSCHNITT Beiheft Nr. 1, 1980)

Nr. 21: Elisabeth Kessler-Slotta/Rainer Slotta/Marlene Jochem: Kostbar wie Gold – Porzellan und Glas im Deutschen Bergbau-Museum (1980)

Nr. 22: Gerd Weisgerber/Rainer Slotta/Jürgen Weiner (Bearb.): 5000 Jahre Feuersteinbergbau. Die Suche nach dem Stahl der Steinzeit (1980), 3. überarb. und erw. Aufl. (1999)

Nr. 23: Fritz Spruth: Die Hildesheimer Bergbautaler des Bischofs Jobst Edmund v. Brabeck der Grube St. Antonius Eremita in Hahnenklee (1981)

Nr. 24: Evelyn Kroker: 50 Jahre Deutsches Bergbau-Museum Bochum. Fotodokumentation (1981) (vergriffen)

Nr. 25: Rainer Slotta: Das Herder-Service. Ein Beitrag zur Industriearchäologie des Bergbaus (1981)

Nr. 26: Rainer Slotta: Technische Denkmäler in der Bundesrepublik Deutschland, Bd. 4: Der Metallerzbergbau, Teil I/II (1983) (vergriffen)

Nr. 27: Ausstellungskatalog „Lagerstätten, Bergbau und Münzen – Die Sammlung der Preussag" (1983)

Nr. 28: Ausstellungskatalog „H.D. Tylle – Bilder aus dem Steinkohlen- und Kalisalzbergbau" (1984)

Nr. 29: Bruno Lewin/Andreas Hauptmann (Bearb.): Kodo-zuroku. Illustrierte Abhandlungen über die Verhüttung des Kupfers (1801) (1984)

Nr. 30: Werner Kroker/Ekkehard Westermann (Bearb.): Montanwirtschaft Mitteleuropas vom 12. bis 17. Jahrhundert (DER ANSCHNITT Beiheft Nr. 2, 1984)

Nr. 31: Günther A. Wagner/Gerd Weisgerber (Bearb.): Silber, Blei und Gold auf Sifnos. Prähistorische und antike Metallproduktion (DER ANSCHNITT Beiheft Nr. 3, 1985)

Nr. 32: Rainer Slotta: Das Carnall-Service als Dokument des Oberschlesischen Bergbaus (1985)

Nr. 33: Andreas Hauptmann: 5000 Jahre Kupfer in Oman, Bd. 1: Die Entwicklung der Kupfermetallurgie vom 3. Jahrtausend bis zur Neuzeit (DER ANSCHNITT Beiheft Nr. 4, 1985)

Nr. 34: Werner Kroker/Evelyn Kroker (Bearb.): DER ANSCHNITT. Generalregister der Jahrgänge 1(1949) – 35(1983) (1985)

Nr. 35: Ausstellungskatalog „Friedrich Bergius und die Kohleverflüssigung – Stationen einer Entwicklung" (1985) (vergriffen)

Nr. 36: Fritz Spruth: Die Oberharzer Ausbeutetaler von Braunschweig-Lüneburg im Rahmen der Geschichte ihrer Gruben (1986)

Nr. 37: Evelyn Kroker: Der Arbeitsplatz des Bergmanns, Bd. 2: Der Weg zur Vollmechanisierung (1986)

Nr. 38: Rainer Slotta: Technische Denkmäler in der Bundesrepublik Deutschland, Bd. 5: Der Eisenerzbergbau, Teil I (1986)

Nr. 39: Cäcilia Schmitz: Bergbau und Verstädterung im Ruhrgebiet (DER ANSCHNITT Beiheft Nr. 5, 1987)

Nr. 40: Joachim Huske: Die Steinkohlenzechen im Ruhrrevier. Daten und Fakten von den Anfängen bis 1986 (1987) (vergriffen) (s. Nr. 74)

Nr. 41: Luftaufnahmen aus geringer Flughöhe. Arbeitstagung Internationale Gesellschaft für Photogrammetrie und Fernerkundung (1988)

Nr. 42: Günther A. Wagner/Gerd Weisgerber (Hrsg.): Antike Edel- und Buntmetallgewinnung auf Thasos (DER ANSCHNITT Beiheft Nr. 6, 1988) (vergriffen)

Nr. 43: Rainer Slotta: Technische Denkmäler in der Bundesrepublik Deutschland, Bd. 5: Der Eisenerzbergbau, Teil III: Die Hochofenwerke (1989) (vergriffen)

Nr. 44: Andreas Hauptmann/Ernst Pernicka/Günther A. Wagner (Hrsg.): Archäometallurgie der Alten Welt/Old World Archaeometallurgy (DER ANSCHNITT Beiheft Nr. 7, 1989) (vergriffen)

Nr. 45: Ausstellungskatalog „Frauen und Bergbau – Zeugnisse aus fünf Jahrhunderten" (1989) (vergriffen)

Nr. 46: Mustapha Skalli (Bearb.): Colloque International du Patrimoine Architectural et Urbain au Maroc: La photogrammétrie, Ouarzazate 1989 (1990)

Nr. 47: Fritz Spruth: Die Siegerländer Silber- und Kupferhütten (1990)

Nr. 48: Rainer Slotta/Christoph Bartels: Meisterwerke bergbaulicher Kunst vom 13. bis 19. Jahrhundert (1990)

Nr. 49: Ausstellungskatalog „Bergbau – Berührungen" – Bilder von den Gruben Konrad, Gorleben und Lengede (1990)

Nr. 50: Rainer Slotta/Mustapha Skalli (Bearb.): International Symposium on Preservation and Presentation of the Cultural Heritage of Lesotho, Maseru 1991 (1991) (vergriffen)

Nr. 51: Evelyn Kroker: Das Bergbau-Archiv Bochum. Kurzführer, 1992, 2. Aufl. (1992) (vergriffen) (s. Nr. 94)

Nr. 52: Ausstellungskatalog „Willi Sitte – Schichtwechsel" (1992) (vergriffen)

Nr. 53: Jahresbericht 1992 (1993) (vergriffen)

Nr. 54: Christoph Bartels: Vom frühneuzeitlichen Montangewerbe zur Bergbauindustrie. Erzbergbau im Oberharz 1635-1866 (1992)

Nr. 55: Bernd Ernsting (Hrsg.): Georgius Agricola. Bergwelten 1494-1994 (1995) (vergriffen)

Nr. 56: Rainer Slotta (Hrsg.): Ausstellungskatalog „Negro. Fünf asturische Künstler stellen sich vor" (1994)

Nr. 57: Jahresbericht 1993 (1994) (vergriffen)

Nr. 58: Evelyn Kroker (Hrsg.): Ausstellungskatalog „Wer zahlt die Zeche? Plakate und Flugblätter aus dem Bergbau-Archiv Bochum" (1995)

Nr. 59: Jahresbericht 1994 (1995) (vergriffen)

Nr. 60: Gernot Schmidt: „Das löbliche Saltzwerck zu Sülbeck". Geschichte und Entwicklung einer niedersächsischen Saline (1995)

Nr. 61: Ausstellungskatalog „Aufbruch und Abbruch". Industrielandschaften von Fritz Kreidt (1996)

Nr. 62: Jahresbericht 1995 (1996) (vergriffen)

Nr. 63: Volker Wollmann: Der Erzbergbau, die Salzgewinnung und die Steinbrüche im Römischen Dakien (1996) (vergriffen)

Nr. 64: Michael Ganzelewski/Rainer Slotta (Hrsg.): „Bernstein – Tränen der Götter". Katalog zur Ausstellung im Deutschen Bergbau-Museum (1996) (vergriffen)

Nr. 65: Isabel Galaor/Daniela Gloner/Bernd Hausberger (Hrsg.): Las minas hispanoamericanas a mediados del siglo XVIII. Informes enviados al Real Gabinete de Historia Natural de Madrid (Quellen zur lateinamerikanischen Bergbaugeschichte) (1998)

Nr. 66: Michael Ganzelewski/Thilo Rehren/Rainer Slotta: „Neue Erkenntnisse zum Bernstein" – Internationales Symposium im Deutschen Bergbau-Museum (1997) (vergriffen)

Nr. 67: Jahresbericht 1996 (1997)

Nr. 68: Christoph Bartels/Herbert Lutz/Wolfram Blind/Astrid Opel: „Schatzkammer Dachschiefer. Die Lebenswelt des Hunsrückschiefer-Meeres". Bildkatalog zur Sonderausstellung (1997) (vergriffen)

Nr. 69: Rainer Slotta/Jozef Labuda (Hrsg.): „Bei diesem Schein kehrt Segen ein – Gold, Silber und Kupfer aus dem Slowakischen Erzgebirge". Katalog zur Ausstellung im Deutschen Bergbau-Museum (1997)

Nr. 70: Jahresbericht 1997 (1998)

Nr. 71: Evelyn Kroker/Michael Farrenkopf: Grubenunglücke im deutschsprachigen Raum. Katalog der Bergwerke, Opfer, Ursachen und Quellen (1998) (vergriffen) (s. Nr. 79)

Nr. 72: Thilo Rehren/Andreas Hauptmann/James D. Muhly (Hrsg.): Metallurgica Antiqua. In Honour of Hans-Gert Bachmann and Robert Maddin (DER ANSCHNITT Beiheft Nr. 8, 1998)

Nr. 73: Michael Fessner: Steinkohle und Salz. Der lange Weg zum industriellen Ruhrrevier (1998)

Nr. 74: Joachim Huske: Die Steinkohlenzechen im Ruhrrevier. Daten und Fakten von den Anfängen bis 1997, 2. überarb. u. erw. Aufl. (1998)

Nr. 75: Rainer Slotta/Gerhard Lehmann/Ulrich Pietsch: Ein fein bergmannig Porcelan. Abbilder vom Bergbau im „weißen Gold" (1999)

Nr. 76: Konrad Gappa: Wappen–Technik–Wirtschaft. Bergbau und Hüttenwesen, Mineral- und Energiegewinnung sowie deren Produktverwertung in den Emblemen öffentlicher Wappen, Bd. 1: Deutschland (1999)

Nr. 77: Jahresbericht 1998 (1999)

Nr. 78: Hans-Otto Pollmann: „Obsidian – Bibliographie". Artefakt und Provenienz (DER ANSCHNITT Beiheft Nr. 10, 1999)

Nr. 79: Evelyn Kroker/Michael Farrenkopf: Grubenunglücke im deutschsprachigen Raum. Katalog der Bergwerke, Opfer, Ursachen und Quellen, 2. überarb. und erw. Aufl. (1999)

Nr. 80: Verein Mansfelder Berg- und Hüttenleute e.V./Deutsches Bergbau-Museum Bochum (Hrsg.): Mansfeld. Die Geschichte des Berg- und Hüttenwesens (1999)

Nr. 81: „Metamorphosen" – Wismut, Uran und die Wismut GmbH. Bildwerke aus der Wismut Galerie (1999)

Nr. 82: Robert B. Heimann/Rainer Slotta: Curt Adolph Netto. Ein Kosmopolit aus Freiberg/Sachsen (1847-1909) (1999)

Nr. 83: Dietmar Bleidick: „Die Hibernia-Affäre". Der Streit um den Preußischen Staatsbergbau im Ruhrgebiet zu Beginn des 20. Jahrhunderts (1999)

Nr. 84: Andreas Hauptmann/Ernst Pernicka/Thilo Rehren/Ünsal Yalçın (Hrsg.): The Beginnings of Metallurgy (DER ANSCHNITT Beiheft Nr. 9, 1999)

Nr. 85: Rainer Slotta/Volker Wollmann/Jon Dordea: Silber und Salz in Siebenbürgen, Bd. 1-3 (2000)

Nr. 86: Corinna Raddatz (Bearb.): Eduard August Emil Mühlenpfordt – Mejicanische Bilder. Reiseabenteuer, Gegenden, Menschen und Sitten (1999)

Nr. 87: Andreas Hauptmann: Zur frühen Metallurgie des Kupfers in Fenan/Jordanien (DER ANSCHNITT Beiheft Nr. 11, 2000)

Nr. 88: Nina Nikolajewna Gurina: Prähistorische Feuersteinbergwerke in der ehemaligen UDSSR, Kiev 1976 (DER ANSCHNITT Beiheft Nr. 12, 2001)

Nr. 89: Johannes Pfeufer: Der Oberpfälzer Eisenerzbergbau nach dem zweiten Weltkrieg (2000)

Nr. 90: Rainer Slotta: Deutsche Bergbaufahnen (2000)

Nr. 91: Jahresbericht 1999 (2000)

Nr. 92: Ünsal Yalçın: Anatolian Metal I (DER ANSCHNITT Beiheft Nr. 13, 2000)

Nr. 93: Michael Ganzelewski/Rainer Slotta: Die Denkmal-Landschaft „Zeche Zollverein". Eine Steinkohlenzeche als Weltkulturerbe?! (2000)

Nr. 94: Evelyn Kroker: Das Bergbau-Archiv und seine Bestände (2001)

Nr. 95: Eberhard Auer/Siegfried Müller/Rainer Slotta: 250 Jahre Nickel (2001)

Nr. 96: Stefan Brüggerhoff/Ruth Tschäpe (Hrsg.): Qualitätsmanagement im Museum?! Qualitätssicherung im Spannungsfeld zwischen Regelwerk und Kreativität – Europäische Entwicklungen (2001)

Nr. 97: Jahresbericht 2000 (2001)

Nr. 98: Hans-Jürgen Gerhard/Karl Heinrich Kaufhold/Ekkehard Westermann: Europäische Montanregion Harz [Christoph Bartels/Karl Heinrich Kaufhold/Rainer Slotta (Hrsg.): „Montanregion Harz", Bd. 1] (2001)

Nr. 99: Johannes Pfeufer: Oberfrankens Eisenerzbergbau während des Dritten Reichs (2001)

Nr. 100: Irine Gambaschidze/Andreas Hauptmann/Rainer Slotta/Ünsal Yalçın (Hrsg): Ausstellungskatalog „Georgien – Schätze aus dem Land des Goldenen Vlies" (2001) (vergriffen)

Nr. 101: Sigrid Schneider: Einblicke in eine unbekannte Welt – Fotografien von Arthur Oskar Bach, Albert Schotsch, Bazil Roman (Ausstellungskatalog „Silber und Salz in Siebenbürgen" [hrsg. v. Rainer Slotta/Volker Wollmann/Ion Dordea], Bd. 6) (2001)

Nr. 102: Stefan Przigoda: Unternehmensverbände im Ruhrbergbau. Zur Geschichte von Bergbau-Verein und Zechenverband 1858-1933 (2001)

Nr. 103: Hubert Siebert: Wasser und Kohle – Entwicklung und Stand der Hydrotechnik im Steinkohlenbergbau (DER ANSCHNITT Beiheft Nr. 14, 2002)

Nr. 104: Jenny Mex: Der kurhannoversche Eisenhüttenverbund und sein Markt. [Christoph Bartels/Karl Heinrich Kaufhold/Rainer Slotta (Hrsg.): Montanregion Harz, Bd. 2] (2002)

Nr. 105: Wenger-Stiftung für Denkmalpflege/Niedersächsisches Landesamt/Deutsches Bergbau-Museum (Hrsg.): Die Bilderdecke der Hildesheimer Michaeliskirche – Aktuelle Befunde der Denkmalpflege im Rahmen der interdisziplinären Bestandssicherung und Erhaltungsplanung für das Weltkulturerbe

Nr. 106: Jahresbericht 2001 (2002)

Nr. 107: Michael Fessner/Angelika Friedrich/Christoph Bartels: gründliche Abbildung des uralten Bergwerks: eine virtuelle Reise durch den historischen Harzbergbau; CD und Textband. [Christoph Bartels/Karl Heinrich Kaufhold/Rainer Slotta (Hrsg.): Montanregion Harz, Bd. 3] (2002)

Nr. 108: Niedersächsisches Landesamt für Denkmalpflege und Deutsches Bergbau-Museum (Hrsg.): Peter Königfeld/Stefan Brüggerhoff (Bearb.): Farbige Eisengitter der Barockzeit – Beiträge zu Bestand und Funktion, Korrosion und Konservierung (2002)

Nr. 109: Ünsal Yalçın: Anatolian Metal II (DER ANSCHNITT Beiheft Nr. 15, 2002)

Nr. 110: Claudia Küpper Eichas: Vom Montanrevier zum Krisengebiet. Niedergang, Perspektiven und soziale Wirklichkeit im Oberharz, 1910–1933. [Christoph Bartels/Karl Heinrich Kaufhold/Rainer Slotta (Hrsg.): Montanregion Harz, Bd. 4] (2002)

Nr. 111: Rainer Slotta/Volker Wollmann/Ion Dordea (Hrsg.): Quellen aus dem Montan-Thesaurariats-Archiv von Cluj-Napoca/Klausenburg. (Silber und Salz in Siebenbürgen, Bd. 5) (2002)

Nr. 112: Rainer Slotta/Volker Wollmann/Ion Dordea (Hrsg.): Einleitende Sätze, Reiseberichte sowie geologische und mineralogische Literatur (Silber und Salz in Siebenbürgen, Bd. 4) (2002)

Nr. 113: Thomas Stöllner: Der prähistorische Salzbergbau am Dürrnberg bei Hallein II. Die Funde und Befunde der Untertageausgrabungen 1990-2000. Dürrnberg-Forschungen 3

Nr. 114: Thomas Stöllner/Gabriele Körlin/Gero Steffens/Jan Cierny (Hrsg.): Man and Mining – Mensch und Bergbau. Studies in honour of Gerd Weisgerber on occasion of his 65st birthday. (DER ANSCHNITT Beiheft Nr. 16, 2003)

Nr. 115: Hans Joachim Kraschewski: Betriebsablauf und Arbeitsverfassung des Goslarer Bergbaus am Rammelsberg vom 16. bis 18. Jahrhundert. [Christoph Bartels/Karl Heinrich Kaufhold/Rainer Slotta (Hrsg.): Montanregion Harz, Bd. 5] (2002)

Nr. 116: Heinz Bartl/Günter Döring/Karl Hartung/Christian Schilder/Rainer Slotta: Kali im Südharz-Unstrut-Revier. Ein Beitrag zum 2. Thüringer Bergmannstag in Sondershausen vom 04. bis 07. September 2003 (2003)

Nr. 117: Michael Farrenkopf (Hrsg.): Koks. Die Geschichte eines Wertstoffes Bd. 1: Beiträge zur Entwicklung des Kokereiwesens, Bd. 2: Chronik zur Entwicklung des Kokereiwesens, (2003)

Nr. 118: Zdzisław Jedynak/Janusz Gołaszewski (Bearb.): Die preussische Berg-, Hütten- und Salinenverwaltung 1763-1865. Die Bestände in den polnischen Staatsarchiven Breslau und Kattowitz (2003)

Nr. 119: Jahresbericht 2002 (2003)

Nr. 120: Rainer Slotta/Christine und Rüdiger Just/Alheidis von Rohr: Bergwerke auf Glas – Kostbarkeiten (nicht nur) für Kaiser und Edelleute. (Ausstellungskatalog) (2003)

Nr. 121: Michael Farrenkopf: Schlagwetter und Kohlenstaub. Das Explosionsrisiko im industriellen Ruhrbergbau (1850-1914) (2003)